Québec et Ontario

Christine Coste
Zahia Hafs
Dorinda Talbot

Québec et Ontario

1re édition francaise – Février 1998

Traduite partiellement (Ontario) de l'ouvrage *Canada* (6th edition)

Publié par

Lonely Planet Publications
1 rue du Dahomey, 75011 Paris, France
Siège social : PO Box 617, Hawthorn, Victoria 3122, Australie
Filiales : Oakland (Californie), États-Unis – Londres, Grande-Bretagne

Imprimé par

Craft Print Pte Ltd, Singapour

Photographies de

Christine Coste
Zahia Hafs
JR Graham
W Lynch
Mark Lightbody
Richard Everist

Photo de couverture : raquettes (Hervé Hugues, Visa)
Illustrations : Cyril Anguelidis

Traduction (partielle) de

Jean-Noël Chatain

Dépôt légal

Février 1998

ISBN : 2–84070–077–8
ISSN : 1242-9244

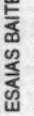

Christine Coste

Après un diplôme d'économie internationale et de développement, Christine se lance dans le journalisme, au *Matin de Paris* et à *Jeune Afrique*. Toujours en quête d'un ailleurs, elle sillonne l'Afrique, du Mali au Congo en passant par la Côte-d'Ivoire, le Niger et le Gabon, ainsi que l'Asie centrale, où elle a effectué divers reportages. Elle n'en oublie pas pour autant l'Ardèche, région chère à son cœur où elle conserve de multiples attaches. Aujourd'hui, elle collabore à diverses publications en tant que journaliste indépendante. Son père et son fils ajoutent une note familiale à ses multiples pérégrinations. Christine a également réactualisé une partie du guide Lonely Planet *Jordanie et Syrie*.

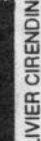

Zahia Hafs

Plus préoccupée par le déséquilibre Nord-Sud que par les modèles économétriques, Zahia opte pour le journalisme en 1980, après un diplôme de sciences économiques. Cap ensuite sur New York où elle se met au service des Nations unies. De retour à Paris en 1987, elle exerce comme journaliste indépendante puis rejoint une agence de presse d'entreprise. En 1993, Zahia intègre le bureau parisien de Lonely Planet, alors à ses débuts, et contribue activement à son développement en tant que manager. Sans jamais faire l'impasse sur sa passion première : les voyages. De l'Asie à l'Amérique centrale, de Paris, sa ville natale, à New York, son second port d'attache, elle multiplie les échappées belles à la moindre occasion.

Dorinda Talbot

Cette Australienne de Melbourne a contracté le virus du voyage dès l'âge de 18 mois. Depuis, elle a élargi son horizon, de la Papouasie Nouvelle-Guinée à l'Europe, en passant par l'Asie du Sud-Est et les États-Unis.

Après des études de journalisme, elle exerce comme reporter à Alice Springs, assistante d'édition à Melbourne puis fait un tour du monde au terme duquel elle rejoint Londres. Elle se met alors au service de maisons d'édition à Cambridge et de rédactions londoniennes. Aujourd'hui, elle envisage d'être rédactrice de guides de voyages.

Un mot des auteurs

Christine. Mille mercis à Anne Pélouas et à Aurélie, mes repères affectifs montréalais, toujours de très bon conseil (notamment pour se protéger du froid) ainsi qu'à Yolande et Sophie. Mille mercis à Pierrette et Jean-Baptiste Rouleau et à Isabelle d'Amos ainsi qu'à Richard et Renée de Victoriaville, pour leur accueil, leurs repas du soir en famille et leurs recommandations d'itinéraires (précis et superbes).

Mille mercis à Johanne Leduc et à Charles Roberge de m'avoir fait partager leur connaissance et leur amour des Laurentides et du Charlevoix. Mille mercis à Barbara Di Stephano, Patrice Poissant et Johann Eustache de Tourisme Québec et au personnel de la Délégation générale du Québec pour m'avoir consacré leur temps sans compter et à Pierre Lefèvre toujours là pour trouver le mot juste et pour rire.

Milles mercis à Donald et Christian, les deux frères aubergistes de Jonquière (pour la soirée d'anniversaire, entre autres) ; à la petite famille du Vieux Manoir pour ce dimanche passé sur une plage de la Côte Nord (inoubliable) ; au propriétaire du phare de Pointe de Monts (la journée fut des plus enrichissantes) ; à Lise et Jacques de Chicoutimi ; à Jeannine Lamontagne et Edwige Leblanc de Carleton ; à Yvette LaLiberté de Saint-Méthode ; Sylvie Wattine et Brigitte Sitter ; Harry Mc Dougall de Pikogan ; Richard Perron de La Sarre et à Jaque Matte de Rouyn-Noranda ; à Gilles ; à Micheline, à Claude et Anita Kaliski de Montréal ; à Xavier Dachez, à Monsieur Jutra, de la Cinémathèque ; à Franck et Valérie, à Franck et Nathalie, des Laurentides ; à Monsieur Dawn, de Chelsea ; à Louise Lemay, de Lennoxville ; à Patrick Barrelet ; à Marie Meunier ; à Carole, de Bic, et à Jean, pour la visite de son château de Bahia ; à Jacques Bérubé du

Mouton Noir ; à Carole Schmidt, du Musée des Arts et Traditions Populaires du Québec ; à Claire Bergeron, du Musée de l'Érable ; à Jean-Guy et Ghislaine Lemay ; à Manon Champagne, du Musée Canadien des Civilisations ; à Jean-Claude Cyr et son équipe, du musée Acadien du Québec. Chacun d'entre eux a apporté à ce livre un éclairage précieux et a fait de ce voyage un grand moment.

Mille mercis enfin à mon père et à mon fils, qui furent des compagnons de voyage précieux ; à Daniel Bastien, qui m'a fait rencontrer Anne, et à Jean-Bernard, qui a accompagné cet ouvrage de bout en bout (sa lecture et ses conseils m'ont toujours apporté l'élan nécessaire). Mille mercis à toute l'équipe de Lonely Planet, sans qui ce livre n'existerait pas. Mille mercis enfin à mes amis qui m'aidèrent à tenir le cap et à tous ceux rencontrés durant ce voyage, toujours prêts à se rendre disponibles.

Zahia. Toute ma tendresse à John Bleho et Cherie Hart pour m'avoir ouvert la voie du Canada par -15°C. Je remercie humblement John et son ami Ricardo qui, par amitié, ont sacrifié un match de hockey, un soir de tempête de neige à Ottawa... Un immense merci à monsieur Gérard Lepage pour ses précieux conseils et son accueil chaleureux, à son fils Richard Lepage pour m'avoir conduite sur la merveilleuse île d'Orléans mais aussi pour les rires délicieux que nous avons partagés.

Toute ma gratitude va à Geoffrey Kelley pour ses éclairages sur le Québec, sa disponibilité et sa gentillesse. Merci à Lucie Paradis et à Louise Morin de l'agence Amex pour m'avoir aiguillée à plusieurs reprises de façon si sympathique, à Jacques Fortin et Christian Bonnelly de la Commission de toponymie pour leur aide inestimable. Enfin, mes pensées vont droit à Christine avec qui travailler est un immense plaisir, à Jean-Bernard et à Jean-Noël pour leur bienveillance et leur patience, à David pour son calme olympien et à toute la merveilleuse équipe de notre bureau parisien.

Reste les Québécois, sans qui ce livre n'aurait pas de raison d'être.

Dorinda. Toute ma gratitude à Mark Lightbody, son épouse Colleen, ainsi que Jonathan Gilbert pour leur aide et leur encouragement. Merci également au personnel des offices du tourisme de l'Ontario, à Keith Thorsteinson, Vicki McMillan, Sean Collins, André Guindon, Michael Brady, Joyce Coupland, Cloudia Rohrbach, Carol Waters, au personnel de Lonely Planet des bureaux de Londres et Melbourne (et notamment à Dan Levin pour ses précieux conseils en informatique) ainsi qu'à tous les voyageurs que j'ai rencontrés au cours de mon périple.

A propos de l'ouvrage

Christine Coste a parcouru le Québec dans tous les sens et a rédigé les chapitres traitant de Montréal et des régions québécoises. Zahia Hafs a, pour sa part, sillonné la ville de Québec et l'île d'Orléans pour rédiger les parties correspondantes, et Dorinda Talbot a couvert l'Ontario. Olivier Cirendini a rédigé la présentation de l'Ontario et a effectué des recherches relatives aux renseignements pratiques.

Un mot de l'éditeur

Jean-Noël Doan et Sophie Rivoire ont créé la maquette de cet ouvrage. Jean-Bernard Carillet en a assuré la coordination éditoriale, suite au travail préparatoire de Caroline Guilleminot et de Sophie Le Mao.

Nous remercions Amélie Broquet, Olivier Cirendini, Caroline Guilleminot et Mylène Calas pour leur collaboration au texte, Christophe Corbel pour ses précieuses recherches ainsi que Laurence Billiet, spécialiste ès Formule 1.

La réalisation des cartes est l'œuvre de Chris Lee-Ack, Caroline Sahanouk et David Kemp, dont les mains d'or ont fait des merveilles. Les illustrations sont le fruit du talent de Cyril Anguelidis. David Kemp a également créé la couverture.

Tous nos remerciements vont aussi à Andy Neilson, Barbara Aitken et Graham Imeson pour leur constante collaboration avec le bureau français.

Attention !

Un guide de voyage ressemble un peu à un instantané. A peine a-t-on imprimé le livre que la situation a déjà évolué. Les prix augmentent, les horaires changent, les bonnes adresses se déprécient et les mauvaises font faillite. Gardez toujours à l'esprit que cet ouvrage n'a d'autre ambition que celle d'être un guide, pas un bréviaire. Il a pour but de vous faciliter la tâche le plus souvent possible au cours de votre voyage.

N'hésitez pas à prendre la plume pour nous faire part de vos expériences.

Toutes les personnes qui nous écrivent sont gratuitement abonnées à notre revue d'information trimestrielle le *Journal de Lonely Planet*. Des extraits de votre courrier pourront y être publiés. Les auteurs de ces lettres sélectionnées recevront un guide Lonely Planet de leur choix. Si vous ne souhaitez pas que votre courrier soit repris dans le Journal ou que votre nom apparaisse, merci de nous le préciser.

Remerciements

Nous exprimons toute notre gratitude aux lecteurs qui nous ont fait part de leurs remarques, expériences et anecdotes.

Table des matières

L'ONTARIO

L'EST DE L'ONTARIO 355

TORONTO 364

LE SUD-OUEST DE L'ONTARIO 395

LA BAIE GEORGIENNE ET LAKELANDS 424

LE NORD DE L'ONTARIO 436

GLOSSAIRE 466

INDEX 469

Introduction

Le Québec forme un monde à part au Canada. Sa taille gigantesque – trois fois la France – suffit à elle seule à le distinguer.

Toutefois, le réduire à une seule entité, n'y voir que deux villes, Montréal et Québec, une langue, le français, c'est oublier toute la richesse de sa dimension humaine. Il est en effet une fascinante mosaïque, dont le voyageur prendra vite la mesure. Son histoire mouvementée, dont les Amérindiens et les Inuit furent les premiers acteurs, suivis d'immigrants de tous horizons, est également particulière.

Au sein de l'ensemble nord-américain, le Québec cultive sa différence, plus que jamais constitutive de son identité. Sa langue, sa façon d'être et de penser portent toujours en eux une dose de passion, de poésie et d'humour. Ses habitants entretiennent une convivialité, un sens de l'accueil et de la fête empreints d'une spontanéité qu'apprécieront les visiteurs.

Les grands espaces et les paysages naturels inviolés font également partie du patrimoine du Québec, caractéristiques dont il n'est d'ailleurs pas l'unique dépositaire au Canada. La province voisine, l'Ontario, bien connue pour les chutes du Niagara, compte également de multiples parcs, réserves et lacs où il fait bon s'adonner, selon la saison, au canoë, à la randonnée, au ski, au kayak, à la motoneige ou au rafting. Quant au fleuve Saint-Laurent, trait d'union naturel, il constitue l'un des centres mondiaux pour l'observation des baleines.

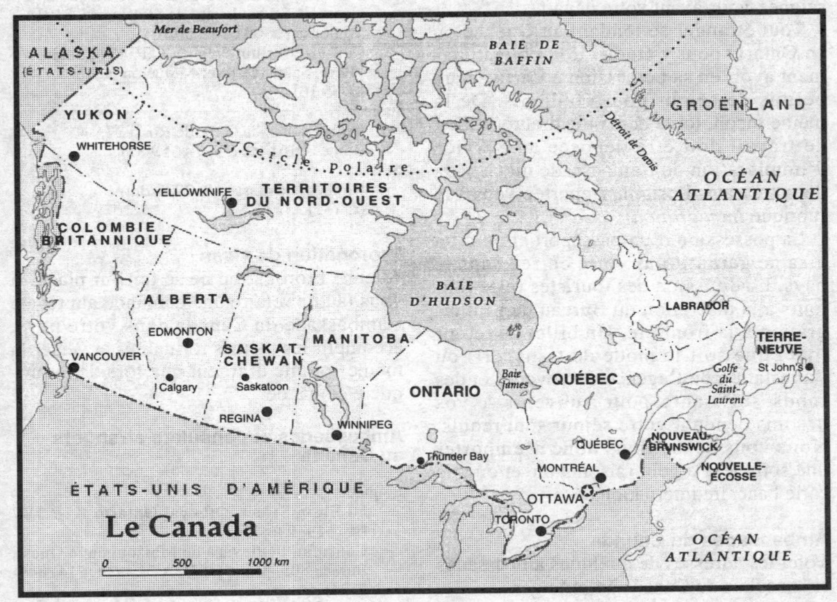

Le Canada

Renseignements pratiques

VISAS ET AMBASSADES

Les citoyens de France, de Suisse, de Belgique ou du Luxembourg ainsi que la plupart des autres pays occidentaux n'ont pas besoin de visa pour un séjour de moins de trois mois, à l'exception des ressortissants des pays d'Afrique, du Maghreb et de l'ex-bloc de l'Est.

Les visas de tourisme ou pour affaires sont payants (75 $ pour un visa à une entrée, 150 $ pour un visa à entrées multiples). Ils sont valables pour une période de trois mois, et peuvent être prorogés moyennant finances.

La demande de prorogation se fait auprès du Service d'immigration de l'ambassade du Canada. Les conditions d'obtention des visas changent selon les pays, et, comme vous devez vous en procurer un avant votre arrivée au Canada, renseignez-vous avant votre départ.

Tout étranger se rendant au Québec ou en Ontario pour y étudier doit obligatoirement avoir en sa possession à l'arrivée, un permis de séjour pour étudiants. De la même façon, toute demande d'autorisation de travail doit être déposée au Service d'immigration de l'ambassade du Canada de votre pays d'origine (reportez-vous à la rubrique *Immigration*).

La possession d'un passeport et/ou d'un visa ne garantit pas votre entrée dans le pays. L'admission des touristes reste toujours à la discrétion du Bureau de l'immigration à la frontière. Un billet de retour (quel que soit le mode de transport) ou l'attestation de l'agence de voyages et des fonds suffisants pour subvenir à vos besoins pendant votre séjour sont requis. Nous vous conseillons donc d'emporter une somme d'argent raisonnable et/ou une carte bancaire internationale.

Ambassades du Canada

Voici les adresses de quelques ambassades et consulats du Canada à l'étranger :

Belgique
- 2 avenue de Tervuren, 1040 Bruxelles (☎ (02) 741-0611)
- Délégation générale du Québec, 46 avenue des Arts, 7e étage, 1040 Bruxelles (☎ 512-0036)

Espagne
- Édifice Goya, 35 Nunez de Balboa, 28991 Madrid (☎ (1) 430-4300)

États-Unis
- 501 Avenue Pennsylvania, Nord-Ouest, Washington D.C. 20001 (☎ (202) 682-1740)
- Consulat général, 125 Avenue of the Americas, 16e étage, New York City, New York 10020-1175 (☎ (212) 596-1600)

France
- 35 avenue Montaigne, 75008 Paris (☎ 01 44 43 29 00) ou 3615 Canada (1,29 FF par minute)
- Consulat, Immeuble Bonnel Part-Dieu, 74 rue de Bonnel, 69428 Lyon (☎ 04 33 72 61 15 25)
- Consulat, a/s French Med Tours, 64 Avenue Jean-Médecin, 06000 Nice (☎ 04 93 92 93 22)
- Consulat, Polysar France, rue du Ried, La Wantzenau, Strasbourg (☎ 03 33 88 96 65 02)
- Consulat, 30 boulevard de Strasbourg, 31014 Toulouse (☎ 05 61 99 30 16)
- Consulat, Institut Frecher, C.P. 4370 Saint-Pierre, Saint-Pierre-et-Miquelon (☎ (508 41 55 10)

Italie
- Ambassade, Via G. B. de Rossi 27, Rome 00161 (☎ (396) 44 59 81)

Suisse
- Kirchenfeldstrasse 88, 3005 Berne (☎ (31) 352 63 81)

Prorogation de visas

Aucune prorogation ne se fait sur place. Il vous faudra refaire une demande auprès de l'ambassade du Canada dans votre pays, accomplir les mêmes formalités et verser la même somme d'argent que lors de la première demande.

Ambassades et consulats étrangers au Canada

Belgique
- 80 Elgin Street, Ottawa, Ontario K1P 1B7 (☎ (613) 236-7267)
- Consulat, boulevard de Maisonneuve Ouest, Bureau 805, Montréal H3A 3L4 (☎ (514) 849-7394)

États-Unis
100 Wellington Steet, Ottawa, PO Box 866, Ontario K1P 5T1 (☎ (613) 238-5335)
France
42 Sussex Drive, Ottawa, Ontario K1M 2C9 (☎ (613) 789-1795)
Consulat, 1 place Ville-Marie, 26e étage, Bureau 2601, Montréal, Québec, H3B 4S3 (☎ (514) 878-4385)
Consulat, Maison Kent, 25 rue Saint-Louis, Québec, Québec G1R 3Y3 (☎ (418) 878-4385)
Consulat, 130 Bloor Street West, Bureau 400, Toronto, Ontario M5S 1N5 (☎ (416) 925-8041)
Italie
275 Slater Street, 21e étage, Ottawa, Ontario K1P 5H9 (☎ (613) 232-2401)
Consulat, 3489 Rue Drummond, Montréal H3G 1X6 (☎ (514) 849-8351)
Luxembourg
Consulat, 3877 avenue Draper, Montréal H4A 2N9 (☎ (514) 489-6052)
Suisse
5 Marlborough Ave, Ottawa, Ontario K1N 8E6 (☎ (613) 235-1837)
Consulat, 1572 avenue Dr Penfield, Montréal, P.Q. H3G 1C4 (☎ (514) 932-7181)
Consulat, 154 University Avenue, Suite 601, Toronto, Ontario M5H 3Y9 (☎ (416) 593-5371)

DOUANE

La fouille à laquelle vous serez soumis en arrivant au Canada dépendra d'un certain nombre de facteurs, dont votre point de départ et votre nationalité.

Si vous êtes âgé d'au moins 18 ans (pour le Québec) ou de 19 ans (pour l'Ontario), vous avez le droit, à l'arrivée, d'importer les produits suivants : une bouteille d'alcool ne dépassant pas 1 litre d'alcool ou de vin ou 24 canettes de bière de 350 ml, 200 cigarettes, 50 cigares ou cigarillos, 200 g de tabac. Vous pouvez également importer des cadeaux d'une valeur ne dépassant pas 60 $.

Les articles de sport, ainsi que les appareils photo ou les pellicules, ne posent aucun problème. Il vous faudra néanmoins déclarer votre matériel de sport aux agents des Douanes.

Le téléphone des Douanes Canadiennes à Bruxelles est le ☎ 00 322 741 0670.

Les denrées alimentaires périssables (fromages, viandes, légumes...) sont interdites. Ne sont autorisés que les conserves industrielles sous boîtes métalliques et un seul fromage hermétiquement emballé.

Si vous voyagez avec votre animal familier, vous devez être en possession d'un certificat signé et daté par un vétérinaire attestant qu'il a bien été vacciné contre la rage depuis plus d'un mois et moins d'un an.

QUESTIONS D'ARGENT

Monnaie nationale

Il existe des pièces de 1, 5, 10, 25 cents, et de 1 $. Les billets en circulation sont de 2, 5, 10 et 20 $. Les billets de 50, 100 $ et plus sont moins fréquents et peuvent être difficiles à écouler dans les petites agglomérations ou le soir. Ainsi, les stations-service les acceptent rarement. Les billets sont tous de la même taille mais leur couleur et leur effigie varient. Sauf exception, tous les prix mentionnés dans cet ouvrage sont en dollars canadiens.

Taux de change

France	1 FF	=	0,23 C$
Belgique	100 FB	=	0,04 C$
Suisse	1 FS	=	0,94 C$
États-Unis	1 $US	=	1,37 C$

Pour changer votre argent, adressez-vous de préférence à des agences spécialisées dans les transactions internationales telles que Thomas Cook. Celles-ci ont des bureaux et des comptoirs de change dans les rues principales de certaines grandes villes. Sinon, optez pour les banques, les caisses d'épargne ou, en dernier recours, les hôtels (ouverts en permanence).

En dollars canadiens ou américains, American Express et Thomas Cook commercialisent les chèques de voyage les plus avantageux. Certaines banques prélèvent désormais une petite commission forfaitaire pour encaisser les chèques de voyage. En dépit de cette commission, les banques proposent généralement des taux de change plus avantageux que les hôtels.

Banques françaises au Canada

Certaines grandes banques françaises possèdent une ou plusieurs agences au Canada. Voici la liste des principales :

BNP
1981 Mc Gill Collège, Montréal, Québec
(☎ (514) 285-6000)
500 Grande Allée Est, Québec, Québec
(☎ (418) 647-3858)
36 Toronto Street, Suite 750, Toronto, Ontario
(☎ (416) 360-8040)

Crédit Lyonnais
2000 Mansfield, Montréal, Québec
(☎ (514) 288-4848)
1 Adelaïde Street East, suite 2505, Toronto, Ontario (☎ (416) 947-9355)

Société Générale
1501 Avenue McGill, Bureau 1800, Montréal, Québec (☎ (514) 841-6000)
100 Yonge Street, Scotia Plaza, Suite 1002, Toronto, Ontario (☎ (416) 364-2864)

Cartes de crédit

Posséder une carte de crédit quand on se rend au Québec et en Ontario s'avère utile en maintes circonstances. D'abord elle tient lieu de pièce d'identité. Elle s'avère indispensable lorsqu'on souhaite, par exemple, louer une voiture ou une bicyclette (elle servira alors de caution), de même lorsqu'on réserve une chambre. Dans les auberges de la chaîne Fédération Unie des Auberges de Jeunesse (FUAJ), elle sert d'acompte pour la réservation et peut servir de moyen de paiement.

Vous pouvez aussi utiliser votre carte de crédit pour réserver et acheter des billets de ferry, d'avion ou des places de théâtre. Enfin, vous l'utiliserez dans les banques pour retirer des espèces.

Les cartes de crédit Visa, MasterCard et American Express sont largement acceptées dans la plupart des grandes agglomérations comme dans certains lieux de villégiature mais rarement dans les gîtes ou les B&B.

Distributeurs automatiques de billets

Ils sont très répandus au Québec comme en Ontario, que ce soit dans les grandes villes ou dans certains villages. Au Québec, la carte Visa est acceptée dans tous les guichets automatiques de l'enseigne Caisse Populaire Desjardins. Ceux de la Banque Nationale ne prennent que les MasterCard et l'American Express.

Vous trouverez également des distributeurs automatiques dans certains magasins d'alimentation, stations-service, centres commerciaux ou gares routières et ferroviaires. Ils fonctionnent 24h/24.

Coût de la vie

Pour la plupart des voyageurs, l'hébergement constituera la majeure partie des frais. Les régions très touristiques, telles que les chutes du Niagara et la ville de Québec, ne pratiquent néanmoins pas des prix excessifs, car les multiples possibilités pour se loger entraînent une certaine concurrence, surtout hors saison.

En règle générale, les prix des chambres et des appartements sont plus élevés pendant les mois d'été. Ils augmentent en général de 25%, voire doublent. Passée cette période, des tarifs très intéressants sont proposés.

La nourriture est plus abordable au Québec et en Ontario que dans la plupart des pays d'Europe de l'Ouest, mais elle est plus chère qu'aux États-Unis.

La location de voitures et le prix de l'essence sont également bien moins chers que dans la plupart des pays d'Europe.

Les autobus restent le moyen de transport le moins onéreux. Quant aux prix des trajets ferroviaires, ils sont moins intéressants, excepté en cas de tarifs spéciaux.

Les tarifs des vols intérieurs sont très élevés. N'omettez jamais de vous renseigner sur les tarifs exceptionnels, les prix "spécial excursions", etc.

Pourboires

Il convient de laisser entre 10 et 15% du prix hors taxes. En règle générale, on donne un pourboire aux chauffeurs de taxi, aux serveurs, aux coiffeurs et au personnel hôtelier. Certains restaurants et hôtels incluent parfois le service dans leur prix.

Taxes

Taxe de vente provinciale. Une taxe de vente doit être payée pour tous les articles achetés en magasin, ainsi que sur la nourriture vendue dans les restaurants et les cafés. Elle est de 6,8% au Québec et de 9% en Ontario.

Taxe sur les produits et services. Elle revient à une imposition de 7% sur pratiquement tous les produits, services et transactions. Sont exemptés de taxes les produits alimentaires et les gîtes ou B&B n'ayant que trois chambres.

Les touristes ont la possibilité d'obtenir un remboursement sur les articles non comestibles qu'ils veulent rapporter, pourvu que ceux-ci soient expédiés hors du pays dans un délai de 60 jours. Le remboursement de la taxe vaut également pour tous les modes de logement.

En revanche, la taxe sur les services et les transports n'est pas remboursée. De manière générale, il faut que les produits taxés dépassent 100 $ et que vous possédiez l'original des factures. Un ticket de carte de crédit ou une photocopie ne suffisent pas. La plupart des boutiques "touristiques", des magasins en duty free et les grands magasins tiennent à la disposition des clients une brochure concernant les remboursements de la TPS. Des formulaires sont également disponibles dans les offices du tourisme, dans certains hôtels et dans les aéroports. Pour toute information, appelez le ☎ (613) 991-3346 ou 1 800 668-4748. Vous pouvez également écrire à Revenu Canada, Rembourboursement aux visiteurs, Ottawa ON K1A 1J5, Canada.

QUAND PARTIR

Vous pouvez voyager en toute saison, à l'exception de deux périodes allant d'avril à mi-mai pour la première et de fin octobre à début décembre pour la seconde. En effet, nombre d'activités s'arrêtent et les hébergements, les restaurants et les musées (en dehors des grandes villes) sont pour la plupart fermés. A chaque saison, ses plaisirs.

L'hiver, les activités comme le ski, la randonnée et la motoneige durent de décembre à mars, voire avril-mai pour le ski. Les routes sont dégagées mais il est toujours prudent de se renseigner sur les conditions météorologiques.

Le printemps avec ses bourgeons et ses premières douces chaleurs ne commence jamais avant mai, voire fin mai pour des régions comme la Gaspésie, la Côte Nord, le lac Saint-Jean, les îles de la Madeleine et l'Abitibi. Les lacs de la Côte Nord sont ainsi encore gelés à la mi-mai et il n'est pas rare de connaître une tempête de neige en mai en Gaspésie.

L'été arrive généralement brutalement. Seuls désagréments durant cette période parfois très chaude : les moustiques et les mouches noires. Juin, juillet, août et septembre s'avèrent pourtant les mois phares de tout voyage au Québec et en Ontario, à juste titre mais, dès la mi-mai, toutes les conditions sont réunies pour le rendre très agréable. Les températures sont idéales, les activités opérationnelles, les hébergements légèrement moins chers et les moustiques inexistants.

L'automne est certainement la saison qui donne aux paysages tout leur relief. Encore s'agit-il d'être présent entre septembre et octobre, la flambée des couleurs s'estompant dès la mi-octobre. Pour les campeurs, sachez que la période se limite en général

Des prix affichés hors taxes

Que ce soit au restaurant ou pour un hébergement, les prix que vous lirez ou que l'on vous donnera s'entendent toujours hors taxes. Il en va de même pour l'achat d'un livre, d'un CD, d'un billet de bus, d'avion, de train, de la location d'une voiture, d'une paire de skis ou d'un canoë.

Au Québec, majorez le tarif brut de 13,8% pour tenir compte de la taxe de vente provinciale et de la taxe sur les produits et services (16% en Ontario). Aussi n'oubliez pas de faire vos calculs avant de vous présenter aux caisses. Dans tous les cas, il est préférable de demander si les tarifs incluent ou non les taxes. ■

de la mi-juin à à début septembre. Dès la mi-août, il n'est pas rare que des températures descendent en dessous de 10°C au lac Saint-Jean.

QUE PRENDRE AVEC SOI

Il est indispensable d'emporter avec soi, en toute saison, des lunettes de soleil, des jumelles (précieuses pour l'observation des baleines ou des oiseaux par exemple), un coupe vent, une bonne paire de chaussures de marche et un maillot de bain. Outre d'éventuelles baignades dans les rivières et les lacs en été, vous pourriez être tenté de nager dans une piscine, voire de profiter des bienfaits d'un sauna après une journée de ski.

Pour les personnes envisageant de voyager en dehors de la saison estivale, pensez à vous protéger du froid, sans vous charger toutefois de manière excessive. Vous trouverez sur place, bien meilleur marché, tout l'accessoire pour ne pas souffrir des frimas. Le choix est large et abordable. On pourra ainsi vous proposer des bottes pour affronter -40°C.

De même, pour les personnes projetant de s'adonner au ski ou à la motoneige, les combinaisons vendues ou louées sur place seront une meilleure garantie contre le froid que celles que vous pourriez emporter.

Pour les enfants comme pour les bébés, il est préférable d'effectuer des achats sur place, car le choix est large, adapté au climat et les vêtements bien moins chers.

L'été, n'emportez pas d'anti-moustiques, qui se révélera bien peu efficace. Au Québec et en Ontario, le rayon anti-moustiques dans les boutiques de sports ou dans les pharmacies est presque aussi fourni qu'un rayon de beauté.

OFFICES DU TOURISME

Sur place

Au Québec ou en Ontario, le réseau d'informations touristiques couvre tout le territoire, et le personnel se montre disponible et efficace. Toute les grandes villes disposent d'un bureau ouvert à l'année. En saison, elles en possèdent parfois plusieurs. Les petites et moyennes localités disposent en général d'un office du tourisme saisonnier.

Chaque région compte un département du tourisme qui, chaque année, édite son propre guide touristique, riche en informations aussi bien pratiques (hébergements, restaurants, transports...) que culturelles (événements, descriptif des villes, musées, parcs et principaux centres d'intérêt). Édité en français ou en anglais, il est gratuit, réactualisé chaque année et dispose de bonnes cartes de la région.

Les offices du tourisme fournissent par ailleurs gratuitement un plan de ville et vous aideront dans votre recherche d'hébergement, d'excursions, de fêtes, d'activités sportives ou culturelles.

A Montréal, le Centre Infotouriste rassemble non seulement l'ensemble des renseignements ayant trait à la ville mais aussi tout ce qui concerne les régions de la Province (hébergement, transport, activités culturelles ou de plein air). Ontario Travels compte dix bureaux en Ontario ouverts toute l'année et un certain nombre d'officines à l'activité saisonnière. Vous trouverez des bureaux permanents à Toronto, aux chutes du Niagara, à Windsor et dans d'autres grands centres. Le numéro de téléphone permanent est le ☎ 1 800 668-2746, joignable gratuitement depuis n'importe quel endroit d'Amérique du Nord. Il édite également un grand nombre de publications gratuites concernant aussi bien les manifestations que l'hébergement. Leur adresse postale est Queen's Park, Toronto M7A 2E5.

Des offices du tourisme indépendants sont également disséminés dans la Province.

Offices du tourisme à l'étranger

Pour obtenir les premiers renseignements utiles à la planification d'un voyage au Québec, contactez Tourisme Québec. Cet organisme vous enverra une documentation moyennant 21 FF, que vous soyez en France ou en Belgique.

Écrivez à Tourisme Québec, Centre de distribution Woehl, Boîte Postale 25, 67161 Wissembourg Cedex, ou téléphonez directement au Québec entre 15h et 23h au

☎ 0 800 90 77 77. L'appel est gratuit. Vous pouvez aussi taper 3615 Québec sur Minitel (2,23 FF la minute) ou visiter le site W3 (http:/www.tourisme.gouv.qc.ca.).

Pour l'Ontario, contactez l'ambassade du Canada ou le consulat, en vous reportant à la rubrique *Visas et ambassades* plus haut.

ORGANISMES A CONNAÎTRE

Associations culturelles en France

Plusieurs associations franco-canadiennes existent en France. Elles vous aideront à obtenir des renseignements ou vous accueilleront à l'occasion de manifestations culturelles.

Amitiés acadiennes
: 2 rue Ferdinand Fabre, 75015 Paris (☎ 01 48 56 16 16). Très active, cette association propose, entre autres, des échanges culturels et scolaires.

Association culturelle France-Ontario
: Allée de Clotomont, 77183 Croissy-Beaubourg (☎ 01 60 06 44 50)

Association nationale France-Canada
: 5 rue de Constantine, 75007 Paris (☎ 01 44 43 21 01)

Association France-Québec
: 24 rue Modigliani, 75015 Paris (☎ 01 45 54 35 37). Cette association comporte de nombreuses ramifications en province et propose des échanges de jeunes (reportez-vous à la rubrique *Étudier et travailler au Québec*).

Association France-Terre-Neuve
: 16 rue du Manège, 33000 Bordeaux (☎ 05 56 98 04 99)

Maison des étudiants canadiens
: 31 boulevard Jourdan, 75014 Paris (☎ 01 40 78 67 00).

Festival du film québécois
: Chaque année, ce festival présente soit à la fin octobre, soit début novembre, la production cinématographique du Québec, très souvent inédite en France. Jusqu'en 1996, ce festival se tenait à Blois. Il se déroule désormais à Paris. Pour tout renseignement, contactez les Services culturels du Québec, 66 rue Pergolèse, 75116 Paris (☎ 01 40 67 85 70).

Institut France-Canada
: 9-11 avenue Franklin-D. Roosevelt, 75008 Paris (☎ 01 43 59 51 00).

Association des femmes canadiennes,
: 5 rue de Constantine (☎ 01 44 05 01 66).

Chambre de commerce France-Canada
: 9-11 avenue Franklin-D. Roosevelt, 75008 Paris (☎ 01 43 59 51 00).

HEURES D'OUVERTURE

Banques

Les banques ont adopté des horaires plus extensibles et plus commodes, mais ceux-ci restent quand même variables. La plupart des banques sont ouvertes en semaine, du lundi au mercredi, de 10h à 16h, avec une fermeture parfois à 18h les jeudi et vendredi. Certaines sont accessibles pendant quelques heures le samedi. Toutes les banques sont fermées les dimanche et jours fériés.

De nombreuses banques disposent d'un vaste réseau de distributeurs automatiques de billets, accessibles 24h/24.

Postes

Les bureaux sont ouverts du lundi au vendredi, en général de 9h à 17h30, mais les horaires peuvent varier d'un bureau à un autre. Certains ferment durant l'heure du déjeuner. Quoi qu'il en soit, tous sont fermés le week-end et les jours fériés.

Magasins

Les magasins restent ouverts jusqu'à 18h dans les grandes agglomérations. Les heures d'ouverture varient entre 9h et 10h. Le vendredi, et parfois le jeudi, les magasins et les centres commerciaux restent ouverts jusqu'à 21h. Ils sont par ailleurs de plus en plus nombreux à accueillir le public le dimanche à partir de 10h ou de 12h, jusqu'à 17h ou 18h.

Les grandes agglomérations et les villes comptent souvent des boutiques accessibles 24h/24. Au Québec, on les appelle les "dépanneurs". Certains d'entre eux ouvrent effectivement toute la nuit, d'autres jusqu'à 24h voire 1h. Ils vendent des denrées de première nécessité, des cigarettes, des boissons et des journaux. Sur les principaux axes routiers, vous trouverez des stations-service (essence, boissons non alcoolisées et nourriture) fonctionnant 24h/24.

Restaurants

Le déjeuner dans un restaurant est servi en général entre 11h30 jusqu'à 13h, et le dîner de 17h30 à 20h. Dans les grandes villes, on sert rarement après 22h.

Bars

En Ontario, la fermeture des bars a lieu quelques minutes avant 1h du matin. Au Québec, la loi est plus souple et les bars restent ouverts jusqu'à 3h ou 4h.

De plus en plus de bars proposent un "happy hours" (de 17h à 19h), autrement dit servent des consommations à moitié prix ou à prix réduit.

FÊTES ET JOURS FÉRIÉS

La fête du Travail, le premier lundi de septembre, est une date charnière au Québec et en Ontario puisque ce long week-end est officieusement considéré comme marquant la fin de l'été. De nombreux commerces et attractions du pays ferment et, pour beaucoup, ce jour représente le début d'un changement dans les horaires de travail.

Bien que n'étant pas officiellement un jour férié, Halloween, le 31 octobre, est une fête importante.

Jours fériés nationaux

Janvier
- Nouvel an (1er janvier)

Avril – mai
- Pâques (Vendredi saint et lundi de Pâques)
- Fête du Dollar appelée aussi Fête de la Reine (le troisième lundi de mai)

Juillet
- Fête du Canada (1er juillet)

Septembre – octobre
- Fête du Travail (premier lundi de septembre)
- Action de Grâces (deuxième lundi d'octobre)

Novembre – décembre
- 11 novembre : jour du Souvenir (seuls les banques et les établissements publics sont fermés)
- Jour de Noël (25 décembre)
- Boxing Day (26 décembre – de nombreux magasins de détail sont ouverts, les autres commerces sont fermés)

Jours fériés au Québec et en Ontario

Juin
- Fête nationale du Québec, autrefois connue sous le nom de "fête de saint Jean-Baptiste" (24 juin)

Août
- Civic Holiday en Ontario (1er août ou premier lundi d'août)

Novembre
- Célébration en Ontario du jour du Souvenir (11 novembre)

MANIFESTATIONS CULTURELLES

Vous trouverez la liste des principales manifestations culturelles au début de chaque chapitre concernant le Québec et l'Ontario.

Chaque département de tourisme fait état, dans son guide touristique, des manifestations culturelles et sportives. Certaines provinces publient même des brochures séparées pour les manifestations estivales et hivernales. Il existe un bottin des festivals, événements et autres attractions touristiques au Québec, édité chaque année par la Société des fêtes et festivals du Québec. Écrivez ou téléphonez à la Société des attractions touristiques du Québec, 4545 avenue Pierre-de-Coubertin, C.P.1000 Succursale M Montréal (☎ (514) 252-3037 ou 1 800 361-7688).

POSTE ET COMMUNICATIONS

Poste

Le service postal est rapide, fiable et relativement économique. Les bureaux de poste n'assurent que l'envoi du courrier et la vente de timbres. Ils ne gèrent aucun service de téléphone.

Une lettre par avion 1re classe classique est limitée à 50 g pour le nord des États-Unis mais peut peser jusqu'à 500 g pour toutes les autres destinations dans le monde.

Pour toutes les destinations internationales, les colis jusqu'à 2 kg peuvent être acheminées par avion. Les petits colis ne dépassant pas ce poids le seront par voie terrestre ou aérienne. Quant aux paquets de plus de 2 kg, ils sont pris en charge par les services de colis postaux, et les tarifs sont différents. Pour obtenir tous les détails, adressez-vous à un bureau de poste. Les tarifs varient suivant la destination. Les paquets supérieurs à 10 kg ne sont acheminés que par voie terrestre – ce qui prend du temps.

Pour plus de sécurité, les paquets peuvent être envoyés en recommandé et livrés dans des conditions spéciales. Les postes canadiennes proposent en outre un service postal international. Certains pays demandent une déclaration en douane des paquets importés. Renseignez-vous à la poste.

CHRISTINE COSTE

CHRISTINE COSTE

CHRISTINE COSTE

A
B
C

A : Vue du centre-ville de Montréal, depuis le parc du Mont-Royal
B : Le marché Bon-Secours, au centre de Montréal
C : Les lignes futuristes du centre-ville de Montréal

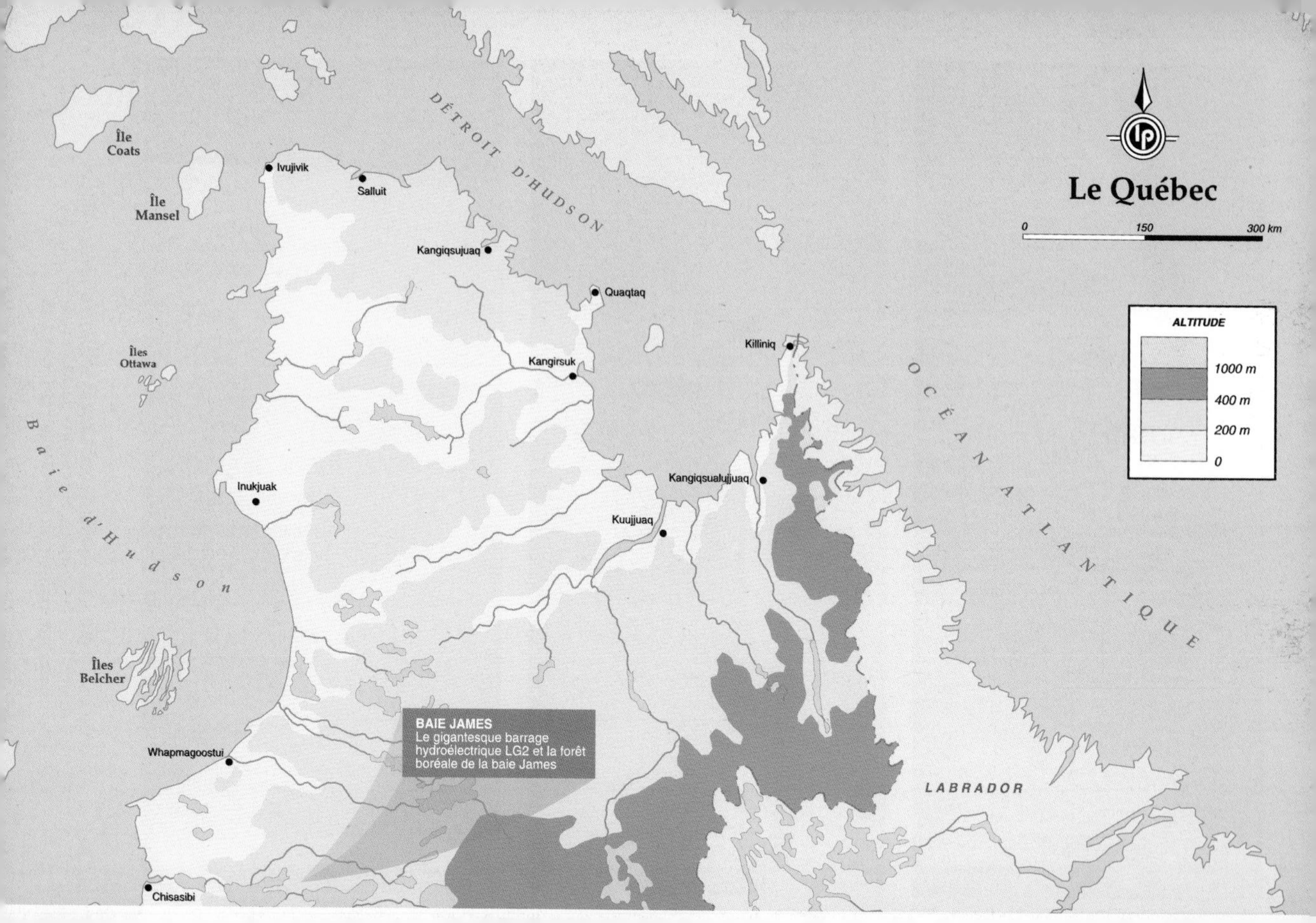
Le Québec
0
150
300 km
ALTITUDE
1000 m
400 m
200 m
0
Île Coats
Île Mansel
Îles Ottawa
Îles Belcher
Baie d'Hudson
DÉTROIT D'HUDSON
OCÉAN ATLANTIQUE
LABRADOR
Ivujivik
Salluit
Kangiqsujuaq
Quaqtaq
Kangirsuk
Killiniq
Kangiqsualujjuaq
Kuujjuaq
Inukjuak
Whapmagoostui
Chisasibi
BAIE JAMES
Le gigantesque barrage hydroélectrique LG2 et la forêt boréale de la baie James

PARC DE LA GASPÉSIE
Promenade dans le parc et observation de l'orignal et du caribou avec un guide naturaliste
CÔTE NORD
Observation des cétacés et des phoques dans l'estuaire du Saint-Laurent
CHARLEVOIX
Région classée Réserve mondiale de la biosphère par l'Unesco en 1989
VAL-D'OR
La Cité de l'or et le village minier de Bourlamaque
ÎLES DE LA MADELEINE
Ses maisons colorées, ses plages et son homard
HULL
Musée des Civilisations et parc de la Gatineau
QUÉBEC
L'atmosphère conviviale et l'architecture étonnante de la vieille ville
PERCÉ
Son célèbre Rocher et l'île Bonaventure, refuge de 700 000 fous de Bassan
MONTRÉAL
Ses cafés-restaurants, sa vie nocturne et ses musées
CANTONS DE L'EST
La Route des vins et les demeures raffinées de North Hatley
PARC DU BIC (Bas-Saint-Laurent)
La côte escarpée et les vues sur le Saint-Laurent
Île Akimski
Île North Twin
Wemindji
Baie James
Île Charlton
Waskaganish
Lac Mistassini
Tadoussac
Lac Evans
Réservoir Manicouagan
Mingan
Natashquan
Sept-Îles
Port-Cartier
Île d'Anticosti
TERRE-NEUVE
Port-Menier
Chibougamau
Matagami
Baie-Comeau
Mont Jacques-Cartier
1 268 m
Gaspé
Betsiamites
Saint-Laurent
Matane
Lac Saint-Jean
Rouyn-Noranda
Amos
Percé
Roberval
Rimouski
Carleton
Val-d'Or
Chicoutimi
Réservoir de Gouin
Îles de la Madeleine
Rivière-du-Loup
NOUVEAU-BRUNSWICK
La Malbaie
La Tuque
1 190 m
Québec
Mont-Laurier
Trois-Rivières
ÉTATS-UNIS
Joliette
Hull
Montréal
Sherbrooke
ONTARIO
OTTAWA
Granby
OCÉAN ATLANTIQUE

CHRISTINE COSTE

CHRISTINE COSTE

CHRISTINE COSTE

A
B
C

A : Le musée des Civilisations à Hull abrite une collection d'art amérindien
B : Alléchante vitrine d'une boutique dans une rue de Wakefield (Outaouais)
C : Vue du village minier de Bourlamaque, à Val-d'Or (Abitibi-Témiscamingue)

Timbres et autres services postaux sont souvent disponibles dans les établissements hôteliers et certains dépanneurs.

Tarifs postaux

L'envoi d'une lettre ou d'une carte postale au Québec ou en Ontario coûte 45 cents (jusqu'à 30 g ; TPS incluse). Pour l'Europe, l'achat d'un timbre revient à 90 cents (jusqu'à 20 g) et 52 cents pour États-Unis. Pour un courrier express par International SkyPar (☎ 1 800 661-3434), comptez 4,6 $ d'affranchissement en sus du prix du timbre. L'expédition d'un petit paquet d'un 1 kg par avion s'élève à 16,10 $ et à 7,20 $ par bateau.

Téléphone

Le système téléphonique fonctionne à merveille mais est régi par quelques petites règles qu'il importe de connaître. Les communications intra-muros sont ainsi absolument gratuites, ce qui n'empêche pas les hôtels de vous faire payer parfois jusqu'à 1 $ la minute. Depuis une cabine, le même appel vous coûtera 25 cents quel que soit le temps passé.

En revanche, le tarif des appels interurbains est plus élevé. Une minute entre Val-David et Montréal (distante seulement de 80 km), revient à 1,25 $; entre Montréal et Québec, 3 $. Les communications interurbaines sont moins chères entre 23h et 8h, la deuxième plage horaire la plus économique se situant entre 18h et 23h (sauf le dimanche, où elle intervient entre 8h et 23h).

L'appel par opératrice (composez le 0) est gratuit où que vous soyez. Il en va de même pour le 411, numéro des renseignements, ou le 911, le numéro des urgences.

Les numéros 1 800 qu'utilisent nombre de sociétés, de ferries, d'hôtels, de restaurants et d'offices du tourisme sont gratuits mais ne peuvent être composés en dehors du Québec, de l'Ontario ou du Canada.

Vous trouverez facilement une cabine téléphonique. Prévoyez des pièces ou une carte téléphonique.

La société Bell Canada a commercialisé des cartes prépayées pour les communications interurbaines comme internationales, utilisables dans les cabines publiques. La carte LaPuce s'utilise seulement avec les téléphones publics. Son montant varie entre 10, 20 et 50 $. La Carte ALLÔ! s'utilise avec un appareil public ou privé (vous pouvez donc l'utiliser depuis votre chambre d'hôtel). Elle vaut 10, 20, 50 et 100 $. Ces cartes sont proposées dans des machines situées dans les aéroports, les gares routières et ferroviaires voire dans certains offices du tourisme. Les commerçants et les marchands de journaux en vendent également.

Vous serez toujours informé au téléphone du solde de votre carte, jusqu'à épuisement du crédit.

En Ontario, la carte CardCaller Canada (☎ (416) 733-2163) est disponible dans des versions de 10 à 100 $. En appelant le numéro indiqué, vous obtiendrez des informations sur les communications dans la langue de votre choix (six langues disponibles). Vous pouvez appeler à partir de n'importe quel téléphone numérique, 24h/24.

Indicatifs régionaux

L'indicatif téléphonique de Montréal, du sud des Laurentides, du sud de la Launaudière, de la Montérégie et des Cantons de l'Est est le 514.

Celui de Québec, des régions Mauricie-Bois-Francs, Saguenay-Lac Saint-Jean, Charlevoix, Côte Nord, Chaudière-Appalaches, Bas-Saint-Laurent, Gaspésie, îles de la Madeleine est le 418.

Celui de l'Outaouais, l'Abitibi-Témiscamingue, du nord des Laurentides et de la Lanaudière est le 819.

L'indicatif téléphonique de Toronto et du voisinage immédiat est le 416. Pour la région qui entoure Toronto, vous composerez le 905. Ce district inclue Colborne à l'est jusqu'au lac Simcoe au nord, et Bradford, Hamilton et Niagara au sud-est.

Le sud-ouest de l'Ontario et la péninsule de Bruce sont couverts par le 519. L'indicatif de l'est de l'Ontario (dont Ottawa) est le 613 ; celui du nord de l'Ontario (dont l'île Manitoulin et Sault-Sainte-Marie), le 705. Pour la partie nord-ouest de la Province, jusqu'à Thunder Bay et au Manitoba à l'ouest, faites le 807.

Appels internationaux

Vous pouvez passer des appels internationaux depuis n'importe quelle cabine. Les tarifs sont modulables en fonction du lieu et de l'heure d'appel. Une opération sans l'intermédiaire d'une opératrice est économique et plus rapide. Il vous suffit de connaître l'indicatif de la région ainsi que le numéro de votre correspondant. La marche à suivre est inscrite sur chaque appareil, en français et en anglais. Pour un appel en PCV (à charge du correspondant), il faut passer par une opératrice.

Tous les tarifs internationaux et les indicatifs des pays figurent dans les premières pages de l'annuaire téléphonique.

Les possesseurs de la carte Telecom International et ceux qui désirent appeler en PCV ont la possibilité de passer des appels interurbains et d'en faire transférer les frais sur leur ligne téléphonique personnelle en France. Pour téléphoner de cette manière, les numéros d'appel France Direct depuis le Québec et l'Ontario sont les suivants : 1 800 363-4033 (par opérateur) et 1 800 463-6226 (automatique).

Pour téléphoner de France au Québec, composer le 00 1 + l'indicatif régional suivi du numéro à sept chiffres de votre correspondant. Pour téléphoner du Québec à l'étranger, faire le 00 + l'indicatif régional + le numéro de votre correspondant. Pour la France, faites le 011 + 33.

Fax, télex et télégramme

Les fax sont accessibles au public dans les grands hôtels, les commerces des villes principales voire dans certaines gares routières, mais plus difficilement dans les bureaux de poste. Consultez les rubriques "Fax", ou "Papeteries" dans les pages jaunes de l'annuaire. En revanche, les télex ne sont pas facilement accessibles, sinon dans certaines entreprises privées.

Pour envoyer un télégramme à l'étranger, contactez les CN-CP Telecommunications, dont les coordonnées se trouvent dans l'annuaire téléphonique, ou ATT Communication Inc (☎ (514) 861-7311).

HEURE LOCALE

Le Québec et l'Ontario sont à l'heure dite de l'Est. Le décalage horaire entre Paris, Bruxelles et Montréal ou Ottawa est de 6h. Ainsi, lorsqu'il est 12h à Paris, il est 6h à Montréal ou à Toronto. Quand il est 24h à Paris, il est 18h à Montréal. Les îles de la Madeleine sont à l'heure maritime et ont ainsi une heure de décalage avec Montréal et Ottawa. Lorsqu'il est 9h à Québec, il est 10h à Cap-aux-Meules. Du dernier dimanche d'avril au dernier dimanche d'octobre, le Québec et l'Ontario adoptent l'heure d'été, ce qui signifie une heure de plus par jour.

Gymnastique téléphonique

Téléphoner au Québec ou en Ontario est simple, pour peu que l'on connaisse le protocole d'utilisation d'un combiné, que l'on possède de la monnaie ou une carte de téléphone.

Formés de sept chiffres, les numéros de téléphone sont toujours précédés de l'indicatif régional. N'oubliez pas de le composer lorsque vous passez un appel pour Québec depuis Montréal, sinon l'appel n'aboutira pas et une charmante opératrice vous signalera votre erreur. De même, si votre appel concerne les environs de Montréal, il vous faudra faire l'indicatif de la région.

En revanche, tapez directement le numéro de votre interlocuteur (sans l'indicatif) dans le cas d'une communication pour le centre-ville de Montréal, passée depuis le centre-ville même. Sachez qu'en cas de défaillance de votre part, une bonne fée vous viendra immédiatement en aide, pourra même composer le numéro et vous annoncera la somme à payer pour la première minute de communication. ■

ÉLECTRICITÉ

Au Québec et en Ontario, comme dans toute l'Amérique du Nord, le courant est en 110 volts alternatif. Apportez un adaptateur-transformateur si vous souhaitez utiliser des appareils électriques personnels tels que rasoirs, sèche-cheveux ou ordinateurs. Les prises des appareils électriques ont deux, parfois trois dents.

BLANCHISSAGE/NETTOYAGE

Dans la plupart des grandes villes, vous trouverez des laveries automatiques dotées de machines à laver et de sécheuses fonctionnant avec des jetons. En général, elles sont ouvertes toute la journée jusqu'à 22h ou 23h. Certaines disposent de machines fournissant monnaie et lessive. Mais il est plus pratique et moins cher de s'en munir. Le lavage coûte 1 ou 2 $, le séchage entre 1,25 $ (20 minutes) et 2 $. Vous paierez la plupart du temps en pièces de 1 $ ou de 25 cents. De nombreux campings, auberges de jeunesse et B&B possèdent une machine à laver et une sécheuse à disposition des clients.

POIDS ET MESURES

Dans les années 70, le Canada est officiellement passé du système de mesure de l'Empire britannique au système métrique. Lentement, la plupart des citoyens l'ont adopté et, aujourd'hui encore, les deux procédés sont employés en maintes circonstances de la vie quotidienne. Le premier reste cependant plus ancré. Sur les routes, tous les panneaux de signalisation sont indiqués en système métrique. L'essence est vendue au litre, mais viande et pommes de terre le sont encore fréquemment à la livre. Les températures sont annoncées en degrés Celsius et en Fahrenheit (reportez-vous au tableau figurant au dos de la couverture).

LIVRES ET CARTES

Il existe de très nombreux ouvrages en français sur le Canada, le Québec et l'Ontario. La liste ci-dessous n'est donc pas exhaustive et ne saurait remplacer un choix personnel (voir la rubrique *Littérature* dans le chapitre *Présentation du pays*).

Cartes

De bonnes cartes du Québec et de l'Ontario sont disponibles dans les offices du tourisme de chaque province. Les stations-service ont en général un petit stock d'atlas routiers de la région.

La *Carte Routière du Québec* éditée par les Publications du Québec et diffusée par les offices du tourisme suffit. Le *Grand Atlas routier du Québec* édité par La Cartothèque est un volume à spirale, encore plus précis. Mentionnons également *Province de Québec* (Rand McNally), avec 6 plans de villes et une table des distances, et *Canada East* (Hildebrand's Travel Map), au 1/500 000. Une carte des sentiers de motoneige au Québec est par ailleurs disponibles dans les offices du tourisme.

Pour obtenir la liste de toutes les cartes topographiques existantes et un bon de commande par correspondance, contactez le Canada Map Office (☎ (613) 952-7000), 615 Booth St, Ottawa, Ont. K1A 0E9. Sur place, vous ne trouverez que des cartes de la région d'Ottawa. La principale boutique de vente au détail est située loin du centre, vers le sud, 130 Bentley St à Nepean.

World of Maps & Travel Books (☎ (613) 724-6776), 118 Holland Ave, Ottawa, Ont. K1Y OX6, a en stock des cartes routières et topographiques par centaines. La boutique accepte les commandes passées par courrier électronique (maps@magi.com) et dispose d'un site web internet recensant les nouvelles cartes et publications.

Dans le centre de Toronto, Canada Map Company (☎ (416) 362-9297), 211 Yonge St, Ont M5B 1M4, propose une large sélection de cartes (villes, autoroutes, zones de pêche, cartes nautiques et d'aviation...). Des cartes topographiques sont également disponibles. Les commandes peuvent être passées par écrit et par téléphone.

Ouvrages généraux

Fortement documenté et riche en détails, l'ouvrage de Jacques Portes, *Le Canada et le Québec au XXe siècle*, est publié par Armand Colin, coll. U. Si vous manquez de temps, *L'Histoire du Canada*, de Paul-André Linteau (PUF, coll. "Que sais-je ?") est l'ouvrage le plus utile pour appréhender tout le Canada. *Le Canada*, sous la direction de P.-M. Duhet (Éd. Presses Universitaires de Nancy), présente un état sérieux de la situation du pays. *L'Histoire générale du Canada de MM. Brown et Linteau* (Éd. Boréal) est une mine d'informations. *Les Missions jésuites* est un livre de base pour comprendre l'influence des missionnaires en terre d'Amérique (Gallimard, coll. "Découvertes"). Pour un survol rapide et synthétique de l'histoire du Québec et du Canada, consultez *Chronologie du Québec, 1534-1995* de Jean Provencher (BQ), petit ouvrage utile et pratique.

Aventures au Nord de l'hiver de Jean-Louis Sers (Éd. Arthaud) décrit la vie des Indiens, trappeurs, bûcherons et meneurs de chiens qui ont choisi la forêt.

Sur la production et l'industrie cinématographiques francophones et anglophones du Canada, les éditions du Centre Beaubourg donnent d'excellents détails avec *Les Cinémas du Canada*. *Cinéma québécois*, de Marcel Jean, vaut également son pesant d'or.

Histoire et culture du Québec

L'Histoire du Québec contemporain, 1867 à 1929 est l'œuvre de MM. Linteau, Durocher et Robert, professeurs à l'université de Montréal et de Québec (Éd. Boréal compact). *Le Québec de 1944 à nos jours* de Y. H. Nouailhat propose une vision globale de la province (Éd. Imprimerie nationale). *Brève Histoire du Québec* de J. Hamelin et J. Provencher, et *Brève Histoire de Montréal* de P. A. Linteau sont publiés chez Boréal. Ces deux ouvrages présentent l'avantage de se lire facilement. Nous recommandons également l'excellent *Ville de Québec* (Éd. La Société historique de Québec), d'Yves Tessier, qui traite cette ville si particulière sous l'angle historique et touristique.

Le deuxième tome de la série Québec 1945-2000, *Les intellectuels et le temps de Duplessis (1944-1960)* de L. Dion, explique la théorie du Refus global de la période de Grande Noirceur (Éd. Presses universitaires de Laval, Québec, 1993).

Genèse de la Société Québécoise de Fernand Dumont (Éd. Boréal) et *Du Canada au Québec, généalogie d'une histoire* de Wenmann Heinz (Éd. Hexagone) sont des ouvrages de référence avant tout voyage dans la Belle Province.

Le Québec : un pays, une culture de F. Têtu de Labsade (Éd. Boréal) vous renseignera utilement sur les us et coutumes de la province. *Québec sauvage* de Marc Poirel et Catherine Raoult (Anako) est le témoignage de deux auteurs qui plaident pour la sauvegarde du Grand Nord québécois et amérindien, avec ses phoques, ses rorquals, ses fous de Bassan, ses bélugas… *La France et nous, journal d'une querelle* de Robert Charbonneau (B.Q.) fait le point sur la relation très forte entre la France et le Québec. *L'obsession ethnique* de Guy Bouthillier (Lanctôt éditeur, 1997) analyse la politique d'immigration du Canada et ses répercussions sur le Québec. A lire aussi sur cette question : *The Ghettoization of Quebec : Interprovincial Migration and Its Demographics Effects*, de Bruce Newbold, Canadian Studies in Population, vol. 23, N°1, 1996.

Guide culturel, *Montréal, oasis du Nord* (Éd. Autrement, 1992) vous fera aborder la capitale de la province québécoise par un autre angle. Dans le domaine de l'écologie, Les Publications du Québec proposent divers ouvrages dont *Le Québec au naturel*, qui fait découvrir 27 régions, la *Petite flore forestière du Québec* ou la *Faune menacée du Québec* qui, avec un guide pédagogique, porte un regard sur 20 espèces, dont la baleine noire, le béluga, le caribou, etc. *L'Encyclopédie des oiseaux du Québec* de W. Earl-Godfrey vous donnera toutes les précisions sur l'avifaune (Éd. de l'Homme).

Pour l'histoire de chaque région du Québec, référez vous aux ouvrages de L'Institut québécois de recherche sur la culture, riches d'enseignement et d'une lecture facile. Sont ainsi déjà parus : *Histoire de la Gaspésie*, *Histoire du Saguenay-Lac Saint-*

Jean, *Histoire des Laurentides*, *Histoire du Bas-Saint-Laurent*, *Histoire de l'Outaouais* et *Histoire de la Côte Nord*.

Histoire et culture de l'Ontario

S'il existe de très nombreux ouvrages en français sur le Canada et le Québec, les livres consacrés spécifiquement à l'Ontario sont rares. En anglais, l'imposant volume intitulé *Loyal She Remains, A Pictorial History of Ontario* (1984) est assez difficile à trouver. Publié par UEL à Toronto, il fournit une bonne base. L'autre solution consiste à se replier sur les ouvrages consacrés au Canada en général.

Les nations amérindiennes

Le Grand Voyage au pays des Hurons est le récit de voyage datant de 1623 de G. Sagard, qui retrace les premiers contacts entre les Hurons et les Français (BQ). Écrit par Champlain au temps de la Conquête, *Des Sauvages* est réédité par Typo. Pour en savoir plus sur la question amérindienne, plongez-vous dans *Canada, derrière l'épopée, les autochtones* de R. Savard et J.-R. Proulx (Éd. L'Hexagone), ainsi que dans *L'Indien généreux, ce que le monde doit aux Amériques* de Denis Vaugeois (Éd. Boréal). *L'Histoire des Indiens* de Bernard Assiniwi est disponible chez Leméac. *Mœurs et histoire des Indiens d'Amérique du Nord* (Éd. Payot, coll. "Documents") de René Thévin et Paul Cozel est consacré à la vie quotidienne des premiers habitants. *Les Indiens d'Amérique du Nord* (Éd. Armand Colin, coll. "Civilisations"), est un manuel très documenté et une source particulièrement sérieuse. *La Question indienne au Canada* de Renée Dupuis (Éd. Boréal, La petite collection Express) dresse le portrait socio-économique de la communauté contemporaine en faisant le point sur les revendications et les statuts actuels. Les éditions du Rocher ont également une collection largement ouverte sur les Amérindiens, "Nuage Rouge", dont le superbe ouvrage, *Les Indiens d'Amérique*. *Le Québec autochtone*, publié par les Éditions La Griffe de l'Aigle, est une mine d'informations sur les nations amérindiennes et les Inuit. On lira également avec intérêt *Nègres blancs d'Amérique* (Éd. Parti Pris), de Pierre Vallières.

Dictionnaires

Peuvent vous être utiles, pour apprécier les subtilités du québécois, *La parlure québécoise* (Les éditions des amitiés franco-québécoises), de Lorenzo Proteau, le *Dictionnaire des expressions québécoises* (éd. B.Q.), de Pierre Desruisseaux et le *Dictionnaire de la langue québécoise*, de L. Bergeron (VLB éditeur).

Librairies

Au Canada. Les grandes villes comportent des librairies où vous trouverez livres, magazines et journaux. A Québec, mentionnons *Ulysse*, 4 boulevard René-Lévesque Est, Québec G1R2B1 (☎ 529-5349).

A l'étranger. En France, pour vous procurer les ouvrages conseillés, vous pouvez vous adresser à la *Librairie du Québec*, 30 rue Gay-Lussac, 75005 Paris (☎ 01 43 54 49 02) ou à la *Librairie canadienne*, 29 rue de la Parcheminerie, 75005 Paris (☎ 01 46 33 16 24).

La galerie *Urubamba*, 4 rue de la Bûcherie, 75005 Paris (☎ 01 43 54 08 24) est spécialisée dans les nations indiennes du continent américain.

Vous trouverez également un vaste de choix de cartes et de documentation aux librairies suivantes :

Ulysse, 26 rue Saint-Louis-en-l'Île, 75004 Paris, ☎ 01 43 25 17 35 (fonds de cartes exceptionnel)

L'Astrolabe, 46 rue de Provence, 75009 Paris, ☎ 01 42 85 42 95 et 14 rue Serpente, 75006 Paris, ☎ 01 46 33 80 06

Au vieux Campeur, 2 rue de Latran, 75005 Paris, ☎ 01 43 29 12 32

Itinéraires, 60 rue Saint-Honoré, 75001 Paris, ☎ 01 42 36 12 63, minitel 3615 Itinéraires (2,23 FF/minute)

Planète Havas Librairie, 26 avenue de l'Opéra, 75001 Paris, ☎ 01 53 29 40 00

Voyageurs du monde, 55 rue Sainte-Anne, 75002 Paris, ☎ 01 42 86 17 38

Hémisphères, 15 rue des Croisiers, 14000 Caen, ☎ 02 31 86 67 26
L'Atlantide, 56 rue St-Dizier, 54000 Nancy, ☎ 03 83 37 52 36
Les cinq continents, 20 rue Jacques-Cœur, 34000 Montpellier, ☎ 04 67 66 46 70 *Magellan*, 3 rue d'Italie, 06000 Nice, ☎ 04 93 82 31 81
Ombres blanches, 50 rue Gambetta, 31000 Toulouse, ☎ 05 61 21 44 94.

MÉDIAS

Journaux et magazines

Au Québec, cinq quotidiens francophones se disputent le marché : *La Presse* (grand quotidien), *Le Devoir* (plus intellectuel), *Le Journal de Montréal* (plus populaire), *Le journal de Québec* et *Le Soleil* (plus centré sur l'actualité de la ville de Québec). *The Gazette* est le grand quotidien anglophone. Le *Globe and Mail* est pour sa part un quotidien national. Vous trouverez toute la vie culturelle de la semaine à Montréal et à Québec dans les deux hebdomadaires *Voir* (en français) et *Mirror* (en anglais). Ils sont distribués gratuitement. *L'Actualité* est une revue d'information générale. Dans certaines librairies de Montréal et de Québec, mais surtout dans la région du Bas-Saint-Laurent/Gaspésie, vous pourrez acheter *Le Mouton Noir*, un journal d'opinion plein d'humour et de mordant. Il est gratuit dans la région. En Ontario, les journaux importants sont le *Toronto Star* et l'*Ottawa Citizen*. *Maclean's* est un magazine d'informations hebdomadaire analogue au *Time* américain.

Radio et télévision

La Canadian Broadcasting Corporation (CBC) propose des émissions nationales et régionales radiophoniques (fréquences AM et FM) et télévisées, diffusées dans tout le Québec et l'Ontario. CBC possède également un réseau radiophonique et un réseau télévisé français, tous deux réunis sous le nom de Radio-Canada, que l'on peut capter partout.

L'autre grand réseau national de télévision est le CTV Television Network (CTV), principale chaîne commerciale diffusant des programmes régionaux, nationaux et américains.

INTERNET

Au Québec, vous trouverez de nombreux cafés Internet disposant d'écrans dont l'accès revient en moyenne à 5 $ l'heure.

Parmi les adresses électroniques intéressantes, mentionnons celle du Gouvernement québécois (http://www.gouv.qc.ca), Alpha, le cybermagazine des maîtres du Web (http://alpha.inventionmedia.com), Chroniques de Cybérie (http://www.Cybérie.qc.ca) et celle du journal *Voir* (http://www.Voir.qc.ca).

Le site du gouvernement de l'Ontario (http://www.gov.on.ca.) est une mine d'informations régulièrement mises à jour sur l'histoire, la géographie, le gouvernement provincial, etc. Il peut être consulté en anglais et en français.

FILMS ET PHOTOS

Vous pouvez vous procurer toutes les marques de pellicules dans les magasins de photos dans le centre des villes principales. Vérifiez toujours la date de péremption. Autrefois très courants et faciles à se procurer, les films diapo sont aujourd'hui souvent introuvables en dehors des magasins spécialisés. Chez les droguistes, dans les grands magasins et à l'épicerie du coin, vous ne trouverez que les pellicules standard Kodak et Fuji.

Au Québec et en Ontario, le développement est rarement compris dans le prix d'achat de la pellicule, sauf pour les films Kodachrome (c'est alors l'option la moins chère), dont le développement (au Canada) est compris ou moyennant supplément.

Les enseignes Black's sont de bons points de vente photo mais on ne les trouve qu'en Ontario. Ils offrent un choix intéressant de pellicules et assurent un développement rapide.

Les quatre standards de bandes Caméscope coexistent dans les deux provinces : VHS, VHS C, Beta et 8 mm. Pour faire le meilleur choix, rendez-vous dans un magasin spécialisé.

Radio Shack est un détaillant de matériel électronique possédant des points de vente dans toutes les grandes villes.

SANTÉ

Le Québec comme l'Ontario est un pays dans lequel vous ne courez aucun risque et peu de précautions sont nécessaires en matière de santé. La santé en voyage dépend du soin avec lequel on prépare le départ et, sur place, de l'observance d'un minimum de règles quotidiennes.

Guides de la santé en voyage

Un guide sur la santé peut s'avérer utile. *Voyages internationaux et santé* de l'Organisation mondiale de la santé (OMS), *Les maladies en voyage* du Dr Éric Caumes (Points Planète), *Saisons et climats* de Jean-Noël Darde (Balland) sont également d'excellentes références.

En France, le serveur Minitel 3615 Visa Santé fournit des conseils pratiques, des informations sanitaires et des adresses utiles sur plus de 150 pays.

Ceux qui pratiquent l'anglais pourront se procurer *Travel with Children* de Maureen Wheeler (Lonely Planet Publications) qui donne des conseils judicieux pour voyager à l'étranger avec des enfants en bas âge.

Avant le départ

Assurances. Il est conseillé de souscrire une police d'assurance qui vous couvrira en cas d'annulation de votre voyage, de vol, de perte de vos affaires, de maladie ou encore d'accident. Les assurances internationales pour étudiants sont en général d'un bon rapport qualité/prix. Lisez avec la plus grande attention les clauses en petits caractères : c'est là que se cachent les restrictions.

Vérifiez notamment que les "sports dangereux", comme la plongée, la moto ou même la randonnée ne sont pas exclus de votre contrat ou encore que le rapatriement médical d'urgence, en ambulance ou en avion, est couvert. De même, le fait d'acquérir un véhicule dans un autre pays ne signifie pas nécessairement que vous serez couvert par votre propre assurance.

Vous pouvez contracter une assurance qui réglera directement les hôpitaux et les médecins, vous évitant ainsi d'avancer des sommes qui ne vous seront remboursées qu'à votre retour. Dans ce cas, gardez bien tous les documents nécessaires.

Attention ! avant de souscrire une police d'assurance, vérifiez bien que vous ne bénéficiez pas déjà d'une assistance par votre carte de crédit, votre mutuelle ou votre assurance automobile.

Au Québec et en Ontario, les soins médicaux, hospitaliers et dentaires sont excellents mais onéreux. Le prix standard d'une chambre dans un hôpital urbain s'élève, pour les étrangers, entre 500 et 2 000 $ par jour !

Trousse à pharmacie. Veillez à emporter avec vous une petite trousse à pharmacie contenant quelques médicaments indispensables. Prenez des médicaments de base :

- de l'aspirine ou du paracétamol (douleurs, fièvre),
- un antihistaminique (en cas de rhumes, allergies, démangeaisons dues aux piqûres d'insectes, mal des transports – évitez l'alcool),
- un antidiarrhéique,
- un réhydratant, en cas de forte diarrhée, surtout si vous voyagez avec des enfants,
- un antiseptique, une poudre ou un spray désinfectants pour les coupures et les égratignures superficielles, des pansements pour les petites blessures et un produit contre les moustiques,
- une petite trousse de matériel stérile comprenant une seringue, des aiguilles, du fil à suture, une lame de scalpel. N'oubliez pas le thermomètre (ceux à mercure sont interdits par certaines compagnies aériennes), les comprimés pour stériliser l'eau et des antibiotiques à demander à votre médecin.

Ne prenez des antibiotiques que sous contrôle médical. Utilisez-les aux doses prescrites et pendant toute la période également prescrite, même si vous avez l'impression d'être guéri avant. Chaque antibiotique soigne une affection précise : ne les utilisez pas au hasard. Cessez immédiatement le traitement en cas de réactions graves.

Quelques conseils. Assurez-vous que vous êtes en bonne santé avant de partir. Si vous partez pour un long voyage, faites contrôler l'état de vos dents. Nombreux sont les endroits où l'on ne souhaiterait pas une visite chez le dentiste à son pire ennemi. Si vous portez des lunettes ou des lentilles de contact, emportez une paire de secours et la copie de votre ordonnance : ne plus avoir de lunettes peut être source de réels problèmes. Sachez toutefois qu'en de nombreux endroits au Canada, on peut se faire faire de nouveaux verres rapidement et à un prix raisonnable, à condition bien sûr de connaître sa correction.

Si vous suivez un traitement de façon régulière, n'oubliez pas votre ordonnance (avec le nom du principe actif plutôt que la marque du médicament, afin de pouvoir trouver un équivalent local, le cas échéant). De plus, l'ordonnance vous permettra de prouver que vos médicaments vous sont légalement prescrits, des médicaments en vente libre dans certains pays étant interdits dans d'autres.

Vaccins. Aucune vaccination n'est obligatoire pour se rendre au Québec et/ou en Ontario mais soyez à jour dans vos vaccinations inscrites dans votre carnet de santé. Les vaccins ont des durées d'efficacité très variables ; certains sont contre-indiqués pour les femmes enceintes. Voici les coordonnées de quelques centres de vaccination à Paris : Hôtel-Dieu, centre gratuit de l'Assistance Publique (☎ 01 42 34 84 84), 1, Parvis Notre-Dame, 75004 Paris ; l'Assistance Publique Voyages, service payant de l'Hôpital de la Pitié-Salpêtrière (☎ 01 45 85 90 21, le matin), 47, bd de l'Hôpital, 75013 Paris ; ou l'Institut Pasteur (☎ 01 45 68 81 98) 209, bd de Vaugirard, 75015 Paris. Il existe de nombreux centres en province, en général liés à un hôpital ou un service de santé municipal.

Précautions élémentaires

Faire attention aux aliments et à la boisson est la première des précautions à prendre. Les troubles gastriques et intestinaux sont fréquents même si la plupart du temps, ils restent bénins.

Stérilisation de l'eau. Au Québec et en Ontario, l'eau du robinet est potable partout. Les informations suivantes s'adressent aux voyageurs qui, ayant l'intention de séjourner dans les forêts ou de partir en excursion en pleine nature, devront donc boire l'eau des lacs et des rivières.

Comme les expéditions les plus longues se font dans les parcs nationaux, renseignez-vous auprès des gardes forestiers sur la qualité de l'eau.

Pour stériliser l'eau, le plus simple est de bien la faire bouillir. Même à haute altitude, la faire bouillir cinq minutes devrait être suffisant. N'oubliez pas que, à haute altitude, elle bout à une température plus basse et que les germes ont plus de chance de survivre. Un simple filtrage peut être très efficace mais n'éliminera pas tous les micro-organismes dangereux. Par conséquent, si vous ne pouvez faire bouillir l'eau, il faut la traiter chimiquement. Le Micropur tuera la plupart des germes pathogènes.

Nutrition. Si votre alimentation est quantitativement et qualitativement pauvre, votre santé risque très vite de s'en ressentir.

Assurez-vous que votre régime est équilibré. Œufs, tofu, légumes secs, lentilles et noix variées vous fourniront des protéines. Les fruits que l'on peut éplucher (bananes, oranges et mandarines par exemple)vous apportent des vitamines. Essayez de manger des céréales et du pain en abondance. Si la nourriture présente moins de risques quand elle est bien cuite, n'oubliez pas que les plats trop cuits perdent leur valeur nutritionnelle. Si votre régime est mal équilibré ou insuffisant, prenez des vitamines et des comprimés à base de fer. Pour de longues randonnées, munissez-vous toujours d'une gourde d'eau.

Une transpiration excessive fait perdre des sels minéraux et peut provoquer des crampes musculaires. Il est déconseillé de prendre des pastilles de sel de façon préventive, mais dans les régions où la nourriture est peu salée, il n'est pas inutile de rajouter du sel dans son plat.

Santé au jour le jour. La température normale du corps est de 37°C ; deux degrés de plus représentent une forte fièvre. Le pouls normal d'un adulte est de 60 à 80 pulsations par minute (celui d'un enfant est de 80 à 100 pulsations ; celui d'un bébé de 100 à 140 pulsations). Il est important de savoir prendre la température par le pouls. Celui-ci augmente d'environ 20 pulsations à la minute avec chaque degré de fièvre.

La respiration est aussi un bon indicateur en cas de maladie. Comptez le nombre d'inspirations par minute : entre 12 et 20 chez un adulte, jusqu'à 30 pour un jeune enfant et jusqu'à 40 pour un bébé, elle est normale. Les personnes atteintes de forte fièvre ou d'une maladie respiratoire grave (pneumonie par exemple) respirent plus rapidement (plus de 40 respirations/minute en cas de pneumonie).

Problèmes de santé et traitement

Les éventuels problèmes de santé sont répartis en plusieurs catégories. Tout d'abord les problèmes liés au climat et à la géographie, dus aux températures extrêmes, à l'altitude ou aux transports. Puis les maladies dues au manque d'hygiène ; celles transmises par les animaux ou les hommes ; et les maladies transmises par les insectes. Enfin, de simples coupures, morsures ou égratignures peuvent aussi être source de problèmes. L'autodiagnostic et l'autotraitement sont risqués, aussi, chaque fois que cela est possible, adressez-vous à un médecin. On peut trouver de l'aide dans n'importe quel service d'urgence des hôpitaux.

Affections liées au climat

Coups de soleil. Les coups de soleil s'attrapent étonnamment vite, même par temps couvert. Utilisez un écran solaire et pensez à couvrir les endroits qui sont normalement protégés, les pieds par exemple. Si les chapeaux fournissent une bonne protection, n'hésitez pas à appliquer également un écran total sur le nez et les lèvres. Les lunettes de soleil s'avèrent souvent indispensables.

Froid. Très peu de gens risquent d'être victimes de problèmes de santé à la suite d'une froidure extrême. Les jours d'hiver où la morsure du gel risque de se faire sentir (causée presque toujours par un facteur d'abaissement de la température dû au vent), vous en serez averti. Tout le monde en parlera, la radio diffusera des informations sur le nombre de minutes pendant lesquelles il est raisonnable d'exposer sa peau au froid, et surtout... l'atmosphère sera effectivement glaciale.

Si vous effectuez une randonnée, ou, plus simplement, un trajet de nuit en bus ou en voiture, prenez vos précautions. Au Québec et en Ontario, il faut toujours être équipé contre le froid, le vent et la pluie, même si vous ne faites qu'une promenade.

L'hypothermie a lieu lorsque le corps perd de la chaleur plus vite qu'il n'en produit et que sa température baisse. Le passage d'une sensation de grand froid à un état dangereusement froid est étonnamment rapide quand vent, vêtements humides, fatigue et faim se combinent, et cela, même si la température extérieure est supérieure à 0°C. Il est préférable de s'habiller par couches : soie, laine et certaines fibres synthétiques nouvelles sont toutes de bons isolants. Un chapeau est important, car on perd beaucoup de chaleur par la tête. La couche supérieure des vêtements doit être solide et imperméable, car il est vital de rester au sec. Emportez du ravitaillement de base comprenant des sucres rapides, qui génèrent rapidement des calories, et des boissons en abondance. N'oubliez ni la bougie, ni un briquet, ni un bon duvet ou une couverture.

Symptômes : fatigue, engourdissement, en particulier des extrémités (doigts et orteils), grelottements, élocution bredouillante, comportement incohérent ou violent, léthargie, démarche trébuchante, vertiges, crampes musculaires, et explosions soudaines d'énergie. La personne atteinte d'hypothermie peut déraisonner au point de prétendre qu'elle a chaud et de se dévêtir.

Pour soigner l'hypothermie, protégez le malade du vent et de la pluie, enlevez-lui ses vêtements s'ils sont humides et habillez-le chaudement. Donnez-lui une boisson chaude (pas d'alcool) et de la nourriture très calorique, facile à digérer. Cela devrait suffire pour les premiers stades de l'hypothermie. Néanmoins, si son état est plus grave, couchez-le dans un sac de couchage chaud. Il ne faut pas le frictionner, le placer près d'un feu ni lui changer ses vêtements dans le vent. Si possible, faites-lui prendre un bain chaud (pas brûlant).

Mal des transports. Pour réduire les risques d'avoir le mal des transports, mangez légèrement avant et pendant le voyage. Si vous êtes sujet à ces malaises, essayez de trouver un siège dans une partie du véhicule où les oscillations sont moindres : près de l'aile dans un avion, au centre sur un bateau et dans un bus. Si en général l'air frais requinque, il faut éviter de lire et de fumer. Tout médicament doit être pris avant le départ ; une fois que vous vous sentez mal, il est trop tard.

Affections liées aux conditions sanitaires

Giardiase. Si vous faites beaucoup de camping, spécialement dans l'arrière-pays, méfiez-vous de ce parasite intestinal, présent dans l'eau souillée ou dans les aliments souillés par l'eau. Symptômes : crampes d'estomac, nausées, estomac ballonné, selles très liquides et nauséabondes, et gaz fréquents. La giardiase peut n'apparaître que plusieurs semaines après la contamination. Les symptômes peuvent disparaître pendant quelques jours puis réapparaître et cela pendant plusieurs semaines.

Rage. Peu répandue au Québec et en Ontario, la rage doit néanmoins être envisagée par les voyageurs qui séjournent un certain temps dans les forêts ou les régions très peu développées. Les principaux vecteurs en sont les écureuils, les moufettes, les ratons laveurs et surtout les renards. Paradoxalement, ces animaux ont appris à s'adapter aux régions peuplées, si bien qu'on peut en voir dans les parcs des villes, dans les aires de divertissement, les zones boisées qui entourent les cours d'eau, et même sur les trottoirs des quartiers résidentiels après la tombée de la nuit. Surtout si ceux-ci sont encombrés d'ordures !

La rage est transmise par une morsure ou une griffure faite par un animal contaminé. Morsures, griffures ou même simples coups de langue d'un mammifère doivent être nettoyés immédiatement. Frottez avec du savon et de l'eau courante, puis nettoyez avec de l'alcool. S'il y a le moindre risque que l'animal soit contaminé, consultez sur-le-champ un médecin. Même si l'animal n'est pas enragé, toutes les morsures doivent être surveillées de près pour éviter les risques d'infection et de tétanos. Un vaccin antirabique est désormais disponible. Songez-y si vous pensez prendre certains risques, comme explorer des grottes (les morsures de chauves-souris peuvent être dangereuses) ou travailler avec des animaux. Sachez cependant que la vaccination préventive ne dispense pas de la nécessité de se faire administrer le plus vite possible un traitement antirabique après contact avec un animal enragé ou dont le comportement peut paraître suspect.

Maladies sexuellement transmissibles (MST). A l'instar des autres pays occidentaux, le Québec comme l'Ontario (surtout dans les grandes villes) n'échappent pas aux maladies sexuellement transmissibles.

La blennorragie, l'herpès et la syphilis sont les maladies les plus répandues. Plaies, cloques ou éruptions autour des parties génitales, suppurations ou douleurs lors de la miction en sont les symptômes habituels ; ils peuvent être moins forts ou inexistants chez les femmes. Les symptômes de la syphilis finissent par disparaître complètement, mais la maladie continue à se développer et elle provoque de graves problèmes par la suite. On traite la blennorragie et la syphilis par les antibiotiques.

Les maladies sexuellement transmissibles (MST) sont nombreuses mais on dispose d'un traitement efficace pour la plupart d'entre elles. Il n'existe pas de remède contre l'herpès pour le moment.

Le slogan de la campagne publicitaire anti-sida lancée un moment par le gouvernement canadien fut : “Pas d’amour sans protection” (No glove, no love).

VIH/sida. L’infection à VIH (virus de l’immunodéficience humaine), agent causal du sida (Syndrome d’immunodéficience acquise) est présente dans pratiquement tous les pays et épidémique dans nombre d’entre eux. La transmission de cette infection se fait : par rapport sexuel (hétérosexuel ou homosexuel – anal, vaginal ou oral) d’où l’impérieuse nécessité d’utiliser des préservatifs à titre préventif ; par le sang, les produits sanguins et les aiguilles contaminées. Il est impossible de détecter la présence du VIH chez un individu apparemment en parfaite santé sans procéder à un examen sanguin.

Il faut éviter tout échange d’aiguilles. S’ils ne sont pas stérilisés, tous les instruments de chirurgie, les aiguilles d’acupuncture et de tatouages, les instruments utilisés pour percer les oreilles ou le nez peuvent transmettre l’infection. Il est fortement conseillé d’emporter seringues et aiguilles, car celles que l’on vend en pharmacie ne sont pas toujours fiables.

Toute demande de certificat attestant la séronégativité pour le VIH (certificat d’absence de sida) est contraire au Règlement sanitaire international (article 81).

A Montréal, la ligne Info Sida est le ☎ (514) 521-7432.

Coupures, piqûres et morsures

Maladie de Lyme. Bien qu’elle constitue une menace moins importante, la maladie de Lyme, découverte récemment, ne doit pas être ignorée. Depuis la fin des années 80, on enregistre chaque été davantage de cas de cette maladie, même si la grande majorité de ceux qui concerne le nord de l’Amérique se sont trouvés aux États-Unis. La maladie en elle-même est en réalité plus un symptôme transmis par une espèce particulière de tiques de cerfs, semblables, en plus petit, aux tiques de chien. La tique infecte la peau avec une bactérie appelée spirochète, qui est à l’origine de la maladie. C’est en 1975, dans le Connecticut, que cette dernière a été identifiée pour la première fois, par un certain M. Lyme qui lui a donné son nom. Aujourd’hui encore, elle n’est pas toujours, ou mal, diagnostiquée. La maladie de Lyme est en effet difficile à diagnostiquer, car elle peut présenter des symptômes très divers. Consultez un médecin si, dans les trente jours qui suivent la piqûre, vous observez une petite bosse rouge entourée d’une zone enflammée ; elle ne s’accompagne pas systématiquement de symptômes comparables à ceux d’une grippe.

A condition de prendre la maladie à ce stade, les antibiotiques constitueront un traitement simple et efficace. Certains symptômes ultérieurs peuvent s’avérer bien plus graves, comme par exemple une sorte d’arthrite gagnant les genoux.

Le meilleur moyen d’éviter ce type de complications est de prendre ses précautions lorsqu’on traverse des régions où l’on connaît des cas de maladie de Lyme. Jusqu’à présent, les quelques cas ont été repérés aux extrémités occidentale et orientale du Canada. Si vous entendez parler de quelque risque que ce soit alors que vous traversez des zones forestières, emmitouflez-vous le plus possible dans vos vêtements, utilisez un produit répulsif contenant un diethylmetatoluamide, ou un substitut plus léger pour vos enfants.

A la fin de chaque journée, vérifiez que ni vous, ni vos enfants, ni votre animal familier n’avez attrapé de tiques. Bien sûr, la plupart des tiques ne peuvent elles-mêmes transmettre la maladie et même les plus “méchantes” ne sont pas porteuses de la bactérie.

Morsures de serpent. Portez toujours des chaussures de marche, des chaussettes et des pantalons pour marcher dans la végétation. Ne hasardez pas la main dans les trous et les anfractuosités et faites attention lorsque vous ramassez du bois pour faire du feu. Les morsures de serpents ne provoquent pas instantanément la mort et il existe généralement des anti-venins. Il faut calmer la victime, lui interdire de bouger, bander étroitement le membre comme pour une foulure et l'immobiliser avec une attelle. Trouvez ensuite un médecin et apportez-lui si possible le serpent mort. N'essayez en aucun cas d'attraper le serpent s'il y a le moindre risque qu'il pique à nouveau. On sait désormais qu'il ne faut absolument pas sucer le venin ou poser un garrot.

Punaises et poux. Les punaises affectionnent la literie douteuse. Si vous repérez de petites taches de sang sur les draps ou sur les murs autour du lit, cherchez un autre hôtel. Les piqûres de punaises forment des alignements réguliers ; une pommade calmante apaisera la démangeaison. Les poux provoquent des démangeaisons. Ils élisent domicile dans les cheveux, les vêtements ou les poils pubiens. On en attrape par contact direct avec des personnes infestées ou en utilisant leur peigne, leurs vêtements, etc. Poudres et shampooings détruisent poux et lentes ; il faut également laver les vêtements à l'eau très chaude. Les moustiques posent également problème ; reportez-vous à l'encadré *Nos amies les bêtes* dans la rubrique *Désagréments et dangers*.

Santé au féminin

Problèmes gynécologiques. Une nourriture pauvre, une résistance amoindrie par l'utilisation d'antibiotiques contre des problèmes intestinaux, voire la pilule contraceptive peuvent favoriser les infections vaginales lorsqu'on voyage en été, pendant la saison chaude. Respectez une hygiène intime scrupuleuse et portez jupes ou pantalons amples et sous-vêtements en coton. Les champignons, caractérisés par une éruption cutanée, des démangeaisons et des pertes, peuvent se soigner facilement. En revanche, les trichonomas sont plus graves ; pertes blanches et sensation de brûlure lors de la miction en sont les symptômes. Le partenaire masculin doit également être soigné. Sachez encore qu'il n'est pas rare que le cycle menstruel soit perturbé lors d'un voyage.

Grossesse. La plupart des fausses couches ont lieu pendant les trois premiers mois de la grossesse, c'est donc la période la plus risquée pour voyager. Pendant les trois derniers mois, il vaut mieux rester à distance raisonnable de bonnes infrastructures médicales. Les femmes enceintes doivent éviter de prendre inutilement des médicaments. Mieux vaut consulter un médecin avant de prendre quoi que ce soit.

SEULE EN VOYAGE

Il n'existe pas de différence majeure entre un homme et une femme voyageant seul(e) au Québec ou en Ontario. Aucun piège culturel ou "classique" n'est réellement à signaler aux personnes de sexe féminin, si ce n'est les recommandations classiques de tout périple en solitaire.

Essayez toujours d'arriver à destination avant la tombée de la nuit. Si vous débarquez dans une gare (bus ou train), prenez un taxi pour rejoindre le lieu où vous devez passer la nuit. A Montréal, les gares routières ou ferroviaires donnent directement accès au métro, propre et sûr. Il est recommandé d'éviter certains quartiers des villes principales le soir, surtout les vendredi et samedi.

En voiture, veillez au bon état général de votre véhicule et évitez de tomber en panne d'essence. Si cela vous arrive sur l'autoroute, surtout le soir, il peut être judicieux de glisser derrière votre vitre une pancarte que vous aurez fabriquée au préalable portant la mention "Appelez la police". Les automobilistes réagissent à ce type d'appel au secours. Il est déconseillé aux femmes qui tombent en panne de sortir de leur voiture et d'attendre dehors, surtout le soir. Restez à l'intérieur et fermez les portières à clef. Dans les villes, évitez les parkings souterrains.

Faites bien attention si vous voyagez en stop, surtout si vous êtes seule. Nous vous le déconseillons de manière générale. Sinon, faites preuve de bon sens. Être accompagnée d'une ou de plusieurs personnes de l'autre sexe est le moyen le plus sûr pour une femme de voyager en stop.

Les femmes seules auront intérêt à réserver une chambre avant d'arriver dans une ville inconnue, surtout si elles se déplacent en bus ou en train.

Les auberges de jeunesse et les B&B sont des lieux sûrs, comme la plupart des hébergements au Québec et en Ontario. Assurez-vous que dans votre chambre, les portes ont des verrous. De manière générale, demandez à voir votre chambre et évitez les hôtels urbains très bon marché.

Sachez également que le parfum des eaux de toilette et d'autres cosmétiques attire les ours et les moustiques.

VOYAGEURS HANDICAPÉS

Le Québec et l'Ontario font tout pour faciliter la vie quotidienne des handicapés moteurs, principalement ceux qui circulent en fauteuil roulant. Dans l'ensemble, ils ont, à cet égard, dépassé la majorité des pays dans le monde et cette évolution se poursuit encore. La plupart des immeubles publics, dont les principaux offices du tourisme et nombre d'hôtels, sont accessibles aux chaises roulantes, de même que les principaux musées, les galeries d'art et les lieux de spectacles.

Dans la plupart des parcs provinciaux et nationaux, les centres d'information sont également facilement accessibles. Certains petits chemins de randonnée et/ou des passages en bois ont été conçus pour les handicapés ou selon des critères de transport autopropulsés.

Le système ferroviaire VIA dispose de structures pour les handicapés moteurs mais il faut prévenir 48 heures à l'avance. Toutes les compagnies de bus assurent une assistance aux passagers de ce type ; sièges spéciaux et autres équipements sont admis à condition d'être pliables et de pouvoir s'insérer dans les espaces réservés aux bagages. Quant aux compagnies aériennes, elles ont l'habitude d'accueillir des passagers handicapés moteurs et ont instauré à leur intention un système d'embarquement et de débarquement.

Dans les grandes villes, les parkings possèdent tous des aires réservées aux handicapés, généralement signalées par le dessin d'une chaise roulante. Situées à proximité des portes ou des points d'accès de l'endroit visité, elles ne peuvent être utilisées par les personnes valides sous peine d'amende. Les agences de location de voitures peuvent fournir des accessoires spéciaux tels que commandes à main, mais là encore il faut les commander à l'avance.

A Montréal, l'Association Kéroul (☎ (514) 252-3104), 4545 avenue Pierre-de-Coubertin, C.P. 1000, Succursale 1000, pourra vous fournir la listes des endroits accessibles et des associations proposant des activités sportives ou culturelles.

A Toronto, le réseau de transports publics, le TTC, comprend un service de bus spécial qui dessert toute la ville, avec élévateurs pour fauteuils roulants.

VOYAGEURS SENIORS

Les plus de 60 ans sont appelés "seniors" au Québec comme en Ontario, et font partie de la catégorie "âge d'or". Les réductions prévues à leur intention sont multiples : transports, musées, sites historiques, cinémas, théâtres, activités sportives... Elles avoisinent en général 30%.

En Ontario, les voyages organisés pour les seniors consistent en des séjours culturels peu onéreux. Le programme classique s'articule comme suit : débats et conférences le matin, excursions et visites des lieux étudiés l'après-midi. Les participants sont logés en chambres universitaires. Généralement, le prix du voyage inclut à la fois les repas, le logement et certains déplacements. Les cours sont de durée variable mais peuvent s'étaler sur plusieurs semaines. Leurs thèmes ont trait à l'histoire, à la nature, à la géographie, etc.

Voyage Québec, dans le cadre de la Fédération de l'âge d'or du Québec, propose des voyages organisés. Cette société se tient 174 avenue Grande Allée Ouest, Québec, Québec G1R 2G9 (☎ (418) 525-4585).

Pour l'Ontario, adressez-vous au Bureau central des voyages organisés pour le troisième âge au Canada, 308 Wellington St, Kingston, Ontario K7K 7A7 (☎ (613) 530-2222).

La Fédération de l'âge d'or du Québec (☎ (514) 252-3017) est installée à Montréal, 4545 avenue Pierre-de-Coubertin, C.P. 1000, HIV 3R2.

COMMUNAUTÉ HOMOSEXUELLE

La communauté homosexuelle de Montréal et de Toronto compte parmi les plus importantes au monde. Le système législatif est très sévère en matière de discrimination sexuelle. A Montréal, les communautés gays et lesbiennes se concentrent essentiellement dans le quartier dit Le Village (reportez-vous au chapitre *Montréal*).

A chacun sa revue : *Fugues* pour les hommes, *Gazelle* pour les femmes. Distribuées gratuitement, elles indiquent les rendez-vous du mois, des adresses de bars, de discothèques, de restaurants voire des hôtels à Montréal mais aussi en région. A Toronto, le magazine *Xtra* et, à Ottawa, *Capitol Xtra*, diffusent le même type d'informations. L'*Androgyne* (☎ (514) 842 4765), 3636 boulevard Saint-Laurent (à l'angle de la rue Prince-Arthur), à Montréal, est la grande librairie gay et lesbienne.

A Montréal, les associations sont multiples. Citons le Centre communautaire des gays et lesbiennes (☎ (514) 528-8424). A Toronto comme à Montréal, le jour de la Gay Pride fait toujours l'objet d'un grand défilé et d'une fête le soir.

VOYAGER AVEC DES ENFANTS

Le Québec et l'Ontario sont des pays de rêve pour les enfants. Outre les multiples activités de plein air et d'observation (baleines et migration des oies des neiges), les musées constituent également de merveilleux endroits pour les enfants de tous âges. Le musée des Civilisations à Hull compte ainsi une partie spécialement conçue à leur intention, et le Biodôme de Montréal s'avère un lieu magique.

Dans les villes et les villages, vous trouverez toujours une vaste aire de jeux, toujours bien placée. Les parcs prévoient également des programmes et des activités.

Dans les musées, des poussettes et des tables à langer (avec couches) sont mises à disposition gratuitement. Les enfants bénéficient par ailleurs de nombreuses réductions, que ce soit dans les musées, les transports, les activités de plein air ou d'observation. Ils paient en général demi-tarif. Les moins de 6 ou 5 ans (selon le cas) n'ont rien à payer.

Pour les hébergements, la gratuité s'applique pour les enfants de moins de 5 ans, voire 18 ans dans certains hôtels de Trois-Rivières.

Seul inconvénient : les moustiques en période estivale.

DÉSAGRÉMENTS ET DANGERS

Consultez la rubrique *Santé* pour connaître les risques éventuels. Voyez aussi la rubrique *Code de la route et mesures de sécurité préventives* du chapitre *Comment circuler*.

Incendies

Avant de dormir à l'extérieur des campings officiels, veillez à ne pas provoquer d'incendie. C'est un phénomène extrêmement dangereux qui peut causer des dégâts considérables, particulièrement pendant les mois chauds d'été. Si vous séjournez dans un camping officiel, vérifiez que tout ce qui est susceptible de brûler, y compris les cigarettes, est bien éteint lorsque vous avez fini de l'utiliser.

Insectes

Reportez-vous à l'encadré *Nos amies les bêtes*.

Animaux spécifiques aux lieux de camping

Les écureuils, les ratons laveurs et les souris sont monnaie courante. Ils passent donc beaucoup de temps à fourrager dans les sacs de nourriture ou les ordures qu'on laisse alentour. La meilleure façon de vous en défendre est de mettre vos aliments à l'abri.

EN CAS D'URGENCE

En cas d'urgence (police, médecin, pompiers), composez le 0, excepté dans les zones urbaines où vous devez composer le 911. Pour les affaires non urgentes, consultez l'annuaire local pour trouver les numéros d'appel des postes de police.

En cas de perte ou de vol de votre passeport, contactez le consulat le plus proche. Il vous fournira temporairement une pièce de remplacement. En cas de perte ou de vol de vos chèques de voyage, contactez la banque émettrice ou son représentant. A l'achat de vos chèques, on vous remet une liste des numéros de téléphone que vous pouvez appeler en cas de perte. Notez scrupuleusement les chèques que vous encaissez. Ainsi, en fournissant la liste des chèques volés, le remboursement en sera facilité.

Pour tout vol pour lequel vous aurez à remplir une déclaration d'assurance, appelez la police afin de lui signaler les objets dérobés. Faites-vous préciser le numéro de référence de votre déposition – il pourra vous être demandé.

ÉTUDIER OU TRAVAILLER AU QUÉBEC OU EN ONTARIO

Permis de séjour pour étudiants

Pour venir étudier au Québec ou en Ontario, tout étudiant étranger doit avoir en sa possession, à l'arrivée sur le territoire, un "permis de séjour pour étudiants".

Six mois avant votre départ, vous devez vous présenter au Service d'immigration de l'ambassade du Canada et être en possession de l'inscription définitive à l'université ou à l'école à titre régulier et à temps complet. Vous aurez également à apporter la preuve que vous possédez suffisamment d'argent pour couvrir vos frais sur place

Nos amies les bêtes

Si vous campez ou pique-niquez, mettez la nourriture à l'abri dans le coffre de la voiture ou dans des sacs en Nylon que vous attacherez à une corde et que vous placerez ensuite loin de votre tente, sur une branche de sorte qu'ils ne touchent pas le tronc, à 3 m du sol environ, car les ours grimpent aux arbres. Ne jetez pas votre graisse de cuisson ou vos restes dans le trou que vous aurez creusé pour faire un feu. De même, ne laissez pas de restes.

Si vous apercevez un ours, ne l'approchez surtout pas, essayez de vous mettre contre le vent de façon à ce qu'il ne puisse pas vous sentir et prévenez un employé du parc.

Si vous voyez des oursons, disparaissez aussi discrètement et rapidement que possible. Le bruit les effraie, ne vous privez pas de parler, de chanter, de siffler, voire d'emporter avec vous une clochette. Ne donnez jamais à manger à des ours, car ils sont de grands paresseux et risqueraient de prendre de très mauvaises habitudes, obligeant les responsables du parc à les déplacer voire à les abattre.

Les mois de juin et juillet sont les mois de prédilection des moustiques et des mouches noires. Dans certaines régions (les Laurentides, par exemple), ils peuvent se révéler redoutables à cette saison. Cependant à la fin de l'été, l'atmosphère s'assèche et les insectes disparaissent. Ils sévissent au cœur des forêts. Dans les clairières ou sur le littoral, vous ne risquez rien. La douleur d'une piqûre de moustique est très supportable et éphémère. Certaines personnes sont allergiques aux piqûres de mouches noires et la plaie risque de s'enflammer.

En règle générale, les vêtements sombres attirent davantage les insectes que les vêtements de couleur claire. De même, évitez les parfums, qui attirent surtout les moustiques. Achetez sur place des lotions anti-insectes ou des vaporisateurs répulsifs, disponibles dans toutes les pharmacies (ou chez les droguistes). Nous vous recommandons les marques "Muskoil" et "Off" ; pour ce dernier produit, il existe également un modèle plus puissant, "Deep Woods Off". N'employez pas sur des enfants les répulsifs de la marque "Deet". Dans tous les cas, essayez de réduire au minimum la surface de peau susceptible d'être piquée – en portant une chemise à manche longue, un pantalon, et un chapeau ou une casquette.

Les moustiques sortent au crépuscule. Un feu les fera s'éloigner. Pour les campeurs, une tente avec fermeture Éclair est absolument indispensable ! ■

(comptez 15 000 $ par an) et un billet de retour. Le coût du permis est de 500 FF.

L'Office franco-québécois pour la jeunesse (☎ 01 40 54 67 67), 5 rue Logelbach, 75017 Paris, propose des stages pour étudiants ou jeunes diplômés et peut vous conseiller sur le choix des universités mais aussi dans votre recherche d'emploi. L'Office est aussi accessible par Minitel 3615 OFQJ (tarif 2,23 FF la minute).

Si vous souhaitez obtenir la liste des universités en Ontario ou des renseignements sur des études dans cette province, l'Association des universités et collèges du Canada (☎ (613) 563-1236), 350 rue Albert, Ottawa, Ontario, K1R 1B5, pourra vous les fournir. Mais contactez au préalable l'ambassade ou le consulat du Canada (voir la rubrique *Visas et ambassades*).

Permis de travail temporaire ou à durée déterminée

La demande d'autorisation se fait auprès du Service d'immigration du Québec (ou du Canada, si l'emploi offert est en Ontario). Vous devrez remplir un dossier et fournir tous les justificatifs demandés (notamment une copie de l'offre d'emploi de votre futur employeur). Il vous en coûtera environ 600 FF. Parallèlement, nous vous conseillons de demander un visa d'immigrant. Le visa est obligatoire pour entrer et rester au Québec ou en Ontario. Comptez environ un délai de six mois au total (démarches, attente et obtention du permis et du visa). Attention ! vous ne pouvez pas accepter un travail au cours de votre voyage et faire une demande d'autorisation dans le pays. Vous devrez revenir dans votre pays et déposer la demande auprès du Service d'immigration.

Le travail bénévole est également ouvert aux étrangers, surtout dans les associations caritatives d'aide aux communautés indiennes. Si vous souhaitez participer à un chantier, contactez Concordia-Solidarité Jeunesse (☎ 01 45 23 00 23), 1 rue de Metz, 75010 Paris. Cette association propose plusieurs possibilités, aussi bien au Québec que dans les provinces anglophones.

Permis d'immigration

Émigrer au Québec suppose de répondre à un questionnaire préliminaire qui vous sera remis par le Service d'immigration de la Délégation générale du Québec (☎ 01 53 93 45 45), 87-89 rue de la Boétie, 75008 Paris. Si vous n'avez obtenu aucune réponse au bout de trois mois, c'est que votre candidature n'a pas été retenue.

En revanche, si vous êtes admissible, vous pouvez retirer un dossier d'immigra-

La terre promise

Sur les 220 000 immigrants qui choisissent le Canada comme nouvelle terre promise (hormis les demandeurs d'asile et les hommes d'affaires), 2 500 à 3 000 sont Français. Le Québec en absorbe les trois quarts (2 074 en 1996), à priori avec succès : les statistiques révèlent qu'ils ont été 15% à repartir vers d'autres horizons, sur la période 1985-1994. La proportion d'échecs pour le Canada dans son ensemble est de 19%.

Montréal concentre la plupart des arrivées (80% entre 1992 et 1996), Québec n'en absorbant que près de 4%. Les régions n'en bénéficient que très partiellement, excepté la Montérégie (3,5%) au sud de Montréal, et l'Outaouais (2%), dans la région de Hull. Le nord du Québec et la Gaspésie n'enregistrent pour leur part aucune installation. On note également une très faible implantation de Français sur la Côte Nord, en Abitibi-Témiscamingue et dans le Bas-Saint-Laurent (0,1%).

Les Laurentides, au nord de Montréal, affichent un timide 0,5%. Cette région très touristique a toujours été un terrain d'exploration pour les Français en quête d'une nouvelle orientation. Nombre de gîtes et de restaurants ont ainsi ouvert mais ont dû cesser leur activité, en raison d'investissements trop rapides et d'une mauvaise estimation du marché. ■

Immigration, terres d'origines
Sur la période 1992-1996, sur les 176 498 immigrants ayant choisi le Québec, 7,3% étaient des Français, 6,4% venaient de Hong Kong, 6,1% de Haïti, 5,3% de Chine et 5,2% de Roumanie, pour ne citer que les principaux pays d'origine.

Si, en 1996, les Français ont constitué une nouvelle fois le principal flux migratoire avec 2 074 immigrants, les Algériens font une entrée remarquée avec 1703 immigrants, un phénomène nouveau qui ne devrait pas connaître de fléchissement compte tenu de la situation en Algérie. Les autres immigrants viennent de l'ex-Yougoslavie (1 660), de Haïti (1 612), de Chine (1 564), de l'ex-Union soviétique (1 517), d'Inde (1 394) et de Roumanie (1 060). ■

tion dont le prix varie en fonction de votre statut (300 $ pour un célibataire, 400 $ pour un couple marié, 100 $ pour chaque enfant à charge). Une entrevue avec un représentant du Service de l'immigration suivra votre remise du dossier. La réponse définitive et officielle interviendra deux mois plus tard sous la forme d'un certificat de sélection, tandis que votre dossier sera envoyé à l'ambassade du Canada pour l'obtention du visa. Parallèlement, vous devrez vous soumettre à une visite médicale et passer des examens auprès d'un service rattaché à la Délégation générale du Québec (comptez environ 2 000 FF de frais). La procédure d'émigration demande entre 9 et 12 mois.

La profession exercée joue un rôle important dans la sélection. Les informaticiens, les techniciens, les designers industriels, les traducteurs, les diététiciens et les orthophonistes sont demandés. Pour émigrer en Ontario, les démarches (à peu près similaires) se font auprès du Service d'immigration du Canada

Depuis la France, les services culturels de l'ambassade du Canada, la Délégation générale du Québec ainsi que les principales associations vous fourniront des renseignements généraux (consultez plus haut la rubrique *Organismes à connaître*).

L'Office des migrations internationales (☎ 01 41 17 73 62), 221 avenue Pierre-Brossolette, 92120 Montrouge, organise régulièrement des réunions d'information à son siège en banlieue parisienne mais aussi en province. Pour de plus amples informations, reportez-vous au hors-série n°18 de la revue *Rebondir* paru en juin 1997, intitulé “S'installer au Canada”.

ACTIVITÉS SPORTIVES

De par son environnement naturel, unique et féerique, le principal intérêt du Québec et de l'Ontario réside dans la multiplicité des activités sportives qu'on peut pratiquer : randonnée, promenades en canoë ou en raquettes, pêche, ski, observation de la faune et de la flore…

Les offices du tourisme vous fourniront de multiples détails concernant les organisations et les agences proposant des “circuits aventure” et autres excursions. Ils sont également à même de vous apporter des renseignements sur les parcs nationaux et provinciaux.

Randonnée

Le Québec et l'Ontario offrent un réseau dense et extrêmement varié de sentiers, systématiquement répertoriés en fonction de leur difficulté et du temps passé à les parcourir. Certains sont conçus pour les handicapés. Les plus intéressants sont implantés en général dans les parcs nationaux ou provinciaux. Le centre d'accueil vous fournira une carte très bien conçue et des guides naturalistes pourront vous aider dans le choix de votre parcours. Vous pouvez également vous joindre à une sortie collective organisée par l'un d'entre eux. Les thèmes abordés sont variables et peuvent aller de l'observation de l'orignal ou du loup à celui de l'ours.

Les chemins ne sont accessibles qu'à la fonte complète des neiges, autrement dit à partir de la mi-mai. En novembre-décembre, dès les premiers flocons, ils se transforment en sentiers pour ski de fond ou randonnée en raquettes. Partir en promenade suppose de passer à un centre d'accueil pour s'inscrire sur le registre des visiteurs par mesure de prudence et de se munir de victuailles et de vêtements de protection contre la pluie et le vent.

Les sentiers prévus pour plus d'une journée de marche sont en général équipés d'abris. Vous trouverez également toujours de quoi camper (les sites autorisés et leur type de confort sont précisés sur les plans).

Les villes comportent de même des sentiers de randonnée intra muros. C'est notamment le cas de Montréal, Québec, Trois-Rivières ou Tadoussac.

Canoë, kayak et rafting

Les possibilités de promenades en canoë-kayak sont presque illimitées, quel que soit votre niveau. Les parcs nationaux et provinciaux ainsi que les réserves fauniques peuvent servir de points de départ, et la plupart sont tout à fait accessibles. Dans les villes, à proximité des parcs voire dans les parcs eux-mêmes, vous trouverez des dépositaires d'articles de sport louant l'équipement complet. Comptez 30 $ pour la location journalière d'une embarcation. Certains lacs ou rivières, telles la rivière du Saguenay, nécessitent une panoplie appropriée contre le froid, car l'eau ne dépasse pas les 5°C.

Vous pourrez acheter de bons guides de canoë dans des librairies, comme *Les Parcours canotables du Québec*, publié par la Fédération québécoise du canoë-camping.

Au Québec, vous trouverez toute une série de circuits de canoë-kayak notamment dans le parc national de la Mauricie, la réserve de la Vérendrye, et un circuit côtier destiné soit au canoë, soit au kayak dans le parc national de l'archipel de Mingan.

En Ontario, le parc provincial d'Algonquin, le parc provincial de Killarney, ainsi que Temagami et ses environs sauvages méritent votre attention.

Le rafting réserve aussi son lot d'émotions. Il se pratique dans certains sites bien précis du Québec, notamment sur la rivière Mattawin dans la région de la Mauricie-Bois-Francs et sur la rivière Rouge dans les environs de Montréal. La descente de la rivière Shipshaw dans la région du Saguenay-Lac-Saint-Jean est également une base très réputée. L'activité se pratique de la fin

Le rafting se pratique surtout dans les parcs nationaux et les réserves fauniques

avril à la mi-octobre. Trois à quatre heures de rafting coûtent entre 55 et 65 $, équipement compris.

Bicyclette

En ville, à la campagne ou dans les parcs et réserves, la bicyclette est vraiment la petite reine au Québec et en Ontario. Les pistes aménagées sont nombreuses et garantissent un maximum de sécurité. Les loueurs proposent souvent des vélos de montagne correspondant aux VTT européens. Comptez entre 20 et 30 $ la location. Le vélo s'avère un très bon moyen pour visiter Montréal.

Le *Répertoire des voies cyclables* (Éditions tricycle Inc.) fournit l'ensemble des pistes aménagées au Québec.

Pêche

La pêche en eau douce (notamment au saumon) est très prisée. L'hiver est la saison de la pêche blanche. Sur les cours d'eau gelés, chacun installe sa petite cabane de bois. A l'intérieur : un banc, parfois un radiateur et un trou pratiqué dans la glace.

Chaque type de pêche requiert un permis dont la durée de validité et le prix sont variables. Les offices du tourisme vous renseigneront. N'oubliez pas de vous procurer un guide concernant les différentes périodes d'ouverture de la pêche suivant les espèces. Renseignez-vous également sur les quantités maximales de prises autorisées par jour et sur l'interdiction éventuelle relative à l'utilisation de certains hameçons.

Baignade et plages

Vous n'aurez que l'embarras du choix, entre le Saint-Laurent, les innombrables lacs et rivières du Québec et de l'Ontario. Encore s'agit-il d'aimer l'eau fraîche (en moyenne l'eau ne dépasse guère les 17°C). Dans les parcs et les réserves, les plages sont aménagées et surveillées. A de très rares exceptions, on ne pratique ni le nudisme ni même le monokini.

La plage du parc d'Oka dans les environs de Montréal et la plage des Îles dans l'île Notre-Dame à Montréal sont toujours très fréquentées. Celles du lac Monroe, dans le parc du Mont-Tremblant, et des lacs Meech, Philippe et La Pêche dans le parc de la Gatineau sont superbes.

Les plages des îles de la Madeleine et celle de la Penouille dans le parc national de Forillon restent inoubliables.

Dans l'Ontario, les plus belles plages se situent au nord de Toronto. Dans la baie Géorgienne, Wasaga est la plage la plus proche de la ville. Plus grande, plus vaste et aussi plus calme, mentionnons la belle plage de Sauble Beach, sur le lac Huron : eaux chaudes et peu profondes, superbes couchers de soleil sont ses principaux atouts. On trouve aussi d'immenses plages de sable dans les parcs provinciaux, très fréquentés, de Sandbanks et de Presqu'île, près de Belleville sur le lac Ontario. Sandbanks s'enorgueillit également de ses dunes, parmi les plus grandes du Canada.

Plongée

La plongée se pratique de manière très courante dans le Saint-Laurent, notamment dans le Bas-Saint-Laurent, la Gaspésie, les îles de la Madeleine et la Côte Nord.

Ski de piste

Le Québec compte 150 stations de ski. Les pistes sont situées à une heure à peine de Montréal et à une demi-heure de Québec. Certaines sont éclairées le soir jusqu'à 22h30. La saison commence généralement en décembre pour se terminer en mai (voire début juin).

Sur place, vous trouverez tout l'équipement nécessaire en location et une garderie pour les enfants. Les stations sont proches des villes et il est facile de s'y rendre pour la journée, voire la demi-journée ou la soirée, si l'on dispose d'un véhicule. Le forfait à la journée varie entre 25 et 46 $ selon la station, la station Mont-Tremblant dans les Laurentides étant la plus onéreuse.

Le forfait du ski de soirée commence à 15h et revient en moyenne à 19 $. Reportez-vous à nos chapitres régionaux pour plus de détails.

En Ontario, les bonnes pistes se trouvent dans la région de Thunder Bay.

Ski de randonnée et patin à glace

Là encore, vous n'aurez que l'embarras du choix. A Montréal, à Québec, ou dans les parcs nationaux ou provinciaux, le réseau de sentiers est varié. Tous les types de trajets (d'une poignée d'heures, d'une journée à plusieurs jours) sont proposés. Débutants et confirmés y trouvent leur bonheur. Le ski de randonnée et le patin à glace font partie des activités pratiquées dès le plus jeune âge. Le matériel se loue sur place sans problème et les cartes des parcours sont disponibles auprès des offices du tourisme ou du centre d'accueil des parcs. L'accès est souvent payant mais ne dépasse guère 6 $ en moyenne.

Pour des circuits d'un ou plusieurs jours, vous trouverez toujours de quoi vous loger. L'Association des centres de ski de fond du Québec (☎ (514) 436-4051), 300 rue Long Pré, Bureau 110, Saint-Jérôme, J7Y 3B9, peut fournir de nombreux renseignements.

Motoneige

Avec 32 000 km de sentiers balisés, la motoneige dispose au Québec d'une infrastructure qui n'a rien à envier au réseau routier. Le club des motoneigistes du Québec (☎ (514) 873 2015 ou 1 800 363-7777 pour l'ensemble du Canada et des États-Unis), 4545 avenue Pierre-de-Coubertin, C.P. 1000, Succursale M Montréal, compte 5 000 membres bénévoles qui entretiennent les sentiers chaque saison. La carte qu'il édite est impressionnante et permet de parcourir le Québec en motoneige.

Le prix de la location varie de 100 à 150 $ par jour, essence non comprise. Utilisé comme moyen de locomotion, il connaît une grande vogue auprès des touristes, surtout chez les Français.

Soyez toujours bien équipé, avertissez quelqu'un de votre itinéraire, ayez à l'arrière une bonne paire de raquettes (toujours utile en cas de panne d'essence) et ne dépassez pas les 60 km/h.

Traîneau à chiens

Les balades en traîneau à chiens sont très en vogue depuis quelques années. Les attelages se composent de 4, 6 ou 12 chiens (tout dépend de la race ; les Malamutes sont bien plus gros que les Huskies). Vous pouvez mener votre attelage ou vous laisser conduire ; dans ce cas, c'est le maître chien (*musher*) qui dirigera la meute. La conduite, apparemment facile, demande en fait une grande maîtrise et une bonne endurance. Les prix varient selon le temps passé (d'un après-midi à plusieurs jours) : comptez de 35 à 120 $ par jour, ce dernier tarif comprend les repas et l'hébergement.

Pensez à vous couvrir même si, sur place, vous devrez obligatoirement revêtir une panoplie adaptée à ce type de balade.

Entrelacs (☎ (514) 228-8944, 790 boulevard Montcalm, au nord de Montréal, est le premier centre d'interprétation du chien de traîneau du Québec et propose des excursions. Aventure Nord-Bec (☎ (418) 889-8001), 665 rue Saint-Aimé, Saint-Lambert, au sud de Québec, offre également différents forfaits.

Dans tout le Québec, les offices du tourisme sauront toujours vous renseigner.

Écotourisme

Bien avant l'apparition du mouvement écologique, le Québec et l'Ontario se sont préoccupés du "tourisme écologique". Les lieux de séjour en plein air et les endroits reculés comptent depuis longtemps parmi les options proposées par les voyagistes. La faune et la flore exceptionnelles de ces deux provinces se prêtent en effet à de multiples excursions, l'observation des baleines étant certainement la plus prisée. Le passage des oies des neiges est également, en avril-mai et en septembre-octobre, le prétexte à des sorties en famille. De multiples aires ont été aménagées au bord des routes pour contempler à loisir leur passage. De nombreux parcs, tels celui de Cap-Tourmente aux environs de Québec, fournissent tous les renseignements voulus sur la migration des oiseaux et proposent des circuits.

Les parcs nationaux et provinciaux ont mis en place des excursions thématiques d'une journée ou plus, accompagnées par

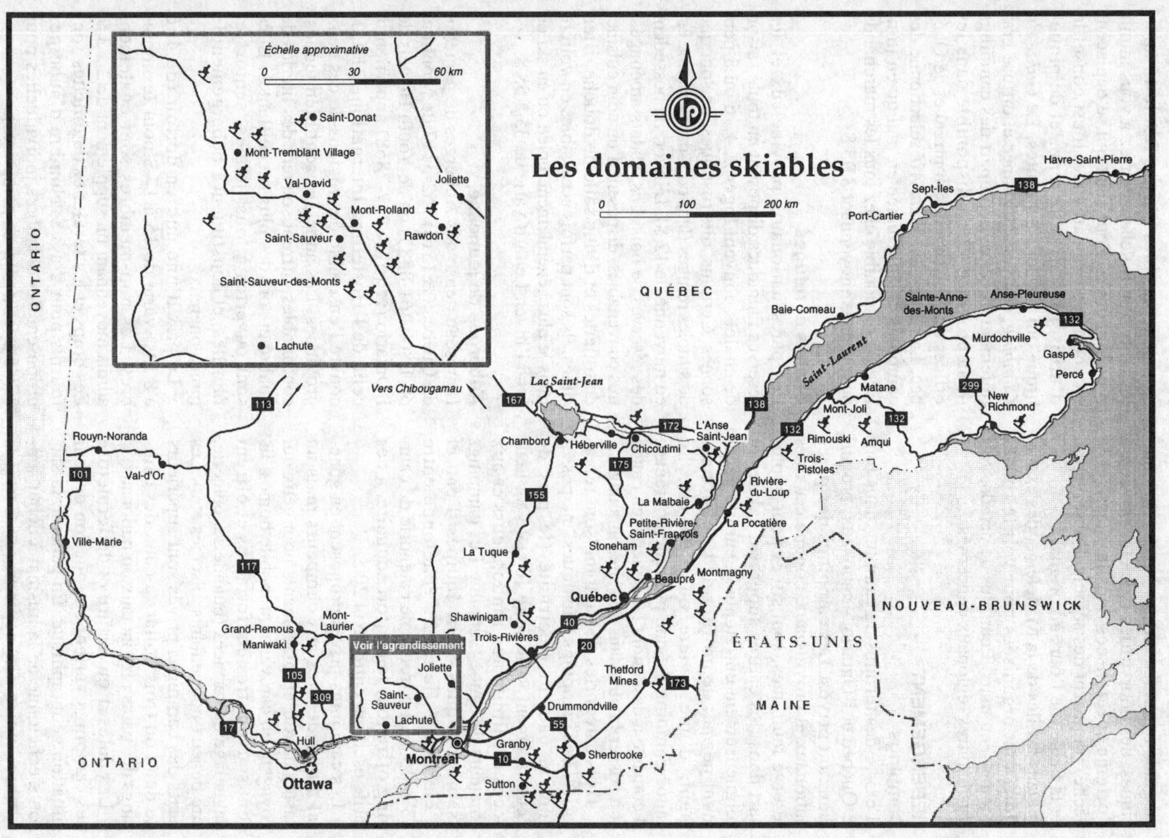
Les domaines skiables
0
100
200 km
Échelle approximative
0
30
60 km
Saint-Donat
Mont-Tremblant Village
Val-David
Joliette
Mont-Rolland
Rawdon
Saint-Sauveur
Saint-Sauveur-des-Monts
Lachute
QUÉBEC
ONTARIO
NOUVEAU-BRUNSWICK
ÉTATS-UNIS
MAINE
Saint-Laurent
Lac Saint-Jean
Vers Chibougamau
Havre-Saint-Pierre
Sept-Îles
Port-Cartier
Baie-Comeau
Sainte-Anne-des-Monts
Anse-Pleureuse
Murdochville
Gaspé
Percé
New Richmond
Matane
Mont-Joli
Rimouski
Amqui
Trois-Pistoles
L'Anse Saint-Jean
Chambord
Héberville
Chicoutimi
Rivière-du-Loup
La Malbaie
La Pocatière
Petite-Rivière-Saint-François
Stoneham
La Tuque
Montmagny
Beaupré
Québec
Shawinigam
Trois-Rivières
Thetford Mines
Drummondville
Granby
Sherbrooke
Sutton
Montréal
Voir l'agrandissement
Joliette
Saint-Sauveur
Lachute
Mont-Laurier
Grand-Remous
Maniwaki
Hull
Ottawa
Rouyn-Noranda
Val-d'Or
Ville-Marie
ONTARIO
138
132
299
172
175
155
167
113
101
117
105
309
17
40
20
173
55
10

un guide naturaliste. Dans les réserves fauniques, des pourvoiries (sociétés privées, à l'origine spécialisées dans la chasse et la pêche) proposent des séjours d'observation de la faune (de l'ours à l'orignal).

Dans les îles de la Madeleine, des excursions sont organisées pour voir les bébés phoques, en mars. Pour plus de détails, voir les chapitres régionaux concernés.

HÉBERGEMENT

Campings

Il existe des terrains de camping dans tout le Québec et l'Ontario – nationaux, provinciaux ou privés. Les campings des parcs nationaux et provinciaux, comme ceux des réserve fauniques, sont situés pour la plupart dans des cadres superbes, calmes et soigneusement entretenus. Leur emplacement permet de profiter de l'environnement, d'une rivière ou d'un lac. Le canoë-camping est une pratique courante : il consiste à descendre les rivières en canoë et à passer la nuit dans des sites aménagés.

Trois catégories de camping sont répertoriés. Les campings "rustiques" ne possèdent ni eau, ni électricité (le prix de l'emplacement varie entre 10 et 13 $). Leur accès est limité aux randonneurs et aux amateurs de canoë-camping. Les campings "semi-rustiques" sont équipés d'eau et d'électricité (le tarif s'échelonne entre 13 et 15 $). La troisième catégorie de camping offre tout le confort souhaité, à des tarifs oscillant entre 15 et 20 $.

Les campings privés proposent en général moins de sites aux campeurs mais un vaste choix d'emplacements pour ceux qui voyagent en caravane ou mobile homes. Ils sont souvent très confortables et offrent davantage de services (buanderie, épicerie, aire de jeux pour enfants, piscines etc.). Les tarifs des campings privés sont supérieurs de deux ou trois dollars à ceux des campings des parcs provinciaux ou nationaux.

Les dates d'ouverture et de fermeture des campings varient en fonction de leur situation géographique. En général, la saison s'échelonne de la mi-mai à début septembre, voire fin septembre. Certains restent accessibles l'hiver. Dès le 15 août, les nuits sont fraîches. Pensez à vous munir d'un bon duvet. Pour ceux qui se déplacent en voiture ou en caravane, il est conseillé d'utiliser les aires de repos et de pique-nique qui bordent les routes. Le *Guide du Camping*, édité chaque année et diffusé gratuitement, recense la plupart des campings de la province. Il est disponible dans les offices du tourisme de Montréal et de Québec. La revue *Géo Plein Air* sélectionne des campings chaque année en mai ou en juin. Elle est disponible chez tous les marchands de journaux moyennant 3,95 $.

Chalets et refuges

Les parcs nationaux, provinciaux et les réserves fauniques disposent en toute saison de chalets pouvant loger 2, 4, 6 ou 8 personnes. Certains, dits rustiques, ne sont que de simples refuges (leur coût par personne est en moyenne de 12 $). L'hiver, ils possèdent des réserves de bois. Les chalets aménagés, très convenables, disposent d'un coin cuisine, de toilettes et d'une salle de douche. Bien situés, ils sont parfois accessibles en voiture mais le plus généralement à pied ou en ski de fond l'hiver. Le tarif varie de 35 à 55 $.

Auberges de jeunesse

Le réseau dense des Auberges de jeunesse du Québec (☎ (514) 252-3117 de Montréal ou 1 800 461-8585) ou de Youth Hostels de l'Ontario (☎ (613) 237-7868) appartient à celui de l'Hostelling International, HI. Il couvre l'ensemble des régions de ces deux provinces. Les auberges sont bien tenues, confortables, offrent souvent des literies de qualité et sont des plus accueillantes. Elles sont ouvertes à tous, jeunes, seniors et familles, et constituent l'hébergement le moins onéreux.

Le prix d'une nuit en dortoir (de 4, 6 à 8 lits) varie de 15 à 17 $ pour les membres. Les non-membres sont également admis moyennant un supplément de 2 à 3 $. Les draps et les serviettes de toilettes sont fournis pour 2 à 3 $. Nombre d'auberges proposent des chambres individuelles pour 35/45 $ (toutes taxes comprises).

Elles disposent de cuisine et de salles de bain communes. La plupart servent des petits déjeuners pour 3 $, voire parfois à dîner pour 7 $ environ. Seul problème : les places disponibles sont plus difficiles à trouver de juin à septembre et pendant les périodes de vacances d'hiver, tout particulièrement à Montréal, Québec, Ottawa, Toronto, en Gaspésie, à Val David dans les Laurentides, à Jonquière ou à Rivière-du-Loup. Téléphonez plusieurs jours à l'avance.

Certaines auberges organisent des activités sportives en plein air (canoë, escalade ou randonnée en ski de fond ou en raquettes). D'autres proposent des excursions guidées dans la ville. La carte de membre (25 $ par adulte) est valable un an dans le monde entier. Vous pouvez aussi vous procurer, pour moins cher, des cartes familiales ou des cartes du troisième âge. En même temps que cette carte, on vous remettra un petit guide contenant la liste des auberges, leurs périodes d'ouverture, le sigle de l'auberge, les procédures de réservation, etc. Néanmoins, ne vous fiez pas uniquement à ce guide, certains points de détail évoluent très rapidement.

Au Québec, les offices du tourisme distribuent gratuitement une carte générale mentionnant toutes les auberges de jeunesse, avec leurs coordonnées et tarifs. L'Office national se trouve dans la banlieue d'Ottawa : Hostelling International (HI) Canada National Office, 1600 James Naismith Drive, Suite 608, Gloucester, Ontario K1B 5N4. Vous pouvez vous procurer une carte de membre valable un an à cette adresse ou dans les différents offices provinciaux.

Auberges backpackers. Le second groupe d'auberges est lié à Backpackers' International et s'appelle Backpackers' Hostels Canada. Le symbole de ces auberges est un rond avec, à l'intérieur, un loup hurlant et une carte du Canada à l'arrière-plan. Pour plus d'informations sur ce groupe et ses membres au Canada, contactez le Longhouse Village Hostel (☎ (807) 983-2042 ou 1 800 705-3666, fax (807) 983-2914), RR 13, Thunder Bay, Ontario, Canada, P7B 5E4. Outre les auberges, il vous communiquera des adresses de terrains de camping, de motels, de campus et de chambres d'hôtes offrant des réductions aux petits budgets. Aucune adhésion formelle n'est requise pour occuper ces auberges.

YMCA/YWCA. Situées dans les grandes villes comme Montréal, Ottawa ou Toronto, ces organisations proposent des chambres tout à fait correctes, à mi-chemin entre l'auberge et l'hôtel, mais leurs prix ont augmenté. Dans les YMCA complètement rénovées, les tarifs peuvent être aussi élevés que dans un hôtel. Si vous partagez une chambre double avec un ami ou quelqu'un d'inconnu, la facture est beaucoup plus raisonnable. D'autres endroits admettent les couples et, dans ce cas, les chambres doubles sont également louées à un prix raisonnable.

Propres et calmes, les YMCA sont souvent équipées de cafétérias bon marché. En règle générale, elles sont situées dans le centre-ville, atout non négligeable. De surcroît, elles sont ouvertes toute l'année et certaines proposent des dortoirs comparables à ceux des auberges de jeunesse. Les prix s'échelonnent entre 24 et 36 $ pour une chambre simple, et généralement un peu plus pour les femmes (YWCA). Pour de plus amples informations, écrivez à YMCA Canada (☎ (416) 485-9447), 2160 Yonge Street, Toronto, Ontario M4S 2A9.

Universités et collèges

Nombre d'universités ou de Cégep (nom des collèges au Québec) louent des lits, des chambres voire des appartements allant du studio au quatre pièces pendant les mois d'été. La saison estivale court de mai à août. Les prix moyens s'élèvent à 30 $ par jour et, dans de nombreux endroits, une réduction supplémentaire est accordée aux étudiants. Les chambres situées sur les campus sont ouvertes à tous.

Les réservations sont préférables. Parfois, le petit déjeuner est compris dans le prix ; si tel n'est pas le cas, une cafétéria y suppléera. Les autres éléments de confort que l'on peut trouver sur les campus, tels que piscine ou terrains de tennis, sont souvent accessibles aux invités.

Chambres d'hôte

Les chambres d'hôte constituent, surtout au Québec, la meilleure formule en dehors des auberges de jeunesse. Il s'agit de chambres chez des particuliers, dans des maisons de caractère, présentant un confort variable. Elles déçoivent rarement par rapport au prix demandé (de 35/45 $ à 55/65 $). Certaines possèdent des salles de bains privées et une cuisine collective.

La plupart des chambres sont non fumeurs. Des tarifs préférentiels sont généralement consentis pour des séjours de plus de trois jours. Le prix comprend souvent les taxes et toujours le petit déjeuner. Les cartes de crédit sont rarement acceptées.

Leur situation centrale et la gentillesse de leurs propriétaires en font de bonne adresses. Comme les gîtes du passant et les B&B, il ferment souvent de novembre à la mi-mai et affichent complet pour les week-ends pendant la période estivale. De manière générale, demandez à regarder la chambre avant de vous engager.

Gîte du passant

Typique du Québec, la formule du gîte du passant est une autre appellation des B&B. Recensés par les offices du tourisme, ils proposent les mêmes services que les B&B mais offrent en outre l'avantage d'optimiser les réservations par une unité centrale et de garantir confort et qualité de l'accueil. Le réseau couvre l'ensemble de la province, même les zones plus reculées.

Le prix demandé comprend toujours le petit déjeuner. Les taxes sont généralement comprises dans les gîtes ne comprenant que trois chambres, les autres affichant des prix hors taxes. Les cartes de crédit sont rarement acceptées.

La salle de bains est souvent commune mais possède toujours une baignoire. Les gîtes sont généralement situés en centre-ville. Certains proposent des excursions et des repas copieux et savoureux à leur hôtes pour 9 $.

Il est souvent interdit de fumer, comme dans la plupart des gîtes ou B&B. En général, la simple/double se monte à 35/45 $ pour la catégorie la moins chère, 45/55 $ pour la catégorie intermédiaire, 60/85 $ pour la catégorie luxe. Les prix hors saison sont souvent plus avantageux, mais nombreux sont ceux qui ferment en dehors de la période mi-mai fin septembre.

Bed and breakfast (B&B)

Essentiellement dans les grandes villes, ils sont gérés par des associations, surtout au Québec. Comme pour les chambres d'hôtes ou les gîtes du passant, le rapport qualité/prix est excellent. Le tarif varie de 45/55 $ à 65/85 $, voire 95 $ pour les plus élevés. Dans les Cantons de l'Est, notamment à North Hatley et dans le Charlevoix, certains comptent parmi les établissements de luxe du Québec. Ils possèdent un véritable cachet et sont idéalement situés. Pour ceux-là, leurs tarifs flirtent avec les 115/135 $ la chambre. Le prix comprend toujours le petit déjeuner, jamais les taxes. Les fumeurs sont souvent refusés. Nombre d'entre eux ferment en dehors de la saison touristique et exigent une réservation en période estivale.

Hôtels

Les hôtels peu onéreux ne sont pas légion au Québec et en Ontario. Bien qu'il en existe une grande variété, la plupart font partie de chaînes internationales conçues pour un clientèle d'hommes d'affaires, surtout lorsqu'on s'écarte des grandes villes. A l'exception de certains établissements à Montréal et à Québec, ils manquent souvent de charme. Certains hôtels de luxe déçoivent par leur décoration trop standardisée.

Les prix varient en fonction du standing et vont de 45/55 $ à 75/95 $ pour une simple/double, sans les taxes et le petit déjeuner.

Motels

Omniprésents, ils se trouvent essentiellement le long des sorties d'autoroute ou sur les grandes artères qui mènent au cœur des grandes villes. A défaut d'avoir du caractère, la plupart sont simples et propres. Leurs prix varient de 40 à 75 $ la chambre, que l'on soit seul ou à deux.

Dans certaines régions, telles l'Abitibi-Témiscamingue ou le Bas-Saint-Laurent, ils constituent le meilleur rapport qualité/prix. En été, la plupart augmentent leurs tarifs. En dehors de cette période, il vous sera parfois possible de négocier. Les régions les moins visitées ne sont pas forcément celles qui pratiquent des tarifs plus modestes. La clientèle des représentants de commerce font que certains affichent complet en semaine et pratiquent des prix plus élevés que le week-end. Certains motels proposent des suites, avec un coin salon voire un coin cuisine. Le petit déjeuner n'est jamais compris dans le prix donné, ni les taxes.

Les chaînes Comfort Inn, Quality Inn ou Econolodge pour l'Ontario déçoivent rarement.

ALIMENTATION

Elle est variée, riche et abordable bien que la différence de prix avec l'Europe ne soit pas si importante et bien moins intéressante qu'avec les États-Unis. Dans les grandes ou moyennes surfaces, vous trouverez de tout. Les petits commerçants sont une exception, hormis les dépanneurs, les épiciers du Québec.

Toutes les cuisines du monde (française, grecque, italienne, indienne, chinoise...) sont représentées, ainsi que la cuisine végétarienne. Les viandes fumées sont une grande spécialité à Montréal. Le grand plaisir culinaire de tout voyage au Québec viendra des boucaneries spécialisées dans les poissons séchés (esturgeons, saumons, harengs, truites...). Leurs préparations constituent souvent un vrai régal, à des prix très abordables.

L'autre grande satisfaction gustative a trait aux poissonneries que vous trouverez surtout dans le Bas-Saint-Laurent, la Gaspésie, la Côte Nord et les îles de la Madeleine. Le homard (la pêche commence à la mi-mai pour se terminer mi-juillet), le crabe des neiges et les crevettes font d'excellents pique-nique. Certaines poissonneries proposent même des plats à emporter.

Les fruits sont par ailleurs très goûteux et abondent sur les étals dès le mois de juin. Les pommes, les cerises, les pêches, les fraises et les bleuets (sorte de myrtilles) font partie des bons souvenirs.

Le Québec et l'Ontario produisent de bons fromages, en particulier du cheddar dans la région du lac Saint-Jean.

Cuisine québécoise

Les spécialités québécoises ont la particularité de bien tenir au corps. Bien préparées, elles s'avèrent un vrai régal.

Spécialité du lac Saint-Jean, la tourtière est ainsi un plat typiquement québécois. A base de viandes, de pommes de terre, d'oignons, de persil, de sarriette et de céleri hachés et mélangés, cette tarte est recouverte d'une pâte, avant d'être cuite. Elle se déguste chaude.

Les fèves au lard accompagnent pour leur part aussi bien un petit déjeuner qu'un déjeuner ou un dîner. La soupe aux pois, le pâté chinois (de la famille des pâtés de viande servis en tranche), les cretons, la poutine (frites en sauce), les rôties (tranches de pain grillées et légèrement beurrées) et le ragoût de pattes de cochons sont les autres grands classiques d'une cuisine riche en calories qui s'affiche au menu des restaurants.

Au rayon dessert, la tarte aux bleuets (sortes de grosses myrtilles), la tarte aux pacanes (noix de Pécan) et la tarte au sucre complètent un tableau où le sucré domine souvent le salé.

Cuisine amérindienne

Les principaux ingrédients de la cuisine amérindienne sont le poisson, le gibier, le maïs, la courge, le haricot et les fruits sauvages. Le saumon est le poisson le plus cuisiné. Les Cris et les Inuit accompagnent souvent la viande de caribou de jus de citron et de vodka. Chez les Montagnais, le gibier séché et fumé au-dessus d'un feu d'épinette est parfois accommodé de bleuets.

Le temps des sucres

L'eau d'érable fut de tout temps recherchée et récoltée par les Amérindiens comme l'attestent les témoignages des premiers européens au début du XVIIe siècle. Selon la légende amérindienne de Nokomis ("la terre"), notre planète eut la première l'idée de percer des trous dans le tronc des érables pour y recueillir la sève.

C'est l'équinoxe de printemps qui annonce le temps des sucres. La sève monte en général vers la fin mars, pendant une période de cinq à six semaines. Pour que ce processus fonctionne, il faut qu'il gèle la nuit et que la journée soit ensoleillée. A chaque arbre, son entaille, sa goutterelle et son seau pour recueillir la sève. La neige recouvre encore le sol et la cueillette se fait chaque jour en raquettes ou à l'aide d'un traîneau tiré par un cheval.

Selon la teneur en sucre de l'érable, il faut entre 30 et 40 litres de sève pour produire un litre de sirop. Les techniques de cuisson ont évolué au cours des siècles et l'évaporation est aujourd'hui le procédé le plus communément adopté. Le sirop d'érable est à point lorsqu'il ne contient pas plus de 34% d'eau (contre 97,5% au moment de la récolte). Cette densité ne s'obtient qu'après plusieurs heures de cuisson lorsque la température atteint les 104°C, obligeant les producteurs à veiller souvent la nuit.

Chaque produit de l'érable a son degré de cuisson. Le beurre d'érable s'obtient ainsi à 112°C, la tire d'érable sur neige que vous dégusterez en avril à 113,8°C et le sucre granulé à 123,3°C.

La saveur du sirop d'érable se développe durant l'évaporation même si la sève contient déjà certains arômes qui changent au cours de la saison. Les experts distinguent ainsi neuf types de sirops correspondant chacun à un temps de récolte précis. Ainsi, le sirop boisé a un goût légèrement caramélisé. Pour la vente, la réglementation du Québec prévoit deux catégories de sirop : le N°1 et le N°2, et cinq classes de couleurs (extra-clair, clair, médium, ambré et foncé).

Au cours des cinq dernières années, le Québec a fourni plus de 86% de la production canadienne et près de 70% de la production mondiale. Sur les 70 millions de livres de sirop d'érable, plus de 50 millions viennent du Québec, 17 millions des États-Unis, 4,6 millions de l'Ontario et le reste du Nouveau-Brunswick. Le sirop d'érable constitue ainsi la seule denrée dont le prix mondial soit déterminé au Québec.

Les plus gros consommateurs sont les Américains avec 81% du marché des exportations de sirop d'érable québécois, l'Europe en absorbant 12%. Le chiffre d'affaires de l'industrie acéricole au Québec s'élève en moyenne chaque année à 100 millions de $, ce qui place cette denrée dans les trois premiers produits agroalimentaires exportés par la province.

On dénombre environ 400 cabanes à sucre qui, situées dans une érablière, permettent de déguster les produits issus de la récolte. Vous en trouverez dans les Laurentides, la Lanaudière, l'Outaouais, la Mauricie-Bois-Francs, dans la région de Québec, dans les Cantons de l'Est, en Montérégie ou dans la région Chaudière-Appalaches.

Le sirop d'érable accompagne poulet ou porc, omelettes, oreilles de crisse (grillades de lard salé rôties), gaufres ou pudding, et nappe crèmes glacées, yaourts et gâteaux. Le repas (entre 13 et 16 $) se fait souvent en musique. Quelques pas de danse sont toujours esquissés entre les plats. L'ambiance est bon enfant et le repas dure au minimum deux heures.

Certaines cabanes à sucre se visitent (comptez 5 $ par personne) et permettent de se *sucrer le bec* en dégustant une tire d'érable sur neige pour un dollar. ■

La technique du fumage est effet très répandue chez les Amérindiens. Les Amérindiens du Saint-Laurent offraient à leurs hôtes, en cadeau de bienvenue, du poisson fumé (principalement de l'anguille ou du saumon). A l'origine méthode de conservation des aliments, elle est aujourd'hui à la base de nombre de plats.

Le "banique" (ou bannock pour les Amérindiens qui utilisent l'anglais) est le pain traditionnel fabriqué à partir de plusieurs céréales ou seulement de farine de maïs. La recette varie d'une nation à une autre. Le banique est agrémenté de raisins secs, de noisettes, d'amandes, de dattes, ou de pruneaux.

La "sagamité" (du mot algonquin *sagamité*, qui signifie toute forme liquide) est le potage le plus communément servi. Ce plat de tous les jours est à base de farine de maïs diluée dans de l'eau à laquelle on rajoute du poisson (frais ou fumé), du gibier et des herbes (feuilles de laurier par exemple). Le potage en langue montagnaise se dit *nashup*.

Si le *makushan* est un plat spécifique de pommes de terre et de poisson ou de viande (d'orignal en général), il représente le festin que l'on prépare les jours de fêtes. Son nom, tiré d'un mot algonquin, traduit le rituel accompagnant chaque retour de chasse.

Prix

Les denrées alimentaires sont plus chères ici qu'aux États-Unis. Mais si l'on vient d'Europe, les prix paraissent relativement raisonnables. Le beurre, les fromages, le café et le lait sont souvent aussi onéreux qu'en France.

Au restaurant, les prix donnés ne comprennent jamais les taxes. Un petit déjeuner copieux et complet à base de bacon et d'œufs s'élève en moyenne à 3 ou 4 $. Le tarif d'un déjeuner peut se monter à 5 ou 6 $ si vous optez pour la formule sandwich-frites, à 8 $ pour un plat du jour (du type tourtière). Au Québec, la formule table d'hôte est l'équivalent d'un menu comprenant une entrée, un plat et un dessert à choisir parmi la liste proposée. Au déjeuner, la table d'hôte prend aussi le nom de "Spéciaux du jour". Comptez entre 8 et 14 $, voire davantage. En soirée, les tables d'hôte se situent souvent dans une fourchette de prix comprise entre 18 et 35 $ au maximum.

BOISSONS

Alcool

Des lois et réglementations régissent la consommation d'alcool. En règle générale, les boissons alcoolisées doivent être achetées dans les régies d'alcools qui ferment en général à 19h ainsi que les dimanche et jours fériés. Au Québec, on peut se procurer de la bière et du vin chez les dépanneurs. Les restaurants possédant des licences servent de l'alcool mais doivent se conformer aux mêmes heures de consommation que les bars.

On peut emporter sa bouteille de vin dans certains restaurants, qui le précisent toujours par l'écriteau "Apportez votre vin". La pratique est courante en Amérique du Nord. La consommation d'alcool est autorisée à partir de 18 ans au Québec et 19 ans en Ontario.

Bière. Elle est plus forte et d'un goût plus prononcé que la bière américaine ou européenne. Les bières blondes sont de loin les bières les plus réputées, mais les bières légères, les bières brunes et les bières épaisses sont aussi en vente. Les deux principales brasseries sont Molson et Labatts. Les bières les plus prisées sont les suivantes : Molson Export Ale et Canadian Lager, ou Labatts 50 Ale et Blue Lager.

Au Québec, on assiste à l'émergence de petites brasseries produisant des bières artisanales et naturelles ainsi qu'au développement des bars qui brassent eux-mêmes leurs bières. Ces deux tendances, en rupture avec la production traditionnelle, connaissent actuellement un essor rapide dans les deux provinces, surtout dans les grandes agglomérations.

Au Québec, le chanteur Robert Charleboix et son associé André Dion ont ainsi créé la brasserie Unibroue, où l'on produit La

Blanche de Chambly (légèrement acidulée), La Maudite, La Fin du Monde (deux bières fortes), la Raftman (bière au malt de whisky dédiée au draver), La Gaillarde, La Quelque Chose et L'Eau Bénite. A noter aussi La Folie Douce, une bière au bleuet produite à l'Anse Saint-Jean dans le Saguenay. Dans un bar, une pinte de bière (340 ml) s'élève entre 2,50 et 4,50 $. La bière à la pression, que l'on ne trouve que dans les bars, est la moins chère ; le verre de 170 ml ne coûte que 2 $. La bière en bouteille ou en canette vous reviendra à 1,45 $ environ.

Vin. La péninsule du Niagara dans l'Ontario est l'une des deux plus grandes régions viticoles au Canada, avec la vallée de l'Okanagan en Colombie-Britannique. On trouve également des propriétés vinicoles au sud de Montréal, en Montérégie et dans les Cantons de l'Est, dont la qualité des vins s'améliore d'année en année.

Les vins les plus réputés restent ceux de la région du Niagara. Au sud de l'Ontario, il existe trois zones vinicoles : la péninsule du Niagara, le lac Érié et l'île Pelee, située dans le lac Érié. Ces trois zones ont constitué leur propre "Vintners Quality Alliance" (VQA), avec un système de classification et de notation afin de respecter les critères des meilleurs vins, comme on peut le faire en Europe. Les vins portant le label VQA sont vivement recommandés.

Les vins de glace (produits avec les derniers raisins de la saison) représentent les productions les plus savoureuses mais les plus chères : comptez au moins 45 $ la bouteille. Le prix d'une bouteille de vin blanc ou rouge oscille entre 11 et 15 $. Les vins étrangers comme tout alcool en général sont distribués par des régies d'alcool. Les premiers prix commencent à 11 $. Les dépanneurs vendent des vins souvent très onéreux et de médiocre qualité.

Vous ne trouverez jamais un vin local dans la carte des vins des restaurants.

Boissons non alcoolisées

Les régions arboricoles du Québec et de l'Ontario produisent d'excellents cidres de pomme et de cerise, dont certains peuvent être alcoolisés. Au Québec, vous pourrez goûter à de la bière d'épicéa (*spruce beer*). Produite en petits lots par des particuliers, elle n'est pas vraiment en vente sur le marché, mais on la trouve quand même dans certaines petites boutiques locales.

Les eaux minérales et eaux de source sont largement disponibles. On peut également se procurer des bouteilles d'eau venant d'Europe, en particulier de France.

Le café ne vous laissera pas un souvenir impérissable et les restaurants servent presque toujours du café filtre. Dans les grandes villes, les cafés et les restaurants proposent souvent des expresso, cappuccino, etc. Les cafés spécialisés tels que ceux qui appartiennent au réseau "Les brûleries" et "The Second Cup" possèdent une sélection de cafés d'excellente qualité à consommer sur place ou à emporter.

Fidèle à la tradition britannique, l'Ontario consomme aussi beaucoup de thé. On le sert avec du lait chaud, contrairement aux États-Unis où il se présente souvent sous la forme d'une boisson glacée accompagnée de citron.

DISTRACTIONS

Dans les villes principales du Québec et de l'Ontario, les distractions sont de qualité. On peut assister toute l'année à des concerts, des pièces de théâtre, des ballets et des opéras. Montréal est ainsi réputée dans le monde pour ses troupes de danse. Toronto propose des représentations théâtrales et des soirées dîner-théâtre hors pair. Au Québec, les boîtes à chansons où se produisent des chanteurs-compositeurs sont des lieux très intéressants pour s'immerger dans l'univers québécois. Comme partout ailleurs, vous trouverez dans les grandes villes mais aussi en province des night-clubs et des bars proposant des spectacles de jazz, de blues et de rock. La plupart des villes possèdent leur salle de spectacles, d'une infrastructure avant-gardiste comme à Rouyn-Noranda ou à Amos en Abitibi-Témiscamingue.

Durant l'été se déroulent de nombreux concerts de musique classique, des festivals

Le hockey : un sport emblématique

Depuis près d'un siècle, le hockey, qui se pratique dans une vingtaine de pays, déchaîne les passions au Canada. La première rencontre eut lieu en 1879, entre des étudiants de l'université McGill. Les règles étaient issues du hockey sur gazon, de la crosse et du rugby. Le jeu n'a réellement atteint une audience nationale qu'en 1892, lorsque le gouverneur général canadien effectua la remise d'un trophée, destiné à récompenser la meilleure équipe de l'année. Depuis 1917, les équipes en compétition dans la National Hockey League (NHL) se disputent la coupe Stanley à chaque saison sportive. A l'époque, la ligue se composait de 6 équipes : Montréal, Toronto, Boston, New York, Detroit et Chicago. Aujourd'hui, elle totalise 26 membres.

La Suède, la Finlande, la République tchèque, la Slovaquie et la Russie comptent également d'excellents joueurs et équipes, tout comme les États-Unis. Les rencontres sont très disputées. Si de nombreux joueurs européens évoluent au Canada, la majorité des hockeyeurs du pays sont canadiens.

Depuis ses débuts, ce sport est également pratiqué par des femmes, mais de manière moins organisée. En 1992, Manon Rhéaume, de Québec, gardien de but, est devenue la première femme invitée à un centre d'entraînement de la NHL. Pourtant, il n'existe toujours pas de ligue professionnelle féminine. Le premier championnat du monde féminin eut lieu en 1990 et, au demeurant, fut gagné par le Canada. Un tournoi de hockey féminin aura lieu aux Jeux olympiques d'hiver de 1998.

Vous pouvez visiter le Hockey Hall of Fame à Toronto et assister à des parties de hockey dans la plupart des grandes villes. En hiver, vous tomberez certainement sur une partie de hockey dans une patinoire découverte. ■

de jazz ou de la chanson, et des spectacles son et lumière retraçant souvent un fait historique. A noter, pour la musique classique : le festival de Joliette (à une heure à peine au nord-est de Montréal), le festival d'Orford dans les Cantons de l'Est et les concerts du Domaine Forget dans la Charlevoix. La chanson québécoise s'affiche de son côté à Granby, Tadoussac et Jonquière.

Le sport est également toujours le prétexte à une fête. Les traversées du lac Saint-Jean ou du lac Memphrémagog donnent toujours lieu à de grandes réjouissances.

En juillet et en août, les nations amérindiennes organisent des pow wow et des festivals. Le festival Innu Nikami dans la réserve de Maliotenam sur la Côte Nord compte parmi les plus grands rassemblement de Montagnais de la région. La fête des Abénakis à Odanak sur la rive sud du Saint-Laurent réunit de son côté toute la nation abénakie d'Amérique du Nord.

L'hiver a aussi dans chaque région ses temps forts. Si le carnaval de Québec est célèbre, le bal des Neiges à Ottawa et Hull est tout aussi coloré et joyeux.

Longtemps illégaux, les casinos commencent à faire leur apparition dans les villes de Hull, Montréal et Pointe-au-Pic dans le Charlevoix ainsi qu'à Windsor, dans l'Ontario. Dans la plupart des grandes villes, on peut assister à des matches professionnels de sports "grand public" tels que le hockey, le base-ball et le football.

ACHATS

Les adeptes des sports de plein air ou du camping pourront rapporter des vêtements de plein air. Parmi les marques, demandez Tilley ; pour les bottes, choisissez des Sorel.

Les fameuses chemises canadiennes à carreaux traversent les années sans perdre de leur succès. Au Québec, vous trouverez du sirop et du sucre d'érable et du vin dans les Cantons de l'Est. Les vins de la région du Niagara sont souvent excellents.

L'art inuit produit de superbes sculptures en pierre de savon, si possible à n'acheter que dans des galeries spécialisées en la matière. Les reproductions d'ours en particulier sont de véritables chef-d'œuvre. A Montréal, certains galeristes commercialisent des couvertures très colorées. L'art amérindien est tout aussi intéressant, notamment pour ses objets en écorce de bouleau et ses tissages.

Les draps et les manteaux 100% pure laine de la baie d'Hudson peuvent être acquis dans les grands magasins de la Baie, dirigés par la plus ancienne société du Canada. Pour l'un et l'autre de ces articles, repérez les bandes vertes, rouges, jaunes et noires sur fond blanc, caractéristiques de la fabrication.

Ne vous privez pas de visites chez les brocanteurs, sur les marchés aux puces et chez les artisans, ni de livres ou de musique (préférez à ce titre les boutiques d'occasions multiples en raison du coût de ces produits).

Flore et faune

Flore

La végétation canadienne est relativement jeune. A l'exception de la côte ouest, le pays était recouvert par les glaces il y a encore quinze mille ans, et les vastes zones forestières qui dominent le paysage canadien sont de formation récente. On compte, au Canada, huit zones de végétation différentes.

Dans le Grand Nord s'étend la toundra. La végétation de cette zone, qui se caractérise par une absence d'arbres ou d'arbustes, est essentiellement constituée par une alternance de lichens, de mousses et de plaques de roche nue. Ce paysage plat se parsème pendant une brève période de multiples plantes.

Vient ensuite la forêt boréale, la formation végétale la plus vaste et peut-être la plus représentative du paysage canadien. Elle s'étend sur tout le pays et est largement dominée par les épinettes blanches et noires. A l'est, le sapin baumier et le pin commun prennent le dessus, tandis qu'à l'ouest on rencontre plus fréquemment des formations des pins des Alpes et de pins à feuilles tordues (*Pinus contorta*).

A l'est, dans la région des Grands Lacs, la forêt laurentienne s'étend au sud de la forêt boréale. C'est une forêt mixte, composée plus au nord de conifères (feuilles persistantes, bois tendre) et d'arbres à feuilles caduques (larges feuilles, bois dur) dans les régions méridionales. S'y mêlent plusieurs variétés de pins, dont le majestueux pin blanc et divers types d'épinettes, mais aussi des érables, des chênes, des bouleaux et plusieurs autres espèces, aux feuillages éblouissants, caractéristiques des automnes canadiens.

L'érable à sucre est une des ressources symbole la plus célèbre du Canada et la feuille de cet arbre est représentée sur le drapeau national. L'érable sert notamment à la fabrication d'un délicieux sirop, une spécialité à laquelle vous devez absolument goûter (reportez-vous à la rubrique *Alimentation* dans le chapitre *Renseignements pratiques*). Au sud, on retrouve des hêtres, des noyers d'Amérique et divers arbres fruitiers.

La région des parcs, située entre les forêts de l'Est et les prairies de l'Ouest, est couverte principalement de peupliers trembles.

Nous nous contenterons de citer les espèces les plus communes des nombreuses fleurs sauvages qui couvrent le pays.

A l'est, les amateurs de canoë apprécieront tout particulièrement le parfum des nénuphars, une grande fleur blanche à cœur jaune et à feuilles rondes et plates qui reposent sur l'eau.

Le trille (*trillium*), l'emblème floral de l'Ontario, est l'une des fleurs les plus populaires du Canada. Il fleurit au printemps dans les zones ombragées des forêts de l'Ontario et du Québec. Leurs fleurs roses et blanches recouvrent parfois des pans entiers de sol forestier. Elles peuvent atteindre jusqu'à 20 cm de hauteur et sont formées de trois pétales.

CHRISTINE COSTE

JR GRAHAM

JR GRAHAM

CHRISTINE COSTE

CHRISTINE COSTE

W LYNCH

A	B
C	D
E	F

A : Oies des neiges à Cap Tourmente
B : Gracieux volatile du parc national de Point Pelee (Ontario)
C : Papillons monarque
D : Orignal
E : Biches en Abitibi
F : Castor

CHRISTINE COSTE

CHRISTINE COSTE

CHRISTINE COSTE

CHRISTINE COSTE

A	C
B	C
D	D

A : Église de Saint-Sauveur (Laurentides)
B : Saint-Sauveur (Laurentides)
C : L'ancienne mine d'or de Val-d'Or, transformée en écomusée (Abitibi)
D : Lac gelé en Abitibi

La sarracénie (*sarrasacenia*), qui pousse sur le territoire s'étendant de la Saskatchewan à Terre-Neuve et au Labrador, dans les tourbières, est une plante carnivore. Elle se nourrit d'insectes attirés par leur couleur pourpre et leur odeur. Ces derniers tombent dans les feuilles glissantes dans lesquelles la sarracénie recueille l'eau de pluie, s'y noient et les plantes n'ont plus qu'à les avaler. Mais malgré cet apport en protéines, la hauteur de la sarracénie ne dépasse jamais une dizaine de centimètres.

Fleur bleu foncé, aux hampes pourpres et aux feuilles vertes, lancéolées, l'herbe à brocheton pousse autour des étangs et des cours d'eau peu profonds de l'Ontario et de la Nouvelle-Écosse.

La salicaire commune rose-pourpre est une plante qui croît le long des routes, dans les fossés et au bord des marécages, sur le sol canadien. Elle est considérée comme nuisible, car devient très vite envahissante, au détriment d'autres espèces aquatiques. Sur le littoral, enfin, vous rencontrerez sûrement des lupins de loup (bleus, roses, etc.), aux fleurs disposées en grappes, qui se dressent comme des flèches et poussent à l'état sauvage dans les champs ou au bord des routes.

Les voyageurs dotés d'une bonne vue et qui apprécient les promenades en dehors des sentiers battus, apercevront sans doute le suce-pin à une fleur (ou *monotropa*). Plante rare, elle pousse dans les débris du sol forestier, en zones humides et ombragées. C'est une plante évanescente, blanc argenté, sans feuilles vertes ou fleurs de couleur. Elle avoisine la longueur d'un doigt et, au moment de la floraison, la partie supérieure se courbe en forme de pipe.

On trouve des baies sauvages un peu partout sur le territoire canadien. Les myrtilles, ou bleuets du Canada, sont les plus courantes et particulièrement abondantes. Avec quelque chance, vous pouvez également tomber sur un parterre de framboisiers sauvages, qui restera un des grands moments de votre existence.

Les forêts, tourbières et marécages abondent, pour leur part, en plantes et en champignons comestibles, ou vénéneux. Même après des années d'expérience, et à l'aide d'ouvrages spécialisés, il est malaisé de faire la différence. Si vous avez le moindre doute, ne tentez pas le diable. En effet, certaines espèces sont mortelles.

Méfiez-vous aussi du sumac vénéneux, moins dangereux, mais très irritant pour l'épiderme, et difficile à identifier, qui sévit dans les régions boisées du Sud. Si vous vous frottez malencontreusement contre cet arbuste, votre peau se couvrira immédiatement de petites boursouflures, et la démangeaison sera infernale !

Faune

Doté de territoires vastes et parfois très reculés, le Canada abrite une vie sauvage importante, même si la préservation des espèces demeure une nécessité. Il arrive souvent aux campeurs et aux randonneurs d'apercevoir des bêtes sauvages lors de leurs déplacements.

Vous trouverez ci-dessous une description des espèces les plus intéressantes et les plus fréquemment rencontrées.

Ours

Ce sont les animaux les plus largement représentés et les plus dangereux du Canada. Ils sont dispersés sur tout le territoire, répartis en quatre espèces. Pour plus de renseignements sur les dangers que peut entraîner leur rencontre, consultez la rubrique *Désagréments et dangers* dans le chapitre *Renseignements pratiques*.

Ours noir. On le trouve sur tout le territoire canadien. Il rôde souvent autour des terrains de camping, des fermes et des dépôts d'ordures. En règle générale, sa taille ne dépasse pas 1,50 m et son poids 90 kg. Il se montre très actif pendant la journée et sait monter aux arbres.

Ours polaire. Animal impressionnant – il pèse jusqu'à 680 kg – à la fourrure épaisse et blanche. On ne le trouve que dans le Grand Nord. C'est une bête majestueuse, aujourd'hui protégée. Il nage avec grâce malgré sa taille.

Bison

On n'en rencontre plus aujourd'hui que dans les parcs protégés. C'est un animal énorme, d'aspect impressionnant, mais en réalité à peine plus dangereux qu'une vache. L'extinction de l'espèce est devenue le symbole des conséquences de l'incursion européenne sur les Indiens d'Amérique du Nord et sur leur environnement. En réalité, le buffle canadien est un bison. Depuis quelque temps, l'élevage du bison pour sa viande fait l'objet de tentatives sporadiques et il est parfois proposé sur certains menus.

Castor

L'un des symboles du Canada, le castor est connu pour son activité intense. Répandu dans tout le pays, on le rencontre souvent tôt le matin ou à la tombée de la nuit, occupé à patauger dans une rivière ou un lac, la tête émergée. Il ronge les arbres dont il tire nourriture et matériaux pour construire son terrier. Sa tanière ressemble à un tas arrondi fait de boue et de branches qu'il installe sur les cours d'eau et les étangs, ceux-ci faisant office de barrage.

Loup

Il ressemble à un grand chien au pelage gris argenté. Toutefois, sa réputation de bête féroce est davantage liée à une méconnaissance de l'espèce qu'à la réalité. Une chasse intensive l'a poussé à se réfugier dans les territoires du Grand Nord, mais aussi dans certains parcs québécois comme celui du Mont-Tremblant dans les Laurentides, où vous pourrez encore l'entendre hurler la nuit. Il se déplace en hordes et s'attaque rarement aux humains.

Coyote

Plus répandu que le loup, il est aussi plus petit et plus farouche. Il émet un hurlement étrange ou des jappements qui lui servent à communiquer. Plus intéressé par la fouille des décharges d'ordures que par la chasse, il est souvent victime des appâts empoisonnés, posés par les fermiers et les propriétaires de ranches.

Cerf de Virginie

Plusieurs variétés de cerfs vivent dans les forêts canadiennes. C'est un animal tranquille et timide, victime d'une chasse intensive.

Orignal

Aussi grand qu'un cheval mais bien plus large, l'orignal est un animal de taille impressionnante. Il est l'une des cibles favorites des chasseurs. On le rencontre dans toutes les forêts du Canada, en particulier autour des marécages. En règle générale, il vit plus au nord que le cerf. Il arbore des bois impressionnants.

L'orignal est un anima solitaire. Pour échapper aux piqûres des insectes, il peut rester des heures dans les eaux d'un lac. A la saison des amours, en octobre ou en novembre, le mâle part à la recherche d'une femelle. Durant cette période, son comportement devient parfois étrange, et cet animal plutôt timide peut se montrer extrêmement agressif. Vous pourrez apercevoir des cerfs et des orignaux sur les routes, en particulier la nuit. Leur présence dans la région est toujours indiquée par des panneaux.

Élan

Cousin de l'orignal, il appartient lui aussi à la famille des cervidés. Il est également appelé wapiti. Vous pourrez notamment en rencontrer dans des parcs. Animal étrange, il se laisse parfois caresser lorsque les visiteurs cherchent à l'approcher pour le prendre en photo. Mais attention, il peut se montrer agressif pendant la saison des amours.

Lynx

Autre animal presque exclusivement canadien, le lynx a des allures de gros chat gris et mesure 90 cm de long. On le rencontre dans les forêts peu exploitées. Il est facilement reconnaissable à ses oreilles très pointues et à la fourrure particulièrement fournie qui entoure son museau. Animal nocturne, il se nourrit de petites proies. L'homme est son principal ennemi, car il détruit son habitat. Plus rare, et plus difficile à apercevoir, le couguar est un chat d'une taille beaucoup plus impressionnante !

Sconse

Il ressemble à un gros chat noir mais sa fourrure dorsale est ornée d'une langue bande blanche. Il est aussi doté d'une belle queue touffue. Le sconse déambule partout : dans les bois, dans les parcs des grandes villes, et même dans les quartiers résidentiels où il fréquente assidûment les poubelles. Il n'est pas dangereux, mais dégage pour se défendre la puanteur la plus insoutenable que l'on puisse imaginer...

Porc-épic

Ce curieux animal de 90 cm de long, et hérissé de piquants, pèse jusqu'à 18 kg. De couleur grise, il vit dans les forêts et se nourrit principalement d'écorce et de bourgeons. Pour se protéger des intrus, il se roule en boule.

Caribou

Il vit en troupeau dans le Grand Nord. Quelques groupes sont disséminés dans le parc de la Gaspésie et le parc des Grands-Jardins dans le Charlevoix comme dans la région des Grands Lacs. Sa chair et sa peau sont très appréciées par les Inuit. Leur nombre est aujourd'hui soigneusement recensé, car les caribous ont été progressivement décimés par la chasse et la pollution nucléaire.

Le spectacle d'un troupeau en période de migration est impressionnant. Un des cousins du caribou est le renne que l'on rencontre en Europe et en Asie.

Baleines et phoques

Dans le golfe et l'estuaire du Saint-Laurent, vous pourrez observer le rorqual commun, le petit rorqual, la baleine à bosse, le marsouin commun (le plus petit des cétacés), le dauphin à flancs blancs, le béluga (tout blanc) et la baleine bleue (le plus gros mammifère au monde). Reportez-vous à l'encadré *Points de vue de baleines* dans le chapitre *La Côte Nord*.

Les phoques communs et les phoques gris se prélassent sur tout le littoral. En 1983, les bélugas du Saint-Laurent ont été désignés comme "population en danger de disparition" par le Comité sur le statut des espèces menacées de disparition au Canada. La chasse au XVIIIe siècle puis la pollution des eaux ont décimé une population. Connu pour son impressionnante variété de cliquetis et de sifflements qu'il utilise pour communiquer, naviguer et détecter ses proies, il est aussi appelé le canari des mers – un canari de deux tonnes. Le Fonds mondial pour la nature-Canada (WWF) et le ministère fédéral des Pêches et Océans ont adopté en février 1996 un plan de rétablissement du béluga du Saint-Laurent. Il existe encore de nombreuses zones d'ombre, notamment en ce qui concerne sa fréquentation de certains sites.

Dans les provinces atlantiques, l'interdiction des importations de fourrures (destinées à la confection de chaussures, de manteaux, etc.) a réussi à restreindre la chasse aux phoques.

En revanche, les touristes pourront s'aventurer sur la banquise de la côte est, sous la surveillance d'un guide, pour observer, caresser ou photographier les bébés phoques.

Le macareux moine

A l'archipel de Mingan, de la mi-avril, mois de leur arrivée, à la fin août, le macareux moine dispute souvent la vedette aux monolithes de calcaire. On le reconnaît à son dos noir, son ventre blanc, ses pattes palmées d'un orange vif et son énorme bec rouge, jaune et gris.

Avec sa démarche un peu gauche et ses yeux au regard crédule, le perroquet des mers, comme on le surnomme, est irrésistible. Il lui faut ruser pour pouvoir prendre son envol, car ses ailes trop petites le condamnent à prendre son élan en bordure des falaises avant de se jeter dans le vide, une habitude prise dès son plus jeune âge.

Après avoir passé l'hiver au large de Terre-Neuve, dans les Grands Bancs, le macareux moine vient nicher dans l'archipel de Mingan, notamment sur les îles de la Maison, du Sanctuaire, des Perroquets et sur l'île à Calculot des Betchouanes. Certains s'envolent pour les îles de la Madeleine ou l'île d'Anticosti.

Menacée de disparition dans les années 70, sa population est en nette augmentation. Les couples se forment à vie et restent fidèles au terrier où la femelle pond son œuf qu'elle couvera en alternance avec le mâle. ■

Oiseaux

On a dénombré cinq cents espèces d'oiseaux, dont certaines sont très rares. L'un des plus célèbres "résidents à plumes" du Canada est le grand plongeon, dont le cri, triste mais superbe, trouble la quiétude des lacs à l'aube ou au crépuscule. Il sévit surtout dans le nord de l'Ontario. L'envol du grand héron bleu, l'un des grands oiseaux du Canada, est tout particulièrement impressionnant. Très timide, il se cache près des marécages et s'envole au moindre bruit suspect.

Durant les migrations du printemps et de l'automne, on peut apercevoir les formations en V des oies des neiges et des bernaches sillonner le ciel. Grosses, noires et grises, celles que l'on surnomme familièrement les "couin-couin" se montrent souvent agressives. Il existe de nombreuses variétés de canards, le mulard étant le plus répandu, le canard huppé le plus pittoresque. L'aigle à tête blanche et l'aigle pêcheur comptent parmi les oiseaux de proie les plus impressionnants. Dans les bois et les forêts, vous pourrez entendre le hululement des hiboux, et les moineaux ont envahi les parcs et les jardins. Vous pourrez aussi apercevoir et entendre des fringilles, des geais bleus, des mésanges et des cardinaux. Sur les côtes, résident des espèces très diverses, dont le macareux moine (voir encadré). Sur le Saint-Laurent, l'eider à duvet, le canard noir, le guillemot (petit pingouin), le grand héron et le troglodyte des marais. Le harfang des neiges, appelé aussi grand duc, espèce menacée, est l'emblème aviaire du Québec depuis 1987. Cette grande chouette au plumage blanc strié de noir durant ces jeunes années, puis à la robe d'un blanc immaculé en vieillissant, niche dans la toundra du Nord de la province pour partir l'hiver dans la vallée du Saint-Laurent.

Le faucon pèlerin est considéré comme une espèce menacée au Québec. Les fous de Bassan, très friands de harengs, remontent en nombre l'estuaire du Saint-Laurent. Ils se dirigent ensuite vers l'île d'Anticosti et l'île Bonaventure où ils vont nicher. Chaque printemps, ils rejoignent ainsi la place qu'ils occupaient l'année précédente et leur nid. Généralement, le nid ne contient qu'un œuf que les parents, chacun son tour, couveront pendant 45 jours. Il est le champion incontesté des plongeons. Il peut piquer, les ailes repliées, d'une hauteur de plus de cent mètres.

Poissons

Le brochet, la perche et la truite (plusieurs espèces) sont les poissons de rivière les plus répandus. Des dizaines de milliers de saumons de l'Atlantique remontent les rivières de la Côte Nord, de la Gaspésie et du Bas-Saint-Laurent. Il passe une partie de sa vie en mer, se nourrit de crevettes, morues et de harengs avant de revenir frayer dans sa rivière natale pour s'y reproduire. Les amateurs classent celui du Québec et des côtes atlantiques en seconde position après la variété d'eau douce. L'omble chevalier, que l'on trouve uniquement dans le Grand Nord, est également très apprécié pour la finesse de sa chair.

Comment s'y rendre

VOIE AÉRIENNE

Il existe de nombreux vols directs et quotidiens de Paris vers Montréal ou Toronto. En revanche, pour Ottawa et Québec, vous devrez faire escale à Montréal ou à Toronto.

La haute saison correspond en principe aux vacances scolaires françaises. Les prix les plus élevés se situent autour de Noël, tandis que novembre est le mois des bonnes affaires. En été, les prix se situent entre ces deux pics, avec des tarifs plus élevés du 15 juillet jusqu'à début août.

Préparation au voyage

Depuis la France, vous trouverez des adresses, des témoignages de voyageurs, des informations pratiques et de dernière minute dans *Lonely Planet,* notre trimestriel gratuit (écrivez-nous pour être abonné), ainsi que dans le magazine *Globe-Trotters,* publié par l'association Aventure du Bout du Monde (ABM, 7 rue Gassendi, 75014 Paris, France, ☎ 01 43 35 08 95). Le *Guide du voyage en avion* de Michel Puysségur (48 FF, éd. Michel Puysségur) vous donnera toutes les informations possibles sur la destination et le parcours de votre choix. Le Centre d'information et de documentation pour la jeunesse (CIDJ, 101 quai Branly, 75015 Paris, France, ☎ 01 44 49 12 00) édite des fiches très bien conçues : "Réduction de transports pour les jeunes" n°7.72, "Vols réguliers et vols charters" n°7.74, "Voyages et séjours organisés à l'étranger" n°7.51. Il est possible de les obtenir par correspondance : se renseigner sur 3615 CIDJ (1,29 FF la minute) sur le prix des fiches (entre 10 et 15 FF) en envoyant un chèque au service Correspondance.

Le magazine *Travels,* publié par Dakota Éditions, est une autre source d'informations sur les réductions accordées aux jeunes sur les moyens de transports, notamment les promotions sur les vols. On peut le trouver gratuitement dans les universités, lycées, écoles de commerce en France.

Depuis la Belgique, la lettre d'information *Farang* (La Rue 8a, 4261 Braives) traite de destinations étrangères. L'association Wegwyzer (Beenhouwersstraat 24, B-8000 Bruges, ☎ (50) 332 178) dispose d'un impressionnant centre de documentation réservé à ses adhérents et publie un magazine en flamand, *Reiskrand,* que l'on peut se procurer à l'adresse ci-dessus.

En Suisse, Artou (Agence en recherches touristiques et librairie), 8, rue de Rive, 1204 Genève, ☎ (022) 818 02 40 (librairie du voyageur) et 18 rue de la Madeleine, 1003 Lausanne, ☎ (021) 323 65 54, fournit des informations sur tous les aspects du voyage. A Zurich, vous pourrez vous abonner au *Globetrotter Magazin* (Rennweg 35, PO Box, CH-8023 Zurich, ☎ (01) 211 77 80) qui, au travers d'expériences vécues, renseigne sur les transports et les informations pratiques.

Depuis/vers l'Europe francophone

La date de voyage est la clef des vols transatlantiques. Dans un sens comme dans l'autre, la saison fait le prix. Toutefois, la façon dont les hautes et basses saisons sont définies dépend de la compagnie aérienne, du jour de la semaine, de la durée du séjour ou d'autres paramètres.

Généralement, le tarif aller simple n'est pas négociable et il est inférieur de peu à l'aller-retour. Aussi, de nombreuses personnes revendent l'autre moitié de leur billet aller-retour si elles souhaitent rester au-delà de la date de validité du billet ou repartir pour une autre destination. Ces billets sont donc parfois vendus à un prix inférieur à la valeur nominale. Les transactions se font *via* les suppléments d'annonces des journaux ou les bulletins des universités et ceux des hôtels. Comptez entre 2 200 FF environ en basse saison et 3 500 FF en haute saison pour un aller-retour. De Belgique, vous débourserez

Le B A BA du voyage en avion

Bagages autorisés. Précision figurant sur le billet. En général, un bagage de 20 kg en soute, plus un bagage à main en cabine. Certaines compagnies autorisent, sur les vols longs courriers, deux bagages à main, limités en taille et en poids.

Billets Apex. (Advance Purchase Excursion : voyage payé à l'avance). Ces billets sont en général 30 % à 40 % moins chers que le tarif économique, moyennant certaines contraintes. Vous devez acheter le billet au moins 21 jours à l'avance (parfois plus tôt) et votre séjour est limité à 14 jours minimum, sans excéder 90 ou 180 jours. Il n'est pas possible de faire une escale et toute modification de date ou de destination entraîne un supplément. Les billets ne sont pas remboursables ; en cas d'annulation, vous récupérerez bien moins que le prix d'achat. Contractez une assurance annulation pour vous couvrir, par exemple en cas de maladie.

Billets à prix réduits. Il existe deux catégories de réductions : les réductions officielles (type Apex – voir tarifs promotionnels) et les réductions officieuses (voir spécialistes de vol à prix réduit). Cette dernière catégorie vous offre le prix Apex, sans pour autant être tenu par les conditions de réservation et autres impératifs de ces billets. Les bas tarifs entraînent souvent quelques inconvénients, comme l'utilisation de compagnies peu prisées, des horaires incommodes ou des trajets et des correspondances peu intéressants.

Billets en classe économique. Ce ne sont pas les plus économiques, mais les conditions d'utilisation sont plus souples et leur durée de validité s'étend sur 12 mois. En cas de non utilisation, ils sont, pour la plupart, remboursables au même titre que les escales non utilisées sur un billet multiple.

Billets "open-jaw". Avec ce genre de billet aller-retour, la ville de destination est différente de celle d'où vous repartirez lors de votre voyage de retour. Entre les deux, vous vous déplacez à votre gré et à vos frais.

Billets tour du monde. Ces billets connaissent un succès croissant depuis quelques années. Il existe deux formules : les billets de compagnies aériennes et les billets d'agences de voyages. Un billet tour du monde de compagnie aérienne est en fait émis par deux compagnies ou plus, qui se sont associées pour vous permettre de faire le tour du monde sur leurs lignes. Vous pouvez aller n'importe où, à condition d'utiliser exclusivement les vols de ces compagnies, sans revenir sur vos pas, c'est-à-dire que vous tournez toujours dans le même sens est-ouest, ou l'inverse. Autres restrictions : vous devez acheter la première escale à l'avance et vous payez des frais en cas d'annulation. Vous pouvez également être limité dans le nombre d'escales possibles. Quant au billet d'agence de voyages, c'est en fait une combinaison de billets aux tarifs les plus intéressants. Ils peuvent être meilleur marché, mais les options seront plus réduites.

Cession de billets. Les billets d'avion sont personnels. Certains voyageurs essaient de revendre leur billet retour, mais sachez qu'on peut vérifier votre identité. Si la corrélation entre l'identité de la personne et le nom inscrit sur le billet n'est pas systématiquement vérifiée sur les vols intérieurs, elle l'est sur les vols internationaux, pour lesquels vous devez présenter votre passeport.

Confirmation. La possession d'un billet avec numéro et date de vol ne vous garantit pas de place à bord tant que l'agence ou la compagnie aérienne n'a pas vérifié que vous avez bien une place (ce dont vous êtes assuré avec le signe OK sur votre billet). Sinon, vous êtes sur liste d'attente.

Contraintes. Les tarifs réduits impliquent souvent certaines contraintes, telles le paiement à l'avance, une durée minimale et maximale de validité du billet, des restrictions sur les escales, les changements d'itinéraire ou de dates, etc.

Enregistrement. Les compagnies aériennes conseillent de se présenter au comptoir un certain temps avant le départ (2 heures pour les vols internationaux). Si vous ne vous présentez pas à temps à l'enregistrement et qu'il y ait des passagers en attente, votre réservation sera annulée et votre siège attribué à quelqu'un d'autre.

Messageries aériennes. Les sociétés ont parfois besoin d'envoyer des documents ou du fret en urgence et en toute sécurité. Elles passent alors par des messageries privées qui engagent des personnes pour transporter et dédouaner les colis. En retour, ces messageries offrent un billet à tarif réduit qui est parfois une excellente affaire. En fait, la messagerie enregistre le paquet comme bagage sur un vol régulier. Cette opération est parfaitement légale – tous les objets transportés étant licites – mais présente deux inconvénients : le délai de validité du billet de retour assez court (normalement guère plus d'un mois) et la limitation en bagage enregistré. On peut même vous demander de ne prévoir qu'un bagage en cabine.

Passager absent. Certains passagers ne se présentent pas à l'embarquement. En général, les passagers plein tarif qui ne se présentent pas à l'embarquement ont le droit d'emprunter un autre vol. Les autres sont pénalisés (cf. Pénalités d'annulation).

Passager débarqué. Le fait d'avoir confirmé votre vol ne vous garantit pas de monter à bord (cf. Surbooking).

Pénalités d'annulation. Si vous annulez ou modifiez un billet Apex, on vous facturera un supplément, mais vous pouvez souscrire une assurance couvrant ce type de pénalités. Certaines compagnies aériennes imposent également des pénalités sur les billets plein tarif, afin de dissuader les passagers fantômes.

Période. Certains tarifs réduits, comme les tarifs Apex, varient en fonction de l'époque de l'année (haute ou basse saison, avec parfois une saison intermédiaire). En haute saison les tarifs réduits (officiels ou non) augmentent, quand ils ne sont pas tout bonnement supprimés. C'est généralement la date du vol aller qui compte (aller haute saison, retour basse saison = tarif haute saison).

Perte de billets. La plupart des compagnies aériennes remplacent les billets perdus et délivrent, après les vérifications d'usage, un billet de remplacement. Légalement cependant, elles sont en droit de considérer le billet comme définitivement perdu, auquel cas le passager n'a aucun recours. Moralité : prenez grand soin de vos billets.

Plein tarif. Les compagnies aériennes proposent généralement des billets de 1re classe (code F), de classe affaires (code J) et de classe économique (code Y). Mais il existe maintenant tant de réductions et de tarifs promotionnels que rares sont les passagers qui paient plein tarif.

Reconfirmation. Vous devez reconfirmer votre place 72 heures au moins avant votre départ, sinon la compagnie peut vous rayer de la liste des passagers.

Réductions étudiants. Certaines compagnies aériennes offrent 15 à 25 % de réduction aux détenteurs d'une carte d'étudiant, ainsi qu'à toute personne de moins de 26 ans. Ces remises ne sont normalement applicables que sur les tarifs en classe économique. Pas moyen d'en bénéficier sur un billet Apex ou tour du monde, ces derniers étant déjà très avantageux.

Spécialistes de vol à prix réduit. A certaines périodes de l'année ou sur certaines destinations, les avions ne sont pas tous complets. Les compagnies aériennes ont tout intérêt à vendre les billets restants, même à prix sacrifié, et elles le font auprès d'agents de voyages spécialisés dans les vols à prix réduit. Le prix de ces billets défie toute concurrence. Les disponibilités varient considérablement, vous devez être très souple dans votre programme de voyage, tout en étant prêt à partir dès qu'une annonce paraît dans la presse.

Les spécialistes de vol à prix réduit placent quelques encarts publicitaires dans les journaux et les magazines, ce qui déclenche une véritable ruée sur les billets. Téléphonez pour vérifier qu'il en reste, avant de vous déplacer. Bien sûr, les prix annoncés sont des prix d'appel, et le temps que vous vous rendiez chez votre agent de voyages, tous ces billets seront déjà vendus. Vous pourrez alors vous rabattre sur des tarifs légèrement moins intéressants.

Stand-by. Billet à prix réduit qui ne vous garantit de partir que si une place se libère à la dernière minute. Ces tarifs ne sont d'ordinaire disponibles que sur place, à l'aéroport, même si, parfois, un bureau de la compagnie aérienne en ville est susceptible de s'en occuper. Pour multiplier vos chances, présentez-vous suffisamment à l'avance au comptoir de l'aéroport pour faire inscrire votre nom sur la liste d'attente : "Premier arrivé, premier servi".

Surbooking. Pour améliorer leur taux de remplissage et tenir compte des inévitables passagers fantômes, les compagnies aériennes ont l'habitude d'accepter plus de réservations qu'elles n'ont de sièges. En général, les voyageurs en surnombre compensent les absents, mais il faut parfois "débarquer" un passager. Et qui donc ? Eh bien, celui qui se sera présenté au dernier moment à l'enregistrement...

Tarifs promotionnels. Réductions officielles, comme le tarif Apex, accordées par les agences de voyages ou les compagnies aériennes elles-mêmes.

Titre de sortie. Certains pays ne laissent entrer les étrangers que sur présentation d'un billet de retour ou d'un billet à destination d'un autre pays. Si vous n'avez pas de programme précis, achetez un billet pour la destination étrangère la moins chère ; ou encore, prenez un billet auprès d'une compagnie fiable, après avoir vérifié qu'il vous sera remboursé si vous ne l'utilisez pas. ■

entre 14 000 et 22 400 FB ; de Suisse, il vous en coûtera entre 680 et 1 200 FS.

Les principales compagnies desservant Montréal et Toronto sont Air Canada, Canadian Airlines, Air France, British Airways et KLM. A titre indicatif, voici une liste de voyagistes spécialisés offrant des prestations sur le Québec et l'Ontario :

Havas Voyages
26 avenue de l'Opéra, 75001 Paris (☎ 01 42 96 56 20 et 3615 Havas Voyages sur Minitel).

Jumbo
Plusieurs adresses à Paris et dans de nombreuses agences de province :
38 av. de l'Opéra, 75002 Paris (☎ 01 47 42 06 92) ; 62 rue Monsieur-le-Prince, 75006 Paris (☎ 01 46 34 19 79).
9 rue Childebert, 69002 Lyon (☎ 04 78 42 80 77).
8 place Masséna, 06000 Nice (☎ 04 93 80 88 66).
19 rue de Rémusat, 31000 Toulouse (☎ 05 61 23 35 12).

Maison des Amériques
4 rue Chapon, 75003 Paris (☎ 01 42 77 50 50 ; fax 01 42 77 50 60).

OTU
L'Organisation du tourisme universitaire propose des réductions pour les étudiants et les (jeunes) enseignants sur de nombreux vols. Se renseigner au 39 av. Georges-Bernanos, 75005 Paris (☎ 01 40 29 12 12) et dans les CROUS de province.

Pacific Holidays
34 av. du Général-Leclerc, 75014 Paris (☎ 01 45 41 52 58)

Usit Voyages
85 bd Saint-Michel, 75005 Paris (☎ 01 43 29 69 50 ; fax 01 43 25 29 85). De nombreuses agences en France.

Voyageurs Associés
28 rue du Pont-Louis-Philippe, 75004 Paris (☎ 01 42 74 27 28, 01 42 74 27 53, 01 42 74 15 79). A Marseille et à Strasbourg également.

Voyageurs du monde
55 rue Sainte-Anne, 75001 Paris (☎ 01 42 86 17 20)

Wasteels
6 rue Monsieur-le-Prince, 75006 Paris (☎ 01 43 25 58 35).
Place de la Gare, BP 2774, Luxembourg (☎ (352) 48 63 63).

En Suisse :

SSR
Coopérative de voyages. Propose des vols à prix négociés pour les étudiants jusqu'à 26 ans et des vols charters pour tous : 20 bd de Grancy, 1006 Lausanne (☎ 21 617 56 27). 3 rue Vignier, 1205 Genève (☎ 22 329 97 33).

Jerrycan
11 rue Sauter, 1205 Genève (☎ 22 346 92 82).

En Belgique :

Connections
Le spécialiste belge du voyage pour les jeunes et les étudiants. Plusieurs agences en Belgique :
Rue du Midi, 19-21, 1000 Bruxelles (☎ 2 550 01 00) ; Av. Adolphe-Buyl 78, 1050 Bruxelles (☎ 2 647 06 05). Nederkouter, 120, 9000 Gand (☎ 9 223 90 20). Rue Sœurs-de-Hasque 7, 4000 Liège (☎ 04 223 03 75).

Éole
Chaussée de Haecht 43, 1210 Bruxelles (☎ 2 217 27 44).

Air Stop
28, rue Fossé-aux-Loups, 1000 Bruxelles (☎ 2 223 22 60).

Acotra World
110, rue du Marché-aux-Herbes, 1000 Bruxelles (☎ 2 512 86 07).

Depuis/vers le Royaume-Uni et le reste de l'Europe

Air Canada propose également des vols vers Toronto depuis Londres et Francfort. Les tarifs varient énormément en fonction de la date, les mois d'été et Noël correspondant aux périodes les plus chères. Dans tous les cas, une réservation 21 jours à l'avance est indispensable pour profiter des meilleurs prix.

Depuis Londres, les prix d'un aller-retour débutent à 319 £ en basse saison. Air Canada propose des vols simples Londres-St John's (Terre-Neuve) deux fois par semaine pour 377 £ ou 754 £ l'aller-retour en classe économique sans frais de réservation. Avec une réservation 21 jours à l'avance, ce même aller-retour tombe à 509 £ en haute saison et à 349 £ en basse saison. Le vol pour Toronto est au même prix.

Depuis/vers les États-Unis

Les liaisons entre les États-Unis et les villes canadiennes sont nombreuses et fréquentes. Des vols directs relient les plus grandes villes. Montréal, Toronto et Vancouver sont les destinations les plus courantes mais toutes les grandes villes sont reliées au vaste réseau nord-américain.

Air Canada relie New York à Toronto dans les deux sens. Un aller simple revient à 165 $US. American Airlines dessert également cette destination.

Le *New York Times*, le *Chicago Tribune,* le *San Francisco Chronicle Examiner* et le *Los Angeles Times* publient chaque semaine les tarifs en vigueur dans leurs rubriques Voyage. Vous pouvez également vous adresser à STA Travel qui possède des bureaux dans toutes les grandes villes, ou à son équivalent canadien, Travel CUTS.

VOIE TERRESTRE

Bus

Le réseau de bus Greyhound relie la plupart des villes américaines aux principales métropoles canadiennes, avec toutefois un changement de bus à la frontière ou dans la ville la plus proche. Notez cependant que le forfait (pass) valable aux États-Unis ne peut être utilisé au Canada.

Train

Amtrak compte deux liaisons entre les États-Unis et l'Ontario : New York-Toronto (douze heures ; *via* les chutes du Niagara) et Chicago-Toronto (onze heures et demie).

Pour plus d'informations au sujet des tarifs et des horaires, contactez Amtrak (☎ 1-800-872-7245), 60 Massachusetts Ave NE, Washington, DC 20002, États-Unis.

Voiture

Le réseau autoroutier des États-Unis est relié tout le long de la frontière au réseau canadien qui, à son tour, rejoint la Transcanadienne plus au nord. Pendant les mois d'été, les vendredi et dimanche sont particulièrement chargés aux principaux points de passage de la frontière lorsque les gens effectuant leur shopping, les vacanciers et les visiteurs convergent à la même période. Les retours peuvent être difficiles lors des longs week-ends de vacances estivales. Pendant ces périodes, l'attente peut parfois atteindre plusieurs heures. En Ontario, les passages Detroit-Windsor, Buffalo-Fort Erié et Niagara Falls-New York sont connus pour leurs longues files d'attente. Les points de passage secondaires, plus petits, sont toujours tranquilles. Parfois si tranquilles que les douaniers n'ont rien de mieux à faire que de mettre vos bagages en pièces !

VOYAGES ORGANISÉS

Au départ de la France, de nombreuses agences de voyages proposent des circuits sportifs de qualité à pied, en VTT, en kayak, en raquettes et ski, en traîneau, en hydravion, en bateau ou en motoneige.

La découverte des populations du Grand Nord et de leur mode de vie est souvent au cœur des randonnées. La liste qui suit n'a aucune prétention d'exhaustivité.

- *La division touristique de l'Ambassade du Canada* (35 avenue Montaigne, 75008 Paris, ☎ 01 44 43 29 00 ou 01 44 43 25 07 (24h/24) ; fax 01 44 43 29 94 ; 3615 Canada, 1,29 FF la minute) propose des brochures qui dressent un panorama complet des activités sportives au Québec et en Ontario et une liste exhaustive des voyagistes au départ de la France. Brochures à demander par téléphone ou par fax (21 FF de port) ou à retirer gratuitement auprès de l'ambassade du Canada à Paris.
- *Atalante* 36-37 quai Arloing, 69256 Lyon Cedex 09 (☎ 04 72 53 24 80).
  (*chez Artou*) 8 rue Rive, Ch 1204, Genève, Suisse (☎ 22 818 02 20 ; fax 22 818 02 29) Sur la rivière Mistassibi, 10 jours de canoë.
- *Allibert* 14 rue de l'Asile-Popincourt, 75011 Paris (☎ 01 40 21 16 21).
  15 jours de découverte (dont 7 de marche) à travers les sentiers du Saguenay, du Bas-Saint-Laurent et de la Gaspésie.
- *Argane* 204 rue du Château-des-Rentiers, 75013 Paris (☎ 01 53 82 01 01 ; fax 01 53 82 07 44).
  8 jours en kayak de mer dans le fjord du Saguenay et la baie de Tadoussac
- *Aventuria* 42 rue de l'Université, 69007 Lyon (☎ 04 78 69 35 06 ; fax 04 78 69 32 83).
  Spécialisé dans les raids motoneige vers le Grand Nord (6 jours vers l'Abitibi) mais aussi initiation et découverte en motoneige, circuits avec chiens de traîneaux et raquettes.
- *Comptoir des Amériques* 23 rue du Pont-Neuf, 75001 Paris (☎ 01 40 26 20 71 ; fax 01 42 21 46 88).
  Itinéraire individuel (voiture et B&B) pour sillonner la Gaspésie, 7 jours en canoë et campement indien au pays des Algonquins ou

encore 11 jours pour explorer le Québec et l'Ontario avec un guide.

- *Club Aventure* 18 rue Séguier, 75006 Paris (☎ 01 44 32 09 30 ; fax 01 44 32 09 59).
  9 jours en traîneaux à chiens dans le Grand Nord
- *Terres d'aventure* 6 rue Saint-Victor, 75005 Paris (☎ 01 53 73 77 77 ; fax 01 43 29 96 31). 9, rue des Remparts-d'Ainay, 69002 Lyon (☎ 04 78 42 99 94).
  Traîneaux à chiens et conduite d'attelage au Québec ou chez les Algonquins au cœur de l'Ontario. Également 9 jours dans les Laurentides dont 5 pour s'initier au ski de fond.
- *Grand Nord* 5 rue du Cardinal-Lemoine, 75005 Paris (☎ 01 40 46 05 14 ; fax 01 43 26 73 20)
  Ce spécialiste des voyages polaires propose plusieurs formules dont le voyage naturaliste et animalier en Gaspésie (ours noirs et baleines), dans les îles de la Madeleine (phoques) ainsi que la baie d'Hudson (bélugas).
  Mentionnons également la pêche au pays des Attikameks.

Comment circuler

Vu l'immensité du Québec et de l'Ontario, il faut procéder à des choix non seulement dans le circuit projeté mais aussi dans les moyens de transport envisagés. Sachez que la voiture, le bus ou le train vous reviendront beaucoup moins cher que l'avion.

Si votre budget ne vous permet pas de louer une voiture, le réseau de bus offre une bonne couverture des deux provinces. Il coûte généralement moins cher que le service ferroviaire, dont le transport passagers en dehors des grands axes reste limité voire inexistant pour des régions reculées. Si, dans bien des pays d'Europe, on peut sauter dans un bus ou un train sur un simple coup de tête, au Québec et en Ontario, cette attitude n'est pas du tout envisageable, à moins de se trouver dans à Montréal et Québec et de vouloir rejoindre Ottawa.

AVION

Les vols intérieurs sont généralement onéreux. Néanmoins, cette solution peut être utile pour ceux dont le budget n'est pas limité et dont le temps est compté. Les tarifs sont souvent fluctuants. Adressez-vous directement à la compagnie ou passez par l'intermédiaire d'une agence de voyages. Les différences de prix entre compagnies sont limitées, chacune se tenant généralement au fait des prix pratiqués par l'autre. Air Alliance (☎ 1 800 361-8620) ou Inter Canadien (☎ 1 800 665-1177) proposent ainsi un aller-retour Montréal-Québec pour environ 375 $. Pour Sept-Îles sur la Côte Nord, comptez au moins 410 $.

Pensez à planifier votre déplacement à l'avance car les meilleures affaires sont les tarifs excursions, les vols aller-retour réservés à l'avance pour des séjours de durée minimum ou maximum. Les vols réservés au moins 14 jours à l'avance reviennent ainsi moins cher que ceux achetés au débotté.

Sur toutes les compagnies, les jeunes bénéficient de réduction d'environ 30% et plus jusqu'à 24 ans.

Les *pass* achetés en Europe peuvent être parfois intéressants. Air Transat assure ainsi un vol charter Montréal-Toronto à partir de 640 FF l'aller simple ou 950 FF l'aller-retour. Inter Canadien propose également depuis Paris des pass de trois coupons minimum avec un prix par trajet commençant à 610 FF.

Au Québec et en Ontario, les tarifs aériens annoncés ne comprennent jamais les taxes.

Deux compagnies assurent par ailleurs des vols réguliers pour le Grand Nord. Air Creebec (☎ 1 800 567-6567) dessert notamment Matagami, Chibougamau et Wemindji. Air Inuit (☎ (613) 839-1247 ou 1 800 361-2965) relie tous les villages inuit du Grand Nord.

Greyhound Air propose des tarifs intéressants sur les vols intérieurs en Ontario. Toutes les réservations peuvent être effectuées à partir d'un numéro de téléphone unique, le ☎ 1 800 661 8747.

VOITURE

La voiture est, à bien des égards, le moyen de transport le plus commode. Les routes sont entretenues et bien indiquées. Dans les offices de tourisme provinciaux, vous pourrez vous procurer, en général gratuitement, des cartes routières pour chaque province. Vous en trouverez également dans les stations-service, les librairies et les grandes surfaces.

Le Québec et l'Ontario ne comptent pas d'autoroutes à péage. Pour traverser certains ponts, vous serez obligé de verser une somme modique.

Dans les grandes villes, la circulation aux heures de pointe – surtout vers 17h et le vendredi – peut être particulièrement difficile. Le tarif des aires de stationnement est élevé.

Code de la route et mesures de sécurité préventives

Les Québécois et les Ontariens roulent sur le côté droit de la route (comme en France) et utilisent le système métrique pour mesurer les distances. La ceinture de sécurité est obligatoire pour tous les passagers. Sur les autoroutes, la vitesse est limitée à 100 km/h, sur les routes à 60, 70, 80 ou 90 km/h, dans les villes 30 à 50 km/h ou moins. Les amendes pour non respect des limitations de vitesse sont onéreuses et les contrôles très fréquents. Avant de partir, vérifiez que votre assurance vous couvre à l'étranger.

Que vous rouliez dans un sens ou dans l'autre de la route, vous devez vous arrêter lorsque les cars de ramassage scolaire ont leurs clignotants allumés : cela indique en effet que les enfants sont en train de monter dans le car ou d'en descendre.

Par temps de neige, assurez-vous d'avoir des pneus à clous, autorisés au Québec du 15 octobre au 1er mai. Durant cette époque, ayez toujours dans votre voiture, en cas de panne, une bougie, un briquet ou des allumettes, une couverture, une lampe de poche, une pelle et une raclette pour dégager les vitres de votre véhicule. Une simple bougie allumée dans votre voiture suffira à maintenir une certaine température.

N'attendez jamais que votre réservoir soit à moitié vide. Prenez le réflexe de faire le plein dès que vous projetez de traverser certains parcs ou réserves, exempts de postes à essence. Emportez toujours un bidon d'essence de dépannage si vous envisagez de faire un long trajet dans une région éloignée. En outre, assurez-vous que le véhicule que vous conduisez est en bon état et prenez quelques outils et pièces de rechange, ainsi que de l'eau et des vivres.

Sur les routes de graviers, les problèmes les plus ennuyeux sont la poussière et les petits cailloux : gardez donc vos distances par rapport au véhicule qui vous précède. Si une voiture s'avance vers vous, ralentissez et gardez bien votre droite (ce conseil vaut aussi si une voiture vous double).

Les animaux sauvages tels que les cerfs de Virginie et les orignaux représentent un danger potentiel sur les routes, surtout le soir. Dans les régions où vous rencontrerez des panneaux mettant en garde les automobilistes contre l'éventuelle présence de ces animaux, restez vigilant, ne conduisez pas trop vite et tenez-vous prêt à freiner. Souvent, les phares des voitures semblent les hypnotiser, et ils restent debout au milieu de la route. Essayez donc d'allumer puis d'éteindre les vôtres tout en klaxonnant.

Pour connaître l'état des routes, hiver comme été, le ministère des Transports au Québec met à disposition un numéro de téléphone (☎ (514) 873-4121 pour Montréal, (418) 648-7766 pour Québec). Durant la période estivale, les routes endommagées par le dégel font l'objet de travaux et sont parfois interdites à la circulation. L'hiver, il est toujours recommandé de s'informer de la météo en écoutant régulièrement la radio ou en téléphonant au service compétent (☎ (514) 283-3010 pour Montréal ou (418) 648-7766 pour Québec).

Lorsque vous vous garez, faites très attention : certaines rues sont interdites de stationnement durant la nuit. Regardez toujours attentivement les panneaux qui indiquent les côtés et les temps autorisés. Les contrôles sont fréquents même en pleine nuit et les contraventions tombent à toute heure du jour comme de la nuit.

Location

Les agences de location de voitures sont présentes dans tout le pays. Les principales sont Hertz, Avis, Budget et National Tilden, mais il en existe bien d'autres. Les plus importantes pourront vous réserver une voiture dans n'importe quel point de location dans les deux provinces. Elles disposent aussi de représentants dans presque tous les aéroports. Vous aurez besoin d'une carte de crédit pour louer une voiture. Tous les véhicules loués possèdent une conduite automatique.

Certaines agences ne louent qu'aux personnes âgées de plus de 21 ans, d'autres de plus de 26 ans. Suivant votre âge, on peut vous demander de contracter une assurance supplémentaire, mais les primes requises ne sont pas très élevées.

En ce qui concerne les prix de location, vous avez intérêt à mener votre propre enquête. Pour une même société, les prix (donnés toujours hors taxes et hors assurances) varient non seulement d'une agence à une autre mais aussi d'une saison à une autre.

La location en kilométrage illimité est impossible à obtenir, à moins d'avoir une grande force de persuasion. Si vous comptez faire des kilomètres, louez une voiture depuis Paris et couplez votre location à un billet d'avion. Cette formule est en effet la plus intéressante, surtout pendant la période allant de mai à octobre.

La journée de location revient en moyenne entre 40 et 50 $ avec un kilométrage gratuit limité (variant entre 200 et 300 km), et 12 à 15 cents par kilomètre supplémentaire. Tarif auquel vous devrez ajouter les taxes et les assurances. N'hésitez pas à demander le prix net, cela vous épargnera les mauvaises surprises.

Le tarif de la semaine de location est généralement 10% moins élevé que le tarif à la journée, et nombre de compagnies proposent un tarif spécial week-end encore plus avantageux. Si vous souhaitez bénéficier d'une location, surtout pour le week-end, réservez et demandez la voiture la plus économique.

Les frais d'essence ne grèveront pas votre budget : à 0,66 cent le litre en moyenne, vous ne dépenserez jamais plus de 15 $ pour un plein. Les stations d'essence acceptent les cartes de crédit ; nombre d'entre elles sont maintenant des self-services et sont ouvertes 24h/24.

Certaines agences se sont spécialisées dans la location de camping-cars et d'autres variantes de caravanes, très utilisées au Québec et en Ontario par les familles notamment. Comptez au minimum 2 500 FF la semaine sans les taxes.

Les enfants de moins de 18 kg doivent occuper un siège de sécurité dans les voitures et porter une ceinture. Les plus grandes agences de location pourront vous fournir ce genre de sièges moyennant une somme calculée à la journée.

Club automobile du Québec (Canadian Automobile Association)

Connu sous le nom de CAA, ce Club s'occupe de l'assistance aux personnes motorisées. Il existe différents niveaux d'assistance, dont l'assistance en urgence lors d'un incident au bord de la route. Quels que soient l'endroit et l'heure, si votre voiture tombe en panne, appeler CAA signifie déjà être secouru. Les dépanneurs feront redémarrer votre voiture ou la confieront gratuitement à quelqu'un qui s'en chargera. Néanmoins, vous devrez rémunérer cette personne. En fait, l'assistance CAA se limite essentiellement à relancer la batterie, à réparer les pneus crevés, etc. Ce service est opérationnel 24h/24.

Le deuxième service proposé par CAA est l'organisation et le conseil pour les excursions. Le personnel de l'agence locale vous aidera à optimiser votre parcours et vous proposera des cartes et des guides de qualité variable. Enfin, les agences CAA peuvent vous fournir des chèques de voyage.

En principe, si vous possédez une voiture en bon état, vous n'aurez pas besoin de faire appel à CAA ; la rentabilité s'annule après deux pannes car les frais de dépannage sont élevés. L'adhésion annuelle coûte 68,50 $.

Pour tout renseignement, appelez le ☎ (514) 861-7111 à Montréal ou le (613) 226-7631 à Ottawa, Ontario, K2C 3J2. Le bureau central de CAA en Ontario (☎ 1 800 268-3750) se tient 60 Commerce Valley Drive East, Thornhill, Ontario, L3T 7P9.

Achat d'un véhicule

Il est possible de se procurer des voitures d'occasion à très bon marché. Consultez les journaux locaux ou, dans les agglomérations plus importantes, un hebdomadaire spécialisé uniquement dans la vente de voitures d'occasion.

A ceux qui préfèrent une approche raisonnable et plus sécuritaire de l'achat, nous recommandons la lecture de l'excellent

Lemon-Aid de Phil Edmunston, ouvrage publié annuellement par le Club automobile du Québec (CAA). En vente dans les librairies et disponible dans les bibliothèques, il donne le détail de toutes les voitures d'occasion sur le marché, leur attribue une note et indique un ordre de prix général. Que vous vous adressiez à un détaillant ou à un particulier, la règle du jeu est de marchander les prix lorsque vous achetez une voiture.

Si vous devez conduire pendant quelques mois, une voiture d'occasion constitue un excellent investissement, surtout si vous voyagez à deux. En général, vous pouvez quasiment revendre la voiture au prix où vous l'avez payée. Une bonne vieille voiture en état de marche correct vous coûtera moins de 4 000 $.

Le problème éventuel auquel les touristes peuvent se trouver confrontés est de souscrire une assurance à un prix raisonnable. La plupart des agences vous proposeront une assurance valable six mois mais les prix varient considérablement et peuvent être totalement différents d'une province à l'autre. Les assurances au Québec semblent moins élevées qu'en Ontario.

Indépendamment de l'endroit où vous achetez votre police d'assurances, il est utile d'avoir une preuve que vous êtes assurés dans le pays dont vous êtes ressortissant. Cela facilitera la transaction, et pourra de surcroît vous valoir une réduction, car vous deviendrez un risque potentiel plus crédible. En règle générale, les femmes paient sensiblement moins cher que les hommes du même âge et dotés de la même expérience au volant. Si vous projetez de faire une petite escapade aux États-Unis, assurez-vous que l'assurance à laquelle vous souscrivez est valable de l'autre côté de la frontière. Souvenez-vous également que les tarifs sont liés à l'âge du conducteur et au type de sa voiture.

Partager une voiture

Née au Québec, Allô Stop est une société qui s'occupe de trouver des voitures à partager entre plusieurs voyageurs. Elle met en contact des personnes qui souhaitent se déplacer avec d'autres qui possèdent une voiture. Les frais d'essence sont partagés. Comptez 15 $ pour le trajet Montréal-Québec, 28 $ pour Toronto et 12 $ pour Ottawa. Pour les autres villes, comme Chicoutimi, Rivière-du-Loup ou Percé, tout dépend de la ville de départ. Pour ces villes, il est plus difficile de trouver une voiture.

Allô Stop possède aujourd'hui des succursales à Montréal, à Québec, à Toronto, à Ottawa et dans beaucoup d'autres petites villes à la périphérie de la province du Québec. Vous trouverez les coordonnées de chaque bureau dans ce guide dans les rubriques *Comment s'y rendre*.

Téléphonez si possible un jour ou deux avant la date à laquelle vous comptez partir.

BUS

Les bus vous conduiront presque où vous voulez et sont meilleur marché que les trains. Ils sont propres et confortables, et vous y serez en sécurité. En outre, ils respectent à la minute près leurs horaires. Chaque région a sa compagnie de bus. Sachez toutefois que les fréquences restent limitées à une, deux ou trois liaisons par jour.

Dans toutes les villes du Québec et de l'Ontario, les compagnies d'autobus (à de rares exceptions près) empruntent les mêmes gares routières, si bien que l'on peut prendre une autre ligne de bus ou changer au même endroit. La possibilité de s'asseoir à la place voulue repose sur la règle “les premiers arrivés sont les premiers servis”. Il est interdit de fumer.

Arrivez toujours à la gare environ une demi-heure avant le départ et achetez votre billet. Si cela est plus pratique pour vous, vous pouvez également vous le procurer bien plus longtemps à l'avance. Le fait d'acheter son billet à l'avance ne dispense pas de faire la queue.

Les week-ends fériés, le vendredi soir ou pendant les périodes de vacances, les gares d'autobus peuvent être vraiment bondées. Ces jours-là, les guichets sont particulièrement encombrés, et nous vous conseillons d'acheter votre billet ou d'arriver bien à l'avance.

Pour les trajets plus longs, demandez toujours s'il y a un bus direct ou express. En effet, sur certains trajets, les bus sont directs, tandis que sur d'autres, ils s'arrêtent plusieurs fois. Le prix est généralement le même sur les express.

Dans la majorité des grandes gares routières, vous trouverez des consignes automatiques fonctionnant avec des pièces de monnaie (25 cents et un dollar), ainsi que des cafétérias ou restaurants tout simples où vous pourrez prendre, à un prix très raisonnable, un petit déjeuner ou autre collation.

Les deux grandes compagnies d'autobus sont Voyageur Colonial Ltd au Québec et dans l'Ontario, et Greyhound qui dessert l'ouest du pays depuis Toronto. Parmi les autres compagnies importantes, citons Orleans Express, Intercar pour le Québec, Greyhound-Gray Coach Lines dans l'Ontario. Il existe en outre d'autres lignes provinciales, régionales et locales. Les services sont indiqués dans ce guide.

Les étudiants et les seniors bénéficient de tarifs préférentiels. Les compagnies de bus leur accordent en général un rabais compris entre 10 et 25% sur le prix en vigueur. Un aller Montréal-Gaspé s'affiche ainsi en moyenne à 75 $ au lieu de 100 $. Les moins de cinq ans voyagent toujours gratuitement.

Voyageur Colonial propose le Tour Pass Voyageur, qui permet de couvrir, pendant 14 jours consécutifs entre le mois de mai et le mois de septembre, une quantité de kilomètres illimitée au Québec et en Ontario. Son coût est de 215 $, taxes incluses. Nombre d'autres compagnies d'autobus au Québec et en Ontario acceptent ce pass, si bien que vous pouvez obtenir des changements gratuits à destination de lieux qui ne sont pas desservis par Voyageur. Néanmoins, sachez qu'il n'est pas valable sur les autobus de la compagnie Greyhound.

Il existe aussi un Family Pass avec lequel les adultes paient plein tarif, tandis que les enfants paient demi-tarif. Pour l'un des enfants, le voyage est gratuit.

TRAIN

Le voyage par le train revient plus cher qu'un voyage en bus et n'est pas plus rapide. VIA Rail gère tous les trains de voyageurs au Canada. Le terme VIA est devenu synonyme de voyages en train et de gares, et c'est lui qui figure sur les panneaux, en ville, pour indiquer la direction de ces dernières.

Pour avoir connaissance des horaires et des trajets, demandez la brochure l'Indicateur national (National Timetable) dans n'importe quelle gare VIA Rail ou téléphonez au ☎ 1 800 361 5390 (pour toutes les destinations concernant le Québec) ou au ☎ 1 800 361-1235 (pour tout trajet concernant l'Ontario).

Pour les personnes ayant des problèmes d'audition ou d'élocution, un numéro spécial, le ☎ 1 800 268 9503, est mis à leur disposition. VIA par ailleurs vient d'ouvrir un site sur Internet permettant de se renseigner et de réserver (http://www.viarail.ca).

C'est dans la région formée par Montréal, Ottawa, Kingston, Toronto et Niagara Falls, où la population est particulièrement dense, que les fréquences des trains sont les plus importantes, de trois à cinq par jour. Pour rejoindre d'autres destinations comme Gaspé, elles se réduisent à trois par semaine. Dans les petites et moyennes localités, les gares ne sont ainsi accessibles qu'aux heures de départ et d'arrivée des trains, c'est-à-dire pas systématiquement tous les jours.

Pour les longs parcours, VIA Rail propose différents types de compartiments et de couchages, depuis l'installation la plus simple jusqu'aux compartiments privés. Tout système de couchage d'un niveau de confort un peu supérieur au simple siège dans une voiture coach vient en sus du prix du trajet ou du pass multi-usages.

A la base, la politique des prix pratiqués par VIA Rail est la suivante : tout trajet est considéré comme un aller simple. Autrement dit, il n'existe pas de billets aller-retour, ni de billets excursion. Néanmoins, de nombreuses réductions sont proposées. Un rabais de 40 $ est offert tous les jours (excepté le vendredi et le dimanche) sur la ligne Québec-Windsor reliant notamment Montréal, Ottawa, Kingston et Toronto. Cette ligne, surnommée le corridor de l'Ontario, comprend un service de luxe. Le nombre de places en classe économique est limité, et le billet doit être acheté au moins cinq jours à l'avance.

De la même façon, si vous achetez votre billet au moins sept jours à l'avance pour Gaspé, vous bénéficierez d'une réduction de 40%.

Pour l'ensemble du réseau, des rabais allant de 10 à 50% sont accordés sur toutes les classes pour les plus de 60 ans et les 12-24 ans. Non sans certaines conditions : achat de billet à l'avance et nombre limité de places. Ces réductions ne sont pas accordées sur certaines périodes de l'année. En été, elles sont très limitées. Les enfants de moins de 11 ans peuvent également se prévaloir d'un rabais de 50 $ en classe économique et de 25% en première classe.

La carte Canrailpass permet de voyager dans tout le réseau VIA en classe économique. Le pass est accessible à tous et permet de voyager pendant 12 à 15 jours sur une période de 30 jours consécutifs à partir du premier jour du voyage.

Le Canrailpass est valable pour un nombre illimité de voyages. Il est néanmoins conseillé de réserver votre billet à l'avance, car le nombre de sièges est limité pour les détenteurs de pass. Celui-ci peut être acheté au Canada ou en Europe (renseignez-vous auprès d'une agence de voyages), sans aucune différence de prix.

Le Canrailpass est édité en deux versions : une version basse saison va du 6 janvier au 31 mai et du 1er octobre au 15 décembre. Son prix toutes taxes comprises se monte à 381 $ pour les voyageurs âgés de 24 ans et moins, et de 352 $ pour les plus de 60 ans. La version haute saison court du 1er juin au 30 septembre. Pendant cette période, le Canrailpass coûte 573 $ et 516 $ pour les catégories de voyageurs respectives mentionnées ci-dessus. Ceux qui possèdent le pass peuvent obtenir des réductions chez Hertz.

Autres compagnies ferroviaires

Au Québec et en Ontario, on trouve quelques petites compagnies locales susceptibles d'intéresser les voyageurs, dont celle d'Algoma Central Railway à Sault-Sainte-Marie, dans l'Ontario, qui permet de se rendre dans une région sauvage au nord du pays.

Une autre est Ontario Northland, qui dessert le nord à partir de l'Ontario, et dont le Polar Bear Express va jusqu'à Moosonee dans la baie d'Hudson.

La Quebec North Shore & Labrador Railway part de Sept-Îles, au Québec, jusqu'au nord, dans le Labrador.

Amtrak

Amtrak est l'équivalent américain de VIA Rail. Vous trouverez dans la plupart des gares ferroviaires canadiennes des cartes d'abonnement à des prix intéressants et de nombreuses informations sur les services proposés par Amtrak (☎ 1 800 872-7245).

BICYCLETTE

Ce moyen de transport est très populaire en ville comme à la campagne. De nombreuses voies sont aménagées dans la plupart des agglomérations et dans les parcs. Elles permettent de circuler en toute sécurité. Montréal comme Ottawa peuvent se visiter ainsi entièrement à vélo.

Dans chaque région, les offices de tourisme pourront vous renseigner et vous conseiller (reportez-vous aux chapitres régionaux). Ils vous fourniront également de bonnes cartes. La longueur des trajets varie ainsi que les difficultés. Dans les parcs nationaux comme provinciaux, vous pouvez partir plusieurs jours et réserver votre hébergement dans des chalets. Parfois vous pouvez faire suivre vos bagages.

Les magasins de cycles sont également de bonnes sources d'information. Vous pourrez vous y procurer toutes sortes d'accessoires et d'équipements. Comptez 30 $ pour une location à la journée. Le port du casque est obligatoire.

VIA Rail permet aux voyageurs d'emporter pour 15 $ (taxes en sus) leur bicyclette à bord de trains dotés de wagons réservés aux bagages.

EN STOP

Ce type de moyen de transport n'étant jamais totalement sûr dans aucun pays du monde, nous ne le recommandons pas.

Les touristes qui le choisissent doivent savoir qu'ils courent un risque minime, mais potentiellement très sérieux. Faire du stop à deux, un homme et une femme, est l'idéal. Aux environs des moyennes et grandes villes, choisissez soigneusement l'endroit où vous allez vous installer pour tendre le pouce. Faites en sorte d'être visible, et de vous placer à un endroit où les automobilistes peuvent facilement s'arrêter. Ne vous placez pas au bord des voies express à plusieurs files.

BATEAU

Entre le fleuve Saint-Laurent, les innombrables rivières et les lacs, vous n'aurez que l'embarras du choix pour satisfaire votre âme de navigateur et d'explorateur. Des excursions le long du fjord du Saguenay aux croisières autour des îles du Bas-Saint-Laurent ou de l'île d'Orléans, les services proposés sont multiples.

La Côte Nord peut ainsi se découvrir entièrement en bateau en empruntant depuis Rimouski le bateau de la compagnie Relais Nordik Inc. De même, vous pourrez vous rendre depuis le port de Montréal aux îles de la Madeleine. Certes, le voyage n'est pas bon marché (reportez-vous à nos chapitres régionaux).

Le canoë ou le kayak suppose une démarche plus sportive. Le Québec et l'Ontario se prêtent merveilleusement à ce type de balade, d'une journée voire de plusieurs jours. Dans les parcs comme dans les réserves, le canoë-camping est une pratique courante. Louer une embarcation ne pose aucun problème et revient en moyenne à 30 $ la journée.

Le long du Saint-Laurent, vous trouverez des traversiers pour passer d'une rive à l'autre. Certains fonctionnent à l'année, d'autres sont saisonniers. Les réservations, lorsqu'elles sont possibles, sont toujours plus raisonnables, surtout pour des liaisons très fréquentées telles Rivière-du-Loup-Saint-Siméon.

Les traversées sont parfois gratuites comme celles entre Tadoussac et Baie-Sainte-Catherine ou entre Saint-Joseph-de-la Rive et l'île aux Coudres.

EXCURSIONS ORGANISÉES

C'est par l'intermédiaire des compagnies d'autobus, des agences de voyages ou des offices de tourisme que vous trouverez les meilleurs voyages organisés. Nombre de compagnies touristiques privées figurent dans leurs brochures.

Les auberges de jeunesse organisent également des excursions spéciales comportant des randonnées en ski de fond ou en raquettes, des excursions en canoë, etc.

Le Canadian Universities Travel Service Ltd (Travel CUTS) offre diverses expéditions comportant de multiples activités (randonnée, bicyclette et canoë). Cette organisation possède un bureau à Toronto (☎ (416) 979-2406), 187 College St, M5T 1P7.

Voyages-Découvertes (☎ (418) 674-1044 ou 1 800 441-483), 97 boulevard Tadoussac, Saint-Fulgence, Québec, G0V 1S0, monte des circuits autour du lac Saint-Jean, dans l'île d'Anticosti, en Gaspésie, dans le Charlevoix, dans le Grand Nord et dans la baie d'Hudson. Ils se déroulent en canoë, à pied ou en motoneige et sont parfois accompagnés de guides naturalistes.

Globe Aventure (☎ (777-5991), 14 rue du Mica, Hull, Québec J8Z 2P4, permet aux 10-17 ans de faire du canoë camping pendant des séjour de 7 à 11 jours.

Wawaté (☎ (819) 824-7652), C.P. 118, Val-d'Or, Québec J9P 4N9, propose en Abitibi et dans la réserve de la Vérendrye des descentes de rivières et des balades sur les lacs en canoë. L'hiver, elle propose des séjours en forêt en traîneau à chiens et une visite de l'Abitibi en motoneige. La Corporation du Lac Abitibi (☎ (819) 339-3300), 350 rue Principale, La Sarre, Québec,

J9Z 1Z5, effectue chaque hiver la traversée du lac Abitibi en ski de fond.

En Gaspésie, Absolu Aventure (☎ (418) 562-8112 ou 1 888 740-8112), 176 rue Saint-Jean, G4W 2G7, organise, été comme hiver, de multiples séjours sportifs dans le parc de la Gaspésie.

Vous pouvez également effectuer un voyage de huit jours en canoë dans le parc Algonquin, dans l'Ontario. Pour de plus amples informations, contactez Goway Travel (☎ (416) 322-1034), 3284 Yonge St, Toronto, Ontario M4N 3M7.

La Canadian Outward Bound Wilderness School, qui a un bureau à Toronto (☎ (416) 421-8111), 302-150 Laird Drive, M7Y 5R1, organise des circuits aventures en plein air.

Le Québec

Présentation du Québec

Le Québec est la province canadienne la plus vaste. Sa population, largement francophone, la différencie des autres régions d'Amérique du Nord. Cette spécificité se reflète dans tous les domaines : architecture, musique, littérature, cinéma, cuisine et religion (environ 90% de la population est catholique).

L'Abitibi-Témiscamingue n'est pas la Gaspésie, et la région du lac Saint-Jean n'a rien de commun avec celle de l'Outaouais. Chacun possède sa propre nature, sa colonisation, son économie et sa structure sociale. Les paysages et les villages soignés et très proprets des Cantons de l'Est paraissent bien étrangers et éloignés de ceux encore vierges de la Côte Nord ou de l'Abitibi-Témiscamingue, où souffle encore un parfum d'aventure.

Au-delà de Montréal ou de Québec, en s'enfonçant dans les terres, on prend toute la mesure de l'immensité de ce territoire et de ses différences climatiques, mais aussi de sa complexité humaine.

Le Saint-Laurent reste le seul repère tangible et immuable. Des premiers explorateurs aux vagues d'immigrants, des colons aux voyageurs d'aujourd'hui, il constitue la colonne vertébrale du Québec.

HISTOIRE

Les premiers habitants

Au moment de l'arrivée des Européens, à l'aube du XVe siècle, le territoire est habité, depuis au moins 30 000 ans av. J.-C., par les Amérindiens. Les ancêtres de ces derniers sont venus d'Asie par la Béringue, un continent de terre et de glace qui reliait alors la Sibérie à l'Alaska. Le Bouclier canadien n'est à cette époque qu'un immense glacier dont la fonte progressive va permettre aux populations de se répandre dans toute l'Amérique de Nord. Certains groupes vont ainsi se diriger vers les territoires de l'Est et s'y installer vers 11 000 ans av. J.-C. Bien plus tard, un autre groupe asiatique emprunte le même chemin et s'installe au nord du continent. Il s'agit des ancêtres des Inuit. Familiers des mers arctiques, ils parviendront au Québec vers 3 000 av. J.-C.

Les Vikings venus d'Islande et du Groenland sont les premiers Européens à fréquenter, vers 1 000 av. J.-C., les côtes de Terre-Neuve et les rives du Saint-Laurent.

Au début du XVIe siècle, lorsque les Basques, les Gascons et les Anglais viennent pêcher la morue et chasser la baleine dans le Saint-Laurent, ils découvrent différentes nations amérindiennes dotées de langues diverses et de coutumes. La plupart de ces peuples vivent de chasse, de pêche et de cueillette de baies sauvages.

L'arrivée de Jacques Cartier

Pour les Amérindiens, la venue de Jacques Cartier en 1534 ne représente qu'un navire de plus dans le golfe du Saint-Laurent. La prise de possession du territoire par l'explorateur au nom du roi de France ne modifiera en rien leurs habitudes. Les Français ne se préoccuperont guère, en effet, de leur colonie.

Jacques Cartier – le découvreur

Le découvreur du fleuve Saint-Laurent serait né entre juin et décembre 1491 à Saint-Malo. Il reste de nombreuses zones d'ombre sur les traits physiques, la personnalité et la vie privée de ce personnage historique. Ses exploits, en revanche, sont bien connus.

Le 20 avril 1534, il part avec deux navires et 61 hommes pour sa première traversée de l'Atlantique. Deux mois plus tard, les bateaux atteignent Terre-Neuve, les îles de la Madeleine et l'île d'Anticosti. Cartier passe alors à côté du chemin qui pourrait le mener à l'intérieur des terres. Il rentre en France en septembre de cette même année. C'est seulement lors de sa deuxième expédition que l'infatigable Malouin découvrira le chemin magique : le Saint-Laurent. En effet, le 19 mai 1535, il quitte à nouveau Saint-Malo à bord de la *Grande Hermine*. Trois navires et quelques 110 hommes lui sont confiés par François 1er. L'équipage mettra 50 jours pour atteindre le Nouveau Monde. En longeant la rive nord du golfe et grâce aux indications de ses deux guides amérindiens, les navires remontent le fleuve jusqu'à Hochelaga (Montréal). Au cours d'un arrêt dans une petite baie, celle-ci est baptisée Saint-Laurent en l'honneur de la fête patronne du jour. Ce nom s'étendra au golfe puis au fleuve. Passé de l'eau salée à l'eau douce, Cartier venait enfin de trouver la route tant recherchée vers l'intérieur des terres, à l'ouest. Une découverte qui mène aux Indiens de la région et aux ressources naturelles. En octobre, l'explorateur revient à Stadacone (Québec). Après un terrible hiver et une épidémie ravageuse, l'équipage rejoint les côtes bretonnes au printemps 1536. Le voyage aura duré 14 mois. On ne sait pas vraiment ce que Cartier devient jusqu'en octobre 1540, lorsque François 1er le commissionne pour un troisième voyage dont l'organisation ne se fait pas sans mal. Deux ans plus tard, son retour au pays marquera la fin de ses grandes épopées. Outre sa découverte de l'un des plus grands fleuve au monde, Cartier aura été le premier à décrire la vie des Indiens du Nord-Est de l'Amérique du Nord. Devenu, semble-t-il, un bon bourgeois, il meurt le 1er septembre 1557.

Samuel de Champlain – le fondateur

Le fondateur de Québec est un personnage énigmatique à bien des égards. Il serait né à Brouage en Charente-Maritime en 1567 ou en 1570, voire plus tard. Est-il fils de pêcheurs pauvres ou roturier ? Né protestant puis converti au catholicisme ? D'où vient sa noblesse ? Autant de questions restées sans réponse. Une chose est sûre : Champlain est un géographe de grande compétence. Il proclame avoir été attiré par l'aventure maritime dès son plus jeune âge et prétend avoir rallié les Indes occidentales à deux reprises. Mars 1603 marquera son premier voyage, depuis Honfleur, sur la *Bonne-Renommée*. Direction la Nouvelle-France. Sa première rencontre avec la ville de Québec le laisse plutôt indifférent. L'Acadie l'intéresse avant tout. Il croit y trouver le chemin vers l'Asie, un rêve caressé par tous les explorateurs venus dans cette région. Ce n'est qu'au cours de son troisième voyage, en 1608, que Champlain remonta le fleuve pour créer une habitation à la pointe de Québec. Il éprouve la terre en démarrant quelques cultures et s'attèle à établir une carte de la Nouvelle-France la plus précise qui soit. Pour la première fois, le géographe prend aussi part à des opérations militaires contre les Iroquois.

Québec n'est qu'un entrepôt pour les fourrures lorsque Champlain reprend la mer vers Honfleur. Au même moment lui parvient la nouvelle de l'assassinat du roi Henri IV. En 1610, il signe un contrat de mariage avec une jeune fille de 12 ans. Contrat qui ne sera effectif que deux ans plus tard. Dès lors, ses allers-retours entre la Nouvelle-France et le vieux continent n'auront de cesse. Il faut explorer le pays des Hurons, agrandir l'habitation, créer des fortifications, développer la colonie... Un travail consigné dans de nombreux écrits. Champlain n'a jamais reçu de commission de gouverneur et pourtant c'est bien la fonction qu'il exerce. Contraint de livrer Québec aux Anglais au cours de l'été 1629, il rentre en France une fois de plus et bataille pendant plus de trois ans pour que le roi demande la restitution de la colonie. Son dernier voyage date de 1633. Pris de paralysie, deux ans plus tard, il meurt au Canada en décembre 1635. La colonie restituée compte alors 150 habitants.

Le marquis de Montcalm – le combattant

Né au château de Candiac, près de Nîmes, le 28 février 1712, Louis-Joseph de Montcalm commence sa carrière militaire à l'âge de 20 ans. Blessé à cinq reprises au cours des nombreuses campagnes auxquelles il participe activement, le marquis reprend sa vie de gentilhomme de province à la fin de la guerre de la succession d'Autriche en 1748. Père de cinq enfants, il jouit alors d'une confortable pension militaire.

Au printemps 1756, en posant le pied sur le sol de la Nouvelle-France menacée par les Anglais, Montcalm fait son entrée dans l'histoire. Son passage est marqué entre autres par ses fortes divergences avec le marquis de Vaudreuil, le gouverneur général, et ses critiques à l'égard des Canadiens. Vif, très vaniteux et d'un esprit caustique, Montcalm est un grand adepte de l'intrigue. Il n'a de cesse d'envoyer des rapports aux ministres de la Guerre et de la Marine en France, persuadé que seules les tactiques pratiquées en Europe ont du mérite.

En 1758 et 1759, les attaques entre Français et Anglais provoquent de violentes polémiques entre Vaudreuil et Montcalm. Mais la terrible bataille du 13 septembre 1759 dans les plaines d'Abraham sera le point final pour le marquis, chef des armées. Gravement touché lors des combats, Montcalm succombera à ses blessures au petit matin, son armée vaincue. L'heure de la capitulation de la ville de Québec venait de sonner. ■

Au début du XVIIe siècle, Samuel de Champlain engage néanmoins des explorations plus poussées vers l'intérieur des terres, cartographiant le territoire et forgeant des alliances avec diverses nations amérindiennes, Montagnais et Hurons notamment. En 1608, il fonde la ville de Québec. Un an plus tard, le territoire prend le nom de Nouvelle-France.

En 1627, Richelieu prend conscience du potentiel économique de ce gigantesque territoire. La Compagnie des Cent-Associés est créée et ses membres se voient confier le territoire de la Nouvelle-France en seigneurie et le monopole du commerce. Parallèlement, l'Église catholique commence à jouer un rôle important et entreprend de convertir les Amérindiens. Les premiers jésuites arrivent et construisent des avant-postes missionnaires. Ville-Marie (future Montréal) est fondée en 1642. Pendant tout le XVIIe siècle, le commerce des fourrures va dominer le Nouveau Monde, non sans créer de multiples conflits meurtriers. La lutte entre Hurons alliés des Français et les Iroquois pour le contrôle de ce marché sera assassine. Pendant ce temps, en France, le roi Louis XIV soucieux de son rayonnement dissout la Compagnie des Cent-Associés. Il entend désormais administrer lui-même la Nouvelle-France, qui devient une colonie en 1663.

La lutte pour le pouvoir

Il s'agit d'accélérer le processus d'implantation. La Nouvelle-France compte alors moins de 3 000 colons. La France stimule l'immigration en finançant la venue de plusieurs centaines de femmes célibataires ("les Filles du Roy") qui, dotées, trouvent rapidement à se marier.

En 1670, la création à Londres de la Compagnie de la Baie d'Hudson marque le début de la guerre commerciale entre Français et Anglais. Cette course pour le monopole du commerce de la fourrure s'achèvera en 1713, sans que, sur le terrain, aucun des deux n'ait remporté une victoire. En Europe, un autre conflit (la succession d'Espagne) préoccupe davantage les pouvoirs en place. La signature du traité d'Utrecht y mettra un terme, non sans conséquence pour le Québec puisqu'il donnera à l'Angleterre Terre-Neuve, l'Acadie et la Baie d'Hudson. Le territoire de la Nouvelle-France devra se contenter des rives du Saint-Laurent. La colonie française se voit ainsi amputer, malgré elle, d'une grande partie de son revenu (la fourrure) et de ses positions militaires. La rivalité entre francophones et anglophones s'accentue alors. En 1745, la lutte pour le contrôle du territoire s'engage entre les deux factions. La guerre de Sept Ans (1756-1763) ou guerre de la Conquête est enclenchée.

La blessure

La défaite des Français dans la célèbre bataille des Plaines d'Abraham, en 1759, marque un tournant dans la guerre. La ville de Québec se rend. En 1760, c'est au tour de Montréal. La colonie française devient britannique. Le 10 février 1763, la France signe le traité de Paris par lequel elle cède le Canada à l'Angleterre. C'est la fin du système seigneurial. Le clergé, de son côté, voit son rôle balayé d'un seul coup. Les Canadiens français perdent peu à peu le contrôle du système économique de la région.

En 1774, les Anglais, soucieux de ne pas trop favoriser la poussée indépendantiste, octroient aux Canadiens français le droit de conserver leur religion catholique et de participer à la fonction publique. Le traité agrandit également le territoire de la province qui s'étend alors des Grands Lacs au Labrador. Mais les Anglais continuent à exercer leur contrôle sur la vie économique et politique.

La division

La guerre d'Indépendance (1775-1783) livrée par l'Amérique contre l'Angleterre conduit environ 50 000 colons – appelés Loyalistes en raison de leur loyauté à l'Angleterre – à venir se réfugier au Canada. Ils s'installent principalement dans les Provinces atlantiques (Nouvelle-Écosse), en Ontario et dans les Cantons de l'Est.

Les nouveaux arrivants ne veulent pas être soumis au droit civil français qui prévaut dans la colonie. Ils exigent la création d'institutions parlementaires semblables à celles qu'ils avaient quittées. Ce sera l'Acte constitutionnel de 1791, à la suite duquel le territoire de la province de Québec est divisé en deux colonies : le Haut-Canada, peuplé d'Anglo-Saxons, au sud de l'Ontario, et le Bas-Canada, massivement francophone. Les provinces du Québec et de l'Ontario se voient alors dotées de leur propre système représentatif.

La période des dominions britanniques

Au début du XIXe siècle, des voix s'élèvent à l'intérieur du Québec et de l'Ontario contre le gouvernement britannique et réclament l'indépendance. Des révoltes éclatent. La Loi de l'Union établie par Londres, en 1840, réunit les deux Canada (désormais le Canada Uni) et les place sous la responsabilité d'une seul gouvernement. Les finances publiques sont unifiées ; l'anglais devient la seule langue officielle de cette nouvelle union et il faut attendre 1848 pour que le français soit reconnu au même titre que l'anglais au Parlement du Canada.

Mais l'Angleterre ne souhaite pas voir le Canada lui échapper et renouveler son expérience américaine. Aussi choisit-elle peu à peu la prudence et opte pour une confédération qui répartit le pouvoir politique entre le gouvernement central (Ottawa) et des autorités provinciales. C'est l'adoption, en 1867, de l'Acte de l'Amérique du Nord britannique (British North America Act, connu aussi sous le signe BNA Act), qui réunit au sein d'une même confédération l'Ontario, le Québec, la Nouvelle-Écosse et le Nouveau-Brunswick. Chaque province possède sa propre assemblée législative et son gouvernement. L'Acte prévoit également que d'autres régions soient incluses à la Confédération dès que possible. De fait, l'Acte vise à l'unité politique du continent “d'un Océan à l'autre” (la devise du Canada), dans le cadre du dominion.

L'époque moderne

Le début du XXe siècle voit affluer au Québec de nombreux immigrants, principalement d'Europe de l'Est. Le Québec connaît un développement économique important. Mais l'entrée en guerre du Canada aux côtés de la Grande-Bretagne en 1914 provoque de nouveaux conflits entre francophones et anglophones. Les Québécois affichent ouvertement leurs réticences. Les liens avec la France ont un parfum d'amertume et l'Angleterre fait figure de pays colonisateur. En 1917, malgré l'opposition du Québec, le gouvernement fédéral se prononce pour la conscription obligatoire. Des émeutes éclatent à Québec en avril 1918.

L'entre-deux-guerres sera marqué par la crise économique de 1929 qui n'épargnera pas le Québec et par la Seconde Guerre mondiale. La deuxième conscription montre un nouvelle fois la division profonde entre anglophones et francophones. Le travail des femmes à l'usine et l'effort de guerre amène la société québécoise à évoluer. Mais cette évolution se heurte à l'homme fort du Québec, Maurice Duplessis, qui régnera en maître sur le Québec jusqu'en 1959. L'idéologie du Premier ministre québécois peut se résumer comme un libéralisme débridé combiné à un nationalisme conservateur (religion, ruralité et gouvernement musclé). Entre temps, une opposition émerge. En 1948, des artistes s'élèvent contre le conformisme et la morale de la société québécoise et publient un texte de protestation intitulé Le Refus Global.

La Révolution tranquille

En 1959, la mort de Maurice Duplessis et l'arrivée au pouvoir du Parti Libéral de Jean Lesage annonce le début de la Révolution tranquille. D'énormes réformes sociales sont mises en œuvre (enseignement mixte, gratuit, laïc et obligatoire jusqu'à 16 ans, protection sociale, le syndicalisme prend de l'ampleur et la culture devint un axe majeur de développement du Québec (aujourd'hui encore, le Québec se distingue à l'étranger au sein des ambassades canadiennes par une délégation québécoise). L'église perd de son autorité et la province avec la nationalisation de la production et de la distribution de l'électricité montre la volonté du gouvernement québécois d'initier lui même son propre développement économique. Symboles de ce dynamisme : l'Exposition universelle de 1967 et les Jeux olympiques de 1976. Prenant conscience de ses potentiels, le Québec s'affirme et tend à se donner les moyens de sa propre indépendance. Lors de l'Exposition universelle de 1967, le Général de Gaulle, s'écriera d'ailleurs “Vive le Québec libre !”, petite phrase devenue célèbre qui consternera la classe politique fédéraliste mais réjouira les tenants de l'indépendantisme.

Néanmoins, une rupture se fait entre une grand nombre d'indépendantistes et le projet de Révolution tranquille mené par le gouvernement Lesage.

Depuis 1963, le Front de libération du Québec a commencé des actions terroristes

Chronologie

35 000 av J.-C.
Arrivée des premiers Asiatiques par la Béringie, un continent de terre et de glace qui reliait la Sibérie et l'Alaska.

Vers 11 000 av J.-C.
Les premiers Amérindiens s'installent alors que la fonte progressive des glaces libère le territoire.

Vers 5 500 av J.-C.
Un autre groupe asiatique, les ancêtres des Inuit actuels, arrivent de Sibérie et occupent l'Arctique canadien.

Vers 1 000 av J.-C.
Les Vikings venus d'Islande et du Groenland débarquent à Terre-Neuve et sur les rive du Saint-Laurent.

1497
Le navigateur italien Giovanni Caboto s'embarque sur un navire britannique et explore la côte de Terre-Neuve et probablement celle du Saint-Laurent.

1534
Jacques Cartier arrive dans le golfe du Saint-Laurent et prend possession du territoire au nom du roi de France.

1608
Le 3 juillet, Samuel de Champlain fonde Québec.

1609
Le territoire prend le nom de Nouvelle-France.

1642
Le 17 mai, fondation de Ville-Marie, future Montréal.

1663
La Nouvelle-France passe sous la direction du roi de France et devient une colonie française.

1713
Le traité d'Utrecht réduit le territoire de la Nouvelle-France aux rives du Saint-Laurent.

1759
Défaite des français dans la bataille des plaines d'Abraham et reddition de la ville de Québec.

1760
Le 8 septembre, capitulation de Montréal. La colonie française devient britannique.

1763
Le 10 février, par le traité de Paris, la France cède à l'Angleterre le Canada, l'Acadie et le Mississippi.

1774
L'Acte du Québec reconnaît la religion catholique et permet aux Canadiens d'origine française de participer à la vie politique et au gouvernement.

1867
Le 1er juillet, l'Acte de l'Amérique du Nord britannique réunit le Québec, l'Ontario, le Nouveau-Brunswick et la Nouvelle-Écosse. Le Canada est créé.

.../...

contre les symboles de la Couronne britannique. Elles dureront sept ans. L'enlèvement de l'attaché commercial britannique, James Richard Cross et du ministre du Travail et de l'immigration, Pierre Laporte et l'assassinat de ce dernier conduiront aux événements d'octobre marquées par des milliers de perquisitions et des centaines d'arrestations.

L'affirmation souverainiste

Durant les années 70-80, la volonté de changement ne cesse de s'affirmer, sous la houlette de René Lévesque, du Parti Québécois. En 1976, sa victoire aux élections marque le début d'une campagne indépendantiste. La Loi 101, qui fait du français la seule langue officielle, sera l'un des symboles de cette revendication. Mais en 1980, le référendum sur la souveraineté du Québec montre la division profonde au sein de la société entre indépendantistes et fédéralistes. Le "Non" l'emporte avec près de 60% des voix.

Mais lorsqu'en 1982, Pierre Elliot Trudeau, Premier ministre du Canada, signe à Ottawa avec la reine Elisabeth II l'Acte de l'Amérique du Nord (qui tient lieu de Constitution pour le pays). Le vote de ratification de cette nouvelle entente avec la Grande-Bretagne se fait sans le Québec. Le message est clair : le Québec doit être reconnu comme une "société distincte" et

1876
Le gouvernement fédéral adopte la loi sur les Indiens et crée des réserves.

1936
Arrivée au pouvoir de Maurice Duplessis.

1939
En septembre, le Canada entre en guerre contre l'Allemagne aux côtés des Français et des Anglais.

1940
Les femmes obtiennent le droit de vote.

1948
Le drapeau fleurdelisé devient le drapeau officiel du Québec.

Les Amérindiens et les Inuit obtiennent le droit de vote pour les élections fédérales.

1960
Aux élections législatives, le Parti Libéral conduit par Jean Lesage a la majorité. C'est le début de la Révolution tranquille.

1963
Début des actions terroristes du Front de libération du Québec.

1966
Daniel Johnson devient Premier ministre du Québec.

1967
Exposition universelle de Montréal. En juillet, le général de Gaulle prononce, du balcon de l'hôtel de ville de Montréal, la phrase "Vive le Québec libre".

1970
Le Parti Libéral dirigé par Robert Bourassa remporte les élections. Début de la Crise d'octobre, qui éclate après l'enlèvement et l'assassinat de Pierre Laporte, ministre du Travail.

1974
La Loi 22 proclame le français comme langue officielle du Québec.

1976
Le Parti Québécois dirigé par René Lévesque remporte la victoire aux élections.

1977
Adoption de la Loi 101 qui affirme la primauté du français. Jeux olympiques à Montréal.

1980
Premier référendum sur la souveraineté ; 60% des Québécois disent "non".

1986
La ville de Québec est inscrite sur la liste du patrimoine mondial de l'Unesco.

1987
Le 3 juin, Accord du lac Meech.

1990
Fin de l'Accord du lac Meech.
Crise d'Oka ; les Mohawks de Kahnawake bloquent le pont Mercier à Montréal.

1995
Second référendum sur la souveraineté, 50,6% des Québécois disent "non". ■

bénéficier de droits spécifiques. L'Accord du lac Meech, signé en 1987 entre les dix Premiers ministres des provinces du Canada, est un pas important dans ce sens. Il reconnaît la spécificité du Québec. Mais la mort de cet accord, en 1990, mettra un terme à cette perspective. A Ottawa, suite à cette décision, quatre députés québécois démissionnent de leur parti et fondent le Bloc Québécois, partisan de l'indépendance.

Aux élections fédérales d'octobre 1993, ce nouveau mouvement dirigé par Lucien Bouchard crée la surprise en remportant 54 sièges. Il devient le parti d'opposition officiel à Ottawa. Les souverainistes font leur entrée en masse dans le parlement fédéral. En septembre 1994, au Québec, c'est le Parti Québécois, avec à sa tête Jacques Parizeau, qui remporte les élections législatives avec une nette victoire en nombre de sièges. Les souverainistes gagnent du terrain.

Mais au second référendum sur la souveraineté organisé en octobre 1995, les fédéralistes l'emportent de justesse avec 50,6%. Il aurait suffit de 28 000 votes favorables à la souveraineté pour changer le destin du Québec et celui du Canada. Le référendum, qui devait trancher la question, n'a fait que cristalliser les oppositions même si, aux dernières élections fédérales de juin 1997, le Bloc Québécois, avec 44 députés, n'a pas réussi à améliorer son essai de 1993.

Suggestions d'itinéraires

Voyager au Québec suppose de tenir compte de données fondamentales, à savoir les distances à parcourir (le territoire est gigantesque) et les saisons.

Une semaine. En une semaine, vous vous limiterez à Montréal et/ou à Québec et vous consacrerez deux jours à l'une des deux régions jouxtant ces deux grandes villes. Si Québec s'impose par son histoire et l'architecture de sa vieille ville, Montréal est passionnante pour son environnement urbain (qui joue les mélange des genres) et le foisonnement d'activités qu'elle propose (allant du musée à la promenade dans le parc du Mont-Royal et sur le Vieux Port). La visite de Montréal peut parfaitement se combiner avec une incursion dans la Montérégie et les Cantons de l'Est au sud ou, au nord, avec une tournée dans les Laurentides ou dans la Lanaudière. Ces deux zones distinctes offrent autant d'activités de plein air l'une que l'autre mais présentent un paysage totalement différent : celui des Cantons de l'Est a l'élégance des jardins anglais, celui du Nord a la dimension des grands espaces canadiens encore vierges. De même, la visite de la ville Québec et de l'île d'Orléans peut se combiner avec deux jours dans le Charlevoix, à seulement une heure et demie de route, doté de paysages grandioses et de maisons superbes dominant le fleuve.

Deux semaines. Ce laps de temps permet de pousser plus loin l'exploration et de gagner des régions plus éloignées. Vous pouvez ainsi partir de Montréal pour l'Outaouais, poursuivre vers les Laurentides et la Lanaudière, emprunter ensuite la rive nord du Saint-Laurent, passer à Trois-Rivières avant d'atteindre Québec ; de là, mettre le cap sur le Charlevoix et emprunter le bateau pour la rive sud du fleuve à Saint-Siméon puis redescendre vers Montréal, *via* la rive sud et les Cantons de l'Est.

Si vous décidez d'aller directement à Québec depuis Montréal, vous pouvez rejoindre le Charlevoix (deux jours), gagner Tadoussac et ses environs (deux à trois jours), emprunter la rive nord ou la rive sud de la rivière Saguenay (deux jours) avant de rejoindre le lac Saint-Jean (deux jours) ; redescendez ensuite directement sur Québec ou empruntez la route 155 (superbe) qui rejoint Trois-Rivières (une journée).

Depuis Québec, un autre circuit permet également de découvrir la Gaspésie *via* le Bas-Saint-Laurent. Comptez au moins une semaine pour ces deux régions (c'est le strict minimum). Avant de revenir sur Québec, vous pouvez prendre le traversier à Matane et rejoindre ainsi Tadoussac et le Charlevoix (trois jours entre les deux).

Trois semaines. Là de nouveaux horizons s'ouvrent à vous : soit vous vous accordez plus de temps dans la région Bas-Saint-Laurent-Gaspésie, ou dans la région Côte Nord (qui à elle seule demande un semaine au moins) ; soit vous décidez de rejoindre depuis Montréal, l'Abitibi-Témiscamingue avant de poursuivre sur la Baie-James. De là, continuez la route pour le lac Saint-Jean puis la rive sud du Saguenay, le Charlevoix et Québec. Dans ce dernier parcours qui forme une grande boucle, vous pouvez aussi depuis le lac Saint-Jean, descendre directement sur Trois-Rivières avant de rejoindre les Cantons de l'Est et Montréal.

Quatre à cinq semaines. Les îles de la Madeleine peuvent être inscrites au programme. Si vous ne prenez pas l'avion, comptez au moins deux jours de route et quatre jours minimum de visite. De même, prendre le Nordik Express depuis Rimouski pour la Côte Nord et l'île d'Anticosti est envisageable. ■

GÉOGRAPHIE

Selon le tracé non définitif de 1927, le Québec s'étend sur 1 667 926 km² (16,72% du Canada). A lui seul, il représente trois fois la superficie de la France et 54 fois celle de la Belgique.

A l'ouest s'étend la province de l'Ontario et la baie d'Hudson. A l'est, la province de Terre-Neuve et le golfe du Saint-Laurent.

Au nord, le Québec est bordé par le détroit d'Hudson, au sud par les États-Unis et la province du Nouveau-Brunswick.

Le rang, du fleuve aux champs
Le système seigneurial de Nouvelle-France a divisé les terres, à partir du fleuve Saint-Laurent, en de longs rectangles relativement étroits. Lorsque les terres furent toutes octroyées, le gouvernement fut obligé d'attribuer aux nouveaux immigrants des terres plus éloignées de la rive. Des chemins appelés alors "rangs" furent tracés parallèlement au fleuve et constituèrent des repères pour la détermination de nouveaux lopins. Ce quadrillage demeure encore aujourd'hui, et les rangs font autant partie du vocabulaire que les chemins, les routes et les rues. ■

Le fleuve Saint-Laurent, le plus important cours d'eau d'Amérique du Nord se jetant dans l'Atlantique, scinde la province en deux. Sur la rive nord, les Laurentides forment le sud du Bouclier canadien, également appelé Bouclier précambrien, une formation vieille de plus de trois milliards d'années.

Au sud du fleuve Saint-Laurent, la chaîne des Appalaches qui s'étend de la Gaspésie jusqu'aux Cantons de l'Est. L'autre versant des Appalaches jouxte les États-Unis. Les plus hauts pics du Québec ne dépassent jamais les 2 000 m. Les terres qui bordent le fleuve, appelées Basses-Terres, sont les plus fertiles et concentrent l'essentiel de l'activité agricole du pays.

Le Saint-Laurent se forme dans les Grands Lacs en Ontario. Du lac Ontario à l'extrémité de la péninsule de Gaspé, il s'étend sur 1 167 km et atteint quelque 64 km dans sa plus grande largeur. Ses principaux affluents sont les rivières de l'Outaouais, Richelieu, Saguenay et Manicouagan.

La majorité des quelque sept millions de Québécois se concentrent sur ses deux rives, Montréal, Québec et Trois-Rivières absorbant la plupart d'entre eux.

Le Québec compte un million de lacs et des milliers de rivières (12% du territoire). Ils couvrent avec les eaux du Saint-Laurent près de 25% de sa superficie.

Avec 200 099 km^2 d'eau douce, le Québec possède 16% des ressources en eau douce du monde.

La forêt recouvre plus de la moitié de son territoire. La forêt dite commerciale ou exploitable est composée au trois quarts de résineux. Elle couvre environ 765 000 km^2, soit 20% du domaine forestier du Canada et 2% des forêts mondiales. A elle seule, elle représente une fois et demie la France.

La végétation s'étend ainsi sur 5 degrés de latitude et 23 de longitude. Du sud au nord, trois grandes zones de végétation sont représentées. D'abord la forêt, à savoir la forêt feuillue, la forêt mélangée (sapinière à bouleaux jaunes) et la forêt boréale (sapins, épinettes et bouleaux blancs). Ensuite, dans la zone médiane comprise entre le 52e et le 55e parallèles, vient la taïga, forêt peu boisée où dominent épinettes noires et tapis de lichen. Troisième et dernière zone : la toundra, qui couvre 24% du territoire québécois. On distingue la toundra forestière caractérisée par des arbres rabougris et la toundra arctique dépourvue d'arbres. Couverte de tourbières, de mousses, de lichens, de plantes herbacés de marais et d'affleurements rocheux, cette dernière s'étend au nord du 58e parallèle.

Le Québec est divisé en 19 régions touristiques. On distingue ainsi du nord au sud et d'ouest en est : le Nouveau-Québec, l'Abitibi-Témiscamingue, l'Outaouais, les Laurentides, Montréal, Laval, la Lanaudière, la Montérégie, les Cantons de l'Est, la Mauricie-Bois-Francs, le Saguenay-Lac-Saint-Jean, Chaudière-Appalaches, Québec, le Charlevoix, le Manicouagan, le Duplessis et l'île d'Anticosti sur la Côte Nord, le Bas-Saint-Laurent, la Gaspésie et les îles de la Madeleine.

CLIMAT

Une grande partie du territoire est soumise aux rigueurs du Grand Nord où les températures moyennes en janvier atteignent -22°C contre -10°C dans la vallée du Saint-Laurent. Le différentiel reste tout aussi

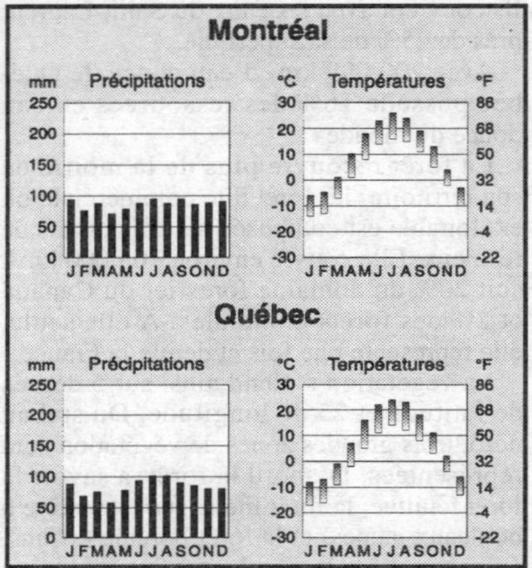

important en été avec 12°C pour la région dit du Nouveau-Québec et 21,6°C pour les régions en bordure du fleuve. La zone du fleuve Saint-Laurent jouit d'un climat tempéré de type continental. Au Québec, la latitude joue un rôle déterminant sur le climat. En raison de l'étendue du territoire, on trouve trois types de climat en remontant du sud au nord : continental dans la zone méridionale, subarctique dans la taïga et arctique dans l'extrême Nord.

Un voyage de quelques heures entre Montréal et Amos en Abitibi-Témiscamingue, ou à Péribonka en bordure du lac Saint-Jean, permet de mesurer des différences considérables entre les régions, notamment en hiver, une saison marquée dans ces deux régions du nord du Québec par une neige plus persistante et d'importantes chutes de température qui maintiennent les lacs gelés jusqu'à début mai. Un voyage en avril-mai au Québec vous rappellera la phrase d'une chanson de Gilles Vigneault "Mon pays ce n'est pas mon pays, c'est l'hiver".

En réalité, si on distingue quatre saisons au Québec, l'hiver et l'été sont néanmoins deux saisons très marquées. Le printemps est court. Le 20 mars, les arbres à Montréal ont encore leur allure spectrale et ce n'est que vers la fin avril que les premiers bourgeons apparaissent pour s'épanouir presque d'un seul coup durant les deux premières semaines de mai. En Gaspésie comme sur la Côte Nord, les lacs sont ainsi encore gelés et il n'est pas rare de subir une tempête de neige.

L'été arrive souvent brutalement. Juillet et août sont des mois très chauds et généralement plutôt secs avec des températures dépassant souvent les 30°C. La côte demeure généralement plus fraîche.

L'automne distille pour sa part ses premières fraîcheurs dès la mi-août et en septembre pour les régions riveraines du Saint-Laurent. Dans la région du lac Saint-Jean, les températures nocturnes peuvent frôler 5°C. La flambée automnale s'achève généralement à la mi-octobre. Commence alors l'hiver dont la durée oscille selon les années entre cinq et six mois. Les chutes de neige sont souvent importantes durant toute cette période.

A Montréal, la moyenne des températures minimales, en janvier, s'établit à -18°C (-6°C pour les maximales). Québec et Hull sont des villes où il fait toujours plus froid (-17°C/-8°C). Le froid à Montréal et Québec est souvent chargé d'humidité.

INSTITUTIONS POLITIQUES

Pour comprendre les institutions politiques du Québec, il s'agit d'abord de les replacer dans un contexte général.

Le Canada est une monarchie constitutionnelle dont le pouvoir exécutif revient à la reine d'Angleterre. Celle-ci nomme d'ailleurs un représentant sur le sol canadien, le gouverneur général.

Le Premier ministre, issu du parti politique majoritaire au sortir des élections législatives fédérales, nomme ses ministres et détient le droit de dissolution du Parlement. Le Parlement est composé du Sénat et de la Chambre des communes. Si les sénateurs sont nommés par le gouverneur général, les députés sont élus au scrutin majoritaire uninominal à un tour.

Les élections fédérales ont lieu tous les cinq ans. Le Premier ministre se voit donc

CHRISTINE COSTE

CHRISTINE COSTE

CHRISTINE COSTE

A
B
C

A : Villégiatures à North Hatley, au bord du lac Massawippi (Cantons de l'Est)
B : Ferme dans le Charlevoix
C : Vue de l'Île aux Coudres (Charlevoix)

ZAHIA HAFS

ZAHIA HAFS

ZAHIA HAFS

ZAHIA HAFS

ZAHIA HAFS

ZAHIA HAFS

ZAHIA HAFS

ZAHIA HAFS

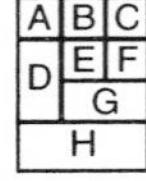

Québec

A : Rue du Petit-Champlain
B : Vieux-Québec
C : Rue Saint-Jean
D : Château Frontenac
E : Sans commentaire...
F : Pas cher !
G : Grande-Allée Est
H : Exemple d'architecture à l'île d'Orléans

Le feuilleton du temps

La météo est le bulletin d'information certainement le plus écouté mais aussi le plus regardé (il existe un canal météo). A la maison, ou en voiture, il fait partie du quotidien sonore indispensable pour organiser sa journée. Chaque région et chaque localité d'une certaine importance ont leur fréquence. Le taux de probabilité de chute de neige, le facteur vent et la température sont donnés avec précision et sérieux, cartes et commentaires de spécialistes à l'appui.

Dès septembre s'égrènent les visites chez le garagiste. Il s'agit de "changer le tailleur de son char", autrement dit de parer sa voiture de quatre solides pneus à clous. Fin septembre, les arbustes commencent dans certaines région à être protégés et enveloppés dans des grands sacs de toile. Les fenêtres sont calfeutrées. Les habits d'hiver ont été sortis dès la mi-août. Dans les écoles, des échanges de vêtements s'organisent. Dans le coffre de la voiture, le kit de survie est révisé. Pelle, câble pour la batterie, grattoir et petite balayette, gants, sac de couchage ou couverture, bougies, allumettes et tracks (au cas où les roues patineraient), tout y est. Au bureau, une paire de chaussures de ville est rangée dans l'armoire.

Octobre annonce souvent les premiers flocons. Le quotidien se concentre alors sur le froid et les intempéries. De la neige et une température en forte baisse annoncées dans la nuit supposent que l'on prenne quelques précautions, à savoir s'occuper de sa voiture afin qu'elle démarre sans problème le lendemain matin et se lever une heure plus tôt pour déblayer devant sa porte. Car si tous les grands axes routiers sont en permanence dégagés, il faut tout de même se munir de sa pelle pour combattre les bancs de neige (congères) formés par les chasse-neige. Si une école ferme à cause d'un car scolaire ne pouvant assurer le service à cause d'une "bordée de neige" (une tempête), les familles doivent trouver des solutions pour garder les enfants dans la journée.

L'été, la météo est également très écoutée. Une randonnée ou une sortie en canoë en perspective et l'on colle l'oreille au transistor ou l'on zappe un autre bulletin d'information. Au Québec, la météo est une sorte de feuilleton à l'infini. ■

confier un mandat de cinq ans. Il est cependant d'usage de provoquer bien avant l'échéance des élections anticipées.

Les dernières élections fédérales ont eu lieu en juin 1997, le Premier ministre canadien J. Chrétien ayant décidé de dissoudre la Chambre des communes au bout de trois ans et demi de mandat. Chaque province dispose de son lot de sièges. Le Québec en possède 75 sur les 301 que compte la Chambre des communes (l'Ontario 103).

Le Québec est l'une des dix provinces de l'État fédéral canadien. L'Acte constitutionnel de 1867 qui a donné naissance au Canada a ainsi créé deux niveaux de gouvernement : l'un fédéral ou central, l'autre provincial. Chacune des provinces a son Parlement et adopte ses propres lois dans les domaines de sa compétence. Le Parlement canadien a compétence sur l'ensemble du pays dans des domaines précis comme les Affaires étrangères, la Défense et la Monnaie. A noter toutefois que le Québec possède, dans certains pays comme la France, une Délégation générale distincte de l'ambassade du Canada, qui fait office de représentation.

Le Parlement du Québec créé en 1791 est l'un des plus vieux parlements du monde en dehors de la Grande-Bretagne. Depuis l'Acte constitutionnel de 1867, le Québec remet sur le tapis son appartenance à la Confédération canadienne.

Le Québec jouit donc d'un régime parlementaire. Le pouvoir législatif est exercé par le Parlement, appelé Assemblée nationale. Le Parlement est installé dans la ville de Québec, la capitale de la région. Ses 125 députés sont élus au suffrage universel au scrutin uninominal majoritaire à un tour. L'électeur doit choisir un seul nom parmi les candidats en lice dans sa circonscription. Le candidat qui reçoit le plus de voix est élu. Le droit de vote est accordé à tout Québécois

Le parent pauvre ?
Ex-aequo avec Terre-Neuve, le Québec arrive au premier rang des provinces les plus touchées par la pauvreté, selon le dernier rapport du Conseil national du Bien être. 20,6% de la population québécoise est concernée (15,3% pour la moyenne nationale). ■

de 18 ans. Les députés sont chargés de voter les lois propres et applicables au Québec.

Le leader du parti politique ayant le plus grand nombre de députés élus devient Premier ministre. Il forme son gouvernement et demeure en fonction pour une période de cinq ans, au terme de laquelle ont lieu de nouvelles élections législatives. Le Premier ministre peut être élu autant de fois qu'il se porte candidat. En réalité, la dissolution de l'assemblée intervient généralement bien avant la date butoir. Les dernières élections législatives au Québec se sont déroulées en 1994.

Le pouvoir exécutif est exercé par le Premier ministre et son Conseil des ministres. Ils ont pour mission de définir les orientations de l'action gouvernementale.

Le Québec compte enfin quelque 1 400 municipalités administrées chacune par un maire et des conseillers élus au scrutin uninominal majoritaire à un tour. Les municipalités d'une même région sont regroupées au sein d'une MRC (municipalité régionale de comté).

Partis politiques

Le Québec compte une quinzaine de partis. Trois seulement sont représentés à l'Assemblée nationale.

Le Parti Québécois, fondé en 1968 par René Lévesque et dirigé par Lucien Bouchard, l'actuel Premier ministre, est le parti qui revendique la souveraineté du Québec. Il dispose actuellement de 77 sièges.

Le Parti Libéral du Québec, dirigé par Daniel Johnson, est pour sa part fédéraliste. Il compte 47 sièges à l'Assemblée.

Le Parti de l'Action démocratique du Québec a un seul représentant, son dirigeant Mario Dumont, ancien jeune libéral. Il s'affiche souverainiste (autrement dit indépendantiste) mais aussi très conservateur.

Aux élections fédérales, les hommes politiques québécois s'engagent dans d'autres formations politiques. Le Bloc Québécois, parti fédéral qui n'agit que sur la scène fédérale, a été fondé en 1991 par Lucien Bouchard. Il est souverainiste. En 1991, il a remporté 54 sièges à la Chambre des communes, à la grande surprise de nombreux observateurs. Lors des dernières élections en juin 1997, il a obtenu 44 sièges sur les 75 octroyés aux Québécois ; les autres sièges se sont répartis entre le Parti Libéral du Canada (25) et le Parti conservateur de Jean Charest, le député de Sherbrooke, la capitale des Cantons de l'Est.

ÉCONOMIE

Avec un produit intérieur brut de 174 milliards de dollars pour une population de 7,334 millions d'habitants, le Québec se situe au 17e rang devant le Portugal, la Grèce, le Danemark et la Norvège. La province compte pour 22,5% dans la production canadienne.

Le Québec exporte près de 53% de sa production, principalement à destination des États-Unis. L'économie québécoise est en effet très imbriquée dans celle de son voisin américain. La région de New York représente à elle seule 100 millions de consommateurs, tandis que les autres provinces du Canada n'en pesant qu'une vingtaine. La société Bombardier (connue pour ses motoneiges) a ainsi remporté l'appel d'offres lancé pour le renouvellement de tous les wagons du métro de New York.

Depuis l'entrée en vigueur de l'Alena en 1994, autrement dit avec la suppression des barrières douanières entre le Canada, les États-Unis et le Mexique, les flux nord-sud se sont accélérés ; les relations avec l'Europe, et notamment la France, se sont maintenues et celles avec les autres provinces du Canada ont enregistré un retrait. L'aluminium, l'amiante et le papier journal constituent les trois principaux produits à l'exportation. Le Québec est ainsi le premier fournisseur d'aluminium et d'amiante au monde, la province se classant au second rang pour le papier journal.

Mais si l'exploitation des ressources naturelles et des matières premières (bois, énergie hydroélectrique, cuivre, fer, zinc et or) reste au cœur de l'économie québécoise, les secteurs de pointe tels les technologies de l'information, l'aérospatiale, l'industrie pharmaceutique et les biotechnologies connaissent un développement rapide. La moitié de la recherche pharmaceutique au Canada se fait au Québec.

Montréal fut, jusqu'à ces dernières années, la première ville industrielle du Canada ; elle le demeure dans certains secteurs mais voit l'Ontario (grande place financière) s'affirmer chaque année davantage sur l'échiquier économique du pays et devenir le siège de multiples sociétés. En région, le tableau est sombre. La pêche est moribonde et nombre de mines ont fermé. Seule l'aide de l'État permet à certaines régions comme la Gaspésie, la Côte Nord, les Cantons de l'Est et l'Abitibi de ne pas connaître un exode massif de leur population. L'agriculture (3,23% du PIB) n'emploie que 2,6% de la population active. Les principaux employeurs au Québec sont les Caisses Populaires Desjardins, devant l'entreprise publique Hydro-Québec.

La province traverse en effet depuis quelques années une grave crise. Le Québec enregistre l'un des plus forts taux de chômage du Canada (11,3%, contre 9,2% pour le pays). Le déficit public est important et le taux de croissance de 1,6% trop faible pour relancer une économie à la recherche d'un second souffle. Durant le premier trimestre 1997, il s'est créé néanmoins cinq fois plus d'emplois qu'en 1996 où le taux de chômage avait atteint un record de 12,6%.

La suppression attendue de 15 000 emplois dans la fonction publique devrait néanmoins peser lourd dans les prochains chiffres du chômage.

La protection sociale, appelée le Bien être social, a longtemps fait du Québec un chef de file en la matière et a permis de contrebalancer les effets néfastes du chômage. Mais elle revient chère et fait l'objet de quelques révisions et de débats houleux.

POPULATION ET ETHNIES

La population globale du pays est évaluée à 28 846 000 habitants. Avec 7 138 000 habitants, le Québec est la deuxième province du Canada derrière l'Ontario. 83% de la population québécoise est francophone, 9% anglophone, 7% allophone (Italiens, Grecs, Portugais, Vietnamiens, Haïtiens...), 0,88% Amérindiens, et 0,11% Inuit.

Avec une croissance démographique de 3,5%, le Québec se situe dans la moyenne nationale. La progression sur la période 1991-1996 marque toutefois encore un net ralentissement, comparativement à la période 1986-1991 où le taux était de 5,6%.

Pour l'Agence fédérale des Statistiques, l'accroissement de la population au Québec est davantage imputable à son accroissement naturel qu'à la migration internationale. Reste que le taux de natalité du Québec est l'un des plus bas au monde (1,5) alors qu'un taux de 2,1 est nécessaire pour remplacer la population existante. En 1996, le Québec a perdu par ailleurs 4 200 résidents partis s'installer dans d'autres provinces, principalement à l'Ouest – Vancouver notamment.

Les Amérindiens

Au Québec, la communauté amérindienne compte 58 640 personnes. Elle se compose de dix nations distinctes : les Abénakis, les Algonquins, les Attikameks, les Cris, les Montagnais, les Malécites, les Micmacs, les Naskapis, les Hurons-Wendats et les Mohawks.

Les deux communautés abénakies du Québec (Odanaks et Wôlinaks regroupent 1 843 personnes) se concentrent en face de Trois-Rivières sur la rive sud du Saint-Laurent. La communauté algonquine (7 747 personnes) vit pour sa part en Outaouais et en Abitibi-Témiscamingue. Les Attikameks (4 779) vivent en Haute-Mauricie et dans la

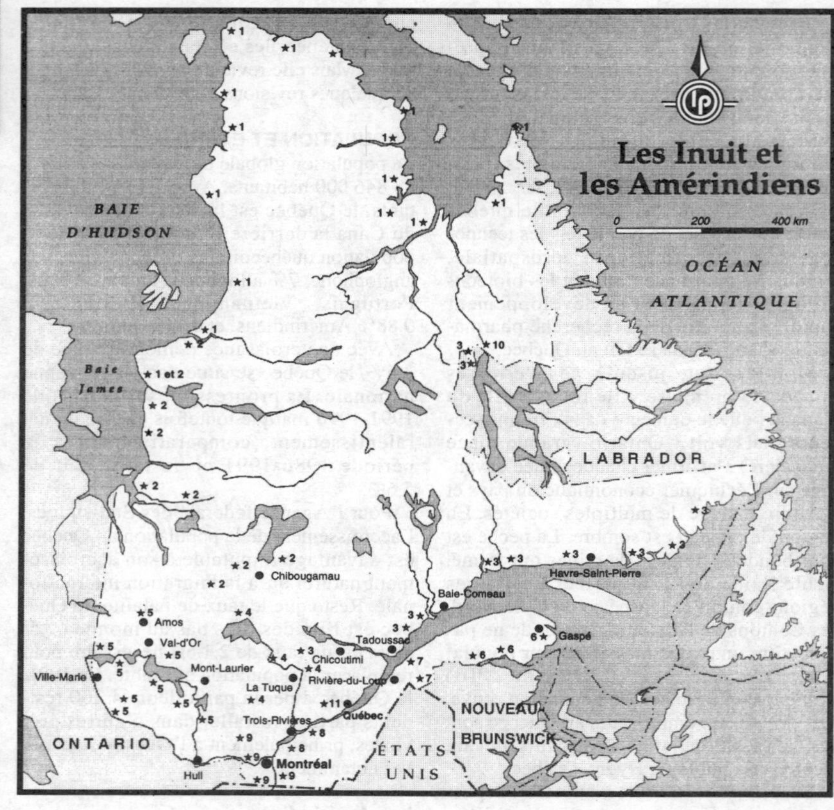

région du lac Saint-Jean. La baie James et la baie d'Hudson constituent le territoire des Inuit mais aussi des Cris. Avec 12 142 personnes, la nation crie forme la deuxième communauté amérindienne au Québec.

Le territoire des Montagnais, première nation du Québec (13 505 personnes) se situe sur la Côte Nord et au lac Saint-Jean. Les Malécites sont dispersés sur l'ensemble du territoire. Les Micmacs (4 306 personnes) vivent en Gaspésie, dans la région de la baie des Chaleurs. Les Naskapis habitent dans un village à la frontière du Québec et du Labrador, les Hurons-

1	Inuit	7	Malécites
2	Cris	8	Abénakis
3	Montagnais	9	Mohawks
4	Attikameks	10	Naskapis
5	Algonquins	11	Hurons
6	Micmacs		

Wendats dans la région de la ville de Québec, les Mohawks se concentrant pour la plupart dans la banlieue de Montréal.

Dès l'arrivée des premiers pionniers, les Amérindiens connurent un destin tragique.

Le réveil des Inuit et des Amérindiens

Le nord du Québec compte 8 600 Inuit (sur 125 000) et une quinzaine de villages dispersés. Lors du premier référendum, 84% d'entre eux avaient voté contre la souveraineté du Québec. En 1995, la proportion a atteint 95%. Peuple de l'Arctique parlant l'inuktitut, les Inuit du Québec envisagent plus que jamais de se séparer du Québec pour se joindre au Nunavit ("notre territoire"), cette portion orientale des Territoires du Nord-Ouest qui obtiendra l'autonomie gouvernementale en 1999.

Depuis 1960, le Québec assiste également à un réveil de la fierté amérindienne et à la volonté des Premières Nations de voir leurs droits et leur spécificité culturelle reconnus. Lorsque Hydro-Québec décidera ainsi de construire des barrages hydroélectriques dans la région de la baie James, il devra pour la première fois composer et négocier avec la population locale constituée de Cris et d'Inuit. En 1975, la signature de la *Convention de la Baie James et du Nord Québécois*, entre le gouvernement québécois et les représentants cris et inuit, constituera la première entente de ce genre au Québec et au Canada (reportez-vous au chapitre *La Côte Nord*). En 1978, les Naskapis signeront la *Convention du Nord-Est Québécois*, une entente similaire.

La crise d'Oka, en 1990, née de la construction d'un terrain de golf sur les terres des Mohawks de Kahnawake est restée à ce titre le symbole de la révolte des Amérindiens. ■

D'abord décimés par les maladies transmises par les colons, ils perdirent leur liberté, leurs traditions, leur dignité, et furent dépossédés de leurs terres. Plusieurs dizaines de réserves sont disséminées sur tout le territoire. La plupart y vivent pauvrement et reçoivent une allocation du gouvernement. Dans les villes, leur faible degré d'instruction et de qualification professionnelle les marginalise. Les taux de mortalité infantile, d'instruction, de chômage ou d'incarcération sont supérieurs au reste de la population québécoise. La drogue sévit et les suicides sont élevés.

Depuis le début des années 80, leurs leaders s'efforcent de politiser leurs revendications, qu'il s'agisse d'invoquer la Constitution, de réclamer des terres ou de défendre leurs droits. Plusieurs organisations nationales, telles que l'Assemblée des Premières Nations, s'activent à défendre les Amérindiens. Nombre d'entre eux participent de plus en plus à divers mouvements qui cherchent à encourager le respect de la religion, de la culture, de la langue et de l'histoire de leur peuple.

Quoi qu'il en soit, les Amérindiens attendent toujours que des mesures concrètes améliorent véritablement leur situation.

LANGUE

Le français et l'anglais sont les deux langues officielles du Canada. En 1977, l'adoption de la Loi 101 affirme la primauté du français et fait du français la langue officielle du Québec. Dans la province toutefois, les panneaux de signalisation, du moins dans les grandes villes et dans certaines régions (Outaouais et Cantons de l'Est notamment), sont en français et en anglais. Les brochures explicatives ou touristiques sont également dans les deux langues. La préservation de la langue française reste toutefois un souci majeur pour les Québécois et constitue l'une des revendications du mouvement séparatiste.

Quant au bilinguisme, d'après le recensement de la population de 1991, un peu plus de 16,3% des Canadiens (soit 4,5 millions de personnes) pouvaient converser en anglais et en français contre seulement 13% en 1971.

Parmi les provinces, le Québec enregistrait en 1991 le taux de bilinguisme le plus élevé avec 35,4% de la population, suivi du Nouveau-Brunswick (29,5%), de l'Ontario (11,4%) et de Terre-Neuve (3,3%).

Le français employé au Québec diffère parfois du français parlé. Vous entendrez

Lexique québécois

A c't'heure : à présent
Accommoder : rendre service à
Achaler : contrarier, ennuyer
Atriquer (s') : s'habiller de manière ridicule
Appointement : rendez-vous
Aubaine : rabais

Batterie : pile
Becosses (les) : les toilettes
Bicycle à gaz : moto
Bienvenue : il n'y pas de quoi, à votre service
Bleus (avoir les) : avoir le cafard
Blonde (ma) : ma petite amie
Boucane : fumée
Bras (ça coûte un) : ça coûte une fortune

Caler : perdre ses cheveux
Canot : canoë
Caucus : réunion
Cégep : lycée
Char : voiture
Check tes claques : remue toi
Chicane : querelle, dispute
Chrisser (dehors) : mettre à la porte
Chrisser (son camp) : déguerpir
Chum (mon) : mon petit ami ou mon ami
Colleux : affectueux
Comique : bandes dessinées
Condo : appartement acquis en copropriété
Coquerelle : cafard
Couple (une) : quelques
Croche (être) : malhonnête
Cruiser : draguer
Cute : mignon(ne)

Degré : diplôme
Dépanneur : épicerie ouverte tard le soir
Déjeuner : petit déjeuner
Dîner : déjeuner
Dispendieux : cher
Doux (mon) : mon dieu

Effoirer (s') : s'écrouler, se vautrer
En amour (tomber ou être en amour avec) : être amoureux, être séduit
Enfirouaper : duper, séduire
Épais : lourd, niais, imbécile.

Fâche (ça m') : ça me contrarie
Faire du pouce : faire de l'auto-stop
Fin : aimable, gentil
Foirer : faire la fête
Foufounes : fesses
Frette : froid, glacial
Fun (c'est le) : agréable, plaisant.

Garrocher : lancer, tirer
Gasoline : essence
Gomme : chewing-gum
Griller : bronzer

Jasette : bavardage
Jaser : discuter, parler
Joke (une) : une blague
Joual : parler populaire québécois

Licencié : autorisé

Magasinage : shopping, lèche-vitrines
Magasiner : faire ses courses
Maringouin : moustique
Minoucher : caresser, cajoler
Misère (avoir de la) : éprouver de la difficulté, de la peine

Niaiser : berner, emmerder
Niaiseux, niochon : imbécile
Nono : niais

Patenteux : bricoleur
Pantoute : nullement
Pâté chinois : hachis parmentier
Pas pire : pas mal
Piasse (une) : un dollar
Placoter : causer
Platte (c'est) : ennuyeux
Poqué : fatigué

Quétaine : ringard, de peu d'intérêt

Ski-doo (faire du) : faire de la motoneige
Souffleuse : chasse neige
Souper : dîner
Spécial (en) : en solde

Tabagie : tabac
Tannant : embêtant
Taponner : tripoter, manipuler, chipoter
Tarlat : idiot
Toffe : difficile à faire
Toune : air de musique, chanson populaire
Track : voie ferrée
Trouble : souci, ennui
Tuque : bonnet

Vues (aller aux) : aller au cinéma

plus souvent "Y'est quelle heure ?" au lieu de "Quelle heure est-il ?" ou "Tu veux-tu ?" pour "Veux-tu ?". Quoi qu'il en soit, les Québécois vous comprendront parfaitement et trouveront sans doute quelque charme à votre accent, comme vous serez séduit par le leur.

Le tutoiement est par ailleurs de rigueur. Vous abandonnerez rapidement le vouvoiement pour ne pas paraître déplacé. Le français québécois utilise aussi quantité de mots anglais.

Les Amérindiens et les Inuit continuent à utiliser leur langue maternelle, comme le font de nombreux immigrants, l'anglais étant souvent leur deuxième langue.

Les langues inuit sont intéressantes pour leur étonnante précision et utilisent plusieurs mots pour indiquer une même chose : "eg", qui désigne le phoque, sera employé en fonction de l'âge de l'animal et selon qu'il est dans ou hors de l'eau. De même qu'il existe une vingtaine de mots qui signifient la "neige", selon sa consistance et sa texture.

SYSTÈME ÉDUCATIF

La constitution canadienne confie à chaque province la responsabilité exclusive de l'éducation. Il n'existe donc pas de système d'enseignement fédéral au Canada. Autrement dit, chaque province élabore sa politique éducative.

L'école au Québec est obligatoire de 6 à 16 ans. L'enseignement est gratuit pendant tout le primaire mais aussi (à la différence des autres provinces du Canada) dans les collèges dits d'enseignement général et professionnel, connus sous le sigle de Cégep. Le Québec compte ainsi 47 collèges publics et 11 autres établissements assimilés (comme les instituts agricoles ou de tourisme et d'hôtellerie). Les collèges privés sont au nombre de 62 (25 d'entre eux sont subventionnés).

Anglophones et francophones disposent de leur propre réseau d'enseignement public et gratuit. Dans le primaire et le secondaire, on distingue encore le système catholique (francophone) et le système protestant (anglophone).

Le Québec compte six universités privées : trois dispensent des cours en français, l'université de Laval, l'université de Montréal et l'université de Sherbrooke ; trois en anglais (McGill, Bishop's et Concordia).

La seule université publique est l'université de Québec qui gère onze établissements répartis sur l'ensemble du territoire québécois.

La Charte de la langue française stipule que le français doit être la langue d'enseignement de la maternelle à la fin du secondaire. Les enfants dont la langue maternelle est l'anglais ont droit à l'éducation dans leur langue. Les enfants d'immigrants doivent s'inscrire à l'école française mais peuvent dans certains cas être admis à l'école anglaise.

RELIGION

Durant la colonisation, l'impact de la religion fut important. Soutenant les catholiques français et irlandais, les jésuites furent en perpétuel conflit avec les protestants anglais et hollandais.

Sujet d'étude et d'évangélisation, les Amérindiens devinrent, au XVIIe siècle, l'instrument d'une guerre de pouvoir entre catholiques et protestants, souvent meurtrière.

Le rôle de l'église est fondamentale dans l'histoire du Québec, l'exploration du territoire et son organisation sociale. Le catholicisme a toujours été la première communauté religieuse de la province, une prééminence renforcée par l'immigration italienne, grecque et polonaise, entre autres.

Au sein de la communauté protestante, les anglicans représentent le principal groupe. A Montréal, la communauté juive est également très importante, et les immigrés venus d'Asie et des pays du Maghreb (principalement l'Algérie) ont introduit respectivement l'hindouisme et l'islam au Québec. La province abrite aussi quelques sectes religieuses telles les témoins de Jéhova et le Temple solaire qui a défrayé la chronique en 1997.

La religion joue un rôle de moins en moins déterminant dans la vie québécoise. La fréquentation des églises ne cesse de diminuer depuis la Seconde Guerre mondiale dans les grandes villes mais reste encore néanmoins importante en région.

Lors du dernier recensement de 1991, 86% de la population du Québec s'est déclarée catholique, 6% protestante.

ARTS ET CULTURE

Littérature

Romans et théâtre. Romancier de l'indépendance, Hubert Aquin a publié *Prochain épisode* et *Journal* chez B.Q. La pièce *Les Belles-Sœurs* de Michel Tremblay est disponible chez Leméac, alors que l'ouvrage le plus connu de la série "Chronique du Plateau Mont-Royal", *La Grosse Femme d'à côté est enceinte* est publié chez B.Q.

A lire aussi chez le caustique Réjean Ducharme *L'Avalée des Avalées* (Folio), *Le Nez qui voque*, *L'évadé* ou encore *Va savoir* (ces deux derniers titres sont publiés chez Gallimard, coll. Blanche).

Le Seuil (Coll. Points) édite les romans d'Anne Hébert, comme *Kamouraska*, une histoire du XIXe siècle, dans la ville de Québec, *Les Enfants de sabbat*, ainsi que *Les Fous de Bassan*, prix Fémina 1982, drame qui se passe à Griffin Creek, lieu perdu au bout des terres face au ciel et au vent, et *Le Premier Jardin*, au Seuil également. Citons également *L'obéissance* de Suzanne Jacon.

Le roman le plus célèbre de Marie-Claire Blais est *Une Saison dans la vie d'Emmanuelle* (Boréal). Également un grand succès, *Le Matou*, d'Yves Beauchemin (éd. Québec/Amérique), dont l'histoire se passe à Montréal et qui reprend le thème de prédilection québécois de la vie urbaine. Sur la ville de Québec, mentionnons *Bonheur d'occasion* de Gabrielle Roy (Boréal Compact) et *La petite boule d'eau.*

Très célèbre, notamment par son adaptation à l'écran, le roman de terroir *Maria Chapdelaine*, de Louis Hémon, est publié en poche chez B.Q.

Parmi les nouveaux auteurs figure l'écrivain d'origine haïtienne Dany Laferrière. Son livre *Comment faire l'amour à un nègre sans se fatiguer* (coll. J'ai lu) publié en 1985 l'a rendu célèbre et a été adapté au cinéma. Romancier d'origine brésilienne, Sergio Kokis fait également partie de la nouvelle génération des auteurs québécois. *Le pavillon des miroirs* (Éd. XYZ) est son premier roman sorti en 1994. Avec *La Mémoire de l'eau* (Actes Sud, collection Babel) et l'*Ingratitude* (Leméac/Actes Sud), Ying Chen, jeune romancière née à Shanghai, est considérée comme l'une des représentantes les plus prometteuses de la littérature québécoise.

Le *Guide de la Littérature québécoise* est publié par Boréal.

Contes et textes d'auteurs québécois. Le conte est à l'origine de la littérature québécoise, c'est aussi un genre très apprécié de nos jours. Jacques Ferron est l'auteur imaginatif de *Contes* (B.Q.). Pierre Morency, conteur attaché à la nature, a écrit *La Lumière des Oiseaux* et une histoire naturelle du Nouveau Monde avec *L'Œil américain* (Boréal). Le chanteur à texte Félix Leclerc est aussi écrivain à succès, avec *100 Chaussures ou Moi, mes souliers* (B.Q.), comme son *alter ego* Gilles Vigneault qui est l'auteur du *Grand Cerf-volant* (Seuil, coll. Point).

Poésie québécoise. La poésie tient une grande place dans la littérature et nombre de romanciers québécois comme Anne Hébert ont publié des poèmes. *Les Poésies complètes* d'Émile Nelligan sont publiées par B.Q et *L'homme rapaillé* de Gaston Miron.

Biographies. Jacques Bertin a écrit *Félix Leclerc*. Pierre Godin a rédigé *René Lévesque, héros malgré lui* (éd. Boréal). Chez le même éditeur, mentionnons *Gabrielle Roy*, de François Ricard.

Musique

Les Québécois aiment les mots et la poésie. La chanson au Québec tient une place importante, non seulement comme champ d'expression mais aussi comme porte-parole d'une identité culturelle et nationale. Au folklore québécois succède, au début des années 60, une génération de chanteurs qui vont construire et forger une chanson typiquement québécoise luttant contre vents et marées contre l'assimilation anglo-saxonne. Les boîtes à chanson serviront de cadre à cette vague d'artistes chantant l'amour et la liberté.

Au milieu des années 70, Gilles Vigneault dresse ainsi un portrait émouvant du Québec dans sa chanson restée célèbre, “Il me reste un pays à te dire, un pays à nommer, un pays à prédire”. Une centaine de chansons enregistrées entre 1960 et 1990 de Gilles Vigneault ont été regroupées dans un coffret de six CD intitulé *Chemin faisant* (Auvidis). Le dernier album *C'est ainsi que j'arrive à toi* (Auvidis) est sorti en 1996.

Gilles Vigneault représente, avec Félix Leclerc, Raymond Lévesque et Laude Léveillé, cette génération d'auteurs-compositeurs-interprètes profondément engagés pour la souveraineté du Québec. Sa chanson “Gens du pays” accompagne les anniversaires.

Le concert du 13 août 1974 restera à cet égard un moment historique. Sur scène, trois générations de chanteurs étaient côte à côte : Félix Leclerc, Gilles Vigneault et Robert Charlebois. Ils ont interprété une chanson signée Raymond Lévesque, *Quand les hommes vivront d'amour.* Le disque *J'ai vu le loup, le renard, le lion* (Phonogram) est un classique au même titre que les *tounes* de Félix Leclerc, le *P'titi Bonheur* et *La prière bohémienne* (Phonogram).

Dans les années 70/80 émerge une nouvelle génération de chanteurs mariant l'élégance de la langue française et l'énergie du rock. Robert Charleboix, Diane Dufresne, Fabienne Thibault, Luc de Larochellière, Raoul Dugay, Claude Dubois, Alain Lamontagne, Carole Laure, Louis Furey, Lucien Francœur, Paul Piché, Daniel Lavoie, Diane Tell, Jean Leloup, Plume Latraverse, Richard Seguin, Laurence Jalbert, les groupes Beau Dommage, Harmonium ou Offenbach en sont les principaux représentants, sans oublier le coauteur de la comédie musicale *Starmania* de Luc Plamondon. Les Félix Leclerc, Gilles Vigneault et Raymond Lévesque restent néanmoins leurs classiques. Michel Rivard (qui fit partie du groupe Beau Dommage) est dans la lignée de ses prédécesseurs avec *la Complainte du phoque en Alaska*.

Si Céline Dion et Roch Voisine sont devenus des stars internationales, Richard Desjardins, Éric Lareine, Dan Bigras, Daniel Bélanger et Kevin Parent constituent la nouvelle vague aussi soucieuse de ses textes que de la musique.

Le pianiste montréalais Oscar Peterson est, quant à lui, une légende vivante du jazz.

Peinture

De styles très divers, les peintres québécois se sont toujours nourris de leur environnement. Clarence Gagnon (1881-1942) est certainement l'un des paysagistes les plus célèbres avec Jean-Paul Lemieux (1904-1990) aux œuvres plus dépouillées. Au début du siècle, Horatorio Walker (1858-1938), témoigne dans ses œuvre d'une époque vouée à disparaître. Marc-Aurèle de Foy Suzor-Coté (1869-1937) donne à ses toiles une touche impressionniste et Zacharie Vincent (1812-1886) joue de la couleur.

Le ville inspire également des artistes comme Adrien Hébert (1890-1967) et Robert Pilot (1897-1967). Ils donnent à voir Québec et Montréal sous la neige. Leurs scènes de rue sont vivantes et loin du classicisme de la fin du XIXe siècle marqué notamment par les œuvres de William Brymmer (1855-1925) ou Antoine Plamondon (1804-1895).

Paul-Émile Borduas (1905-1960) et Jean-Paul Riopelle (1923) vont encore plus loin. Dans un manifeste, le “Refus Global”, qu'ils rédigent et cosignent en 1948, ils s'élèvent contre la peinture académique et s'engagent résolument dans l'abstraction.

Cinéma

La production du cinéma québécois est impressionnante au regard de sa population très réduite. La création cinématographique est subventionnée par l'Office national du film (reportez-vous à l'encadré qui lui est consacré dans le chapitre *Montréal*).

Au Québec, les curés de campagne ont été les premiers cinéastes. Leur sujet de prédilection est le documentaire. Des prêtres comme Maurice Proulx vont ainsi filmer la colonisation de l'Abitibi dans les années 30. Ce sera notamment *En pays neufs* filmé en 1937 et *Hommage à notre paysannerie* d'Albert Tessier, autre prêtre cinéaste. Vient ensuite, dans les années 40 et 50, l'adaptation de radio romans comme *Un homme et son péché* tiré de l'œuvre de Claude-Henri Grignon (reportez-vous à l'encadré *L'homme et son péché* dans le chapitre *Les Laurentides*).

Il faut attendre les années 60 pour qu'apparaisse la première grande génération du septième art au Québec. C'est l'époque du cinéma direct. Le style est inédit (on tourne beaucoup), le propos est libre, la parole au centre du cadrage ; la vision se veut résolument réaliste et se place dans un contexte politique d'affirmation nationale. Dans *Les filles du Roy*, *Mourir à tue-tête* d'Anne-Claire Poirier, le discours est féministe. Il en est de même avec *Anne Trister* et *la Femme de l'Hôtel*, de Léa Pool. *Sonatine*, de l'actrice Micheline Lanctôt, parle du suicide et de la difficulté de communication des jeunes. Le film obtiendra le Lion d'argent à Venise.

La femme est un thème parmi d'autres. L'opposition ville/campagne est aussi abordée dans des œuvres comme celle de Paul Almond, *Isabel*, où l'on suit une jeune fille de retour dans sa région, la Gaspésie. On pense aussi à *La vraie nature de Bernadette* de Gilles Carle.

Les adolescents sont aussi présents, notamment dans l'*Eau chaude l'eau frette* d'André Forcier ou dans *Mon oncle d'Amérique* de Claude Jutra, considéré comme l'un des meilleurs films produits au Québec et qui relate les premières désillusions d'un jeune garçon. Les deux vieillards des *Dernières fiançailles* de Jean-Pierre Lefebvre rencontreront également un grand succès comme *Les ordres* de Michel Brault.

Dans les années 80, le cinéma québécois s'impose sur le marché international avec notamment *Le Déclin de l'Empire Américain* de Denys Arcand. Le ton est léger, tonique et ironique, les relations hommes-femmes abordées au vitriol. *Léolo* de Jean-Claude Lauzon impose un style nouveau. Le film qui relate les conditions de vie difficiles d'un jeune garçon dans un taudis et sa fuite grâce à l'écriture (seul moyen de sauvegarde qui l'aide à distinguer le vrai du faux) connaît un succès international. Avant lui, il y eut *Thirty two short film about Glenn Gould* de François Girard, *Seductio* de Bachar Chbib, *Pouvoir intime* d'Yves Simoneau, *Octobre* de Pierre Falardeau et *Requiem pour un beau sans-cœur* de Robert Morin.

L'imagination tourne le dos à la tradition réaliste. La nouvelle génération québécoise se démarque de ses aînées par une ouverture vers d'autres champs que celui de l'ethno-réalisme. Derrière elle des années passées sur les bancs des écoles de cinéma et une soif de fiction, d'imaginaire et d'ouverture sur le monde. Elle n'en oublie pas pour autant le désespoir si cher aux créateurs québécois. *Seul avec Claude* de Jean Beaudin relate ainsi les raisons d'un crime commis par un homosexuel envers son amant et la dure vie menée par les marginaux.

Le cinéma d'animation est par ailleurs très important et a pu s'épanouir au Québec plus qu'ailleurs grâce à l'Office national du film, à la société Radio Canada et aux artistes même non soumis aux impératifs du marché. Les œuvres de Frédéric Bach (*L'homme qui plantait les arbres*) et celles de Jacques Drouin mais aussi de Caroline Leaf et Norman McLaren sont les plus représentatives.

Art inuit et des nations amérindiennes

Les Inuit se sont rendus maîtres de la sculpture sur bois, sur pierre et sur os. Leurs œuvres restent souvent d'un prix accessible, à l'exception bien entendu de celles signées par des artistes jouissant d'une certaine notoriété.

Les matériaux utilisés par les Inuit sont l'os, l'ivoire, l'andouiller de cervidés, et parfois la corne ou le bois. Autrefois, les sculpteurs travaillaient surtout l'ivoire ; aujourd'hui, ils utilisent principalement des roches qui répondent au terme générique de pierre savonneuse : la stéatite et la serpentine, l'argilite, la dolomite, le quartz entre autres.

Extraites dans le Grand Nord, ces pierres savonneuses sont noires, grises ou vertes, brutes ou polies. Ce changement leur a permis non seulement de multiplier les couleurs et les formes de l'œuvre mais aussi de se lancer dans la création de plus grosses pièces. Les vieux ossements de baleine exposés aux intempéries sont également recherchés mais les sculpteurs limitent leur usage pour respecter la réglementation internationale sur l'ivoire. Des bois de caribous sont également utilisés. Les matériaux étant rares sur place, les artistes doivent souvent parcourir de longues distances sur terre ou par bateau pour trouver la pierre qui leur convient. La plupart des sculptures vendues dans les galeries de références sont encore exécutées à l'aide d'outils manuels mais un nombre croissant d'artistes utilisent des outils électriques.

Les styles de sculpture varient d'une nation à l'autre sur tout le territoire du Grand Nord, et certains sont plus connus que d'autres. Au nord du Québec, la tendance est à l'inspiration réaliste, narrative et naturaliste : oiseaux, scènes de chasse, etc. Chaque objet raconte une scène de chasse ou se réfère à une légende. La pierre grise souvent utilisée est habituellement noircie et polie, puis gravée.

La période contemporaine de l'art inuit remonte aux années 40. Sous l'impulsion d'un jeune artiste québécois, James Houstin, furent créées, dans les années 50, des coopératives destinées à promouvoir et à commercialiser l'artisanat du Grand Nord. Elles alimentent aujourd'hui la plupart des galeries. Elles ont permis, grâce aux flux commerciaux qu'elles engendrèrent, de contrebalancer la baisse des cours des fourrures.

L'ours blanc, élément de la thématique inuit

Chaque village a sa tradition. A Kuujjuaraapik (anciennement Poste à la Baleine), les œuvres représentent la faune environnante ou des scènes de la vie familiale. La sculpture d'Inukjuak (Port Harrison) privilégie les scènes de chasse et de la vie familiale (mère avec son enfant, oiseaux, ours sont des sujets de prédilection). Les œuvres anciennes ont été réalisées dans une pierre verte marbrée. Les pièces récentes sont produites à partir de pierre grise souvent noircie et gravée. A Povungnituk, le réalisme est également de rigueur. Les scènes de chasse et les animaux sont des thèmes récurrents et leur interprétation plus en volume. A Salluit et à Ivujivik, ce sont les êtres humains qui sont représentés.

L'intérêt croissant pour la sculpture inuit a malheureusement entraîné la production massive d'imitations, exposées et vendues un peu partout. Les œuvres véritables portent toujours une étiquette, ainsi qu'un symbole représentatif de l'igloo. Beaucoup sont également signées par l'artiste. Mieux vaut s'adresser à une boutique dont la respectabilité est établie qu'à une boutique de souvenirs. Pour certaines contrefaçons, il arrive même que l'on utilise n'importe quel matériau, jamais employé par les Inuit.

Les artistes inuit produisent aussi des estampes très appréciées. D'inspiration surtout mythologique, elles s'attachent à dépeindre diverses activités quotidiennes.

Bien que célèbres pour leurs sculptures ou leurs vanneries, les Amérindiens s'illustrent surtout aujourd'hui dans l'art de l'estampe et de la gravure.

PARCS QUÉBÉCOIS

C'est en 1895 que le gouvernement québécois décida de créer les parcs du Mont-

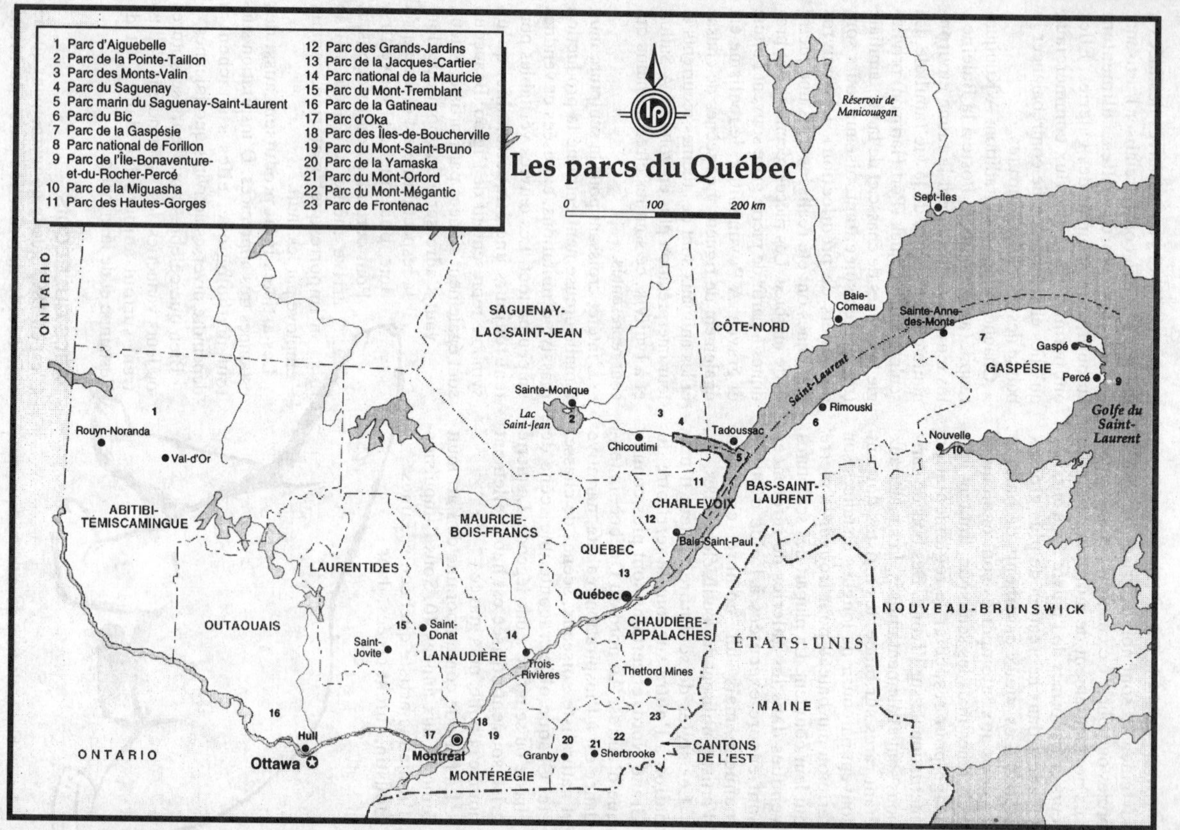

Les parcs du Québec
0
100
200 km
1 Parc d'Aiguebelle
2 Parc de la Pointe-Taillon
3 Parc des Monts-Valin
4 Parc du Saguenay
5 Parc marin du Saguenay-Saint-Laurent
6 Parc du Bic
7 Parc de la Gaspésie
8 Parc national de Forillon
9 Parc de l'Île-Bonaventure-et-du-Rocher-Percé
10 Parc de la Miguasha
11 Parc des Hautes-Gorges
12 Parc des Grands-Jardins
13 Parc de la Jacques-Cartier
14 Parc national de la Mauricie
15 Parc du Mont-Tremblant
16 Parc de la Gatineau
17 Parc d'Oka
18 Parc des Îles-de-Boucherville
19 Parc du Mont-Saint-Bruno
20 Parc de la Yamaska
21 Parc du Mont-Orford
22 Parc du Mont-Mégantic
23 Parc de Frontenac
Réservoir de Manicouagan
Sept-Îles
Baie-Comeau
CÔTE-NORD
Sainte-Anne-des-Monts
Gaspé
GASPÉSIE
Percé
Golfe du Saint-Laurent
Saint-Laurent
Rimouski
Nouvelle
ONTARIO
SAGUENAY-LAC-SAINT-JEAN
Sainte-Monique
Lac Saint-Jean
Chicoutimi
Tadoussac
Rouyn-Noranda
Val-d'Or
ABITIBI-TÉMISCAMINGUE
BAS-SAINT-LAURENT
CHARLEVOIX
Baie-Saint-Paul
MAURICIE-BOIS-FRANCS
QUÉBEC
LAURENTIDES
Québec
NOUVEAU-BRUNSWICK
OUTAOUAIS
Saint-Donat
Saint-Jovite
LANAUDIÈRE
Trois-Rivières
CHAUDIÈRE-APPALACHES
ÉTATS-UNIS
Thetford Mines
MAINE
Hull
ONTARIO
Ottawa
Montréal
MONTÉRÉGIE
Granby
Sherbrooke
CANTONS DE L'EST

Tremblant et des Laurentides, les premiers parcs provinciaux au Québec. La décision fut à l'époque une petite révolution. En effet, la forêt québécoise échappait alors dans sa grande majorité au contrôle de l'État ; les marchands de bois puis les industriels de la pâte à papier et des mines régnaient alors en maîtres absolus. Il fallut ainsi attendre près d'un demi-siècle avant que le parc de la Gaspésie ne voit le jour en 1937 et rejoigne ses deux compères. L'année suivante, le parc du Mont-Orford dans les Cantons de l'Est rentre à son tour dans la liste des parcs de la province.

Il faut toutefois attendre 1977 pour que le Québec engage réellement une politique visant à devenir maître et responsable de son patrimoine forestier que se partageaient encore industriels et richissimes propriétaires américains ou canadiens, amateurs de pêche et de chasse. A cet égard, la Loi sur les parcs marque un tournant. Des parcs de conservation et de récréation sont créés. Depuis, la loi a été maintes fois revue et corrigée, avec pour objectif à chaque fois de contrôler au mieux ce fabuleux domaine à fort potentiel, menacé par une exploitation intensive. Aujourd'hui, 9,5% des forêts échappent encore au contrôle de l'État québécois.

Mais la création de parcs régionaux, comme celui du Mont-Tremblant, n'a pas été sans conséquence pour les Amérindiens, qui ont été une nouvelle fois chassés de leurs terres.

A ce jour, le Québec comprend 21 parcs régis par un règlement précis. Depuis 1980, la chasse y est interdite. La pêche est en revanche autorisée. Leur superficie représente à peine 0,7% du patrimoine forestier du Québec. Le reste se partage entre réserves, zones d'exploitations contrôlées, pourvoiries… Chacun possède ses prérogatives et ses objectifs.

Les réserves sont ainsi vouées à l'exploitation. Elles peuvent être aquatiques, minières, forestières, fauniques ou écologiques. Principalement exploitées par les compagnies forestières, elles sont aussi le domaine des pêcheurs, chasseurs et trappeurs.

Les Zones d'exploitation contrôlées (ZEC) et les pourvoiries sont elles aussi exploitées et ne font pas mystère de leur vocation commerciale. Elles sont des parties de forêts, de rivières et de lacs loués à l'État par des particuliers ou des sociétés. Les pourvoiries (on en dénombre environ 600) sont une spécificité québécoise. A la différence des ZEC, elles offrent un hébergement à ceux qui viennent sur leur terres, chasseurs et pêcheurs principalement. A la recherche de nouveaux clients, elles offrent également aujourd'hui des excursions allant de l'observation de l'ours à celui de loup ou de l'orignal.

Montréal

Indicatif ☎ 514

Montréal est une ville de l'entre deux. Géographique, d'abord. A l'ouest, à 190 km, Ottawa, la capitale fédérale, l'orgueilleuse, la première de la classe. A l'est, à 270 km, Québec, la capitale de la province, la rivale, la politique, la francophone, le cœur historique. Entre les deux, Montréal est le poumon économique, la capitale culturelle du Québec et la deuxième ville francophone au monde après Paris.

Montréal est avant tout une île, ourlée au sud par le fleuve Saint-Laurent et au nord par la rivière des Prairies. Ainsi, à la force et l'impétuosité d'un fleuve répond la finesse d'un cours d'eau qui cisaille une bande de terre où la modernité urbaine s'est enracinée souvent sans égards pour un patrimoine vieux de plus de trois siècles et demi.

A Montréal, passé et présent se jouxtent en effet murs contre murs, sans artifices : des églises sont encadrées par de puissants gratte-ciel ; de vieilles demeures victoriennes campent à l'ombre d'imposants bâtiments en béton. Pourtant, le charme joue. Montréal est un fascinant mélange des genres, une multitude de quartiers composites au patrimoine pluriel où domine l'influence anglo-saxonne. Montréal a toujours été une ville d'immigrants, un carrefour, un point d'ancrage et de transit.

Avec 3 326 510 habitants (un million pour la seule agglomération de Montréal), l'île absorbe environ 46% de la population québécoise. Les francophones y sont largement majoritaires depuis 1866. Le partage linguistique est la préoccupation de toujours. Il suffit qu'un recensement fédéral (comme celui de 1996) fasse état d'une hausse notable de la population anglophone dans l'ouest de l'île pour que Montréal la francophone s'inquiète.

L'entre deux, Montréal en a fait sa manière d'être et de vivre. Sa cohérence tient justement dans cette union passionnelle dans laquelle elle se cherche et se nourrit bien souvent. Malgré son expansion, la métropole du Québec a toujours su garder un pied à la campagne, un penchant pour les activités de plein air (l'été, la bicyclette est reine en ville). Accueillante, chaleureuse, elle conserve une dimension humaine. Ses nuits sont agitées et joyeuses. Ses journées, affairées, sont celles d'une grande citadine.

En matière de climat, Montréal, une fois encore, affiche une dualité. Hiver rigoureux et été chaud (très chaud) se superposent, sans intermédiaire. Mais si de décembre à avril, le froid (jusqu'à -40°C en janvier) et les chutes de neige, parfois abondantes, sont de rigueur, jamais la vie quotidienne ne s'arrête pour autant. Au contraire, elle y puise des joies qui font aimer l'hiver. Patin à glace, plaisirs de la glisse, lèche-vitrines dans le Montréal souterrain… Les plaisirs sont simples. Et lorsque mai donne à Montréal ses premiers bourgeons, il suffit de quelques jours à la ville pour se mettre, sans transition, en tenue d'été.

En somme, une ville dotée des meilleures facultés d'adaptation.

A NE PAS MANQUER

- La rue Saint-Paul et ses vieilles demeures, dans le Vieux-Montréal
- L'animation du front de mer
- Les cafés de la rue Saint-Denis et du boulevard Saint-Laurent
- L'atmosphère des quartiers du Plateau Mont-Royal et la vue sur la ville
- La salle consacrée aux Inuit dans le musée MacCord
- Le pavillon Jean-Noël Desmarais au musée des Beaux-Arts
- Les pingouins du Biodôme, pour le plus grand bonheur des enfants
- Un match de hockey au centre Molson

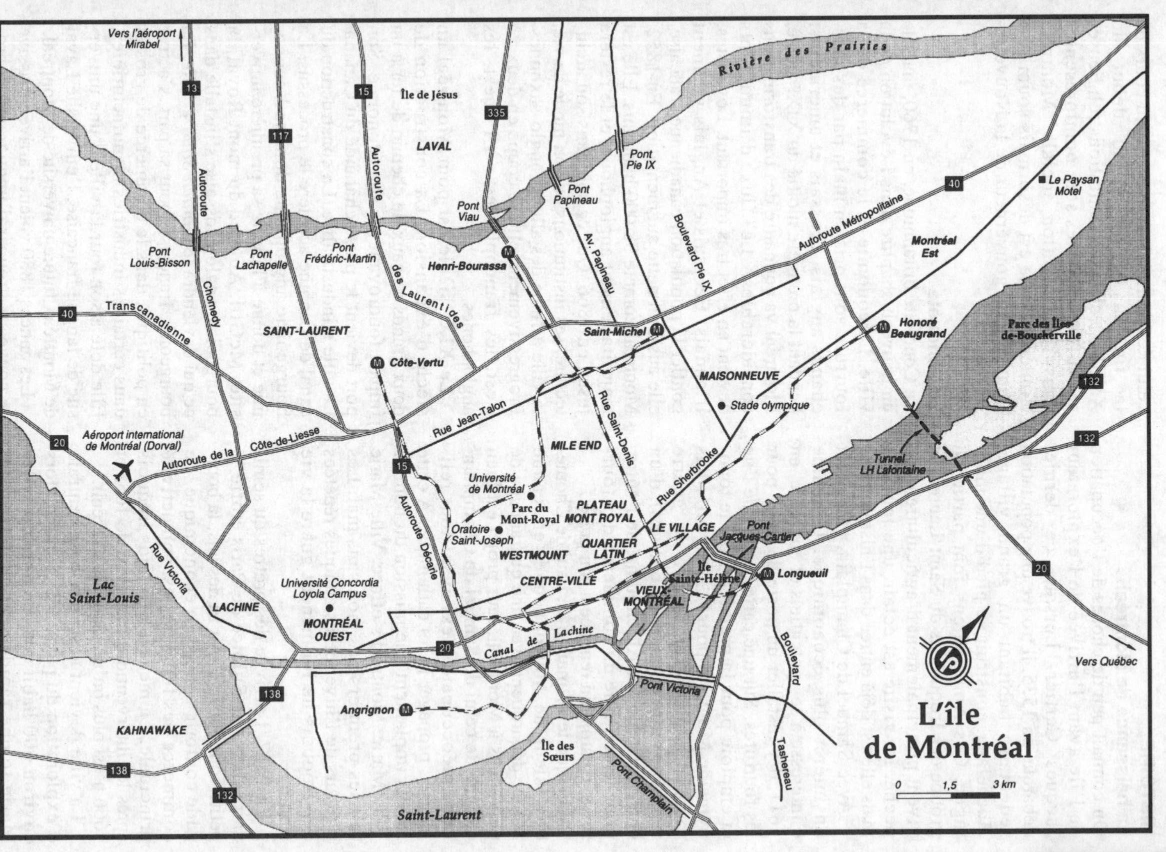
Vers l'aéroport Mirabel
Rivière des Prairies
Île de Jésus
LAVAL
Autoroute
Autoroute des Laurentides
Pont Pie IX
Pont Papineau
Pont Viau
Le Paysan Motel
Autoroute Métropolitaine
Montréal Est
Pont Louis-Bisson
Pont Lachapelle
Pont Frédéric-Martin
Henri-Bourassa
Av. Papineau
Boulevard Pie IX
Transcanadienne
Chomedy
SAINT-LAURENT
Saint-Michel
Honoré Beaugrand
Parc des Îles-de-Boucherville
Côte-Vertu
MAISONNEUVE
Stade olympique
Rue Jean-Talon
Aéroport international de Montréal (Dorval)
Autoroute de la Côte-de-Liesse
MILE END
Rue Saint-Denis
Rue Sherbrooke
Tunnel LH Lafontaine
Université de Montréal
Parc du Mont-Royal
Autoroute Décarie
PLATEAU MONT ROYAL
LE VILLAGE
Oratoire Saint-Joseph
QUARTIER LATIN
Pont Jacques-Cartier
WESTMOUNT
Île Sainte-Hélène
Longueuil
Lac Saint-Louis
Rue Victoria
Université Concordia Loyola Campus
CENTRE-VILLE
VIEUX-MONTRÉAL
LACHINE
MONTRÉAL OUEST
Canal de Lachine
Boulevard Tashereau
Vers Québec
Pont Victoria
Angrignon
KAHNAWAKE
Île des Sœurs
Pont Champlain
Saint-Laurent
L'île de Montréal
0
1,5
3 km
13
15
335
117
40
20
132
138

HISTOIRE

La naissance de Montréal

On connaît peu de choses de l'occupation de l'île avant l'arrivée de l'explorateur Jacques Cartier. Lorsque ce dernier débarque en 1535, il trouve une population sédentaire habitant un grand village, Hochelaga, construit au pied d'une montagne. Ces Amérindiens font partie du groupe des Iroquoiens du Saint-Laurent et vivent principalement d'agriculture et de pêche. La visite est éclair, une journée, mais elle est déjà entrée dans l'histoire.

Avec Samuel de Champlain, l'île revêt un intérêt plus économique. L'homme s'intéresse à ses potentiels et envisage, en 1611, d'y installer un poste de traite pour les fourrures. Sur une carte, il dessine l'île et emploie pour la première fois le toponyme de Montréal pour la désigner. Mais faute d'hommes et face à la guerre farouche entre Agniers (Mohawks), d'un côté, et Hurons et Algonquins, de l'autre, pour le contrôle du commerce des fourrures, Champlain renonce à son projet.

Lorsque le 17 mai 1642, Paul de Chomedey (sieur de Maisonneuve) et Jeanne Mance débarquent avec une quarantaine de personnes à Montréal, leur projet est bien éloigné de celui de Samuel de Champlain. Leur préoccupation est avant tout religieuse : propager la foi catholique. A cette fin, ils implantent une mission du nom de Ville-Marie. Montréal s'efface, Ville-Marie fait ses premiers pas, non sans mal. Les rigueurs de l'hiver et les attaques répétées des Iroquois ne lui mènent guère la vie tendre.

En 1657, l'arrivée des prêtres du séminaire de Saint-Sulpice de Paris étoffe la petite communauté. Au fil des ans, la bourgade conforte son assise économique. Le commerce des fourrures est son activité principale. La menace des raids iroquois après les interventions militaires de 1665 et 1666 n'est plus qu'un mauvais souvenir.

La ville devient aussi une base centrale d'exploration du pays. Elle compte alors environ 600 habitants. Le nom de Ville-Marie tombe rapidement en désuétude, celui de Montréal réapparaît. Au cours de la fin du XVIIe et du début du XVIIIe siècles, les institutions religieuses se renforcent. Elles sont omniprésentes dans l'organisation sociale. Montréal l'indépendante est désormais soumise à l'autorité du gouverneur de la Nouvelle-France.

La Conquête

La Conquête britannique, en 1760, marque un nouveau chapitre dans l'évolution de la ville. L'économie et le commerce de la fourrure sont pris en main par des marchands anglais, écossais et américains. Pendant la première moitié du XIXe siècle, Montréal va connaître des transformations considérables. Le flux d'immigrants devient en effet très important. Loyalistes, Irlandais, Écossais et Anglais viennent gonfler la population canadienne française, elle aussi en nette augmentation. En 1852, Montréal compte 58 000 habitants. Elle est majoritairement anglophone, et le restera jusqu'en 1866. Que ce soit dans son architecture, ses institutions ou son mode de vie, la ville affiche des allures anglo-saxonnes. Progressivement, elle se coupe en deux : à l'est, les francophones ; à l'ouest, les anglophones.

Le XIXe siècle est pour Montréal un siècle d'expansion. La construction de deux grands réseaux de chemin de fer a un impact foudroyant sur son économie. Son port devient le plus achalandé du Canada. La ville s'industrialise. La construction du canal de Lachine accélère le processus. La bourgeoisie anglophone domine l'économie et donne à la ville sa première université, McGill. Au pied du mont Royal, la bourgeoisie anglo-écossaise s'installe dans ce qui deviendra le *Golden Square Mile*. La bourgeoisie française, pour sa part, s'active en politique, dans le commerce de gros et dans certaines industries manufacturières. Elle dote à son tour la ville d'une université de langue française, l'université Laval de Montréal, future université de Montréal.

Les années 1880 voient l'arrivée massive de nouveaux groupes d'immigrants en provenance d'Italie, de Russie mais surtout d'Europe de l'Est, notamment des juifs fuyant les pogroms. Montréal se transforme et s'organise en quartiers ethniques et sociaux. Le développement de l'agriculture dans l'Ouest canadien dynamise encore davantage ses activités portuaires. La ville est prospère.

L'entre-deux-guerres

La Première Guerre mondiale marque une première grande rupture dans le développement de la ville, qui compte alors près d'un million d'habitants. Au début des années 20, l'inflation est présente et le chômage sévit dans les classes les plus pauvres. Les années suivantes sont chaotiques. La crise de 1929 n'épargne pas Montréal. Lorsque la Seconde Guerre mondiale éclate, la misère, l'insécurité et la prohibition dominent. Parallèlement, une classe moyenne s'est formée. Le monde de la finance prend le pas sur le secteur manufacturier. Montréal l'industrielle s'est parée de gratte-ciel à la mode new-yorkaise qui viennent border les places de son centre-ville. L'influence est désormais américaine et l'époque se caractérise par la spéculation, l'argent facile et la corruption.

L'ère de la modernité

La fin de la Seconde Guerre mondiale ouvre une autre ère. De nouveaux immigrants arrivent d'Europe. La barre des deux millions d'habitants est franchie au début des années 60. Le paysage urbain se modifie. La période des grands travaux commence avec la création progressive d'un réseau autoroutier, dont l'autoroute Métropolitaine. Le Vieux-Montréal perd sa fonction de quartier d'affaires. Le cœur de la cité s'est déplacé à quelques centaines de mètres au nord, autour de la place Ville-Marie, du square Dorchester et du square Victoria. L'aménagement de la ville souterraine, dans le centre-ville, est une première au monde. En 1966, le métro voit le jour ; la course à la modernité a des allures frénétiques. Les banlieues débordent sur la rive sud du Saint-Laurent et sur l'île Jésus au nord.

Les années 50 et 60 sont également marquées par d'importants changements politiques. L'emprise de la pègre sur la ville est telle qu'une poignée d'hommes (dont Jean Drapeau) décide de dénoncer la corruption. Les affaires éclatent au grand jour, entraînant la démission de toute l'élite politique en place. En 1954, Jean Drapeau devient maire et le restera jusque dans les années 80 (à l'exception d'une période de cinq ans au début des années 60). Il assainit la ville, encourage son développement, organise l'Exposition universelle de 1967 et les Jeux olympiques de 1976. Celui que l'on surnomme l'"Empereur" n'est pas pour autant épargné par les scandales.

Des lendemains difficiles

A l'aube des années 80, Montréal a changé de visage. L'Exposition universelle et les Jeux olympiques de 1976 ont accéléré les transformations urbaines et architecturales de la ville. La prospérité de la période 1960-1990 a donné des allures de puzzle désordonné à la ville. Des comités de défense du patrimoine se sont créés et font entendre aujourd'hui leur voix.

Des changements profonds se sont également opérés dans la structure économique. Les industries manufacturières sont en déclin et le port de Montréal n'est plus le pivot central des flux commerciaux du pays. Vancouver, sur la côte ouest, impose sa suprématie. Depuis 1960, Montréal a perdu son rôle de métropole du Canada au profit de Toronto. Montréal est devenue à la fois une ville de services à la vie culturelle riche et intense, et une agglomération où les industries de pointe (aéronautique, produits pharmaceutiques, informatique) prédominent.

Au centre de ses préoccupations actuelles : le taux de chômage (plus élevé que dans le reste de la province), la fuite vers Toronto des sièges sociaux de grandes entreprises et la paupérisation grandissante d'une partie de la population.

Quant à la question linguistique, elle reste un sujet sensible avec l'arrivée de nouveaux immigrants (venus d'Asie notamment) qui choisissent souvent l'anglais comme langue d'intégration.

ORIENTATION

Montréal se profile sur une île d'environ 40 km de long et 15 km de large. Elle est séparée au nord-ouest de l'île Jésus par la rivière des Prairies. Elle est délimitée au sud-est par le fleuve Saint-Laurent.

Au cœur d'un archipel, elle compte 22 ponts routiers et ferroviaires. Les ponts Louis-Bisson, Frédéric-Martin, Viau, Papineau et Pie-IX la relie notamment à Laval, sur l'île Jésus. Au sud, les ponts Champlain, Victoria et Jacques-Cartier permettent l'accès à la rive sud du Saint-Laurent.

Au milieu de l'île de Montréal se dresse le mont Royal (232 m), formé de trois sommets. Le premier, à l'ouest, est occupé par la municipalité résidentielle et anglophone de Westmount. Le deuxième est investi sur son flanc nord par la municipalité d'Outremont, deux cimetières et l'université de Montréal. Enfin, sur les hauteurs du troisième s'est établi le parc du Mont-Royal.

Le centre-ville s'étire juste en dessous, au sud. Limité par la rue Sherbrooke au nord, l'avenue Atwater à l'ouest, la rue Saint-Antoine au sud et la rue Amherst à l'est, il est de taille réduite. C'est un quartier de gratte-ciel, de boutiques, de restaurants, de bureaux et d'hôtels luxueux, très animé. Le square Dorchester en marque le centre.

Le boulevard Saint-Laurent, appelé aussi le Main, est la principale artère nord-sud. Il partage les rues de la ville d'est en ouest (les numéros des rues partent de là, dans chaque direction). Il délimite également les quartiers anglophones (à l'ouest) et les quartiers francophones (à l'est).

OÙ SE LOGER

4 Hôtel de Paris
5 Le Gîte du Parc Lafontaine
7 Castel Saint-Denis
8 Hôtel Manoir Sherbrooke
16 Ritz Carlton Kempinski
18 Hôtel Villard
21 Le Breton
24 Hôtel Saint-Denis
25 L'Hébergement l'Abri du Voyageur
33 YMCA
37 YWCA
45 Hôtel Travelodge
46 Hôtel l'Américain
47 Hôtel de la Couronne
48 Hôtel Viger Centre Ville
53 HI Auberge de Montréal

OÙ SE RESTAURER

2 Café Méliès (Cinéma Parallèle)
6 Le Commensal
9 La Casa Grecque
10 Bueno Notte
14 Curry House
15 Egg Spectation
19 Café Croissant de Lune
20 Le Bédouin
23 Da Giovanni
30 Dunn's
31 Joe's
32 Ben's
34 Bar B Barn
36 Chez la Mère Michel
38 McLean's Pub
44 Chinatown

DIVERS

1 Observatoire du Chalet du Mont-Royal
3 Square Saint-Louis
11 Université McGill
12 Musée des Beaux-Arts (Pavillon Jean-Noël Desmarais)
13 Musée des Beaux-Arts (Pavillon Benaiah Gibb)
17 Musée McCord
22 Gare routière Terminus (métro Berri-UQAM)
26 Musée d'Art contemporain de Montréal, place des Arts
27 Square Phillips
28 Poste principale
29 Place Ville-Marie
35 Centre canadien d'architecture
39 Centre Infotouriste
40 Square Dorchester
41 Place du Canada
42 Cathédrale Marie-Reine-du-Monde
43 Gare centrale (CN-VIA)
49 Place Bonaventure
50 Amphithéâtre Bell (patinoire)
51 Gare Windsor
52 Centre Molson
54 Planétarium

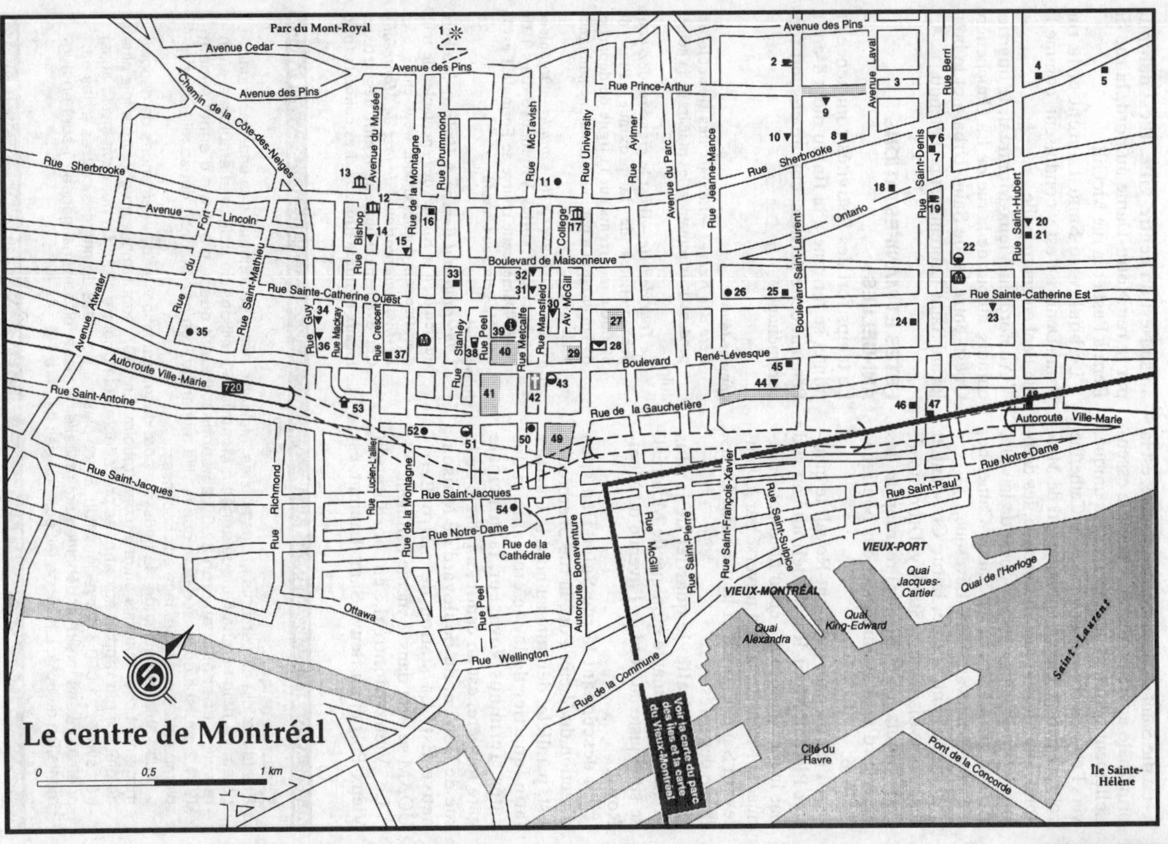
Le centre de Montréal
0
0,5
1 km
Parc du Mont-Royal
Avenue Cedar
Avenue des Pins
Avenue des Pins
Avenue des Pins
Chemin de la Côte-des-Neiges
Rue Sherbrooke
Avenue Lincoln
Rue du Fort
Rue Saint-Mathieu
Avenue Atwater
Avenue du Musée
Rue Bishop
Rue de la Montagne
Rue Drummond
Rue McTavish
Rue University
College
Rue Aylmer
Avenue du Parc
Rue Jeanne-Mance
Rue Prince-Arthur
Avenue Laval
Rue Berri
Rue Saint-Denis
Rue Saint-Hubert
Rue Sherbrooke
Ontario
Boulevard de Maisonneuve
Rue Sainte-Catherine Ouest
Rue Sainte-Catherine Est
Boulevard Saint-Laurent
Rue Guy
Rue Mackay
Rue Crescent
Stanley
Rue Peel
Rue Metcalfe
Rue Mansfield
Av. McGill
Boulevard René-Lévesque
Autoroute Ville-Marie
720
Rue Saint-Antoine
Rue
Rue de la Gauchetière
Autoroute Ville-Marie
Rue Notre-Dame
Rue Saint-Paul
Rue Saint-Jacques
Rue Richmond
Rue Lucien-L'allier
Rue de la Montagne
Rue Saint-Jacques
Rue Notre-Dame
Rue de la Cathédrale
Autoroute Bonaventure
Rue McGill
Rue Saint-Pierre
Rue Saint-François-Xavier
Rue Saint-Sulpice
VIEUX-PORT
VIEUX-MONTRÉAL
Quai Jacques-Cartier
Quai de l'Horloge
Quai King-Edward
Quai Alexandra
Ottawa
Rue Peel
Rue Wellington
Rue de la Commune
Voir la carte du parc des îles et la carte du Vieux-Montréal
Saint-Laurent
Cité du Havre
Pont de la Concorde
Île Sainte-Hélène

La rue Sainte-Catherine, de son côté, est la principale artère est-ouest. Cette rue essentiellement commerçante est en sens unique, vers l'est. Au nord de la rue Sainte-Catherine courent parallèlement le boulevard de Maisonneuve, puis la rue Sherbrooke, les deux autres principales rues est-ouest de la ville. Au sud, parallèle à la rue Sainte-Catherine, s'étire le boulevard René-Lévesque.

Dans le centre-ville, la rue Crescent et les rues avoisinantes (Stanley, Drummond, de la Montagne et Bishop) regroupent des galeries d'art renommées et des boutiques de luxe.

A l'est du parc du Mont-Royal, le quartier Plateau Mont-Royal, délimité au sud par la rue Sherbrooke et au nord par l'avenue du Mont-Royal, est traversé par le boulevard Saint-Laurent et la rue Saint-Denis, la rue des cafés.

La Petite Italie, le quartier de la plus grande communauté ethnique de Montréal, se situe juste au nord de l'avenue du Mont-Royal.

En descendant la rue Saint-Denis, en direction du Vieux-Port, la rue Sherbrooke Est, parallèle, délimite au nord le Quartier latin, quartier de la vie étudiante et des cafés. Terminus Voyageur, la principale gare routière, est au centre, à l'angle de la rue de Berri et du boulevard de Maisonneuve Est. La station de métro Berri-UQAM se tient dans le même bâtiment.

Le Vieux-Montréal, en bordure du Vieux-Port et du fleuve Saint-Laurent, est au sud-est du centre-ville. Il est délimité par la rue Notre-Dame au nord, la rue de Berri à l'est et la rue McGill.

Le boulevard Saint-Laurent et la rue Saint-Denis à l'est y conduisent, comme la rue Peel en centre-ville.

Au nord du Vieux-Montréal, le quartier chinois, autour de la rue de La Gauchetière Ouest, entre la rue Saint-Urbain et le boulevard Saint-Laurent, est peu étendu.

FÊTES ET MANIFESTATIONS ANNUELLES

Le temps fort des festivités commence en juin et se termine à la fin du mois d'août. Pendant cette période, culture et sport font bon ménage.

Janvier-février

Fête des Neiges – Le parc des Îles célèbre, pendant deux semaines, les plaisirs de la neige.

Juin

Le Tour de l'Île – Il est le grand rendez-vous des cyclistes de la province. Plus de 50 000 concurrents sur la ligne de départ et 65 km environ à parcourir dans une ambiance chaleureuse.

Grand Prix Player's du Canada – Organisée sur le circuit Gilles-Villeneuve dans l'île Notre-Dame, cette course de Formule 1 est la seule du genre au Canada.

Juin-juillet

L'International Benson & Hedges – Au bord du fleuve, à la Ronde, des spectacles de feux d'artifice sont donnés chaque week-end.

Festival international de jazz de Montréal – Cet événement majeur réunit des artistes locaux et internationaux. Les concerts (plus

Tombe la neige

Elle fait la joie des enfants et des adultes. Mais elle est le cauchemar des finances municipales. La neige coûte chaque année à Montréal 50 millions de dollars et emploie à plein temps, jour et nuit, environ 3 000 personnes. Il suffit que la moyenne d'enneigement (214,2 cm) soit dépassée pour que la ville recherche, comme en 1997, douze millions supplémentaires pour faire face aux dépenses.

Autre sujet d'inquiétude : la hausse record des réclamations et des demandes de dédommagement pour mauvais entretien des trottoirs. En 1997, sont tombés en effet trois fois plus de piétons par rapport aux années précédentes (411 contre 153). La note s'avère là aussi très élevée : 1 000 $ par réclamation. Et les plaintes pour des dommages causés à des propriétés privées lors d'un déneigement (escalier arraché, clôture malmenée...) sont en augmentation de 50%. L'hiver ne fait pas que des heureux ! ■

de 400) se déroulent en salle et en plein air dans différents endroits de la ville. Beaucoup sont gratuits. Quelques-uns ont habituellement lieu dans le quartier de la rue Saint-Denis. Durant cette période, les hébergements se font rares. Pour connaître la programmation et réserver, téléphonez au ☎ 871-1881.

Juillet

Festival Juste pour rire – Festival franco-anglais. Certains spectacles sont gratuits. Plus d'un million de personnes assistent aux prestations de quelque 500 artistes du monde entier (☎ 845-3155).

Juillet-août

Les Francofolies de Montréal – Plus de 200 spectacles à l'affiche de cette grande fête de la chanson francophone (☎ 876-8989).

L'Omnium du Maurier – Tournoi de tennis opposant les meilleurs tennismen du monde, au stade du Maurier.

Août-septembre

Festival des Films du monde – Projections et débats sont organisés dans plusieurs cinémas de la ville pendant une vingtaine de jours (☎ 848-3883).

Septembre

Marathon de Montréal – Plusieurs courses au programme, dont celles des jeunes et des personnes en fauteuil roulant.

RENSEIGNEMENTS

Offices du tourisme

Le principal office du tourisme de Montréal, le Centre Infotouriste (☎ 873-2015 ou 1 800 363-7777), est installé 1001 rue Square-Dorchester, au nord du square Dorchester (métro Peel). Efficace et accueillant, le personnel vous fournira tous les renseignements sur Montréal et sur le Québec en général.

Il est ouvert tous les jours de 8h30 à 19h30 de juin à septembre, de 9h à 18h le reste de l'année.

Vous trouverez une librairie, un bureau de change, un bureau de poste et un fax. Deux compagnies organisent des visites guidées de la ville. On peut également réserver une chambre dans un hôtel ou chez l'habitant.

L'autre centre d'information (☎ 873-2015), 174 rue Notre-Dame Est, dans le Vieux-Montréal, non loin de la place Jacques-Cartier, s'occupe essentiellement de la région de Montréal. Il vous accueille de 9h à 19h tous les jours pendant la haute saison et de 9h à 17h le reste de l'année.

Les aéroports de Mirabel et de Dorval possèdent également des kiosques d'information, ouverts toute l'année.

La carte-musées de Montréal (☎ 845-6873) permet de visiter au choix 19 musées de la ville pour 15 $ la journée par personne ou 28 $ les trois jours (tarif spécial à 30 ou 60 $ pour les familles). Elle est disponible dans les différents Centres Infotouriste de la ville et dans les musées.

Argent

Le bureau de change situé 1230 rue Peel, à l'angle de la rue Sainte-Catherine, est ouvert tous les jours et facture une commission légèrement inférieure à celle communément demandée. Pour les chèques de voyage, allez à la Banque de Montréal, 670 rue Sainte-Catherine Ouest, ou à la Banque Nationale, au n°1001 de la même rue, ou encore à la Banque Royale, 360 rue Sainte-Catherine Est.

De nombreux guichets automatiques Desjardins, répartis dans toute la ville, sont également à votre disposition 24h/24. Celui de la Banque & Trust T.D., 1241 rue Peel, est à deux pas du Centre Infotouriste.

Poste

La poste principale (☎ 846-5401) se tient 1250 rue University. Celle du 1250 rue Sainte-Catherine Est est également un établissement important. Adresse de la poste restante : Place d'Armes 201, Montréal, H2Z 1HO. Pour tout renseignement complémentaire, téléphonez au ☎ 344-8822.

Librairies

La Maison de la Presse Internationale, 4261 rue Saint-Denis, 550 rue Sainte-Catherine Est ou 1393 rue Sainte-Catherine Ouest, vend la plupart des quotidiens et magazines étrangers et québécois (ouvert tous les jours). Metropolitan News, 1109 rue Cypress, non loin du square Dorchester dans le centre-ville, dispose également d'un large choix de journaux du monde entier.

A la librairie générale Champigny, 4380 rue Saint-Denis, un rayon est réservé à la presse nationale et internationale. L'autre grande librairie généraliste, Archambault, est sise 500 rue Sainte-Catherine Est.

Plus spécialisée en ouvrages en anglais, la Chapter's, 1171 rue Sainte-Catherine Ouest, à l'angle de la rue Stanley, dispose d'un rayon littérature de voyage particulièrement riche. Pour la littérature canadienne anglophone et de science-fiction, Double Hook, 1235A rue Green, jouit d'une excellente réputation. Juste à côté du Café Méliès, la Librairie Gallimard, 3700 boulevard Saint-Laurent, est un lieu particulièrement chaleureux où sont régulièrement organisées des rencontres.

De nombreuses librairies spécialisées dans le livre d'occasion s'échelonnent le long des rues Saint-Laurent et Saint-Denis. Voyez notamment le Libraire Caron, 1246 rue Saint-Denis.

Urgences

Les deux meilleurs centres hospitaliers sont le Royal-Victoria (☎ 842-1231), 687 avenue des Pins Ouest, et l'Hôpital Notre-Dame (☎ 281-6000), 1560 rue Sherbrooke. Le premier est fréquenté essentiellement par les anglophones de la ville, l'autre par les francophones.

Composez le ☎ 911 pour les urgences.

LE VIEUX-MONTRÉAL

Datant essentiellement du XVIIIe siècle, c'est le quartier le plus ancien de la ville. La **place Royale** occupe l'emplacement de Ville-Marie, la première petite ville fortifiée, construite par sieur de Maisonneuve pour refouler les attaques des Iroquois.

Des rues étroites et pavées séparent de vieux bâtiments de pierre, dont beaucoup abritent aujourd'hui des petits restaurants et des clubs. Le quartier, à proximité du front de mer, est émaillé de squares et d'églises. Le Vieux-Montréal est l'endroit idéal pour flâner malgré l'affluence des touristes durant l'été. En revanche, évitez de vous y rendre en voiture durant la haute saison, car vous ne trouverez jamais de place pour vous garer.

Les principales artères sont les rues Notre-Dame et Saint-Paul. Le quartier est délimité par la rue McGill à l'ouest, la rue Berri à l'est, la rue Saint-Antoine au nord, et le fleuve au sud, tandis que le boulevard Saint-Laurent divise le quartier d'est en ouest.

A proximité de l'hôtel de ville et de l'office du tourisme de la rue Notre-Dame se trouve la place Jacques-Cartier, le cœur du quartier. En été, elle se remplit de touristes, de calèches, de vendeurs de rues et de musiciens. L'office du tourisme met à votre disposition une brochure gratuite, intitulée *Le vieux Montréal, circuit de visite*, qui décrit en détail les sites les plus intéressants.

Place d'Armes

Située au pied de la basilique Notre-Dame et bordée par les rues Notre-Dame et Saint-Jacques, elle constitue un point de départ privilégié pour visiter la Vieille Ville. Sa source d'eau potable fit d'elle un carrefour important dès le XVIIe siècle. C'est en 1725 que lui fut donné son nom en raison des cérémonies militaires qui s'y déroulaient.

Au milieu de la place se dresse le monument érigé en 1985 à la mémoire du fondateur de Montréal, Paul de Chomedey, sieur de Maisonneuve. A ses pieds, se tiennent un guerrier iroquois ; Jeanne Mance, fondatrice de l'Hôtel Dieu ; Charles Le Moyne, chef de file d'une famille d'explorateurs qui fonda la Louisiane ; Lambert Closse et sa chienne Pilote qui défendirent la ville en 1644.

Au n°511, l'**édifice New York Life**, construit en 1888, ne compte que huit étages, mais fut le premier gratte-ciel de Montréal. Au n°507, l'édifice **Alfred**, de style Art déco, s'est hissé encore plus haut, en 1929, après que l'administration municipale donna son feu vert aux constructions de plusieurs étages.

Basilique Notre-Dame

Cette masse architecturale imposante aux allures néo-gothiques domine la place

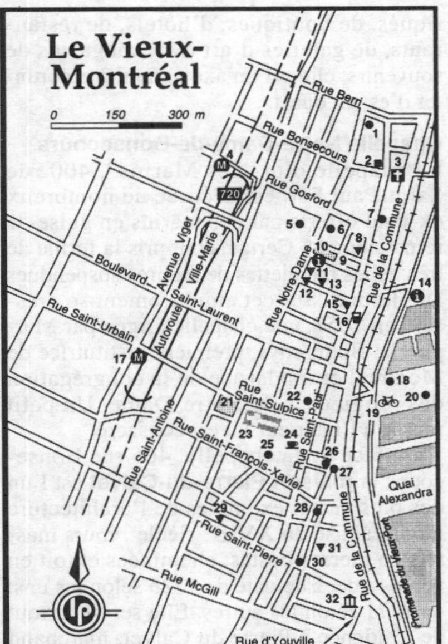

OÙ SE LOGER

2 Maison Pierre-du-Calvet

OÙ SE RESTAURER

8 L'Usine de Spaghetti Parisienne
11 Chez Better
12 Le Claude Postel
13 Le Père Saint-Vincent
15 La Sauvagine
22 Le Café Electronique
24 Café Saint-Paul
29 Titanic
31 Gibby's

DIVERS

1 Maison historique nationale de Sir Georges-Étienne Cartier
3 Chapelle Notre-Dame-de-Bonsecours
4 Station de métro Champs-de-Mars
5 Hôtel de ville
6 Château Ramezay
7 Marché Bonsecours
9 Place Jacques Cartier
10 Centre d'information
14 Centre d'information
16 Les Deux-Pierrots
17 Station de métro Place-d'Armes
18 Marché aux puces
19 Loueur de bicyclettes (Vélo Aventure)
20 Cinéma Imax
21 Place d'Armes
23 Basilique Notre-Dame
25 Théâtre Centaur
26 Place Royale
27 Pointe-à-Callière, musée d'Archéologie et d'Histoire
28 Place d'Youville
30 Centre d'histoire de Montréal
32 Musée Marc-Aurèle-Forti

d'Armes. C'est en 1823 que les fondations de l'église actuelle ont été jetées, à la demande des Messieurs de Saint-Sulpice soucieux d'assurer leur suprématie sur l'évêché catholique et sur les anglicans. Dans ce but, ils passèrent commande à l'architecte new-yorkais d'origine irlandaise, James O'Donnell (1774-1830). Protestant d'origine, ce dernier se convertit au catholicisme avant de mourir. Il est inhumé sous la basilique. Une plaque de marbre marque l'emplacement de sa tombe.

La construction de la basilique fut terminée en 1829. Les deux tours ont été érigées en 1841. Dans la tour de la Persévérance, à l'ouest, se trouve l'une des cloches les plus lourdes du monde – 10 900 kg –, surnommée le "gros bourdon". A l'est se dresse la tour de la Tempérance.

L'intérieur est magnifiquement décoré, voire digne d'un spectacle féerique avec son maître-autel imposant installé sous une voûte bleue constellée d'étoiles dorées. Les vitraux exécutés en 1929 par Francis Chigot, un maître verrier du Limousin, racontent l'histoire de Montréal.

A droite du chœur, on accède à la chapelle du Sacré-Cœur, surnommée la "chapelle des mariages" en raison des nombreuses cérémonies qui s'y déroulent. Pour des concerts d'orgue, téléphonez au ☎ 842-2925.

A cent mètres de la basilique et sur le même trottoir, 116 rue Notre-Dame, le **Vieux Séminaire** est toujours occupé par la Compagnie des prêtres de Saint-Sulpice. Ce manoir construit en 1685 est le bâtiment le plus ancien qui existe encore aujourd'hui à Montréal.

Château Ramezay

Du nom du gouverneur de Montréal qui l'occupa, Claude de Ramezay, le Château Ramezay, 280 rue Notre-Dame Est, a été bâti en 1705. Vendu en 1745 à la Compagnie des Indes, il a rempli diverses fonctions, de l'entrepôt de fourrures et d'épices à celui de refuge pour les indépendantistes américains.

Transformé depuis 1895 en musée, il présente une collection de mobilier, de costumes et d'objets usuels des XVIIIe et XIXe siècles. Il faut s'attarder dans la salle de Nantes, pour admirer les boiseries d'acajou provenant du siège nantais de la Compagnie des Indes.

De septembre à juin, des concerts sont organisés dans l'après-midi, le dernier dimanche de chaque mois.

De juin à fin septembre, le château vous accueille tous les jours de 10h à 18h. En dehors de cette période, il ferme à 16h30 et n'est ouvert que du mardi au dimanche. L'entrée est de 5 $ (3 $ pour les étudiants).

Maison historique nationale de Sir Georges-Étienne Cartier

Deux maisons jumelées construites vers 1837 s'élèvent 458 rue Notre-Dame Est. Toutes deux ont été habitées à des époques différentes par Georges-Étienne Cartier (1814-1873), l'un des pères de la Confédération canadienne en 1867.

Restaurée par le Service canadien des parcs, elle abrite un musée consacré à la vie de l'éminent politicien et homme de loi. L'autre partie de la maison donne un aperçu d'une demeure bourgeoise à l'époque victorienne. En été, des animations costumées sur le mode de vie bourgeois sont présentées.

Ouverte tous les jours du 1er juin au 3 août, elle n'est accessible que du mercredi au dimanche d'avril à fin mai et de septembre à décembre. Elle reste fermée de janvier à avril. Le tarif est de 3,25 $.

Rue Saint-Paul

Cette rue, tracée dès 1672, fut pendant longtemps la principale artère commerciale de Montréal. Jalonnée de maisons historiques, de boutiques, d'hôtels, de restaurants, de galeries d'art et de magasins de souvenirs, elle est un axe naturel à emprunter d'est en ouest.

Chapelle Notre-Dame-de-Bonsecours

La chapelle dite "des Marins", 400 rue Saint-Paul Est, est décorée de nombreux ex-voto offerts par des marins en guise de remerciement. Certains ont pris la forme de très belles maquettes de navires suspendues au plafond. Sur cet emplacement se dressait, en 1657, une chapelle érigée par Marguerite Bourgeoys, première institutrice de Montréal et fondatrice de la congrégation des religieuses de Notre-Dame. Un petit musée à l'intérieur lui est consacré.

En face de la chapelle, 405 rue Bonsecours, la **maison Pierre-du-Calvet** est l'un des plus beaux exemples de l'architecture montréalaise du XVIIIe siècle : murs massifs en pierres brutes, cheminées et toit en pente raide. Elle date de 1725 selon les uns, de 1771 selon les autres. Elle servit surtout de résidence à Pierre du Calvet, marchand huguenot célèbre pour ses sympathies à l'égard des Américains. Musée spécialisé dans le mobilier québécois de 1964 à 1984, elle abrite aujourd'hui un café-restaurant, une épicerie fine et une auberge (reportez-vous à la rubrique *Où se loger*).

Marché Bonsecours

Construit sur les plans de l'architecte William Footner et inauguré en 1847, le marché Bonsecours, 330 rue Saint-Paul, est un vaste édifice de pierre grise à vocation multiple. Il servait autrefois de grande halle pour les maraîchers. Au premier étage se trouvaient les étals des bouchers ; au second, les services municipaux, qui déménagèrent en 1878 pour aller s'installer dans les locaux actuels de l'hôtel de ville.

En 1849, la halle a abrité le siège du Parlement canadien suite à l'incendie du bâtiment initial situé sur la place d'Youville. Elle a aussi accueilli la première exposition de l'histoire du Canada en 1850.

Les opérations de marchés publics ont cessé en 1963. En 1992, la halle a repris ses activités d'exposition.

Cybermonde

Au 85 rue Saint-Paul Ouest, c'est le monde du multimédia qui se retrouve. Ce lieu d'exposition (☎ 849-1612) recense tout ce qui se fait aujourd'hui dans ce domaine : autoroutes de l'information avec ligne rapide, derniers logiciels, jeux en réseaux, communication vidéo et audio…

Il est ouvert tous les jours de 9h à 21h (10,95 $; 8,85 $ pour les moins de 12 ans). Juste au-dessus, à l'angle de la rue, se trouve le Café Électronique (consultez la rubrique *Où se restaurer*).

Pointe-à-Callière, musée d'Archéologie et d'Histoire de Montréal

Sur la place Royale, au n°350, construit à l'emplacement même où sieur de Maisonneuve et Jeanne Mance fondèrent en 1642 la première ville québécoise, ce musée présente un intéressant panorama archéologique et historique de la ville de Montréal.

La plupart des salles du musée occupent, en sous-sol, les ruines des bâtiments et de l'ancien système de vidanges. Vous pourrez également voir le premier cimetière catholique de Montréal.

Les objets découverts sur le site sont exposés sur différentes étagères selon leur datation. On a ainsi respecté un ordre volontairement chronologique. Les vestiges préhistoriques se trouvent au sous-sol. Sont également organisées des expositions utilisant des médias interactifs, dont une vidéo permettant de "converser" avec quelques-uns des premiers habitants du site, *via* une silhouette fantôme.

Au dernier étage du bâtiment, le café-restaurant offre une vue superbe sur le Vieux-Port (accès indépendant du musée).

Il est ouvert tous les jours jusqu'à 18h en été (17h le reste de l'année). Fermeture le lundi. L'entrée se monte à 8 $ pour les adultes (gratuit pour les moins de 5 ans).

Centre d'histoire de Montréal

Ce centre est installé dans l'ancienne caserne centrale des pompiers, 335 place d'Youville. L'histoire de la ville, de 1642 à nos jours, est merveilleusement contée. Tout est fait pour entraîner et plonger le visiteur dans le passé lointain et proche de la ville. A chaque pièce correspond une époque. Aménagée avec les objets de la période décrite et dotée d'équipements audiovisuels interactifs, chacune dispose de panneaux explicatifs dont la traduction en anglais est disponible à l'entrée.

Ouvert tous les jours de 10h à 17h de mai à début septembre, il est fermé le lundi en dehors de cette période. Métro : Square-Victoria. L'entrée est de 4,5 $.

Musée Marc-Aurèle-Fortin

A proximité, 118 rue Saint-Pierre, se profile le musée Marc-Aurèle-Fortin, consacré au peintre paysagiste du même nom (1888-1970). Les œuvres d'autres peintres sont présentées lors d'expositions temporaires. Également fermé le lundi, il est ouvert tous les jours sauf le lundi de 11h à 17h (4 $, accès gratuit pour les moins de 12 ans).

LE VIEUX-PORT

Le front de mer du vieux port est un quartier riverain en perpétuelle transformation, au sud de la place Jacques-Cartier. Il couvre 2,5 km de front de mer et englobe quatre quais. La **promenade du Vieux-Port** est parallèle au fleuve, de la rue Berri à l'est à la rue McGill à l'ouest. Créée en 1983 par l'architecte Peter Rose, à l'emplacement des voies ferrées qui longeaient les quais, l'**Esplanade** est devenue l'un des lieux de promenade favoris des Montréalais.

Devant le marché Bonsecours se trouvent les vestiges d'un silo à grain en béton armé, érigé au début du XXe siècle pour recevoir le blé de l'Ouest canadien. Il a inspiré Le Corbusier et Walter Gropius dans leurs recherches d'une architecture nouvelle et moderne, et a été repensé par l'architecte Aurèle Cardinal lors du prolongement de l'Esplanade en 1991.

Un bureau d'information (☎ 496-PORT ou 1 800 971-PORT) est installé à l'entrée du quai King-Edward, de mai à octobre. Chaque année, notamment en été, le port est le théâtre de diverses expositions, spectacles et activités temporaires.

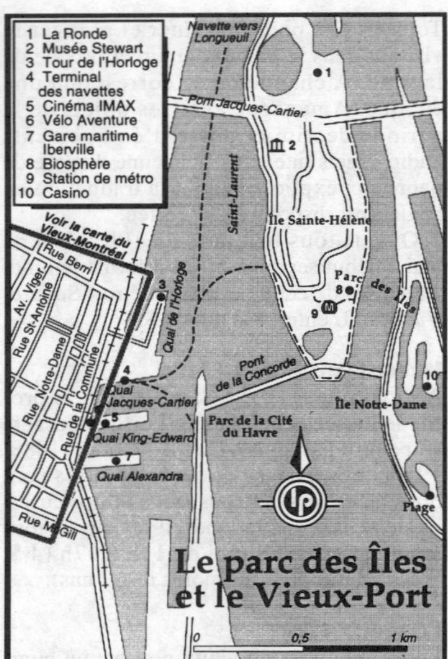

A l'extrémité est du Vieux-Port se trouve le **quai de l'Horloge** avec, au bout, la **tour de l'Horloge** dédiée aux marins et aujourd'hui utilisée comme tour d'observation (de mai à octobre).

Le **quai Jacques-Cartier** regroupe un centre d'information touristique, une boutique et un café. Une navette assure la liaison avec le parc des Îles (consultez la rubrique suivante). Un bateau-mouche, des promenades sur le fleuve et un ferry permettent de rejoindre Longueuil sur la rive sud.

Le **quai King-Edward** a conservé ses anciens hangars transformés en halles d'exposition et en marché aux puces. Un cinéma IMAX et un loueur de bicyclettes, Vélo Aventure, sont également installés à cet endroit.

La gare maritime du **quai Alexandra**, face à la Pointe-à-Callière, accueille des navires de croisières qui remontent le Saint-Laurent jusqu'aux îles de la Madeleine. Des milliers d'immigrants ont débarqué à cet endroit depuis le XXe siècle.

A la Pointe-du-Havre, la bande de terre en saillie entre le Vieux-Montréal et l'île Sainte-Hélène, reliée à l'île de Montréal par le pont de la Concorde, constitue un complexe résidentiel connu sous le nom d'**Habitat 67**. Il fût conçu par l'architecte Moshe Safdie dans le cadre de l'Exposition universelle afin de servir de modèle d'habitation futuriste. Il vieillit relativement bien, son aspect modulaire reste séduisant, et c'est devenu un lieu de résidence très apprécié.

LE PARC DES ÎLES

Au sud de la ville, sur le fleuve Saint-Laurent, entre les ponts Jacques-Cartier et Victoria, le parc des Îles englobe les îles Sainte-Hélène et Notre-Dame. Elles furent le site de l'Exposition universelle de 1967 ("L'Homme et son monde"). Pour l'événement, l'île Sainte-Hélène fut considérablement agrandie, et l'île Notre-Dame, artificielle, aménagée de toutes pièces au milieu du fleuve. Aujourd'hui, elles abritent un vaste parc et de nombreux équipements sportifs tels le circuit Gilles-Villeneuve.

Île Sainte-Hélène

A l'extrémité septentrionale de l'île Sainte-Hélène se profile **la Ronde** (☎ 1 800 797-4537), le plus grand parc d'attractions de la Province, avec des restaurants, des bars et une grande variété de jeux et d'activités. Les montagnes russes, appelées le "Monstre", sont considérées comme l'une des plus impressionnantes attractions au monde de ce genre. Le petit train offre de belles vues sur le fleuve et la ville. Divers concerts et spectacles se déroulent pendant l'été, dont des spectacles de cirque et d'époustouflantes démonstrations pyrotechniques. Les horaires sont disponibles à l'entrée.

L'entrée revient à 26 $ (demi-tarif pour les moins de 12 ans), pour toutes les attractions. En mai, la Ronde est ouverte seulement le week-end, de 11h à 23h (en été, tous les jours jusqu'à 24h, voire 1h le week-end).

A proximité de la Ronde, vous pourrez admirer quelques vestiges du vieux fort de l'**île Sainte-Hélène**. A l'intérieur des remparts en pierre, le **musée David M. Stewart** présente des collections d'armes à feu, des cartes anciennes et des instruments de navigation. En été, des manœuvres militaires du XVIIIe siècle ont lieu tous les jours devant le bâtiment. Il est ouvert tous les jours de 10h à 18h (5 $, parking gratuit pour les visiteurs).

Des sentiers sillonnent l'île et relient les pavillons de l'Exposition universelle, dont l'ancien pavillon américain, immense géode transparente qui abrite aujourd'hui la **Biosphère**, un centre d'interprétation entièrement consacré à l'eau et à la pollution. Conçue pour sensibiliser les visiteurs, elle est un fantastique voyage dans l'écosystème du fleuve Saint-Laurent et des Grands Lacs qui, à eux seuls, renferment 20% des réserves mondiales d'eau douce. D'énormes moyens techniques interactifs, faciles d'utilisation, sont mis à la disposition du public. La visite de ce centre permet de prendre conscience de l'enjeu du fleuve et de sa place dans l'histoire du Québec. Il est accessible du mardi au dimanche de 10h à 17h. Vous débourserez 6,50 $ par adulte. Le tarif famille (deux adultes et deux enfants) revient à 7 $.

Sur la rive nord s'élève une fascinante sculpture d'Alexandre Calder, **L'Homme**.

Île Notre-Dame

Cette île artificielle (créée avec les millions de tonnes de terre et de roches déblayées lors de la construction du métro de Montréal) possède de nombreux canaux que l'on peut sillonner en bateau. Aménagé dans l'ancien pavillon de la France, le **casino de Montréal** (☎ 392-2746 ou 1 800 665-2274) a des allures de blockhaus. Après son ouverture, fin 1993, il connut une telle popularité (et surtout gagna tellement d'argent) que des travaux d'agrandissement furent entrepris, lui donnant une structure massive, néo-moderne à la physionomie déjà démodée. Il est ouvert tous les jours de 9h à 5h. Le week-end, de longues files d'attente ne sont pas rares. L'alcool est servi aux tarifs du bar, et un restaurant haut de gamme est également en service. Les jeans ne sont pas autorisés et, en soirée, l'habillement est plutôt formel. Le casino est entouré d'un parc (gratuit) où l'on peut se promener.

Ne tentez pas de vous y rendre en voiture, car le parking gratuit se remplit très rapidement. Prenez plutôt le métro jusqu'à la station Île-Sainte-Hélène, puis la navette gratuite jusqu'au casino (opérationnelle seulement de mai à octobre).

A proximité, vous déboucherez sur la très courtisée **plage des Îles**. Cette plage de sable artificielle peut accueillir 5 000 personnes. L'eau est filtrée et traitée chimiquement. On peut pique-niquer et l'endroit dispose de snack-bars. Elle est accessible tous les jours entre le 24 juin et la fête du Travail (début septembre), de 10h à 19h, selon les conditions atmosphériques. Téléphonez pour vérifier qu'elle est ouverte. Comptez 6 $ (tarif réduit pour les enfants). Pour y parvenir, prenez le métro jusqu'à la station Île-Sainte-Hélène, puis un bus jusqu'à la plage.

Toujours sur l'île Notre-Dame, le **Centre nautique et de plein air** est installé sur l'ancien bassin olympique d'aviron. En été, vous pouvez louer des planches de surf et des canoës, mais l'endroit est encore plus attrayant l'hiver lorsqu'il se transforme en gigantesque piste de patinage. Des vestiaires avec casiers sont disponibles. Un snack-bar est ouvert en permanence. On peut également louer l'équipement adéquat pour pratiquer le ski nordique. Le centre est ouvert tous les jours jusqu'à 21h.

Comment s'y rendre

On peut accéder aux îles par différents chemins, mais tous les accès passent par l'île Sainte-Hélène. Si vous êtes motorisé, deux ponts la relient à l'île de Montréal : le pont Jacques-Cartier et le pont de la Concorde, accessible par l'avenue Pierre-Dupuy.

Mieux vaut toutefois prendre le métro et descendre à la station Île-Sainte-Hélène, car les parkings sont généralement complets et les prix exorbitants, à l'exception de ceux du Biodôme et du musée Stewart qui sont gratuits. De la station de métro, dotée d'un guichet d'information, partent des circuits en bus faisant le tour des diverses attractions de l'île.

L'autre possibilité, bien plus agréable, consiste à prendre la navette sur le fleuve qui embarque au Vieux-Port, quai Jacques-Cartier. Comptez 2,75 $ par passager et par vélo. La liaison est assurée de la mi-mai à la mi-octobre et dure une dizaine de minutes. Les départs s'effectuent tous les jours et toutes les heures du 20 juin au 1er septembre ; en dehors de cette période, de 10h35 à 19h10 le week-end. L'aller

Histoires de quartiers

A Montréal, chacun a ses quartiers et ses rues préférés. Petite sélection toute subjective :

- **La rue Saint-Denis**, entre le boulevard de Maisonneuve et la rue Sherbrooke, est le quartier des cafés, des bistros et des bars où l'on se donne rendez-vous pour discuter et écouter de la musique jusqu'à une heure avancée de la soirée. Des hôtels sans prétention abritent les nuits des voyageurs. Prendre la direction du Vieux-Port, au sud, c'est découvrir, entre autres, des librairies d'occasion et un petit square, le square Saint-Louis, datant de 1876, entouré de belles demeures victoriennes. Juste à l'ouest se niche la rue Prince-Arthur, avec quelques bons restaurants aux cuisines du monde entier.
- **Le Quartier latin** est le quartier universitaire. L'université du Québec à Montréal (UQAM) en est le cœur.
- **Le boulevard Saint-Laurent**, également appelé St Lawrence ou le Main. Colonne vertébrale de la ville, il court du sud au nord et sépare l'est francophone de l'ouest anglophone. C'est un couloir de quartiers prometteurs où les immigrants s'enracinent, une artère commerciale, animée et passionnante.
- **Le Plateau Mont-Royal** est un petit coin de paradis où la ville prend des allures de bohème. Délimité par le mont Royal et la rue Sherbrooke, il n'est qu'une suite de maisons en briques ou de couleurs, à un ou deux étages, aux balcons en bois ou de fer à l'élégance recherchée ou des plus dépouillées. Quartier cher au cœur des intellectuels et des artistes, il conjugue l'art de vivre avec l'art des petits riens si bien racontés par Michel Tremblay dans ses *Chroniques du Plateau*.
- **Mile-End** est un quartier multiculturel où francophones, Italiens, juifs, Grecs, Portugais puis Latino-Américains se sont installés. Entre la rue Laurier au sud, la rue Bernard au nord, l'avenue du Parc à l'est et Saint-Laurent à l'ouest, chacun y a son périmètre, ses lieux de culte, ses cafés, ses restaurants et ses commerces. A l'est du parc du Mont-Royal, le quartier d'Outremont est le quartier huppé des francophones.
- **Le Village** désigne un secteur bien délimité, entre les rues Sainte-Catherine Est, Saint-Hubert et Papineau qu'aime fréquenter, surtout la nuit, une certaine partie de la communauté homosexuelle de la ville. Bars, discothèques, hôtels et boutiques se succèdent sans véritable recherche d'harmonie. Peu importe : le Village, c'est avant tout une vie que l'on découvre en poussant les portes. Mieux vaut ne pas s'aventurer seul dans le secteur passé minuit.
- **La ville souterraine** de Montréal est unique en son genre. Imaginez 29 km de couloirs construits à quelques mètres sous terre, reliant dix stations de métro, deux gares ferroviaires, deux mille boutiques environ, des parkings, des hôtels, des bureaux, des cinémas, des salles de congrès, des centres d'exposition. Imaginez encore une journée dans ce dédale de passages piétonniers où l'on peut dormir, se restaurer, circuler et se divertir sans mettre le nez dehors. Rejoindre à pied la place Ville-Marie depuis la place Bonaventure ou la place du Canada, sans avoir à affronter les automobilistes ou les rigueurs de l'hiver, quoi de plus simple. La construction de ce site démarra à la fin des années 50, lors de l'aménagement du sous-sol de la place Ville-Marie. L'office du tourisme dispose d'une bonne carte de l'ensemble. ■

simple coûte 3 $ et le transport des bicyclettes est gratuit. Les enfants de moins de cinq ans ne paient pas.

LE CENTRE-VILLE

Le centre de Montréal fourmille de musées, de galeries d'art, d'édifices religieux, de boutiques et d'immeubles de bureaux aux tours post-modernes, construits les uns à côté des autres, sans véritable recherche d'harmonie, au rythme quelque peu syncopé des démolitions et des reconstructions. S'étendant au pied du mont Royal, il forme un rectangle aux allures faussement nord-américaines. Entre les rues Sherbrooke et Saint-Jacques du nord au sud, et les rues Guy et Berri d'ouest en est, se trouvent des centres d'intérêt majeurs.

Musée des Beaux-Arts

On ne peut l'ignorer de par ses fabuleuses collections et son architecture. Au cœur du quartier appelé Mille carré (Golden Square Mile), le musée des Beaux-Arts (☎ 285-1600) se partage en deux pavillons distincts construits de part et d'autre de la rue Sherbrooke Ouest. D'un côté, au n°1379, le pavillon Benaiah Gibb (du nom du premier grand mécène du musée), de l'autre, au n°1380, le pavillon Jean-Noël Desmarais conçu par l'architecte Moshe Safdie et inauguré en 1991. Entre les expositions permanentes ou temporaires, le temps passé dans ce lieu unique ne se compte pas.

Le pavillon Benaiah Gibb est essentiellement réservé à l'art inuit et amérindien (les œuvres amérindiennes proviennent de toutes les régions du continent nord-américain).

Le pavillon Jean-Noël Desmarais est essentiellement consacré à l'art européen et américain. Toutes les périodes, de l'art médiéval à l'art contemporain, sont représentées. Sont ainsi exposés des grands noms de la peinture et de la sculpture. Mentionnons Henry Moore, Alberto Giacometti, Aristide Maillol, Alexandre Calder pour les sculptures ; Rembrandt, Matisse, Picasso, Max Ernst pour les peintures. L'une des dernières acquisitions du musée est le *Portrait de l'avocat Hugo Simons*, d'Otto Dix.

Le pavillon regroupe également une section dédiée aux arts décoratifs. Au quatrième étage se trouve notamment une impressionnante collection de verres des XVIIIe et XIXe siècles. Ne manquez pas non plus la collection de tissus coptes et les 3 000 boîtes à encens japonaises de Georges Clémenceau (la plus grande collection du genre au monde) ainsi que la collection d'art asiatique (textiles, jades, céramiques, bronzes...) et d'objets d'art anciens.

Le musée est ouvert du mardi au dimanche et les lundi fériés de 11h à 18h (21h le mercredi). L'accès à la collection est gratuite, seules les expositions temporaires sont payantes : 10 $ (7 $ pour les étudiants et les seniors ; 3 $ pour les moins de 12 ans ; demi-tarif le mercredi soir). Vestiaire gratuit. Métro : Guy-Concordia.

Musée des Arts décoratifs

Installé depuis mai 1997 dans un tout nouveau bâtiment construit par Franck O. Gehry, 2200 rue Crescent, juste en contrebas du musée des Beaux-Arts, il est consacré essentiellement aux différents mouvements de design du XXe siècle. Il est ouvert de 11h à 18h du mardi au dimanche (21h le mercredi). Métro : Guy-Concordia.

Musée Marguerite-d'Youville

Accessible par le 1185 rue Saint-Mathieu et aménagé dans un couvent qui date de 1850, ce musée sert surtout de prétexte pour visiter le bâtiment lui-même, bel exemple d'architecture québécoise, représentative des nombreux couvents disséminés dans la province. Il a reçu le nom de la fondatrice des Sœurs grises, mère d'Youville, une communauté active depuis l'ère coloniale. Ce sont elles qui se rendirent en canoë dans la région qui allait devenir le Manitoba et fondèrent la mission de Saint-Boniface. Deux visites seulement sont organisées du mercredi au dimanche, à 13h30 et à 15h. Il renferme de beaux objets religieux. Métro : Guy-Concordia.

Centre canadien d'architecture (CCA)
Sis 1920 rue Baile (à l'angle du boulevard René-Lévesque et de la rue du Fort), le centre, de renommée internationale, fait à la fois office de musée et de centre d'études destiné à promouvoir la compréhension de l'architecture, son histoire et son avenir. Les expositions permanentes et temporaires sont consacrées à l'architecture locale et internationale, l'urbanisation et le dessin paysager. Le lieu à lui seul mérite que l'on s'y attarde.

Une partie du centre enserre la maison Shaughnessy, elle-même édifiée à l'intention d'un très riche homme d'affaires, en 1874. Sa façade de calcaire gris est représentative de l'architecture de la ville. S'impose alors une visite au premier étage, qui donne un bon aperçu de ses caractéristiques architecturales. Ne manquez pas le jardin solarium et le salon de thé à la merveilleuse ornementation (boiseries et cheminée) qui ne sert malheureusement pas de rafraîchissements. Le centre dispose d'une bonne librairie.

Enfin, n'oubliez pas le jardin qui fait face au Centre canadien d'architecture, boulevard René-Lévesque. Environ 15 sculptures de styles et de dimensions variés sont disséminées sur une terrasse qui domine le sud de Montréal.

De juin à septembre, le Centre est ouvert tous les jours de 11h à 18h (21h le jeudi), sauf le lundi. En dehors de cette période, il ferme à 17h (20h le jeudi) et n'est ouvert que du mercredi au dimanche. L'entrée s'élève à 5 $ (3 $ pour les étudiants et les seniors, gratuit pour les moins de 12 ans). Entrée libre le jeudi à partir de 18h. Un parking est disponible mais les places sont limitées. Métro : Atwater ou Guy-Concordia.

Bourse de Montréal
Des visites de la Bourse (☎ 871-2424) sont organisées tous les jours de la semaine moyennant 5 $. Elle est située au quatrième étage du 800 place Victoria. Métro : Square-Victoria.

Planétarium
Le planétarium se trouve 1000 rue Saint-Jacques Ouest, non loin de la gare Windsor. Il propose des spectacles laser et des programmes concernant le système astral et solaire, souvent passionnants. L'entrée est de 5,5 $ (gratuit pour les moins de six ans). Métro : Bonaventure, sortie la Cathédrale.

Cathédrale Marie-Reine-du-Monde
Cette version réduite de la basilique Saint-Pierre du Vatican est le siège de l'archevêché de Montréal. Elle fut construite entre 1870 et 1894. Elle se dresse sur le boulevard René-Lévesque, non loin de l'hôtel Queen Elizabeth, à deux pas du square Dorchester. Métro : Peel.

Amphithéâtre Bell
La patinoire dans l'amphithéâtre Bell, 1000 rue de la Gauchetière Ouest, est ouverte tous les jours de 11h30 à 22h. Des cours gratuits sont possibles le samedi. L'entrée se monte à 5 $ (3 $ pour les moins de 16 ans et les plus de 65 ans). Vous débourserez 5 $ pour la location des patins, 1 $ pour le casier et 4 $ pour l'affûtage des patins. Métro : Bonaventure.

Université McGill
Nichée sur le flanc du mont Royal, à l'angle des rues Sherbrooke et de la Montagne, cette université compte parmi les plus prestigieuses du Canada. Fondée en 1821, elle est formée de deux campus : le campus Macdonald situé à Sainte-Anne-de-Bellevue, à l'ouest de Montréal, et le campus du centre-ville qui offre un agréable lieu de promenade jalonné de magnifiques hôtels particuliers légués à l'université par de généreux donateurs. Parmi eux, le riche négociant James McGill offrit les terrains à la ville et les fonds nécessaires à la construction de l'université. Métro : McGill.

Le musée Redpath (☎ 398-4086) abrite la collection d'histoire naturelle de McGill. Il est ouvert du lundi au vendredi de 9h à 17h (de 13h à 17h le dimanche). Entrée gratuite.

Maison Stephen
Fondée par la George Stephen House Foundation, cette demeure de style Renais-

sance, datant de 1880, fut construite à l'intention du premier président de la Canadian Pacific Railway, qui lui donna son nom. A l'intérieur, les boiseries sont somptueuses. Depuis les années 20, elle est le siège du club privé Mount Stephen. La maison, 1440 rue Drummond, à dix minutes à pied de l'université McGill (au nord-est), se visite seulement en été. Pour les horaires, téléphonez au ☎ 849-7338.

Musée McCord

La visite du Musée McCord d'Histoire canadienne (☎ 398-7100), 690 rue Sherbrooke Ouest, est essentielle à tout voyage entrepris au Québec et dans les autres provinces du Canada. Comptez entre une heure et une heure et demie pour une visite complète.

Construit sur deux niveaux, il propose des expositions permanentes et temporaires axées, d'une part, sur l'histoire des Inuit et des Amérindiens du Québec et, d'autre part, sur l'arrivée et la vie quotidienne des premiers Européens dans l'Est du Canada.

Fondée par David Ross McCord (1844-1930), descendant d'une famille d'avocats et de juristes célèbres au Canada, le musée met notamment en valeur les remarquables collections d'objets amérindiens et inuit ainsi que les costumes et textiles des premiers Canadiens, légués par ce passionné d'art populaire. La collection de photographies (quelque 700 000 images) est elle aussi des plus instructives. Elle comprend entre autres les œuvres de William Notman qui, avec ses fils, photographia, de 1850 à 1930, les habitants, les lieux et les activités.

Du mardi au vendredi, les heures d'ouverture sont de 10h à 18h (17h le week-end ; fermé le lundi). L'entrée est de 7 $ (12 $ pour les familles, 4 $ pour les étudiants, gratuit pour les moins de 12 ans). Entrée gratuite le samedi entre 10h et 12h. Vestiaire gratuit. Pour les casiers, prévoir 25 c. Métro : McGill.

Musée d'Art contemporain

Depuis son transfert dans le centre-ville, à proximité de la place des Arts, 185 rue Sainte-Catherine, cet établissement présente des expositions permanentes et temporaires d'œuvres postérieures à 1939. Il est le seul musée public en dehors des galeries d'art exclusivement consacré à l'art contemporain, canadien et international.

Ouvert de 11h à 18h du mardi au dimanche, il ne ferme ses portes qu'à 21h le mercredi. Fermé le lundi. L'entrée est de 6 $ (demi-tarif pour les seniors et 4 $ pour les étudiants ; gratuit le mercredi à partir de 18h). Métro : Place-des-Arts.

Église Saint James United

Cette ancienne église méthodiste aux clochers néo-gothiques est une curiosité. Vous la remarquerez au détour d'une promenade dans la rue Sainte-Catherine Ouest. L'entrée, au n°463, est condamnée par un ensemble de boutiques et de bureaux construits après la vente par la communauté de son jardin. Elle peut être rangée parmi les absurdités urbaines de notre siècle.

Musée Juste pour rire

Aménagé dans une ancienne brasserie, 2111 boulevard Saint-Laurent, ce musée, créé au début des années 90, a pour vocation première de monter des expositions sur le thème de l'humour. Étant donné son espace gigantesque (et d'importantes difficultés financières), il accueille également de grandes expositions consacrées à des sujets aussi divers que le cinéma ou la chanson. L'humour reste néanmoins son principal champ d'intérêt et de nombreux spectacles s'y déroulent. Pour connaître la programmation, téléphonez au ☎ 845-2014. Métro : Saint-Laurent.

EN BORDURE DU PARC DU MONT-ROYAL

Centre Saidye-Bronfman

La collection d'art contemporain présentée par cette galerie (☎ 739-2301), 5170 chemin de la Côte-Sainte-Catherine, à l'est du mont Royal, est de qualité exceptionnelle et mérite une visite. Ouvert du dimanche au jeudi.

Le parc du Mont-Royal

De son passé, une seule chose est à retenir. Le parc a été conçu entre 1873 et 1881 par le paysagiste de Central Park, à New York, Frederick Law Olmsted (1822-1903) à la suite d'une levée de boucliers des bourgeois du Golden Square Mile, inquiets de son déboisement par les forestiers. Grâce à eux, l'un des trois sommets du mont Royal échappa aux appétits urbains.

Aujourd'hui, quatre évidences s'imposent. Premièrement, il est le plus beau et le plus vaste de la ville : 100 hectares, 60 000 arbres et une ribambelle d'écureuils toujours curieux à la perspective de grignoter une friandise (normalement interdit).

Deuxièmement, il est l'aire de détente favorite des citadins. L'hiver, enfants et adultes patinent sur le lac des Castors, un plan d'eau aménagé en 1958 sur d'anciens marécages, et font du ski de fond sur les sentiers ou se laissent aller à des glissades sur ses pentes douces. De mai aux premiers assauts du froid, changement de décor. On vient se promener à bicyclette, faire du cheval, pique-niquer, musarder, écouter de la musique et observer les oiseaux. La société de Biologie de Montréal (☎ 255-2833) et l'Association québécoise des groupes d'ornithologues (☎ 252-3190) organisent des sorties.

Troisièmement, il est le meilleur observatoire de la ville. Du belvédère Camillien-Houde, le regard embrasse tout l'est de Montréal. Au loin, les quartiers du Plateau, de Rosemont et de Maisonneuve ; en premier plan, le cimetière du Mont-Royal et le cimetière Notre-Dame-des-Neiges, le protestant jouxtant le catholique, aussi élégants l'un que l'autre dans leur manteau de verdure. De là, le Chalet du Mont-Royal n'est qu'à une trentaine de minutes. Le sentier qui y mène constitue une bien jolie balade. A mi-parcours se dresse, sur la droite, la Croix édifiée en 1924 en souvenir de la première croix élevée au même endroit en 1643 par le fondateur de Montréal, sieur de Maisonneuve. Elle domine la ville et son éclairage nocturne en fait une masse quelque peu inquiétante. Le Chalet du Mont-Royal n'est plus qu'à un kilomètre. Construit en 1932, cette grande bâtisse blanche aux larges baies vitrées, dont l'intérieur est décoré de toiles marouflées racontant l'histoire du Canada, accueille encore aujourd'hui des concerts, comme dans les années 30. Certes les *bigs bands* d'autrefois se font rares. L'immense parvis et sa balustrade appellent à la contemplation. La perspective a changé, le Montréal des affaires se dessine. En contrebas, on devine l'agitation du centre-ville.

Quatrième et dernière évidence : pour s'y rendre, rien de plus facile. Les utilisateurs des transports publics prendront le bus n°11 (à partir de la station de métro Mont-Royal), qui circule toute l'année à l'intérieur du parc. A pied, les principaux accès se font au nord de la rue Peel et au monument sir Georges-Étienne Cartier, à l'extrémité ouest de la rue Rachel. On peut aussi louer des calèches pour grimper jusqu'au chalet ou sillonner les sentiers. En voiture, depuis le centre-ville, il faut prendre la rue Guy jusqu'au chemin de la Côte-des-Neiges qui rejoint le chemin Remembrance du parc. L'autre accès se fait par l'avenue Mont-Royal dans le quartier du Plateau. De là, on accède à la deuxième grande route du parc, la voie Camillien-Houde. Trois aires de stationnement permettent de se garer. Prévoir des pièces de 1 $ et de 25 c (1,25 $ l'heure, 3,75 $ la journée). Que demander de plus ? ■

Oratoire Saint-Joseph

Situé 3800 chemin Queen-Mary, sur la pente ouest du mont Royal, et au nord-ouest du centre-ville, l'oratoire (☎ 733-8211) est un impressionnant édifice modern-style. Il fut achevé en 1960 et érigé sur une église datant de 1916, en l'honneur de Saint-Joseph, patron des guérisseurs et saint patron du Canada, et de frère André, un moine qui avait le pouvoir, dit-on, de guérir toutes les maladies. Les béquilles entassées témoignent assez de cette croyance. Le cœur de frère André, exposé dans l'oratoire, fut volé il y a quelques années mais retrouvé intact.

Vous pourrez apercevoir le dôme de l'oratoire depuis n'importe quel endroit au sud-ouest de Montréal. Ne manquez pas la vue sur la ville depuis les chemins de l'oratoire, et de l'oratoire lui-même. Le site est ouvert tous les jours (entrée gratuite). Un petit musée est consacré au frère André. Le

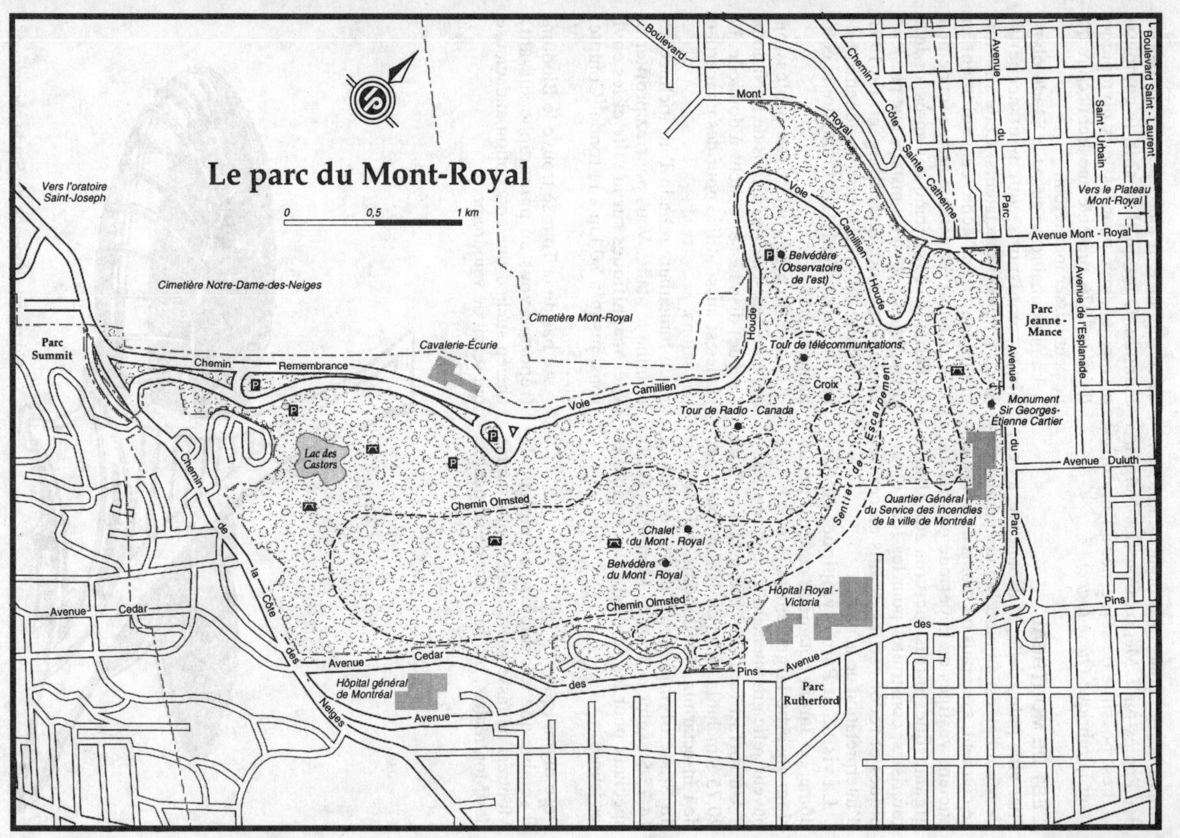
Le parc du Mont-Royal
0
0,5
1 km
Vers l'oratoire Saint-Joseph
Cimetière Notre-Dame-des-Neiges
Cimetière Mont-Royal
Parc Summit
Cavalerie-Écurie
Chemin Remembrance
Voie Camillien Houde
Boulevard Mont Royal
Chemin Côte Sainte - Catherine
Avenue du Parc
Saint - Urbain
Boulevard Saint - Laurent
Vers le Plateau Mont-Royal
Avenue Mont - Royal
Avenue de l'Esplanade
Parc Jeanne - Mance
Belvédère (Observatoire de l'est)
Tour de télécommunications
Croix
Tour de Radio - Canada
Monument Sir Georges-Étienne Cartier
Avenue Duluth
Sentier de l'Escarpement
Quartier Général du Service des incendies de la ville de Montréal
Lac des Castors
Chemin Olmsted
Chalet du Mont - Royal
Belvédère du Mont - Royal
Hôpital Royal - Victoria
Avenue des Pins
Parc Rutherford
Avenue Cedar
Hôpital général de Montréal
Chemin de la Côte des Neiges
Avenue

dimanche, des concerts d'orgue gratuits ont lieu l'après-midi. Métro : Côte-des-Neiges.

Il est possible de séjourner à l'oratoire (voir la rubrique *Où se loger*).

L'EST DE MONTRÉAL

Hier ville industrielle, Maisonneuve, à l'est de Montréal, est aujourd'hui un quartier où se côtoient, avec plus ou moins de bonheur, anciens vestiges de la période ouvrière et gigantesques infrastructures aux allures futuristes, construites pour les Jeux olympiques et reconverties depuis en centres d'interprétation de la nature.

La visite du Parc olympique, du Biodôme, du Jardin botanique et de l'Insectarium absorbe largement la journée. Une navette relie gratuitement les quatre sites.

Un forfait (appelé "Plein la Vue") de 20,75 $ inclut la visite du Jardin botanique, de l'Insectarium, du Biodôme et de la Tour du Stade olympique. L'autre formule à 14,75 $ exclut la Tour de Montréal. Tarifs spéciaux pour les étudiants, les seniors et les jeunes.

Parc olympique

Il semble que le complexe olympique de Montréal ne fasse guère l'unanimité auprès des Montréalais, qui font état de scandales, de corruption et d'incompétence gouvernementale. Quoi qu'il en soit, le complexe olympique, créé pour les Jeux olympiques d'été de 1976, présente une architecture qui ne peut laisser indifférent.

La pièce maîtresse en est le **Stade olympique** omnisports, qui peut accueillir jusqu'à 80 000 spectateurs. Cette structure gigantesque fut achevée seulement en 1990. Le toit rétractable arriva finalement de Paris, fin 1981 (cinq ans après les Jeux olympiques), et ne fut installé que plusieurs années plus tard, faute d'argent. En 1991, une partie du système de soutènement du toit s'effondra, et il fallut remettre le complexe en état.

En été, la principale ligue professionnelle de base-ball (les Expos de la National League) dispute ses matchs à domicile. Le stade est aussi utilisé pour des concerts et des salons.

Un funiculaire relie la Tour inclinée qui domine le stade. Vous pourrez profiter de vues magnifiques sur la ville et les environs, jusqu'à 80 km à la ronde. Comptez 7,25 $.

Au bas de la Tour se trouve le Biodôme (reportez-vous au paragraphe suivant), ancien stade d'une conception audacieuse, qui servit de vélodrome.

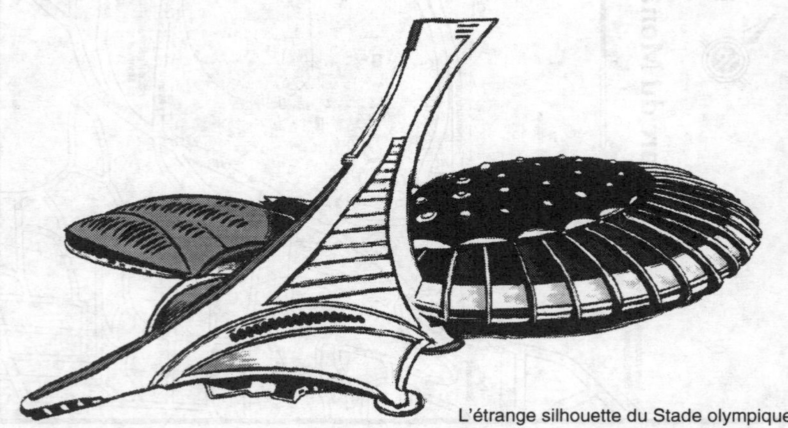

L'étrange silhouette du Stade olympique

Le complexe nautique, également impressionnant, comprend sept piscines. Il est ouvert tous les jours jusqu'à 21h (19h le vendredi). L'entrée de la piscine publique est de 3,30 $.

Des visites guidées en français et en anglais (☎ 252-TOUR) sont organisées tous les jours (5,25 $). Elles intéresseront surtout les passionnés d'architecture ou de sport.

Le Parc olympique est implanté dans le parc Maisonneuve, à l'extrémité est de la ville, à l'angle du boulevard Pie-IX à quelques mètres de la rue Sherbrooke. Métro : Viau.

Biodôme

Inauguré en 1992, le Biodôme (☎ 868-3000), 4777 avenue Pierre-de-Coubertin, est un musée passionnant, axé sur l'environnement. Il présente quatre écosystèmes différents, composés de 4 000 animaux et de 5 000 plantes environ.

Le secteur consacré à la forêt tropicale humide est tout particulièrement attrayant. Autres attractions : les vues sous l'eau des rivières, le microcosme océanique et les reconstitutions de marées en bassins. La forêt laurentienne, le Saint-Laurent marin et le monde polaire sont tout aussi impressionnants.

Comptez au moins deux heures pour une visite complète. C'est un endroit très fréquenté, idéal pour les enfants et les adultes. Mieux vaut s'y rendre en semaine, de préférence en matinée.

Il est ouvert tous les jours de 9h à 17h (20h en été). L'entrée est de 9,50 $ (7 $ pour les seniors et les étudiants, 4,75 $ pour les 6-17 ans, gratuit pour les moins de 6 ans).

Jardin botanique et Insectarium

Le Jardin botanique, avec ses 75 hectares, est le troisième du monde, après ceux de Londres et de Berlin.

Quelque 26 000 espèces de plantes s'épanouissent dans 30 jardins et 10 serres. La collection d'orchidées rassemble 700 variétés. Le jardin japonais, où l'on peut prendre le thé, et le jardin chinois de style Ming valent également le détour.

A l'est des serres, l'**Insectarium** est un lieu fascinant. Près de 130 000 spécimens du monde entier ont été réunis.

L'accès au Jardin et à l'Insectarium se fait au 4101 rue Sherbrooke Est. Ouverts tous les jours de 9h à 18h, ils ne ferment qu'à 20h en été. L'entrée coûte 8,75 $ en été (6,50 $ hors saison), et comprend la visite du Jardin, des serres et de l'Insectarium. Le jardin jouxte les bâtiments olympiques, dans le parc Maisonneuve. Une navette permet de rejoindre le Parc olympique. Métro : Pie-IX.

Château Dufresne

Propriété des frères Dufresne, le 2929 rue Jeanne-d'Arc est un bel édifice construit selon leurs plans entre 1916 et 1918. Il réserve surtout des intérieurs grandioses, meublés avec art et raffinement. Il est ouvert tous les jours de 11h à 17h, sauf le lundi et le jeudi (3,50 $). Métro : Pie-IX.

LE CANAL DE LACHINE

Creusé à partir de 1821 et achevé en 1825, le canal de Lachine, à l'ouest de Montréal, en bordure du Vieux-Port, a permis aux bateaux de contourner les rapides de Lachine sur le Saint-Laurent. Fermé définitivement depuis 1970, il a été transformé en parc linéaire et offre une très agréable promenade pédestre ou cyclotouristique de 14 km environ.

Pour descendre les rapides, mettez-vous en rapport avec Lachine Rapids Tours (☎ 284-9607), 105 esplanade de la Commune Ouest, qui organise des excursions quotidiennes de mai à octobre. Il existe différentes formules allant de 28 à 48 $. Les départs (toutes les deux heures) s'effectuent du Vieux-Port, quai de l'Horloge. Munissez-vous de vêtements de rechange (imperméable et bottes sont fournis).

A Lachine même, à dix minutes à peine du centre-ville de Montréal, le **Lieu historique national du commerce de la fourrure** (☎ 637-7433), 1255 boulevard Saint-Joseph, à l'angle de la 12e avenue, retrace l'histoire du commerce de la fourrure au Canada, activité qui joua un rôle décisif dans le développement du pays. Il est ouvert tous les jours de 10h à 12h30 et de 13h à 18h (2,5 $).

A proximité, le **Centre d'interprétation du canal de Lachine** (☎ 637-7433), à l'angle de la 7e avenue et du boulevard Saint-Joseph, relate l'histoire du canal (fermé de septembre à la mi-mai, entrée gratuite).

Sur le boulevard Saint-Joseph, mais plus près de la 7e avenue, vous pourrez profiter de visites guidées, à pied et gratuites, le long du canal de Lachine (du mercredi au dimanche seulement).

On se rend à Lachine à bicyclette depuis le Vieux-Montréal ou en métro. Descendre à la station Lionel-Groulx et prendre ensuite le bus n°191. Autre possibilité : station Angrignon puis bus n°195.

MARCHÉS

Les produits frais, et notamment les produits biologiques, sont très appréciés des Montréalais. Deux marchés à Montréal sont ouverts toute l'année. Fruits, légumes, viandes, poissons, charcuteries, fromages et pains frais se disputent les étals.

Au bord du canal de Lachine, au sud de l'avenue Atwater, juste en-dessous de la rue Notre-Dame Ouest, le **marché Atwater** allie une élégante architecture Art déco à une ambiance particulièrement animée le samedi. Vous pourrez acheter du sirop d'érable produit par les fermiers de la région. Métro : Lionel-Groulx.

Dans le quartier de la Petite Italie, le **marché Jean-Talon** a également de l'animation à revendre et dispose d'un impressionnant choix de produits. Il se tient entre l'avenue Henri-Julien et l'avenue Casgrain, au nord du quartier du Plateau. Métro : Jean-Talon ou Beaubien.

OÙ SE LOGER

Montréal propose tous les types d'hébergement possibles. Pour chacun d'entre eux, le choix reste cependant souvent limité, surtout en matière de prix. Les différences résident essentiellement dans la propreté, le confort, l'environnement et l'accueil.

Montréal, comme Québec, est une ville très appréciée des touristes en été. Aussi, pensez à réserver. Les fêtes de fin d'année sont elles aussi chargées. Pendant ces deux périodes, les prix des chambres augmentent.

Camping

Les terrains de camping sont rares à proximité de la ville. Ils ferment en général à la fin septembre pour ne rouvrir que début mai.

A l'ouest de l'île de Montréal, à Coteau-du-Lac, la *Seigneurie de Soulanges* (☎ 763-5344), 195 route 338, propose un bon rapport qualité/prix à 22 $ le site (5 $ de rabais à partir de la quatrième nuit). Prendre l'autoroute 20 vers Toronto ; à la sortie 17, faire un kilomètre sur la 201 Sud avant de rejoindre la 338 Ouest. Le camping n'est plus qu'à un kilomètre.

A Coteaux-du-Lac se trouve également un *KOA*, Kampground of America (☎ 763-5625 ou 1 800 562-9395), 185 route 338. L'emplacement revient à 23 $ la journée. Pour vous y rendre, sur l'autoroute 20, empruntez la sortie 14 qui rejoint la route 210 Sud jusqu'à la 338 Est.

A 45 mn du centre-ville, à l'ouest, le camping *D'Aoust* (☎ 458-7301), 3844 route d'Harwood, Hudson, a des aspects plus bucoliques. On peut partir en randonnée depuis le site où une petite ferme est implantée. La nuit revient à 24 $. De Montréal, suivez l'autoroute 40 Ouest. A la sortie 26, roulez 3 km environ sur la route 342 qui devient, à Hudson, la route d'Harwood.

Auberges de jeunesse

Vous aurez l'embarras du choix. Elles sont très fréquentées par les jeunes et, de plus en plus, par des couples et des familles. Économiques, elles sont aussi souvent très bien situées. Certaines proposent des chambres individuelles.

Installée 1030 rue Mackay au sud du boulevard René-Lévesque (métro : Lucien-L'Allier), la *HI Auberge de Montréal* (☎ 843-3317) a fait peau neuve et offre d'excellentes conditions d'hébergement.

Elle est ouverte toute l'année, de 9h30 à 2h. L'établissement est grand (250 lits) mais, entre juin et septembre, il est préférable de réserver plusieurs semaines à l'avance. La nuit en dortoir coûte 22 $, la chambre individuelle 44,56 $. L'auberge dispose de quelques places de parking et prépare des petits déjeuners pour 2 ou 4 $. Des visites gratuites de la ville sont également organisées.

Au 901 rue Sherbrooke Est, *L'Hôtel de Paris et l'Auberge* (☎ 522-6861, 1 800 567-7217), affilié aux Backpackers, est un hôtel agréable aux allures de pension de famille doté de lave-linge, d'une cuisine collective, d'un café et d'une terrasse. Une partie de l'établissement a été rénovée. La nuit dans un dortoir de 14 se monte à 14 $, la chambre particulière à 55 $.

Le Gîte du Parc Lafontaine (☎ 522-3910), 1250 rue Sherbrooke Est, est une charmante maison victorienne donnant sur le parc, ouverte toute l'année. Vous débourserez 19 $ pour un lit en dortoir (45/55/65 $ pour une chambre particulière), petit déjeuner continental compris.

L'Auberge chez Jean (☎ 843-8279), elle aussi rattachée au Backpackers, est à mi-chemin entre le B&B et l'auberge de jeunesse. Elle est installée 4136 rue Henri-Julien, au nord de la rue Duluth et au sud de la rue Rachel, dans le quartier du Plateau Mont-Royal. Cherchez le nom de "Jean" sur la boîte aux lettres. Descendez à la station Mont-Royal ou téléphonez et l'on viendra vous chercher à la station Berri-UQAM. Comptez 15 $ la nuit, taxes et petit déjeuner compris. Selon la demande, les visiteurs pourront obtenir une chambre individuelle. L'accueil est des plus agréables.

La *YMCA* (☎ 849-8393), 1450 rue Stanley, est également centrale. Le bâtiment compte 350 lits. Hommes et femmes sont acceptés. La simple/double revient à 40/56 $. Très bon marché, la cafétéria est ouverte du lundi au vendredi de 8h à 20h (jusqu'à 2h le samedi).

La *YWCA* (☎ 866-9941), 1355 boulevard René-Lévesque Ouest, est réservée aux femmes. Descendez à la station Lucien-L'Allier. La chambre coûte 44 $ avec s.d.b. et cuisine à l'étage, taxes incluses. La cafétéria et la piscine sont accessibles aux invités.

Ouvert toute l'année et d'un bon rapport qualité/prix, le *Collège Français* (☎ 495-2581), 5155 rue de Gaspé, offre toute une gamme de lits bon marché. En dortoir, vous ne paierez que 11,50 $. Les chambres de 4 lits, confortables, équipées de toilettes, douche et évier, sont louées 12,50 $ par personne. Pour les doubles, comptez 16,50 $ par personne. La cafétéria du restaurant, à proximité, propose des petits déjeuners bon marché. Un parking facilite le stationnement. Le collège se trouve non loin du croisement des rues Laurier et Saint-Denis. Métro : Laurier. Le collège possède une autre résidence à l'extérieur du centre, à Longueuil, ouverte seulement en été.

L'Université McGill, à l'angle des rues Sherbrooke et University, ouvre ses résidences du 15 mai au 15 août. Le bureau de location des chambres (☎ 398-6367) est installé 3935 rue University. Les simples (seule formule proposée) coûtent 37 $ (28 $ pour les étudiants). Elle dispose de cafétérias et de laveries. Dans certaines résidences, plus chères, le petit déjeuner est inclus. Les tarifs sont dégressifs si l'on séjourne plus d'une nuit.

Installées dans la partie ouest de Montréal, les résidences du *Campus Loyola* de l'université Concordia (☎ 848-4756), 7141 rue Sherbrooke Ouest, sont encore meilleur marché. Vous débourserez 26/40 $ la simple/double (19 $ pour les étudiants).

Les prix de *L'Université de Montréal* (☎ 343-6531), 2350 rue Édouard-Montpetit, au nord du centre-ville, s'élèvent à 26/37 $ la simple/double. Les tarifs à la semaine sont intéressants. Métro : Université de Montréal ou Édouard-Montpetit.

Des chambres à un prix vraiment intéressant sont également disponibles à l'*Oratoire Saint-Joseph* (☎ 733-8211, poste 2640), 3800 chemin Queen-Mary, pavillon Jean-XXIII. Les simples/doubles coûtent

32/50 $. Treize chambres seulement sont disponibles à l'année. Aussi, mieux vaut réserver. On peut se rendre à pied au parc du Mont-Royal. Métro : Côte-des-Neiges.

Tourist homes et petits hôtels

La plupart des hôtels de cette catégorie présentent un rapport qualité/prix peu favorable. Mais les nombreux tourist homes offrent une solution de rechange parfois avantageuse. Presque tous sont concentrés à l'est du centre-ville, dans des maisons anciennes au nombre de chambres limité (entre 10 et 20). En dehors de la haute saison, négociez toujours les prix.

D'autres sont situés à proximité de la gare routière et de la station de métro Berri-UQAM.

Au 2099 rue Saint-Denis, dans le quartier des cafés, le *Castel Saint-Denis* (☎ 842-9719) est perché sur une colline. Il est propre, confortable, présente un bon rapport qualité/prix mais reste d'un attrait limité. Le prix des simples/doubles s'établit à 44/55 $. Dans la même gamme, l'hôtel *Manoir Saint-Denis* (☎ 284-3333), 2006 rue Saint-Denis, loue des chambres à 42 $.

Le jardin d'Antoine (☎ 843 4506), 2024 rue Saint-Denis, tranche par son aspect romantique et l'odeur de fleurs d'oranger qui flotte dans les couloirs. Vous débourserez entre 65 et 90 $.

Beaucoup moins coquet, mais pas désagréable pour autant, l'*Hôtel Saint Denis* (☎ 849-4526), 1254 rue Saint-Denis, propose des chambres à partir de 45 $ avec de belles s.d.b. (69 $ en haute saison).

Au sud de la rue Saint-Denis, au n°1042, entre la rue Sherbrooke et le Vieux-Montréal, l'*Hôtel l'Américain* (☎ 849-0616) est un tout petit établissement de style européen, qui loue 20 chambres à la décoration personnalisée. Comptez de 39 à 48 $ pour une simple, et de 44 à 69 $ pour une double. Les chambres du dernier étage ressemblent à des petits "nids d'amour". Le quartier homosexuel de Montréal se trouve à proximité, et cette adresse est prisée des voyageurs qui souhaitent se rendre au Village. L'*Hôtel de la Couronne* (☎ 845-0901), 1029 rue Saint-Denis, est des plus sommaires. Il vous en coûtera 45 $ la chambre (35 $ avec s.d.b. commune).

A l'est de la rue Saint-Denis, *Le Breton* (☎ 524-7273), 1609 rue Saint-Hubert, est une excellente adresse. La rue est agréable et la gare routière, proche. Comptez de 45 à 60 $ pour une simple/double.

Plus au sud, 1001 rue Saint-Hubert, à l'angle de l'avenue Viger, l'*Hôtel Viger Centre Ville* (☎ 845-6058) affiche un confort tout aussi correct à un prix encore plus intéressant. La simple/double est à 45/48 $, petit déjeuner continental inclus. On peut se rendre à pied au Vieux-Montréal.

A l'ouest de la rue Saint-Denis, l'*Hôtel Villard* (☎ 845-9730), 2001 Sanguinet, à l'angle de la rue Ontario, présente un bon rapport qualité/prix, surtout pour les simples à 42 $. Les doubles (57 $) sont moins intéressantes.

De la rue Sherbrooke Est à l'avenue de l'Hôtel-de-Ville, entre le boulevard Saint-Laurent et la rue Saint-Denis, se jouxtent trois tourist homes, installés dans de vieilles demeures. L'*Hôtel Pierre* (☎ 288-8519), au n°169, affiche un premier prix à 65 $. L'*Hôtel Manoir Sherbrooke*, au n°157, et l'*Armor Tourist Lodge* (☎ 285-0140), appartiennent au même propriétaire et sont appréciés par la clientèle. L'Armor est un établissement assez vaste, orné de boiseries à l'intérieur. Les prix varient selon la saison. L'été, une simple sans s.d.b. est facturée entre 42 et 48 $ (de 95 à 99 $ pour une double). L'*Hôtel de Paris* (☎ 522-6861), 901 rue Sherbrooke Est, satisfait tous les budgets : vous paierez entre 45 et 85 $ pour des suites comportant un coin cuisine.

A l'ouest de la rue Jeanne-Mance, le *Casa Bella* (☎ 849-2777), 264 rue Sherbrooke Ouest, pratique des tarifs compris entre 40/50 $ et 60/65 $ la simple/double (petit déjeuner et parking inclus).

Dans le centre-ville, plusieurs hôtels bon marché sont regroupés le long de la rue Sainte-Catherine, à proximité du boulevard Saint-Laurent. A partir de 18h, l'ambiance assez animée n'a rien de très dangereux. *La*

Villa de France (☎ 849-5043), 57 rue Sainte-Catherine Est, est relativement bien tenue et accueillante. Les tarifs s'étagent entre 30 et 60 $ la chambre. L'hôtel ne propose pas de petit déjeuner.

Les chambres de *L'Hébergement l'Abri du Voyageur* (☎ 849-2922), 9 rue Sainte-Catherine Ouest, sont simples et propres. Comptez 25/35 $ la simple/double.

Enfin, au sud du boulevard René-Lévesque, l'hôtel *Aux Berges* (☎ 938-9393), 1070 rue Mackay, est essentiellement fréquenté par une clientèle homosexuelle masculine. Il est central et la rue, tranquille. Le prix des chambres, avec s.d.b. commune, s'établit entre 76 et 94 $. Les autres établissements à proximité ne sont guère recommandés.

Hôtels standard

Les hôtels présentant un bon confort et pratiquant des prix inférieurs à ceux des établissements de luxe ne sont pas nombreux.

L'*Hôtel Travelodge* (☎ 874-9090), 50 boulevard René-Lévesque, près du boulevard Saint-Laurent Est, loue des chambres à 60 $ (84 $ en haute saison).

Le *Comfort Suites* (☎ 878-2711), 1214 rue Crescent, demande, en semaine, des tarifs bien plus élevés : 105 $ (10 $ de rabais le week-end). Autre hôtel de catégorie moyenne, l'*Hôtel Montréal Crescent* (☎ 938-9797), 1366 boulevard René-Lévesque, loue des chambres équivalentes à 60/65 $ la simple/double.

Doté d'une piscine, d'un restaurant et d'un magasin général, *Le Riche Bourg* (☎ 935-9224) occupe une position centrale, 2170 avenue Lincoln. Il propose des studios, des suites (avec une ou deux chambres) à 94 $ le week-end (60 $ la semaine).

Hôtels de luxe

Certains établissements baissent leur prix pendant le week-end, ou pendant l'été. *Le Château Champlain* (☎ 878-9000), place du Canada, pratique des tarifs compris entre 140 et 240 $. Demandez une chambre donnant sur le square Dorchester, la vue est superbe. Il comprend un bar panoramique et un restaurant.

Tout à côté, le *Bonaventure Hilton* (☎ 878-2332 ou 1 800 446-6677), place Bonaventure, est tout aussi élégant, distingué et onéreux. Il vous en coûtera entre 135 et 375 $.

Le *Ritz Carlton Kempinski* (☎ 842-4212), 1228 rue Sherbrooke Ouest, jouit d'une excellente réputation. Hommes d'affaires, vedettes, personnalités politiques et diplomates y descendent régulièrement. Les tarifs vont de 205 à 235 $. La suite-appartement coûte 760 $.

Dans le Vieux-Montréal, *La Maison Pierre-du-Calvet* (☎ 282-1725), 405 rue Bonsecours, est un hôtel de charme également très coté, pourvu de six chambres seulement, louées 165 $ pour deux, petit déjeuner inclus.

Bed & Breakfasts

Les B&B, comme les Gîtes du Passant, connaissent un succès grandissant. Ils offrent un service personnalisé et des prix avantageux comprenant le petit déjeuner. A Montréal, différentes compagnies, pour la plupart créées par des particuliers, proposent des chambres chez l'habitant. Chacune a ses critères de sélection.

B&B Downtown Network (☎ 289-9749 ou 1 800 267-5180) opère avec succès depuis des années. Les responsables de cette agence ont vérifié le confort, l'hospitalité et le caractère exceptionnel de plus de 50 chambres. Parmi les locataires, on compte aussi bien des étudiants que des avocats. Quant aux établissements, ils vont du manoir avec cheminée dans les chambres aux demeures victoriennes, en passant par les appartements meublés d'antiquités. Les prix pratiqués sont raisonnables : de 40 à 55 $ la simple et de 55 à 65 $ la double. En basse saison, des réductions de 10 $ sont parfois consenties. Pour obtenir davantage d'informations ou réserver, écrivez au 3458 avenue Laval, H2X 3C8.

B&B à Montréal (☎ 738-9410), tenu par Marion Kahn, est une organisation similaire dont les tarifs sont légèrement plus élevés. Elle dispose aussi de quelques adresses à Québec, que l'on peut réserver de Montréal.

Une troisième agence, *Montreal Oasis* (☎ 935-2312), est tenue par Lena Blondel. Depuis son propre B&B, 3000 chemin de Breslay (à deux pas de l'avenue Atwater, au nord de la rue Sherbrooke), elle prend les réservations. Toutes les adresses correspondent à d'anciennes maisons, au cœur de la ville. Les prix varient de 45 à 70 $ la simple et de 65 à 85 $ la double. Les enfants sont les bienvenus dans la plupart des B&B.

Welcome B&B (☎ 844-5897 ou 1 800 227-5897) est une agence plus petite et moins chère, spécialisée dans les demeures du début du siècle, sises dans le quartier francophone de la rue Saint-Denis. Appelez ou écrivez au 3950 avenue Laval, Montréal, H2W 2J2. Métro : Sherbrooke. Les propriétaires gèrent eux-mêmes un B&B à l'adresse indiquée ci-dessus, tout proche du quartier des restaurants de la rue Prince-Arthur.

Il existe d'autres organisations de ce type, dont vous pourrez vous procurer la liste en vous adressant à l'office du tourisme du square Dorchester. Les prix pratiqués sont généralement raisonnables.

Motels

Les motels se concentrent dans deux quartiers de la ville. Comme pour les autres types d'établissement, les tarifs hors saison sont plus avantageux. Les prix indiqués correspondent à la période allant de mai à octobre.

Le premier quartier est à l'ouest, à dix minutes du centre-ville. Les motels bordent la rue Saint-Jacques, l'artère parallèle à la rue Sherbrooke juste au nord. En venant de l'ouest (de l'aéroport de Dorval, par exemple), l'autoroute 20 dispose d'une sortie donnant dans la rue Saint-Jacques.

Le *Colibri* (☎ 486-1167), 6960 rue Saint-Jacques Ouest, sans prétention, loue des simples/doubles pour 42/47 $. Plus récent, le *Motel Sunrise* (☎ 484-0048), 6120 rue Saint-Jacques Ouest, à l'ouest du boulevard Decarie, est plus avenant. La simple/double revient à 40/60 $.

Apparemment très fréquenté, le *Motel Idéal* (☎ 488-9561), 95 rue Saint-Jacques Ouest, affiche un tarif de fin de semaine à 85 $ la chambre (74 $ les autres jours).

Le *Motel Raphaël* (☎ 485-3344), 7455 boulevard Sainte-Anne, offre un bon rapport qualité/prix avec des chambres à partir de 34 $ (accès à la piscine inclus). Il dispose également d'une salle de restaurant.

Le second quartier des motels est situé sur la rive sud, de l'autre côté du fleuve, sur la route 134 qui prend, sur ce tronçon, le nom de boulevard Taschereau. Prenez le pont Jacques-Cartier ou Champlain.

Le *Motel Falcon* (☎ 676-0215), 6225 boulevard Taschereau, propose des simples/doubles à partir de 35/45 $. Les chambres dans la partie neuve sont plus chères mais incomparablement plus agréables. D'autres motels sont concentrés autour du n°7000 comme *Le Paysan* (☎ 640-1415), 12400 rue Sherbrooke Est, avec des simples entre 42 et 59 $. *Le Marquis* (☎ 256-1621), au n°6720, pratique des prix similaires. Les autres motels environnants sont plus onéreux.

A l'opposé, dans le nord de l'île de Montréal, le *Motel Métro* (☎ 382-9780), 9925 rue Lajeunesse, est d'un excellent rapport qualité/prix avec des simples/doubles à 42 $. La station de métro Sauvé est à proximité. En voiture, sur l'autoroute Métropolitaine, prendre la sortie 73 (rue Saint-Hubert) ; de là, poursuivre jusqu'à la rue Sauvé d'où vous apercevrez la rue Lajeunesse.

OÙ SE RESTAURER

Les Français sont largement à l'origine de l'excellente réputation de Montréal en matière de restauration. Des immigrants de diverses origines ont également apporté leur contribution. Chaque quartier a ses tendances. Comptez de 5 à 60 $ en moyenne par personne.

Centre-ville

Le quartier des affaires est le domaine de la grande restauration, des bars, des pubs et des snacks très cotés. Montréal est notamment réputée pour la viande fumée. Dans cette spécialité, *Ben's Delicatessen* (☎ 844-1000), 990 boulevard de Maisonneuve Est, est célèbre dans tout le pays. A l'angle du boulevard de Maisonneuve et de la rue Metcalfe, cette institution familiale à l'ambiance décontractée et à la décoration années 50 est très fréquentée par des employés de bureau à l'heure du déjeuner. Comptez de 4 à 7 $ pour un sandwich accompagné de frites, de *pickles* et d'un café.

Le *Bar B Barn* (☎ 931-3811), 1201 rue Guy, sert les meilleures côtes de porc de la ville. Avec des repas entre 11 et 16 $, cette adresse présente un excellent rapport qualité/prix. Seul regret : l'étroitesse des locaux, très vite saturés. Le parking est juste à l'arrière.

Katsura, 2170 rue de la Montagne, est un restaurant japonais très apprécié qui pratique des prix raisonnables au déjeuner. Le dîner est plus onéreux.

Au 1459 rue Metcalfe, en venant de la rue Sainte-Catherine, se tient la célèbre steakhouse, *Joe's*. Comptez de 10 à 17 $ pour un dîner composé d'un steak, d'une pomme de terre à l'eau ou de frites et d'une délicieuse salade. Le filet mignon, proposé du dimanche au mardi, est particulièrement savoureux.

Connu pour ses sandwiches à la viande fumée, *Dunn's* (☎ 866-4377), 892 rue Sainte-Catherine Ouest, non loin de la rue Peel, est ouvert 24h/24 le vendredi et le samedi. L'établissement est idéal pour un en-cas léger, tard dans la nuit, ou pour un petit déjeuner très matinal. Les gâteaux au fromage sont inoubliables.

Quelques restaurants indiens se sont implantés dans le centre. Au 1241 rue Guy se tient le *Woodlands Azteca*, excellent mais très onéreux. Les plats végétariens d'Inde du Sud sont les moins chers. Le masala dosa, crêpe farcie de pommes de terre, d'oignons et d'épices, est délicieux (5 $).

A côté, le *Phaya Tai* (☎ 933-9949), 1235 rue Guy, est un établissement plus original, qui sert de la cuisine thaïlandaise. Les principaux plats végétariens coûtent 6 $; les plats à base de poisson et de viande 8 à 12 $. Le chaleureux *Curry House*, 1433 rue Bishop, propose des mets succulents et l'addition pour trois personnes ne dépasse pas les 40 $. Le *Pique-Assiette*, 2051 rue Sainte-Catherine Ouest, est l'un des plus anciens restaurants indiens de la ville. Un dîner pour deux revient à environ 25 $.

Chez la Mère Michel (☎ 934-0473), 1209 rue Guy, est une véritable institution pour les Montréalais. On y sert une savoureuse cuisine française. L'addition est plus difficile à digérer. Un dîner pour deux coûte environ 120 $ (vin, taxes et pourboire compris). Les déjeuners composés de trois plats sont très avantageux : 13 $ seulement. Le service, la nourriture, le décor – tout est de grande classe. A noter : il est fermé le dimanche et ne sert pas de déjeuner le samedi et le lundi.

Autrefois à Montréal, et dans tout le Québec, sévissait une tradition selon laquelle certains établissements, connus sous le nom de "taverne", étaient "réservés aux hommes". Ils étaient généralement petits et conviviaux. La bière y coulait à flot et les repas étaient bon marché. Encore présents dans le centre-ville, ils sont désormais ouverts à la gente féminine. Joyau du genre, remarquable pour ses boiseries, le *McLean's Pub*, 1210 rue Peel, est l'un des plus anciens. Il propose des plats à partir de 5,50 $.

Les cafés ne manquent pas dans le quartier de la rue Crescent et de la rue de la Montagne. Le *Egg Spectation* (☎ 842-3447), à l'angle du 1313 boulevard de Maisonneuve, est recommandé pour son atmosphère agréable (assez branchée), ses excellents cafés, ses petits déjeuners et ses brunchs copieux pour environ 8 $.

Si vous souhaitez préparer vous-même vos repas, allez au *Le Faubourg*, 161 rue Sainte-Catherine Ouest. Le sous-sol de ce centre commercial de style parisien est réservé à l'alimentation. On y trouve une boulangerie et un magasin de vins.

Vieux-Montréal

Le charme des établissements du quartier tient souvent davantage à leur décor et à leur emplacement qu'à leur valeur gastronomique. Le secteur étant très touristique, les prix ont tendance à grimper.

Gibby's (☎ 282-1837), 298 place d'Youville, très fréquenté, est installé dans une ancienne étable vieille de deux siècles. L'atmosphère est particulièrement agréable. Spécialité de la maison, le steak est succulent. Comptez 30 $ par personne pour le dîner. Mieux vaut réserver pour dîner, surtout le week-end.

La cuisine française de *La Sauvagine*, 115 rue Saint-Paul, à l'angle de la rue Saint-Vincent, attire Québécois et étrangers. Au déjeuner, les prix varient de 5 à 8 $, au dîner de 13 à 18 $. Au menu "prix fixe", citons la bisque de homard, les escargots et la sole Dover. Seule ombre au tableau : le prix exorbitant du vin.

Dans un registre plus sophistiqué et un cadre plus intime, *Le Père Saint-Vincent* (☎ 397-9610), 431 rue Saint-Vincent, offre une gastronomie française entre 18 et 25 $ pour une entrée, un plat et un dessert. Dans la même lignée, catégorie haut de gamme, mentionnons *Le Claude Postel* (☎ 875-5067), 443 rue Saint-Vincent.

L'Usine de Spaghetti Parisienne, 273 rue Saint-Paul Est, prépare des plats de 7 à 13 $, avec pain et salade à volonté. *Chez Better* (☎ 861-2617), 160 Notre-Dame Est, propose des saucisses allemandes pour 8 $ et des bières d'importation.

Loin de la foule, le petit *Café St Paul*, 143 rue Saint-Paul Ouest, pratique des prix très abordables, avec des déjeuners légers à 5 $. Il sert aussi des croissants et des expresso. Encore mieux, le *Titanic* (☎ 849-0894), 445 rue Saint-Pierre, fait salle comble à l'heure du déjeuner. Salades, pâtes, sandwiches sont au menu (possibilité d'emporter son repas). Ouvert du lundi au vendredi de 7h à 16h.

A l'écart de la zone touristique, *Chez Delmo* (☎ 849-4061), 211 rue Notre-Dame Ouest, compte surtout sur la clientèle montréalaise depuis de nombreuses années. Il est très animé à l'heure du déjeuner avec ses spécialités de fruits de mer servies à un prix modique. Comptez environ 10 $ pour un déjeuner (jusqu'à 15h) que l'on déguste sur de longs comptoirs. Les dîners sont plus chers (16 $ le plat principal), mais excellents. Il est fermé le dimanche, mais ouvert le samedi soir de 18h à 23h.

Juste à l'angle de la rue Saint-Paul Ouest, 405 rue Saint-Sulpice, *Le Café Electronique* (☎ 849-1612) permet aux initiés d'allier plaisir de la table et promenade sur Internet, pour 8,50 $ l'heure.

Quartier latin

Il est le quartier des cafés et des repas express. *Le Café Croissant de Lune*, juste en bas des marches du 176 rue Saint-Denis, est l'endroit idéal pour prendre son petit déjeuner.

Le Commensal (☎ 845-2627), 2115 rue Saint-Denis, est ouvert tous les jours de 11h à 24h. Ce self-service propose plats végétariens, salades et desserts. Les prix sont au poids. La nourriture est bonne, variée et l'addition, des plus modérées. Autres succursales : 680 rue Sainte-Catherine Ouest et 1204 rue McGill-College.

Le Bédouin, 1633 rue Saint-Hubert, est un endroit minuscule, sans prétention, qui sert de la cuisine tunisienne. Pour un couscous légumes avec du thé à la menthe ou du café, comptez seulement 4 $ pour deux, vin d'Afrique du Nord inclus.

Bon marché, tout aussi apprécié, le *Da Giovanni* est sis 572 rue Sainte-Catherine Est. Vous pourrez obtenir un repas complet pour moins de 6 $. Arrivez avant 17h30 pour éviter de faire la queue. L'établissement ferme à 20h et ouvre à 7h pour le petit déjeuner.

Dans le Village, 1257 rue Amherst, le *Nega Fulo* sert des repas cajuns et brésiliens à partir de 8 $ au déjeuner et entre 12 et 20 $ le soir. Plus à l'est, 1418 rue Cartier, *La Maison des Bières* est un petit pub proposant environ 100 types de bières différentes.

Le Main

Le boulevard Saint-Laurent (le Main) est réputé pour son atmosphère multiethnique, ses commerces et ses restaurants.

Se restaurer vingt-quatre heures sur vingt-quatre

Outre les innombrables restaurants à pizza à 99 c et quelques fast-foods orientaux qui ne ferment jamais, plusieurs restaurants servent 24h/24.

La poutine de *Chez Claudette* (☎ 279-5173), 351 avenue Laurier Est, n'a jamais eu de rivale. Elle est comme le lieu, une institution dont les nuits blanches du jeudi au samedi ont toujours un air de fête. Dans le style burgers et crêpes aux fruits, le *Café Souvenir* (☎ 948-5259), 1261 avenue Bernard Ouest, distille ses plats express du jeudi au samedi avec une certaine nonchalance.

A la *Banquise* (☎ 524-2415), 994 rue Rachel Est, la cuisine canadienne apaise les appétits et réchauffe les cœurs, sept jours sur sept. Les viandes fumées du *Main* (☎ 843-8126), 3864 boulevard Saint-Laurent, en face de Schwartz, ont la vedette.

La cuisine familiale du *Rapido* (☎ 284-2188), 4494 rue Saint-Denis, est à l'image de la salle du restaurant, simple et résistante à l'épreuve des modes.

Tourtières et pâtés chinois sont au menu du *Resto du Village* (☎ 524-5404), 1130 rue Wolfe ; au *Fairmount Bagel* (☎ 272-0667), 74 rue Fairmount Ouest, vous dégusterez du saumon fumé et des bagels.

La cuisine grecque de chez *Hermès* (☎ 272-3880), 1014 rue Jean-Talon Ouest, ferme boutique à 5h. Hors du temps mais ne dépassant jamais les 4h, *La Petite Fermière* (☎ 527-2051), 1200 avenue du Mont-Royal Est, est un délicatessen où le regard et les papilles n'ont pas de difficulté pour rester en éveil. ■

Le *Bueno Notte* (☎ 848-0644), 3518 boulevard Saint-Laurent, est l'un des meilleurs restaurants de la ville, très coté dans les carnets mondains.

Le Café Méliès, 3682 boulevard Saint-Laurent, est le rendez-vous des intellectuels (qui ne se prennent pas trop au sérieux). A la carte : tartes, sandwiches et salades avec café à volonté.

Beaucoup plus au nord, rendez-vous impérativement chez *Schwartz's* (☎ 842-4813), au n°3895. Ce petit délicatessen familial et convivial, toujours bondé, ne ferme pratiquement jamais et sert incontestablement la meilleure viande fumée de la ville.

L'avenue Duluth, qui s'étend d'est en ouest, coupe le boulevard Saint-Laurent à la hauteur du pâté de maisons numéro 4000. C'est une ancienne rue étroite, autrefois un quartier chaud, transformé en zone de restaurants. De l'est du boulevard Saint-Laurent, lorsqu'on rejoint la rue Saint-Denis, de nombreux établissements grecs, italiens et vietnamiens bordent la rue.

Non loin du boulevard Saint-Laurent, 65 avenue Duluth Est, *L'Harmonie d'Asie* est un restaurant vietnamien qui pratique des prix raisonnables. Au n°450, essayez *La Maison Grecque*, très fréquentée. Vaste, elle dispose d'un patio en plein air. Vous pourrez vous procurer une bouteille de vin chez le dépanneur à deux pas de là. Le *Palais Gourmand*, 430 avenue Duluth Est, est une petite chocolaterie dont il faut goûter les gâteaux maison.

Le Plateau

La rue Saint-Denis, vers l'avenue des Pins, regorge de cafés-restaurants. Chaque année apporte son lot de nouveautés. Parmi les classiques : *La Brûlerie Saint-Denis*, au n°3967, prépare d'excellents cafés et chocolats, et les gâteaux sont aussi délicieux qu'appétissants ; le *Café Cherrier*, au n°4088, est fréquenté par une clientèle tout aussi hétéroclite. La cuisine grecque de l'*Ouzeri*, au n°4690, est traditionnelle. Le prix est très raisonnable (35 $ pour deux).

Pour goûter l'authentique cuisine québécoise et l'ambiance d'un restaurant typiquement montréalais, allez à *La Binerie Mont-Royal* (☎ 285-9078), 367 rue Mont-Royal Est. Les fèves au lard et le pouding chômeur sont la grande spécialité de la maison. Un repas complet n'excède pas 7 $. Possibilité de plats à emporter. Le restaurant est fermé le dimanche.

Au n°957 règne une ambiance tout aussi accueillante. Au *Porté Disparu* (☎ 524-0271), les soirées poésie ou philosophiques s'apprécient devant une salade ou une tarte salée maison.

Rue Prince-Arthur

Située entre le Quartier latin et le Plateau, la rue Prince-Arthur est une ancienne rue résidentielle dont la portion piétonnière s'est transformée en zone de restaurants très bon marché. Les enseignes grecques et vietnamiennes dominent. *La Casa Grecque*, 200 rue Prince-Arthur Est, jouit d'une excellente renommée. La cuisine est succulente et l'addition, aussi agréable (20 $ pour deux).

Autre très bonne adresse, japonaise cette fois, l'*Akita* est situé 166 rue Prince-Arthur Est. Avant 19h30, la table d'hôte est d'un excellent rapport qualité/prix.

Mile End

Le long des rues Bernard et Saint-Laurent s'égrènent de bons restaurants et des cafés douillets. *La Moulinière*, 1249 rue Bernard, peut être considérée comme le spécialiste des moules. Au menu : une douzaine de préparations dont une au cognac et au poivre vert. A l'arrière se trouve une agréable terrasse. L'addition s'établit en moyenne à 15 $. *Le Bernardin*, 387 rue Bernard, est un bistrot à la française. Un repas revient à environ 50 $ pour deux, vin inclus.

L'avenue du Parc, qui se poursuit au-delà du mont Royal au nord, regroupe surtout des restaurants grecs plus traditionnels (pas de kebabs), spécialisés pour la plupart dans le poisson. Le meilleur est le *Milos*, 5357 avenue du Parc. Un dîner pour deux s'élève à environ 110 $, apéritif inclus.

Chinatown

La cuisine est essentiellement cantonaise, mais quelques plats épicés sichuanais apparaissent sur les menus. Les restaurants vietnamiens ont fleuri depuis quelques années. Des menus spéciaux du jour à partir de 6 $, thé compris, sont souvent proposés. Des établissements plus ou moins bon marché jalonnent la rue de La Gauchetière.

Le Cristal de Saigon, 1068 boulevard Saint-Laurent, est un restaurant vietnamien servant d'excellentes soupes (à 4 $ environ). Au n°1071, de l'autre côté de la rue, le *Hoang Oanh* prépare de bons sandwiches vietnamiens à base de produits de la mer.

Le Jardin de Jade, 57 rue de La Gauchetière Ouest, avec son immense buffet, ses nombreuses salles de tailles différentes, propose plusieurs formules. En milieu d'après-midi, le premier prix est à 5,50 $ (7,50 $ après 21h). Comptez 11 $ pour un dîner.

DISTRACTIONS

A Montréal, la vie nocturne, particulièrement riche et variée, se déroule aussi bien en français qu'en anglais. Les clubs servent de l'alcool jusqu'à 3h – les heures d'ouverture les plus tardives du Canada. Dîner dans de nombreux bars suppose d'arriver après 22h ou 23h et de ne pas trop faire preuve d'impatience devant la queue.

Voir (en français) et son pendant anglais *Mirror*, deux hebdomadaires distribués gratuitement dans les lieux publics de la ville, fournissent la liste des distractions montréalaises, enrichie de nombreux articles culturels souvent fort instructifs. Dans *La Presse* et *Le Devoir* du vendredi, on trouve toutes les manifestations de la fin de semaine.

Pour le théâtre et sa programmation, un service téléphonique (☎ 790-2787) donne les informations souhaitées.

Discothèques, bars et pubs

Les rues Crescent, de la Montagne et Bishop connaissent une animation fiévreuse la nuit, avec des clubs de type discothèques (jeans non autorisés) et des endroits plus décontractés. C'est le quartier pour passer une nuit à l'anglaise. Les francophones se regroupent dans la rue Saint-Denis.

Le *Sir Winston Churchill Pub* (☎ 288-0616), 1459 rue Crescent, est l'endroit populaire où l'on va danser.

Le *Thursdays*, 1449 rue Crescent, est réservé aux célibataires.

Le Pacha, 1215 boulevard de Maisonneuve Ouest, à l'angle de la rue Drummond, attire une clientèle d'hommes d'affaires et de cadres. Le *Soundgarden*, 1426 rue Stanley, est une discothèque plus décontractée.

La Salsathèque, 1220 rue Peel, est un endroit élégant et animé où se produisent des orchestres latino-américains.

Le *Yellow Door Coffee House* (☎ 398-6243), 3625 rue Aylmer, a survécu aux années 60, époque à laquelle les jeunes Américains venaient chercher refuge au Canada pour échapper à la conscription. Les concerts de musique folk sont devenus plus rares. Renseignez-vous. Fermé en été.

La plus grande discothèque de la ville, *Le Metropolis*, 59 rue Sainte-Catherine Est, dispose de bars répartis sur trois étages. Musique assourdissante et système d'éclairage dernier cri sont garantis. Elle est ouverte seulement le week-end. Dans le Vieux-Montréal, 104 rue Saint-Paul, *Les Deux Pierrots* (☎ 861-1270) occupent deux étages, avec des chanteurs francophones et une atmosphère détendue. L'entrée est gratuite.

On peut écouter de la musique new wave ou punk aux *Foufounes Électriques* (☎ 844-5539), 87 rue Sainte-Catherine Est.

Sur les hauteurs du Plateau Mont-Royal, le *Café Campus* (☎ 844-1010) est un des hauts lieux estudiantins et *Rage*, 5116 avenue Parc, vaut autant pour la musique que pour l'ambiance.

Quai des Brumes, 4481 rue Saint-Denis, est un établissement agréable pour le rock et le blues.

Il existe plusieurs bons endroits pour écouter du jazz. Mentionnons *L'Air du Temps* (☎ 842-2003), dans le Vieux-Montréal, 191 rue Saint-Paul Ouest, à l'angle de la rue Saint-François-Xavier. Les solistes se produisent à partir de 17h, les groupes après 21h30. Ce sont essentiellement des musiciens locaux. L'atmosphère et le décor sont agréables. Au *Biddles* (☎ 842-8656), 2060 rue Aylmer, vous profiterez des prestations d'un trio, d'un orchestre ou d'un chanteur. Vous pouvez aussi vous restaurer. *Les Beaux Esprits* (☎ 844-0882), 2073 rue Saint-Denis, est un autre grand lieu du jazz et du blues. Dans la même veine et à proximité, 311 rue Ontario Est, découvrez le *Thélème* (☎ 845-7932).

Depuis trois ans, les bars décontractés à l'atmosphère langoureuse et feutrée ont fleuri à Montréal. La pièce "cigare" attenante fait partie du décor. La tendance Lounge est devenue une mode où flotte toujours un air de jazz ou de blues. Le plus coté (et à juste titre) dans cette catégorie est le *Jello Bar* (☎ 285-2621), 151 rue Ontario Est. Plus chic, *L'Allegra*, 3523A boulevard Saint-Laurent, joue la carte baroque. Dans les alcôves tendues de lourds rideaux rouges souvent fermés, un téléphone permet de joindre la serveuse. Plus fraternel, l'*Exotica* (☎ 273-5015), 400 avenue Laurier Ouest, propose, du jeudi au samedi, du jazz que l'on écoute affalé dans l'un des canapés. Dans le registre tables de billards et bar aux lumières bleutées, le *Swimming* (☎ 282-7665), 3643 boulevard Saint-Laurent, joue dans la discrétion accueillante.

Les pubs ont également le vent en poupe et reçoivent souvent de très bons groupes. Le *Hurley's Irish Pub* (☎ 861-4111), 1125 rue Crescent, est l'étape obligée. Concerts, danses irlandaises, matchs de rugby retransmis sur grand écran, petit coin feutré pour causeries en tout genre, faites votre choix. L'espace est vaste et chaleureux. *Le vieux Dublin*, 1219 rue University, installé au fond d'un parc de stationnement dans le centre-ville, est le doyen des pubs irlandais de la ville. Des groupes se produisent tous les soirs à 21h30. Airs celtes et jazz sont également au programme de *L'île Noire* (☎ 849-6555), 342 rue Ontario Est. Le *Finnegan's Irish Pub & Grill*, 82 rue Prince-Arthur East, et le *Fûtembulle*, 273 rue Bernard Ouest, disposent d'un grand choix de bières écossaises et irlandaises.

Pour jouir d'un superbe panorama sur la ville, rendez-vous au bar du dernier étage du très luxueux hôtel *Château Champlain*, square Dorchester. Les boissons sont coûteuses.

La scène gay

La vie nocturne se déroule pour l'essentiel dans les bars et les cabarets du Village ouverts jusqu'à 3h. Les discothèques sont peu nombreuses.

Le *Sky Club* (☎ 529-6969), 1474 rue Sainte-Catherine Ouest, est la boîte fréquentée par l'ensemble de la communauté homosexuelle tout comme *Le Home* (☎ 523-0064), 1450 rue Sainte-Catherine Ouest. Plus branchés et essentiellement réservés aux hommes, citons *La Track* (☎ 521-1419), 1584 rue Sainte-Catherine Est, et le *K.O.X.* (☎ 523-0064), au n°1450. A proximité, et seulement accessible aux femmes, se tient le *Sister's*, 1474 rue Sainte-Catherine. Le cabaret *Sapho* (☎ 523-0292), 2017 rue Frontenac, est lui aussi fermé aux hommes.

De nombreux spectacles en tout genre sont à l'affiche du *Mississippi Club* (☎ 523-4679), 1592 rue Sainte-Catherine Est.

Cinéma

Le septième art occupe une place vraiment importante à Montréal. Pour preuve, les multiples festivals qui s'y déroulent : le Festival des Films du monde fin août, le Festival du Nouveau Cinéma, celui des films scientifiques, des films d'art, la Quinzaine du cinéma québécois, celle du jeune cinéma, ou celle du film multiculturel… Les salles sont nombreuses et le prix des places se monte à 8,5 $ (4,5 $ avant 18h). Reportez-vous également à la rubrique *Arts et culture* dans le chapitre *Présentation du Québec*.

L'Impérial (☎ 843-0300), 1430 rue de Bleury, ouvert en 1916, est sans nul doute, avec sa décoration baroque tout de velours rouge revêtue, le fleuron architectural des cinémas québécois. A voir également : *L'Égyptien* (☎ 849-3456), 1455 rue Peel, et

L'Office national du film subit la crise

Montréal est depuis 1955 le siège de l'Office national du film (le National Film Board of Canada), une société d'État unique au monde. Il n'est en effet pas un seul pays qui ne se soit autant impliqué dans le septième art : les cinéastes sont des salariés sous contrat à durée indéterminée, payés par l'État !

Créé en 1939 par le gouvernement fédéral d'Ottawa et sous l'impulsion du réalisateur de documentaires John Grierson, l'ONF a eu dès son origine pour objectif premier de soutenir la création de scénarii, la recherche, la production et la distribution de films documentaires, d'animation et de fiction.

En 1952, l'ONF utilise pour la première fois dans l'histoire du cinéma la nouvelle pellicule 35 mn EastmanColor de Kodak pour la réalisation d'un film (Royal Journey). En 1964, il met au point une batterie pour les caméras 16 mm et un système d'enregistrement de son synchronisé permettant la réalisation d'un style de documentaire, "le documentaire vérité", qui donnera au cinéma québécois ses lettres de noblesse.

L'Office est en effet un organisme engagé, dans tous les sens du terme. Auprès du public d'abord. Au Canada, l'ONF dispose d'antennes dans toutes les grandes villes accessibles à ceux qui souhaitent visionner ses productions. Il l'est aussi en matière de sujets abordés. C'est lui qui décide de créer, en 1974, Studio D, un département production de films réservé et consacré exclusivement aux femmes, sans équivalent encore dans le monde. Studio D montera à son tour en 1990 une autre unité de production ouverte aux réalisatrices amérindiennes et à leurs films.

Mais si l'ONF a beaucoup œuvré pour le cinéma canadien et surtout québécois, il n'a pas permis l'éclosion d'une véritable industrie cinématographique autonome. Dépendant financièrement d'Ottawa, il est aujourd'hui touché de plein fouet par les restrictions budgétaires fédérales. En 1996, le département recherche a fermé ses portes. Tout un symbole. ■

le *Loews* (☎ 861-7437), 954 rue Sainte-Catherine Ouest.

La Cinémathèque québécoise (☎ 842-9763), 335 boulevard de Maisonneuve Est, est un autre lieu incontournable (fermé le lundi). La programmation est d'une exceptionnelle qualité. L'*Office national du film* (☎ 496-6887), 1564 rue Saint-Denis, dispose d'une salle de cinéma, d'une vidéothèque et d'une cinérobothèque unique en son genre qui permet de visionner un film de son choix sélectionné dans la collection riche de cinquante-cinq années de production. Ses services sont accessibles de 12h à 21h du mardi au dimanche (3 $ l'heure). Consultez également l'encadré *L'Office national du film subit la crise*, dns cette rubrique.

Le Cinéma Parallèle, accessible par le Café Méliès (☎ 843-6001), 682 boulevard Saint-Laurent, draine un public tout aussi cinéphile que décontracté.

Le Cinéma du Parc (☎ 287-7272), 3575 avenue du Parc, propose deux films par soirée. La plupart sont d'origine américaine, mais des films européens sont également projetés.

Le cinéma *IMAX* (☎ 496-4629 ou 1 800 349-4629), logé dans les anciens hangars du quai King-Edward dans le Vieux-Port, présente sur un écran géant des films tournés en trois dimensions (11,95 $ par adulte et 9,95 $ pour les plus de 13 ans).

Théâtre et danse

Les Ballets Jazz de Montréal, une troupe de danse moderne, jouissent d'une réputation mondiale et se produisent fréquemment à Montréal. Le complexe de La Place des Arts, à l'angle des rues Sainte-Catherine Ouest et Jeanne-Mance, vit au rythme des festivals et des manifestations culturelles. Dans la salle Wilfrid-Pelletier (2 982 places) se tiennent les concerts de l'orchestre symphonique. L'opéra de Montréal s'y produit également. Les trois autres salles de spectacles sont réservées au théâtre.

Le théâtre Centaur (☎ 288-3161), 453 rue Saint-François-Xavier, est spécialisé dans les représentations théâtrales en anglais.

Manifestations sportives

Voir un match de hockey est une autre façon de s'imprégner de la culture montréalaise et de participer à l'un des loisirs préférés des Québécois. Les Canadiens, gagnant de la coupe Stanley à 24 reprises, disputent leur match dans le splendide Centre Molson, 1260 rue de la Gauchetière Ouest, au coin de la rue Montain et de la rue Antoine. La saison va d'octobre à mai. Les prix varient entre 15 et 75 $. Il est préférable de réserver son siège (☎ 989-2841).

Le base-ball est une autre passion. Chaque année, d'avril à septembre, les Expos de Montréal rencontrent leurs rivaux de la Ligue Nationale de base-ball au Stade olympique (☎ 846-3976), situé 4549 avenue Pierre-de-Coubertin. Métro : Pie-IX.

La saison du club de football Les Alouettes de Montréal commence en juin et se termine en novembre. Les matchs se jouent au Stade olympique (☎ 252-4141).

Les courses hippiques se déroulent à l'hippodrome (☎ 739-2741) situé 7440 boulevard Décarie. Mieux vaut téléphoner pour connaître les heures d'ouvertures. L'entrée s'élève à 3,75 $.

Autres distractions

Implanté à Montréal, le Cirque du Soleil, qui connaît aujourd'hui une renommée internationale, crée des spectacles essentiellement fondés sur des acrobaties et d'étonnants tours d'adresse. Il ne possède pas d'animaux. Le casino de Montréal (☎ 1 800 361-4595 ou 790-1245), l'un des dix plus grands du monde, est ouvert jour et nuit. Pour plus de détails, reportez-vous au paragraphe *Île Notre-Dame*.

ACHATS

Les boutiques des musées de Montréal, notamment celle du Musée McCord, proposent des ouvrages et de très beaux objets (des sculptures en bois, par exemple), des jouets pour enfants ainsi que des plaids aux couleurs vives.

La galerie d'art inuit Elca London (☎ 282-1173), 1196 Sherbrooke Ouest, possède une belle collection de sculptures, à voir absolument. Certaines pièces restent relativement abordables.

Le long de la rue Amherst, entre les rues Ontario et de Maisonneuve, brocanteurs et antiquaires font les plaisirs des amateurs.

Pour les équipements de survie et de sport, de détente ou de camping, Le Baron (☎ 866-8848), 932 rue Notre-Dame Ouest, est la meilleure adresse. Le choix est important et la qualité des produits, sans égal. *J.Schreter* (☎ 845-4231), 4350 boulevard Saint-Laurent, affiche sur certains produits des prix plus intéressants, mais le choix est plus limité.

COMMENT S'Y RENDRE

Avion

Montréal dispose de deux aéroports internationaux. Situé à 20 km du centre-ville, à l'ouest, l'aéroport de Dorval (☎ 633-3105) est utilisé pour les vols intérieurs et les liaisons avec les autres provinces du Québec et les États-Unis. L'aéroport de Mirabel (☎ 476-3010), à 6 km au nord, accueille tous les vols internationaux.

Les deux aéroports sont dotés d'un numéro gratuit, le ☎ 1 800 465-1213. Par Canadian Airlines (☎ 841-2211), l'aller Halifax-Montréal revient à 335 $, Toronto à 250 $ et Winnipeg à 520 $, taxes non comprises.

Air Canada (☎ 393-3333) pratique des prix identiques.

Bus

La gare routière (☎ 842-2281) est située 505 boulevard de Maisonneuve, à l'angle du boulevard de Maisonneuve et de la rue Berri, non loin de la rue Saint-Denis, à côté de la station de métro Berri-UQAM. La gare est utilisée par Voyageur Lines, Orléans Express et des petites compagnies régionales québécoises, mais aussi par Greyhound (en provenance des États-Unis) et Vermont Transit qui relie Montréal à Boston en quelque sept heures, avec un changement à Burlington (Vermont). Lorsque vous prenez un bus Greyhound pour les États-Unis, vérifiez si le prix du billet est en dollars US ou canadiens.

De manière générale, il est recommandé de se présenter au guichet 45 minutes avant le départ. Dans le hall, non loin du comptoir des renseignements, un libre-service délivre également les billets (cartes de crédit acceptées). Des tarifs préférentiels sont accordés aux étudiants, aux seniors et aux enfants.

Orléans Express (☎ 842-2281) assure les liaisons de Montréal vers l'Est. La compagnie relie notamment Montréal à Québec tous les jours de 6h à 22h (dernier départ à 24h). Le trajet dure 3 heures et revient à 35,90 $, toutes taxes comprises.

Voyageur Lines relie quotidiennement Ottawa en 2 heures et demie (départs toutes les heures de 6h à 22h ; 27,30 $). Le dernier bus est à 23h30. Celui de 6h ne fonctionne pas les samedi et dimanche. Pour la liaison Montréal-Toronto (69,74 $), il existe sept départs par jour (6 heures 45 de trajet).

Limocar Laurentides (☎ 842-2281) dessert les principales villes des Laurentides, et la compagnie Auger, les grandes destinations des Cantons de l'Est.

Train

Les deux gares, l'une à côté de l'autre, sont en centre-ville. Vous pourrez vous rendre de l'une à l'autre en 10 minutes par le passage souterrain.

La gare CN-VIA Rail, également appelée gare centrale, sous l'hôtel de la Reine Elizabeth, à l'angle du boulevard René-Lévesque et de la rue Mansfield, reçoit la plupart des passagers de VIA Rail (☎ 989-2626). Métro : Bonaventure.

En semaine, cinq services de trains sont assurés quotidiennement pour Ottawa (premier départ à 6h55, dernier à 19h47) ; six pour Toronto (premier départ à 7h15, dernier à 18h) et quatre pour Québec (à 7h05 pour le premier et 18h pour le dernier). Pour Ottawa/Toronto/Québec, vous débourserez 37/87/45 $. Le samedi et le dimanche, le trafic est réduit.

Pour toute information sur les destinations aux États-Unis, contactez Amtrak (☎ 1 800 872-7245). Par Amtrak, comptez entre 45 et 75 $US l'aller simple pour New

York (réductions avantageuses sur l'aller-retour). Les tarifs varient en fonction du mois durant lequel vous vous déplacez. Vérifiez bien que la somme vous est donnée en dollars US.

La gare Windsor fait l'angle de la rue Peel et de la rue de La Gauchetière, à quelques pâtés de maisons de la gare CN-VIA Rail. Descendez à la même station de métro. Ce sont surtout des trains de banlieue qui utilisent aujourd'hui cette vieille gare.

Voiture

La Transcanadienne (40) relie Ottawa à Montréal. Elle devient alors l'autoroute Métropolitaine avant de continuer sur Québec (côté rive nord du Saint-Laurent). Pour vous rendre à Québec par la rive sud, empruntez l'autoroute 20. La 20 rejoint Toronto. Pour les États-Unis, prenez l'autoroute 10 (celle des Cantons de l'Est) ou l'autoroute 15 qui se rejoignent au pont Champlain. Pour les Laurentides, choisissez l'autoroute 15 en direction de l'aéroport de Mirabel.

Covoiturage

Allô Stop (☎ 985-3032), 4317 rue Saint-Denis, met en contact automobilistes et passagers (consultez le chapitre *Comment Circuler*). Comptez 15 $ pour Québec. Allô Stop dessert également Toronto (28 $), Ottawa (12 $), New York et plusieurs autres villes.

COMMENT CIRCULER

Desserte de l'aéroport

Pour se rendre à l'aéroport de Dorval, le moyen le plus économique consiste à prendre, à la station de métro Lionel-Groulx, le bus n°211 jusqu'au terminus Dorval. De là, le bus n°204 vous emmène gratuitement à l'aéroport. Prévoir 1 heure 30 au total pour le trajet.

Une autre solution, au tarif identique mais encore plus longue (à moins d'être à proximité d'une des lignes de bus), consiste à prendre le métro jusqu'à Crémazie, puis le bus n°100 en direction de l'aéroport. Demandez au chauffeur qu'il vous laisse descendre à la correspondance pour prendre le n°209. Coût total pour l'un ou l'autre trajet : 1,75 $.

Depuis l'aéroport de Dorval, pour se rendre à Montréal, empruntez le bus n°204 Est jusqu'à la gare routière de Dorval, puis le n°211 Est, qui mène jusqu'au métro. Il faut parfois compter une demi-heure d'attente entre les bus. Les bus n°204 et 211 circulent de 5h à 1h.

La troisième possibilité, plus onéreuse mais nettement moins contraignante, consiste à prendre un bus de la compagnie Connaisseur (☎ 934-1222), qui assure des liaisons quotidiennes de l'aéroport de Dorval au centre-ville pour 9 $ l'aller simple (16,50 $ l'aller-retour). Départ toutes les 20 minutes de 7h à 23h et toutes les demi-heures après 24h (30 minutes de trajet).

La course en taxi du centre-ville à l'aéroport de Dorval revient approximativement à 25 $.

L'aéroport de Mirabel se trouve à environ 60 km au nord du centre-ville, sur l'autoroute 15 des Laurentides. En voiture ou en bus, il faut compter entre 45 minutes et 1 heure. Là encore, la compagnie Connaisseur assure un service de bus toutes les demi-heures de 12h à 20h et toutes les heures pour les tranches 20h-1h et 6h-11h avec deux arrêts : l'un à la station de métro Bonaventure, l'autre à la station-gare routière Berri-UQAM (14,5 $ l'aller simple, 20,5 $ l'aller-retour ; demi-tarif pour les seniors et les 5-12 ans).

En taxi, la course revient à 58 $. De 9h30 à 20h30, les deux aéroports sont reliés toutes les demi-heures par un bus (12,50 $).

Bus et métro

Montréal dispose d'un système de métro/bus (☎ 288-6287) très étendu et extrêmement pratique. Le métro fonctionne jusqu'à 1h et certains bus encore plus tard.

Un ticket à l'unité coûte 1,85 $ (16 $ le carnet de 12). Il existe une carte de touriste à la journée (5 $) ou pour trois jours consécutifs (12 $), disponible dans quelques stations, dont celle de Berri-UQAM. Un ticket vous donne droit à une correspondance avec le bus ou le métro. Dans les bus, adressez-vous au conducteur pour obtenir un ticket de correspondance. Dans le métro, des distributeurs prévus à cet effet après les tourniquets en fournissent. Les bus acceptent les tickets simples, les tickets de correspondance et l'appoint.

Les stations sont signalées par de grands panneaux bleus dotés d'une croix blanche pointée vers le bas. Le réseau est essentiellement orienté Est-Ouest, avec une ligne Nord-Sud qui marque une intersection à Berri-UQAM.

La partie ouest de la ville est desservie par un train de banlieue dont les départs se font des stations Bonaventure et Vendôme.

Voiture

En ville, la plupart des rues sont à sens unique et la circulation est dense. Il est relativement facile de se repérer dans le centre-ville. En revanche, pour le stationnement, tenez compte des panneaux limitant les périodes et les temps autorisés, car les contrôles sont fréquents et sévères. L'heure de parcmètre revient à 1 $ (prévoyez des pièces de 25 c). Préférez l'un des nombreux parkings. Le week-end et le soir, certains ne coûtent que 4 $. Une carte des aires de stationnement est disponible au Centre Infotouriste du square Dorchester.

Évitez de circuler en voiture dans le Vieux-Montréal – les rues sont étroites et souvent encombrées en été.

Enfin, sachez que conduire sur l'autoroute Métropolitaine (la Transcanadienne, qui traverse Montréal) est une expérience éprouvante.

Location de voitures. Il existe de nombreuses agences et succursales disséminées dans toute la ville. Les plus importantes sont représentées dans chaque aéroport.

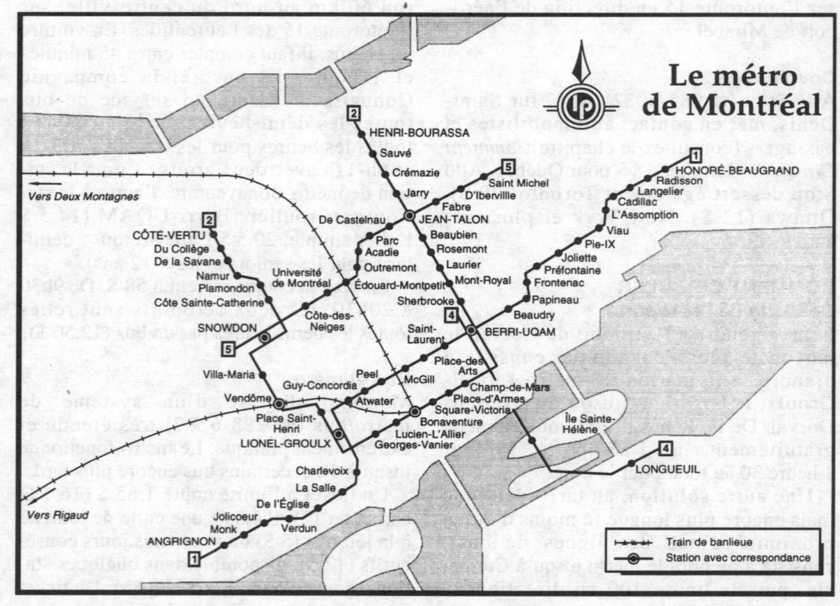

Pour une même société, les prix (donnés toujours hors taxes et hors assurances) varient d'une agence à une autre mais aussi d'une saison à une autre. La location en kilométrage illimité sur place est très difficile à obtenir (consultez le chapitre *Comment circuler*).

Budget (☎ 866-7675) possède de multiples succursales dans Montréal. Celle de la gare centrale facture 40 $ par jour en fin de semaine (300 kilomètres gratuits), et 12 c par kilomètre supplémentaire pour les premiers modèles. En semaine, il faut ajouter un dollar. En été, comptez 55 $ la journée (100 km gratuits par jour et 15 c par km supplémentaire).

Hertz (☎ 842-8537), 1475 rue Aylmer, et Avis (☎ 288-9934), 505 boulevard de Maisonneuve Est, affichent les mêmes tarifs. Avis consent néanmoins des rabais intéressants aux étudiants si la location dépasse la semaine. L'agence Hertz à l'aéroport de Mirabel peut vous accorder un prix avantageux à la semaine en kilométrage illimité si vous vous montrez persuasif.

La compagnie National Tilden (☎ 878-2771), 1200 rue Stanley, demande 34,99 $ par jour en semaine (200 km gratuits ; 15 c par kilomètre supplémentaire). Le week-end, la location journalière tombe à 24,95 $, avec kilométrage illimité.

Via Route (☎ 871-1166), 1255 rue Mackay, englobe assurances et taxes dans ses prix. La journée revient à 55,73 $ (200 km gratuits, 12 c par kilomètre supplémentaire). Ce dernier loue aussi des camping-cars et des minibus.

Bicyclette

Avec plus de 300 km de voies cyclables, l'île de Montréal bat le record régional en la matière. Les offices du tourisme et les loueurs de bicyclettes fournissent de très bonnes cartes des voies et pistes réservées aux cyclistes. Un circuit de 12 km part notamment de la lisière du Vieux-Montréal, au sud-ouest, vers Lachine, en longeant le vieux canal.

Dans le Vieux-Port, à proximité de l'édifice IMAX, Vélo Aventure (☎ 847-0666), sur le quai King-Edward, est une adresse recommandée pour les locations et les réparations. Ouverte tous les jours de mai à octobre, cette société demande 20 $ la journée de location en semaine (22 $ le week-end), casque et cadenas inclus. Des formules à l'heure ou à la demi-journée sont également possibles, ainsi que des tarifs famille. Des sièges pour enfants et des poussettes à accrocher à l'arrière du vélo sont disponibles. Des cartes des pistes cyclables sont également distribuées.

Calèches

Pouvant transporter jusqu'à 4 ou 5 personnes, elles circulent principalement autour du square Dorchester, du Vieux-Montréal, ou sur le mont Royal. Comptez environ 30 $ la demi-heure et 50 $ l'heure.

Circuits organisés en bus

Au Centre Infotouriste du square Dorchester, Gray Line (☎ 934-1222) organise différents circuits touristiques. Le tour du cœur de la ville dure une heure et demie et coûte 16,50 $. L'excursion "de luxe" est plus intéressante. Elle dure 5 heures et coûte 37 $, un tarif qui inclut l'entrée à certaines attractions telles le Biodôme.

La compagnie Tours (☎ 871-4733), est également installée 1001 rue du Square-Dorchester, dans le Centre Infotouriste. De là partent des promenades en pseudo-trolleybus. Les options offertes sont très diverses et les prix, équivalents à ceux de Gray Line. Vous pouvez monter dans le bus et descendre aux différents monuments.

Amphi Bus (☎ 849-5181) joue l'originalité. Vous sillonnez d'abord en bus le quartier du Vieux-Port pendant une trentaine de minutes, puis le voilà qui avance dans le fleuve et vous offre une croisière d'une autre demi-heure ! Il fonctionne tous les jours de mai à la fin octobre de 10h à 24h. Le tour part du quai King-Edward, à l'angle des rues de la Commune et de Saint-Laurent. Il est indispensable de réserver.

Croisières fluviales

De nombreuses agences proposent des croisières en bateau. Les navires de Montréal Harbour Cruises Ltd (☎ 842-3871 ou 1 800 667-3131) partent du quai de l'Horloge au pied de la rue Berri, dans le Vieux-Montréal. Le circuit de base, d'une durée de deux heures, fait le tour du port, de l'île Sainte-Hélène et des îles de Boucherville pour 20 $. Des croisières plus longues, au coucher du soleil, ou des soirées dansantes (le week-end) sont également au programme. Le Nouvelle-Orléans, un bateau à aubes, offre un autre cadre de navigation.

Les circuits à bord du confortable Bateau Mouche (☎ 849-9952 ou 1 800 361-9952), péniche de style parisien, plus luxueuse, sont recommandés. Ils partent du quai Jacques-Cartier et durent une heure et demie, à des tarifs similaires aux autres sociétés. Appelez pour réserver.

LES ENVIRONS DE MONTRÉAL

Oka

Cette petite ville est située à 50 km environ à l'ouest de Montréal, au confluent de la rivière des Outaouais et du Saint-Laurent, en bordure du lac des Deux Montagnes.

L'endroit est notamment célèbre pour son **monastère** dont la construction remonte à 1880. Le monastère, qui compte 70 moines trappistes, est ouvert au public. Vous pourrez admirer de belles œuvres d'art, plusieurs bâtiments anciens en pierre et un chemin de croix. La chapelle, les jardins et la boutique sont fermés le dimanche.

En 1990, Oka devint le théâtre d'un affrontement durable entre les Mohawks et les autorités provinciales et fédérales. Motivée tout d'abord par des questions foncières locales, cette crise symbolisa bientôt tous les problèmes nationaux que les Amérindiens souhaitaient voir résolus au plus vite, notamment les questions relatives à leurs droits territoriaux et à leur indépendance.

En bordure du lac des Deux Montagnes, le **parc d'Oka** propose une multitude d'activités. L'hiver, vous vous adonnerez au ski de randonnée (70 km de pistes) et aux raquettes. L'été, baignade (plage surveillée), planche à voile, canoë, kayak et promenade pédestre ou cyclotouristique composent les attractions. Sur place, on peut louer l'ensemble de l'équipement. Comptez 15 $ la location du matériel de ski de randonnée. Pour camper, munissez-vous de votre équipement.

A trente minutes de Montréal, le parc est accessible soit par la route 344, soit par l'autoroute 15 ou par la 13, puis par l'autoroute 640 direction Ouest.

Rivière Rouge

Au nord-ouest de Montréal, non loin de l'Ontario, les rapides de la rivière Rouge, accessibles par Calumet, sont bien connus des passionnés de rafting qui considèrent cet endroit comme l'un des meilleurs du Québec.

De mai à octobre, plusieurs agences organisent à partir de Montréal des descentes d'une journée ou d'un week-end. Mentionnons, entre autres, New World River Expeditions (☎ 242-7238 ou 1 800 361-5033). Le prix est de 85 $ hors taxes.

Sucrerie de la Montagne

Au cœur d'une forêt d'érable, la Sucrerie (☎ 451-5204) est un lieu où les Montréalais aiment venir déjeuner ou dîner en fin de semaine. L'établissement joue ostensiblement la carte de la tradition. La récolte et la fabrication du sirop font l'objet d'une visite dans l'érablière et dans le local de transformation de la sève. La formule déjeuner-visite commentée coûte 30 $ (40 $ pour le repas du soir).

Pour s'y rendre, prendre l'autoroute 40 direction Ottawa puis la sortie 17. La cabane à sucre est alors à 60 km, 300 chemin Saint-Georges, à Rigaud.

Réserve indienne de Kahnawake

Au sud de Lachine, au point de rencontre entre le pont Honoré-Mercier et la rive sud, s'étend la réserve indienne de Kahnawake où vivent quelques 5 000 Mohawks. Située à environ 18 km du centre de Montréal, cette réserve (☎ 632-7500) fut le théâtre d'un affrontement qui dura plusieurs mois entre les Mohawks, le Québec et le gouvernement fédéral durant l'été 1990. Les revendications territoriales des Mohawks se transformèrent en opposition symbolique contre le traitement infligé aux Amérindiens dans tout le pays.

Dans le centre, l'**église Saint-François-Xavier** possède un petit **musée**. L'entrée est gratuite (ouvert tous les jours de 10h à 12h et de 13h à 17h). La messe dominicale de 11h est chantée en mohawk.

Vous pourrez visiter les bâtiments de la **mission** datant du XVIIe siècle, dotée de quelques boutiques de souvenirs et d'artisanat. Un **circuit pédestre** (☎ 635-7289) a été aménagé et s'effectue en compagnie d'un guide uniquement les vendredi, samedi et dimanche de 10h à 12h. Le prix est de 16 $ par adulte. Vous pouvez appeler pour que l'on vienne vous chercher (10 $ l'aller-retour).

Toujours sur le site, le **Centre culturel** possède une importante bibliothèque consacrée aux six nations de la Confédération iroquoise et présente des expositions principalement axées sur la réserve et son histoire. Des spectacles de danses traditionnelles sont organisés. Renseignez-vous auprès du musée. Pour y accéder de Montréal, rejoindre l'autoroute 138 Ouest et traverser le pont Honoré-Mercier. Kahnawake est sur la droite, en contrebas, sur la rive sud du Saint-Laurent. Puis prendre la 132 et la rue principale Old Malone. L'église et le Centre culturel se trouvent sur la première route qui part à droite, une fois passé le tunnel.

Musée ferroviaire canadien

Ce musée (☎ 632-2410) se trouve 122A rue Saint-Pierre, à Saint-Constant, un quartier de la rive sud du Saint-Laurent, non loin de Châteauguay. Il possède notamment des spécimens des premières locomotives à vapeur et des wagons de voyageurs. L'entrée est de 5,75 $. Il est ouvert tous les jours de mai à mi-octobre. Téléphonez pour prendre connaissance des horaires. En dehors de cette saison, on ne peut le visiter que le week-end ou les jours fériés.

Empruntez le pont Champlain, vers la route 132 direction La Prairie, puis prenez la sortie 42 ; au cinquième feu de signalisation, tournez à gauche.

Parc des îles-de-Boucherville

Aux portes de Montréal, accessible par la rive sud du Saint-Laurent, ce parc est une oasis récréative, en particulier pour les amateurs de canoë. En mai et juin, canards, busards et pluviers viennent y nidifier. Sur terre, 22 km de pistes cyclables et de sentiers sillonnent les îles reliées par des ponts.

On peut louer des bicyclettes sur place, mais le dépôt ne se trouve pas à proximité du terminal du ferry. Mieux vaut louer un deux-roues en ville, sur le Vieux-Port par exemple. Il est prévu de rendre payant l'accès au parc (2,5 $ par véhicule).

En juin et en juillet, des randonnées en canoë sont organisées en fin de semaine par le parc. L'Aventurier de Montréal (☎ 849-4100) et Détour Nature (☎ 271-6046) proposent des soirées d'initiation au kayak de mer pour environ 40 $.

Le parc est ouvert de 8h au coucher du soleil. Il est accessible soit par l'autoroute 20, sortie 1, soit par la navette fluviale que l'on prend au Vieux-Port de Montréal. Le coût de la traversée est de 2,5 $. Pour les horaires, se renseigner à Info-navettes (☎ 281-8000).

Cosmodome et camp spatial Canada

Installé dans la périphérie nord de Montréal en bordure de l'autoroute 15 nord, le Cosmodome (☎ 978-3600) est un centre de sciences interactif consacré à l'espace et aux nouvelles technologies. Il est aussi un centre d'entraînement pour les cosmonautes amateurs. Les simulateurs et les ateliers attenants ne sont accessibles que sur réservation (☎ 1 800 565-2267). Ouvert de 10h à 18h du mardi au dimanche, le Cosmodome organise des conférences et des spectacles. L'entrée est de 8,75 $ (réduction pour les étudiants, les enfants et les seniors ; gratuit pour les moins de six ans).

Pour y accéder, prendre l'autoroute 15 nord, en direction de l'aéroport de Mirabel. La sortie est clairement mentionnée. Il suffit de se diriger vers la gigantesque fusée blanche du Cosmodome, repérable de loin, et de suivre les panneaux.

Les Laurentides

Au premier abord, les Laurentides donnent l'image d'une grande banlieue au nord de Montréal. Les Basses-Laurentides offrent en effet un paysage composite, mélange de plaines fertiles et d'îlots pavillonnaires, commerciaux et industriels.

Après la ville de Saint-Jérôme, la plaine du Saint-Laurent laisse place au massif du Bouclier canadien qui couvre 75% des Laurentides. Le paysage se vallonne. Les montagnes aux pentes douces et aux sommets arrondis se succèdent. La forêt est omniprésente et les lacs se comptent par milliers.

A une heure de route de Montréal et à deux heures d'Ottawa, les Laurentides représentent depuis les années 30 un espace de villégiature très fréquenté, une région de proximité idéale pour se détendre quelques jours et s'adonner au ski.

Les Laurentides possèdent en effet la plus importante concentration de domaines skiables d'Amérique du Nord. Les deux stations phares, Mont-Saint-Sauveur et Tremblant, drainent ainsi chaque année des centaines de milliers de personnes. D'autres villes plus petites et plus typiques comme Morin Heights, Val-David ou Val-Morin attirent tout autant.

Les hébergements foisonnent et la gastronomie est à l'honneur. Certains restaurants de la région comptent même parmi les meilleurs du Québec.

Le nord des Laurentides, le "Pays d'en haut" comme on le surnomme, sauvage et très peu peuplé, est le domaine des pourvoiries et des grands espaces.

A NE PAS MANQUER

- Les cafés de Morin Heights
- Le tronçon pittoresque du Parc linéaire entre Val-David et Val-Morin
- Les panoramas depuis la route 329 entre Morin Heights et Saint-Adolphe-d'Howard
- Une promenade autour du lac des Sables à Sainte-Agathe-des-Monts
- Le ski de soirée à Saint-Sauveur
- Une randonnée avec un guide naturaliste dans le parc du Mont-Tremblant

HISTOIRE

A l'arrivée des Français, la région est le terrain de chasse privilégié des nations amérindiennes, notamment algonquines. La fondation de Ville-Marie annonce le début de la colonisation dans cette partie du Québec. En 1673, le gouverneur de Frontenac décide en effet de créer quatre seigneuries le long de la rivière des Mille-Îles qui borde Montréal au nord. Il s'agit de développer la présence française dans ce bout de territoire. Pourtant, pendant plus d'un siècle, il n'intéressera personne.

L'exploitation forestière, qui débute dans les années 1835, marque un premier tournant. Des centres d'hébergement et de ravitaillement pour les travailleurs sont construits par les grandes compagnies forestières. Parallèlement, dans l'Outaouais, région située à l'ouest des Laurentides, la remontée vers le nord de l'immigration anglophone inquiète la France, qui encouragent ses compatriotes à s'installer dans les Laurentides. L'offensive est d'autant plus urgente que la misère grandissante dans la région conduit, depuis 1840, à un exode massif des Canadiens français vers les filatures de la Nouvelle-Angleterre.

Antoine Labelle, curé du petit village de Saint-Jérôme, se charge de mener bataille et d'enraciner les catholiques dans les Laurentides. En quelques années, il devient l'homme de la colonisation, le "roi du Nord".

Son projet consiste à essaimer des paroisses dans les Laurentides afin d'y installer des familles qui défricheront et feront de cette terre promise un immense jardin

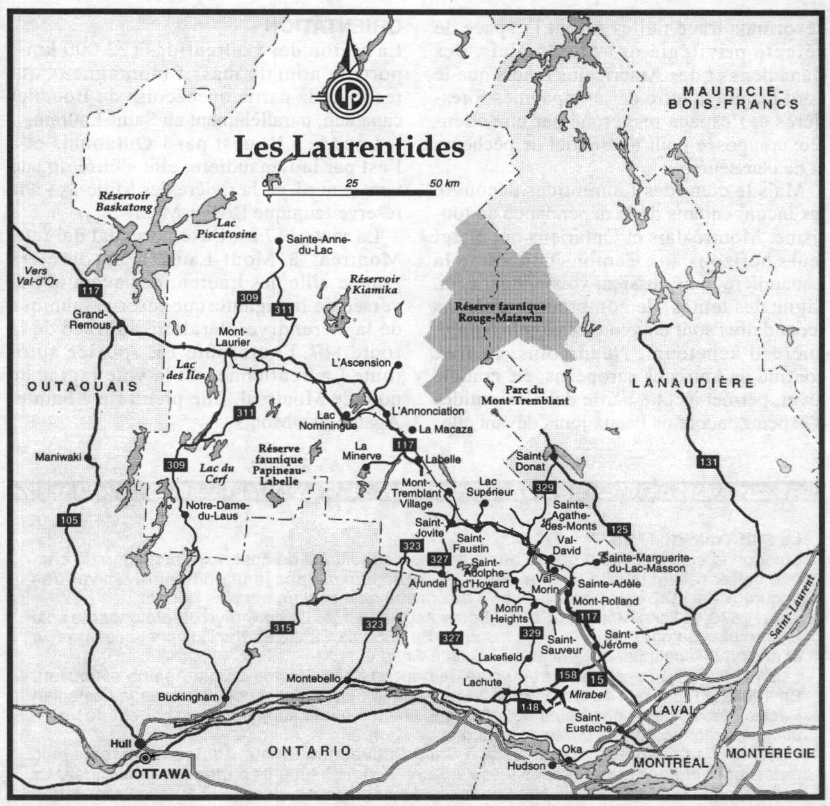

agricole. La Conception, l'Annonciation, Sainte-Véronique... sont créées. Mais la terre n'est pas aussi fertile que prévu et la période de hors gel trop courte pour cultiver quoi que ce soit. La misère sévit. De leur côté, les anglophones continuent de remonter le long de la rivière Rouge. Pour le curé Labelle, la solution, pour contrer l'avancée des protestants, réside dans une politique nataliste.

Parallèlement, il ambitionne de construire une ligne de chemin de fer afin de désenclaver la région. Ce sera le P'tit Train du Nord, véritable moteur du développement des Laurentides. En 1888, Antoine Labelle est nommé ministre d'État et de la Colonisation du Québec. Il sera le seul homme d'église à siéger au Parlement dans l'histoire du Québec.

En 1920, le tourisme se développe ; le ski est une activité à la mode. Des résidences secondaires sont construites et les villes s'étoffent. Certaines se débarrassent de leur nom d'origine, telles Saint-Sauveur, initialement baptisée la Circoncision par le curé Labelle. A nouvelle vie, nouvelle identité. Les années noires appartiennent au passé. Le destin des Laurentides est désormais tracé : elles seront l'espace de détente privilégié des Montréalais, des Canadiens et des Américains tandis que le nord restera la terre des compagnies forestières et l'espace recherché par une clientèle composée pour l'essentiel de pêcheurs et de chasseurs.

Mais le cœur des Laurentides découvre les inconvénients de la dépendance au tourisme. Montréalais et Ontariens ont élargi leurs horizons aux Cantons de l'Est, à la Lanaudière mais aussi au voisin américain. Signe des temps, de nombreuses maisons secondaires sont en vente et ne rencontrent guère d'acheteurs. Néanmoins, le flux continu de touristes européens, été comme hiver, permet à cette partie des Laurentides d'espérer encore de beaux jours devant elle.

ORIENTATION

La région des Laurentides (22 000 km^2) porte le nom du massif montagneux qui recouvre la partie québécoise du Bouclier canadien, parallèlement au Saint-Laurent.

Longée à l'ouest par l'Outaouais et à l'est par la Lanaudière, elle s'étire du sud vers le nord, de la rivière des Mille-Îles à la réserve faunique Rouge-Matawin.

La route 117 est l'axe nord-sud qui relie Montréal à Mont-Laurier, la dernière grande ville des Laurentides avant la traversée de la gigantesque réserve faunique de la Vérendrye. Parallèle au tracé de la route 117, l'autoroute 15, appelée autoroute Laurentienne, est la voie rapide au nord de Montréal. Elle prend fin à Sainte-Agathe-des-Monts.

Le P'tit Train du Nord

Lorsque le curé Labelle propose aux autorités de Montréal de construire une ligne de chemin de fer reliant la ville aux Laurentides, le projet n'est pas jugé prioritaire. L'hiver très rigoureux de 1872 et la pénurie du bois de chauffe relancent néanmoins l'idée.

En 1876, la ligne Montréal-Saint-Jérôme est inaugurée. Le curé rêve de prolonger la voie encore plus au nord, mais l'argent manque. En 1882, la Canadian Pacific achète l'entreprise et décide de continuer la ligne jusqu'à Sainte-Agathe.

En 1892, un an après la mort du curé, le tronçon Saint-Jérôme-Sainte-Agathe est ouvert. En 1909, le P'tit Train du Nord arrive à Mont-Laurier. Il devient si populaire que la Canadian Pacific met en place des trains de neige qui, chaque fin de semaine, transportent des centaines de Montréalais en quête de nature et de sport.

L'hiver, les citadins montent jusqu'à Saint-Sauveur ou Sainte-Agathe-des-Monts puis redescendent à ski et par étapes jusqu'à Saint-Jérôme. L'été, ils partent en randonnée. La belle époque du P'tit Train du Nord ne fait que commencer. Les années 30/40 seront certainement ses plus belles années.

Mais à la fin de la Seconde Guerre mondiale, le développement du réseau routier et ferroviaire dans tout le Québec lui enlève progressivement sa clientèle. Les Cantons de l'Est, la Lanaudière voisine et les États-Unis proches sont des terrains de loisirs tout aussi agréables. En 1969, le service passagers, non rentable, est interrompu. Sa réouverture huit ans plus tard ne durera que quatre hivers. En 1981, la ligne est définitivement fermée. Dix ans après, les rails sont démontés.

Dans les années 90 germe toutefois l'idée de faire de la voie la colonne vertébrale d'un parc protégé. Elle se concrétise en 1996 avec l'ouverture du parc linéaire Le P'tit Train du Nord. Il s'agit d'une piste de 200 km de long qui relie Saint-Jérôme à Mont-Laurier et que l'on emprunte à pied ou à vélo en été, à ski de fond ou en motoneige en hiver.

Comme autrefois le P'tit Train du Nord, la ligne traverse les villages de Prévost, Piedmont, Mont-Rolland, Sainte-Adèle, Val-Morin et Val-David. A Sainte-Agathe-Sud, soit à 49 km au nord de Saint-Jérôme, la piste est réservée aux motoneigistes du 1er décembre au 14 avril. Quant aux anciennes gares, transformées en café-restaurant, elles servent de relais et d'étapes. La ligne du P'tit Train du Nord n'a pas perdu de sa magie. ■

De Saint-Jérôme à Mont-Tremblant s'étend le cœur des Laurentides, où se concentrent les principaux lieux de villégiature de la région, accessibles directement d'Ottawa et de Hull par la route 148 Est puis la route 329 qui mène à Saint-Sauveur.

Au village de La Conception, à 100 km environ de Montréal, commence la région des Hautes-Laurentides, connue pour ses deux réserves fauniques, Rouge-Matawin au nord et Papineau-Labelle à l'ouest.

La rivière Rouge et la rivière du Lièvre, affluents de la rivière des Outaouais, sont les deux principales voies de pénétration sud-nord.

FÊTES ET MANIFESTATIONS ANNUELLES

Août

Festival de blues – à la station Tremblant.

Septembre-octobre

Festival des Couleurs – toutes les stations des Laurentides organisent, principalement en fin de semaine, de multiples activités sur le thème de l'automne.

RENSEIGNEMENTS

La Maison du tourisme des Laurentides (☎ (514) 436-8532) ou (819) 476-1840), 14142 rue de la Chapelle à Saint-Jérôme, est le bureau d'informations le plus important de la région. Il peut gratuitement vous trouver un hébergement. La centrale de réservations (☎ 1 800 561-6673) est joignable aux heures d'ouverture de la Maison du tourisme. On vous remettra gratuitement le guide des services du parc linéaire dont le tracé est détaillé village par village.

Elle est ouverte tous les jours de 9h à 17h (19h le vendredi) et de 8h30 à 20h30 du 24 juin au 2 septembre.

SAINT-JÉRÔME

Celle qui fut la paroisse du curé Labelle n'a guère d'intérêt si ce n'est d'abriter la Maison du tourisme des Laurentides et d'être le point de départ du **Parc linéaire du P'tit Train du Nord**.

Elle est devenue la grande ville des Laurentides avec son lot de services, de commerces, d'entreprises et d'industries.

Comment s'y rendre

Voiture. De Montréal, suivre l'autoroute laurentienne et prendre la sortie 39.

Bus. La compagnie Limocar Basse-Laurentides (☎ (514) 435-8899) assure plusieurs liaisons quotidiennes Montréal-Saint-Jérôme à partir du terminus situé à la station de métro Henri-Bourassa.

Train. La ligne Montréal-Saint-Jérôme est fermée mais il était question de la réouvrir au moment de la rédaction de cet ouvrage pour permettre aux voyageurs de rejoindre directement l'entrée du parc linéaire du P'tit Train du Nord.

SAINT-SAUVEUR

Construit en 1854, Saint-Sauveur, à 60 km au nord de Montréal, est le Saint-Tropez des Laurentides. La ville est une destination de week-end, fréquentée notamment le dimanche après-midi. La rue Principale draine toujours une foule importante qui passe et repasse devant l'imposante mais gracieuse église Saint-Sauveur.

Juste en face, de l'autre coté de la route 364, se trouve la station **Mont Saint-Sauveur**, l'un des plus importants centres de ski alpin du Québec. La première remontée mécanique de l'histoire de l'Amérique du Nord fut construite à cet endroit en 1934.

La petite église anglicane, l'**église épiscopale Saint-François d'Assise**, rue Saint-Denis, est construite en rondins de bois. Ses vitraux représentent des oiseaux.

Orientation

Saint-Sauveur est traversé d'est en ouest par la rue Principale à laquelle on accède par la route 117.

Au centre du village, la rue de la Gare et la petite rue Saint-Denis coupent l'avenue Jean-Adam (route 364) et permettent de rejoindre la station Mont Saint-Sauveur.

L'autoroute 15 passe à l'est du village. La route 364, qui sépare la partie village de la station, mène à Morin Heights, à l'ouest.

La rue de l'Église, au niveau de l'église Saint-Sauveur, rejoint une très jolie petite route dite de La Rivière à Saumon qui mène par un chemin détourné à la ville de Sainte-Adèle.

Renseignements

A Saint-Sauveur, le bureau touristique des Pays-d'en-Haut (☎ (514) 227-2564 ou 1 800 898-2127), 100 rue Guindon, est le bureau central des communes de cette région. Installé au troisième étage du centre commercial dit "aux Factories de Saint-Sauveur", il est ouvert tous les jours de 9h à 17h (18h en été). Sur l'autoroute 15 Nord, prendre la sortie 60.

La Maison de la Presse, 195 rue Principale, vend les principaux journaux et périodiques étrangers. Les deux librairies de livres d'occasion de la rue Principale proposent un large choix d'ouvrages sur la région.

La pharmacie et la clinique médicale (☎ (514) 227-2227), 70 rue Principale, sont installées dans le même bâtiment. La pharmacie est ouverte tous les jours de 9h à 21h (fermeture à 16h le week-end).

Les principales banques sont représentées dans la rue Principale. Elles sont dotées de guichets automatiques accessibles 24h/24. La Caisse Populaire Desjardins (☎ (514) 227-1868) se tient 218 rue Principale. Ses guichets sont ouverts de 9h30 à 15h les lundi, mardi, et mercredi (jusqu'à 18h les jeudi et vendredi). Les horaires de la Banque Royale (☎ (514) 227-4683), 75 rue de la Gare, sont identiques.

Activités

La vallée de Saint-Sauveur compte cinq stations : **Mont Saint-Sauveur**, la plus importante ; **Ski Morin Heights**, à Morin Heights ; **Mont Avila** et **Mont Olympia**, à Piedmont, et **Ski Mont-Gabriel**, à Sainte-Adèle, soit un total de 88 pistes desservies par 32 remontées.

La saison de ski débute en novembre pour se terminer en mai. Le pavillon central de la station de ski de Mont Saint-Sauveur (☎ (514) 227-4671 ou 1 800 363-2426), 350 rue Saint-Denis, a été construit par Peter Rose, l'architecte du Centre canadien d'architecture de Montréal. A l'intérieur, vous pourrez louer un équipement complet (comptez au moins 22 $). A proximité, la halte-garderie, réservée aux enfants de 2 à 5 ans, fonctionne tous les jours de 9h à 17h (23 $ la journée, prévoir le repas de l'enfant).

Le tarif journée à la station Mont Saint-Sauveur revient à 29 $ en semaine et à 34 $ le week-end (réduction pour les étudiants, les seniors et les enfants). Pour les moins de 5 ans, prix unique à 6 $. Vous pouvez prendre un forfait pour les six stations.

Les stations assurent du ski de soirée jusqu'à 22h30/23h au tarif de 19 $ (24 $ à la station Mont Saint-Sauveur).

Une navette gratuite assure une liaison régulière entre les stations. Elle part du Manoir-de-Saint-Sauveur, passe dans le village de Saint-Sauveur et va jusqu'à la station Ski Mont-Gabriel.

L'été, le Mont Saint-Sauveur se transforme en un immense parc aquatique avec toboggans et piscines.

A Piedmont, à la frontière du village de Saint-Sauveur, le **musée du Ski des Laurentides** (☎ (514) 227-2886), 220 chemin Beaulne, retrace l'histoire de Herman Johannsen dit Jackrabbit (1875-1987), célèbre skieur de fond du Québec. Installé dans la maison où il vécut, le musée reconstitue l'histoire du ski dans la région. En été, il est ouvert du lundi au vendredi de 10h à 17h (de 12h à 17h le week-end). En dehors de cette saison, il est préférable de téléphoner.

Où se loger

Dans le village de Saint-Sauveur, les possibilités d'hébergement sont relativement limitées. Vous aurez plus de choix dans la station. Quelque peu à l'écart du centre-ville, l'*Hôtel Chateaumont* (☎ (514) 227-1821), 50 rue Principale, est installé dans une belle bâtisse mais les chambres sont très décevantes pour le prix (à partir de 85 $). A 300 mètres, *L'Auberge victorienne* (☎ (514) 227-2328), 119 rue Principale, est un gîte bien plus chaleureux. Meublé en style victorien du rez-de-chaussée jusque dans la salle de bain commune (grand style), il représente la bonne adresse dans la catégorie B&B. La simple/double revient à 70/80 $. Tout aussi élégante, l'*Auberge Sous l'Edredon* (☎ (514) 227-3131), 777 rue Principale, affiche un prix en basse saison à partir de 70 $ la chambre (75 $ en haute saison).

Au centre du village, l'*Auberge de la plage* (☎ (514) 227-6661), 49 avenue de la Gare, semble jouer de sa situation privilégiée et se contente de communiquer ses prix par interphone (70 $ pour deux).

Entre le village et la station, *Le Manoir Saint-Sauveur* (☎ (514) 227-0505 ou 1 800 361-0505), 246 chemin du Lac Millette, est un complexe hôtelier d'un bon rapport qualité/prix (à partir de 80 $ la chambre). L'*Auberge Saint-Denis* (☎ (514) 227-4602), 61 rue Saint-Denis, joue davantage la carte de l'ambiance familiale mais le tarif de la chambre s'élève à 105 $.

Où se restaurer

La Brûlerie des Monts (☎ (514) 227-6157), 197 rue Principale, est l'endroit à la mode pour prendre un café, un petit déjeuner, une salade ou un brunch en famille ou entre amis le dimanche. Comptez entre 6 et 10 $. Du premier étage, la vue sur l'église est belle. Ouvert jusqu'à 23h, le *Restaurant des Oliviers* (☎ (514) 227-2110), au n°239, est la bonne table de la ville. La cuisine française est largement représentée dans le menu. Le *Maestro* et le *Bentley*, très fréquentés par les jeunes, proposent une cuisine sans prétention mais bonne et copieuse. Le dimanche, la formule buffet à 13 $ est appétissante. Tout aussi recommandable, *Papa Luigi* (☎ (514) 227-5311), au n°155, offre une table d'hôte du dimanche au jeudi pour 9,95 $.

Comment s'y rendre

Voiture. De Montréal, rejoindre l'autoroute 15 Nord et prendre la sortie 60. Les stationnements dans le village sont nombreux et souvent gratuits. Préférer celui de l'église, très central.

Bus. La compagnie Limocar Laurentides (☎ (514) 842-2281) assure plusieurs fois par jour la liaison Montréal-Saint-Sauveur à partir du terminus installé 505 boulevard de Maisonneuve Est (métro : Berri-UQAM).

MORIN HEIGHTS

Longé par la route 364, Morin Heights tranche avec Saint-Sauveur, la station voisine, à 7 km à l'est. Composé à moitié d'anglophones et de francophones, il est l'image même du village de poupée. La rue du Village représente l'artère principale et comprend cinq églises, trois cimetières et une petite série de cafés-restaurants très accueillants. L'été, des groupes de musiciens s'installent sur les terrasses.

A l'intérieur du magasin Mickeys (☎ (514) 226-2401), vous trouverez des vêtements de sport, des chaussures, une buanderie mais surtout un comptoir datant des années 50 où les gens du village viennent prendre un café et discuter (fermé le dimanche).

Le bureau d'information est ouvert du lundi au vendredi de 8h30 à 12h30 et de 13h à 16h30.

Où se loger et se restaurer

L'hôtel-restaurant *L'Héritage* (☎ (514) 226-2218), 11 rue Baker, propose trois chambres à 45/60 $ la simple/double avec s.d.b. commune. Son restaurant est *la* table de Morin Heights. Les spécialités suisses (fondues, raclettes...) côtoient le filet de bœuf en croûte. Vous débourserez au minimum 20 $ pour un repas.

La cuisson de ma mère (☎ (514) 226-5420), 860A rue du Village, est le café Internet (accès 2 $ l'heure) et le restaurant du village. Au menu : cuisine québécoise, pour 10 $ environ. Certains soirs, des concerts de musique sont organisés. La *Dénommée Maison* (☎ (514) 226-7675), 898 rue du Village, est un café-épicerie dont les pâtisseries (notamment les muffins) sont un régal.

MONT-ROLLAND

Traversée par le parc linéaire du P'tit Train du Nord, l'ancienne gare de Mont-Rolland a été transformée en un agréable relais-étape où l'on peut prendre une collation. A une quinzaine de kilomètres du village, le **parc de la rivière Doncaster** (☎ (514) 229-2200) offre de très belles promenades pédestres et cyclotouristiques. Pour vous y rendre, vous passerez par la **station de Ski Mont-Gabriel** (☎ (514) 227-1100 ou 1 800 363-2426).

SAINTE-ADÈLE

Dans ce joli petit village, les belles maisons du centre-ville, vestiges des années au cours desquelles Sainte-Adèle fut la coqueluche de la grande bourgeoisie québécoise, s'articulent autour du lac Sainte-Adèle. Sainte-Adèle est surtout connue pour avoir vu naître et mourir Claude-Henri Grignon, auteur du roman *Un homme et son péché*, livre maintes fois réédité au Québec (voir l'encadré *L'homme et son péché*).

Le **village de Séraphin** (☎ (514) 229-4777), 297 montée à Séraphin, reconstitue le village du héros du livre dans ses moindres détails. Des sentiers et un petit train circulent à travers les rues et la forêt environnante.

Le village se visite tous les jours de 10h à 18h du 21 juin au 1er septembre. De la mi-mai au 21 juin et en septembre, il n'ouvre que le week-end. L'entrée se monte à 9 $.

Tenu par la même famille et juste à côté du village, le parc d'attractions **Au pays des merveilles** (☎ (514) 229-3141), 3595 rue de la Savane, est réservé aux enfants. Il est ouvert tous les jours de 10h à 18h du 21 juin au 24 août (le week-end seulement pour la période mai-juin). Tarif unique de 8 $.

Où se loger

De nombreuses auberges se répartissent de part et d'autre du boulevard Sainte-Adèle (route 117). Le rapport qualité/prix est peu intéressant. Seule exception : *L'Eau à la Bouche* (☎ (514) 229-2991), 3003 boulevard Sainte-Adèle (route 117). Cet établissement de luxe, surtout connu pour sa table, propose des chambres spacieuses avec cheminée à partir de 125 $ et différentes formules avec dîner inclus.

L'Auberge Familiale du Lac Lucerne (☎ (514) 228-4422), 2469 chemin Sainte-Marguerite (à l'intersection de la route 117), est la formule la moins onéreuse avec des chambres entre 69 et 79 $.

En bordure du lac Sainte-Adèle, *Le Chantecler* (☎ (514) 229-3555 ou 1 800 363-2420), 1474 chemin Chantecler, est un hôtel club doté de 260 chambres, 7 chalets et d'un centre sportif. Les tarifs s'échelonnent de 95 à 130 $.

Où se restaurer

Au petit chaudron (☎ (514) 229-2709), 1110 boulevard Sainte-Adèle, sur la route 117, propose une cuisine québécoise (dont la tourte...) pour 7 $, à prendre absolument au comptoir. La clientèle d'habitués donne à ce petit restaurant (le plus ancien de la ville) une atmosphère chaleureuse. *L'Eau à la Bouche* (☎ (514) 229-2991), 3003 boulevard Sainte-Adèle (route 117), compte parmi les meilleurs restaurants du Québec, avec une table d'hôte à partir de 30 $.

VAL-MORIN

A l'écart de la route 117, Val-Morin est un petit village dont le centre-ville se limite à quelques demeures. Son charme réside surtout dans les hébergements dispersés qu'il propose le long du parc linéaire, au cœur d'une nature somptueuse offrant de belles échappées. La gare ferroviaire (☎ (819) 322-7329), 1170 chemin de la Gare, a été transformée en un café-restaurant dont la cuisine est à savourer sur la terrasse.

Val-Morin est surtout réputé auprès des randonneurs. Le centre de ski Far Hills (☎ (514) 990-4409 ou 1 800 567-6636), chemin du Lac la Salle, avec 130 km de sentiers balisés, constitue le plus beau réseau de pistes de ski de fond des Laurentides. L'accès revient à 8 $. Un circuit permet de rejoindre les pistes de Val-David, le village voisin.

Où se loger

Les Florettes (☎ (819) 322-7614), 1803 rue de la Gare, est une jolie demeure, à l'extérieur et à l'intérieur (maison non fumeur). La simple/double coûte 40/55 $ avec s.d.b. commune. En hiver, les propriétaires organisent des sorties de ski de fond la nuit.

Construit en face du lac à la fin du siècle dernier, *Les jardins de la gare* (☎ (819) 322-5559), 1790 7e avenue, a le charme des vieilles demeures dont les nouveaux propriétaires ont su conserver le style. L'ancien magasin général a été aménagé en auberge. La simple/double revient à 50/65 $. Les cartes bancaires sont acceptées.

Bâti dans les années 40 par un milliardaire au bord d'un lac et d'une magnifique forêt, le *Far Hills Inn* (☎ (819) 322-2014) compte toujours une clientèle fortunée d'Américains et d'Ontariens. Le complexe est des plus élégants mais sans luxe ostentatoire. Les chalets sont en pierre et en bois peint en blanc. La palette des activités possibles est large : plage privée, sports nautiques, terrains de tennis et golf. Le premier prix se monte à 99 $ la chambre, petit déjeuner et déjeuner inclus.

SAINTE-MARGUERITE-DU-LAC-MASSON

A l'écart de la route 117 et de son chapelet de villages, Sainte-Marguerite-du-Lac-Masson est d'abord un prétexte de balades dans l'arrière-pays des Laurentides. Sa situation, en bordure du très beau lac Masson, en fait un lieu de villégiature apprécié. Forêts, lac et et maisons victoriennes, le cadre est somptueux.

L'été, vous aurez le choix entre la baignade, la planche à voile et la voile ; l'hiver, entre le patin à glace et le ski de randonnée.

Sainte-Marguerite-du-Lac-Masson est aussi connu pour son restaurant, *le Bistro à Champlain* (☎ (514) 228-4988), 75 chemin Masson. Son propriétaire a été consacré, à Paris et à Tokyo, meilleur sommelier du monde. La cave du restaurant se visite sur réservation. Le foie gras est la spécialité de la maison. Comptez à partir de 30 $ le repas.

A une dizaine de kilomètres au nord, l'*Hôtel Estérel* (☎ (514) 228-2571), en bordure du lac Dupuis, se profile dans un environnement tout aussi exceptionnel. L'hôtel lui-même n'a guère d'intérêt, mais les multiples activités qu'il propose hiver comme été (ski de fond, patinage, traîneau à chiens, golf, baignade, tennis...) se pratiquent dans une nature riche en essences

L'homme et son péché

Écrivain, conférencier et pamphlétaire, Claude-Henri Grignon (1894-1976) est une grande figure des Laurentides. Son roman, *L'homme et son péché, les belles histoires des Pays d'en Haut*, a certainement marqué l'histoire de la radio et de la télévision québécoises.

Réécrites pour Radio Canada puis pour la télévision sous le nom *Les belles histoires des Pays d'en Haut*, le roman est une peinture féroce des mœurs paysannes dans les Laurentides au début du siècle. Son héros, Séraphin Poudrier, est un homme cupide. Il passera d'ailleurs rapidement dans l'expression populaire "Ne fait pas ton séraphin", autrement dit ton avare.

Lorsque le 7 septembre 1939, le premier épisode est diffusé à 19h à la radio, le succès est immédiat. Tous les soirs à la même heure, ils sont des milliers à écouter les turpitudes infligées par Séraphin à sa pauvre jeune femme. Pendant plus de dix ans, le feuilleton a ses fidèles, au Québec comme en Ontario. Lorsqu'il devient une série télévisée en 1953, les épisodes accumulent des audiences record. Adaptée également pour le théâtre, l'histoire n'en finit pas de mobiliser les foules à tel point que l'on vient à Sainte-Adèle chercher la maison de Séraphin pour l'injurier.

En 1997, la série a été rediffusée à l'heure du déjeuner, non sans rencontrer encore quelques succès d'audience. Comme quoi l'avarice est un thème fédérateur. ■

d'arbres. Plusieurs forfaits existent, notamment celui du week-end à 119 $ la chambre.

Comment s'y rendre

Sur l'autoroute 15, prendre la sortie 69. Emprunter ensuite la route 370, qui traverse le village, puis celui d'Estérel.

VAL-DAVID

Au nord de Saint-Sauveur, Val-David est le village des artistes et des artisans. A l'écart de la route 117, c'est un havre de paix où la vie semble se dérouler sans état d'âme, loin de la foule. Dans les années 30, son hôtel-restaurant La Sapinière fut une grande table du Québec – elle l'est toujours – et abrita pendant plus de vingt ans la première nuit de noces de nombreux jeunes mariés de la province. La tradition s'est perdue mais la nostalgie demeure.

Traversé par le parc linéaire, Val-David fait souvent office d'étape pour les randonneurs (à pied ou à ski). Le village est surtout connu comme le berceau de l'escalade au Québec. D'avril à fin octobre, différentes formules sont proposées par l'association Passe Montagne (☎ (819) 322-2123 ou 1 800 465-2123), 1760 montée 2e Rang.

Renseignements

Le bureau touristique (☎ (819) 322-2900 poste 235), 2501 rue de l'Église, est ouvert tous les jours de 9h à 19h du 19 juin au 5 septembre. En dehors de cette période, il est accessible de 10h à 16h du jeudi au lundi.

Au n°2444 rue de l'Église, il est possible de louer des bicyclettes (20 $ la journée), des raquettes (5 $) et des patins à glace (3 $). Une buanderie est installée dans la boutique. Elle est ouverte tous les jours de 8h30 à 22h.

Le village dispose également d'une grande surface Métro ouverte tous les jours. Le bureau de poste est à l'intérieur.

Argent

La Caisse Populaire Desjardins est la seule banque du village. Installée 2462 rue de l'Église, elle est ouverte du lundi au vendredi de 9h30 à 15h (18h le jeudi et vendredi). Elle dispose d'un guichet automatique.

Où se loger

Pour les petits budgets, le *Chalet Beaumont* (☎ (819) 322-1972), 1451 rue Beaumont, est la bonne adresse des Laurentides. A 1 km du centre-ville, cette auberge de jeunesse, installée dans un chalet en pleine nature, offre un panorama grandiose sur les montagnes. Les propriétaires peuvent venir vous chercher à l'arrêt du bus moyennant quelques dollars. L'hiver, on peut chausser directement ses skis de randonnée sur le pas de la porte et partir sur les sentiers balisés. En dortoir, le prix se monte à 19 $ par personne (à partir de 35 $ en chambre individuelle).

Au cœur du village et en bordure de la piste du parc linéaire, *Le Temps des cerises* (☎ (819) 322-1751), 1347 chemin de la Sapinière, a la chaleur des maisons harmonieusement décorées. Les chambres sont louées 44/53/60 $. Les pensionnaires peuvent dîner le soir. Au déjeuner, Valérie et Franck ouvrent leur maison à tous et préparent des repas léger (tartes et salades).

L'*Auberge Le Rouet* (☎ (819) 322-3221), 1288 rue Lavoie, joue dans le registre chalet tyrolien. La pension complète est obligatoire. Une musique bavaroise annonce l'heure des repas. Pour une personne, le forfait revient au minimum à 140 $ (les trois repas inclus). Les prix varient selon la saison.

La Sapinière (☎ (819) 322-2020), 1244 chemin de la Sapinière, reste le grand hôtel de Val-David. En bordure d'un petit lac, dans la campagne, il offre tout le confort souhaité pour sa catégorie (piscine, tennis...). Le premier prix en hiver est à 105 $ (115 $ durant la haute saison). Les tarifs sont dégressifs à partir de la deuxième nuit. Différentes formules combinant repas et activités de plein air sont aussi proposées.

Où se restaurer

La Sapinière (☎ (819) 322-2020), 1244 chemin de La Sapinière, est une table très réputée au Québec et possède l'une des plus belles caves à vins de la province (près de 20 000 bouteilles). L'*Auberge Edelweiss* (☎ (819) 322-7800), chemin Doncaster, est un restaurant de plus en plus prisé des amateurs de grande cuisine. Comptez entre 18 et 30 $. L'Auberge dispose également de trois chambres.

L'*Auberge du Vieux Foyer* (☎ (819) 322-2686 ou 1 800 567-8327), 3167 1er rang Doncaster, sert une cuisine québécoise de qualité et abordable (à partir de 12 $). La partie hôtel est tout aussi convenable.

Dans le village, *Le grand pas* (☎ (819) 322-3104) est un établissement convivial où l'on prépare une cuisine très correcte (repas à partir de 10 $). Il est fermé en avril.

A quelques mètres, *La Toupie Toulousaine* (☎ (819) 322-7833), 2347 rue de l'Église, est surtout spécialisée dans le gibier.

Au Petit Poucet (☎ (819) 322-2246), 1030 route 117, est réputé pour ses petits déjeuners servis à partir de 8h. La formule buffet (samedi et dimanche) est proposée à partir de 17h (17 $). Spécialité de la maison : le jambon, qui se décline fumé, à l'érable, en tourtière ou accompagné de fèves.

Comment s'y rendre

Voiture. Prendre la sortie 76 sur l'autoroute 15 des Laurentides, puis suivre la route 117 Nord. A Val-David, aux feux de signalisation, tournez à droite. La rue de l'Église est l'artère principale du village.

Bus. L'arrêt se trouve devant le dépanneur installé dans la station-service située en face de l'intersection de la route 117 et de rue de l'Église.

SAINTE-AGATHE-DES-MONTS

Municipalité la plus haute des Laurentides (400 m d'altitude environ), Sainte-Agathe-des-Monts connut sa période de gloire avant que Saint-Sauveur ne vienne la supplanter. La reine Élisabeth d'Angleterre y trouva refuge durant la Seconde Guerre mondiale et Jacqueline Bouvier, l'épouse de J.F. Kennedy, y séjourna également.

Sainte-Agathe-des-Monts a des allures de grande dame qui n'a pas besoin d'artifices pour plaire. Les abords du gigantesque lac des Sables sont magiques et romantiques. L'hiver, il se transforme en patinoire et l'été ses trois plages forment un cadre idyllique. Dommage que les moustiques soient de la partie. L'accès aux plages est payant (4 $). Les tickets s'achètent chez les commerçants ou auprès des hôteliers.

La ville est par ailleurs le point de rencontre de nombreux motoneigistes. Le premier sentier de motoneige du Québec y fut tracé en 1962. De nombreux sentiers ont été aménagés dans la ville et ses environs. La partie du parc linéaire réservée aux bolides des neiges commence d'ailleurs à Sainte-Agathe-des-Monts.

L'été, des croisières sur le lac sont organisées par les Bateaux Alouettes (☎ (819) 326-3656).

Dans les environs, le village de **Saint-Adolphe-d'Howard**, à une vingtaine de kilomètres, mérite un détour. La route 329 qui permet de le rejoindre est superbe. Elle se poursuit jusqu'à Morin Heigths.

Orientation

La rue Principale est la grande artère est-ouest de la ville, accessible directement par la route 117. Elle débouche sur le lac des Sables. A gauche, se trouve l'avenue Nantel, à droite le chemin Tour-du-Lac qui contourne le lac des Sables pour finir sa course dans la rue Saint-Venant (route 329).

La rue Saint-Venant est le grand axe nord-sud. Elle coupe la rue Principale à gauche et devient la route 329 qui mène à Saint-Adolphe-d'Howard.

Renseignements

Le bureau touristique de Sainte-Agathe-des-Monts (☎ (819) 326-0457), 190 rue Principale, est ouvert tous les jours de 9h à 17h (fermeture à 20h30 de juin à septembre). Il fournit un excellent plan de la ville.

L'hôpital de Sainte-Agathe-des-Monts (☎ (819) 324-4000), 234 rue Saint-Vincent, a bonne réputation.

La rue Principale comprend deux pharmacies, dont l'une est située à l'angle de la rue Saint-Vincent.

Dans la rue Principale, vous trouverez la Caisse Desjardins et la Banque Nationale, équipées de guichets automatiques.

Où se loger

L'Auberge des Mâts (☎ (819) 326-7692), 242/244 rue Saint-Venant, est l'endroit idéal pour contempler le lac et ses couchers de soleil. Les chambres sont belles et chaleureuses. Le salon possède un piano et une cheminée. La chambre revient à 70 $ (petit déjeuner compris) et la cuisine est à disposition des clients. Les propriétaires peuvent venir vous chercher à l'arrêt du bus.

A côté, au n°246, *La Villa Verra* (☎ (819) 326-0513) n'a pas le même charme mais les chambres sont correctes. Le premier prix est à 49,50 $ par personne, déjeuner et dîner compris. *L'Auberge Blanche* (☎ (819) 326-5935), 147 rue Saint-Venant, est une superbe maison à l'abri des regards, dotée d'un vaste salon et de chambres très convenables (entre 75 et 130 $).

En centre-ville et en bordure du lac, l'*Auberge Doris* (☎ (819) 326-5228), 10 chemin Tour-du-Lac, est une demeure élégante que l'on remarque immédiatement. La chambre avec vue sur le lac est louée 40 $ par personne (55 $ avec cheminée).

A 200 mètres en continuant sur le chemin Tour-du-Lac, au n°173, l'*Auberge de la Tour du Lac* (☎ (819) 326-4202 ou 1 800 622-1735) est une belle et grande maison victorienne qui sent bon la cire. Décorée avec des objets de la Belle Époque, elle offre une agréable vue sur le lac. A l'arrière, une maison de construction récente fait également office d'hôtel. Le premier prix est à 75 $ la chambre en haute saison, petit déjeuner compris (65 $ le reste de l'année).

Où se restaurer

Le Havre des Poètes (☎ (819) 326-8731), 55 rue Saint-Vincent, est le restaurant à ne pas manquer, notamment les vendredi et samedi, jours où se produisent des chansonniers. Comptez 16 $.

Tout aussi bon et agréable, *Kamenbert & Poivre Noir* (☎ (819) 326-7968), 133 rue Principale, ouvert de 8h à 18h (fermé le lundi), fait office de restaurant, de fromager et de charcutier. Le choix des plats est limité, et la nourriture simple et bonne. A midi, le menu se monte à 7 $. Au n°15, *Le Bacchus gourmand* (☎ (819) 324-2058) est un restaurant français de qualité installé dans une belle maison en bois peint.

Chez Girard (☎ (819) 326-0922 ou 1 800 663-0922), 18 rue Principale Ouest, est l'une des grandes tables de la ville. Les crevettes au gingembre (30 $) et le tournedos de caribou aux pleurotes (35 $) laissent difficilement indifférents. Un brunch (17 $) est servi tous les dimanche. La raclette (15 $) figure au menu en hiver.

Comment s'y rendre

Voiture. Sur l'autoroute 15 Nord, prendre la sortie 86 Sainte-Agathe-Sud. L'autre solution consiste à suivre la route 117 Nord (qui devient la rue Principale) et à tourner à gauche en direction du centre-ville.

Bus. Limocar Laurentides (☎ (514) 842-2281), 505 boulevard de Maisonneuve Est, assure tous les jours des liaisons Montréal-Sainte-Agathe-des-Monts. Le terminus se situe au niveau du dépanneur Provi-Soir ouvert toute la nuit, installé face à l'intersection de la rue Principale et de la route 117.

SAINT-FAUSTIN-LAC-CARRÉ

Doté d'une population de quelque 1 400 habitants, ce village dispose d'un important centre d'interprétation de la nature spécialisé dans la pisciculture, le **Centre éducatif et écologique de la faune aquatique des Laurentides** (☎ (819) 688-2076), 747 chemin de la Pisciculture.

La cabane à sucre Millette (☎ (819) 688-2101), 1357 rue Faustin, est l'une des cabanes à sucre les plus cotées de la région. Tenue depuis plus de 40 ans par la famille Faustin, elle perpétue la tradition. L'établissement a certes été agrandi mais le cadre a été préservé. L'érablière se visite (5 $).

En avril-mai, vous pouvez assister à la fabrication du sirop d'érable. Il est ouvert tous les jours toute l'année, de 11h30 à 20h en mars et en avril (en dehors de cette période, il faut réserver). Comptez entre 13 et 16 $ le repas. Si vous continuez la rue Faustin, vous croiserez une grande route à droite. Elle mène au très beau **lac Supérieur**, l'une des voies d'accès pour le parc du Mont-Tremblant. Le trajet est jalonné de beaux paysages mais la route n'est pas toujours en très bon état.

MONT-TREMBLANT VILLAGE

A Mont-Tremblant, il faut faire une distinction entre le village – Mont-Tremblant Village –, la station Tremblant et le massif montagneux du parc du Mont-Tremblant.

Le mont Tremblant (968 m) est une montagne sacrée, le Manitou Ewitchi Saga, la "montagne du Manitou redoutable" comme la désignaient autrefois Iroquois et Algonquins. Quiconque la profanait devait en effet redouter l'esprit de Manitou, le dieu de la Forêt qui faisait trembler le sol.

Le mont Tremblant a toujours été un enjeu. Pour les forestiers d'abord, qui sont à l'origine de la création du village ; pour les clubs de chasse très huppés ensuite, originaires des États-Unis ou de l'Ontario. En 1937, l'arrivée du milliardaire Joe Ryan, de Philadelphie, fixera son avenir.

Depuis les années 40, la situation privilégiée du village, niché entre le lac Tremblant et le lac Mercier, en a fait un centre de villégiature prisé en toute saison, en particulier par les Américains et les Ontariens. Les activités sont multiples : plages, golf, bateau à voile en été, motoneige, ski de fond et ski de piste dès la fin novembre.

La station Tremblant, de son côté, est un village à part entière, avec ses rues, ses boutiques, ses cafés et ses restaurants.

Renseignements

Le bureau touristique (☎ (819) 425-2434), 327 chemin Principal, est ouvert tous les jours de 9h à 17h (21h de juin à septembre). Il dispose d'un plan général couvrant le village et les deux stations.

A la station Tremblant, le Chalet des Voyageurs abrite également un kiosque d'informations. Sur la place Saint-Bernard, celui situé au bout du sentier des randonneurs est tout aussi efficace.

Activités

Le ski est la principale activité de Mont-Tremblant. La saison débute à la mi-novembre et se termine en général vers la mi-mai. La station Tremblant (☎ (819) 681-2000 ou 1 800 461-8711), 3005 chemin Principal, est la plus haute des Laurentides, la plus complète mais aussi la plus chère. Elle compte à elle seule 74 pistes, 11 remontées et affiche un tarif journalier de 40,37 $. Des tarifs préférentiels sont accordés aux 13-17 ans (32 $), aux 6-12 ans (21 $) et aux seniors (26 $). Le ski de soirée ne se pratique pas dans la station.

La location de l'équipement complet revient à 25 $. Vous pouvez ne louer que le pantalon ou le manteau pour 15 $. Un service de garderie pour enfant (entre 1 et 6 ans) est proposé moyennant 7 $ l'heure ou 37,50 $ la journée (repas compris).

L'été, la station se transforme en un terrain de golf de 18 trous. Sur le lac Tremblant, la plage est réservée aux pensionnaires Tremblant.

Plus petite, la station Gray Rocks (☎ (819) 425-2771 ou 1 800 567-6767) est tout aussi agréable avec ses 20 pistes. Le forfait journée s'élève à 25 $.

Où se loger

Dans le village, les hébergements se concentrent essentiellement dans le chemin Principal.

Tremblant la nuit (☎ (819) 425-3450), au n°2713, affiche un tarif d'été à 45/60 $ la simple/double et un tarif d'hiver à 55/70 $. L'*Auberge Sauvignon* (☎ (819) 425-5466), au n°2723, chemin Principal, soigne son aspect champêtre. Chaque chambre possède sa propre s.d.b. L'hiver, vous dépenserez à partir de 80 $ pour deux (70 $ l'été).

Au n°2213, l'*Auberge Escapade* (☎ (819) 425-6008) est l'auberge de jeunesse du village, dotée de deux dortoirs et de chambres individuelles très correctes. Elle propose différentes formules de prix pouvant inclure le dîner. Le tarif le moins élevé en basse saison est de 30 $ (45 $ le reste de l'année).

En bordure du lac et d'une plage, l'*Auberge de La Porte Rouge* (☎ (819) 425-3505), au n°1874, donne l'image d'un complexe moderne à l'ambiance familiale. Les forfaits proposés sont intéressants (à partir de 55 $ par personne, petit déjeuner et dîner inclus).

Au *Manitonga* (☎ (819) 425-6941), 117 chemin Séguin, l'accueil est encore plus personnalisé. Une simple/double revient à 45/60 $. Dans la catégorie B&B, *Le Lupin* (☎ (819) 425-5474), 127 rue Pinoteau, est une maison de bois rond située à mi-chemin entre le village et la station. La plage du lac Tremblant se situe à quelques minutes de marche à pied. Le prix de la chambre commence à 65 $. A la station Tremblant, le prix des hébergements est bien plus élevé qu'au village et le choix très limité si vous avez un petit budget. La station est le royaume des hôtels de luxe et des condominiums, autrement dit des appartements à louer (☎ (819) 681-2000 ou 1 800 461-8711)

Le *Château Mont-Tremblant* (☎ (819) 681-7000 ou 1 800 441-1414), 3045 chemin Principal, est le palace de la station. A l'intérieur, luxe et volupté pour 115 $ la chambre, premier prix. Au cœur de Tremblant, le *Marriot Residence Inn, Manoir Labelle* (☎ (819) 681-4000 ou 1 888 272-4000), 170 chemin Curé-Deslauriers, offre une architecture extérieure très classique mais agréable à l'œil. Il propose des chambres avec un coin cuisine à 255 $, premier prix qui peut baisser à 155 $ en période creuse, petit déjeuner et parking inclus. La chambre seule revient à 140 $ (105 $ hors saison).

Où se restaurer

Au village et à la station, vous aurez l'embarras du choix. Les restaurants servent en général jusqu'à 22h et ne sont pas bon marché.

La Savoie (☎ (819) 681-4573), 3005 chemin Principal, est spécialisée dans les fondues et la raclette. Comptez entre 15 et 20 $. L'*Abbé du Nord* (☎ (819) 425-8394), 112 rue Deslauriers, est un bon restaurant italien (repas entre 12 et 18 $). L'*Auberge Sauvignon* (☎ (819) 425-5466), 2723 chemin Principal, est spécialisée dans les grillades de viande et de poisson (à partir de 17 $).

Dans la station, *Trembagel*, dans le quartier dit du Vieux-Tremblant, fabrique du bagel (sorte de pain) et prépare de délicieux sandwiches.

Comment s'y rendre

Voiture. De Montréal, prendre l'autoroute 15 Nord jusqu'à Sainte-Agathe-des-Monts pour rejoindre la route 117. Deux kilomètres après Saint-Jovite, au deuxième feu de signalisation, tourner à droite et suivre les indications pour Mont-Tremblant à 10 km. La montée Ryan rejoint la station et se prolonge jusqu'au chemin Principal qui mène au village.

D'Ottawa, prendre l'autoroute 50 Est, puis la route 148 Est jusqu'à Montebello où vous emprunterez la route 323 Nord en direction de Saint-Jovite. Après Saint-Jovite, à 2 km, prendre à droite au deuxième feu. La station est à 10 km.

Vous pouvez accéder à l'autre versant de la station Tremblant en continuant la montée Ryan en direction du lac Supérieur. Cet itinéraire, très peu fréquenté, est de toute beauté.

Bus. Aucun bus ne mène directement à la station et au village. Les bus de la compagnie Limocar Laurentides (☎ (514) 842-2281) circulent tous les jours sur la route 117 et peuvent vous laisser à Saint-Jovite ou à l'intersection de la montée Ryan.

Ensuite, tout dépend de la navette qui relie Saint-Jovite à Mont-Tremblant Village. En effet, ses fréquences et ses horaires varient d'un mois à un autre. Ainsi, l'hiver, elle ne fonctionne qu'entre le 15 décembre

Duel à blanc

Les Laurentides forment l'un des espaces de loisirs favoris des Montréalais, des Ontariens et des Américains, surtout en hiver.

Depuis les années 20, le tourisme est devenu le pilier de la vie économique et sociale de la région. Son cœur compte aujourd'hui 30% des maisons secondaires des Montréalais.

L'enneigement est de qualité, la durée de la saison (de novembre à mai) exceptionnelle et les distances à parcourir pour rejoindre les stations sont courtes. En période estivale, les plaisirs sont à la randonnée, à la baignade ou au canoë.

Dans les années 20, Sainte-Agathe-des-Monts fut l'endroit de villégiature où l'on se devait d'aller. Elle affichait des airs très bon chic, bon genre. Puis émergea la ville de Saint-Sauveur, bien plus proche de Montréal. Très rapidement, elle prit des allures branchées. Saint-Sauveur devint le lieu de villégiature où il était de bon ton de posséder une propriété si l'on avait quelque argent et des titres de gloire.

La Saint-Tropez des Laurentides a pourtant dû laisser la place à une jeune et fringante rivale. Aujourd'hui, la station Tremblant est celle qui attire. Intrawest, la compagnie de Vancouver, en est son créateur et son manager. Dès les années 40/50, il était bienvenu d'aller skier sur le mont Tremblant, propriété depuis les années 30 de Joe Ryan, milliardaire de Philadelphie. A cette époque, elle jouait déjà les divas en s'enorgueillissant de recevoir la haute société anglophone venue des États-Unis ou de l'Ontario par jet privé ou hydravion.

En l'espace de deux à trois ans à peine, Intrawest a bâti une véritable ville, employant les techniques les plus sophistiquées pour déplacer de vieilles demeures de plus d'un siècle. Aux autres villes de jouer la carte de la différence. Sainte-Agathe compte depuis les années 70 sur la motoneige ; Val-David et Val-Morin sur le ski nature, loin des paillettes ; Saint-Sauveur sur le ski de proximité et de soirée.

Les modes passent, font et défont. Il s'agit de trouver sa place. Mais la neige est un terrain glissant. ■

et le mois d'avril. L'attente entre deux navettes est de 30 à 40 minutes (2 $ l'aller simple). Appelez le ☎ (819) 425-8441.

PARC DU MONT-TREMBLANT

Situé à 140 km au nord-ouest de Montréal, le parc du Mont-Tremblant (1 490 km^2) est le plus grand des parcs québécois.

Tout en montagnes vallonnées, le parc est riche en essences d'arbres parfois très rares comme celle de l'érable argenté ou celle du chêne rouge. Près de 400 lacs sont par ailleurs dénombrés, qui viennent alimenter les innombrables bassins des rivières Rouge, Saint-Maurice et L'Assomption.

A cheval sur les Laurentides et la Lanaudière, il comprend, d'ouest en est, trois grands secteurs : la Diable, la Pimbina et l'Assomption. Le secteur de la Diable, dans les Laurentides, est le plus fréquenté. A une heure et demie de route de Montréal. il englobe le remarquable **lac Monroe** où vous trouverez un centre (☎ (819) 688-6176) qui organise, été comme hiver, plusieurs activités. Pour les baignades, les randonnées pédestres, à ski, en raquettes, à bicyclette ou en canoë, vous pouvez vous renseigner au ☎ (819) 688-22881.

Le secteur de l'Assomption est la partie la moins fréquentée. Son environnement est exceptionnel.

De manière générale vous pouvez louer un canoë sur place et faire transporter vos bagages à l'endroit désiré. La voile et la planche à voile sont autorisées, entre autres, sur les lacs Monroe, Provost, Escalier et des Sables. Les locations d'embarcation se font au centre d'accueil de Saint-Donat, de Saint-Côme ou au centre de location du lac Monroe. Pour un canoë ou une bicyclette, comptez 30 $ la journée.

Dans le secteur de la Diable, le centre équestre du lac Supérieur (☎ (819) 688-

22881) propose des randonnées et loue des chevaux. Le parc est accessible toute l'année. L'été, vous pouvez le traverser en voiture d'ouest en est ou du sud vers le nord.

De multiples sentiers de découverte ont été aménagés. A l'entrée de chacun d'entre eux, des brochures explicatives sur la faune et la flore sont distribuées gratuitement. L'été, des naturalistes organisent des circuits guidés et des activités plus spécifiques telles l'appel au loup, seule activité payante du parc. L'hiver, les motoneigistes sont seulement acceptés dans le secteur de Saint-Donat et Saint-Côme.

Où se loger

Possible de la mi-mai à la mi-octobre, le camping dans le parc se décline sous toutes ses formes. Les plus confortables se situent en bordure des lacs Monroe, Chat et Provost. Il est obligatoire de réserver (☎ (819) 688-2281). Dans le secteur de l'Assomption, les campings rustiques, c'est-à-dire disposant seulement d'une arrivée d'eau, comptent parmi les plus beaux et les moins fréquentés du parc. Comptez 18 $ pour un site aménagé et 16 $ pour un emplacement rustique. Dans le secteur de l'Assomption, il n'en coûte que 13 $.

Le parc dispose également de chalets de villégiature (☎ (819) 424-2954 ou 1 800 665 6527) en bordure de lacs et de rivières. Les premiers prix pour deux personnes s'élèvent à 74 $.

Comment s'y rendre

L'entrée dans le secteur de la Diable se fait de Montréal en prenant l'autoroute 15 puis la route 117 Nord. Arrivé à Saint-Faustin, suivre la direction du lac Supérieur. En hiver, le sentier est déneigé jusqu'au lac Monroe.

Pour le secteur Pimbina, l'accès s'effectue à Saint-Donat, dans la Lanaudière. L'hiver, la route n'est pas déneigée. De Montréal, suivre l'autoroute 25, puis la route 125 Nord.

Le secteur de l'Assomption se découvre à partir de Saint-Côme, toujours dans la Lanaudière. L'hiver, cet accès est fermé aux automobilistes. De Montréal, empruntez l'autoroute 25 puis la route 125 Nord que vous quitterez pour prendre la route 343. Celle-ci, après avoir traversé Rawdon, aboutit à Saint-Côme.

LABELLE

La ville, fondée en 1880 par le curé Antoine Labelle, n'a guère d'intérêt si ce n'est d'être située entre la **réserve faunique Rouge-Matawin** (☎ (819) 424-3026 ou 1 800 665-6527) et la **réserve faunique de Papineau-Labelle** (☎ (819) 454-2013), appréciées notamment pour leurs circuits de canoë-camping en été et leurs sentiers de motoneige accessibles de décembre à fin mars.

Renseignements

Le bureau touristique de Labelle (☎ (819) 686-2602), 7404 boulevard du Curé-Labelle, devrait désormais être ouvert toute l'année. Il fournit de la documentation sur les deux réserves.

Comment s'y rendre

Avec une superficie de 1 392 km^2 répartie entre les Laurentides et la Lanaudière, la réserve faunique de Rouge-Matawin possède trois accès, dont celui de la Macaza que l'on rejoint par Labelle (le trajet le plus court). Vous pouvez aussi, de Labelle, continuer la route 117 Nord et, au village de l'Annonciation, prendre sur la droite la route 321 qui mène à l'Ascension, l'accès nord-ouest de la réserve. L'autre porte d'entrée est de l'autre côté, au nord-est, dans la région de la Lanaudière, au village de Saint-Michel-des-Saints.

Au sud-ouest de Labelle, la réserve faunique de Papineau-Labelle (1 628 km^2) est accessible par le lac Nominingue. Après le village de l'Annonciation, sur la route 117, prenez la première route sur la gauche, au bout de 5 km environ.

L'Abitibi-Témiscamingue et la baie James

L'Abitibi-Témiscamingue

Indicatif ☎ 819

A lui seul, ce nom évoque une terre lointaine et mystérieuse. Immense territoire de 116 000 km^2 peuplé de 165 000 habitants à peine, au sud du 49e parallèle, l'Abitibi-Témiscamingue forme en réalité deux entités distinctes isolées au nord-ouest du Québec, reliées simplement au reste de la province par un mince fil d'asphalte, la route 117.

Aux portes du Grand Nord et de la forêt boréale, l'Abitibi, nourrie de l'histoire de ses premiers occupants, les Cris et les Algonquins, a été le point d'ancrage des forestiers et des mineurs, la terre promise de milliers de travailleurs et de familles venus de Pologne et d'Ukraine.

Pays des plaines à perte de vue, des cent mille lacs et de l'épinette chétive, de l'or et du cuivre, l'Abitibi porte encore en elle les stigmates des multiples coupes à blanc. Les forêts originelles ont presque toutes disparues, et les caribous et les cerfs de Virginie sont désormais menacés.

Au-delà de Rouyn-Noranda, la capitale régionale, le contraste est saisissant. Le Témiscamingue se découvre et affiche immédiatement sa différence avec des vallons qui s'entremêlent et une végétation diversifiée. L'agriculture domine.

Comme en Abitibi, les villes se comptent à peine en dizaines. Leur histoire n'a pas un siècle d'âge. Villes de pionniers comme leurs voisines abitibiennes, leur vie est encore aujourd'hui soumise aux ouvertures et aux fermetures des mines.

Les aléas climatiques jouent également. L'Abitibi-Témiscamingue enregistre en effet de grandes différences de température. Les étés sont chauds (souvent plus de 30°C) et les hivers très froids (en avril, il n'est pas rare que le mercure descende en-dessous de zéro). Mais la lumière n'en est que plus belle.

A NE PAS MANQUER

- La Cité de l'or à Val-d'Or
- Le Festival du cinéma international à Rouyn-Noranda, en octobre
- Une promenade dans la forêt enchantée de Ville-Marie
- L'escalier du géant du barrage La Grande-2, dans la baie James
- Le village cri de Chisasibi

Histoire

Les vestiges archéologiques attestent l'établissement d'une présence humaine antérieure à 5 000 ans av. J.-C. Jusqu'à l'arrivée des Européens, les Amérindiens sillonnent le territoire. Vers 1 600 de notre ère, deux groupes amérindiens, les Abitibis et les Témiscamingues, appartenant au groupe des Algonquins, occupent le nord-ouest du Québec.

Jusqu'au début du XXe siècle, cette région, éloignée de tout, n'intéressera guère les candidats à l'immigration. Néanmoins, dès le XVIIe siècle, elle est la voie privilégiée pour atteindre le Grand Nord et constitue surtout un fabuleux terrain de chasse.

Le contrôle de ses comptoirs de fourrures sera un enjeu dans la bataille qui oppose les Français et les Anglais pour le contrôle de la baie James et de la baie d'Hudson.

Les forestiers et les missionnaires arrivent à leur tour dans les années 1850. Ils instaurent le régime des réserves pour les Amérindiens. La colonisation du Témiscamingue s'amorce, celle de l'Abitibi interviendra en 1912 avec la construction du chemin de fer Transcontinental. A la traite intensive des peaux de fourrure entre 1650 et 1800 succèdent les coupes à blanc.

La découverte dans les années 20 de la faille de Cadillac en Abitibi marque le début de la ruée vers l'or. Une première mine, la mine Horne, est ouverte en 1927. Jusqu'en 1996, 91 mines d'or et de cuivre vont ainsi voir le jour. Des villes comme Rouyn-Noranda et Val-d'Or se créent, d'autres cités éclosent. Toutes suivent le tracé de la faille.

Des milliers d'immigrants, pour la plupart originaires d'Europe de l'Est, viennent s'installer, en quête d'un avenir meilleur. Avec la crise de 1929, un flot d'hommes et de femmes s'installent en Abitibi-Témiscamingue. Les agriculteurs de la région y voient un débouché inespéré pour leurs produits.

Si l'industrie minière constitue encore le principal facteur de développement, son déclin progressif depuis les années 70/80 a condamné à l'exode ou au chômage nombre de familles et de jeunes.

Orientation

L'Abitibi-Témiscamingue est encadré par la baie James au nord, l'Outaouais au sud, la Mauricie-Bois-Francs à l'est et la province de l'Ontario à l'ouest. L'Abitibi couvre le nord de la région, le Témiscamingue le sud.

Seule la route 117 permet de rejoindre l'Abitibi par le sud *via* Val-d'Or, et de poursuivre vers le Témiscamingue. Cet axe nord-sud, construit à la fin des années 40, ne relie toujours pas directement le Témiscamingue aux autres régions du Québec : pour s'y rendre, il faut passer par Ottawa puis suivre la route 17 jusqu'à North Bay et, de là, emprunter la route 63 qui rejoint la ville de Témiscaming.

L'Abitibi est également accessible à partir du lac Saint-Jean par la route 167 Nord *via* Chibougamau, puis la route 113.

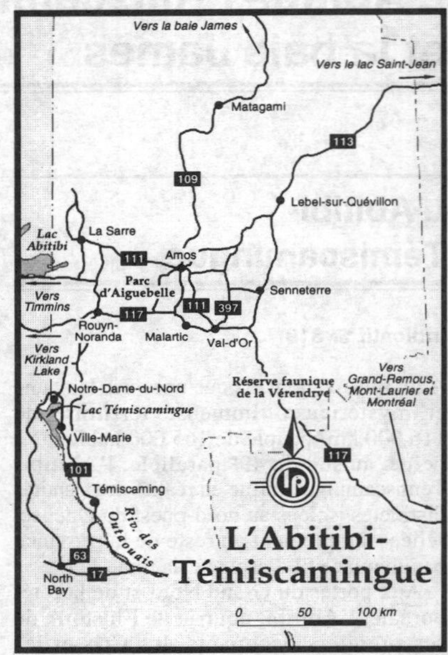

Fêtes et manifestations annuelles

Juillet

Festival forestier de Senneterre – Courses sur billots et débitage de bois.

Le Tour de l'Abitibi – La Sarre, la grande ville organisatrice, festoie pendant plusieurs jours.

Octobre

Festival du cinéma international – A Rouyn-Noranda (voir l'encadré *Jours de fête* plus loin dans ce chapitre).

Activités

Chaque année, des expéditions en ski de fond sont organisées dans la baie James et sur le lac Abitibi à partir de la ville de La Sarre, par la Corporation de la traversée du lac Abitibi (☎ 339-3300), 350 rue Principale, J9Z 1Z5.

Pour le ski alpin, il n'existe qu'une petite station, celle de Mont Vidéo (☎ 734-3193) à Barraute, située à une vingtaine de kilomètres d'Amos au nord-ouest. Elle compte quatorze pistes, dont certaines sont éclairées le soir.

L'été, vous pouvez naviguer en voilier sur le gigantesque lac Témiscamingue et la rivière des Outaouais (☎ 1 800 267-4222 ou (705) 981-0284).

RÉSERVE FAUNIQUE DE LA VÉRENDRYE

Avec une superficie de 13 613 km², la réserve faunique de La Vérendrye est aussi vaste que la région des Cantons de l'Est (13 100 km²).

A cheval entre l'Outaouais et l'Abitibi-Témiscamingue, elle est traversée par la route 117. Le trajet (180 km) est long et relativement monotone. Épinettes et lacs (100 000, soit 10 % du nombre recensé au Québec) se succèdent invariablement. De Grand-Remous à Val-d'Or, la porte d'entrée en Abitibi, vous ne croiserez ni village, ni groupe de maisons. Faites le plein d'essence et roulez à bord d'une voiture en bon état.

A 58 km de Grand-Remous se trouve **Le Domaine** (☎ 435-2541), un complexe hôtelier au bord d'un lac qui dispose d'une station-service, d'un camping et d'un restaurant (plutôt médiocre). Le prochain poste à essence sur cette route est à 124 km au nord.

Le canotage et la pêche sont pratiqués dans la réserve (☎ 736-7431 l'été ; ou 825-2392). A l'entrée sud de La Vérendrye (☎ 438-2017), un centre d'informations fournit une carte indiquant les différents sentiers de randonnée et l'emplacement des campings.

Où se loger

La réserve compte plusieurs campings et chalets. Dans la partie sud, mentionnons le *camping du Lac de la Vieille* (☎ 435-2141), où l'emplacement se négocie à partir de 16 $.

Le camping sauvage peut être pratiqué mais vous devez obligatoirement vous procurer un droit d'accès, disponible à l'office du tourisme de Val-d'Or ou auprès de l'un des points d'entrée de la réserve.

Comme s'y rendre

La route 117 est la seule voie d'accès. Trois postes d'accueil permettent de pénétrer dans la réserve. Deux sont situés au nord, le troisième est au sud, dans la région de l'Outaouais.

VAL-D'OR

Passée la réserve de La Vérendrye, Val-d'Or (24 230 habitants), à 530 km de Montréal, est la ville d'entrée en Abitibi-Témiscamingue et la cité de l'or. Née dans les années 30 sous l'impulsion de prospecteurs, elle a gardé son aspect de ville minière avec ses grandes avenues et ses maisons en briques à un étage alignées les unes contre les autres. La mine *Sigma*, ouverte en 1927 et située en bordure de la route 117. Pendant plusieurs années, elle a été le moteur économique de la ville. Elle emploie encore aujourd'hui 250 personnes. En 1997, elle a extrait 84 000 onces d'or.

La 3e avenue constitue l'artère principale de la ville. Restaurants, pubs, banques,

D'une frontière à une autre

A pays vierge, frontières flottantes au gré des enjeux politiques et économiques. Jusqu'en 1898, l'Abitibi n'appartient pas au Québec. Avec la découverte de l'or et du cuivre, les enjeux territoriaux se précisent. Après plus de quinze années de discussions entre le gouvernement fédéral et les autorités provinciales, l'Abitibi est englobée dans le Québec et avec elle les villes de Matagami et de Lebel-sur-Quévillon, situées juste au nord du 49e parallèle.

En 1987, changement de tutelle : la municipalité de la Baie-James est créée. Elle couvre le cinquième du Québec, soit deux fois la superficie de l'Angleterre. Matagami et Lebel-sur Quévillon passent sous sa coupe. Question de rééquilibrage. ■

boutiques et hôtels s'y concentrent et donnent à l'ensemble un petit air de far-west.

Renseignements

Installé au croisement de la route 117 et de la 3e avenue, au n°20, l'office du tourisme (☎ 824-9646) fournit un excellent plan de Val-d'Or et vous aidera à trouver un hébergement. Il est ouvert tous les jours de 7h à 21h du 15 mai au 8 septembre (de 9h à 17h le reste de l'année).

Les banques se succèdent le long de la 3e avenue et possèdent toutes des guichets automatiques accessibles à toute heure. La Caisse Populaire Desjardins est au n°602, la Banque Nationale au n°842 et la Banque Laurentienne au n°888.

Au n°905 de la 2e avenue, les guichets de la poste accueillent le public du lundi au vendredi de 8h30 à 15h30.

Le centre hospitalier (☎ 825-6711) est installé 725 6e rue.

A voir

Village minier de Bourlamaque. A l'est de la ville, accessible depuis la 3e avenue *via* la rue Saint-Jacques ou la rue Perreault, ce village forme le cœur historique de Val-d'Or. Toujours habité, il compte quelque quatre-vingts petites maisons en bois rond construites en 1935 par la compagnie pour loger les familles des mineurs.

Cité de l'or. Attenante au village minier de Bourlamaque, la mine Lamaque, fermée depuis plus de dix ans, a été transformée en centre d'interprétation. La Cité de l'or (☎ 825-7616), 90 rue Perreault, nécessite au moins une heure pour la seule visite des bâtiments de surface et deux heures pour la descente dans les galeries souterraines creusées à 91 m sous terre. Des animateurs en tenue de mineur racontent l'histoire de la mine. La visite est passionnante. La température sous terre étant de 7°C, mieux vaut prévoir un bon lainage, un pantalon et des chaussures fermées.

Ouverte tous les jours de 9h à 18h de la mi-juin à début septembre, la mine n'est accessible ensuite que sur réservation. L'hiver, les galeries souterraines sont fermées.

La visite en surface coûte 9 $ (8 $ pour les étudiants et les seniors) ; celle à l'intérieur de la mine revient à 15 $ (12,50 $). Il existe un tarif famille.

Tour Rotary. Autre vestige de l'exploitation minière, cette tour haute de 18 m offre une vue sur la ville et ses environs. Elle se situe à l'angle des boulevards des Pins et Sabourin.

Centre d'amitié autochtone. Installé 1272 7e rue, le Centre d'amitié autochtone (☎ 825-6857) est le centre culturel où se retrouvent les Amérindiens de la région. Une partie de ses locaux est réservée à la vente de sculptures inuit et de produits artisanaux. A deux pas du village minier de Bourlamaque, la boutique **Wachiya** (☎ 825-0434), 145 rue Perreault, expose et vend de l'artisanat cri (oiseaux en mélèze, sculptures en pierre de savon, entre autres). Elle possède un petit rayon librairie. La personne à l'accueil est toujours disponible pour vous donner des renseignements sur les Cris.

Où se loger

Les hébergements se limitent à des motels comportant une aile hôtel, le long de la 3e avenue. Ils sont chers pour le service proposé.

Près de l'office du tourisme, l'*Hôtel-Motel Sigma* (☎ 825-5755), 219 avenue Centrale, ne possède guère de caractère mais est propre. La chambre coûte 59 $ dans la partie motel, 40 $ dans celle de l'hôtel. Plus central et légèrement plus agréable, *Le Continental* (☎ 824-9651 ou 1 800 567 6477) affiche des simples à 57 $ pour le motel et à 47 $ pour l'hôtel (8 $ par personne supplémentaire), petit déjeuner non compris. Le *Motel Escale* (☎ 824-27711 ou 1 800 567-6572), 1100 rue de l'Escale, est le seul dans sa catégorie à afficher un bon rapport qualité/prix, avec des chambres à 80 $.

Au cœur du village minier, à cent mètres de l'entrée de la Cité de l'or dans la même rue, *L'Auberge de l'Orpailleur* (☎ 825 9518), 104 rue Perreault, est certainement le meilleur endroit où descendre. Installée dans une ancienne pension pour mineurs célibataires, la maison est chaleureuse et sa situation permet de se déplacer à pied. La propriétaire, Dominique Gay, organise des circuits dans la région. La simple/double coûte 35/50 $ hors taxes, petit déjeuner inclus.

Où se restaurer

Val-d'Or est riche en restaurants à l'ambiance décontractée. La cuisine est bonne et généreuse.

Le *Quatro* (☎ 824-4001), 585 3e avenue, est une brasserie conviviale et animée où les hommes aiment à se retrouver autour d'une bière l'œil rivé au match de hockey retransmis à la télévision. Comptez à partir de 7 $ pour un repas. En face, au n°576, *L'Avantage* (☎ 825-631) est une brasserie d'un style plus sage et à la bonne odeur de maïs grillé. Un hamburger-frites vous coûtera 8 $.

Face au village minier de Bourlamaque, à cinq minutes à pied de l'office du tourisme, *Le Café au Filon* (☎ 825-0796), 59 rue Saint-Jacques, est réputé pour ses copieux petits déjeuners, facturés entre 3 et 4,75 $. Fermé en soirée et le dimanche, il propose, au déjeuner, des salades, des soupes et des sandwiches (que l'on peut emporter). Il vous accueille du lundi au vendredi de 6h à 16h (le samedi de 8h à 14h). Juste à l'angle et attenant au cinéma Capitol, *L'entr'acte* est un bar aux grandes baies vitrées qui n'ouvre que le soir.

Toujours dans le petit périmètre du centre-ville, *L'Amadeus* (☎ 825-7204), 166 boulevard Perreault, est la table gastronomique de Val-d'Or, où vous vous restaurerez à moitié prix les lundi, mardi et mercredi. Comptez 20 $ pour un plat de viande avec entrée et dessert.

Plus excentré, le restaurant du *Motel L'Escale* (☎ 824-2711), 1100 rue de l'Escale, propose une carte variée avec un demi-homard et des fruits de mer pour 22 $ (entrée et dessert inclus).

Comment s'y rendre

Bus. Les autobus Maheux assurent deux à trois liaisons quotidiennes avec Montréal (7 heures, 63 $). Ottawa est également desservie chaque jour (58 $). Le terminus de la gare routière (☎ 874-2200) est situé 851 5e avenue, dans le centre-ville.

Avion. Du lundi au vendredi, Inter Canadien (☎ 1 800 665-1177), Air Creebec (☎ 1 800 567-6567) et Air Alliance (☎ 1 800 361-8620) assurent des vols Montréal-Val-d'Or. Le week-end, ils se limitent à un ou deux selon la saison. Comptez environ 274 $ en semaine pour un aller-retour (153 $ le week-end).

Train. La gare ferroviaire de Senneterre (☎ 737-2979), à 50 km au nord-ouest de Val-d'Or, est la seule gare passagers de l'Abitibi-Témiscamingue. La liaison avec la gare centrale de Montréal est assurée trois fois par semaine (91 $ l'aller). Reste que, de la gare, vous ne trouverez ni bus, ni agence de location de voiture pour quitter Senneterre.

ROUYN-NORANDA

Avec 29 775 habitants, Rouyn-Noranda est la ville la plus peuplée de l'Abitibi-Témiscamingue. Fondée par le prospecteur Edmond Horne dans les années 1924/1925, elle demeure un centre industriel producteur de cuivre de première importance au Canada.

Comme la plupart des villes de la région, son paysage urbain n'a qu'un intérêt limité. Elle fait office de carrefour entre l'Abitibi et le Témiscamingue et accueille à l'automne un festival du cinéma réputé.

Renseignements

L'avenue Principale est le quartier général des banques. La Banque Nationale se trouve 161 avenue Principale.

A voir

Maison Dumulon. Ce centre d'interprétation historique (☎ 797-7125), 191 avenue du Lac, reconstitue l'ambiance du magasin général de la famille Dumulon, dans les années 20. Dans la même pièce, côte à côte, se trouvent l'épicerie, le café et le bureau de poste. L'été, des pièces de théâtre sont données avec, comme thème central, l'histoire de la ville et de la ruée vers l'or.

Le centre abrite également le bureau d'informations touristiques de la ville et vend de l'artisanat et des produits régionaux.

Il est ouvert tous les jours de 9h à 18h du 24 juin au 2 septembre. Le reste de l'année, il est accessible du lundi au vendredi (avec une pause entre 12h et 13h) et ferme à 17h.

Métallurgie Noranda-Fonderie Horne. Des visites commentées sont organisées dans ce gigantesque complexe (☎ 762-7764, poste 424) qui compte parmi les plus importants producteurs mondiaux de cuivre et de métaux précieux.

Fondée en 1922 par Edmond Horne après la découverte d'un gisement d'or, l'entreprise est le témoin vivant de toute une époque. Il est conseillé de porter un pantalon, des manches longues et d'avoir des chaussures fermées.

Les visites sont gratuites et se déroulent tous les jours de 8h30 à 18h pendant l'été. En dehors de cette saison, il est préférable d'appeler au ☎ 762-7764 (poste 420 ou 251). Les moins de 12 ans ne sont pas admis.

Où se loger

Les motels et les hôtels sans âme ne manquent pas. Au centre-ville, l'*Hôtel Albert* (☎ 762-3545), 84 avenue Principale, est considéré comme le grand hôtel de Rouyn-Noranda. Ses chambres sont très quelconques. Le premier prix est à 60 $ pour une chambre donnant directement sur un mur ; moyennant 75 $, vous élargirez votre champ de vision. Le petit déjeuner est en sus.

Construit à l'entrée de la ville (en venant de Val-d'Or), le *Motel Comfort Inn* (☎ 797-1313), 1295 avenue Larivière, est certainement l'hébergement qui présente le meilleur rapport qualité/prix dans sa catégorie. En fin de semaine, un tarif préférentiel à 59 $ la chambre est accordé, voire moins selon la saison.

Pour un logement plus personnalisé, *L'autre chez soi* (☎ 762-3187), 784 avenue Murdoch, est un gîte doté de toutes les commodités pour rendre un séjour agréable (entrée indépendante de celle des propriétaires, cuisine équipée, téléphone). Comptez 35/45 $ pour 1/2 personnes. Plus proche du centre-ville, *L'Auberge le Passant* (☎ 762-9827), 489 rue Perreault Est, est tout aussi agréable et l'accueil du propriétaire, Michel Bellehumeur, un bonheur. Il est préférable de réserver.

Le *Cégep* de Rouyn Noranda (☎ 764-6788), 555 boulevard du Collège, propose des chambres durant les congés scolaires et des appartements du 25 mai au 7 août.

Où se restaurer

Les restaurants se concentrent dans l'avenue Principale. *La Renaissance*, au n°199, réunit midi et soir beaucoup de monde autour d'une cuisine où dominent la viande (en sauce) et les pommes de terre. Comptez 12 $. L'ambiance est légèrement plus feutrée à *L'Hôte Antique*, au n°84, tout aussi convenable dans ce registre.

Comment s'y rendre

Voiture. De Val-d'Or, prendre la route 117 Ouest. D'Amos, préférer la route 395 (superbe) à la route 109 qui passe par Val-d'Or.

Bus. Montréal *via* Val-d'Or est reliée trois fois par jour à Rouyn-Noranda (75 $ l'aller simple). Le terminus (☎ 762-2200) est au 52 rue Horne.

PARC D'AIGUEBELLE

Situé dans le quadrilatère Val-d'Or, Amos, La Sarre et Rouyn-Noranda, le parc d'Aiguebelle (☎ 762-8154) possède la plus grande concentration d'orignaux de l'Abitibi-Témiscamingue et des arbres bicentenaires – ce qui n'est pas sans importance dans une région où la forêt a été meurtrie par les coupes à blanc. Marqué par la chaîne des collines Abijévis et une plaine environnante à perte de vue, le parc comptabilise 70 lacs pour un territoire de 243 km². Parmi eux, le lac La Haie que vous pouvez traverser en franchissant une passerelle longue d'environ 64 m et suspendue à plus de 22 m de hauteur.

La carte du parc mentionne les aires de canoë et les différents sentiers pédestres transformés l'hiver en pistes de ski de fond. Elle est disponible au poste d'accueil Mont Brun (☎ 637-7322).

Où se loger

Installé au sud-est du parc, le camping *Abijévis* (☎ 637-7080), 1737 rang Hudson, est ouvert de la mi-juin au 1er septembre. En bordure d'un lac, il propose une multitude d'activités (randonnées équestres ou pédestres, tennis, canoë...) et dispose d'une épicerie. L'emplacement coûte 15 $.

En hiver, les quatre refuges du parc (☎ 762-8154) sont ouverts.

Comment s'y rendre

Situé à 50 km au nord-est de Rouyn-Noranda, le parc est accessible dès la fonte complète des neiges par la route 101 Nord, sortie Mont-Brun ou Destor, les deux entrées sud et sud-ouest du parc.

D'Amos, vous pouvez rejoindre le parc en prenant la route 111 Ouest. A Taschereau, tournez à gauche pour rejoindre le poste d'accueil Taschereau.

De Val-d'Or, empruntez la route 117 Ouest en direction de Rouyn-Noranda, puis prenez à droite la direction Mont-Brun.

VILLE-MARIE

A environ 110 km au sud-ouest de Rouyn-Noranda, Ville-Marie, chef-lieu du Témiscamingue, ne compte que 3 265 habitants mais s'enorgueillit de plus de trois siècles d'histoire. En bordure du gigantesque lac Témiscamingue, elle est par ailleurs l'étape privilégiée des plaisanciers qui naviguent sur le Témiscamingue et l'Outaouais.

Renseignements

Le bureau de tourisme (☎ 629-2959), 1 rue Industrielle, est ouvert tous les jours de 10h à 20h de la mi-juin au 2 septembre (fermé le reste de l'année). Du 3 septembre à la mi-juin, le bureau (☎ 629-3355) situé

Jours de fête

Le Festival du cinéma international en Abitibi-Témiscamingue est né en 1982. Personne, à commencer par ses créateurs, trois cinéphiles de Rouyn-Noranda, n'aurait imaginé qu'il puisse attirer chaque année les plus grands réalisateurs de cinéma et devenir le festival de référence du Québec. La couverture médiatique est sans égale dans la province, la qualité de la programmation exceptionnelle (une soixantaine de films) et le succès populaire grandissant (environ 15 000 spectateurs).

Chaque année apporte son lot de premières québécoises et étrangères. En 1995, Pierre Salvadori et François Cluzet ont présenté en première mondiale le film *Les apprentis*.

Pourtant, Rouyn-Noranda ne compte ni plages, ni palmiers, ni starlettes, ni protocole ; seulement des cheminées d'usine, des demeures en briques sans prétention et des avenues sobres. Le spectacle est ailleurs, dans les salles de cinéma de la ville, dans les cafés et les restaurants envahis après chaque projection par les amoureux du septième art. L'esprit est à la fête et à la discussion comme l'ont voulu Jacques Matte, Louis Dallaire et Guy Parent, les trois mousquetaires engagés depuis leur plus jeune âge dans la défense et la promotion du cinéma régional et québécois.

La culture de salon n'a jamais fait partie de leur rayon d'action, pas plus que les mondanités. Ils ont couru dans les années 70 les routes abitibiennes et témiscamingues avec, pour seuls bagages, caméras et projecteurs. De ce besoin de témoigner pour le plus grand nombre est né un festival pas comme les autres. Le cinéma conçu comme lieu de rencontres et d'échanges : une évidence qu'ils ont fait redécouvrir. ■

21 rue Notre-Dame assure une permanence du lundi au vendredi de 8h30 à 16h30.

A voir

Lieu historique national du Fort-Témiscamingue. Le site (☎ 629-3222), 834 chemin Vieux-Fort, est construit sur l'emplacement même du premier comptoir de la région, édifié en 1606 et fermé en 1901. Il détaille le commerce des fourrures et l'évolution des rapports entre Amérindiens, Français et Anglais.

Au bord du lac Témiscamingue, le Fort peut servir de prétexte à une promenade dans la **Forêt enchantée**, un parc dominé par des thuyas de l'Est, une essence d'arbre assez exceptionnelle par la forme très élancée mais quelque peu torturée de ses troncs. Une plage a été aménagée en face du site.

De la fin mai à début septembre, le site est ouvert du mardi au dimanche de 9h à 17h (le lundi, ouverture à 13h). En dehors de cette période, il faut réserver.

Maison du colon. Elle est la plus ancienne maison de Ville-Marie (☎ 629-3533), 7 rue Notre-Dame-de-Lourdes. Construite en 1881 par le frère Joseph Moffet pour abriter les familles des premiers colons, elle a été transformée en centre d'histoire sur le Témiscamingue.

Des visites commentées sont organisées tous les jours de 10h à 18h de la mi-juin à début septembre. Le reste de l'année, il faut téléphoner pour accéder au lieu. L'entrée coûte 2,5 $.

Où se loger

Le *Motel Caroline* (☎ 629-2965), 2 chemin Fabre, est d'un bon rapport qualité/prix avec des chambres à partir de 45 $. Il dispose d'une salle de restaurant. *Le Gîte Marcelle Aubry* (☎ (819) 629-3360), 341 route 101 Sud, dispose de trois chambres à 45 $ et d'une piscine.

Comment s'y rendre

De Rouyn-Noranda, prendre la route 101 Sud ou la route 391 parallèle à la 101, plus pittoresque. Pour un déplacement en bus, il est préférable de se renseigner sur les horaires au terminus de Rouyn-Noranda (☎ 762-2200), 52 rue Horne.

LANIEL

A 37 km au sud de Ville-Marie, accessible par la route 101 Sud, Laniel est un village dont le charme réside principalement dans sa situation en bordure de la baie du somptueux lac Kipawa.

Un sentier de randonnée de 6 km a été aménagé le long de la rivière Kipawa. La vue sur la rivière, ses chutes et ses rapides est exceptionnelle. Pour accéder au sentier, allez au nord du village. Sachez que le chemin d'accès est en terre de bout en bout, soit dix kilomètres (à n'emprunter que par temps sec).

Où se loger

Sur les bord du lac Kipawa, le *Camping G.G. Inc* (☎ 634-2666), 1991 route 101, ouvert de la mi-mai à la mi-septembre, propose des chalets et loue des embarcations. Ses tarifs varient entre 5 et 15 $ pour un emplacement.

Des chalets peuvent aussi être loués à Laniel de la mi-mai à la mi-octobre. Téléphonez au ☎ 634-5211.

AMOS

Amos est la doyenne des villes d'Abitibi. Comme sa cadette Val-d'Or, à 60 km au sud, elle affiche une image de pionnière. Dès 1910, date de sa construction, l'exploitation de la forêt et l'agriculture furent ses deux raisons d'être, et le demeurent encore aujourd'hui.

Dernière grande ville avant de rejoindre la route de la Baie-James, Amos s'est développée le long des rives de la rivière Harricana, “la grande voie, la seule voie” des Algonquins, celle par qui les premiers colons arrivèrent et qui, après 553 km de coulée impétueuse, finit sa course dans la célèbre baie.

Amos se caractérise par une vie culturelle riche. Été comme hiver, chanteurs, musiciens et acteurs viennent s'y produire.

Elle possède une salle de spectacle dotée de moyens techniques ultra-modernes qui en en font l'une des meilleures du Québec.

Renseignements

Le bureau du tourisme (☎ 727-1242) est installé 892 route 111 Est. Le personnel vous renseignera efficacement pour tout voyage entrepris dans la baie James. Il est ouvert tous les jours de 8h30 à 21h du 16 juin au 1er septembre. En dehors de cette période, il ferme à 16h30 ainsi que le week-end.

Le Centre hospitalier Hôtel-Dieu (☎ 732-3341) se tient 622 4e rue Ouest.

A voir

Cathédrale Sainte-Thérèse. Son dôme sphérique, visible de loin, sert de repère. Construite à proximité de la rivière Harricana, selon les plans de l'architecte montréalais Beaugrand Champagne, elle affiche un style romano-byzantin, unique en Amérique du Nord.

Pikogan. Quelques familles cris et 450 Algonquins vivent dans cette petite réserve construite sur la rive nord de la Harricana et encerclée par la ville d'Amos. A l'entrée du village, le **comptoir artisanat amérindien** abrite une exposition consacrée à l'histoire de cette société du nom de Matcie8eua. Il est ouvert seulement de juin à septembre, de 8h30 à 17h (de 12h à 17h le week end). Dans le village, vous pourrez voir une église en forme de tipi.

Refuge Pageau. Depuis plus de vingt ans, Michel Pageau et sa femme recueillent des animaux sauvages blessés ou malades et ne gardent que ceux jugés inaptes à retourner dans la nature. Depuis quelques années, ils ont ouvert au public leur arche de Noé, très fréquentée l'été.

Le refuge accueille les visiteurs tous les jours du 25 juin au 31 août, de 13h à 17h (20h le week-end). En septembre, il est seulement ouvert le dimanche de 13h à 16h. En dehors de cette période, il faut réserver.

Où se loger et se restaurer

Vous n'aurez guère le choix. Quel que soit le standing, les chambres ne bénéficient jamais d'une vue réjouissante et leur aménagement intérieur n'a rien de très recherché.En centre-ville, l'*Hôtel des Eskers* (☎ 732-5386 ou 732-0455), 210 avenue Authier, loue des chambres à 65 $ sans le petit déjeuner.

Le motel *Pétro Repos* (☎ 732-8307), 2900 route 111, est de loin l'hébergement le plus agréable avec des chambres refaites à neuf et des prix compris entre 57 et 67 $. En face, au n°2881, *Le Crépuscule* (☎ 732-1627) a le charme désuet des motels des années 50/60. La chambre revient à 57 $, taxes et petit déjeuner compris. Sur le même trottoir, à 500 mètres en direction du centre-ville, l'*Atmosphère* (☎ 732-7777 ou 1 800 567-7777), 1031 route 111 Est, n'a rien de palpitant. La chambre coûte 68 $ (5 $ le petit déjeuner).

Le propriétaire du restaurant la *Douce Heure* (voir la rubrique *Où se restaurer*) a prévu d'ouvrir un hôtel.

Isolée au milieu des champs, à quelques mètres de la rivière Harricana, *L'Auberge du Rang 4* (☎ 732-6237), 3295 chemin Brochu, est une maison sans prétention mais qui vous fera apprécier la campagne abitibienne. Les simples/doubles valent 35/45 $. La maison peut être louée entièrement moyennant 95 $ par jour. Laurent et Valérie, les propriétaires, organisent des promenades en traîneau à chiens en hiver.

Deux restaurants se disputent le titre de meilleure table de la ville, non sans raison. *Douce heure* (☎ 732-2335), au n°21 de la 10e avenue, propose de la cuisine française. Comptez 25 $ par personne. Au n°4146 de la 6e rue, le restaurant *Rossy* est fréquenté par le beau monde d'Amos. Les tarifs sont légèrement supérieurs (28 $ environ le repas).

Comment s'y rendre

Voiture. De Val-d'Or, prendre la route 111 Nord (une heure de trajet).

Bus. La liaison Montréal-Amos est assurée deux fois par jour par la compagnie Maheux *via* Val-d'Or (8 heures, 74 $), sauf le samedi. Du lundi au vendredi, vous pouvez également vous rendre directement à Rouyn-Noranda (à 1 heure 30 d'Amos) pour 18 $. Le terminus (☎ 732-2821) se tient 132 10e avenue Ouest, à quelques mètres de la rue Principale.

La baie James

Indicatif ☎ 819

Le pays de la baie James, appelé aussi la Radissonie, est un vaste territoire de 350 000 km² où vivent 12 000 Cris environ regroupés en 9 communautés.

Matagami, ville forestière et minière, marque le début de la route de la Baie-James. Construite dans les années 70 lors des travaux des barrages de la Grande Rivière, la route rejoint Radisson, ville bâtie pour les besoins de ce chantier du siècle. Longue de 620 km, elle représente à elle seule un voyage insolite, au milieu de la forêt boréale. Le paysage – un désert d'arbres, d'eau et de roches, domaine du caribou en hiver – est austère, surtout en été ; en hiver, la neige vient adoucir la couleur sombre de l'épinette noire.

En dehors de l'été, les conditions climatiques conditionneront votre voyage. De novembre à début mai, les températures diurnes avoisinent les -20°C (-40°C la nuit).

MATAGAMI

Construite en bordure de la rivière Bell, à 182 km au nord d'Amos, Matagami a des allures de ville champignon dotée de toute l'infrastructure nécessaire pour satisfaire les besoins de ses 2 500 habitants.

L'été, des visites commentées de la mine de cuivre et de zinc sont proposées par les

Les aventuriers de la baie James

En 1659, Pierre-Esprit Radisson et son beau-frère Médart Chouart Des Groseillers, deux coureurs de bois qui arpentent la région des Grands Lacs, apprennent des Cris l'existence d'une contrée riche en fourrures. Elle serait, leur dit-on, située entre le Lac supérieur et la baie d'Hudson.

De retour à Québec, ils en informent les représentants français. En exploitant les fourrures du Grand Nord, ne serait-ce pas une façon de contourner le blocus des Iroquois ? Leurs interlocuteurs semblent toutefois plus préoccupés par la vallée du Mississippi. En revanche, des bailleurs anglais se montrent intéressés et acceptent de financer, en 1668, une expédition. La route de la Baie-James est ouverte. Les premiers comptoirs sont créés.

Mais en 1670, le roi d'Angleterre accorde le monopole du commerce dans la baie à un groupe de négociants et d'aristocrates anglais, la Compagnie des aventuriers de la baie d'Hudson. Les deux Français sont évincés. En 1680, trois postes de traite à l'embouchure des rivières Rupert (Fort Charles), Moose (Moose Factory) et Albany (Fort Albany) dominent le marché.

Les affaires de la Compagnie de la baie d'Hudson sont excellentes. Elle achète à bon prix les fourrures et les produits qu'elle commercialise sont bien plus compétitifs que ceux proposés par les Français. Les Cris, les Abitibis et les Témiscamingues voient en elle un partenaire privilégié.

Face à cette situation, les Canadiens français établis à Montréal décident d'ouvrir des comptoirs dans le Témiscamingue, l'Abitibi et la baie James. En 1682, des marchands de Montréal forment la Compagnie du Nord. Radisson et Des Groseillers (revenus dans le camp français) sont envoyés pour fonder un comptoir maritime à la baie James. Fort Bourbon, sur la rivière Nelson, est construit. En 1685, la Compagnie du Nord obtient des autorités françaises le monopole de la traite pour une durée de 20 ans. Deux postes voient le jour en bordure du lac Abitibi et un autre sur la rivière Némiscau. A la baie James, le poste de Fort Bourbon, construit par Radisson et Des Groseillers – à nouveau passés au service de l'Angleterre –, a fait faillite.

En 1686, un commerçant, Pierre Chevalier de Troyes, décide d'aller déloger les Anglais de la baie d'Hudson. Il monte une expédition avec une centaine d'hommes. Il traverse le Témiscamingue puis l'Abitibi et s'empare de la majorité des postes anglais. Certes, les Britanniques occupent toujours le comptoir de Fort Nelson, mais l'entreprise est un succès.

A la fin du XVIIe siècle, la réglementation britannique sur le commerce des fourrures met un terme à cette période. En instaurant un quota sur le nombre de personnes autorisées à commercer, elle remet en cause la structure des postes de traite. La guerre des comptoirs est terminée. ■

Mines et Exploration Noranda Inc. (☎ 739-2511, du lundi au vendredi de 8h à 15h). Elles sont gratuites mais il faut un minimum de 8 personnes. Appelez au préalable l'usine ou le bureau touristique de Matagami.

Renseignements

Un bureau touristique (☎ 739-4566 ou 739-2155), 92 boulevard Matagami, est ouvert pendant la saison estivale, de 8h à 13h et de 15h30 à 20h.

Où se loger

Le *Camping du Lac Matagami* (☎ 739-2030), à 36 km au nord de la ville, est le seul hébergement possible. Il dispose de chalets et on peut pratiquer le ski nautique. L'emplacement coûte entre 11 et 13 $.

RADISSON

Radisson a été construite en 1974 afin de servir de base centrale d'hébergement et de services pour la construction des barrages sur la rivière La Grande. Elle compte aujourd'hui 600 habitants et offre l'image d'un immense îlot de maisons préfabriquées, alignées les unes à côté des autres.

Radisson sert généralement de ville étape pour ceux qui visitent la centrale hydroélectrique **La Grande-2** (LG2), baptisée Robert-Bourassa en l'honneur de l'ancien Premier Ministre québécois. LG2 est la plus grande centrale souterraine au monde et fait partie, avec **La Grande-1** (LG1), du Complexe La Grande qui produit plus de la moitié de l'énergie électrique du Québec. Pour construire cette immense infrastructure, il fallut ériger 215 digues et barrages et employer 75 000 tonnes d'explosifs.

La Grande-2 impressionne par ses dimensions. La salle des machines construite jusqu'à 140 mètres sous terre et l'évacuateur de cries, surnommé "l'escalier du géant" en raison de ses 13 énormes marches taillées dans le roc, sont les deux grands moments de la visite. Chaque marche mesure 10 m de hauteur et 135 m de largeur.

LG2 est accessible à 13h tous les jours de la mi-juin à début septembre. En dehors de cette période, elle accueille le public les mercredi, vendredi et dimanche à 13h.

La Grande-1 est à une heure de route de Radisson, à l'ouest en direction de Chisasibi. Elle ne présente pas le même intérêt que LG2. Une visite est organisée tous les jours à 8h30 de la mi-mai à début septembre (fermeture le mardi) ; le reste de l'année, seulement les lundi, jeudi et samedi.

Dans les deux cas, les réservations sont impératives (☎ 638-8486 ou 1 800 291-8486).

Renseignements

Le bureau touristique de Radisson (☎ 638-8687), 200 rue Jolliet, est ouvert tous les jours de 9h à 20h du 14 juin au 1er septembre ; du lundi au vendredi de 9h à 16h30 le reste de l'année.

Où se loger

Hôtel. Le choix est limité. L'*Hôtel-Motel Carrefour La Grande* (☎ 638-6005), 11 rue des Groseillers, est le moins cher avec des chambres à partir de 75 $. L'*Auberge Radisson* (☎ 638-7201 ou 1 888 638 7201), au n°66, est l'hébergement de qualité de la ville. Chambres à partir de 115 $.

Les chantiers de la colère

En 1971, le Premier ministre du Québec, Robert Bourassa, annonçait le projet de développement hydroélectrique de la baie James, surnommé La Grande, du nom de la rivière. L'entreprise est démesurée, voire inimaginable. Elle consiste en la construction d'une série de barrages à plus de 1 000 km de Montréal, en plein territoire cri et inuit, une région accessible seulement par avion.

Dès l'annonce du projet, partisans et opposants s'affrontent. En 1972, les Cris et les Inuit engagent une procédure judiciaire contre la compagnie Hydro-Québec, lui demandant de stopper les travaux déjà entrepris. Un an plus tard, la Cour Supérieure leur donne raison. La construction s'arrête. Mais la décision est cassée en appel, et les chantiers reprennent. Le gouvernement du Québec, soucieux du bon déroulement des travaux et de son image de marque, négocie cependant un accord avec les Cris et les Inuit. Une convention est signée en 1975, reconnaissant aux deux nations des droits d'occupation et d'usage sur une partie du territoire (6 600 km^2). L'accord prévoit par ailleurs le versement de 225 millions de dollars à titre de compensation. Une première dans l'histoire de la province.

Pendant ce temps, sur les chantiers, les mouvements de protestations se multiplient. Les syndicats revendiquent de meilleures conditions de travail, car les hommes sont coupés du monde et de leur famille pendant des mois. En 1974, des ouvriers saccagent les installations. Les dommages sont estimés à plusieurs dizaines de millions de dollars.

En 1979, la centrale La Grande-2, plus connue sous le nom de LG2, est mise en service.■

Camping. Ouvert de la mi-juin à début septembre, le *Camping des Pins* (☎ 638-8687) est installé au Km 582, à 40 km au sud de Radisson. Il dispose de tout le confort souhaité. Le prix de l'emplacement commence à 12 $. *Le Radisson*, 164 rue Joliet, se tient dans le village, à gauche en rentrant. Il dispose d'une épicerie. Le tarif varie de 12 à 15 $.

CHISASIBI

De Radisson, vous pouvez rejoindre le village cri de Chisasibi (2 400 habitants), en amont de la Grande Rivière, à 8 km de la baie James.

Chisasibi a été construit récemment suite aux inondations successives sur l'**île des Gouverneurs**, située à l'embouchure de la rivière La Grande. Les Cris qui y vivaient ont dû quitter l'endroit par mesure de sécurité. Chaque emplacement de maison à Chisasibi a été pensé pour respecter l'unité familiale traditionnelle.

Au début du XIXe siècle, l'île des Gouverneurs a représenté un axe très important pour le commerce de la fourrure. La Compagnie des aventuriers de la baie d'Hudson avait installé le **Fort Georges**, un poste de traite que fréquentaient Cris et Inuit. Fort Georges peut se visiter en juillet (☎ 855-2255).

Le *Motel Chisasibi* (☎ 855-2838) est un hébergement possible.

Comment s'y rendre

Voiture. A partir d'Amos, prendre la route 109 Nord jusqu'à Matagami, où commence la route de la Baie-James qui finit à Radisson, entièrement asphaltée. Faites le plein d'essence à Matagami car la prochaine station se trouve à 381 km.

Au Km 6, vous êtes tenu, par mesure de sécurité, de laisser vos coordonnées au kiosque d'informations touristiques (☎ 739-4473), ouvert 24h/24, tous les jours de l'année. On vous remettra un plan détaillé de la route et vous pourrez réserver une chambre d'hôtel à Radisson ainsi que la visite de LG1 ou LG2. Des relais hertziens de secours sont installés en bordure de route.

Au Km 381, le poste d'essence (☎ 638-7948) est ouvert 24h/24. Un atelier mécanique et une cafétéria sont attenants.

Au Km 589, vous trouverez également un autre poste à essence qui ferme à 17h. Le dimanche, il n'est pas ouvert.

Vous pouvez rejoindre Radisson à partir du lac Saint-Jean *via* Chibougamau (comptez 10 heures de trajet). La route est un chemin de graviers sur 428 km. La chambre de commerce de Radisson (☎ 638-8054) vous fournira la liste des stations-service de cette route.

Bus. Aucune compagnie de bus ne dessert Radisson. Elles vont jusqu'à Matagami seulement.

Avion. Air Creebec (☎ 825-8355 ou 1 800 567 65), Inter Canadien (☎ 825-4848 ou 1 800-665-1177) et Air Inuit (☎ 638-6951 ou 1 800 361-2965) desservent Radisson au départ de Montréal, Québec ou Val-d'Or. Premier prix à partir de 400 $.

Les Ailes cosmiques Inc (☎ 732-0090 ou 732-0356) assurent tous les jours, pendant la période estivale, des visites guidées de la centrale LG2 avec un départ d'Amos (320 $), de Val-d'Or ou de Rouyn-Noranda (395 $). L'aéroport est à 32 km de Radisson. On peut louer une voiture ou avoir recours aux services d'un taxi.

L'Outaouais

Indicatif ☎ 819

Coiffée au nord par l'Abitibi-Témiscamingue et voisine à l'est des Laurentides, l'Outaouais est bordée au sud par la rivière des Outaouais, frontière naturelle entre le Québec et l'Ontario.

A l'ombre d'Ottawa, l'Outaouais, terre de passage privilégiée pour rejoindre Montréal, est une région à part entière, un territoire de 33 000 km^2 qui, de tout temps, a puisé ses racines dans celle que les Algonquins appelaient au XVIIe siècle la Mahamoucébé, la "rivière du commerce". Un siècle plus tard, les Européens baptisèrent ce large et puissant cours d'eau "rivière des Outaouais", du nom d'un groupe amérindien. La vie urbaine se concentre le long de ses rives et affiche un bilinguisme qui n'est pas sans créer, ici et là, quelques petites guerres de clochers.

L'Outaouais est en effet un fascinant mélange de cultures francophones et anglophones qui, au final, donnent une cohérence à l'ensemble, tout en harmonie, à l'image de ses paysages. Érables, ormes et chênes côtoient bouleaux et pins. Ils sont la richesse de l'Outaouais, pays des Algonquins et terre des *draveurs* (voir l'encadré *La drave*).

A NE PAS MANQUER

- Le musée canadien des Civilisations, à Hull
- Un pique-nique dans le parc de la Gatineau
- Une balade en canoë sur la rivière Gatineau depuis Wakefield
- Le festival amérindien Packwan à Maniwaki
- Un dîner dans un restaurant à Chelsea

HISTOIRE

L'Outaouais est la terre des Algonquins lorsque Samuel de Champlain effectue son premier voyage sur la rivière Mahamoucébé. Dans un premier temps, le territoire reste vierge de toute colonisation. Le gouvernement de la Nouvelle-France s'oppose alors à toute implantation. Il s'agit de ne pas perdre la confiance des Amérindiens, précieux collaborateurs dans la traite des fourrures. A l'est du territoire, la seigneurie de la Petite-Nation, appartenant à la famille Papineau, est la seule exception.

Avec les Britanniques, après la Conquête de 1760, la politique reste identique. Certes, missionnaires, coureurs des bois et marchands parcourent le territoire mais il faut attendre le XIXe et le début du XXe siècle pour que la région connaisse un réel début d'immigration.

Le décret de Berlin (promulgué en 1806 par Napoléon et interdisant à la Grande-Bretagne l'accès au bois de la mer Baltique) détermine en effet l'évolution de la région et le destin de ses premiers immigrants. C'est le cas du fondateur de Hull, Philemon Wright, un Américain originaire du Massachusetts, arrivée en 1800 avec toute sa famille. Surnommé "la réserve forestière de la Grande-Bretagne", l'Outaouais fournira ainsi l'essentiel du bois nécessaire à la construction des navires britanniques.

Plaque tournante de l'exploitation forestière en Amérique du Nord, elle voit affluer à partir de cette époque nombre d'immigrants en provenance d'Angleterre, d'Irlande, d'Écosse et d'Amérique. Quant aux Canadiens français, ils s'implantent dans la seigneurie de la Petite-Nation.

Le secteur des pâtes à papier n'a cessé depuis de jouer un rôle central dans le développement régional. Aujourd'hui, il continue d'alimenter le marché international en papier journal et en produits forestiers.

ORIENTATION

L'Outaouais est une plaine qui s'étire entre la ville de Montebello à l'est et l'île aux

Les Algonquins
Les noms attribués aux nations amérindiennes par les premiers explorateurs occidentaux ont résulté de traductions, d'interprétations et de choix tout à fait arbitraires.

C'est Samuel de Champlain qui donna le nom d'Algonquin au groupe d'Amérindiens qu'il rencontre pour la première fois à Tadoussac en 1603. Le territoire de la nation algonquienne couvre alors non seulement la vallée de l'Outaouais mais aussi la partie haute du Saint-Laurent ontarien, la Basse-Mauricie et peut-être l'Abitibi-Témiscamingue (pour cette région, les historiens sont partagés).

Désignés comme des Aquannakes, "ceux qui parlent une langue inintelligible", par les Hurons, comme des Atichawatas, "des mangeurs d'arbres" par les Mohawks (les ennemis), ils sont, pour les Malécites, les Elaegomogwik, "ceux qui sont nos alliés". C'est ce dernier nom que retient l'explorateur français. Sous sa plume, les Elaegomogwik deviennent les Algoumequins. ■

Allumettes à l'Ouest. Au nord se trouve le plateau laurentien et au sud la rivière des Outaouais, longue de 1 130 km. Ses principaux affluents sont, d'ouest en est : les rivières Dumoine, Noire, Coulonge, de la Gatineau, du Lièvre et de la Petite-Nation.

Trois régions se partagent le territoire. Au centre, la vallée de la Gatineau ceinture Aylmer, Hull et Gatineau, les trois grandes villes de l'Outaouais ; à l'est s'étend la région de la Lièvre et de la Petite-Nation (du nom des deux rivières qui la parcourent du nord au sud) ; enfin, à l'ouest, la région du Pontiac (15 000 km²) couvre près de la moitié du territoire.

L'Outaouais est traversée par deux grands axes routiers qui viennent se fondre à Hull. La route 148 longe la rivière des Outaouais et relie Montréal à la capitale régionale avant de terminer sa course à Pembroke, dans l'Ontario. La route 105, perpendiculaire à la route 148, constitue la principale voie de circulation nord-sud avec la route 309, construite plus à l'est. A son extrémité nord, elle rejoint la route 117, l'axe principal des Laurentides et de l'Abitibi-Témiscamingue.

FÊTES ET MANIFESTATIONS ANNUELLES

Février

Le bal des neiges – Célébration de l'hiver pendant trois semaines à travers différentes manifestations (sportives, jeux…) réparties entre Ottawa et Hull.

Août-septembre

Festival de montgolfières – Dans le parc de la Baie de la Gatineau, à cinq kilomètres à l'est de Hull, en bordure de la rivière des Outaouais. Il réunit plus de 150 montgolfières.

Septembre-octobre

Coloris automnal – Chelsea. Fête la beauté du parc de la Gatineau dès les premières lueurs de l'automne. Expositions et randonnées guidées avec naturalistes sont organisées pendant un mois.

HULL

Troisième grande ville du Québec après Montréal et Québec, Hull est le pendant français d'Ottawa l'anglophone. Construite sur la rive nord de la rivière des Outaouais, et à deux heures de route seulement de Montréal, elle fait face à la capitale fédérale.

Hull, l'industrielle, l'ouvrière reléguée à un rôle de banlieue francophone, s'est toujours battue pour avoir une identité propre et une reconnaissance sociale. En effet, Ottawa n'avait jamais envisagé, jusqu'à une période récente, de transférer à Hull une partie de ses bureaux gouvernementaux.

Les années 70 marquèrent un tournant important pour la ville, caractérisé par des réaménagements urbains. Témoins de ce nouveau visage, les gratte-ciel, la place du Centre, la maison du Citoyen (l'hôtel de ville) et le casino aux allures ultramodernes.

Hull fait désormais bonne figure avec ses larges avenues, ses petits jardins fleuris et ses bâtiments flambant neufs. Mais celle que l'on surnommait "le petit Chicago", en raison de sa vie nocturne très mouvementée, est toujours restée la ville des plaisirs où l'on va se restaurer et se distraire. Entre le pont des Chaudières et le pont du Portage court la promenade du Portage, célèbre depuis deux siècles pour ses bars, ses restaurants et ses discothèques. En bordure de la rivière, la rue Laurier est devenue la vitrine de Hull où le musée des Civilisations, emblème et joyau architectural de la ville, côtoie les usines de pâtes à papier non moins célèbres de E.B. Eddy et Scoot.

Orientation

Délimitée au sud par la rivière des Outaouais, Hull est bordée à l'est par la rivière Gatineau.

Le boulevard Alexandre-Taché et la rue Laurier longent la rivière des Outaouais qu'enjambent quatre ponts qui relient Hull à Ottawa : le pont des Chaudières, le pont du Portage, le pont Alexandra et le pont Cartier-MacDonald.

L'autoroute de l'Outaouais parcourt la ville d'ouest vers le nord-est avant de se diviser en autoroute 50 et route 148 Est (direction Montebello, Montréal).

Enfin, du sud vers le nord, deux grands axes routiers traversent Hull : l'autoroute de la Gatineau et la rue Montcalm, qui devient boulevard Saint-Joseph puis route 105 Nord.

Renseignements

Située juste à gauche après avoir traversé le pont Alexandra, à cinq minutes à pied du musée des Civilisations, l'Association touristique de l'Outaouais (☎ 827-2020 ou 778-2222 ou 1 800 265-7822), 103 rue Laurier, fournit gratuitement une carte de la ville. Bureau principal de l'Outaouais, cet organisme vous aidera à planifier votre voyage dans la région et distribue des cartes de parking pour stationner gratuitement dans la ville.

Les bureaux sont ouverts tous les jours de l'année. De la mi-juin au 2 septembre, ils accueillent le public du lundi au vendredi de 8h30 à 20h (9h à 17h le week-end). Fermeture à 19h le reste de l'année (18h le week-end).

A l'ouest de la ville, le centre hospitalier régional de l'Outaouais (☎ 595-6000) est installé 116 boulevard Lionel-Émond (accessible par l'autoroute 148, appelée aussi boulevard Saint-Raymond).

A voir

Musée canadien des Civilisations. Œuvre de l'architecte albertain Douglas J. Cardinal, le musée canadien des Civilisations (☎ 776-7000 ou 1 800 555-5621), 100 rue Laurier, est essentiellement consacré à l'histoire des Canadiens. Son architecture externe motive à elle seule une visite. Construit en 1989 en bordure de la rivière des Outaouais, face au Parlement canadien, il impose sa vision symbolique du continent tout en formes sculptées par "le vent, les cours d'eau et les glaciers", selon les propres termes de l'architecte.

L'intérieur (gigantesque) se découpe en deux grandes parties qui nécessitent chacune une visite d'au moins une heure et demie.

La **Grande Galerie**, une pièce monumentale de 1 782 m^2 bordée en partie par une paroi de verre, est réservée exclusivement au patrimoine culturel et à l'art amérindiens de la côte ouest du Canada. L'atmosphère d'un village amérindien en bordure des forêts du Pacifique a été reconstituée. Six maisons reflétant le style architectural de six cultures amérindiennes de la côte ouest, au cours des cent cinquante dernières années, ont été bâties avec le concours de plus de 40 artisans amérindiens. Devant chacune d'elles se trouvent des mâts totémiques, la plus importante collection au monde de cette nature.

Au premier et au second étage, la **salle du Canada** plonge littéralement le visiteur dans un itinéraire qui le conduit dans un dédale de pièces retraçant mille ans d'histoire du Canada. Décor, son, lumière, tout est fait pour vous mettre en condition d'écoute et de lecture. Dans la première salle, vous monterez ainsi dans un navire basque et une station baleinière de la seconde moitié du XVIe siècle. Un peu plus loin, vous pourrez voir, entre autres, des scènes de la vie rurale en Acadie et dans la vallée du Saint-Laurent, un poste de traite de fourrures, un chantier forestier, une rue victorienne de l'Ontario, une gare ferroviaire, un quartier ouvrier de Winnipeg et une conserverie de poissons de la côte ouest.

L'histoire des Amérindiens au cours des cinq derniers siècles est, quant à elle, présentée dans la toute nouvelle **salle des Premiers Peuples**, ouverte en 1997.

De nombreuses salles du musée des Civilisations sont par ailleurs réservées aux expositions temporaires. L'une d'entre elles est consacrée aux arts et traditions populaires.

Au rez-de-chaussée, le **musée canadien des Enfants**, créé en 1989, constitue une autre grande attraction. Merveilleux terrain de découvertes, il offre aux enfants la possibilité de partir en voyage autour du monde. Munis d'un passeport remis à l'entrée, ils vont ainsi à la découverte de l'Inde, de l'Afrique et du Moyen Orient à travers divers supports tels un bus, une maison en pisé, une boutique de souk, mais aussi d'univers comme celui du théâtre ou du transport maritime. La visite se déroule obligatoirement avec un adulte.

Attenant au musée canadien des Enfants, au rez-de-chaussée, **Cinéplus** est un cinéma doté d'un écran IMAX (dix fois plus grand qu'un écran classique et haut de six étages) et d'un écran OMNIMAX en forme de dôme de 23 mètres de diamètre.

Depuis juin 1997, le musée abrite également le **musée canadien de la Poste** (☎ 776-7000), qui aborde toute l'histoire des communications postales du pays.

Dans l'enceinte du musée canadien des Civilisations, vous trouverez un restaurant, des boutiques et une cafétéria avec vue sur la rivière des Outaouais et le Parlement.

Le musée est ouvert tous les jours de 9h à 18h de mai à mi-octobre. En dehors de cette période, il est fermé le lundi et les visites se terminent à 17h (21h le jeudi, ainsi que le vendredi en juillet et août). Des visites guidées (☎ 776-7002), en français et en anglais, sont organisées toutes les heures (2 $ par personne). Des poussettes pour enfants, des porte-bébé et des fauteuils roulants sont gracieusement mis à disposition.

La drave
Du mot anglais *drive*, la drave consiste à accompagner les troncs jusqu'à la scierie ou au port. Jusqu'en 1995, les cours d'eau au Québec ont servi au flottage du bois. Ils représentaient souvent le seul et unique moyen de transport. Les troncs d'arbres coupés en hiver parcouraient ainsi des centaines de kilomètres. Emportés par les courants, les billes étaient domptées par des "draveurs", des hommes lestes et adroits, pour la plupart bûcherons l'hiver. Les flots gonflés du printemps ne les effrayaient pas, ils se jouaient d'eux. Munis d'une gaffe (longue perche terminée par une pointe), ils dirigeaient la course du bois, debout sur une simple planche, et passaient d'un rondin à un autre si besoin était.

La pollution des rivières par le tanin du bois a conduit à l'interdiction de cette activité. Les draveurs font partie désormais de l'Histoire. ■

Les droits d'entrée se montent à 5 $ (4 $ pour les 13-17 ans et les seniors, 3 $ pour les moins de 12 ans). Il existe un tarif famille (5 personnes) à 15 $. L'entrée est gratuite le dimanche de 9h à 12h.

Le musée des Enfants ferme à 17h. Le billet coûte 5 $ par adulte, 3,50 $ pour les 13-17 ans et 3 $ pour les moins de 12 ans.

Pour les horaires des séances des films de Cinéplus, téléphonez au ☎ 776-7010. La séance revient à 8 $, le premier prix. Vous pouvez combiner l'achat du billet Cinéplus avec celui du musée pour 11 $.

Écomusée. Ouvert en septembre 1996, l'écomusée (☎ 595-7790), installé aux abords du ruisseau de la Brasserie, 170 rue Montcalm, a pour vocation d'expliquer l'origine et l'évolution de la planète. Sa grande attraction réside surtout dans un module de simulation qui vous permettra de faire l'expérience d'un tremblement de terre. Quelques salles sont réservées à l'histoire industrielle de la ville.

Il est ouvert tous les jours de 10h à 18h (jusqu'à 16h de novembre à mars). L'entrée est de 5 $ (gratuit pour les moins de 5 ans).

Au sud du musée, tout proche, se trouve le **théâtre de l'Île**, charmant petit théâtre ceinturé par le ruisseau de la Brasserie qui se transforme en patinoire en hiver.

Excursions

De la mi-mai à la fin octobre, vous pouvez emprunter le **train à vapeur** (☎ 778-7246 ou 1 800 871-7246) qui relie Hull au très joli petit village de Wakefield au nord, en longeant le parc national de la Gatineau et les abords de la rivière Gatineau. A bord, animateurs et chansonniers se succèdent.

Les départs se font à Hull, 165 rue Deveault. En juillet et en août, les liaisons sont quotidiennes avec un départ de Hull tous les vendredi à 18h30. Les bicyclettes sont acceptées. Le train s'arrête deux heures à Wakefield. L'aller simple coûte 19,50 $ et l'aller-retour 23 $ (19,50 $ pour les étudiants et 11 $ pour les moins de 11 ans).

Où se loger

En règle générale, les frais d'hébergement sont moins élevés qu'à Ottawa. Dans la catégorie B&B, *Couette & Croissant* (☎ 771-2200), 330 rue Champlain, est très central (le musée canadien des Civilisations est à deux pas). Chaleureux, il ne dispose que de trois chambres (40 $ pour une personne, 50/55 $ pour deux). Également bien situé, *Le Normandie* (☎ 595-2191), 67 rue Normandie, affiche des simples/doubles à 45/55 $.

Les Résidences Taché (☎ 595-2393), 315 boulevard Alexandre-Taché, logent à l'année des étudiants et proposent, été comme hiver, de petits appartements avec coin cuisine à 70/80 $.

A l'ouest du centre-ville, plusieurs motels de qualité équivalente jalonnent le boulevard Alexandre-Taché. Le *Motel Casino* (☎ 777-5204), au n°275, propose la palette de prix la plus large – de 60 à 80 $.

Plusieurs grands hôtels sont regroupés dans le centre-ville, notamment le *Holiday*

Un train à vapeur relie Hull au village de Wakefield et longe le parc de la Gatineau

Inn Plaza la Chaudière (☎ 778-3880 ou 1 800 567-1962), 2 rue Montcalm, considéré comme le meilleur dans son registre. Le tarif d'une double commence à 150 $ mais un rabais peut être consenti si votre séjour dépasse 48 heures (à négocier). Le *nec plus ultra* reste le *Château Cartier* (☎ 777-1088 ou 1 800 807-1088), 1170 chemin Aylmer, à Aylmer, la ville attenante à Hull, à l'ouest. Hors saison, les prix (à partir de 166 $ la chambre) peuvent être légèrement revus à la baisse.

Où se restaurer

Les restaurants de Hull ont très bonne réputation. A deux pas du musée canadien des Civilisations, *Le Tartuffe* (☎ 776-6424), 133 rue Notre-Dame (à l'angle de la rue Papineau), fait partie de la liste. Le *Café Henry Burger* (☎ 777-5646), 69 rue Laurier, plus chic dans son genre, est considéré, à juste titre, comme la grande table de la ville.

La cuisine française est également au menu du *Laurier sur Montcalm* (☎ 775-5030), 199 rue Montcalm, lui aussi très coté mais moins cher (23 $ le repas). Au n°242, *Le Pied de Cochon* (☎ 777-5808), entretient depuis des années une cuisine de qualité. Le prix est abordable (20 $ environ par personne).

Dans le style bistrot, le *Café Coquetier*, 145 promenade du Portage, sert des plats simples, savoureux et bon marché. *Le Bistrot*, dans la rue Aubry, au croisement avec la promenade du Portage, propose des déjeuners légers à base de salades pour 10 $. L'été, le patio en plein air est des plus agréables. Le long de la rue Laval, vous trouverez une variété de restaurants dans ce style.

La *Brasserie Les Raftsmen* (☎ 777-0924), 60 boulevard Saint-Raymond, est une institution. Ambiance, musique et cuisine québécoise (fèves au lard, pied de cochon) sont garanties. Comptez 10 $ au minimum. Dans le registre taverne, la brasserie *Le Vieux Hull*, 50 rue Victoria, propose des plats à partir de 8 $. La bière y coule à flot.

Distractions

Après 2h, lorsque les bars d'Ottawa ferment, les noctambules franchissent la rivière pour aller terminer, comme des générations avant eux, leur soirée à Hull où la fermeture des établissements est plus tardive (3h).

Le long du boulevard Saint-Joseph et de la promenade du Portage, au centre-ville, vous trouverez de nombreuses discothèques à la mode dont la très cossue *Chez Henri*. Les jeunes préfèrent aller au club *Le Bistro*, rue Aubry, au sommet de la colline, dans la partie piétonnière.

De bons groupes de jazz se produisent les vendredi et samedi soirs au *Saint-Jacques*, rue Saint-Jacques.

Le bar du *Casino* (☎ 772-2100 ou 1 800 665-2274), 1 boulevard du Casino, dernière grande construction moderne de Hull, attire une clientèle toujours en tenue de soirée.

Comment s'y rendre

Bus. Voyageur Colonial assure plusieurs fois par jour la liaison Montréal-Hull-Ottawa (terminus rue Sainte-Catherine). La durée du transport est de deux heures à peine.

A Hull, le terminus (☎ 238-5900) se trouve 238 boulevard Saint-Joseph.

Voiture. Depuis Montréal, prendre la route 148 Ouest qui longe la rive nord de la rivière des Outaouais et évite rarement les villes ou villages. Autre possibilité : suivre l'autoroute 40 en direction d'Ottawa (en Ontario, elle devient l'autoroute 417). A Ottawa, continuer en direction de Hull.

Comment circuler

Bus. Ottawa et Hull disposent de réseaux de bus distincts. Dans le centre-ville d'Ottawa, le bus n°8 à l'ouest, dans Wellington Street, relie les deux villes pendant la journée. La Société de transport de l'Outaouais (☎ 770-3242) assure une bonne couverture de la ville.

Bicyclette. Hull est le paradis des cyclistes, comme l'Outaouais de manière générale. La piste cyclable du pont Alexandra relie Ottawa au réseau de voies qui couvre entièrement Hull. Du centre-ville, on peut ainsi atteindre l'entrée du parc national de la Gatineau (10 minutes) ou se rendre à Aylmer, à l'ouest de Hull, en longeant la rivière des Outaouais. Un couloir de verdure ceinture par ailleurs la ville.

Pour louer des bicyclettes, adressez-vous à Sport Wrightville (☎ 771-5000), 216 boulevard Saint-Joseph, ou à l'Association touristique de l'Outaouais. Comptez 20 $ la journée.

PARC NATIONAL DE LA GATINEAU

Le parc national de la Gatineau s'étend au nord-ouest de Hull sur 356 km² de collines et de forêts. A vingt minutes du Parlement d'Ottawa, il constitue, été comme hiver, une destination de détente et d'activités de plein air très appréciée des citadins, surtout le week-end. Il comprend une soixantaine de lacs, une multitude de cours d'eau, une faune abondante et 125 km de sentiers pédestres.

Le centre d'accueil (☎ 827-2020 ou 1 800 465-1867), installé 318 chemin du lac Meech, en bordure du parc, est accessible par le village du Vieux-Chelsea. Vous pourrez vous procurer une carte du parc moyennant 3 $. Il est ouvert tous les jours de l'année de 9h à 18h de la mi-mai jusqu'à début septembre. En dehors de cette période, il accueille le public de 9h30 à 16h30 (9h-17h le week-end).

Les **lacs Meech**, **Philippe** et **La Pêche** sont jalonnés de plages très fréquentées aux beaux jours. Vous pouvez pêcher (permis obligatoire). Autour du lac Meech, de belles maisons, généralement très discrètes, ont été construites et servent de résidences secondaires à nombre de parlementaires et de personnalités d'Ottawa.

Le joli petit **lac Pink**, en bordure du parc, n'est malheureusement plus autorisé à la baignade. La promenade pour y accéder, très agréable, est de courte durée (une trentaine de minutes). Un kiosque d'informations est ouvert l'été. A proximité, un sentier d'interprétation mène au sommet du **mont King** qui offre un panorama splendide sur la vallée de la rivière de la Gatineau et sur l'escarpement d'Eardley.

Les **belvédères Champlain**, **Huron** et **Étienne-Brûlé** forment d'autres superbes points d'observation. Des aires de pique-nique ont été également aménagées.

L'hiver, les cours d'eau et les sentiers de randonnée sont propices au ski de fond. On compte près de 200 km de pistes damées et balisées (prix d'accès : 7 $). Plus de quinze kilomètres de sentiers ont été également aménagés pour la randonnée pédestre, dont cinq kilomètres réservés aux adeptes de la promenade en raquettes. Des randonnées guidées en français et en anglais sont organisées tous les samedi à 20h de janvier à mars moyennant 10 $ (location des raquettes comprise). Renseignez-vous en téléphonant au ☎ (613) 820-1943. Depuis 1983, le parc accueille le Gatineau 55, un concours international de ski de fond inscrit au circuit du Worldlopper. Le **Camp Fortune** est la seule station de ski alpin du parc.

Vous pouvez circuler dans le parc en voiture mais, le week-end, certaines routes sont interdites à la circulation, pour le plus grand plaisir des cyclistes, des marcheurs et des adeptes du roller. L'hiver, la plupart des routes ne sont pas dégagées et ne sont rouvertes à la circulation qu'après la fonte complète des neiges.

Un droit d'entrée pour les voitures (6 $) est demandé pour accéder aux lacs Meech et Kingsmere.

Où se loger

Le parc compte trois terrains de camping (☎ 827-2020 ou 456-3016) pourvus d'une plage. Chacun jouit d'une vue imprenable sur le lac qui le borde et constitue une bonne base pour la randonnée. Vous pouvez louer sur place des embarcations. Le *Camping du Lac Philippe*, le plus grand des trois (258 emplacements), est familial et dispose de tout le confort voulu (18 $ le site). Il est le seul à être ouvert l'hiver mais la route qui le dessert n'est pas dégagée. Le *Camping du lac Taylor* est plus rustique mais son implantation est une pure merveille (18 $ l'emplacement). Son accès, par un chemin en terre de quelques kilomètres, donne déjà l'impression d'être seul au monde. Compte tenu de sa capacité (34 emplacements), mieux vaut réserver en été. Le *Camping de la Pêche* (15 $ le site), à l'extrémité ouest du parc, est réputé pour le canoë-camping.

En hiver, cinq refuges (avec coin cuisine et sanitaires) accueillent les randonneurs (prévoir son sac de couchage). Leur confort est variable. Il est préférable de réserver, notamment le week-end, en envoyant un fax au 827-3337 ou en téléphonant au centre d'accueil du parc. La nuit revient à 22,50 $ par personne (20 $ en semaine). Le paiement (carte de crédit acceptée) s'effectue à la réservation.

Comment s'y rendre

Le parc possède trois accès. Le premier, au sud-est, se fait par le boulevard Alexandre-Taché depuis Hull. Empruntez alors la route dite promenade de la Gatineau.

Le deuxième accès permet de rejoindre directement le centre d'accueil. A Hull, suivre l'autoroute 5 Nord et prendre la sortie 12 (Vieux-Chelsea). Le village est alors sur la gauche. Le chemin Old Chelsea est la rue principale qui rejoint le parc.

Le troisième accès contourne le parc par le nord et débouche directement sur les lacs Philippe et la Pêche. Prendre l'autoroute 5 Nord, puis suivre la route 105 jusqu'à la route 366 Ouest qui vous conduit à Sainte-Cécile-de-Masham.

CHELSEA

Alangui entre la rivière de la Gatineau qui le borde à l'est et le parc de la Gatineau qui le longe à l'ouest, Chelsea est un ravissant village aux demeures éparpillées dans la nature. Hull n'est qu'à douze kilomètres au sud.

Construit dans les années 1850, l'âge d'or de l'exploitation forestière, il est aujourd'hui composé pour moitié d'anglophones et pour moitié de francophones. Nombre de parlementaires et d'artistes y résident.

Le cœur du village se trouve dans le Vieux-Chelsea, en bordure du parc. Traversé d'est en ouest par le chemin Old Chelsea (la route principale) il comprend une dizaine de maisons très charmantes. Ne manquez pas le magasin général aux allures du début du siècle. Le parc de la Gatineau n'est qu'à une centaine de mètres.

Où se loger

La Maison Dawn (☎ 827-9162), 253 chemin Old Chelsea, est la plus vieille auberge de la région. Belle demeure peinte en vert, elle est l'adresse à ne pas manquer tant les chambres, le salon (avec piano, guitare et vidéo) et la délicatesse des propriétaires rendent le séjour inoubliable. Réservez pour le week-end. La chambre pour 1/2 personnes revient à 60/70 $, taxes comprises. Plus ordinaire, l'*Auberge Old Chelsea* (☎ 827-8955), 66 chemin Old Chelsea, possède une piscine. Le prix des chambres commence à 49 $.

Où se restaurer

Les Fougères (☎ 827-8942), 783 route 105, est la grande table de Chelsea suivie de *L'Agaric* (☎ 827-3030), chemin Old Chelsea. Si le premier joue les sélects (premier prix à 20 $), le second affiche une ambiance plus intimiste et des tarifs plus modérés (comptez 12 $ environ par personne). A deux pas de l'Agaric et sur le même trottoir, *Le Restaurant Chelsea* (☎ 827-0332) est la brasserie des villageois. Les ailes de poulet sont la spécialité de la maison. La bonne humeur est de rigueur. Comptez de 7 à 13 $ pour un repas. Toujours dans Old Chelsea, *Gerry&Isobel* est un petit restaurant diététique dont les soupes, les sauces de salade et les gâteaux ont une saveur unique (à partir de 12 $ le repas).

Sur le chemin Kingsmere qui mène au salon de thé *Moorside* dans le parc de la Gatineau, *L'Orée du Bois* (☎ 827-0332) sert uniquement de la cuisine française (premier prix à 15 $). Pour composer son menu pique-nique, la *Boucanerie Chelsea* (☎ 827-8942), 705 route 105, vend des poissons fumés et des fruits de mer frais que l'on vient acheter d'Ottawa.

Comment s'y rendre

Aucun bus ne mène à Chelsea. En voiture, prendre, à Hull, l'autoroute 105 Nord. A la sortie 12, tourner à gauche en direction d'Old Chelsea. Le centre du village est à moins d'un kilomètre.

WAKEFIELD

Fondé en 1830, Wakefield est en bordure de la rivière de la Gatineau, au cœur d'une nature de toute beauté, à une vingtaine de kilomètres au nord de Chelsea. Son petit centre-ville a la particularité d'avoir gardé la plupart de ses anciennes demeures, au charme tout victorien. Wakefield se distingue aussi par une population majoritairement anglophone.

Cafés, restaurants et brocantes se concentrent le long de chemin River, la rue principale qui longe la rivière de la Gatineau. La Banque Nationale et la Caisse Populaire Desjardins, chemin River, possèdent chacune un distributeur automatique.

Chez Expedition Radisson (☎ 459-3860), 172 chemin River, vous pourrez louer des kayaks, des canoës (18 $) et des bicyclettes. Sont également proposées des excursions à la journée ou sur plusieurs jours dans le parc de la Gatineau et sur la rivière.

Le long **pont couvert**, d'un beau rouge ocre, est à voir. A proximité du village, la **vallée Edelweiss** (☎ 459-2328) est une station de ski très fréquentée, en particulier le soir (8 pistes éclairées sur 13). Le forfait coûte entre 19 et 30 $ (de 15 à 24 $ pour le ski de soirée). Vous pouvez louer le matériel sur place. La station dispose en outre d'un parcours de ski de fond (27 km). En fin de semaine, Voyageur Colonial assure au départ de Hull le transport jusqu'à la vallée.

Où se loger

Isolée dans la nature, l'auberge de jeunesse *Sentier Carman Trails* (☎ 459-3180), chemin Carman Ouest, est l'endroit idéal. Le premier prix est à 19 $ par personne.

Dans le village, et tout aussi accueillante, *Les Trois Érables* (☎ 459-1118), 260 chemin River, est la parfaite maison victorienne. Une simple/double revient à 55/60 $. L'auberge est fermée en avril et en novembre. A 200 mètres, le *Motel-Café Alpengruss* (☎ 459-2885) a choisi le style rustique : murs en briques et bois omniprésent. Les simples/doubles commencent à 45/50 $. Un restaurant est à disposition.

Où se restaurer

Juste en face de l'auberge Les Trois Érables, *le Café Pot-au-Feu* (☎ 459-2080)

Les anciennes demeures de Mackenzie-King

C'est dans le parc de la Gatineau, plus précisément dans l'ancienne résidence d'été de William Lyon Mackenzie King (1874-1950), que fut signé le 3 juin 1987 l'Accord du lac Meech qui reconnaissait le Québec comme société distincte.

Le **domaine Mackenzie-King**, appelé aussi **Kingsmere** (☎ (613) 239-5100 ou 1 800 465-1867), s'étend dans un environnement idyllique de 230 hectares et se visite. Des sentiers sillonnent les jardins et permettent de découvrir la grande passion de Mackenzie-King, le célèbre Premier ministre canadien : les ruines. Parmi elles, des vestiges de la Chambre des Communes de Londres que l'homme fit rapatrier en 1941 après les bombardements allemands.

Sa demeure, **Moorside** (☎ 827-3405), chemin Barnes, a été transformée en musée. La vie de cet homme politique qui gouverna le Canada pendant 22 ans (un record) y est contée. La maison est ouverte au public de la mi-mai à la mi-octobre, de 10h à 17h. Des visites guidées sont organisées (☎ 1 800 239-5000).

Au rez-de-chaussée, un salon de thé donne sur les jardins (brunch le dimanche). Le domaine est accessible à partir de Vieux-Chelsea en prenant la rue Kingsmere. ■

Des forêts sous haute surveillance
La forêt couvre près de la moitié du territoire québécois. Parmi les quelque 1 000 feux de forêt répertoriés en moyenne annuellement, seulement 25% sont imputables à la foudre, les 75% restant étant dûs à la négligence humaine. En 1995, 185 000 hectares de forêts ont été brûlés. Chaque année, la prévention coûte plus de 33 millions de dollars au Québec.

Spécialisée dans la recherche sur les techniques de prévention et de lutte contre les incendies, la Société de protection des forêts contre le feu (SOPFEU) a mis au point un programme informatique très particulier, le Système d'information sur les incendies forestiers (SIIF). La méthode consiste à saisir sur ordinateur les données météorologiques recueillies par satellite (concernant notamment le degré de sécheresse) puis de compiler l'ensemble afin de déterminer les zones à risques. Au moindre danger d'incendie, les responsables de la zone géographique en question sont alors alertés par le central de Maniwaki.

Chaque été, la prévention mobilise à elle seule 43 avions spéciaux. Chacun dispose d'un système de localisation par satellite qui permet de repérer précisément sur les écrans d'ordinateur les nouveaux foyers d'incendie. Et lorsqu'un incendie de forêt se déclare, ce programme informatique permet de calculer la distance que doivent parcourir les Canadairs et les délais d'interventions qui leurs sont impartis. ■

est installé dans l'ancienne gare de Wakefield, repeinte d'un joli bleu. Le menu comprend, entre autres, du saumon. Les plats sont à 14 $. En entrant dans le village, en venant de Chelsea, vous apercevrez sur la gauche le restaurant *Chez Eric* (☎ 459-3747), dont les effluves (surtout de pâtisserie) mettent en appétit. Il est fermé le mardi. Le long du chemin River, la *Maison Earle*, le *Café Sans Frontières* et l'auberge *Le Mouton Noir* ne font pas dans la grande cuisine mais connaissent toujours une certaine ambiance.

Comment s'y rendre

Voiture. De Hull, prendre la route 105 Nord. Wakefield est à 35 km.

Bus. La compagnie Voyageur Colonial (☎ 771-2442) assure au moins une fois par jour la liaison aller-retour Hull-Wakefield. A Hull, les départs se font du terminus, 238 boulevard Saint-Joseph. A Ottawa (☎ (613) 238-5900), le terminus est situé 265 Catherine Street.

Train. De la mi-mai à la fin octobre, vous pouvez emprunter le train à vapeur Hull-Chelsea-Wakefield (se reporter au paragraphe *Excursions organisées* dans la rubrique *Hull*).

MANIWAKI

Composée pour moitié d'Algonquins, Maniwaki a été et reste encore une ville forestière de première importance dans la vallée de la Gatineau. Située à 130 km au nord de Hull et traversée par la route 105 Nord, elle a été fondée en 1849 par les pères Oblats.

Le festival amérindien **Packwan** est l'une des manifestations culturelles les plus anciennes de la région. Pour les dates, renseignez-vous au Bureau d'informations touristiques (☎ 449-6291), 156 rue Principale Sud.

Maniwaki est mondialement connue pour ses techniques de lutte contre les incendies de forêts (voir l'encadré *Des forêts sous haute surveillance*). Un **Centre d'interprétation de l'histoire de la protection de la forêt contre le feu** (☎ 449-7999 ou 449-5102), 8 rue Comeau, a été créé à cet effet pour le public. Installé dans le Château Logue – une maison de style Second Empire construite en 1887 par Charles Logue, un immigrant irlandais – il montre l'évolution des techniques employées pour prévenir et combattre les incendies de forêt.

Le Centre est ouvert de mai à octobre de 10h à 17h (2,75 $). Fermeture le lundi.

L'hébergement à Maniwaki est limité. La *Maison la Crémaillère* (☎ 465-2202),

24 chemin de la Montagne, à Messine, petite ville entre Wakefield et Maniwaki, a une bonne réputation.

En continuant la route 105 Nord et en tournant à gauche à Grand-Remous, vous pouvez rejoindre, par la route 117 Nord, l'immense **réserve de la Vérendrye**, territoire de 13 615 km^2 que se partagent l'Outaouais et l'Abitibi-Témiscamingue (se reporter au chapitre *L'Abitibi-Témiscamingue et la baie James*).

Comment s'y rendre

De Hull, prendre la route 105 Nord. Des bus de la compagnie Voyageur Colonial effectuent quotidiennement la liaison Ottawa-Hull-Maniwaki-Grand-Remous.

MONTEBELLO

A mi-chemin entre Hull et Montréal, sur la route 148, Montebello est la ville phare de la vallée dite de la Petite-Nation. A la différence des autres cantons de l'Outaouais, cette vallée s'est développée selon le modèle seigneurial. A ce titre, Montebello est une étape intéressante.

Le **Lieu historique national du Manoir-Papineau** (☎ 423-6965), 500 rue Notre-Dame, raconte l'histoire de cette seigneurie qui appartenait au début du XIXe siècle au séminaire de Québec. Du nom de son propriétaire et seigneur, Louis-Joseph Papineau, le manoir, construit sur le cap Bonsecours, explique le fonctionnement des seigneuries et la répartition des terres en rangs.

Le manoir est accessible par la très jolie **gare de Montebello** où s'est installé à l'année le Centre d'information touristique (☎ 423-5602), 502 rue Notre-Dame (route 148).

L'été, il se visite tous les jours de 10h à 18h. Durant les mois de mai, juin, septembre et octobre, il est ouvert du mercredi au dimanche (fermeture à 17h). Le reste de l'année, il est fermé au public. L'entrée est à 3,50 $.

Le **parc Oméga** (☎ 423-5487) est la grande attraction de la ville. Bisons, wapitis, orignaux, sangliers, ours bruns et autres ratons laveurs cohabitent dans un immense enclos que l'on parcourt en voiture, sur dix kilomètres.

Pour arriver au parc, vous prendrez, dans la ville même de Montebello, la route 323 Nord. Le parc est à deux kilomètres. Ouvert à l'année à partir de 10h, il ferme ses grilles une heure avant la tombée de la nuit. Le prix est de 8 $ (demi-tarif pour les enfants). En juillet et août, il passe à 10 $.

En bordure de la rivière des Outaouais, le **château Montebello** (☎ 423-6341 ou 1 800 441 1414) est la grande fierté de Montebello. Construit en 1930, en pleine crise économique, par le prestigieux Seigniory Club, il est le plus grand ouvrage en bois rond au monde. Il abrite aujourd'hui l'un des plus beaux hôtels du Québec. A défaut de pouvoir y dormir (premier prix à 79 $ par personne, petit déjeuner et accès aux terrains de tennis inclus), visitez son hall impressionnant par sa taille et sa cheminée centrale. Les deux galeries qui le ceinturent exposent d'intéressantes photographies en noir et blanc.

Au 392 rue Notre-Dame (route 148), un panneau indique l'entrée du château.

Les Cantons de l'Est

Les Cantons de l'Est sont les jardins du Québec. Dans cette région à 80 km à l'est de Montréal, les paysages et l'atmosphère des villages affichent leurs différences. Dans ces terres agricoles, forestières et minières, la nature joue la perfection et les demeures la distinction. Avec la chaîne des Appalaches en toile de fond, des lacs pour ponctuation, et les États-Unis comme voisins immédiats, les Cantons de l'Est, appelés également jusqu'à une période récente Estrie, représentent depuis le début du XXe siècle une terre d'escapade privilégiée pour les Québécois, les Ontariens et les Américains.

Au sud du Saint-Laurent, les vignes et les vergers couvrent les parcelles et développent leurs arômes. Les monts Sutton, Owl's Head et Orford abritent des stations de ski très fréquentées. Les rives des lacs Magog, Massawippi ou Memphrémagog sont également prisées et les demeures qui les bordent aussi belles les unes que les autres.

L'architecture des maisons, l'art de vivre et le nom même des villes rappellent qu'en ces lieux les Loyalistes trouvèrent refuge et marquèrent à jamais sa destinée. Les querelles entre anglophones et francophones (aujourd'hui majoritaires), catholiques et protestants, furent nombreuses. Avec le temps, elles se sont estompées. Ici, rien ne vient perturber le romantisme et la bienséance des lieux. La nature est là pour satisfaire tous les plaisirs des sens et la villégiature a des parfums d'insouciance et de douceur de vivre.

A NE PAS MANQUER

- La Route des vins et le village de Dunham, capitale du vin
- Les cafés-restaurants et les boutiques d'antiquités du village de Knowlton
- A Valcourt, le musée J.-A. Bombardier, consacré à la motoneige
- La piste cyclable entre le parc du Mont-Orford et la ville de Magog
- Les élégantes demeures bourgeoises de North Hatley
- L'ambiance estudiantine des villes de Sherbrooke et Lennoxville
- L'Astrolab, au parc du Mont-Mégantic, pour regarder le ciel

HISTOIRE

Les Abénakis ont été les seuls occupants du territoire jusqu'à la fin du XVIIIe siècle. Derniers témoins de cette époque, des noms de lieux, Massawippi, Coaticook, Memphrémagog, Mégantic... Le premier grand bouleversement sera la guerre d'Indépendance américaine (1776-1782), à l'origine du premier grand afflux d'immigrants dans la région. Pour de nombreux Américains restés fidèles à la Couronne britannique, la région sud de Québec a représenté une terre d'accueil.

Le gouvernement britannique, soucieux de récompenser les Loyalistes, leur octroya des terres qu'il divisa en *townships* (cantons). Au début du XIXe siècle, la région des Eastern Townships (les Cantons de l'Est) était créée.

L'autre vague de peuplement est intervenue entre 1820 et 1840. Des Irlandais affluent, fuyant la misère et les épidémies. En 1850, la région est ainsi presque exclusivement composée d'anglophones comme en témoignent des noms de villes comme Sherbrooke, Granby, North Hatley, Knowlton.

La construction du chemin de fer reliant Montréal à Sherbrooke, la capitale régionale, va contrebalancer cette tendance. L'exploitation forestière puis minière amène des Canadiens français à s'intéresser à la région. Les francophones se portent acquéreurs de terres vendues par des anglophones qui préfèrent investir dans la finance ou dans des entreprises de transformation, nombreuses le long des rivières.

A la fin du XIXe siècle, avec le train, les Cantons de l'Est vont connaître également l'afflux de citadins à la recherche d'espaces

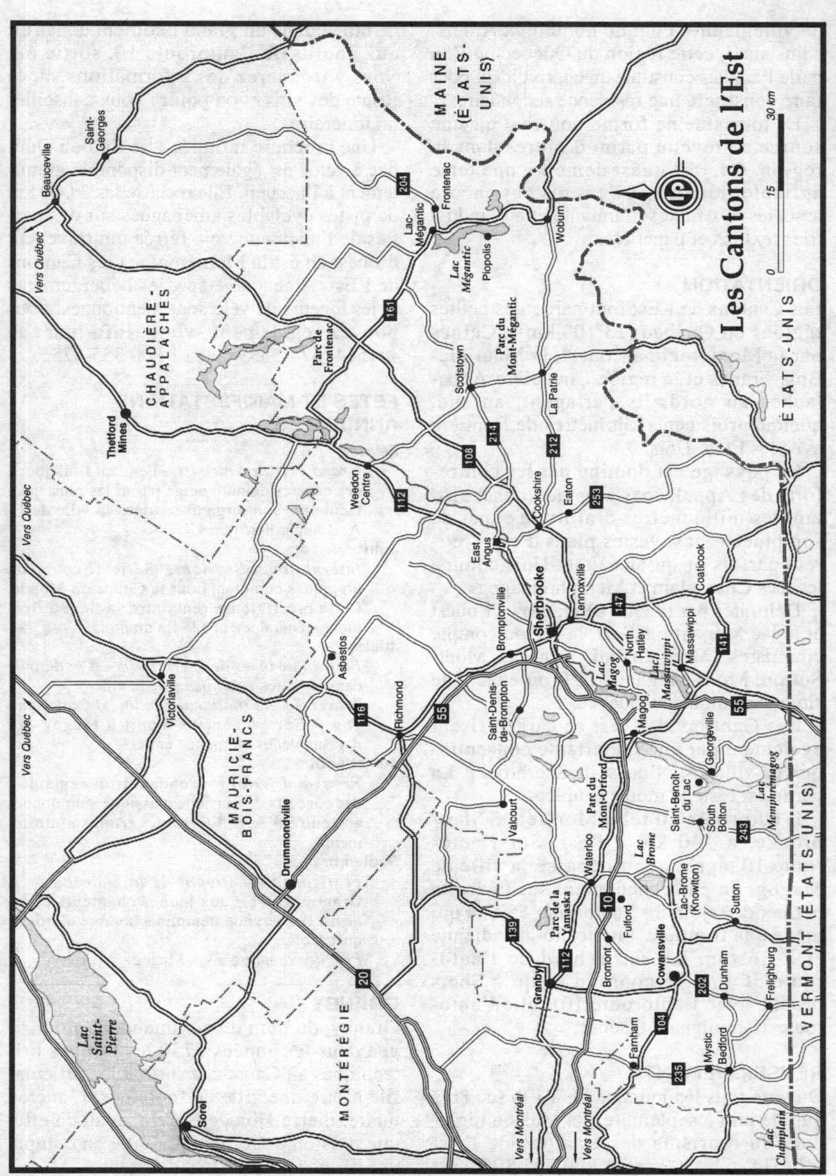
Les Cantons de l'Est
0
15
30 km
MAINE (ÉTATS-UNIS)
ÉTATS-UNIS
VERMONT (ÉTATS-UNIS)
CHAUDIÈRE-APPALACHES
MAURICIE-BOIS-FRANCS
MONTÉRÉGIE
Vers Québec
Vers Québec
Vers Québec
Vers Montréal
Vers Montréal
Beauceville
Saint-Georges
Lac-Mégantic
Frontenac
Lac Mégantic
Piopolis
Woburn
Parc de Frontenac
Parc du Mont-Mégantic
Scotstown
La Patrie
Thetford Mines
Weedon Centre
East Angus
Cookshire
Eaton
Asbestos
Victoriaville
Richmond
Bromptonville
Sherbrooke
Lennoxville
Coaticook
North Hatley
Lac Massawippi
Massawippi
Lac Magog
Magog
Saint-Denis-de-Brompton
Drummondville
Valcourt
Parc du Mont-Orford
Saint-Benoît-du-Lac
Georgeville
Lac Memphremagog
South Bolton
Lac Brome
Lac-Brome (Knowlton)
Sutton
Waterloo
Parc de la Yamaska
Fulford
Bromont
Granby
Cowansville
Dunham
Frelighsburg
Farnham
Mystic
Bedford
Lac Champlain
Lac Saint-Pierre
Sorel
204
161
214
212
108
253
112
147
141
116
55
243
10
139
202
104
20
235

de villégiature. Pour de nombreux Américains aisés, cette région du Québec où l'on parle l'anglais constitue un endroit idéal pour faire construire une résidence secondaire.

Le tourisme ne forme pourtant qu'une source de revenu parmi d'autres dans la région. Car si l'ouest demeure une terre agricole, le nord et l'est restent encore associés aux mines d'amiante et aux industries textiles et papetières.

ORIENTATION

Les Cantons de l'Est font partie des petites régions du Québec (13 100 km^2). Cernés par la Montérégie à l'ouest, la Mauricie-Bois-Francs et la région Chaudière-Appalaches au nord, ils partagent, au sud, quelque trois cents kilomètres de frontière avec les États-Unis.

Le paysage est dominé par les contreforts des Appalaches aux montagnes frôlant les mille mètres d'altitude et par de somptueux lacs, vastes plans d'eau s'étirant parfois jusqu'aux États-Unis comme les lacs Champlain et Memphrémagog.

Délimités par la ville de Granby à l'ouest et le lac Mégantic à l'est, la région compte cinq parcs : Mont-Orford, Yamaska, Mont-Sutton, Mont-Mégantic et Frontenac, une situation unique au Québec.

Les Cantons de l'Est se caractérisent également par une importante concentration de villages à l'ouest de Sherbrooke. La partie est reste la moins peuplée.

L'autoroute 10 relie Montréal à Sherbrooke, à 140 km à l'est. Sur l'autoroute 10, après avoir dépassé la ville de Magog, un embranchement sur la droite permet de rejoindre l'autoroute 55 Sud qui mène à la frontière américano-canadienne et à Boston. La partie nord de l'autoroute 55 (qui se confond jusqu'à Sherbrooke avec l'autoroute 10) relie l'autoroute 20 rejoignant Québec.

RENSEIGNEMENTS

Ouverte tous les jours de 9h à 17h (de 8h à 19h de juin à septembre), la Maison régionale du tourisme des Cantons de l'Est (☎ (514) 534-2006 ou 1 800 262-1068) est installée dans un grand bâtiment construit aux abords de l'autoroute 10, sortie 68. Vous y trouverez des informations sur la Route des vins et on pourra vous conseiller un itinéraire.

Une brochure intitulée "Le Sud du Québec à vélo" est également disponible gratuitement à l'accueil. Elle recense les 3 000 km de pistes cyclables aménagées sur des parties de l'ancienne voie ferrée qui traversait d'ouest en est la Montérégie et les Cantons de l'Est. A chaque étape, les hébergements et les loueurs de vélo sont mentionnés. Vous pouvez également vous informer au ☎ (514) 674-5555 ou au 1 800 355-5755.

FÊTES ET MANIFESTATIONS ANNUELLES

Février

Grand Prix de Valcourt – Pendant trois jours, des courses de motoneige parmi les plus spectaculaires sont organisées dans la ville de J.-A. Bombardier.

Juin

International Bromont – Série de concours hippiques comptant pour la Coupe du Monde. Cette prestigieuse rencontre se tient à Bromont, généralement à la fin du mois.

Juillet

Festival de blues de Sherbrooke – Il se déroule dans les cafés et les parcs de la ville.

Traversée internationale du lac Memphrémagog – Cet événement réunit à Magog des nageurs venus du monde entier.

Juillet-août

Festival d'Orford – Pendant trois semaines, des concerts de musique classique sont donnés au centre d'Arts d'Orford, certains gratuitement.

Septembre

Festival international de la chanson – A Granby. Ouvert aux jeunes chanteurs canadiens. Il a servi de tremplin à nombre d'artistes québécois.

Fête des vendanges – à Magog.

GRANBY

Granby, du nom du commandant qui dirigea dans les années 1750 les troupes britanniques au Canada, a surtout la particularité d'être une ville de fontaines. L'ancien maire, Pierre-Horace Boivin, avait en effet une passion pour elles. La ville en compte une dizaine de style très différent.

La Route des vins

Au Québec, les vignerons ne sont qu'une poignée, essentiellement concentrés dans le sud des Cantons de l'Est et en Montérégie, la région voisine. Pourtant, depuis le début des années 80, la vigne prospère dans cette partie sud du Québec. Et les vins produits commencent à faire une percée remarquée sur le marché.

L'histoire veut que plusieurs tentatives aient été menées dès l'arrivée des Français, au XVIIe siècle. Samuel de Champlain lui-même, dit-on, fut le premier à planter un cep de vigne dans l'île d'Orléans, alors appelée île de Bacchus. D'autres expériences furent conduites au cours des deux derniers siècles mais durent toujours être abandonnées à cause du climat trop froid et de plants pas assez résistants.

Aujourd'hui, les vignerons travaillent avec des hybrides rustiques développés dans les autres provinces du Canada. Pour autant, ils n'ont pas tourné le dos au savoir-faire français qui reste une référence et un terrain privilégié de formation.

Plus d'une vingtaine d'exploitations sont aujourd'hui recensées dans la province pour une centaine d'hectares cultivés et quelques 220 000 bouteilles produites. Les propriétés sont petites, entre 4 et 11 hectares. Le blanc domine la production à 90%, suivi du rouge et du rosé, encore très peu produits. Le *Seyval* est le cépage de blanc le plus répandu. Cet hybride, très employé par les producteurs de l'Ontario, peut en effet résister à des températures de -15°C. Tout aussi résistant au froid, mentionnons le *Maréchal Foch*. Il a également été importé de l'Ontario, province canadienne très active dans la recherche et la production viticoles.

Chaque année, dès le début de mai si le temps le permet, commence le ballet des tracteurs au milieu des vignes. Il s'agit de déchausser rapidement, autrement dit d'enlever la terre qui protège les ceps. Les bourgeons, qui commencent à apparaître en mai, ont 120 jours maximum pour mûrir. Les vendanges commencent en septembre. Parfois, quelques grappes seront réservées à la production de vins de glace, un vin liquoreux très recherché. Puis à nouveau, il faudra enchausser rapidement en novembre les pieds des vignes, jusqu'à un mètre de hauteur, afin de les prémunir des premières gelées.

La production est généralement vendue sur place. La Régie des Alcools en distribue une petite quantité auprès du grand public. Quant au restaurant, leur carte des vins reste encore étrangère à la production régionale en raison d'une législation sur les alcools très contraignante et de la trop petite quantité produite.

Chez les producteurs, les prix commencent à 11 $ et s'établissent à 15 $ en moyenne pour un vin élevé en fût de chêne. Les vins de glaces atteignent 45 $ la bouteille.

La Route des vins permet de découvrir cet univers. Elle court au sud de l'autoroute 10, entre Granby à l'est et Saint-Anicet au sud-ouest de Montréal.

Dunham en est la ville phare. Le tracé – une centaine de kilomètres – emprunte différents chemins détournés. Partez à sa découverte l'été ou pendant la période des vendanges, à la faveur d'une promenade ou d'un déjeuner chez un producteur. ■

Renseignements

Le bureau touristique (☎ (514) 372-7273 ou 1 800 567-7273), 650 rue Principale, est ouvert tous les jours de 8h à 19h en été (en dehors de cette période, ouverture de 8h30 à 17h du lundi au vendredi). Le plan de la ville mentionne toutes les fontaines. Il comporte également une promenade architecturale dans la ville.

A voir

Dans le parc Pelletier donnant sur le boulevard Principal, la **fontaine Romaine**, composée d'un ancien sarcophage dont les pièces principales remonteraient à 3 200 ans, a coûté son fauteuil à son donateur, le maire de Rome. Les Romains n'avaient en effet pas accepté que cette pièce d'art, témoin de l'histoire de la ville, soit offerte en cadeau. En continuant le boulevard et en prenant la rue Centre sur la gauche, vous apercevrez la **fontaine Saint-Étienne**, offerte par la ville du même nom pour commémorer le jumelage des deux cités.

Le **zoo Granby** (☎ (514) 372-9113), accessible par la sortie 68 de l'autoroute 10, semble être la destination de la plupart des visiteurs. Il est ouvert tous les jours de la mi-mai à début septembre de 10h à 17h (en septembre et octobre, fermeture en semaine). L'entrée coûte 14 $, (4,39 $ pour les 2-4 ans et 7,90 $ pour les 5-17 ans).

En bordure de la ville, le **lac Boivin** se transforme en une très belle patinoire l'hiver. Dès le printemps, il se prête à l'observation des oiseaux à travers le **Centre d'interprétation de la nature du lac Boivin** (☎ (514) 375-3861), 700 rue Drummond, et les dix kilomètres de sentiers aménagés aux abords des marais. Il est ouvert toute l'année de 8h30 à 16h30 et l'entrée est gratuite.

Où se loger et se restaurer

Parmi les B&B, mentionnons *La Maison Prune* (☎ (514) 378-4880), 29 rue Elgin, d'un bon rapport qualité/prix avec la simple/double à 45/55 $. Il possède une piscine extérieure chauffée. *Le Château de ma Mère* (☎ (514) 777-2139), 18 rue Mountain, est plus élégant. Le tarif de la chambre varie entre 50 et 65 $ (40 $ pour une personne). Plus sobre, mais tout aussi confortable, *Le Monastère des Trinaires* (☎ (514) 372-5125), 200 boulevard Robert, propose la nuitée à 20 $ par personne.

Granby possède une impressionnante liste de restaurants. Toutes les cuisines du monde sont représentées. *Le Bistrot du Gourmet* (☎ (514) 378-3220), 22 rue Saint-Joseph, allie à la fois ambiance bon enfant et plats copieux, pour 14 $. Pour la cuisine française, *Faucheux* (☎ (514) 777-2320), 53 rue Dufferin, est très coté (comptez plus de 20 $ par personne).

Comment s'y rendre

Voiture. De Montréal, prendre l'autoroute 10 puis la sortie 68. Granby est à 8 km au nord.

Bus. La compagnie Auger assure des liaisons quotidiennes Montréal-Granby. Pour les horaires, appelez le ☎ (514) 776-1571.

PARC DE LA YAMASKA

Au nord-est de Granby, à une dizaine de kilomètres à peine du centre-ville, le parc de la Yamaska (☎ (514) 777-5557) est surtout fréquenté pour son immense réservoir, dit Réservoir Choinière, qui permet de pratiquer de nombreuses activités (baignade, pêche, canoë, planche à voile). L'hiver, la randonnée en ski de fond ou en raquettes prend le relais.

L'entrée est de 3,50 $. Il existe de nombreuses réductions. Les familles payent 8 $. Pour les frais de stationnement, comptez 2,60 $ supplémentaires.

Sur place, vous trouverez tout l'équipement nécessaire. La location d'une planche à voile, d'une chaloupe ou d'un pédalo revient à 33 $ la journée (11,25 $ l'heure) – 60 $ pour un voilier. Un casse-croûte permet de se restaurer tous les jours du 31 mai au 24 août. Il n'existe pas d'hébergement possible.

De Granby, prenez la route 112 qui traverse la ville ou l'autoroute 10 qui relie Montréal à Sherbrooke, sortie 74.

BROMONT

La ville a des allures de banlieue privilégiée avec ses grandes avenues bordées de larges maisons au perron bien dessiné et aux pelouses soignées. Pensée et construite de toutes pièces en 1964, Bromont est née de la création d'un parc industriel regroupant de nombreuses entreprises québécoises.

Bromont est connue au Canada pour posséder le meilleur **centre équestre** du pays (☎ (514) 534-3255).

Installée dans la localité à dix minutes à peine, la **station touristique Bromont** (☎ (514) 534-2220), 150 rue Champlain, est une petite station (22 pistes) où l'on peut faire du ski de soirée. Le forfait journée s'élève à 32 $, celui du soir à 20 $. Elle est accessible de Montréal par l'autoroute 10. A la sortie 78, la ville est située à 3 km au sud. Un panneau indique la direction. L'été, la station se transforme en parc aquatique.

DUNHAM

Ce village aurait pu être la capitale du cidre au regard du nombre de pommiers qui couvrent la campagne environnante. Au grand désespoir des producteurs, la ville s'est vu ravir ce titre par Rougemont, en Montérégie.

En dix ans, Dunham a néanmoins réussi à devenir la capitale du vin au Québec. Elle ne compte pas moins de six producteurs sur la vingtaine que comptabilise la province : Les Arpents des Neiges (☎ (514) 295-33883), Les Blancs Coteaux (☎ (514) 295-3503), Les Côtes d'Ardoise (☎ (514) 295-2020), L'Orpailleur (☎ (514) 295-2763), La Bauge (☎ (514) 263-2149) et Les Trois Clochers (☎ (514) 295-2034). La plupart se concentrent sur la route 202 qui mène à Bedford et organisent des visites guidées de leur exploitation.

Le long de la rue principale (le cœur du village) s'étirent de charmantes demeures à l'architecture anglo-saxonne.

Où se loger

En centre-ville, *La Chanterelle* (☎ (514) 295-3542), 3721 rue Principale, est située dans une maison aussi belle à l'extérieur qu'à l'intérieur. Le large escalier blanc permet d'accéder à quatre chambres chaleureuses et spacieuses aménagées avec beaucoup de finesse. Une simple/double coûte 50/70 $ tout compris, avec s.d.b. à l'étage.

Plus à l'écart, *Le Temps des mûres* (☎ (514) 266-1319), 2024 chemin Vail, est installé dans une aussi belle demeure, à la décoration intérieure moins étudiée. Comptez 35/55 $ pour une simple/double et 10 $ supplémentaires pour la nuit du samedi au dimanche.

Dans le style maison normande, *Le Pom-Art* (☎ (514) 295-3514), 677 chemin Hudon, est perdu dans la campagne. Le prix des chambres varie entre 55 et 75 $.

Où se restaurer

Le Piccoletto (☎ (514) 295-2664), 3698A rue Principale, est une bonne adresse gastronomique pour dîner, sur fond d'accordéon tous les samedi soirs. Le menu comprend souvent du poisson frais, à partir de 18 $. *La Métairie* (☎ (514) 295-2141), 145 chemin de la Métairie, est installée dans une ancienne érablière. L'endroit n'est pas vraiment fait pour les repas en tête à tête. Comptez à partir de 16 $ par personne. A Bedford, la ville voisine, le restaurant *La Sarcelle* passe pour une très bonne table. La plupart des viticulteurs assurent de juin à octobre des repas midi et soir, et certains mettent à disposition des tables de pique-nique.

Comment s'y rendre

De Montréal, prendre l'autoroute 10, sortie 68, puis la route 139 Sud. Arrivé à Cowansville, suivre la route 202 en direction de Dunham.

MYSTIC

A une douzaine de kilomètres de Dunham et au nord de Bedford sur la route 235, le petit village de Mystic possède une grange peinte en rouge qui se visite. Son architecture circulaire à douze côtés est unique au Québec.

Par ailleurs, il fait bon de se promener dans le village. Ne manquez pas le chocolatier-glacier de la route Principale.

LAC BROME

La beauté de ses rives ponctuées de maisons résidentielles a fait sa renommée. Il regroupe plusieurs communes, dont Fulford, Forster et Bondville. Knowlton est la plus importante. En hiver, la pêche blanche et la voile sur la glace sont très pratiquées. L'été, place aux plaisirs nautiques, à l'équitation, au tennis et au golf.

Renseignements

Le bureau touristique (☎ (514) 242-2870), 696 rue Lakeside, est situé au nord-est du lac. Il est ouvert tous les jours en été. En dehors de cette saison, il ne fournit des informations que le week-end, de 10h à 18h.

Où se loger

Le Tu-Dor (☎ (514) 534-3947), 394 chemin Brome, est un B&B en pleine campagne, avec des animaux de ferme. Le copieux petit déjeuner est un véritable régal. Une simple/double revient à 50/65 $.

Dans la catégorie motel, *Le Cyprès* (☎ (514) 243-0363), 592 rue Lakeside, est préférable, en termes de rapport qualité/prix, à de nombreux hôtels des environs, souvent chers.

Le camping *Le Domaine des Érables* (☎ (514) 242-8888), 688 rue Bondville, possède tout le confort souhaité et revient à 24 $ le site. Plus petit et moins cher, le *Camping Fairmount* (☎ (514) 266-0928), 127 chemin Fairmount, Iron Hill, n'accepte pas les cartes de crédit.

Comment s'y rendre

Sur l'autoroute 10, prendre la sortie 90. Suivre ensuite la route 243 qui aboutit au nord du lac. Pour savourer pleinement la beauté du site, il est préférable de faire le tour du lac dans le sens contraire des aiguilles d'une montre. Empruntez ainsi la route 215 Sud, parallèle à la rive ouest, avant de bifurquer, à 6 km environ, sur la gauche pour rejoindre la petite route qui passe à Bondville et arrive à Knowlton. Au village, suivre la route 243 Nord (rue Lakeside).

KNOWLTON

Au sud du lac Brome, Knowlton compte parmi les plus beaux villages des Cantons de l'Est. Non seulement il offre une unité architecturale presque parfaite, mais il se découvre surtout merveilleusement à pied. La petite rivière Coldbrook qui le traverse est la touche rafraîchissante du tableau.

Le village ne dissimule pas ses signes extérieurs de richesses. Le week-end, Jaguars et Mercedes occupent les aires de parking. La rue Lakeside compte même une boutique Ralph Lauren. Antiquaires (on trouve notamment des courtepointes), boutiques et restaurants n'affichent pas pour autant des grands airs hautains.

Le **musée historique du Comté de Brome** (☎ (514) 243-6782), 130 rue Lakeside, expose des souvenirs des premiers pionniers de la région et reconstitue dans différents bâtiments des scènes du siècle dernier. L'un d'entre eux abrite un musée militaire. Il est ouvert tous les jours de la mi-mai à la mi-septembre de 10h à 16h30 (le week-end, à partir de 11h). L'entrée coûte 3 $ (1,50 $ pour les moins de 16 ans).

L'été, un tramway propose gratuitement un tour du village. Il suffit de se poster à un

Les granges circulaires

Les granges des Cantons de l'Est sont uniques au Québec. Au XIXe siècle, une superstition voulait en effet que l'on construise des granges avec ossature en forme de cercle pour se prémunir du diable qui aimait à se cacher dans les angles.

Si celle de Mystic est la plus connue, celle de West Brome est tout aussi remarquable. Pour l'admirer, empruntez la route 139 puis, juste à la sortie du village, le chemin Scott. ■

arrêt signalé par un petit panneau d'affichage planté sur le trottoir.

Le **théâtre du lac Brome** (☎ (514) 242-2270), 267 rue Knowlton, propose d'avril à novembre des représentations de qualité (en anglais).

La plage municipale, rue Lakeside, est superbe, surtout en dehors de la saison touristique. Le parking revient à 7 $ la journée.

Le village comporte deux axes principaux : la rue Knowlton (route 243 Est), coupée au centre-ville par la rue Lakeside (route 243 Nord).

Où se loger

Riche en restaurants de qualité, Knowlton ne peut en dire autant en matière d'hébergement. En centre-ville, le *Motel Village Knowlton* (☎ (514) 243-6362), 547 rue Knowlton, exagère dans sa tarification, surtout le week-end lorsque la chambre sur la rue est facturée 119 $ (en semaine, le prix passe à 69 $).

Mieux vaut séjourner à *L'Abri'cot* (☎ (514) 243-5532), 562 rue Knowlton, le B&B du village, où l'accueil est chaleureux. Le prix des chambres varie entre 60 et 80 $.

L'Auberge Lakeview (☎ (514) 243-6183 ou 1 800 661-6183), 50 rue Victoria, sur les bords du lac Brome, joue la carte de l'hôtel de luxe. Le premier prix commence à 110 $.

Où se restaurer

Vous n'aurez que l'embarras du choix. Au pied du ruisseau de Coldbrook, l'ambiance du *Bistro Cedric's Pub* (☎ (514) 243-4100), 51 rue Lakeside, est des plus attachantes. Les plats proposés (de la salade à la viande) sont tout aussi séduisants (entre 7 et 15 $). *Le Milson* (☎ (514) 243-0621), 70 rue Lakeside, propose de savoureuses boulettes suédoises et du canard du lac Brome, la spécialité culinaire de la ville.

Sur le chemin Knowlton, au n°294, le *Central Restaurant* (☎ (514) 242-2409) prépare de la bonne cuisine québécoise, à consommer de préférence au comptoir. Au n°264, le *Café Inn* (☎ (514) 243-0069) affiche un style plus branché mais il reste sobre. La fourchette des prix – à partir de 10 $ – est large.

SUTTON

Au sud de Knowlton, Sutton est synonyme de centre de ski. La station **Mont Sutton** (☎ (514) 538-2545) est la plus importante des Cantons de l'Est (53 pistes). Mais il n'existe pas d'infrastructure pour le ski de soirée. Le forfait journée revient à 39 $.

L'été, le **parc Sutton** (☎ (514) 538-4085) propose 55 km de sentiers balisés avec de nombreux points d'observation, un refuge à 840 m et deux campings très rustiques, équipés seulement de toilettes. Des randonnées guidées peuvent être organisées.

De Sutton, vous pouvez rejoindre à bicyclette le Vermont, de l'autre côté de la frontière. La carte des pistes cyclables (3 $) est disponible au bureau touristique (☎ (514) 538-8455 ou 1 800 565-8455), 11B rue Principale.

Pour un hébergement convenable à un prix raisonnable, le *Vert le Mont* (☎ (514) 538-3227), 18 chemin Maple, est la bonne adresse (55 $ la chambre), comme l'*Auberge des Appalaches* (☎ (514) 538-5799), au n°234. *La Maison des Saules* ou *Willow House* (☎ (514) 538-0035), 30 rue Western, affiche la simple/double à 30/60 $.

A 12 km de la frontière américaine, Sutton est accessible de Montréal par l'autoroute 10. A la sortie 68, prendre la route 139 Sud. Le village et la station sont à 50 km environ.

MAGOG

Construite juste à la pointe nord du gigantesque lac Memphrémagog, Magog a des allures de ville de villégiature où il fait bon flâner. De par sa situation géographique – le mont Orford (880 m) n'est situé qu'à une dizaine de kilomètres du centre-ville, au nord –, elle allie les plaisirs de l'eau et de la montagne.

Magog s'articule essentiellement autour du lac. Elle forme une longue et fine bande traversée d'ouest en est par la rue Principale (route 112), doublée au nord par la rue

Saint-Patrice Ouest. Cafés, restaurants, hôtels et auberges sont essentiellement localisés dans la rue Principale et sur le pourtour du lac.

Renseignements

Le bureau touristique (☎ (819) 843-2744 ou 1 800 267-2744), 55 rue Cabana (à l'angle de la route 112), est ouvert tous les jours de 9h à 17h de la mi-octobre à la mi-juin et de 8h30 à 19h30 pendant la période estivale.

Activités

Une superbe piste cyclable, en service d'avril à novembre, a été aménagée. Du centre d'accueil Le Cerisier du parc du Mont-Orford, en longeant le lac Memphrémagog puis la rivière Magog, cette voie de 23,5 km permet de découvrir le vignoble Le Cep d'argent (☎ (819)-864-4441) et se termine sur les bords du lac Magog.

Ski vélo Vincent Renaud (☎ (819) 843-4277), 49 rue Sherbrooke, loue des bicyclettes à partir de 20 $.

Pour se baigner, la plage municipale dite "des Cantons" est gratuite. Les plages Merry Est et Merry Ouest sont payantes (1 $ l'heure, 16 $ la journée).

Des croisières sont également proposées sur le lac par différentes compagnies.

Où se loger

L'auberge de jeunesse *La Grande Fugue* (☎ (819) 843-8595 ou 1 800 567-6155), 3165 chemin du Parc, est un endroit de rêve. Logée dans le centre d'Arts Orford, construit lui même dans le parc du Mont-Orford, elle propose des lits en dortoir pour 18 à 21 $ et des chambres privées à 30,75 $ par personne (42 $ pour la formule pension complète).

La rive ouest du lac Memphrémagog abrite de très beaux B&B avec des vues remarquables sur le plan d'eau et les montagnes environnantes. Sur le chemin des Pères, au n°680, *A l'Orée du Lac* (☎ (819) 868-1167) est le seul gîte donnant directement sur le lac sans qu'il soit besoin de traverser la route.

En face, l'*Auberge au Relais de L'Abbaye* (☎ (819) 847-3721) a davantage d'allure. *La Vieille Chapelle Ramsay* (☎ (819) 847-0120), 793 chemin des Pères, est une chapelle restaurée aux murs couverts de peintures murales (de 60 à 75 $ la double). Mentionnons également *Aux Jardins Champêtres* (☎ (819) 868-0665), 1575 chemin des Pères.

Sur la rive est du lac, dans le centre-ville de Magog, *La Maison Campbell* (☎ (819) 843-9000), 584 rue Bellevue Ouest, propose des chambres à partir de 55 $ avec s.d.b. commune. Un tarif correct au regard de ceux pratiqués par les autres établissements du même type.

Où se restaurer

Au *Chat Noir* (☎ (819) 843-4337), 266 rue Principale Ouest, la cuisine est simple et savoureuse (à partir de 12 $). Au n°276, les moules sont la spécialité de la *Grosse Pomme*. *Les Trois Marmites* (☎ (819) 843-4448), au n°475, ne sert que de la cuisine canadienne (comptez 10 $ environ).

Pour une cuisine plus raffinée, allez à Orford. *Le Chéribourg* (☎ (819) 843-3308), 2603 route 141 Nord, est la grande table de la région. Les prix s'échelonnent entre 22 et 35 $.

Comment s'y rendre

Voiture. De Montréal, suivre l'autoroute 10. A la sortie 115, emprunter la route 112 qui devient la rue Principale. L'autre possibilité consiste à prendre la sortie 118 qui rejoint aussi le centre-ville.

Bus. Le terminus (☎ (819) 843-4617) se est situé 67 rue Sherbrooke, à l'angle de la rue Principale. La compagnie Auger assure des liaisons quotidiennes Montréal-Magog-Sherbrooke.

LAC MEMPHRÉMAGOG

Le lac Mémphrémagog (mot d'origine amérindienne signifiant "grande étendue d'eau") couvre 103 km² et s'étire du nord au sud sur près de 42 km, jusque dans le Vermont aux États-Unis. Il serait habité par

Memphré, un monstre comparable à celui du Loch Ness. Ses rives bordées de montagnes abritent de somptueuses propriétés privées. De tout temps, des peintres paysagistes s'y sont installés pour travailler.

Sur la rive ouest, l'**abbaye de Saint-Benoît-du-Lac** (☎ (819) 843-4080), fondée en 1912, mérite un détour. Les moines bénédictins qui l'occupent perpétuent la tradition du chant grégorien tous les jours à 11h et à 17h (19h le jeudi et en été). Il est également possible de loger sur place. Les hommes sont hébergés dans l'abbaye et les femmes dans un pavillon extérieur (☎ (819) 843-2340). Le prix est de 35 $ la chambre (les trois repas de la journée sont inclus). Depuis 1943, l'abbaye possède une fromagerie.

En bordure du lac, la **station Owl's Head** (☎ (514) 292-3342 ou 1 800 363-3342), 40 chemin du Mont-Owl's-Head, est certainement l'une des stations de ski les plus recherchées par les Américains. La frontière n'est qu'à une douzaine de kilomètres et la vue de ces montagnes s'élevant au-dessus du lac Memphrémagog est à couper le souffle.

Sur l'autre rive du lac, juste en face, **Georgeville** est un petit village de toute beauté où il faut bon s'arrêter. Il a servi de cadre pour des scènes du film *Le déclin de l'empire américain*. Ne manquez pas son magasin général, semblable à ce qu'il devait être au siècle dernier. A proximité du quai, le centre de plongée Memphré (☎ (819) 822-0302) loue du matériel et organise des sorties.

Comment s'y rendre

Pour rejoindre l'abbaye de Magog, il faut suivre le chemin des Pères qui longe le lac. Au village d'Austin, tourner à gauche, le chemin est indiqué.

De Knowlton (circuit conseillé pour les paysages), emprunter la route 243 puis, à South Bolton, prendre la route 245 jusqu'à Bolton Centre et, de là, suivre à droite la direction d'Austin.

Georgeville est relié à Magog, à 16 km au nord-est, par la route 247.

PARC DU MONT-ORFORD

Juste au nord de Magog et à seulement une heure de Montréal, le parc du Mont-Orford est très apprécié des citadins, été comme hiver.

Avec 41 pistes, la station **Mont Orford** (☎ (819) 843-6548 ou 1 800 361-6548) est le deuxième plus grand centre de ski alpin des Cantons de l'Est, après Mont Sutton. Elle est surtout très appréciée pour ses dénivellations, les plus fortes du Canada.

Le forfait journalier s'élève à 33 $. Vous pouvez louer votre matériel sur place ou profiter de la garderie d'enfants. On ne peut pratiquer le ski de soirée. Le mont Orford est accessible par télésiège. Par temps clair, on aperçoit le Saint-Laurent.

Pour accéder aux sentiers de ski de randonnée (un réseau de plus de 50 km), adressez-vous au centre d'accueil Le Cerisier (☎ (819) 843-9855). Vous devez acquitter 8,50 $ (4,25 $ pour les enfants et les seniors). L'été, les tracés se transforment en chemins de randonnée et d'interprétation de la nature (☎ (819) 843-6233). La location de bicyclette est possible (20 $ la journée).

L'été, les **lacs Stukely** et **Fraser**, au nord du parc, offrent de très belles plages. Celle du lac Fraser, à l'est, est la moins fréquentée. L'accès est payant. La planche à voile, le kayak, le pédalo et le canoë se pratiquent sur le lac Stukely (location de matériel sur place).

Sur la route permettant de rejoindre le centre d'accueil Le Cerisier, à droite, le **centre d'Arts Orford** (☎ (819) 843-3981 ou 1 800 567-6155), 3165 chemin du Parc, a été construit en 1951 dans le parc. Sa vocation musicale en fait, chaque été, un lieu où l'on peut écouter gratuitement des concerts de musique classique.

Où se loger

Hôtels. Pour l'auberge de jeunesse *La Grande Fugue*, reportez-vous au paragraphe *Où se loger* dans la rubrique *Magog*.

Pour l'hébergement au pied des pistes de la station Mont Orford (☎ 1 800 567-

7315), vous aurez l'embarras du choix. Plusieurs hôtels de style grand complexe touristique proposent des formules comme par exemple la combinaison, le forfait ski, la chambre, le petit déjeuner et le dîner à partir de 88 $ par personne.

Camping. Le parc est pourvu de campings très bien situés, parfois équipés de chalets à louer. Les réservations commencent dès le mois de février. Il est conseillé de s'informer au préalable (☎ (819) 843-9855) et de préciser le type d'emplacement souhaité. On vous orientera en fonction des activités que vous voulez pratiquer (bicyclette, marche, cheval...). La plupart possèdent leur propre dépanneur. Les prix varient entre 17 et 22 $. Les cartes de crédit sont acceptées.

Le *camping Stukely* donne sur le lac du même nom. Vous pouvez louer une tente sur place. Il est accessible du 16 mai au 21 septembre et sa capacité d'accueil est importante. En service du 13 juin au 8 septembre, le *Camping Fraser* est en pleine forêt et la plage du lac Fraser à quelques kilomètres. Des haies de feuillus isolent les sites les uns des autres.

Comment s'y rendre

Voiture. Prendre de Montréal, l'autoroute 10 *via* Sherbrooke. A la sortie 118, rejoindre la route 141 Nord jusqu'au Parc.

NORTH HATLEY

A l'est de Magog et à seulement une vingtaine de kilomètres au sud de Sherbrooke, North Hatley a l'élégance distinguée. Ses belles demeures cossues, construites à flanc de montagne, bordent l'extrémité nord du lac Massawippi et donnent à l'ensemble une rare harmonie. Dès le début du siècle, le chemin de fer reliant Sherbrooke au Vermont a favorisé la venue de vacanciers américains tout aussi charmés par ses rives que par l'absence de prohibition au Québec. Les demeures qu'ils élevèrent rivalisent de beauté. Nombre d'entre elles ont été transformées depuis en luxueux B&B.

Certains soirs en fin de semaine, des concerts sont donnés dans le petit kiosque à musique de la jetée.

Où se loger

En arrivant de Sherbrooke, on ne peut rester insensible aux charmes des B&B de luxe qui s'égrènent le long de la rue Magog et face au lac. *Lili Morgane* (☎ (819) 842-4208), au n°4215, est le seul à être réellement en bordure du lac. La simple/double commence à 70/90 $. Au n°4030, l'*Abenaki Lodge* (☎ (819) 842-4455) est certainement le plus remarquable mais vous devrez débourser entre 125 et 140 $ la chambre. Plus simple dans son style, le *Cedar Gables* (☎ (819) 842-4120), au n°4080, dispose de chambres à partir de 81 $.

L'*Auberge Hatley* (☎ (819) 842-2451), 325 chemin Virgin, est un Relais & Château dont le premier prix se monte à 225 $.

Dans le village, le *Serendipity* (☎ (819) 842-2970) est une superbe maison jaune avec des prix très modérés (75 $ la chambre) au regard du service proposé.

Où se restaurer

Ouvert tous les jours de la mi-mai à la mi-octobre (fermé le lundi et le mardi le reste de l'année), *Pilsen* (☎ (819) 842-2971), 55 rue Principale, fait restaurant au rez-de-chaussée. Le pub donne sur la rivière. Deux ambiances différentes à la cuisine tout aussi savoureuse (entre 7 et 18 $ le repas). Juste à côté, au n°35, *De Lafontaine et Hatley* (☎ (819) 842-4242), est plus intimiste. La carte est variée. Les salades (à partir de 7 $) sont délicieuses.

En dehors du village, le restaurant *Dessine-moi un mouton* (☎ (819) 842-4303), 935 chemin Sherbrooke, offre, outre une vue superbe sur le lac (qu'il surplombe), une grande cuisine variable en fonction du marché et de la programmation du chef. Comptez environ 30 $ (sur réservation uniquement).

Comment s'y rendre

De Magog, suivre la route 108 Est. De Sherbrooke, prendre la route 143 Sud qui passe par Lennoxville.

SHERBROOKE

Capitale des Cantons de l'Est, Sherbrooke doit son nom au gouverneur en chef des colonies britanniques d'Amérique du Nord, Sir John Sherbrooke. Elle est le cœur administratif, économique et éducatif de la région.

La rue King est l'axe principal de la ville, bordé de motels, de restaurants, d'édifices publics et de centres commerciaux. Sa longueur (plusieurs kilomètres) donne un apercu de l'étendue de cette ville totalement bilingue. Le quartier du Vieux Nord que longe la rivière Saint-François permet d'imaginer son passé industriel dominé par les scieries, les moulins et les entrepôts de farine vieux d'un siècle à peine.

La **Société d'histoire de Sherbrooke** (☎ (819) 821-5406), 275 rue Dufferin, propose un circuit de la ville d'environ 90 mn à effectuer à son propre rythme, muni d'un plan et d'un magnétophone. Il faut obligatoirement annoncer votre visite.

Le **musée des Beaux-Arts** (☎ (819) 821-2115), 241 rue Dufferin, est installé dans le très beau bâtiment de la Eastern Townships Bank. Outre des expositions temporaires, il comporte une exposition permanente consacré notamment aux peintres paysagistes de la région. Ouvert tous les jours de 11h à 17h (21h le mercredi) du 24 juin au 2 septembre, il est fermé tous les lundi le reste de l'année et ses horaires sont 13h-17h.

La voie cyclable et pédestre qui longe la rivière Magog sur 18 kilomètres, connue sous le nom de Réseau riverain, offre une très agréable promenade. Elle commence en bordure de la plage Blanchard, à la **Maison de l'eau** (☎ (819) 821-5893), 755 rue Cabana, un musée consacré à la vie aquatique.

Renseignements

Le bureau touristique (☎ (819) 564-8331 ou 1 800 561-8331) est situé 48 rue du Dépôt, une rue perpendiculaire à la rue King. Il est ouvert tous les jours de 8h30 à 19h30 du 24 juin au 2 septembre. En dehors de cette période, il est fermé le week-end et ses horaires sont 9h-17h.

Où se loger et se restaurer

Sherbrooke ne manque pas d'hébergements. L'*Hôtel-Motel La Réserve* (☎ (819) 566-6464), 4235 rue King Ouest, est doté de chambres à partir de 65 $. L'*Auberge Élite* (☎ (819) 563-4755), au n°4206, joue dans la catégorie supérieure avec des chambres à partir de 75 $.

L'*Université de Sherbrooke* (☎ (819) 821-7663), 2500 boulevard de l'Université, propose également entre mai et la mi-août des chambres et des appartements.

En face du parc, *Le Cartier* (☎ (819) 821-3311), 255 rue Jacques-Cartier, vous permettra de manger léger (sandwiches, quiches, tourtes, salades...) dans un univers propice à la détente. Sur commande, il prépare des paniers pique-nique à emporter.

Comment s'y rendre

Voiture. De Montréal, empruntez l'autoroute 10. Prenez la sortie 128 et suivez sur 8 km la route 112 qui traverse la ville. Autre solution, tout aussi rapide : continuez sur l'autoroute 10 jusqu'à la sortie 140. Sherbrooke n'est qu'à 4 km.

De Québec, suivre l'autoroute 20 sur la rive sud du Saint-Laurent puis prendre l'embranchement de l'autoroute 55.

Bus. La compagnie Auger dessert tous les jours Sherbrooke à partir de Montréal (25 $ l'aller simple) et de Québec (41 $). Elle assure également une à deux liaisons quotidiennes avec Trois-Rivières. La station de bus (☎ (819) 569-3656) est située 20 rue King. Sur place, vous pourrez vous procurer des billets de bus pour l'aéroport de Dorval ou celui de Mirabel.

LENNOXVILLE

Située en bordure de Sherbrooke, Lennoxville est surtout connue pour l'**université Bishop's** (☎ (819) 822-9600), rue College, construite en 1843 sur le modèle architectural néo-gothique des universités d'Oxford et de Cambridge. Intégrée à l'université, la **chapelle Saint-Mark**, de style gothique, reprend dans nombre de ses détails (portail, fenêtres) des éléments architecturaux du collège Trinity de Cambridge. L'intérieur est remarquable pour ses vitraux et son mobilier en hêtre sculpté.

Elle est ouverte tous les jours de 8h à 17h. Un service religieux a lieu les dimanche à 10h. Les visites guidées (30 minutes) sont possibles sur rendez-vous.

Installés dans une résidence de style néo-georgien construite en 1862, le **musée et centre culturel Uplands** (☎ (819) 564-0409), 50 rue Park, sont concentrés dans un vaste espace où sont organisées des expositions de peintures ou de photographies. La maison elle-même et son mobilier d'époque se visitent. En été, le salon de thé s'étend jusqu'à la véranda et offre une belle vue sur le jardin. En hiver, il faut réserver. En été, la grange rouge à proximité sert de théâtre pour enfant.

La maison est accessible de 13h à 17h, sauf le lundi. L'été, elle est également ouverte le matin de 10h à 12h. Les tarifs varient en fonction des activités choisies.

Où se loger et se restaurer

L'*Université Bishop's* (☎ 1 800 567-2792, poste 2651), rue College, propose de la mi-mai à la fin août des chambres (de 14,50 à 32,50 $) et des appartements (à partir de 50 $). Les trois repas de la journée sont assurés tous les jours à heure fixe. Sur place, vous trouverez des courts de tennis et une piscine.

Le *Lion d'Or* (☎ (819) 565-1015), 2 rue College, est une institution. Cette micro-brasserie (la première née au Québec) fait office de pub et de restaurant. Il possède deux salles aux univers bien différents : d'un côté, une salle à l'ambiance feutrée où professeurs et étudiants se retrouvent assis confortablement ; de l'autre côté, des briques, une collection de cannettes de bière et des billards servent de toile de fond dans une atmosphère animée.

Certains soirs, on peut écouter des concerts jusqu'à 3h.

Comment s'y rendre

A Sherbrooke, suivre la rue King, l'axe est-ouest de la ville long d'au moins quatre kilomètres. Prendre à droite la rue Wellington (route 143 Sud). Lennoxville n'est plus qu'à 5 mn. La rue Wellington devient alors la rue Queen. Au feu, tournez à gauche. La rue College (route 108) longe l'entrée de l'université.

PARC DU MONT-MÉGANTIC

A quelques cinquante kilomètres à l'est de Sherbrooke, le parc du Mont-Mégantic (☎ (819) 888-2800) permet de découvrir un autre visage des Cantons de l'Est, marqué par une nature omniprésente et montagneuse.

Créé en 1994, le parc est dominé par le massif du mont Mégantic (1 100 m), le deuxième sommet de la région après le mont Gosford (1 185 m). L'hiver, ses flancs se prêtent au ski de fond et, dès la fonte des neiges, à la randonnée pédestre.

Construit sur le mont Mégantic, à hauteur du village de Notre-Dame-des-Bois, l'**Astrolab** (☎ (819) 888-2941 ou 1 888 881-2941), 189 route du Parc, propose une exposition sur l'astronomie et des soirées d'observation. Lieu d'études et de recherche, il représente le plus important centre d'observation de la côte est de l'Amérique du Nord.

Il est ouvert tous jours de 10h à 18h de juin à début septembre (fermeture en semaine ensuite jusqu'à la fin octobre ; fermé le reste de l'année).

Les activités du soir (20h-23h) sont accessibles seulement sur réservation. Les tarifs varient selon le forfait choisi (entre 4 et 10 $).

Comment s'y rendre

Voiture. De Lennoxville, prendre la route 108 jusqu'à Cookshire puis suivre la route 212 jusqu'à Notre-Dame-des-Bois, porte d'entrée du parc.

Bus. La compagnie Auger relie tous les dimanche Sherbrooke à la ville de Mégantic avec un arrêt à Notre-Dame-des-Bois. Pour les fréquences et les horaires, renseignez-vous à la gare routière de Sherbrooke (☎ (819) 569-3656).

Le père du Ski-Doo

Né le 16 avril 1907 dans une famille de paysans de Valcourt, Joseph-Armand Bombardier fait partie de ces hommes partis de rien si ce n'est d'une passion et d'un talent pour la mécanique.

A l'âge de 15 ans, le père du *Ski-Doo*, l'un des modèles les plus vendus au monde, construit des mécanismes pouvant aussi bien actionner la mise à feu d'un canon miniature qu'entraîner automatiquement le rouet de sa tante. La voiture familiale n'échappe pas à quelques-unes de ses expériences de conduite sur neige. Son père, soucieux de conserver le modèle familial en état, lui achète une vieille Ford, aussitôt transformée en auto-neige.

L'engin est étonnant. Il fonctionne avec une hélice et un moteur placés à l'arrière et de gigantesques patins à la place des roues. Les Bombardier doivent rapidement se résoudre à ce que leur fils ne rentre pas dans les Ordres. En avril 1926, la famille quitte la ferme et décide d'aller vivre en ville, à Valcourt, et de construire un garage pour ce fils de 19 ans, imaginatif et doué en mécanique.

Parallèlement à son métier de garagiste, Joseph-Armand Bombardier confectionne des prototypes. Pendant neuf ans, il tâtonne et ne cesse de faire des essais. Le dernier modèle ressemble à une voiture sur chenille à l'arrière et sur patins de ski à l'avant. Cinq exemplaires se vendent aussitôt. En 1936, encouragé par ce succès, J.-A. Bombardier l'améliore en mettant au point un mécanisme de suspension et une roue dentée qui feront tous deux l'objet d'un brevet d'invention. Le succès est une fois de plus au rendez-vous. Médecins, curés, entrepreneurs de pompes funèbres voient dans ce véhicule le moyen de circuler par tous les temps.

En 1937, le garage Bombardier devient l'Auto-Neige Bombardier. A la veille de la Seconde Guerre mondiale, soixante-dix *B 7* (ainsi appelés par son constructeur) sont commercialisés, à 1 700 $ en moyenne. En 1947, la production atteint le chiffre record de 1 058.

Parallèlement, la guerre amène l'entreprise à travailler sur des autos-neige blindées et utilitaires. Ainsi sont nés le fameux *Penguin*, utilisé dans l'Arctique, et des véhicules achetés aussi bien par les compagnies forestières, les industries pétrolières, les agriculteurs que par la Commission protestante pour le transport scolaire.

A l'aube de l'année 1957, J.-A. Bombardier a toujours gardé en lui ce désir de fabriquer un modèle individuel d'auto-neige. Les moteurs sont allégés et le travail de ces vingt dernières années lui permet de sortir durant l'hiver 1957/1958, le premier prototype de Ski-Doo de l'histoire du Québec. En 1959, 225 exemplaires seront achetés au prix de 1 000 $. Lorsqu'en 1964, J.-A. Bombardier décède, 8 000 machines sont déjà vendues. Baptisée Ski-Dog à l'origine par son inventeur, et devenu Ski-Doo suite à une erreur d'impression, ce type de motoneige continue à être fabriqué à Valcourt, la ville de son inventeur. ■

VALCOURT

A une quarantaine de kilomètres au nord-est de Sherbrooke, Valcourt est la ville de Bombardier, l'un des plus importants fabricants au monde de motoneige (reportez-vous à l'encadré *Le père du Ski-Doo*). Dès l'entrée de la ville, vous ne pouvez l'ignorer. Des immenses cartons de Ski-Doo empilés les uns sur les autres attendent d'être livrés. Depuis 1937, date de la création de l'usine Auto-Neige Bombardier, la ville natale de J.-A. Bombardier ne cesse de grandir au fur et à mesure de la croissance de l'entreprise.

Le **musée J.-Armand Bombardier** (☎ (514) 532-5300), 1001 avenue J.-A. Bombardier, mérite à lui seul le détour. A travers la vie passionnante de cet homme (reportez-vous à l'encadré *Le père du Ski-Doo*), c'est une partie de l'histoire de la motoneige qui est racontée. Le musée possède deux expositions distinctes : l'une consacrée exclusivement à J.-Armand Bombardier et à ses inventions ; l'autre centrée sur la motoneige dans le monde avec notamment une série de modèles des années 50 à nos jours.

Du 1er mai au deuxième lundi d'octobre, le musée se visite tous les jours de 10h à 17h (17h30 du 24 juin à début septembre). En dehors de cette période, il est ouvert du mardi au dimanche. L'entrée s'élève à 5 $ (gratuite pour les moins de 6 ans).

Comment s'y rendre

De Montréal, suivre l'autoroute 10. A la sortie 90, prendre la direction Waterloo puis suivre la route 220. Après avoir dépassé Sainte-Anne-de-la-Rochelle, empruntez la route 243 à 2 km sur la gauche.

De Sherbrooke, rejoindre au nord de la ville la route 222 Ouest en direction de Saint-Denis-de-Brompton. A Racine, prendre la route 243.

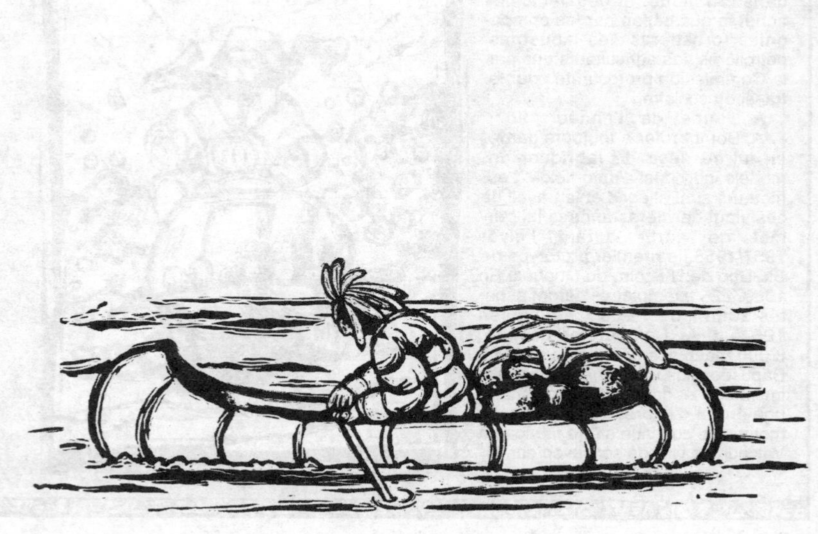

De Montréal à Québec

Distantes seulement de quelque 311 km, Montréal et Québec peuvent être reliées en trois heures et demie à peine par l'autoroute ou le train. Il est également possible de consacrer à cet itinéraire une escapade d'un ou plusieurs jours, en voiture ou en bateau. Quoi qu'il en soit, le fil conducteur de ce trajet s'enracine sur les rives du Saint-Laurent, nourries de cultures amérindiennes et européennes.

Pour le voyageur, reste à déterminer la rive à emprunter. Quitter Montréal en suivant la rive sud permet d'appréhender rapidement le fleuve et d'éviter les interminables banlieues. En optant pour la rive nord, on se laisse happer par la région de la Lanaudière, agricole et forestière, avant de redescendre vers le Saint-Laurent et le lac Saint-Pierre, paradis ornithologique.

Laisser Québec derrière soi en longeant la rive nord revient à suivre la route 138, l'ancien chemin du Roy, la première voie carrossable de l'histoire du pays, ouverte en 1737. Filant le long du Saint-Laurent, elle traverse Trois-Rivières, troisième ville du Québec et porte d'entrée de la Mauricie, magnifique région montagneuse aux eaux d'un bleu profond.

En fin de compte, rive sud et rive nord forment une boucle composée d'anciennes seigneuries, de maisons séculaires, d'églises et de chapelles deux fois centenaires, de jardins parfaitement dessinés et de plaines agricoles fertiles et inondables au rythme des crues et des décrues du Saint-Laurent.

S'éloigner d'elles, c'est découvrir pourtant deux univers physiques et historiques différents, deux mondes face à face séparés l'un de l'autre par un fleuve aux allures de mer. Au nord, le Bouclier canadien et le pays du lac Saint-Jean, immense et encore vierge ; de l'autre côté de la rive, au sud, la chaîne des Appalaches et de riches contrées agricoles, aux allures plus sophistiquées.

A NE PAS MANQUER

- Le festival international de musique de Joliette
- La faune ornithologique de l'archipel de Berthier
- Le circuit de la vieille ville de Trois-Rivières et le musée des Arts et Traditions Populaires du Québec
- Une sortie en canoë ou une randonnée dans le parc national de la Mauricie
- Le musée des Abénakis à Odanak
- Le passage des oies des neiges à Baie-du-Febvre
- Le festival de musique contemporaine de Victoriaville

HISTOIRE

Les rives du Saint-Laurent ont toujours été fréquentées. Les Algonquins se concentraient sur la rive nord, les Attikameks occupaient l'arrière-pays mauricien et les Abénakis la rive sud.

La fondation en 1634 de Trois-Rivières marque la première implantation européenne dans la région. Rapidement, la petite colonie exploite les terres de la rive sud, plus fertiles. Quelques seigneuries se créent le long du fleuve. Les seigneurs de Lanaudière, qui se succéderont pendant sept générations de 1665 à 1926, ont donné leur nom à la région située au nord-ouest de Montréal.

En 1730, la découverte du gisement de fer au nord de Trois-Rivières entraîne la création des Forges du Saint-Maurice, première industrie sidérurgique du Canada. En 1734, la construction du chemin du Roy reliant Québec à Montréal amorce réellement le peuplement de la rive nord et permet le développement des échanges commerciaux.

Le peuplement de la rive sud est, pour sa part, marqué par l'arrivée des Acadiens au milieu du XVIIIe siècle et des Loyalistes

L'érable : une famille de résistants

Il existe plus de six cents espèces d'érable dans le monde. L'Himalaya et la Chine sont leur terre de prédilection. Au Canada, environ dix types d'érable ont été recensés, dont les érables à épis, rouge, argenté, noir, de Pennsylvanie, négondo et à sucre particulièrement implantés dans les provinces de l'Est. Plusieurs essences exotiques comme l'érable platane, l'érable sycomore et l'érable de Norvège ont par ailleurs été introduites dans les villes.

Au Québec, l'érable rouge, l'érable à sucre et l'érable argenté dominent. L'érable à sucre demeure, pour sa part, l'espèce privilégiée des acériculteurs – les producteurs de sirop d'érable. Pour plusieurs raisons : son exceptionnelle teneur en sucre, la saveur élevée de ses produits dérivés (beurre, huile...), sa longévité (jusqu'à 300 à 400 ans), sa grande résistance à l'ombre et sa hauteur (entre 27 et 37 mètres). C'est d'ailleurs en Montérégie que l'érable le plus grand a été localisé. Agé de 250 ans, il affiche une circonférence de six mètres et une hauteur de 30 mètres. Par ailleurs, l'érable à sucre, qui ne pousse qu'en Amérique du Nord, demande un climat frais et humide, un sol riche et bien drainé. Au nombre de ses ennemis figurent les polluants et les conditions climatiques.

Les érables rouges ou argentés poussent surtout dans le sud-est et le sud-ouest du Québec. Ils produisent aussi de bonnes quantités de sève mais ils supposent un sol suffisamment drainé.

Au début des années 80, le Québec a enregistré un taux de mortalité des érablières sans précédent et un dépérissement important de l'espèce. Aucune région du Québec ne fut épargnée. Le principal accusé fut à l'époque les pluies acides et les polluants atmosphériques. Depuis, des recherches ont mis en évidence l'impact des conditions climatiques extrêmes du début des années 80. En 1980 et 1981, on enregistra en effet une période de dégel en février suivie d'une chute des températures en dessous de zéro en avril et d'une sécheresse importante en été, entraînant ainsi une perturbation dans le cycle de développement de l'arbre.

Depuis dix ans, les érablières semblent se rétablir. Les années noires appartiennent au passé. La feuille, symbole du drapeau canadien, a encore de beaux jours devant elle. ■

venus trouver refuge après la guerre d'Indépendance des États-Unis.

ORIENTATION

L'itinéraire Montréal-Québec traverse, sur la rive nord, les régions de la Lanaudière, de la Mauricie-Bois-Francs et de Québec. Les plus pressés emprunteront l'autoroute 40, les autres suivront la route 138, l'ancien chemin du Roy.

Le trajet par la rive sud parcourt les régions de la Montérégie, de la Mauricie-Bois-Francs et des Chaudières-Appalaches. Une voie rapide, l'autoroute 20, mène directement à Québec. Quant à la route 132, elle longe le fleuve de bout en bout.

Berthierville, sur la rive nord, et Sorel, sur la rive sud, délimitent les contours ouest du lac Saint-Pierre, nom donné à cet élargissement du Saint-Laurent, long d'environ 75 km et large d'une quinzaine. Sa partie est se situe à Trois-Rivières et à Nicolet.

Le pont Laviolette, ouvert à la circulation en 1967, relie les deux rives du fleuve à Trois-Rivières.

De Trois-Rivières, la route 155, seul axe traversant du sud au nord la Mauricie-Bois-Francs, rejoint directement le lac Saint-Jean, 400 km plus au nord. L'arrivée sur le lac par la ville de Chambord donne davantage la mesure de cet immense plan d'eau qu'en venant du Saguenay.

FÊTES ET MANIFESTATIONS ANNUELLES

Mai

Festival de l'Érable à Plessisville – En général le premier week-end du mois. Il est marqué notamment par un concours international des produits issus de l'érable (sirop, beurre, bonbons, sucre...) et s'accompagne de repas gastronomiques.

Festival international de musique contemporaine – A Victoriaville.

Juin-juillet

Festival international de l'art vocal – A Trois-Rivières. Il rassemble des artistes venus du monde entier.

Juillet

Fête des Abénakis à Odanak – Spectacles de danses, chants, défilé et repas traditionnels. Une messe est donnée le dimanche.

Juillet-août

Festival international de Lanaudière – A Joliette. Il compte parmi les plus importants festivals de musique classique au Canada.

Août

La fête de la Saint-Louis – Commémoration, à Fort-Chambly, de la présence française de 1665 à 1760.

Octobre

Festival international de la Poésie – A Trois-Rivières. Au programme : récitals de musique, d'expositions de peinture, de photographies, de rencontres-débats et de spectacles.

Novembre

Fête des Patriotes – A Saint-Denis. Elle célèbre la victoire des Patriotes de 1837.

La rive nord

DE MONTRÉAL A TROIS-RIVIÈRES

Après Montréal, la rive nord du Saint-Laurent offre à l'intérieur des terres une diversité de paysages, magnifiques quelle que soit la saison. L'itinéraire comporte un passage dans la Lanaudière, région encore peu visitée par rapport aux Laurentides voisines.

Joliette

La capitale régionale de la Lanaudière est extrêmement dynamique sur le plan culturel. L'été, son Festival de musique classique constitue un grand moment. Des concerts sont donnés dans l'Amphithéâtre (☎ (514) 759-2999 ou 1 800 759-4343), construit dans une petite vallée ceinturée d'arbres. Il est préférable de réserver et de se renseigner à l'office du tourisme (☎ (514) 759-5013 ou 1 800 363-1775), 500 rue Dollard. A une heure à peine de Montréal, Joliette est reliée, durant cette période, par le train et des bus jusqu'à tard dans la soirée.

Le **musée d'Art** (☎ (514) 756-0311), 145 rue Wilfrid-Corbeil, est particulièrement riche en œuvres canadiennes du XVIIIe au XXe siècles et en art sacré. Pendant l'été, il est fermé le lundi et n'est ouvert qu'entre 11h et 17h. Le reste de l'année, il se visite du mercredi au dimanche de 12h à 17h (4 $).

Où se loger et se restaurer. *L'Institut* (☎ (514) 752-2272), 400 boulevard Manseau, est le plus chaleureux des hôtels de la ville. Le tarif de la simple/double débute à 54/68 $. Sa table est renommée.

Comment s'y rendre. De l'autoroute 40 Est, suivre l'autoroute 31 en direction de Joliette.

Des liaisons quotidiennes sont assurées entre Joliette et Montréal (métro : Berri-UQAM) par la compagnie Le Portage (☎ (514) 835-2324). L'aller simple coûte 7,35 $. Le terminus à Joliette est au restaurant Point d'Arrêt (☎ (514) 759-1524), 250 rue Richard.

Joliette est également reliée à Montréal par le train (☎ 1 800 341-5390). Les horaires varient d'une saison à une autre.

Rawdon

Au nord-ouest de Joliette, Rawdon est un très joli village blotti dans un environnement riche en terres cultivées et en forêts. C'est également l'un des endroits les plus cosmopolites du Québec, peuplé d'Irlandais, d'Écossais, d'Acadiens et de Russes. Le **Centre multiethnique** (☎ (514) 834-3334), 3588 rue Metcalfe, rappelle leur histoire et leur arrivée. Il n'est ouvert qu'en fin de semaine de 13h à 16h.

Le **Village Canadiana** (☎ (514) 834-4135) présente un village rural du XIXe siècle et regroupe une cinquantaine de bâtiments en provenance des différentes régions du Canada. Il est ouvert de la mi-mai à octobre et la visite coûte 10 $.

En continuant la route 341, le **parc des Cascades** (☎ (514) 834-4149) est une grande aire naturelle de baignade (l'entrée est de 6 $ par voiture). Toujours sur la rivière Ouareau, mais accessible par la

Gilles et Jacques Villeneuve : "Petit Prince" de père en fils

En cinq saisons chez Ferrari et soixante-sept Grands Prix de Formule 1 courus de 1977 à 1982, Gilles Villeneuve n'a franchi la ligne d'arrivée en vainqueur "que" six fois. En moins de deux ans, son fils Jacques a déjà fait mieux. Pourtant, plus de 15 ans après sa mort, des dizaines de fan clubs et des milliers d'admirateurs entretiennent encore le culte d'un des plus spectaculaires pilotes du circuit. Le Grand Prix du Canada, qui se déroule chaque année en juin sur l'île Notre-Dame à Montréal, a d'ailleurs été rebaptisé "Circuit Gilles-Villeneuve". A l'image du souvenir, indélébile, l'inscription à la peinture blanche "SALUT Gilles !" trône encore sur la ligne de départ.

"Je préfère gagner une course en attaquant qu'en perdre une en calculant" : la philosophie de Gilles Villeneuve tient en ces quelques mots. Sur la piste, il y avait Villeneuve et les autres. Figure emblématique d'une époque révolue où les Grands Prix n'étaient qu'une succession de rebondissements et de dépassements en tout genre, où les trois premiers pilotes n'étaient souvent séparés sur la ligne d'arrivée que de quelques petites secondes, "Gil" avait quelque chose de plus que les autres, un grain de folie qui le poussait à aller au bout de ses limites, souvent aux dépens de la coque de sa Ferrari. "Le funambule" n'avait peur de rien. Tête brûlée depuis son enfance passée à Berthierville, près de Montréal, le petit Canadien avait d'abord commencé par devenir champion de motoneige. Mais c'est la voiture qu'il préférait. Tous les soirs, il aimait distraire les habitants de la bourgade de Saint-Thomas en passant à toute allure le virage le plus difficile de la région – si possible sur deux roues. La compétition ne suffira pas à calmer la soif de vitesse du "Petit Prince" de la Formule 1. En allant de son domicile monégasque à la piste d'essai de Ferrari à Fiorano, il disait tout simplement que prendre sa voiture ou l'hélicoptère "c'était à peu près identique"...

Pilote fougueux, instinctif, le préféré d'Enzo Ferrari disparaîtra un jour de mai 1982, à 32 ans, pour avoir voulu rattraper les 115 millièmes de seconde de retard qu'il avait sur son

route 337, le **parc des Chutes-Dorwin** (☎ (514) 834-2282) est un site magnifique parcouru de quatre sentiers dotés de belvédères. L'accès est payant (2 $ par véhicule, 2 $ par personne et 1 $ pour les moins de 12 ans). Il est accessible de 9h à 19h de mai à fin octobre.

Où se loger. Sur l'artère principale du village, le *Gîte du Catalpa* (☎ (514) 834-5253), 3730 rue Queen, a la douceur des maisons simples décorées avec goût. Le prix d'une simple/double oscille entre 35/50 $ et 50/65 $. Les cartes de crédit sont acceptées.

Comment s'y rendre. Pour aller directement de Montréal à Rawdon, prendre l'autoroute 25 Nord. Arrivé à Saint-Esprit, suivre la route 125 Nord et, à Saint-Julienne, bifurquer sur la route 337 Nord.

Les autobus Gaudreault (☎ (514) 255-5664) relient Montréal à Rawdon. Ils partent du métro Radisson.

Berthierville

Au sud-est de Joliette, en bordure du Saint-Laurent, Berthierville est la ville natale du coureur automobile Gilles Villeneuve. Le **musée Gilles-Villeneuve** (☎ (514) 836-2714 ou 1 800 639-0103), 960 avenue Gilles-Villeneuve, retrace la vie du coureur automobile de Formule 1 décédé en 1982 (reportez-vous à l'encadré *Gilles et Jacques Villeneuve : "Petit Prince" de père en fils*). Ouvert tous les jours de 10h à 16h de mars à octobre, il affiche des horaires variables en dehors de cette période (6 $, 3,5 $ pour les étudiants, 4,5 $ pour les seniors).

Au bout de la rue de Bienville se trouve la **chapelle des Cuthbert**, le premier temple protestant construit au Québec, en 1786. Des visites gratuites sont proposées de juin à début septembre.

Comment s'y rendre. En voiture, prendre l'autoroute 40 ou la route 138.

Les bus de la compagnie Orléans Express assurant la liaison Montréal-Trois-

rival Didier Pironi dans l'ultime tour de qualification du Grand Prix de Belgique. Lui et sa Ferrari numéro 27 entreront instantanément dans la légende.

Ce jour-là, son fils Jacques avait 11 ans. Depuis, il a tracé sa route, devenant le plus jeune vainqueur du championnat d'Indycar et remportant les 500 miles d'Indianapolis. En 1996, il rejoint l'écurie de Formule 1 Williams Renault et ses quatre victoires en Grand Prix lui assurent la seconde place au championnat du monde.

En moins d'une saison, il est devenu l'un des meilleurs pilotes du monde et ses duels avec l'Allemand Michael Schumacher mettent du sel dans les compétitions dominicales. Et même si Jacques s'est affirmé dans un style de conduite analytique, radicalement différent de celui de son père, les comparaisons ne cessent d'aller bon train. Aux journalistes qui aimeraient bien lui arracher une larme à l'œil en évoquant le souvenir de son père, Jacques répond calmement : "Je fais ce métier parce que j'aime le faire, tout simplement. Mon père avait le même métier, tant mieux, c'est génial. Mais ce n'est pas pour l'imiter ou pour continuer la lignée que je cours". Lorsqu'on lui demande s'il se sent plus européen que québécois, il répond "J'ai grandi en Europe après avoir vécu au Québec jusqu'à six ou sept ans. C'est suffisant pour avoir les bases. D'ailleurs, l'îlot québécois que nous avions à la maison, une fois installés à Monaco, était très fort. Nous avons toujours gardé l'accent entre nous. Dehors, c'était Monaco. A la maison, c'était le Québec..." (L'Équipe, 13 juin 1997).

Les Villeneuve sont les deux seuls pilotes canadiens à avoir remporté un Grand Prix de Formule 1, sur les 13 engagés depuis la création du championnat en 1950. En revanche, beaucoup plus présents en Indycar, l'autre grande discipline de monoplaces, Paul Tracy, Greg Moore ou bien le Québécois Patrick Carpentier s'illustrent par leurs bonnes performances.■

Rivières s'arrêtent à Berthierville. Le terminus se situe chez le dépanneur Le Frigo (☎ (514) 836-7559), 1081 avenue Gilles-Villeneuve, chez Pétro-Canada.

Archipel de Berthier

L'archipel de Berthier, situé juste en face de la ville, compte parmi les plus belles réserves ornithologiques de la province. Sur l'**île Berthier**, la Société de conservation, d'interprétation et de recherche de Berthier et ses îles (☎ (514) 836-7844) fournit des informations sur le sentier de cinq kilomètres qui longe le marais. De mi-juin à fin août, elle organise des sorties accompagnées d'un guide naturaliste. La Société est installée dans un bâtiment en bordure de la route 158, que l'on prend au nord de Berthierville. Cette route traverse l'archipel et mène à **Saint-Ignace-de-Loyola**, qui possède l'une des plus grandes héronnières de la province. La pourvoirie du lac Saint-Pierre (☎ (514) 836-7506) organise sur réservation des sorties en bateau de début mai à septembre (10 $). De Saint-Ignace-de-Loyola, vous pouvez rejoindre Sorel sur la rive sud du Saint-Laurent, à bord d'un traversier (départ toutes les heures, voire toutes les trente minutes en été ; 10 minutes de trajet).

A partir de Berthierville se dessine la plaine de la rive nord du lac Saint-Pierre, fabuleuse réserve d'oiseaux (reportez-vous à l'encadré *Le passage des oies des neiges*).

A **Louiseville**, le Domaine du lac Saint-Pierre (☎ (819) 228-8819), 75 lac Saint-Pierre Est, organise des sorties, toute l'année.

TROIS-RIVIÈRES

Trois-Rivières est la ville la plus ancienne du Canada après Québec. Construite en bordure du Saint-Laurent et à l'embouchure de la rivière Saint-Maurice, elle figure aujourd'hui parmi les plus importants producteurs de pâte à papier au monde. La vieille ville constitue une superbe promenade, les maisons en pierre sont splendides et les gîtes chaleureux. Les

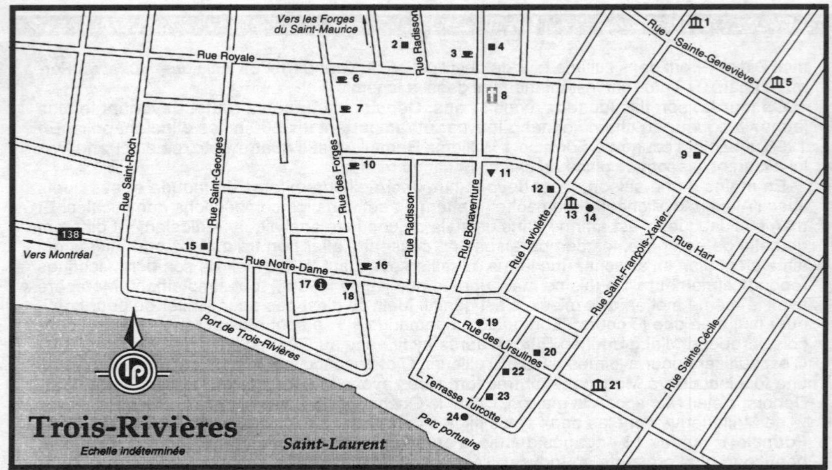

1 Musée Pierre-Boucher
2 Auberge La Flottille
3 Le Café Bistrot
4 Gîte du Petit Couvert
5 Musée militaire
6 Café Morgane Royale
7 Bar La Grenouille
8 Cathédrale de l'Assomption
9 Maison Wickenden (gîte)
10 Café l'Expresso
11 Restaurant-Café Mozart
12 Hôtel des Gouverneurs
13 Musée des Arts et Traditions Populaires
14 Vieille prison
15 Delta Trois-Rivières
16 L'Internet (bar)
17 Office du tourisme
18 Nord Ouest
19 Galerie d'art du Parc
20 Gîte Loiselle
21 Musée des Ursulines
22 Gîte du Huard
23 L'Émerillon
24 Centre d'exposition sur l'industrie des pâtes et papiers

abords du centre-ville regorgent de cafés et de restaurants très animés.

Trois-Rivières représente un excellent point de départ pour se rendre dans la vallée de la Mauricie que longe la route 155, la route du lac Saint-Jean.

Histoire

Lorsqu'en 1634, le sieur Laviolette, un employé de la traite des fourrures, part sur ordre de Samuel de Champlain installer un poste à l'embouchure de la rivière Saint-François, la rive nord du Saint-Laurent est un lieu d'échanges très fréquenté par les Montagnais, les Hurons et les Algonquins. Jacques Cartier l'avait par ailleurs déjà localisée, comme en témoigne la croix dressée sur l'île Saint-Quentin.

Le sieur Laviolette élève dès son arrivée une palissade de bois pour se protéger des assauts iroquois. Elle marque l'établissement de Trois-Rivières, point le plus à l'ouest de la colonisation européenne.

Trente ans plus tard, Trois-Rivières est élevé au rang de chef-lieu. L'immigration reste pourtant limitée malgré la position centrale du village dans le commerce des fourrures. L'ouverture en 1730 des Forges du Saint-Maurice ne contrebalance guère la tendance. Lors de la Conquête britannique en 1760, la population ne dépasse guère mille habitants. L'arrivée des Acadiens au début du XIXe siècle et le début de l'exploitation forestière, suite à l'aménagement de la rivière Saint-Maurice, bouleversent sa destinée, jusque-là limitée à un rôle essentiellement administratif. Des scieries sont construites et une industrie forestière émerge dans la région, avec Trois-Rivières comme centre de transformation et de commercialisation. Le gigantesque incendie de 1908 détruit une grande partie du centre-ville. Les installations portuaires sont modernisées et le plan urbain repensé. La population est en constante augmentation. En 1911, Trois-Rivières compte 13 691 habitants. Au début des années 50, ce chiffre a presque quadruplé. Aujourd'hui, la barre des 50 000 est dépassée.

Si la ville se caractérise toujours par une importante activité papetière, elle tente de s'ouvrir à d'autres secteurs depuis la fin des années 60.

Orientation

Relié à Montréal et à Québec par l'autoroute 40 et la route 138, Trois-Rivières possède un centre-ville situé entre le Saint-Laurent au sud et la rue Royale au nord.

La vieille ville se concentre entre la rue Saint-Pierre et la terrasse Turcotte qui longe le parc portuaire. Entre les deux, la rue des Ursulines regroupe les plus anciennes demeures de la ville.

Les activités portuaires et les silos à grains se situent à l'ouest. Le parc industriel de Bécancour s'étend sur la rive sud du Saint-Laurent. A l'est se dessine la pointe de l'île Saint-Quentin, à l'embouchure de la rivière Saint-François.

La rue Notre-Dame (route 138) forme l'artère animée de la ville. Banques, institutions publiques, boutiques et restaurants y sont installés. Le boulevard des Forges qui lui est perpendiculaire forme le grand axe sud-nord de la ville.

Renseignements

Le bureau touristique (☎ (819) 375-1122), 1457 rue Notre-Dame, est ouvert tous les jours de 8h à 20h du 23 juin à début septembre (de 9h à 17h le reste de l'année, fermé le week-end). On vous remettra gratuitement une brochure sur la vieille ville, très bien conçue, intitulée *Circuit patrimonial, guide du promeneur.*

La gare routière (☎ (819) 374-2944), 1075 rue Champflour, dispose d'un fax.

La poste se tient 1285 rue Notre-Dame. Elle est ouverte de 8h à 17h30 du lundi au vendredi. Le boulevard des Forges abrite la Banque Royale au n°295 et la Banque Nationale au n°324. La Caisse Populaire Desjardins se situe rue Royale, en face du parc Champlain. Chacune dispose d'une distributeur automatique.

A voir

Musée des Arts et Traditions populaires du Québec. Ouvert en 1996 et construit en bordure de la vieille ville, 200 rue Laviolette, ce musée (☎ (819) 372-9907 ou 1 800 461-0406) offre une belle architecture. Il possède une superbe collection d'objets traditionnels de la société québécoise, constituée par Robert-Lionel Séguin, l'un des pionniers de l'ethnologie québécoise. Des salles sont réservées, par ailleurs, aux fouilles archéologiques menées dans la région.

Le bâtiment moderne du musée intègre la vieille prison de Trois-Rivières, érigée en 1822. L'exposition décrit l'histoire de cette prison mixte, définitivement fermée en 1986.A l'extérieur se trouvent sept petits bâtiments d'époque, dont une baraque à foin et un séchoir à maïs. Au rez-de-chaussée du musée vous aurez accès à une boutique et à un café-restaurant (déjeuner à partir de 7 $).

Le musée est ouvert tous les jours de 9h à 19h du 26 juin au 2 septembre. En dehors de cette période, il est fermé le lundi et les horaires sont de 10h à 17h. Le droit d'entrée se monte à 5,50 $ (gratuit pour les moins de 13 ans).

Le musée des Ursulines. Aménagé dans le couvent des Ursulines (☎ (819) 375-7922), 734 rue des Ursulines, le musée abrite une intéressante collection de mobiliers, d'orfèvreries et de broderies. La chapelle à l'imposante coupole élevée en 1897 se visite en dehors des offices.

Arrivées à Québec en 1639, les Ursulines se sont installées à Trois-Rivières en 1697. Le monastère qu'elles créèrent était consacré aux malades et à l'éducation des jeunes filles. Une partie des bâtiments est encore réservée à l'enseignement.

Du 1er mai à la fin septembre, les visites ont lieu du mardi au vendredi de 9h à 17h et commencent à 13h30 le week-end. En mars, avril et octobre, le musée ouvre du mercredi au dimanche de 13h30 à 17h. De novembre à février, il faut réserver. L'entrée est gratuite.

Centre d'exposition sur l'industrie des pâtes et papiers. Occupant un bâtiment ouvrant sur les terrasses du parc portuaire, au n°800, le Centre (☎ (819) 372-4633) a pour vocation de décrire ce qui fut – et reste – l'activité principale de la ville mais aussi du Québec.

Ouvert tous les jours de 9h à 18h de juin à début septembre, le Centre ne se visite que le week-end en septembre (11h-17h). Il est fermé de novembre à mars et, les autres mois, n'est accessible que sur réservation.

Cathédrale de l'Assomption. Élevée en 1858 dans un style néo-gothique, la cathédrale (☎ (819) 374-2409), 362 rue Bonaventure, présente une architecture austère que viennent adoucir les vitraux de l'artiste florentin Guido Nincheri, réalisés en 1923. Les horaires d'ouverture varient d'une saison à une autre : en règle générale, du lundi au vendredi de 7h à 8h, de 9h à 11h30 et de 13h à 17h30 (l'été, tranche supplémentaire le samedi entre 19h et 20h30). Le dimanche, ouverture de 8h30 à 11h30 et de 14h à 17h45.

Musée Pierre-Boucher. Le musée (☎ (819) 376-4459), 858 rue Laviolette, est logé au rez-de-chaussée du séminaire de Trois-Rivières. Du nom du gouverneur nommé à la tête de la ville en 1654, il abrite des expositions d'art contemporain et religieux ainsi que des souvenirs de Maurice Duplessis, natif de la ville et ancien Premier ministre du Québec.

L'accès au musée est gratuit (ouvert du mardi au dimanche de 13h30 à 16h30).

Galerie d'art du Parc. Cette galerie (☎ (819) 374-2355), 864 rue des Ursulines, permet de découvrir, à travers des expositions temporaires, la production artistique québécoise et de visiter une belle demeure en pierres de la fin du XVIIIe siècle, le manoir de Tonnancour. Elle est fermée le lundi.

Musée militaire. L'immense bâtisse de briques rouges, bordée de quatre tourelles et ornée de créneaux, est elle-même une curiosité. Berceau de la milice canadienne, elle loge aujourd'hui le 12e régiment blindé du Canada et un petit musée (☎ (819) 371-5290) situé 574 rue Saint-François-Xavier, ouvert de 10h à 18h de mi-juin à début septembre. L'entrée est gratuite.

Forges du Saint-Maurice. Au nord de la ville, les Forges (☎ (819) 378-5116 ou 1 800 463 6769), 10000 boulevard des Forges, rappellent la vocation industrielle de la Basse-Mauricie. Transformées en un gigantesque centre d'interprétation, elles retracent, notamment à travers une journée d'août 1845, le travail des ouvriers dans cette usine qui fut pendant plus de 150 ans l'un des principaux centres producteurs de fonte du Canada.

Elles sont ouvertes tous les jours de 9h30 à 17h30 de mai à mi-octobre (fermeture à 16h30 à partir de début septembre), et fermées le reste de l'année. L'entrée se monte à 4 $ (7 $ pour les familles ; gratuit pour les moins de 6 ans).

Île Saint-Quentin. L'île est située au point de jonction entre le Saint-Maurice et le Saint-Laurent. Elle a été aménagée en un gigantesque parc d'activités (☎ (819) 373-8151) et en marina. Des voies cyclables ont été créées et une piscine construite (location de vélos et de canoës sur place).

L'île est accessible par le pont Duplessis que l'on rejoint par la route 138.

Croisières

Les Croisières M/S Jacques-Cartier et M/S Le Draveur (☎ 1 800 567-3737 ou (819) 375-3000), 1515 rue du Fleuve, proposent, du 1er mai au 30 septembre, plusieurs formules de croisières sur le Saint-Laurent et sur la rivière Saint-Maurice. Les prix diffèrent selon le type d'excursion. Pour le Saint-Maurice, comptez 90 minutes de balade en bateau (14 $; 5,50 $ pour les 6-12 ans). Les départs ont lieu du parc portuaire, juste en bordure de la vieille ville.

Une autre compagnie située sur l'île Saint-Quentin, Delta Saint-Maurice (☎ (819) 379-8982), 985 rue de la Terrière, organise des sorties sur le Saint-Maurice.

Où se loger

L'*Auberge La Flottille* (☎ (819) 378-8010), 497 rue Radisson, est une auberge de jeunesse sans grande prétention mais qui accueille au mieux ses pensionnaires. En dortoir, comptez 18 $ par personne et 36 $ pour une chambre individuelle. Le petit déjeuner est facturé 3 $.

Le *Gîte du Petit Couvent* (☎ (819) 379-4384), 466 rue Bonaventure, est un ancien couvent transformé en un B&B avenant. Demandez la chambre de la mère supérieure, au même prix que les autres. La simple/double revient à 45/55 $ tout compris.

Au cœur du vieux Trois-Rivières, le *Gîte du Huard* (☎ (819) 375-8771), 42 rue Saint-Louis, est installé dans l'ancien consulat américain. Le style des chambres est moins étudié mais tout aussi chaleureux. Certaines sont aménagées comme des studios avec un coin cuisine. Le prix d'une simple/double commence à 30/40 $. Pour le petit déjeuner québécois, vous débourserez 5 $.

Installé 836 rue des Ursulines, le *Gîte Loiselle* (☎ (819) 375-2121) est une demeure très élégante. Les chambres sont louées à partir de 60 $.

Construit juste en face du Saint-Laurent, *L'Émerillon* (☎ (819) 375-1010), 890 terrasse Turcotte, est une demeure de grande classe. La simple/double débute à 55/65 $ tout compris. Moins ostentatoire mais tout aussi agréable, la *Maison Wickenden* (☎ (819) 375-6219), 467 rue Saint-François-Xavier, propose un forfait visite du musée/hébergement/petit déjeuner/stationnement à 44/56 $ en simple/double.

Dans la catégorie supérieure, le *Delta Trois-Rivières* (☎ (819) 376-1991 ou 1 800 268-1133), 1620 rue Notre-Dame, est irréprochable sans pour autant présenter un style extraordinaire. La chambre la moins onéreuse revient à 89 $ (10 $ supplémentaires pour une chambre avec vue sur le Saint-Laurent). Comptez 5 $ pour le petit déjeuner. Aucun supplément n'est demandé pour les moins de 18 ans accompagnés de leurs parents. Juste en face du musée des Arts et Traditions populaires, l'*Hôtel des Gouverneurs* (☎ (819) 379-4550 ou 1 888 910-1111), 975 rue Hart, loue des chambres d'un confort similaire à l'établissement précédent pour 59 $ (49 $ si la chambre n'a pas été rénovée). Les moins de 18 ans ne paient pas s'ils sont accompagnés de leurs parents. L'hôtel n'a pas de service de petit déjeuner mais sert du café, du thé, des muffins et du jus d'orange.

A 10 km à peine au sud de Trois-Rivières, l'*Auberge du Lac Saint-Pierre* (☎ (819) 377-5971 ou 1 888 377-5971), 1911 rue Notre-Dame (route 138), est sans nul doute la meilleure adresse de sa catégorie. Outre une vue imprenable sur le fleuve, cette superbe auberge, qui est par ailleurs un relais gastronomique (voir *Où se restaurer*), propose la formule nuitée, souper et petit déjeuner à partir de 90 $ (102 $ pour une chambre côté fleuve). En basse saison, ce tarif passe à 86 $ (97 $).

Le camping du *Lac Saint Michel* (☎ (819) 374-8474), 11625 boulevard des Forges, est ouvert de mai à la mi-septembre. Il dispose de tout le confort nécessaire. Il vous en coûtera entre 15 et 20 $.

Où se restaurer

Le *Café Bistro* (☎ (819) 375-1897), 547 rue Bonaventure, regroupe plusieurs petites salles à l'ambiance feutrée et une terrasse couverte. Les nombreux habitués viennent boire une bière ou consommer un steak-frites accompagné d'un verre de vin pour 10 $. Tout aussi fréquenté, le *Café Morgane Royale* (☎ (819) 694-1116), 418 boulevard des Forges, est réputé pour ses expressos. Il dispose d'un autre café à l'angle de la rue Notre-Dame. En descendant le boulevard des Forges vers la rue Notre-Dame, le *Bar La Grenouille*, au n°340, est des plus animés. Le *Café l'Expresso*, à l'angle de rue Hart, prépare de bons petits déjeuners et draine une clientèle sympathique, tout comme l'*Internet*, sur le même trottoir, et le *Nord Ouest*, rue Notre-Dame, équipé de tables de billard.

Le *Restaurant-Café Mozart* (☎ (819) 371-1807), rue Bonaventure, affiche un style légèrement plus sophistiqué et propose une cuisine léchée. Il est fermé le dimanche et n'ouvre qu'à 17h le samedi. Comptez au minimum 12 $ par personne.

Le Manoir du Spaghetti (☎ (819) 373-0204), 1147 rue Hart, sert de la cuisine italienne relativement convenable (repas à partir de 12 $).

Pour apprécier la gastronomie québécoise et française, l'*Auberge du Lac Saint-Pierre* (☎ (819) 377-5971), 1911 rue Notre-Dame (route 138 Sud), à Pointe-du-Lac (à dix minutes de Trois-Rivières), est un endroit réputé. Vous dépenserez au moins 30 $ par personne.

Comment s'y rendre

Voiture. De Montréal, prendre l'autoroute 40, sortie 187 pour rejoindre la route 138 qui longe sur 10 km le Saint-Laurent. Autre possibilité : continuer sur l'autoroute 40 qui coupe, au nord de Trois-Rivières, l'autoroute 50 menant au centre-ville. De Québec, emprunter l'autoroute 40 jusqu'à la sortie 182 et prendre la direction du centre-ville. Vous pouvez également suivre la route 138.

Bus. La compagnie Orléans Express assure plusieurs liaisons quotidiennes Montréal-Trois-Rivières. Le trajet dure à peine deux heures et coûte 22,23 $. Pour Québec, comptez 1 heure 30 de trajet (21,09 $).De Trois-Rivières, des bus partent également pour Shawinigan, Grand-Mère et La Tuque. Le terminus (☎ (819) 374-2944) est installé 1075 rue Champflour.

Comment circuler

Au terminus de la gare routière se trouve un arrêt d'autobus d'où vous pourrez rejoindre le centre-ville ainsi qu'une station de taxi (5 $ environ). Trois-Rivières dispose d'un bon réseau de transports en commun. Des bus desservent les principaux centres d'intérêt de la ville du lundi au samedi.

Les aires de stationnement sont nombreuses mais rapidement saturées en été. Le coût du stationnement derrière le musée des Arts et Traditions populaires revient à 3 $ entre 7h30 et 18h (2 $ entre 12h et 15h). Le week-end, comptez 3 $ pour 12 heures. Le stationnement de nuit est très réglementé ; renseignez-vous car vous n'échapperez pas à la vigilance de la police.

PARC NATIONAL DE LA MAURICIE

A 60 km à peine au nord de Trois-Rivières, le parc national de la Mauricie (☎ (819) 536-2638) se caractérise par un paysage extrêmement vallonné, des plus magnifiques. Couvrant 550 km^2 de forêts, de vallons entrecoupés de falaises escarpées, de lacs et de cascades, il se prête aux randonnées accompagnées d'un naturaliste, à faire à pied ou en canoë. Les distances à parcourir varient entre 10 et 90 km.

Le sentier du lac Gabet permet ainsi d'observer souvent des orignaux. Le sentier Mekinac longe le Saint-Maurice. Sur le sentier de la Tourbière poussent des plantes carnivores et des orchidées. La route des Falaises offre de beaux points de vue. En règle générale, des panneaux d'interprétation de l'environnement jalonnent les parcours. L'hiver, l'ensemble du réseau est ouvert au ski de fond.

Une route de 60 km relie les deux accès du parc et permet de le traverser d'est en ouest ou vice-versa. Au poste d'entrée de Saint-Jean-des-Piles se trouve un centre d'interprétation sur la région de la Mauricie.

Des frais d'entrée de 3,50 $ par adulte sont demandés (7 $ pour une famille, 1,50 $ pour les étudiants).

La location d'embarcations sur place est possible mais il est préférable de réserver (☎ (819) 371-1561). La journée revient à 14 $ (4 $ pour une heure).

Où se loger

Gîtes. Dans sa pointe sud-est, le parc dispose, depuis peu, de chalets (☎ (819) 537-4555 ou 536-2638) construits aux abords du lac à la Pêche.

Camping. Les campings du parc (☎ (819) 533-PARC à partir de la mi-mai, sinon 533-7272) sont répartis dans trois secteurs. Les réservations sont obligatoires, surtout dans le secteur du *Lac Wapizagonke*, très fréquenté. Ouvert de la mi-juin à début septembre, il compte 219 emplacements et abrite un dépanneur. Le camping du secteur de la *Rivière à la Pêche* est ouvert à l'année mais ferme quelques jours à certaines périodes.

Le camping du secteur de la *Rivière Mistagance* n'offre qu'un service d'électricité. Il est ouvert de la mi-mai à la mi-octobre.

Le site revient à 24,50 $ (21 $ pour un site sans électricité). Des frais de réservation de 5 $ sont demandés.

Comment s'y rendre

Voiture. Le parc dispose de deux entrées. De Trois-Rivières, suivre l'autoroute 55 Nord et bifurquer à droite à la sortie 226, direction Saint-Jean-des-Piles pour l'entrée est. Pour l'entrée ouest, il faut prendre la sortie 217, en direction de Saint-Gérard-des-Laurentides.

Bus. La compagnie Orléans Express assure depuis Trois-Rivières deux liaisons quotidiennes avec Shawinigan (☎ (819) 539-5144) et Grand-Mère (☎ (819) 533-5565), villes les plus proches du parc.

GRAND-MÈRE

La ville qui donne accès au parc national de la Mauricie n'a d'intérêt que pour les services qu'elle offre : location d'équipements de camping, approvisionnement en nourriture, banques. Le **village d'Émilie** (☎ (819) 538-1716 ou 1 800 667-4136) reste la grande attraction de Grand-Mère. Les décors construits pour des séries télévisées retraçant des grandes fresques historiques ont été conservés. Ils constituent désormais un immense parc thématique qu'animent des figurants habillés en costume d'époque. Accessible de 10h à 18h de la mi-mai à la mi-septembre, le village est fermé le reste de l'année. L'entrée se monte à 8,95 $ (20 $ par famille, 4,50 $ pour les enfants).

RÉSERVE FAUNIQUE MASTIGOUCHE

Attenante au parc national de la Mauricie, la réserve (☎ (819) 265-2098) est le domaine privilégié des motoneigistes et des skieurs de fond en hiver. L'été, elle est ouverte aux randonneurs, aux pêcheurs, aux chasseurs et aux adeptes du canoë-camping. Dotée de refuges (☎ 1 800 665-6527), elle dispose de sentiers balisés et entretenus.

Immense (1 600 km^2), elle n'est accessible que par Saint-Alexis-des-Monts que l'on rejoint par Louiseville en bordure du Saint-Laurent puis en empruntant la route 349. Il faut encore parcourir une vingtaine de kilomètres avant d'arriver à l'entrée de la réserve, plus au nord. L'enregistrement est obligatoire et l'entrée gratuite.

RÉSERVE FAUNIQUE DU SAINT-MAURICE

Au nord du parc national de la Mauricie, la réserve faunique du Saint-Maurice (☎ (819) 646-5680) se caractérise notamment par ses 267 km de pistes pour la randonnée en traîneau à chiens. La baignade et le camping sont autorisés sur le lac Normand. Sur la route 155, avant d'arriver au village de Rivière-Matawin, un pont permet de rejoindre l'entrée de la réserve. Il est payant (12 $).

DE TROIS-RIVIÈRES A QUÉBEC

Pour quitter Trois-Rivières sans passer par l'autoroute, empruntez le pont Duplessis et passez sur la rive est de la rivière Saint-François par la rue Notre-Dame (route 138). Commence alors la ville de

Cap-de-la-Madeleine, ancienne seigneurie où les jésuites avaient fondé une mission dans les années 1650. La route longe le **sanctuaire Notre-Dame-du-Cap**, troisième lieu de pèlerinage au Québec, dont l'orgue Casavant compte parmi les plus imposants du pays après celui de la basilique Notre-Dame de Montréal. Le sanctuaire, 626 rue Notre-Dame, est bordé d'un joli parc où il est possible de déjeuner.

A 20 km en suivant cette même route, la petite ville de **Batiscan** possède un vieux presbytère, 340 rue Principale. Construit en 1816, il abrite un musée qui retrace la vie d'autrefois des habitants de cette rive nord. Ouvert tous les jours de 10h à 17h de juin à fin octobre, il est fermé le reste de l'année. Il possède un très beau jardin avec des arbres plus que centenaires. Les pique-nique sont autorisés.

Sainte-Anne-de-la-Pérade, à 10 km plus à l'est, est surtout connue l'hiver pour la pêche aux petits poissons dans les chenaux qui voient l'arrivée et l'installation sur la rivière de centaines de cabanes multicolores. Consacrée capitale de la pêche d'hiver, la ville réserve en été une belle promenade aromatique à faire dans le jardin du **manoir Madeleine-de-Verchères** (☎ (418) 325-2841), 910 rue Sainte-Anne.

Le presbytère du village **Deschambault** mérite un arrêt pour sa vue sur le fleuve. A 30 km à peine de Québec, les deux villages de **Neuville** et **Cap Santé** bordent la route 138. Leur cachet réside dans les maisons séculaires, construites entre 1740 et 1850. A Neuville, l'église Saint-François-de-Sales abrite un somptueux baldaquin, l'un des plus anciens d'Amérique du Nord.

RÉSERVE FAUNIQUE DE PORTNEUF

A mi-chemin entre Québec et Trois-Rivières, la réserve (☎ (418) 423-2021) compte parmi les plus accessibles du Québec avec son réseau routier de 400 km. D'une superficie de 775 km², elle comptabilise pas moins de 375 lacs et possède de nombreux itinéraires convenant aux amateurs de canoë-camping. Le rafting se pratique également. Les chutes de la Marmite sont très fréquentées.

La rive sud

SOREL

Au confluent de la rivière Richelieu et du Saint-Laurent, Sorel fut pendant deux siècles la ville des réparations et des constructions navales, jusque dans les années 80. Le **Centre d'interprétation du patrimoine de Sorel** (☎ (514) 780-5740), 6 rue Saint-Pierre, retrace ce pan d'histoire. L'époque amérindienne est également évoquée. Une salle est consacrée aux îles Sorel dont les rives se dessinent juste en face du Centre.

Il est ouvert tous les jours de 10h à 21h de juin à août. De septembre à mai, il est fermé le lundi et ses horaires passent de 10h à 17h. L'entrée est de 3 $.

Le Centre organise des randonnées avec un guide accompagnateur sur les îles Sorel, royaume des marais et de la sauvagine, situées juste en face. Les départs ont lieu tous les jours en juillet et tous les week-ends en juin, août et septembre. La durée du circuit est de 3 heures et la promenade coûte 20 $. Les départs se font de la marina construite en face du Centre.

Les Croisières des îles de Sorel (☎ (514) 743-7227), 1665 chemin du Chenal-du-Moine, proposent également, du 24 juin à début septembre, des circuits dans ces îles (départs quotidiens). Sur demande, cette compagnie organise des escapades sur les îles de l'archipel du lac Saint-Pierre.

De Sorel, vous pouvez rejoindre la rive nord du Saint-Laurent en prenant le traversier (☎ (514) 742-4307) qui mène en dix minutes à Saint-Ignace-de-Loyola.

En partant de Sorel pour aller à Odanak, évitez le parc des Totems à Yamaska, sur la route 132, véritable attrape-touristes.

Renseignements

L'office du tourisme (☎ (514) 746-9441 ou 1 800 474-9441), 92 chemin des Patriotes, est ouvert tous les jours de 8h à 20h en été.

En dehors de cette saison, ses horaires s'établissent de 9h à 12h et de 13h15 à 17h en semaine (fermeture le week-end).

Comment s'y rendre
Sorel est à une heure à peine de Montréal. Prenez l'autoroute 15 qui devient la route 132. Les autobus de la compagnie Auger (☎ (514) 691-1654) relient tous les jours Sorel à Montréal.

VALLÉE DU RICHELIEU

De Sorel, vous pouvez suivre la rivière Richelieu sur 130 km au sud et parcourir ainsi la **vallée du Richelieu** jusqu'au lac Champlain. Ce parcours d'une bonne journée peut s'organiser depuis Montréal. Appelée la vallée des Forts, elle a gardé intactes nombre de ses constructions militaires, telles le **fort Chambly** (☎ (514) 658-1585), 2 rue Richelieu à Chambly, et le **fort Lennox** (☎ (514) 291-5700), construit sur l'île de Saint-Paul-l'Île-aux-Noix, à une cinquantaine de kilomètres de Montréal. Tous les deux organisent, l'été, des démonstrations de manœuvres militaires. Il est préférable d'appeler pour connaître les horaires.

A Saint-Denis, à 20 km seulement de Sorel, la **maison nationale des Patriotes** (☎ (514) 787-3623), 610 chemin des Patriotes, raconte l'histoire des Patriotes. Fermé le lundi, elle est ouverte de 11h à 18h en juin, juillet et août. En mai, septembre et octobre, les horaires sont de 10h à 17h. L'entrée est facturée 3 $ pour les plus de 13 ans.

Comment s'y rendre
De Montréal, suivre la route 132, puis prendre la direction Saint-Denis. La route 133 longe la rive est de la rivière Richelieu. A Iberville, traversez pour prendre la route 223 qui mène à Saint-Paul-de-l'Île-aux-Noix au sud et à Chambly au nord. Pour un trajet plus rapide mais moins bucolique, prenez l'autoroute 10, sortie Chambly.

ODANAK

Odanak est un village abénaki. Construit sur les bords de la rivière Saint-François, il

Le passage des oies des neiges
Chaque année, le passage des oies des neiges, appelées aussi oies blanches, constitue un véritable spectacle. L'histoire a pour décor les rives du Saint-Laurent et pour scène trois lieux privilégiés d'observation : Baie-du-Febvre, Montmagny sur la rive sud et Cap-Tourmente sur la rive nord. Deux étapes rythment cette transhumance : avril-mai et septembre-octobre.

Le ballet a son rituel qui s'organise selon deux points cardinaux : d'un côté, les marais du New Jersey et de la Caroline du Sud où elles séjournent de novembre à début avril ; de l'autre, au nord du cercle Arctique, les îles de la Terre de Baffin et de Bylot, les deux espaces de nidification et d'élevage durant les mois de juin, juillet et août. Entre les deux, près de 8 000 km sont à parcourir. La route est longue avec une seule grande escale, celle des bords du Saint-Laurent.

Lorsque les premiers signes du printemps apparaissent, le départ des États-Unis s'effectue progressivement et par groupes. Le ciel commence alors à se couvrir de grappes d'oies des neiges aux larges ailes et au long coup étiré. Elles volent par groupes de dix, vingt ou plus, annonçant leur passage par des piaillements stridents. Elles parcourent cette première étape de 900 km, cruciale, à une vitesse de 60 km/h. Avant de continuer leur route, il leur faut se reposer et accumuler des forces. A la mi-avril, elles sont ainsi entre 300 000 et 400 000 à tournoyer au-dessus du lac Saint-Pierre, dans le secteur de Baie-du-Febvre (leur population globale est estimée à environ 800 000). Elles ne sont pas seules : quelque 17 000 canards et 60 000 bernaches trouvent également dans ces 7 000 hectares de plaines inondées (dont deux tiers de terres agricoles) de quoi se sustenter grâce aux grains de céréales laissés lors des dernières récoltes.

Cette période est aussi celle des premiers amours. Des couples se forment. Passé leur troisième année, mâles et femelles sont en âge de trouver leur partenaire. L'oie des neiges est monogame : lorsqu'un couple se constitue, il est scellé pour la vie entière. ■

abrite le **musée des Abénakis** (☎ (514) 568-2600), installé dans un très beau site. Les masques sont d'une rare beauté.

Il est ouvert de mai à octobre. Ses horaires sont de 10h à 17h du lundi au vendredi (de 13h à 17h le week-end). De novembre à avril, il accueille le public de 10h à 17h en semaine. L'entrée est de 4 $.

Les deux jolies églises attenantes se visitent. Il n'existe ni hébergement, ni restauration sur place, sauf en juillet lors de la grande fête des Abénakis.

NICOLET

Nicolet est surnommée la ville des clochers tant elle compte d'institutions et d'édifices religieux (surtout catholiques). Les rues elles-mêmes doivent leur nom à des saints et à des ecclésiastiques.

Le **musée des Religions** (☎ (819) 293-6148), 900 boulevard Louis-Fréchette, présente, au travers d'expositions thématiques et temporaires, les différentes traditions spirituelles pratiquées dans le monde. Fermé le lundi, il est ouvert de 10h à 17h. L'entrée coûte 3,42 $ (nombreuses réductions).

BAIE-DU-FEBVRE

Baie-du-Febvre a fait du passage des oies des neiges son image de marque. Depuis l'ouverture en 1994 du **centre d'interprétation de Baie-du-Febvre** (☎ (514) 783-6996), 420 route Marie-Victorin.

Le centre a une double vocation : il présente l'écosystème d'une plaine inondable du Saint-Laurent et permet l'observation de l'oie des neiges ainsi que de toute une variété d'oiseaux et de canards migrateurs.

Au centre d'accueil, une carte des randonnées pédestres ou cyclotouristiques est disponible. Le centre est ouvert tous les jours de 10h à 17h, sauf en novembre où il est fermé. Lors du passage des oies des neiges, il reste ouvert jusqu'à 20h. L'entrée est de 3 $ (gratuite pour les moins de 12 ans). La location de télescope coûte 20 $ la journée (location à la demi-journée possible).

Sur la route 132, des aires de stationnement ont été aménagées. Il est préférable de les utiliser vu l'étroitesse de la route.

Dans le village, vous pouvez trouver un hébergement. Renseignez-vous au centre. Au restaurant du village, *La Baraka*, l'oie a fait son apparition sur le menu.

PLESSISVILLE

Dès l'entrée de la ville, Plessisville s'autoproclame capitale de l'érable. Elle abrite d'ailleurs l'Institut québécois de l'érable.

Au rez-de-chaussée, logé dans une grande salle, le **musée québécois de l'Érable** (☎ (819) 362-9292), 1280 rue Trudelle, décrit le développement d'une érablière et la fabrication du sirop d'érable. Il est ouvert tous les jours de 10h à 18h du 24 juin au 1er septembre. En dehors de cette période, il est accessible en semaine de 9h à 17h (2 $ l'entrée).

Comment s'y rendre

Sur l'autoroute 20, suivre la sortie 228 qui rejoint la route 165.

LOTBINIÈRE

Sur la route 132, après avoir dépassé Trois-Rivières sur la rive nord, le village de Lotbinière abrite le **domaine Joly de Lotbinière**, un impressionnant manoir construit par Henri-Gustave Joly de Lotbinière (1849-1908), qui fut Premier ministre du Québec. Le bâtiment se visite.

En poursuivant vers Québec, il faut s'arrêter à **Saint-Antoine-de-Tilly** et se promener à pied dans l'un des plus vieux villages du Québec. Le *manoir Tilly* est une auberge et une table de renom.

Québec

Indicatif ☎ 418

Ville riche d'histoire et de culture, Québec est le cœur du Canada français.

La ville est unique à plusieurs points de vue, mais avant tout pour son atmosphère et son apparence très européennes. On y retrouve le charme propre au Vieux Continent. Un sentiment déjà éprouvé à Montréal, mais jamais avec la même force qu'à Québec. La vieille ville, véritable musée vivant, est inscrite par l'Unesco au patrimoine mondial, culturel et naturel.

Siège du gouvernement provincial et de l'université, c'est aussi le foyer de l'identité québécoise. Depuis des siècles, Québec est le creuset du nationalisme francophone et nombre d'hommes politiques et d'intellectuels qui revendiquent aujourd'hui l'indépendance sont implantés à Québec.

Bien que la population soit largement bilingue, elle s'exprime en français dans son immense majorité et 94% des habitants ont des ancêtres français.

C'est aussi l'une des villes les plus visitées du pays avec Banff et Victoria, en particulier en juillet et en août.

Québec est également un port important, au confluent de la rivière Saint-Charles et du Saint-Laurent. Perchée au sommet d'une falaise, elle offre un panorama superbe sur le Saint-Laurent et la ville de Lévis, sise sur la rive opposée.

Des vestiges du passé sont partout visibles à Québec. Ses nombreuses églises, ses vieilles demeures en pierre et ses rues étroites en font un véritable joyau architectural. Le vieux port de Québec reste la seule ville fortifiée d'Amérique du Nord.

Un mot enfin du climat que l'on ne peut passer sous silence, la ville offrant des attractions été comme hiver. Les étés ressemblent à ceux de Montréal ou du sud de l'Ontario, quoique souvent moins chauds et toujours plus courts. La réelle différence se situe en hiver : il y fait froid, vraiment très froid. En janvier et en février, la neige est souvent abondante. La vie ne s'arrête pas pour autant pour les Québécois. Bien préparé, vous tirerez grand profit de cette période de l'année.

A NE PAS MANQUER

- La vieille ville et son dédale de rues
- La place Royale dans la ville basse
- Le musée de la Civilisation et sa remarquable exposition permanente *Mémoires*
- Une balade sur les remparts de la vieille ville
- Le Carnaval de Québec
- Les épiceries fines de la rue Saint-Jean, hors des remparts
- L'île d'Orléans, pittoresque et tranquille

HISTOIRE

Lorsque le Malouin Jacques Cartier accosta en 1534, le site était occupé par un village iroquois du nom de "Stadacone". Le nom de "Québec" vient d'un terme algonquin qui signifie "là où la rivière se rétrécit". L'explorateur Samuel de Champlain fonda la ville en 1608 à l'intention des Français et édifia un fort en 1620 pour se protéger des tribus indiennes. En effet, la présence indienne conditionnait alors fortement l'existence des colons français. Les rapports entre les deux communautés pouvaient être alternativement belliqueux ou fondés sur l'échange et la chasse en commun.

En 1629, les Anglais attaquèrent la ville avec succès en 1629, mais Québec fut rendu aux Français trois ans plus tard et devint le centre de la Nouvelle-France. Plus d'un siècle après, en 1754, la ville, qui abritait l'évêché, comptait 6 000 habitants. Le port, situé avantageusement sur la trajectoire du commerce entre les Antilles et la France, fut la cible d'attaques répétées des Anglais. En 1759, le général Wolfe remporta une victoire sur Montcalm, lors de la bataille des Plaines d'Abraham. Cette célèbre bataille mit fin au conflit. En 1763, le traité de Paris accorda le Canada à la Grande-Bretagne. En 1775, les Américains tentèrent à leur tour de s'emparer de Québec, mais furent promptement repoussés. En 1791, le pays fut divisé en Haut-Canada (Ontario) et Bas-Canada (Québec et les Provinces atlantiques). Au XIXe siècle, le Bas-Canada prit le nom de Québec et la ville du même nom devint la capitale de la province.

ORIENTATION

La ville, coiffant en partie les falaises du cap Diamant, est divisée en ville haute et ville basse, que domine la citadelle, célèbre fort sur le point le plus élevé du cap. La ville haute s'étend au nord de la citadelle, en haut de la plaine. La ville basse est coincée entre les rivières et le cap Diamant, tout près du port de Québec.

Le meilleur moyen de s'orienter dans Québec consiste à parcourir la ville à pied, qui ne couvre que 93 km2. Presque tous les centres d'intérêt sont regroupés dans un seul secteur. L'extrémité sud-ouest de la ville haute est toujours entourée d'un mur, c'est la vieille ville haute. En contrebas s'étend la vieille ville basse, le quartier le plus ancien. Ces deux zones constituent le Vieux-Québec, qui occupe 10 km2 et englobe les principales attractions.

A l'extérieur de l'enceinte, dans la ville haute, sont disséminées quelques adresses non dénuées d'intérêt, parmi lesquelles des bâtiments publics et plusieurs restaurants. Les portes des remparts sont les seuls accès pour sortir de la vieille ville. Les deux rues principales qui partent de la vieille ville haute, vers l'ouest, sont le boulevard René-Lévesque (anciennement Saint-Cyrille) et, au sud, Grande Allée, qui se transforme en boulevard Wilfrid-Laurier. La partie de la rue Saint-Jean au-delà des remparts mérite un détour.

La ville basse est essentiellement un centre industriel et des affaires, qui s'étend au nord-est de la ville haute. Une petite partie de la ville basse appartient à la vieille ville, entre le fleuve, le port et les falaises du cap Diamant. On y trouve de très vieilles rues, telles que les rues Sous-le-Cap et Champlain, larges de 2,50 m seulement.

Le point névralgique de ce petit quartier, au sud-est du Vieux-Québec, est la place Royale. De là, vous pouvez vous rendre à pied jusqu'au sommet de la falaise de la ville haute. Vous pourrez également emprunter le funiculaire dont le terminal se trouve rue Petit-Champlain, dans la ville basse. Le ferry, qui relie le fleuve à Lévis, part des docks, également dans la ville basse.

Le quartier nord du boulevard René-Lévesque est résidentiel. A nouveau, on retrouve la falaise à l'extrême nord. En dessous, le secteur de la ville basse offre peu d'intérêt.

Plus au nord, dans la ville basse, on retrouve les grandes routes principales qui circulent d'est en ouest. Dans ce quartier sont regroupés quelques motels.

A l'intérieur des remparts de la ville haute, la rue Saint-Jean, l'artère principale, abonde en bars et restaurants. Vers le sud, la côte de la Fabrique est une autre rue importante, tout comme la rue Buade qui la croise, plus au sud.

Le château Frontenac, hôtel de luxe au célèbre toit de cuivre, est l'un des monuments les plus célèbres du Vieux-Québec. En arrière-plan, la terrasse Dufferin est très animée, surtout en été, avec ses musiciens et ses spectacles de rue. La terrasse mène à la promenade des Gouverneurs, un sentier qui se faufile entre le bord de la falaise et la citadelle. Au-delà de la citadelle, à l'extérieur des remparts, s'étend l'immense parc des Champs-de-Bataille.

Pour contempler la ville d'un point plus élevé, montez au 31e étage de l'édifice "G" (bâtiment gouvernemental), 675 boulevard René-Lévesque. La plate-forme d'observation est accessible de 9h à 16h, du lundi au vendredi, de mars à octobre. L'entrée est gratuite.

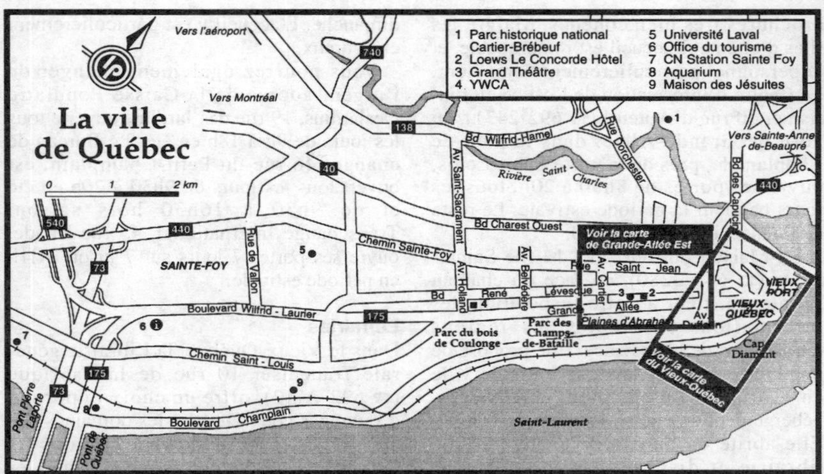

Autre possibilité : le dernier étage du restaurant de l'hôtel Loews Le Concorde, 1225 place Montcalm, non loin du chemin Saint-Louis, à l'extérieur des remparts.

FÊTES ET MANIFESTATIONS ANNUELLES

Les principales manifestations et festivités de Québec sont :

Février

Carnaval de Québec – célèbre manifestation annuelle unique à Québec. Le festival dure environ dix jours, incluant toujours deux week-ends, à la fin du mois de février. Si vous souhaitez vous y rendre, prenez-vous y à l'avance car la ville est bondée (et prévoyez de nombreux vêtements chauds). Les manifestations comprennent des défilés, des sculptures sur glace, de la luge, des courses de bateaux, des danses, de la musique et beaucoup de boissons. La ville s'enflamme. Si vous vous rendez par le train au Carnaval de Québec pendant le festival, préparez-vous à faire un voyage inoubliable.

De nombreuses activités se déroulent dans le parc de l'Esplanade. La luge prend place sur la terrasse Dufferin, derrière le château. D'autres manifestations ont lieu à la gare Saint-Rôche, entre le pont Dorchester et le pont de l'autoroute Dufferin.

Ces dernières années, certains participants ont, semble-t-il, dépassé la mesure, au point de susciter quelques problèmes. Si vous êtes en famille, renseignez-vous sur l'atmosphère de certaines festivités nocturnes.

Juillet-août

Festival d'été – il a lieu la première quinzaine de juillet et consiste essentiellement en spectacles (y compris danse et théâtre) et concerts gratuits dans toute la ville. Adressez-vous à l'office du tourisme, qui vous indiquera les types de spectacles, le lieu et l'heure. La plupart des places et parcs de la vieille ville accueillent tous les jours des spectacles, en particulier le parc derrière l'hôtel de ville, le midi et le soir.

Foire provinciale de Québec – autre événement important de l'été, il se déroule chaque année à la fin du mois d'août. Au programme : expositions commerciales et individuelles, artisanat, salle de black-jack, course de chevaux et fête foraine, la dernière ayant compté pas moins de 65 manèges et des loteries. L'entrée est de 10 $, tout compris, même les manèges. Elle accueille chaque année environ 750 000 personnes. Le parc de l'Exposition se trouve au nord du centre-ville, à la sortie de l'autoroute laurentienne n°175.

RENSEIGNEMENTS

Offices du tourisme

La ville dispose de plusieurs offices du tourisme qui vous fourniront des cartes et des brochures très bien conçues. Malgré les files d'attente, l'accueil est remarquable, et le personnel particulièrement compétent. Le Centre d'information de l'office du tourisme, 60 rue d'Auteuil (☎ 692-2471), au nord de Grande-Allée, dans le parc de l'Esplanade, près de la porte Saint-Louis, ouvre ses portes de 8h30 à 20h, tous les jours pendant la période estivale. Le reste de l'année, il ferme à 17h30.

La Maison du tourisme, 12 rue Sainte-Anne (☎ 643-2280), en face du château Frontenac, tient à votre disposition des informations sur toutes les régions touristiques de la province. Elle propose de nombreux services tels que tours de ville en autocar ou à pied, croisières, hébergement ou encore location de voiture. Elle abrite un bureau de change et une librairie et dispose d'un distributeur automatique de billets. Le bureau est ouvert 7 jours sur 7 de 8h30 à 19h30 en période estivale et de 9h à 17 h le reste de l'année.

Un autre bureau est installé 215 rue du Marché-Finlay (☎ 643-6631), à l'angle de la rue de l'Union, dans la ville basse. Vous y trouverez des informations concernant essentiellement le quartier de la place Royale.

Poste

Le bureau de poste principal est situé 300 rue Saint-Paul, non loin du croisement avec la ruelle des Bains. Un autre bureau de poste se loge dans la partie de la ville haute ceinturée par des remparts, 3, rue Buade, en face du parc Montmorency. Heures d'ouverture : 8h à 17h30.

De nombreux petits bureaux de postes sont dispersés un peu partout dans la ville.

Argent

L'agence Amex, 46 rue Garneau (☎ 692-0997), dans la ville haute, près de la rue Saint-Jean, offre toute une palette de services, que vous soyez ou non détenteur de la carte American Express. C'est, par ailleurs, la seule agence de voyages intramuros. En période estivale, elle est ouverte plus tard le soir ainsi que les samedi et dimanche. L'accueil y est particulièrement chaleureux.

Vous pourrez également changer de l'argent auprès de la Caisse Populaire Desjardins, 19 rue des Jardins, ouverte tous les jours de 9h à 18h en été. Le Bureau de change, 46 rue du Petit-Champlain, est ouvert tous les jours de 9h30 à 20h en été et de 9h30 à 16h30 hors saison. Transchange International, 43 rue Buade, ouvre ses portes 7 jours sur 7 jusqu'à 21h en période estivale.

Librairies

Dans le Vieux-Québec, la Librairie générale française, 10 rue de la Fabrique (☎ 692-2442), offre un choix important d'ouvrages couvrant tous les domaines. En été, elle est ouverte de 9h à 21h tous les jours. Hors saison, elle ferme à 17h30 les lundi et mardi, à 21h du mercredi au vendredi et à 18h durant la fin de semaine.

Extra-muros, la librairie Pantoute, 1100 rue Saint-Jean (☎ 694-9748), est également très bien approvisionnée. Elle est ouverte du lundi au samedi de 10h à 22h et le dimanche de 12h à 22h. A peu de distance, la librairie gay, L'Accro, 845 rue Saint-Jean, est ouverte du lundi au mercredi et le samedi de 11h à 18h, les jeudi et vendredi de 11h à 21h et le dimanche de 12h à 18h.

La librairie franco-anglaise Garneau, 24 côte de la Fabrique, est également une bonne adresse.

Journaux

Les endroits où l'on peut trouver la presse internationale ne manquent pas. Il existe deux quotidiens en langue française : *Le Soleil* et *Le Journal du Québec*.

LA VILLE HAUTE (VIEUX-QUÉBEC)

Presque tous les bâtiments du Vieux-Québec présentent un intérêt. Pour plus d'informations, procurez-vous à l'office du tourisme la brochure sur la visite à pied de la ville. Elle offre des explications utiles.

Compte tenu de ses petites dimensions, Québec se prête merveilleusement à la flânerie.

Drapeau, armoiries et emblème

Le drapeau québécois a été adopté le 21 janvier 1948. Sa croix blanche sur fond d'azur rappelle d'anciennes bannières de l'armée française, la croix blanche étant le symbole de la nation chrétienne et le bleu l'une des couleurs de la monarchie. Les quatres fleurs de lis couleur or qui se répartissent dans chaque case symbolisent le royaume de France.

Sur les armoiries du Québec figurent trois fleurs de lis couleur or sur fond azur, souvenir du premier régime politique à l'époque de la Nouvelle-France ; un léopard d'or, symbole de la Couronne britannique ; et une branche d'érable à triple feuille, symbole de la nature québécoise.

Au dessous de l'écu, un listel porte la devise du Québec, *Je me souviens.*

Quant au harfang des neiges, appelé aussi grand duc (espèce menacée), il est l'emblème aviaire du Québec depuis 1987. Cette grande chouette au plumage blanc strié de noire durant ses jeunes années puis à la robe d'un blanc immaculé en vieillissant, niche dans la toundra du nord de la province pour migrer l'hiver dans la vallée du Saint-Laurent. ■

Citadelle

En 1634, les Français élaborent les premiers plans pour la construction d'une citadelle au sommet du Cap Diamant. Mais à l'époque de la Conquête, les travaux n'ont toujours pas commencé. Seule la poudrière aménagée par les Français en 1750 existait alors. Le fort fut achevé par les Anglais afin de renforcer le système de défense sur le flanc est. Il fut entrepris en 1820 et terminé trente ans plus tard. Sa structure en forme d'étoile rappelle les fortifications à la Vauban.

Depuis 1920, la citadelle est occupée par le 22e régiment Royal de l'armée canadienne (les Van Doos), un régiment qui s'est illustré pendant les deux guerres mondiales et la guerre de Corée. Elle est ouverte aux visiteurs qui peuvent également assister à la relève de la garde. Le musée, logé dans l'ancienne poudrière et consacré à l'histoire militaire du Canada, présente diverses collections d'armes, d'uniformes, de médailles mais aussi des documents d'époque. La citadelle compte 25 bâtiments.

L'entrée est de 4 $, donnant droit aux deux musées et à une visite guidée. En été, la relève de la garde a lieu tous les jours, à 10h. La sonnerie de la retraite qui suit le dernier tour de la garde se déroule à 18h, les mardi, jeudi, samedi et dimanche, en juillet et en août.

Le canon est tiré du bastion du Prince de Galles à 12h et à 21h30. La citadelle est considérée comme un site militaire ; par conséquent, vous n'êtes pas autorisé à vous y promener seul.

Parc des Champs-de-Bataille

C'est un gigantesque parc qui s'étend au sud-ouest de la citadelle. Ses collines, jardins, monuments et parties boisées offrent une agréable promenade. Il fut autrefois le site des grandes batailles qui déterminèrent le cours de l'histoire canadienne. Le secteur le plus proche de la falaise est connu sous le nom de Plaines d'Abraham. Le 13 septembre 1759, le général français Montcalm et le général anglais Wolfe trouvèrent la mort à cet endroit lors de la bataille la plus sanglante de l'histoire du Québec. Le centre d'interprétation du parc des Champs-de-Bataille (☎ 648-4071) retrace l'histoire du parc. Il se trouve dans le musée du Québec (voir le paragraphe suivant). Il est ouvert tous les jours en été, mais fermé le lundi le reste de l'année. Le parc renferme également une tour Martello (une petite tour de défense côtière) ainsi qu'une fontaine d'où l'on bénéficie d'un un point de vue.

Musée du Québec

Situé à l'extrémité sud-est du parc, 1 avenue Wolfe-Montcalm, le Musée d'art national du Québec (☎ 643-2150) possède des collections d'art québécois du XVIIe à nos jours. Il organise également des expositions d'art international. Une salle y est aménagée spécialement pour les enfants.

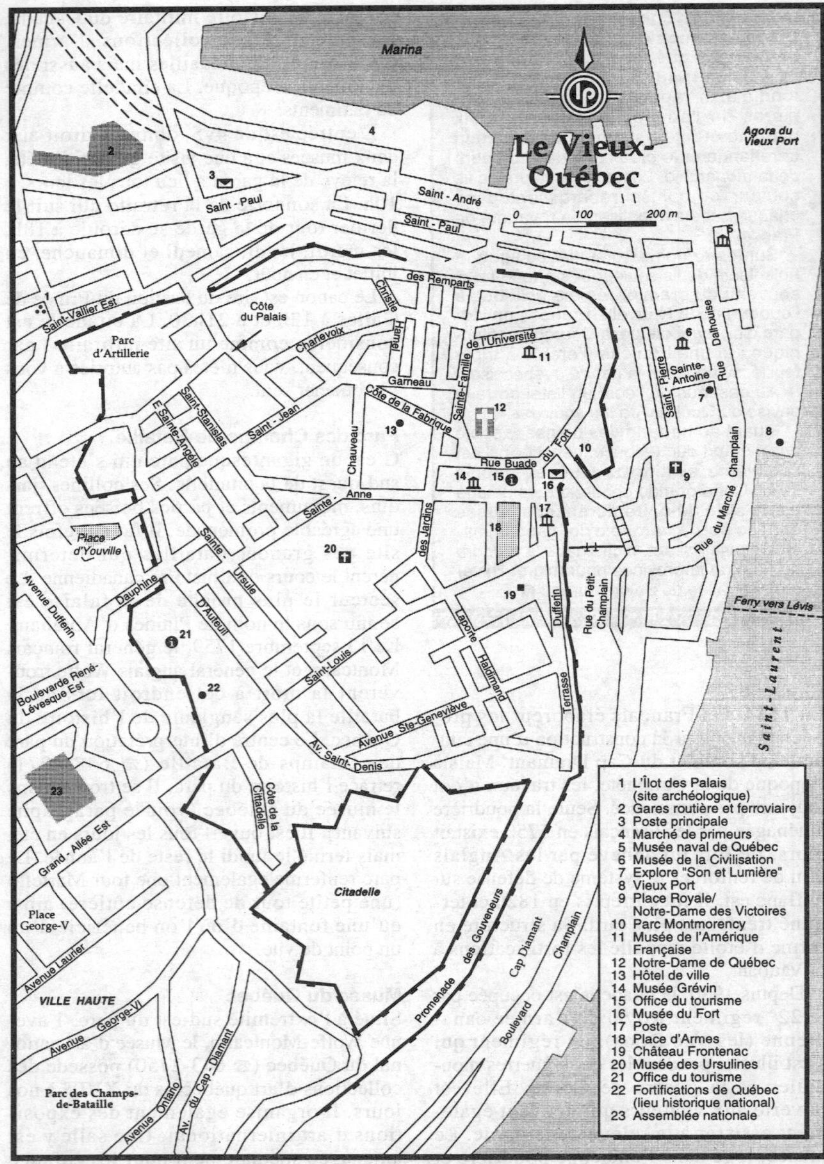
Le Vieux-Québec
Marina
Agora du Vieux Port
0 100 200 m
Saint - André
Saint - Paul
Saint - Paul
des Remparts
Saint-Vallier Est
Côte du Palais
Parc d'Artillerie
Charlevoix
Christie
Hamel
de l'Université
Garneau
Côte de la Fabrique
Saint - Jean
Saint-Stanislas
E Sainte-Angèle
Chauveau
Sainte-Famille
Rue Buade
du Fort
Sainte - Anne
Place d'Youville
Avenue Dufferin
Dauphine
D'Auteuil
Ursule
Sainte
des Jardins
Saint-Louis
Boulevard René-Lévesque Est
Avenue Ste-Geneviève
Av. Saint-Denis
Côte de la Citadelle
Grand - Allée Est
Citadelle
Place George-V
Avenue Laurier
VILLE HAUTE
Avenue George-VI
Parc des Champs-de-Bataille
Avenue Ontario
Av. du Cap-Diamant
Promenade des Gouverneurs
Cap Diamant
Boulevard Champlain
Terrasse
Dufferin
Laporte
Haldimand
Rue du Petit Champlain
Rue du Marché Champlain
Saint - Pierre
Sainte-Antoine
Rue Dalhousie
Ferry vers Lévis
Saint-Laurent
1 L'Îlot des Palais (site archéologique)
2 Gares routière et ferroviaire
3 Poste principale
4 Marché de primeurs
5 Musée naval de Québec
6 Musée de la Civilisation
7 Explore "Son et Lumière"
8 Vieux Port
9 Place Royale/ Notre-Dame des Victoires
10 Parc Montmorency
11 Musée de l'Amérique Française
12 Notre-Dame de Québec
13 Hôtel de ville
14 Musée Grévin
15 Office du tourisme
16 Musée du Fort
17 Poste
18 Place d'Armes
19 Château Frontenac
20 Musée des Ursulines
21 Office du tourisme
22 Fortifications de Québec (lieu historique national)
23 Assemblée nationale

En période estivale, on peut le visiter tous les jours de 10h à 18h. Hors saison, il est fermé le lundi et gratuit le mercredi (ouvert jusqu'à 22h ce jour-là). L'entrée coûte 5,75 $ (gratuit pour les moins de 16 ans). L'ancienne prison, à proximité, fait maintenant partie du musée. A noter que le musée englobe aussi le centre d'interprétation du parc des Champs-de-Bataille.

Fortifications de Québec (lieu historique national)

Cette muraille largement restaurée, devenue monument national protégé (☎ 648-7016), fait le tour de la vieille ville sur environ 4,6 km. Le chemin est jalonné de panneaux d'interprétation relatant l'histoire de l'enceinte et la visite est gratuite. Le centre d'interprétation situé dans la poudrière de l'Esplanade offre également des explications sur le système défensif de la ville. Des visites guidées (environ 1 heure 30) sont organisées à partir du Kiosque Frontenac, sur la terrasse Dufferin. Pour connaître les horaires et les tarifs, téléphonez au ☎ 648 7016.

Parc de l'Artillerie (lieu historique national)

A côté de l'enceinte, à la porte Saint-Jean, 2 rue d'Auteuil, le parc d'Artillerie (☎ 648-4205) fut un site militaire important dans l'histoire de Québec. Une usine de munitions fabriqua des cartouches pour les troupes canadiennes jusqu'à sa fermeture en 1964. C'est aujourd'hui un centre d'interprétation qui présente notamment un plan-relief, la maquette Duberger du nom de son créateur, à l'échelle de Québec au début du XIXe siècle. Cette maquette fut restaurée à deux reprises.

Dans la redoute Dauphine, édifiée entre 1712 et 1748, sont exposés costumes et documentations sur les soldats pour lesquels elle fut construite sous le gouvernement français.

Les enfants pourront assister à une leçon d'histoire dans l'ancien quartier des officiers.

Musée du Fort

Bâtiment blanc aux allures de petit château, ce musée (☎ 692-2175), 10 rue Sainte-Anne, en face de la place d'Armes et du château Frontenac, retrace l'histoire militaire de la province. A travers un diorama-maquette du site de Québec au XVIIIe siècle et un spectacle son et lumière, il fait revivre les six sièges de Québec et la bataille des Plaines d'Abraham. Le spectacle dure trente minutes (12 fois par jour). Le prix d'entrée se monte à 5,50 $ pour les adultes (3,50 $ pour les étudiants et gratuit pour les moins de sept ans). Il est ouvert de 10h à 12h30 et de 14h à 17h du lundi au vendredi, et de 10h à 17h les samedi et dimanche (en période estivale, tous les jours de 10h à 17h).

Musée Grévin Québec (musée de Cire)

Également face à la place d'Armes, ce petit musée (☎ 692-2289), 22 rue Sainte-Anne, est la première franchise du Musée Grévin en Amérique du Nord. Il met en scène de façon très réaliste plusieurs figures historiques, telles que Montcalm et Champlain. Au deuxième étage sont présentés des personnages de la vie politique ou culturelle contemporaine (dont Roch Voisine). Le prix d'entrée est de 5 $ pour adultes, 3 $ pour étudiants et gratuit pour les moins de 12 ans. Ouvert de 9h à 21h30 tous les jours en période estivale.

Monastère et musée des Ursulines

Ce monastère (☎ 694-0694), 12 rue Donnacona, est la plus ancienne institution pour jeunes filles en Amérique du Nord. Fondé en 1641 par Mère Marie de l'Incarnation et Madame de Peltrie, le bâtiment fut ravagé par un incendie à deux reprises, en 1650 et en 1720. L'église actuelle date du début du siècle. Certains bâtiments ont été rénovés récemment. Le musée, dont l'entrée se trouve à la même adresse, est consacré à la vie des Ursulines aux XVIIe et XVIIIe siècles. Il présente de nombreuses collections de tableaux, de meubles et autres objets ayant appartenu aux premiers colons français. On peut même y voir le crâne du général Montcalm. L'entrée est de 3 $ (1,50 $ pour les étudiants). Le couvent, la chapelle et le musée sont ouverts, en période estivale, du lundi au samedi de 9h30 à 12h et de 13h à 16h30 ; le dimanche, de 12h30 à 17h.

Tout près, dans la même rue, se dresse la **cathédrale anglicane Holy Trinity**, construite en 1804. Elle est ouverte de 9h à 20h du lundi au vendredi ; de 10h à 20h le samedi et de 11h à 18h le dimanche.

Quartier latin

Le Quartier latin fait référence à un secteur de la ville haute qui entoure le vaste complexe du séminaire. Ce dernier fut à l'origine le site de l'université de Laval qui, faute de place, dut déménager dans les années 60 à Sainte-Foy, à l'ouest du centre-ville. De nombreux étudiants résident toujours dans les vieilles rues étroites qui rappellent le quartier parisien du même nom. Pour entrer dans les jardins du séminaire, rendez-vous au 9 rue de l'Université (☎ 692-2843) où sont regroupés plusieurs bâtiments en bois et en pierre, un musée du jouet, le musée de l'Université et diverses cours tranquilles, tapissées d'herbe. Pour les visites guidées, l'entrée est au 2 côte de la Fabrique.

Musée de l'Amérique Française

Sur le site historique du séminaire de Québec, 9 rue de l'Université (pavillon d'accueil pour les billets au 2 côte de la Fabrique, ☎ 692-2843), ce musée réparti sur plusieurs étages présente une large collection d'oeuvres d'art, de meubles, d'instruments scientifiques et de manuscrits témoignant de l'implantation de la culture française en Amérique du Nord. Ce lieu très intéressant recèle quelques 180 000 ouvrages anciens. Il ne faut surtout pas manquer la projection de la vidéo *Récits de voyages*. En 26 minutes, le conteur-chanteur québécois Michel Faubert retrace les aventures des Français sur le continent. Son récit, plein d'humour, chaleureux et émouvant, est un vrai régal. Dommage que le musée n'ait toujours pas envisagé de produire une cassette. Ouvert tous les jours de 10h à 17h30, du 24 juin au 1er septembre et du mardi au dimanche de 10h à 17h le reste de l'année. Prix d'entrée : 3 $ pour adultes, 2 $ pour étudiants et gratuit pour les moins de 11 ans.

Parc de l'Esplanade

A l'intérieur de la vieille ville, à côté de la porte Saint-Louis et de la rue Saint-Louis, s'étend le parc de la ville qui accueille plusieurs manifestations du carnaval de Québec, en hiver. Des calèches pour visiter la ville sont alignées en bordure du parc.

Place d'Armes

Face au château Frontenac, cette place autrefois appelée Grande Place fut le lieu de parades et d'inspection de régiments. Aujourd'hui, elle constitue un excellent point de repère.

Terrasse Dufferin

Construite en 1838 sur les fondations du château Saint-Louis détruit par les flammes quatre ans plus tôt, elle mesurait alors 50 m de long. Quarante ans plus tard, elle était étendue pour atteindre sa longueur actuelle de 425 m. Elle doit son nom au gouverneur général du Canada de l'époque Lord Dufferin. Cette promenade très agréable

Le château Frontenac

Érigé entre 1892 et 1924, ce célèbre hôtel doit son nom au gouverneur de la Nouvelle-France, le comte Louis Buade de Frontenac. Œuvre d'un architecte new-yorkais, Bruce Price, il compte quelque 600 chambres. Nombre de personnalités célèbres y ont séjourné, du général de Gaulle à Alfred Hitchcock. Des visites guidées d'environ 50 minutes sont proposées tous les jours en été, de 10h à 18h ; hors saison, de 12h30 à 18h uniquement les samedi et dimanche. Visite sur réservation. ■

qui conduit aux plaines d'Abraham offre un très beau panorama sur le fleuve. A son extrémité est se dresse une statue de Samuel de Champlain. De là, juste à côté du funiculaire, vous pouvez vous rendre au parc Montmorency en descendant l'escalier Frontenac. A l'ouest, vous verrez le toboggan en bois utilisé pendant le carnaval d'hiver.

La rue du Trésor

Elle donne sur la place d'Armes, en amont. Cette rue étroite relie la rue Sainte-Anne à la rue Buade. Née à la fin du XVIIe, elle menait autrefois aux bureaux du Trésorier de la Marine. Des étudiants des Beaux-Arts occupèrent la rue en 1950 pour vendre leurs peintures et dessins. La présence de ces artistes en herbe fut officiellement autorisée en 1984.

Aujourd'hui, la rue est envahie de peintres qui proposent des œuvres clairement destinées aux touristes. A quelques exceptions près, elles ne sont pas d'une grande qualité.

Hôtel de ville

Cet édifice imposant fut construit en 1896 sur l'emplacement d'un ancien collège de jésuites, démoli en 1877. Les jésuites furent les premiers religieux à s'installer en Amérique française. Le bâtiment présente un étonnant mélange de styles architecturaux dont le style néo-roman américain. La place de l'Hôtel-de-Ville abritait le plus grand marché de la ville haute au XVIIIe siècle. Son activité prit fin avec la construction de l'hôtel. Le parc accueille des spectacles et toutes sortes de manifestations pendant l'été et en particulier pendant la période du festival.

Notre-Dame de Québec

Face à l'hôtel de ville se dresse ce qui fut la première paroisse de la Nouvelle-France, dont la construction débuta en 1647. Nombre d'ajouts et de changement se sont succédés jusqu'en 1749. Incendiée lors des bombardements de la ville par les troupes britanniques en 1759, elle fut reconstruite par trois générations de la famille Baillairgé. Les travaux se sont échelonnés jusqu'au milieu du XIXe siècle.

Élevé au rang de basilique en 1874, l'édifice connaîtra d'autres tragédies. Le feu ravage à nouveau la basilique à la fin de 1922, ne laissant que les murs. Sa restauration respectera les plans d'origine. La nouvelle basilique est inaugurée en 1925 et classée monument historique par le ministère des Affaires culturelles du Québec en 1966. Des travaux d'embellissement ont commencé au début des années 70.

En période estivale, vous pouvez assister à un spectacle son et lumière 5 fois par jour.

LA VILLE BASSE (VIEUX-QUÉBEC)

C'est la partie la plus ancienne de Québec et, à l'image de la ville haute, elle mérite qu'on s'y attarde. Pour vous y rendre, descendez à pied la côte de la Montagne, près de la poste. A mi-chemin, sur la droite, vous pourrez prendre l'Escalier Casse-Cou (59 marches). C'est le plus ancien escalier de Québec, autrefois appelé escalier Champlain ou du Quêteux. C'est un raccourci entre la rue du Petit-Champlain et la Côte de la Montagne.

Autre possibilité, vous pouvez descendre par le funiculaire qui part de la terrasse Dufferin. Il rejoint aussi la rue Petit-Champlain, où se trouve la maison Louis-Jolliet, datant de 1683. C'est là que résidait Louis Jolliet lorsqu'il n'explorait pas le Mississippi nord. La rue Petit-Champlain est une rue animée, agréable, sans doute la plus étroite et la plus vieille d'Amérique du Nord.

Place Royale

Chargée de quatre siècles d'histoire, cette place centrale, véritable enchantement, est aussi la principale de la ville basse. Son nom est souvent utilisé pour faire référence au quartier en général. Lorsque Champlain fonda la ville de Québec, c'est là que les colons s'installèrent tout d'abord. Depuis quelques années, le quartier subit une restauration complète et ces travaux devraient bientôt s'achever.

Chargée de quatre siècles d'histoire, la place Royale est un enchantement

Les maisons et les musées à visiter ne manquent pas, certains exposant des meubles et des ustensiles d'époque. Les rues sont fréquentées par de nombreux visiteurs, des habitants se rendant au café ou au restaurant et des écoliers venus de toute la province prendre une leçon d'histoire. Et il n'est pas rare de voir des mariés descendre les marches de l'église. Vous y trouverez aussi des galeries, des boutiques d'artisanat, etc. Toujours sur la place se profilent de nombreux édifices des XVIIe et XVIIIe siècles, des boutiques pour touristes (les pellicules sont à un prix exorbitant) et au milieu trône une statue de Louis XIV.

Au 25 rue Saint-Pierre, près de la place, se cache un centre d'information qui brosse un aperçu (gratuit) de l'histoire de la ville basse et de Québec. A droite de la place, au n°3A, le centre du commerce en Nouvelle-France propose des expositions et un spectacle multimédia gratuits axés sur les premiers pionniers français. Consultez la rubrique *Renseignements*, au début de ce chapitre, pour plus de détails sur l'office du tourisme spécialisé dans ce quartier. Ils pourront vous indiquer les manifestations, concerts et spectacles gratuits qui se déroulent fréquemment dans les rues de la ville basse et alentour. A droite du centre d'information de la place, la **Maison des vins de la société des alcools du Québec** est un séduisant magasin de vins installé dans un édifice restauré datant de 1689. L'entrée est libre et vous aurez peut-être droit à une dégustation gratuite. Elle est fermée le dimanche et le lundi.

Église Notre-Dame-des-Victoires

Construite en 1688 à la demande de Mgr Laval qui souhaitait un temple pour les fidèles de la ville basse, cette église en pierre est la plus ancienne de la province. Elle fut édifiée à l'endroit même où, quatre-vingts années plus tôt, Champlain construisait sa première "habitation", une petite palissade. Connue d'abord sous le nom de l'Enfant-Jésus, elle fut baptisée Église Notre-Dame-de-la-Victoire en 1690 après une première victoire sur les Anglais, pour devenir Notre-Dame-des-Victoires en 1711 à la suite d'une deuxième victoire des troupes françaises. Un modèle réduit du navire *le Brézé* est suspendu dans la nef.

Musée de la Civilisation

Ouvert en 1988 sur le front de mer, cet impressionnant musée (☎ 643-2158), 85 rue Dalhousie, propose un grand nombre d'expositions thématiques et d'activités sur des domaines extrêmement variés. A ne rater sous aucun prétexte ! Pour ne citer qu'elle, l'exposition permanente *Mémoires* est tout à fait passionnante. Conçue autour de thèmes tels que Construire, S'établir, Produire, Vivre en ville, Aimer, elle mêle le passé au présent. Intérieur de maison reconstitué, outils agricoles, accessoires pour la neige, panoplie de forgeron, métier à tisser et bien d'autres objets, affiches, maquettes ou vidéos interactives nous font pénétrer dans la vie et la culture québécoises.

Le musée est spacieux et bien aménagé. Outre les expositions, il propose des spectacles de danse et des concerts.

L'entrée coûte 7 $ (4 $ pour les étudiants ; gratuit le mardi hors saison). De fin juin à début septembre, il ouvre ses portes tous les jours de 10h à 19h. Le reste de l'année, il est en service du mardi au dimanche de 10h à 17h.

Batterie royale

Elle se trouve au pied de la rue Sous-le-Fort, où furent installés une dizaine de canons en 1691 pour protéger l'extérieur de la ville. Le bureau d'information de la ville basse est implanté à cet endroit.

Un bureau de la gendarmerie maritime est situé à proximité du terminal des ferries, de l'autre côté de la rue.

VIEUX PORT

Construit dans la ville basse, à l'est de la place Royale, le vieux port a été récemment rénové. On y trouve maintenant un assortiment spacieux de bâtiments administratifs, de boutiques, d'immeubles et d'aires de loisirs, sans réel point névralgique, mais non dénué d'intérêt pour le visiteur.

Non loin de la place Royale, en bordure du fleuve, vous pourrez apercevoir le *MV Louis-Jolliet*, qui propose des croisières jusqu'à la chute Montmorency et l'île d'Orléans. Autre solution pour admirer la ville : emprunter le ferry (moins cher) qui relie Québec à Lévis. Près du quai se dresse le musée de la Civilisation.

La promenade sur le front de mer aboutit à l'Agora, un gigantesque amphithéâtre en plein air, dans lequel ont lieu de nombreux spectacles et concerts en été. Un peu plus loin, un édifice style entrepôt abrite de nombreuses boutiques.

Port de Québec au XIXe siècle

Au sud, à une courte distance de la ville, ce lieu historique national (☎ 648-3300) est installé dans un vaste bâtiment de quatre étages, 100 rue Saint-André. Il retrace l'évolution de la constuction navale et de l'industrie du bois, grâce à d'excellentes expositions et à de fréquentes démonstrations en direct. L'entrée est de 2,75 $. Pour une famille de trois enfants, on vous offre un forfait de 6 $. Ouvert tous les jours de 10h à 17h.

Naturalium

Plus musée que zoo, ce nouveau site (☎ 692-1515), 84 rue Dalhousie, est axé sur la diversité de la vie. Une étude qui est avant tout étayée par la présentation d'animaux presque tous empaillés.

Les expositions consacrées aux facultés d'adaptation de l'homme et à son comportement "animal" sont particulièrement intéressantes. Comptez une heure pour la visite du musée. Il est ouvert tous les jours, en été, de 10h à 21h. Le reste de l'année, il ferme à 17h et le lundi toute la journée.

Quartier des antiquaires

Ce quartier enserre la rue Saint-Paul, au nord-ouest de la place Royale. Il est situé

Tu ou vous ?
"*Comment sait-on si on peut tutoyer quelqu'un ?*". Toute personne aux prises avec l'apprentissage de la langue française se pose forcément la question un jour. Quand les Français vont au Québec, le problème s'inverse. "*Quand doit-on vouvoyer quelqu'un ?*". Les Québécois sont des adeptes du "tu" immédiat. Et il peut être tout à fait déplacé de s'acharner sur le "vous". Il suffit de trouver le bon dosage mais, comme le dit si bien un Québécois à qui l'on exposait ce petit problème, "*nous autres, on perd pas de temps avec le serrage de mains. On va directement au tutoiement. C'est pas la peine de perdre du temps. Le temps perdu, on ne le revoit plus*"... ■

non loin du lieu historique national du vieux port de Québec. De la place Royale, empruntez la rue Saint-Pierre, en direction du port, puis tournez à gauche dans la rue Saint-Paul. Quelques boutiques vendent des antiquités et des vieux objets québécois. D'agréables petits cafés longent également cette rue relativement tranquille. En remontant la côte de la Canoterie, en direction de la ville haute, on accède au marché du vieux port à droite et, un peu plus loin, à la gare du Palais.

A L'EXTÉRIEUR DES REMPARTS

Assemblée nationale (Hôtel du Parlement)

De retour dans la ville haute, le siège du parlement provincial se profile à l'angle de la Grande-Allée Est et de l'avenue Dufferin, non loin du parc de l'Esplanade. L'édifice, construit entre 1877 et 1886, ressemble à un château. Trois visites gratuites permettent d'en découvrir l'intérieur somptueux. Les députés siègent dans le salon Bleu. Le salon Rouge n'est plus utilisé par le conseil législatif.

Grand Théâtre

A l'angle du boulevard René-Lévesque Est et de la rue Claire-Fontaine se dresse un impressionnant bâtiment de trois étages consacré aux arts du spectacle. Des visites gratuites d'une heure permettent de venir contempler la gigantesque fresque murale du peintre espagnol Jordi Bonet. Elle se divise en trois parties : Mort, Espace et Liberté.

Le parc du bois de Coulonge

A l'ouest des plaines d'Abraham, cette vaste zone est exclusivement réservée à la flore. Pendant longtemps propriétés privées, aires boisées et expositions horticoles sont aujourd'hui ouvertes au public. Le parc est situé entre le boulevard Champlain et le chemin Saint-Louis.

Site archéologique

Au nord de la partie haute des remparts, à l'angle des rues Saint-Nicolas et Vallière (☎ 691-4606) (à un pâté de maisons au sud de la rue Saint-Paul), se trouve un site historique attrayant. Il constitue le site du palais de l'intendant. Les visiteurs ont accès aux voûtes, où se trouve un centre d'interprétation archéologique.

L'entrée est gratuite et le site est ouvert de fin juin à fin septembre tous les jours de 10h à 17h, et d'octobre à mai, les mardi et dimanche de 10h à 17h.

Parc historique national Cartier-Brébeuf

Sur la rivière Saint-Charles, au nord du secteur ceinturé de remparts de la ville, ce lieu historique (☎ 648-4038), 175 rue de l'Espinay, indique l'endroit où furent reçus Cartier et ses hommes par les Indiens, pendant l'hiver 1535. Par la suite, les jésuites y établirent une colonie. Des expositions sont consacrées à Jacques Cartier, à ses voyages et aux missionnaires jésuites. On peut admirer une réplique grandeur nature du navire de Cartier et une habitation indienne, à côté de la rivière. En été, il est

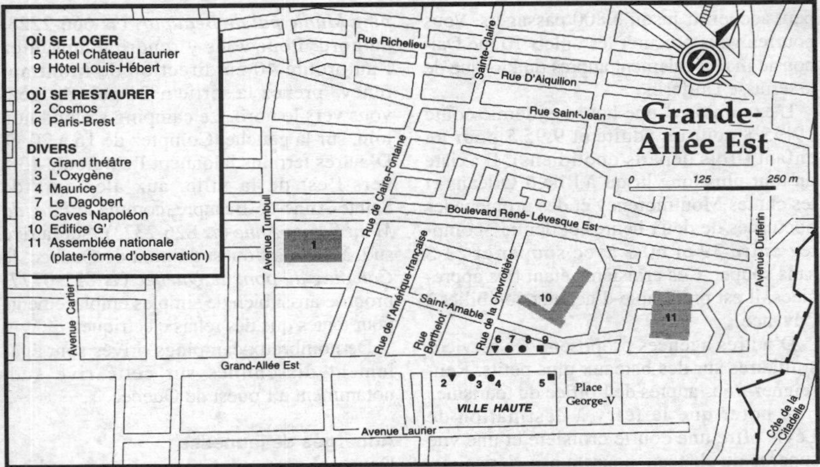

ouvert tous les jours, mais seulement l'après-midi le lundi. L'entrée est gratuite. Depuis le centre-ville, empruntez la rue Dorchester au nord, si vous êtes en voiture, ou rendez-vous par bus jusqu'à la rue Julien, d'où vous marcherez jusqu'au parc.

Aquarium

Il est installé dans le quartier Sainte-Foy, 1675 avenue des Hôtels (☎ 659-5264) et compte plus 250 espèces de poissons d'eau douce et de mer. Des animations sont proposées dans le hall d'entrée récemment rénové. En été, des spectacles pour enfants sont organisés. Il est ouvert tous les jours de 9h à 17h. Prix d'entrée : 8 $ pour les adultes, 3,75 $ pour les enfants de 4 à 13 ans et 5 $ pour les plus de 14 ans et étudiants.

CIRCUITS ORGANISÉS

Ce ne sont pas les possibilités qui font défaut. Certaines agences utilisent des minibus pour des circuits privés, d'autres mettent à votre disposition un chauffeur pour votre voiture. Plusieurs agences organisent des visites de la ville en bus ou des excursions d'une journée dans la région, à l'île d'Orléans ou Sainte-Anne-de-Beaupré par exemple.

L'office du tourisme distribue des dépliants publicitaires sur les circuits disponibles. Sur la terrasse Dufferin, un kiosque représente la plupart des agences de la ville.

Maple Leaf (☎ 649-9226), qui possède un bureau au 240 3rd Ave, organise six tours différents dans Québec et ses environs, de 21 à 48 $. Une des excursions s'effectue en partie par bus, en partie par bateau. On viendra vous chercher gratuitement à votre hôtel. L'agence dispose aussi de navettes qui font le tour du Vieux-Québec et le trajet jusqu'à l'aéroport. Procurez-vous leurs horaires et leurs trajets.

Maple Leaf organise des visites de la ville à pied de deux heures, quatre fois par jour (☎ 622-3677). Pour les billets, rendez-vous 12 rue Sainte-Anne, face au château.

Les agences moins réputées pratiquent des tarifs plus intéressants, ou proposent des tours plus longs pour un prix équivalent.

Croisières sur le Saint-Laurent

Diverses promenades vous sont proposées sur le *MV Louis-Jolliet* (☎ 692-1159) qui peut accueillir jusqu'à 800 passagers. Vous pourrez vous procurer les billets 10 rue Dalhousie mais également auprès du kiosque de la terrasse Dufferin.

L'excursion d'une heure et demie coûte 19,95 $ pour un adulte et 9,95 $ pour un enfant (trois départs quotidiens). Il existe un tour plus long jusqu'à l'île d'Orléans et les chutes Montmorency et des promenades nocturnes de deux heures et demie : comptez entre 39 et 60 $ avec souper et 23 $ sans souper. Ces croisières étant très appréciées, il est préférable d'acheter son billet à l'avance.

D'autres agences proposent des services similaires sur des bateaux plus petits. Renseignez-vous auprès de l'office du tourisme.

A noter que le ferry à destination de Lévis offre une courte croisière et une vue superbe du château, pour un prix dérisoire.

OÙ SE LOGER

Les hébergements ne manquent pas et, en règle générale, la concurrence maintient les prix à un niveau raisonnable. Pensions de famille, Couette et Café et petits hôtels de style européen constituent l'essentiel de l'hébergement québécois. Les endroits bon marché affichent souvent complet, en particulier pendant le carnaval et en été. Si vous ne trouvez pas à vous loger dans la vieille ville, vous devrez envisager de vous rabattre sur un des motels excentrés.

En dehors des périodes d'affluence, les prix chutent. L'office du tourisme de la rue d'Auteuil pourra vous fournir la liste des hébergements disponibles. Mais attention ! Un établissement peut afficher complet sur sa liste de réservation, qui ne tient pas compte des annulations de dernière minute. Le guide de l'hébergement touristique n'est pas plus complet. Enfin, souvenez-vous que le matin est le meilleur moment pour trouver une chambre, et que les deux jours les plus difficiles sont souvent le vendredi et le samedi.

Camping

Les terrains de camping sont nombreux à proximité de la ville. C'est le cas du *Camping Municipal de Beauport* (☎ 666-2228) au nord. Pour vous y rendre, empruntez l'autoroute 40 en direction de Montmorency, prenez la sortie n°21 puis dirigez-vous vers le nord. Le camping s'étend non loin, sur la gauche. Comptez de 16 à 20 $. D'autres terrains jalonnent l'autoroute 138, vers l'est de la ville, aux alentours de Sainte-Anne-de-Beaupré, comme le *Parc du Mont Sainte-Anne* (☎ 826-2323). Sur la rive sud, à 1 km à l'ouest du pont de Québec, le *Camping du pont de Québec* (☎ 831-0777) propose aussi bien de simples emplacements pour tentes que des relais électriques.

De nombreux campings privés sont également disséminés sur cette rive sud, notamment à l'ouest de Québec.

Auberges de jeunesse

Deux auberges sont particulièrement bien situées et très fréquentées. La première, le *Centre international de séjour de Québec* (☎ 694-0775), affiliée à l'Organisation internationale des auberges de jeunesse et située 19 rue Sainte-Ursule, est très centrale. En dépit de ses dimensions imposantes (300 lits), elle affiche généralement complet en été. Comptez 15 $ pour un lit simple. L'auberge loue aussi des doubles et des chambres familiales. La cafétéria sert les trois repas. Renseignez-vous sur les activités organisées par l'auberge, notamment les visites à pied gratuites et les excursions jusqu'à Lévis, sur l'autre rive.

Plus petite et sans doute plus tranquille, l'*Auberge La Paix* (☎ 694-0735), 31 rue Couillard, est ouverte toute l'année et dispose de 60 lits. L'auberge, signalée par un signe de paix sur le mur blanc du bâtiment de style européen, est accessible à pied de la gare routière (30 mn) ou de la gare ferroviaire, plus proche, mais en haut d'une côte. A proximité se trouvent une épicerie, un bar et un restaurant. Il est conseillé d'arriver tôt le matin.

Comptez 17 $, petit déjeuner compris, plus 2 $ si vous avez besoin d'un drap et d'une couverture. Elle ferme à 2h.

La *YWCA* (☎ 683-2155), 855 avenue Holland, accepte les couples ou les femmes seules. Les simples/doubles coûtent

32/54 $. Une cafétéria et une piscine sont à votre disposition. Elle affiche souvent complet, mieux vaut donc réserver. L'avenue Holland débouche du chemin Sainte-Foy, qui devient le chemin Saint-Jean dans la partie ancienne. Le bus n°7 longe le chemin Sainte-Foy. Marchez dans l'avenue Holland, vers le sud – l'auberge n'est pas loin.

L'*Université Laval* (☎ 656-5632), entre le chemin Sainte-Foy et le boulevard Wilfrid-Laurier, à l'est de l'autoroute du Vallon, loue des chambres de mai à la mi-août. Comptez 29 $ pour les simples, un peu moins en chambre double. Pour les étudiants, la simple coûte 18 $ et la chambre à partager 25 $. Le bus n°800 qui part de la vieille ville vous y conduira. Elle se trouve à mi-chemin entre les ponts et le secteur entouré de remparts.

Auberges et hôtels

Nombre d'auberges de toute catégorie offrent l'hébergement le moins cher et le plus confortable. Elle sont souvent installées dans de vieilles demeures. La ville en compte des dizaines à l'intérieur des remparts, ce qui vous permet d'être bien placé.

Les moins onéreuses sont pour la plupart regroupées dans un secteur spécifique, délimité par la rue d'Auteuil à l'ouest, la rue Sainte-Anne au nord, le château Frontenac à l'est et l'avenue Saint-Denis au sud. Les rues Sainte-Ursule et Saint-Louis sont les plus intéressantes. Viennent ensuite les rues Sainte-Anne et Laporte.

De nombreuses adresses affichent complet en début de soirée, l'été. Cherchez une chambre avant 14h, ou réservez par téléphone. Les prix varient en fonction de l'époque de l'année et des festivités de la ville. N'hésitez pas à marchander si vous restez plus de deux jours. Quoi qu'il en soit, ce type d'hébergement reste avantageux, comparé aux motels et aux hôtels du centre-ville. A noter aussi qu'elles disposent souvent d'un parking accessible moyennant un supplément.

Bien que ce ne soit pas une tradition à Québec, de plus en plus de petits hôtels offrent un petit déjeuner.

L'*Auberge Saint-Louis* (☎ 692-2424), 48 rue Saint-Louis, est l'une des moins chères. Les 27 chambres coûtent entre 49 et 89 $ la simple ou la double, avec un petit déjeuner complet. Parking en supplément.

Plus bas, au 72 rue Saint-Louis, la *Maison du Général* (☎ 694-1905) loue 12 simples/doubles à partir de 33/38 $, sans s.d.b. Comme dans beaucoup de ces endroits, cela vous reviendra moins cher sans TV, douche, et vue (la plus grande chambre). Les chambres les moins chères donnent sur la rue et sont plus bruyantes, mais malgré cela, elles se louent très rapidement.

Toujours dans la rue Saint-Louis, au n°71, l'*Hôtel Le Clos Saint-Louis* (☎ 694-1311, 1 800 461-1311), dispose de 15 chambres simples ou doubles allant de 55 à 95 $ en haute saison, de 45 à 75 $ le reste de l'année. Le petit déjeuner est compris.

Donnant dans la rue Saint-Louis, la rue Sainte-Ursule est agréable, plus tranquille. Plusieurs adresses méritent votre attention.

Le *Manoir La Salle* (☎ 692-9953), 18 rue Sainte-Ursule, est devenu l'une des meilleures adresses en termes de rapport qualité/prix, car il n'a pas fait grimper ses prix comme beaucoup d'autres. Il propose 9 chambres dont des simples de 30 à 40 $ et des doubles de 45 à 60 $. Certains préfèrent les chambres à l'étage qui évitent de passer par le couloir pour se rendre à la s.d.b.

La *Maison Sainte-Ursule* (☎ 694-9794), au n°40, est plus onéreuse, avec des simples de 39 à 62 $ et des doubles entre 48 et 89 $. Des kitchenettes sont disponibles. C'est la seule adresse à offrir cet avantage précieux. La cour est très agréable.

De l'autre côté de la rue, au n°43, la *Maison Acadienne* (☎ 694-0280, 1-800-463-0280) loue des simples/doubles de 43/47 à 90/94 $ selon la taille de la chambre et les commodités offertes. C'est une bonne adresse et, si vous disposez d'une petite voiture, vous pourrez vous garer à l'arrière. Un petit déjeuner continental est servi dans le patio pour 3,25 $.

La *Maison Demers* (☎ 692-2487), 68 rue Sainte-Ursule, loue ses 7 chambres dont une très grande à 55/65/75 $ pendant l'été. Les prix tombent à 35/50/65 $ hors saison. Le petit déjeuner continental avec croissants à volonté est compris ainsi que le parking.

Plus au nord-ouest, la rue Sainte-Anne donne dans la rue Sainte-Ursule. La *Maison Doyon* (☎ 694-1720), au n°9, propose 16 chambres, toutes rénovées. Comptez 50 $ pour une simple. Une chambre pour quatre adultes va jusqu'à 100 $. Un petit déjeuner simple est compris. Dans la même rue, au n° 49, l'*Hôtel Marie-Rollet* (☎ 694-9271) offre également une bonne prestation. Chacune des 10 chambres calmes et confortables possède sa s.d.b. Le stationnement est prévu.

Le jardin des Gouverneurs et les alentours, au sud du château Frontenac, comptent également de nombreuses enseignes. Le *Manoir sur le Cap* (☎ 694-1987), 9 avenue Sainte-Geneviève, dispose de 14 chambres dans une vieille demeure, dont certaines jouissent d'une vue sur le parc, d'autres sur le fleuve et Lévis. Les simples/doubles coûtent de 50 à 125 $. Le *Manoir d'Auteuil* (☎ 694-1173 ; fax 694-0081), 49 rue d'Auteuil, loue ses 16 chambres confortables 75/120 $ la simple et 90/120 $ la double pendant la période estivale. En basse saison, les prix passent à 65/75 $ pour une simple et 75/95 $ pour une double. Les prix peuvent encore varier pendant le carnaval.

Le *Manoir de la Terrasse* (☎ 694-1592), 4 rue de la Porte, offre des simples et des doubles au même prix, de 40 à 70 $.

A l'angle de la rue Saint-Louis et de la rue d'Auteuil, le *Manoir de l'Esplanade* (☎ 694-0834), une vieille maison restaurée, pratique des tarifs plus élevés. Les 36 chambres coûtent entre 60 et 95 $. Les chambres d'angle sont parfois bruyantes.

Le Chateau de Lery (☎ 692 2692 ; fax 692-5231), une maison du siècle dernier située 8 rue de La Porte, dispose de 19 chambres avec s.d.b. à 78 $ la double de mai à octobre et à 55 $ hors saison. Le petit déjeuner continental coûte 3,50 $. Cinq chambres offrent une vue sur le fleuve, le parc des Gouverneurs et le château Frontenac. Il est fortement conseillé de réserver au moins deux mois à l'avance pour la période estivale

Au n°16 de la même rue, le *Chateau Bellevue* (☎ 692-2573 ; fax 692 4876) possède 57 chambres dont la moitié jouissent d'une vue sur le fleuve, la terrasse Dufferin et le parc. Des forfaits sont proposés. Comptez 89/99/129/139 $ en période estivale et pendant le festival de Québec et 69/74/94/104 $ en période creuse. Réservez longtemps à l'avance.

Hayden's Wexford House (☎ 524-0525) une maison ancienne rénovée située 450 rue Champlain, à environ 1 km au sud de la vieille ville basse, propose des simples/doubles à 50/65 $, petit déjeuner compris. Elle dispose également d'appartements équipés pour 4 ou 5 personnes à 80 $. Demandez les tarifs à la semaine.

L'*Hôtel Château Laurier* (☎ 522-8108 ; fax 524-8768), 695 Grande-Allée, sur la colline parlementaire, dispose de 57 chambres dont des simples/doubles à 89/99 $ en période estivale et à 69 $ en hiver. Le petit déjeuner continental coûte 5,95 $ et l'américain 7,95 $. Il possède également 8 appartements dont le prix s'élève à 250 $ la semaine pendant la haute saison pour varier de 125 à 175 $ hors saison. C'est une offre très intéressante.

Ceux qui souhaitent jouir du grand luxe seront sans aucun doute comblés par le *Château Frontenac* (☎ 692-3861 ; fax 692-1751), équipé de quelque 612 chambres et suites. De mi-mai à mi-octobre, les tarifs varient de 189 $ pour une chambre standard à 319 $ pour une chambre plus luxueuse, avec des prix intermédiaires selon la qualité de la prestation. Les suites se louent à partir de 349 $ jusqu'à 800 $. Des forfaits sont également proposés.

Couettes et café

Équivalent des Bed & Breakfast, ce mode d'hébergement semble se développer à Québec. Cette dénomination ne s'applique qu'aux maisons possédant trois chambres maximum. Si vous passez d'abord par Montréal, B&B à Montréal pourra s'occuper de votre réservation à Québec (reportez-vous à la rubrique *Hébergement* dans le chapitre *Montréal*).

La Marquise de Bassamo (☎ 692-0316), 15 rue des Grisons, au coin de l'avenue Sainte-Geneviève et de la rue Grison, possède 3 chambres spacieuses et personnalisées. Le stationnement est prévu. De mai à octobre, il vous en coûtera 70/85/100 $ pour une double et d'octobre à avril de 50 à 70 $. Le petit déjeuner à volonté comporte entre autres des croissants faits maison.

Cette demeure, de style victorien, fut construite par l'architecte du château Frontenac. Le propriétaire, très accueillant, vous raconte qu'elle aurait été donnée à la marquise en échange d'une poignée d'amour. Les jeudi, vendredi et samedi, un petit groupe joue du jazz de 5 à 7.

Chez Marie-Claire (☎ 692-1556), 62 rue Sainte-Ursule, dont la propriétaire est vraiment charmante et accueillante, offre de grandes chambres calmes et confortables dont certaines avec s.d.b. Dans cette maison douillette, comptez 80 et 105 $ pour une double, en été, et 50 $ en période creuse.

Chez Hubert (☎ 692-0958), 66 rue Sainte-Ursule, pratique des tarifs similaires. Le petit déjeuner varie tous les jours. Les hôtes, Guylaine, Hubert et Marc, sont très sympathiques. Les couleurs et le mobilier font de cette demeure un endroit très chaleureux. Les hôtes peuvent également profiter du salon. Fumeurs s'abstenir.

Hors des remparts, *Accueil Bourgault* (☎ 525-7832), 650 rue de la Reine, propose des chambres à 55/65/75 $, tarifs hors saison. Cet établissement organise également la location d'appartements à la semaine ou au mois.

Motels

Québec compte une quantité incroyable de motels. Peu importe que vous possédiez ou non une voiture, ils seront votre alternative si tous les hôtels du centre-ville affichent complet. Les motels sont répartis dans trois secteurs. Tous sont extérieurs à la vieille-ville, mais restent tout à fait accessibles et faciles à trouver.

Beauport. Vous traversez ce secteur, au nord du centre-ville, en vous rendant à Sainte-Anne-de-Beaupré, ou en longeant la côte nord. Si vous êtes en voiture, du centre-ville remontez au nord la rue Dorchester jusqu'au boulevard Hamel. Tournez à droite (à l'est) ; le boulevard Hamel devient la rue 18 puis, plus à l'est, le boulevard Sainte-Anne. Vous êtes arrivé à Beauport. Commencez vos recherches lorsque les numéros avoisinent les 1000. La plupart des motels bordent la route, avec le fleuve en toile de fond.

Au 1062 boulevard Sainte-Anne, le *Motel Chevalier* (☎ 661-3876) loue des simples/doubles de 49 à 60 $.

Le *Motel de la Capitale* (☎ 663-0587), 1082 boulevard Sainte-Anne, propose des simples/doubles à 55/60 $.

A proximité, au *Motel Olympic* (☎ 667-8716), 1078 boulevard Sainte-Anne, les prix varient de façon exagérée de 40 à 90 $!

Au nord-ouest du centre de Beauport, à l'intersection du boulevard Henri-IV et de la Hwy 138, en direction de l'aéroport, la *Comfort Inn* (☎ 872-5900) propose des simples et des doubles à 90 $. Cette chaîne canadienne reste toujours digne de confiance.

Boulevard Wilfrid-Laurier. Ce second secteur, à l'ouest de la ville, le long du boulevard Wilfrid-Laurier regroupe des motels à partir de l'est du boulevard Henri-IV, qui rejoint les ponts de la rive sud. Commencez votre recherche dès le numéro 2800. Les prix sont généralement plus élevés, mais le centre-ville est plus proche.

Plus à l'est, lorsque le boulevard Wilfrid-Laurier tourne dans Grande-Allée, des logements plus petits, à un prix raisonnable, sont regroupés autour des numéros 600. Les motels plus proches du centre-ville sont généralement plus luxueux.

Boulevard Wilfrid-Hamel. Troisième secteur, le boulevard Wilfrid-Hamel est simplement indiqué "Hamel" sur les panneaux.

Pour vous y rendre, remontez au nord le boulevard Henri-IV depuis le fleuve, ou au sud depuis la Hwy 40. Il se trouve à environ 7 km de la ville. Commencez par inspecter le pâté de maisons dans les numéros 5000, et alentour, bien que la rue tout entière soit bordée de motels. Certains se sont regroupés dans Sainte-Foy.

Le *Motel Pierre* (☎ 681-6191), 1640 boulevard Hamel, loue des chambres entre 70 et 90 $.

OÙ SE RESTAURER

Québec compte des dizaines de restaurants où l'on mange bien mais les prix sont relativement élevés. En fait, ils sont pour la plupart dans la même fourchette de tarifs. Quelques établissements font heureusement exception, et les plus chers offrent généralement un service et un cadre agréable. La plupart des restaurants affichent le menu à l'extérieur. Si vous restez quelque temps dans la ville, vous finirez par dénicher votre endroit favori.

Au dîner, le menu comporte de la soupe, un petit pain, un dessert et un café. La plupart offrent aussi un plat du jour, à midi, à un prix avantageux. Certains servent à déjeuner jusqu'à 15h. Le déjeuner revient souvent moitié moins cher que le dîner, mais les portions sont légèrement plus petites. Des adresses plus modestes sont disséminées un peu partout et offrent les habituels pizzas, sandwiches, etc.

La cuisine ethnique n'est pas le point fort de Québec. A l'intérieur des remparts, les établissements de la ville haute sont souvent chers. A l'extérieur, ou dans les secteurs plus paisibles de la ville basse, ils sont plus simples et meilleur marché.

Vieille ville haute

Pour obtenir des œufs à un prix abordable (mais pas bon marché !), rendez-vous à *l'Omelette*, 66 rue Saint-Louis. Cet endroit toujours plein, à tous les repas, s'est spécialisé – on s'en douterait – dans les omelettes. Il en sert une dizaine de variétés, accompagnées de pommes de terre frites. Sont également offerts trois types de petit déjeuner, avec jus de fruit, pain grillé, café et, au choix, des céréales, des œufs ou des croissants.

Pour un petit déjeuner, *Le Petit Coin latin*, 8 1/2 rue Sainte-Ursule, près de la rue Saint-Jean, est ouvert tous les jours. Ce petit café sert entre autres des croissants, des beignets ou des œufs. Il dispose maintenant d'un patio en plein air, l'été, avec un dîner à prix fixe de 10 à 12 $. Au 25 rue Couillard, à un pâté de maisons à l'est de la rue Buade, *Chez Temporal* offre café, croissants, salades, etc. Il est idéal pour les petits déjeuners et les repas légers.

Le *Café Buade*, dans la vieille ville, 31 rue Buade, est un restaurant adapté aux repas familiaux. Il est situé au cœur de tous les centres d'intérêt, au sud de la rue des Jardins. En bas, vous pourrez obtenir un déjeuner simple, léger, pour 2,95 $ à 3,50 $. Le déjeuner et le dîner sont équivalents et tout aussi peu chers.

Plus loin, dans la rue Garneau, en face de l'hôtel de ville, au n°48, le *Croissant Plus* est toujours plein. Il propose des repas légers.

Pour un petit déjeuner bon marché, vous pouvez aussi vous rendre à la gare routière.

Le *Fleur du Lotus*, 38 côte de la Fabrique, est parfait pour le dîner. Menu thaïlandais, cambodgien ou vietnamien à partir de 16 $.

La rue Saint-Jean regroupe de nombreux restaurants et pubs.

Les Frères de la côte (☎ 692-5445), 1190 rue Saint-Jean, ne désemplit pas à l'heure du déjeuner avec une clientèle d'habitués et de touristes. La cuisine ouverte, les chapeaux de paille aux airs provençaux suspendus aux murs et l'accueil simple et chaleureux malgré l'affluence en font un endroit tout à fait sympathique. On y sert des moules et des frites à volonté du jeudi au dimanche pour 11,50 $, avec une entrée. Les pizzas sont à 9 $ en moyenne et le prix des plats (viandes ou poissons) varie entre 9 et 13 $. La cuisine est bonne et le service rapide. Ouvert tous les jours de 11h à 23h30. Réservation souhaitée.

Pour un déjeuner rapide, le *Restaurantt Liban* prépare entre autres des sandwiches à environ 4 $, que vous pourrez déguster sur la petite terrasse ensoleillée face à la porte Saint-Jean. On n'y sert pas d'alcool.

Si vous aimez la cuisine de l'Asie du Sud-Est, essayez l'*Apsara*, 71 rue d'Auteuil. Les plats coûtent 10 $ et un dîner complet pour deux vous reviendra à environ 36 $.

A proximité de la rue Saint-Jean, au 48 rue Sainte-Ursule, *Le Saint-Amour* (☎ 694-0667), caché derrière une façade discrète, jouit d'une excellente réputation et propose une table d'hôte à 30 $. Le menu est chaque jour composé d'une douzaine de plats de viande et de poisson. La carte des vins est excellente, et le jardin intérieur très agréable. C'est une bonne adresse si vous souhaitez un dîner tranquille. Réservation fortement recommandée.

Dans la même catégorie, tout près, *La Crémaillère* (☎ 692-2216), 21 rue Saint-Stanislas, est également une très bonne adresse. Installé dans la Maison Louis-Latouche, demeure typique de la rue Saint-Jean au siècle dernier, ce restaurant offre une cuisine assez raffinée, avec pour spécialité du veau de lait.

Le restaurant *Café d'Europe* (☎ 692-3835), 27 rue Saint-Angèle, à proximité de la porte Saint-Jean, propose une bonne cuisine française.

Le *Café de la Paix* (☎ 692-1430), 44 rue des Jardins, doté d'un décor et d'une ambiance très français, propose un menu varié de fruits de mer, de gibier en saison et de viande. Il est très bien situé et très apprécié. Sans être bon marché, ses prix ne sont pas exorbitants. Le *Restaurant au Parmesan*, non loin, 38 rue Saint-Louis, est toujours plein et très animé. Il possède une carte très riche de plats essentiellement italiens, de 14 à 20 $, sans oublier la cave de 2 000 bouteilles. Des musiciens viennent s'y produire en soirée.

Lieu historique datant de 1676, la Maison Jacquet, 34 rue Saint-Louis, abrite le restaurant *Aux Anciens Canadiens* (☎ 692-1627). Grâce à son cadre et à sa carte composée de spécialités traditionnelles québécoises, cet endroit mérite une mention spéciale. Il n'est pas plus onéreux que la plupart des établissements de catégorie supérieure et propose un menu original, composé entre autres de vin de pomme, de soupe de pois, de canard au sirop d'érable suivi de la tartine au sucre du pays.

Gambrinus (☎ 692-5144), 15 rue du Fort, entre la rue Buade et la rue Sainte-Anne, au décor classique et chaleureux, prépare une cuisine italo-française et possède une bonne carte de vins. Un guitariste chanteur anime le lieu tous les soirs. La table d'hôte coûte entre 25 et 34 $. A la carte, les entrées s'élèvent entre 7 et 9 $. Pour des plats tels que la noisette de caribou ou du poisson vous paierez entre 17 et 27 $. Les pâtes sont à 14 $. Il est ouvert tous les jours de 11h30 à 23h sans interruption en été. Réservation recommandée.

Place Royale (vieille ville basse)

Au 46 boulevard Champlain, avec pour enseigne un cochon, se tient *Le Cochon Dingue*. On y sert des repas (steaks-frites notamment), mais l'adresse est surtout connue pour ses petits déjeuners.

Dans la rue Saint-Paul, vieille rue tranquille à l'écart des hordes de touristes, sont regroupées plusieurs adresses bon marché, récemment rénovées. *La Bouille Café*, au n°71, propose des repas légers et du café. Au n°95, le *Buffet de l'Antiquaire*, très simple, vend des sandwiches et des hamburgers très bon marché. Quelques tables agrémentent le trottoir.

Au 77 de la rue Sault-au-Matelot, perpendiculaire à la rue Saint-Paul, vous attend *Le Lotus Royal*. Ce restaurant asiatique est l'un des rares endroits de la ville qui pratique la formule "apportez votre vin". Meilleur marché, avec des plats de 10 à 12 $, l'*Asia*, 91 rue Sault-au-Matelot, sert une cuisine vietnamienne et thaïlandaise. Il possède un autre établissement du même nom dans la Grande-Allée.

Beaucoup plus onéreux, *Le Vendôme*, 36 côte de la Montagne, prépare une cuisine essentiellement française depuis plus de quarante ans. *Le Pape-Georges*, un bar à

Les Québécois ont dit...
Souvent, les commentaires *a priori* ordinaires en disent beaucoup sur la culture d'un pays. Voici quelques morceaux choisis attrapés au hasard de nos conversations...

Sur le hockey
"Pour comprendre le Canada, il faut comprendre le hockey..."

"Quand on est jeune, toute notre agressivité passe par le hockey. C'est peut-être pour ça que l'on n'a pas vraiment de problème de violence"

Sur le climat
"-20°, c'est pas si mal, s'il fait sec"

"Quand les premières neiges arrivent tout le monde est content"

"Au moment du printemps, il y a des gens qui dépriment. C'est comme si c'était un choc après l'hiver"

"La Floride, pour nous autres, c'est le Québec du Sud"

Sur les Français
"Les Français viennent ici, au Québec, pour voir où l'une de leurs racines s'est perdue..."

"J'aime écouter les Français quand ils râlent..."

Et puis...
"Notre culture, il faut la protéger"

"Nous autres, au Québec, on aime faire la fête" ■

vin, dans Cul-de-Sac, non loin du croisement avec la rue Notre-Dame, propose une variété de vins au verre.

Confiné dans la gare du palais, *L'Aviatic* (☎ 522-3555) mérite vraiment le déplacement. D'une extrême élégance, ce lieu est un vrai plaisir des yeux. Quant à sa cuisine, on ne peut imaginer plus cosmopolite : thaï, japonaise, cajun, brésilienne, française... Un sushi bar est organisé tous les mercredis soir (sushi à 1 $). Le prix des entrées varient entre 5 et 8 $. Pour les plats tels que le mijoté de cerf aux groseilles ou le filet mignon, comptez en moyenne 14 $. Les fajitas sont à 16 $. Ce restaurant ouvre ses portes tous les jours de 11h à 24h, voire 1h ou 2h selon l'affluence. Les samedi et dimanche, ouverture à 16h. Sans réservation, il est difficile d'obtenir une table.

Les mêmes propriétaires possèdent un autre restaurant juste à côté, *Le Pavillon* (☎ 522-0133). Il s'agit cette fois de spécialités italiennes avec néanmoins une entorse : les tapas pour deux à 12,95 $. Les entrées coûtent entre 4 et 7 $. Les prix des plats (pizzas, pâtes ou autres) varient entre 8 et 14 $. Moins cher que l'Aviatic, ce lieu, haut de plafond et de style Art déco, possède également beaucoup de cachet. La piste de danse s'anime à partir de 23h tous les soirs. Un orchestre se produit uniquement le vendredi soir. A l'étage, un petit salon est à la disposition des fumeurs de cigares, avec à proximité des tables pour les amateurs de billards.

Le *Café du monde* (☎ 692-4455), 54 rue Dalhousie, face au fleuve et tout près du musée de la Civilisation, mérite également une mention particulière. Ce grand espace aux allures de bistrot Art déco vous réserve un accueil particulièrement sympathique. Outre sa table d'hôte à midi, le chef breton sert un brunch norvégien, belge, italien ou new-yorkais tous les jours de 9h à 15h. Les assiettes très copieuses coûtent entre 7 et 10 $. Au menu, le prix des entrées varie entre 5 et 9 $ et celui des plats entre 11 et 15 $. Si l'envie de boudin noir ou de coq au vin vous tenaille, vous êtes au bon endroit. Le Café possède une bonne carte de portos que l'on déguste habituellement avec du fromage mais aussi de vins venus de tous les continents. Il ouvre ses portes tous les jours de 11h30 à 23h. N'hésitez pas à réserver votre table.

Le Lapin Sauté (☎ 692-5325), 52 rue du Petit Champlain, est assez fréquenté par les touristes. Le décor est champêtre et la cuisine simple.

Un peu plus loin, au n°84, *Madame Gigi* concocte des spécialités au sirop et au sucre d'érable. Si vous n'avez pas encore goûté l'infinie palette de sucreries à base d'érable, c'est l'endroit ou jamais pour les sucettes, glaces aux noix, nougats, beurre, gelée ou autres chocolats fourrés. On peut y prendre le thé ou café à toute heure.

Le Saint-Malo (☎ 692-2004), 75 rue Saint-Paul, dans le quartier des antiquaires, sert une cuisine traditionnelle française comprenant cassoulet, lapin ou bouillabaisse avec comme exception le civet de caribou. Comptez entre 15 et 18 $ pour un plat. Ouvert tous les jours de 11h à 22h30.

A l'extérieur des remparts

En dehors du centre-ville, l'ambiance est plus calme et les rues sont moins fréquentées. A l'ouest, au-delà de la porte de l'enceinte, la rue Saint-Jean est bordée de bars, de cafés, de tavernes et de restaurants vietnamiens, libanais et mexicains. C'est un quartier peu touristique et les tarifs pratiqués sont plus bas.

Au n°821 de la rue Scott, au sud, à l'angle de la rue Saint-Jean, *La Paillotte* prépare une délicieuse cuisine vietnamienne. Comptez environ 12 $ pour un dîner complet. *Le Commensal*, 860 rue Saint-Jean, présente un bon rapport qualité/prix, avec des plats végétariens facturés au poids.

La pointe des Amériques (☎ 694 1199), 964 rue Saint-Jean, juste à côté du Capitole, près de la porte Saint-Jean (extra muros), mérite le détour. Cet immense lieu mélangeant murs de briques et couleurs chaudes est superbe. On ne peut imaginer plus grande variété de pizzas. Parmi les plus originales, vous découvrirez celle garnie avec de la viande d'alligator marinée ou encore de caribou. Comptez entre 8 et 15 $. Ouvert tous les jours de 11h30 à 23h.

Plus à l'ouest, à environ six pâtés de maisons, l'avenue Cartier croise au sud le boulevard René-Lévesque (autrefois le boulevard Saint-Cyrille Est). Vous y trouverez quelques restaurants chinois et français. A l'angle du boulevard René-Lévesque se trouve le *Restaurant La Nouvelle Réserve* avec, en dessous, un petit délicatessen, *Délices Cartier*. Il sert de délicieux croissants ainsi que différentes pâtisseries et tourtières (pâté québécois à la viande de porc).

A l'ouest, dans Grande-Allée, en venant du Vieux-Québec, après l'Assemblée nationale et la rue d'Artigny, sont rassemblés une dizaine de restaurants en plein air, populaires et animés. Tous servent des plats du jour entre 7 et 10 $ et, pour la plupart, des dîners entre 10 et 20 $. Le *Restaurant Patrimoine*, 695 Grande-Allée, est l'un des moins chers. Au n°625, *La Vieille Maison du Spaghetti* offre toute une variété de plats de pâtes en dessous des tarifs habituellement pratiqués.

Au *Cosmos*, 575 Grand-Allée Est, on peut prendre un petit déjeuner de 7h30 à 24h. Lieu magique pour les lève-tard...Dans ce décor des années 70, à l'ambiance très jeune le soir, la "mamma" Rebecca prépare elle-même les desserts sans colorants ni convervateurs. Les salades valent entre 5,50 et 7,50 $, les burgers 6 $ et les pizzas entre 7 et 10 $. Les samedi et dimanche, les portes n'ouvrent qu'à 9h. Le café ferme à 2h en été, un peu plus tôt en hiver. A gauche en entrant, vous verrez une salle de billard.

Le *Paris Brest* (☎ 529-2243), 590 Grande-Allée Est, jouit d'une bonne réputation auprès des Québécois. Sa cuisine est bonne et l'atmosphère intime. Les tables d'hôtes sont entre 20 et 30 $. Il est conseillé de réserver.

Dans la même catégorie mais un peu plus cher, *Le Louis-Hebert* (☎ 525-7812), 668 Grande Allée Est, est régulièrement fréquenté par les parlementaires. L'ambiance feutrée, le service soigné et la cuisine française font de ce restaurant une bonne adresse pour un dîner d'affaires. Le petit déjeuner à la terrasse ensoleillée est très agréable.

Épiceries

La rue Saint-Jean, hors des remparts, est très animée et beaucoup moins touristique. Jalonnée de boutiques, elle abrite les meilleures épiceries fines de Québec. Parmi elles, citons l'*Épicerie Européenne*, au n°560, très bien approvisionnée en produits gastronomiques internationaux. *Moisan,* au n°699, mérite sans doute la palme d'or. Fondée en 1871, cette épicerie est une véritable caverne d'Ali Baba. Dans un décor ancien dominé par des boiseries, on peut trouver une immense variété de produits alimentaires de qualité. Elle est ouverte tous les jours de 9h à 22h. Au *Marché Richelieu*, au n°1097, vous pourrez acheter des pains faits maison, des fruits et des fromages. Au n°634, la chocolaterie *Erico* fait l'unanimité auprès des Québécois. Les saveurs et les originalités de ses produits méritent que l'on s'y arrête.

Marché de primeurs

Il se trouve dans la rue Saint-André, dans la vieille ville, près du bassin Louise, non loin du vieux port et de la gare ferroviaire. Vous y trouverez pain, fromages, fruits et légumes. Le samedi matin est le moment le plus animé.

DISTRACTIONS

Bien que Québec soit une petite ville, la vie nocturne y est intense. Les adresses changent plus vite que les rééditions de cet ouvrage. Nombre de cafés et de restaurants – certains sont déjà mentionnés à la rubrique *Où se restaurer* – disposent d'orchestres. Les clubs ne sont ouverts que le soir.

La vie nocturne se déroule, pour l'essentiel, dans la vieille ville, ou en bordure des remparts. Procurez-vous le magazine gratuit *Voir* qui liste tous les événements culturels.

Spectacles

La rue Saint-Jean est très animée le soir. C'est là que l'on se retrouve pour prendre un verre, discuter et écouter de la musique, notamment dans des boîtes à chansons traditionnelles. Ces dernières sont souvent bon marché et l'atmosphère est décontractée. Hors des remparts, *Les Caves Napoléons* (☎ 640-9388), 680 Grande-Allée Est, ouvert de 21h30 à 3h en été, accueillent des chansonniers tous les soirs. De même, *La Maison de la Chanson* (☎ 692-4744), 68 rue du Petit-Champlain (ville basse), offre de bons spectacles.

Le *Grand Théâtre de Québec* (☎ 643-8131), 269 boulevard René-Lévesque, principal centre des arts du spectacle, accueille concerts classiques, ballets et troupes de théâtre, entre autres. L'autre centre des arts du spectacle, le *Théâtre Capitole* (☎ 694-4444), se situe 972 rue Saint-Jean. Outre des spectacles musicaux, le *Palais Montcalm* (☎ 691-4444), 995 place d'Youville, propose des expositions sur différents thèmes.

Bars et discothèques

Les brasseries ferment à minuit, tandis que les bars restent ouverts jusqu'à 3h ou 4h.

Le *Pub Saint-Alexandre*, 1087 rue Saint-Jean, propose plus de 200 bières : québécoises comme la blonde Belle-gueule ou la Gargouille rousse, mais aussi japonaises, chinoises, libanaises, néo-zélandaises ou portugaises. Le bar, de 12 mètres de long, tout en boiseries d'acajou, est superbe. Le menu présente quelques originalités telles que le sandwich européen constitué de pain français, choucroute, merguez et oignons...

Le Saint-James, presque en face, est moins typique. De 3h à 7h, du lundi au vendredi, le prix des boissons passe de 0,50 à 1 $. On vous offre alors des ailes de poulets à 0,35 $ pièce.

Le d'Auteuil, 35 rue d'Auteuil, programme du blues, du jazz ou du rock en alternance, dans une bonne ambiance. *Jules &Jim*, 1060 rue Cartier, est agréable pour boire un verre. *L'Inox*, un pub situé 38 rue Saint-André, vers le vieux port, brasse sa propre bière et propose des activités différentes chaque soir. Le pub *Thomas Dunn*, 309 rue Saint-Paul, en face de la gare du Palais, au décor typiquement anglais, entretient une atmosphère chaleureuse.

Grande-Allée Est rassemble un certain nombre de discothèques dont, entre autres, le *Dagobert*, au n°600, *L'Oxygène* au n°585 et *Maurice* au n°575.

Bar gay. *L'Amour Sorcier*, 78 côte Sainte-Geneviève et *Fausse Alarme*, 161 rue Saint-Jean, sont mixtes tandis que le *Ballon rouge*, 811 rue Saint-Jean, et *La Drague*, 804 rue Saint-Joachim, sont réservés à la gente masculine.

Cinéma

Le *Cinéma Le Clap* (☎ 650-2527), 2360 chemin Sainte-Foy, à Sainte-Foy, présente des films en français et en anglais, généralement sous-titrés. L'IMAX (☎ 627-4629), 5401 boulevard des Galeries, propose des films sur grand écran, certains en 3D avec son numérique.

COMMENT S'Y RENDRE

Avion

L'aéroport est situé à l'ouest de la ville, sur l'autoroute 40, près du croisement avec l'autoroute 73 (direction nord). Air Canada (☎ 692-0770) assure la liaison avec Montréal, Ottawa et les principales villes canadiennes. Canadian Airlines (☎ 692-0912) dessert également Montréal et Ottawa et couvre des trajets identiques.

Bus

La gare routière (☎ 525 3000) se situe dans la principale gare ferroviaire, 320 rue Abraham Martin. Orléans Express assure une liaison avec Montréal quasiment toutes les heures pendant la journée et le soir. Le trajet coûte 36 $. Les guichets sont ouverts du lundi au samedi de 5h30 à 1h et le dimanche à partir de 6h30.

Il existe également un service de bus pour Rivière-du-Loup et Edmundston, dans le Nouveau-Brunswick. Le tarif pour Edmundston se monte à 45 $. Rivière-du-Loup sert de correspondance aux bus SMT à destination du Canada atlantique. Intercar assure les trajets en direction de la Côte Nord, vers Tadoussac.

Il n'existe pas de bus direct depuis/vers les États-Unis. La plupart passent par Montréal. Pour vous rendre en ville depuis la gare de Voyageur, empruntez un bus urbain n°3 ou n°8.

Train

Aussi étrange que cela puisse paraître, la petite ville de Québec possède trois gares ferroviaires (☎ 692-3940). Le même numéro de téléphone vaut pour les trois endroits. La très belle ancienne gare, entièrement rénovée, avec son bar et son café, rue Saint-Paul, dans la ville basse, est centrale et pratique. La billetterie est ouverte du lundi au vendredi de 7h à 20h30. De là, partent les trains depuis/vers Montréal, et au-delà de Montréal, vers l'ouest. Des trains quittent la gare plusieurs fois par jours pour Montréal (47 $).

Depuis la place d'Youville, prenez le bus n°800 pour vous y rendre. La gare de Sainte-Foy, au sud-ouest du centre-ville, accessible par les ponts qui relient la rive sud, dessert les mêmes destinations. Elle est simplement plus pratique pour les résidents de la zone sud de la ville.

La troisième gare présente aussi quelque intérêt pour les voyageurs. Elle est implantée sur la rive sud, à Lévis, en face de Québec. Perchée sur une colline, elle domine l'embarquement des ferries. Les détenteurs d'un billet VIA Rail n'ont pas besoin de payer le ferry. Cette gare dessert avant tout les régions de l'est vers la Gaspésie et les Provinces maritimes. Quelques trains en provenance de Montréal passent par cette gare.

Pour Moncton, au Nouveau-Brunswick, trois trains par semaine sont assurés le mercredi, le vendredi et le dimanche. Un train de nuit part à 22h30 (douze heures de trajet, 109 $).

Voiture

Pour louer une voiture, Budget (☎ 692-3660), 29 côte du Palais, possède également une agence à l'aéroport. Pour un modèle économique, comptez 45 $ par jour, avec kilométrage illimité si vous louez le véhicule pour le week-end. Les tarifs sont plus élevés en semaine. Toutes les agences vous invitent à réserver une voiture au moins deux jours à l'avance.

Partager une voiture. Allo Stop (☎ 522-0056), 467 rue Saint-Jean, met en contact automobilistes et passagers. La cotisation s'élève à 6 $ pour les passagers, qui versent ensuite une partie des frais de voyage à l'agence, trois heures avant le départ, le reste revenant à l'automobiliste. Le coût de l'opération est avantageux : Montréal, 15 $; Ottawa, 29 $; Toronto, 41 $; New York (au départ de Montréal), 65 $; et Gaspé, 35 $. Des voyages sont aussi assurés jusqu'à Vancouver.

Allo Stop possède notamment des agences à Saguenay River, à Baie-Comeau et à Sept-Îles. Si vous sillonnez la province, demandez la liste de leurs agences.

Ferry

Le ferry (☎ 644-3704 ou 837-2408) entre Québec et Lévis fonctionne toutes les demi-heures pendant la journée et une bonne partie de la nuit. L'aller revient à 1,5 $, moins pour les enfants et personnes âgées. Comptez 3 $ en plus, par voiture. Précisez si vous souhaitez rester ou non sur le ferry. Vous pourrez profiter de belles vues sur le fleuve, les falaises, Québec et le château Frontenac, même si la traversée ne dure que 10 minutes. A Québec, le terminal se trouve place Royale, dans la ville basse. A Lévis, il jouxte la gare VIA Rail.

COMMENT CIRCULER

Circuler dans Québec n'est pas toujours facile. Conduire dans la vieille ville (et, pire encore, s'y garer) est un vrai casse-tête. L'aéroport n'est pas tout près, et la gare routière, peu commode d'accès. Mais la situation s'améliore avec les années. La gare ferroviaire est centrale et une navette dessert l'aéroport.

Desserte de l'aéroport

Un service de bus assuré par Maple Leaf Sightseeing Tours (☎ 649-9226) vous permettra de ne payer que 8,75 $, au lieu de 32 $ pour une course en taxi. Le bus assure quatre liaisons par jour en semaine, mais le service est réduit durant le week-end. Il fait la navette à partir des grands hôtels, mais passera vous prendre, dans une zone excentrée, si vous appelez au moins une heure avant le départ.

Bus

Il existe un bon réseau de bus urbain (☎ 627-2511). Un billet coûte 1,80 $, changement compris. Les bus se rendent jusqu'à Sainte-Anne-de-Beaupré, sur la rive nord. La gare centrale d'autobus est installée au 225 boulevard Charest Est, dans la ville basse. On vous y fournira plans et informations. Vous pouvez aussi appeler le numéro ci-dessus. De nombreux bus desservant régulièrement la vieille ville s'arrêtent place d'Youville, juste de l'autre côté de la porte Saint-Jean. Pour les motels de Beauport, prenez le bus n°53, dans la rue Dorchester, au nord. Le bus n°800 relie le centre-ville à l'université Laval.

Voiture

Mieux vaut ne pas circuler en voiture dans Québec. Tout est accessible à pied. Les rues sont étroites et encombrées, et il est impossible de stationner. Toutefois, une carte des parkings aux alentours du centre-ville est disponible auprès de l'office de tourisme.

Bicyclettes et scooters

Vélo Passe-sport (☎ 648 0224), 77 rue Sainte-Anne, loue des bicyclettes et des patins en ligne. Comptez 25 $ la location à la journée. Des tarifs à l'heure et des circuits organisés sont également proposés.

Vélo Didacte (☎ 648-6022) se situe 463 rue Saint-Jean.

Vous trouverez également des vélos à louer, dans la rue Saint-Louis, près du château Frontenac. Des modèles à dix vitesses et tout terrain sont disponibles. On peut s'adresser à l'Auberge de La Paix, 31 rue Couillard, qui propose aussi des locations.

Calèches

Les calèches reviennent à 50 $ pour une promenade d'environ 40 minutes.

LES ENVIRONS DE QUÉBEC

Wendake

A environ 15 km au nord-ouest de Québec, la petite bourgade de Wendake constitue une excursion intéressante pour ceux qui s'intéressent aux Hurons-Wendake. A la fin du XVIIe siècle, des Hurons, un groupe originaire de l'Ontario, s'installèrent dans cette région pour fuir les épidémies propagées par les Européens et les conflits de tribus.

Dans le village, vous pourrez notamment visiter la chapelle Notre-Dame-de-Lorette et son petit musée qui renferme quelques vestiges de la première mission jésuite. La Maison Aroüanne (☎ 847-0646 ou 845-1241), la maison de la culture huronne-wendat, 10 rue Alexandre-Duchesneau, expose une collection d'objets et organise des animations thématiques. Elle est ouverte tous les jours, de juillet à fin août, de 10h à 18h. Pour les horaires des autres mois, mieux vaut téléphoner.

Au 575 rue Stanislas-Kosca, se trouve le village traditionnel reconstitué, Onhoüa Chetek8e ("d'hier à aujourd'hui" en langue huronne wendat). Prononcez le 8 "ou". Derrière la haute palissade en bois, des longues maisons (annonchia) typiques de l'habitat et du mode de vie ancestral ont été reproduites. Des animations racontant les mœurs et les coutumes des Amérindiens jalonnent le parcours. La vie communautaire des Hurons-Wendats est expliquée par un guide. Départ de la visite toutes les vingt minutes environ.

On trouve également des boutiques spécialisées (notamment pour l'une d'entre elles dans les herbes médicinales), une librairie (vente de cassettes audio) et un restaurant (cuisine amérindienne exclusivement, comptez entre 12 et 26 $ le repas). Les deux centres d'artisanat, l'un spécialisé dans la fabrication de raquettes, l'autre dans celle de canoës, vendent leurs productions (une paire de raquettes coûte entre 56 et 82 $). De mai à septembre, des spectacles de danses et de musique et de chants traditionnels sont organisés. Des possibilités d'hébergement chez l'habitant existent, renseignez-vous sur place.

Ouvert tous les jours de l'année, à partir de 9h, le village (☎ 842-4308) ferme ses portes à 18h entre mai et octobre, et à 17h de novembre à avril. L'entrée est à 5 $ (3 $ pour les 6-12 ans, gratuit pour les moins de 6 ans).

Pour vous y rendre, prenez le boulevard Laurentien, puis la route 175 Nord. A la sortie 154, prendre à gauche la rue de la Faune, qui devient successivement la rue des Érables puis la rue de la Rivière. A hauteur de la rue Max-Gros-Louis, tournez à droite.

Réserve faunique des Laurentides

De par sa taille (près de 8 000 km), la réserve faunique des Laurentides (☎ 686-1717 ou 848-2422) constitue un des plus importants parcs de loisirs. A cheval sur les régions de Québec et du Charlevoix, elle est constituée de collines, montagnes boisées, lacs et rivières. La route 175 qui la traverse sur 130 km, de Québec à Chicoutimi, est impressionnante de solitude, surtout l'hiver.

De mai à octobre, la rivière des Écorces et celle de Métabetchouan offrent notamment de belles promenades en canoë-camping. Jusqu'à début septembre, on y pratique la pêche à la truite mouchetée. La réserve compte quelques campings aménagés.

L'hiver, l'enneigement abondant et les multiples sentiers font le bonheur des skieurs de randonnée. Il existe notamment deux circuits de 2 à 5 jours avec un hébergement en refuge. La motoneige est également pratiquée dans la réserve.

Parc de la Jacques-Cartier

Dans la partie sud de la réserve faunique des Laurentides et à 40 km au nord de Québec, les 670 km^2 du parc de la Jacques-Cartier sont parfaits pour une escapade loin de la ville. Ours, orignaux, loups, chevreuils, ratons-laveurs, porcs-épics et castors sont nombreux sur ce territoire. Les amateurs de botanique peuvent s'adonner à l'observation des lichens, fougères et orchidées qui poussent à profusion dans le parc.

A moins d'une heure en voiture de Québec, vous pourrez camper, arpenter les sentiers de randonnée, pratiquer le VTT, l'équitation, le rafting ou faire du canoë dans la rivière Jacques-Cartier, l'une des plus belles rivières selon des spécialistes, très appréciée également par les saumons. Le panorama du mont Andante (755 m) sur les gorges et la rivière de la Jacques-Cartier est époustouflant. Le sommet est accessible en deux à trois heures de marche.

Le parc est ouvert du 1er juin au 15 octobre. L'entrée devrait être payante à partir de 1998.

A l'automne, des observations de l'orignal sont organisées. Du premier samedi de juillet au premier samedi d'août, des sorties consacrées à l'écoute des hurlements des loups sont également au programme. Elles ont lieu de 20h à 24h.

Près de l'entrée, un centre d'information fournit des détails sur les activités du parc et les aménagements disponibles (☎ 848-3169 et 622-4444 le reste de l'année).

Sur place (☎ 848-7238), vous pourrez louer l'équipement de camping et de plein air (canoës, kayaks, bicyclettes...).

L'été, les deux campings sont très recherchés et mieux vaut réserver sa place de tente (☎ 848-PARC ou le 1 800 665-6527). L'un est semi-aménagé (point d'eau et sanitaires), l'autre est des plus sommaires.

En hiver, on pratique le ski de fond. Sur certains itinéraires, des refuges ont été prévus à cet effet. Un autobus des neiges permettant de visiter le parc à partir du centre d'accueil devrait être en circulation dès l'hiver 1998. Pour les activités d'hiver, téléphonez au 848-2382.

Le parc est accessible par la route 175 qui traverse l'immense réserve faunique des Laurentides avant d'aboutir à Chicoutimi.

Île d'Orléans

A l'est de Québec, cette île verdoyante peuplée de près de 7 000 habitants donne une bonne image de la vie rurale traditionnelle du Québec. Longue de 34 km et d'une largeur maximale de 9 km, elle offre de superbes paysages. Ses vieilles maisons en bois et en pierre rappellent parfois le style normand. Les premières habitations datent de 1648. Jacques Cartier découvre l'île lors de son deuxième voyage au Canada en 1535. Inspiré par la présence de vignes sauvages, il la nomme alors l'île de Bacchus (dieu grec de la vigne et du vin). Un an plus tard, Cartier la rebaptise île d'Orléans en honneur du duc d'Orléans, fils de François 1er, roi de France.

En 1656, les Hurons se réfugient sur l'île pour échapper aux Iroquois. Ils lui donnent un nouveau nom, l'île Sainte-Marie, en mémoire de leur mission. Leur massacre par les Iroquois entraînera la disparition de cette appellation. Ce n'est que bien plus tard, en 1770, après de nombreuses tergiversations, que l'île retrouvera son nom d'origine, "d'Orléans". Le Chemin Royal ceinture sur 77 km cette langue de terre aux charmes variés. Vous pourrez ainsi traverser les six paroisses : Sainte-Pétronille, Saint-Laurent, Saint-Jean, Saint-François, Sainte-Famille et Saint-Pierre. D'est en ouest, les paysages varient, les forêts d'érables faisant place aux champs de pommes de terre. Les fruits, en particulier les pommes et les fraises, sont particulièrement abondants.

Depuis 1935, l'île est reliée au continent par un pont à l'extrémité nord-ouest.

Ces dernières années, des Québécois sont venus s'installer dans la région, du moins à l'extrémité ouest d'où la vue sur Québec est superbe. Elle fut la terre d'adoption du célèbre poète et chanteur Félix Leclerc qui y passa une grande partie de sa vie. L'île est protégée afin d'éviter le développement de constructions et sauvegarder le caractère spécifique de son architecture.

Les vieilles maisons en bois et en pierre de l'île d'Orléans évoquent parfois le style normand

Où se loger et se restaurer. A Sainte-Pétronille, *La Goéliche* (☎ 828-2248 ; fax 828-2745), belle bâtisse à la pointe ouest de l'île récemment rénovée, dispose de 18 chambres. En été, comptez de 149 à 178 $ pour une double avec petit déjeuner. Hors saison, les prix tombent à 109 $. L'établissement propose un forfait demi-pension. Pour déguster sa cuisine française ou occuper une chambre, il est fortement conseillé de réserver.

Ouverte toute l'année, l'*Auberge le Canard Huppé* (☎ 828-2292 ; fax 828-0966) à Saint Laurent, possède 8 chambres. La terrasse et le jardin sont à votre disposition. Le forfait chambre, petit déjeuner et dîner s'élève à 175 $ pour deux personnes. La maison, qui privilégie les produits québécois, a gagné le premier prix provincial pour ses entrées. Réservation indispensable.

Pour déguster la cuisine traditionnelle québécoise, essayez *l'Atre* (☎ 829-2474) à Sainte-Famille. On vous proposera entre autres un pâté maison, des cretons, de la tourtière, du fromage au lait cru ou encore de la tarte au sucre d'érable. Un petit détour par le grenier vous permettra de goûter à l'eau de vie d'érable.

Ce restaurant est ouvert du 1er mai au 30 octobre pour le dîner et pour le déjeuner entre le 15 juin et la fête du Travail (premier lundi de septembre). Pensez à réserver. Attention, le stationnement n'est pas autorisé autour du restaurant.

L'*Auberge Chaumonot* à Saint François (☎ 829-2735) possède 8 chambres confortables. Sa saison est courte, du 2 mai au 26 octobre. Le restaurant propose une cuisine française assez variée. On jouit d'une belle vue sur le fleuve.

Au bord du fleuve, le terrain de camping Orléans, à Saint-François, offre de bons emplacements.

Comment s'y rendre. Depuis Québec, emprunter la 440 en direction des chutes Montmorency. Vous apercevrez le pont sur votre droite. La route 368, appelée Chemin Royal, fait le tour de l'île.

Chutes de Montmorency

Situées dans le parc de la Chute-Montmorency, à 7 km à l'est de Québec (au niveau du pont de l'île d'Orléans), les chutes (☎ 663-2877) sont l'attraction principale des environs de Québec. Autrement dit, un lieu extrêmement fréquenté. Plus hautes que celles du Niagara, 83 m contre 53 m, elles sont toutefois moins impressionnantes mais n'en sont pas moins magnifiques.

Un téléphérique permet d'accéder aux chutes moyennant 4 $ l'aller (6 $ l'aller-retour). L'accès est gratuit pour les moins de 6 ans et coûte 2 $ pour les 6-16 ans. Un chemin permet également de s'y rendre à pied depuis le départ du téléphérique. La solution médiane consiste à monter avec le téléphérique et de redescendre à pied (la promenade est jalonnée d'escaliers). Comptez une heure environ pour effectuer cette excursion qui offre des vues grandioses sur les chutes et le Saint-Laurent.

A l'ouest des chutes se trouve le Manoir Montmorency, demeure du Duc de Kent entre 1791 et 1794, père de la reine Victoria. Il abrite aujourd'hui un centre d'interprétation, un restaurant, le *Manoir* (☎ 663-3330) et des boutiques. Profitez du panorama depuis la terrasse qui court le long de la façade blanche du Manoir.

Des aires de pique-nique avec tables et bancs ont été aménagées. L'hiver, au pied des chutes gelées, on peut s'adonner à la glissade. Des chambres à air sont louées sur place.

Les chutes sont accessibles de 9h à 23h du 24 juin au 6 août. Du 7 août à la mi-septembre, la fermeture a lieu à 21h. En juin, le site ferme à 19h et à 15h45 les autres mois de l'année.

Comment s'y rendre. Par la route 360 *via* l'avenue Royale, soit par la route 138 *via* le boulevard Sainte-Anne, parallèle à la 360 au nord. Un panneau sur la route indique clairement la direction pour se rendre au site. Le parking est payant de fin avril à début novembre (6 $). Le coût du stationnement est remboursable si vous prenez un repas au Manoir.

En bus, il faut emprunter à Québec, sur la place d'Youville, le bus n°800. Arrivé au terminal Beauport, prendre le bus n°50 jusqu'aux chutes ou le n°53, mais dont l'arrêt est plus éloigné de l'entrée.

Sainte-Anne-de-Beaupré

Cette ville sans véritable charme, coupée en deux par la route 138, est surtout un lieu de pèlerinage très important au Québec, depuis le milieu du XVIIe siècle. La **basilique Sainte-Anne-de-Beaupré** (☎ 827-3781), à cent mètres du boulevard Sainte-Anne, est impressionnante par sa taille gigantesque et sa situation dans un paysage urbain aux allures de banlieue.

La construction de la basilique actuelle fut entreprise en 1923 sur l'emplacement d'un premier bâtiment édifié en 1876 et détruit dans un incendie en 1922. L'intérieur, éclairé par deux cents vitraux, est plus intéressant que l'extérieur. Les voûtes sont recouvertes de mosaïques.

A proximité, se trouvent un musée, un monastère, une boutique et plusieurs chapelles. La chapelle de l'Immaculée, juste au-dessus de la basilique, renferme notamment une réplique exacte de La Pietà, sculpture de Michel-Ange dont l'original se trouve à la basilique Saint-Pierre de Rome. Sur la colline, un chemin de croix aux sculptures en bronze grandeur nature mène à la Scala Santa, église érigée en 1891, autre grande étape des pèlerins.

La saison des pèlerinages s'étend de mai à septembre (quelques-uns se font en bateau). Le 26 juillet, jour de la sainte Anne, des milliers de fidèles se rassemblent. Les jardins se transforment alors en un gigantesque campement.

Comment s'y rendre. La compagnie Intercar qui assure la ligne Québec, Baie-Saint-Paul, Tadoussac, dessert plusieurs fois par jour Sainte-Anne-de-Beaupré. L'arrêt du bus est à dix minutes à pied de la basilique.

En voiture, prendre la route 138 qui devient, à Saint-Anne-de-Beaupré, le boulevard Sainte-Anne. L'avenue Royale est sur la gauche et longe le boulevard. Québec n'est qu'à 40 km.

Où se loger. L'*auberge de la Basilique* (☎ 827-4475), située en face de la basilique, possède une cafétéria et dispose de 107 chambres. Une simple/double s'affiche à 38/46 $. Il existe également de nombreux motels le long du boulevard Sainte-Anne, dont les tarifs sont légèrement supérieurs.

Grand Canyon des chutes Sainte-Anne
A 6 km à l'est de Beaupré, les chutes de Sainte-Anne tombent de 74 m dans une faille profonde. Vous pourrez les traverser par un escalier et un pont suspendu pour 5 $. La traversée des deux autres ponts suspendus (l'un est plus en contrebas, l'autre permet de s'enfoncer davantage dans les gorges) est tout aussi impressionnante. Quoique très fréquenté, cet endroit est moins aménagé et moins spectaculaire que les chutes Montmorency. Il n'en est pas moins agréable. A l'automne, les chutes sont d'une beauté saisissante, au milieu des érables aux feuilles rouge et or. Un système de navette gratuite permet de rejoindre, de l'entrée du parc, le début du sentier qui mène aux chutes.

Le site est ouvert tous les jours du 24 juin au 1er septembre de 8h à 17h45. De début mai au 23 juin et du 2 septembre au 26 octobre, les horaires sont de 9h à 17h. Le parc est fermé le reste de l'année.

Comment s'y rendre. Par la route 138, en direction de Beaupré. A Beaupré, prendre la Côte-de-la-Miche.

Parc du Mont-Sainte-Anne
Un peu plus à l'est, à 40 km de Québec, à hauteur de la ville de Beaupré, le parc du Mont-Sainte-Anne (☎ 827-4561) est surtout connu pour son domaine skiable, le plus important de la province et du Canada de l'est. Des épreuves de la Coupe du Monde de ski alpin s'y déroulent. Avec 12 remontées mécaniques, 51 pistes couvrant 60 km sur trois versants (dont 10 classées très difficiles et 6 extrêmes), la station satisfait aussi bien les débutants que les as du ski. Elle compte la plus belle descente du Québec. Un programme pour les skieurs handicapés est prévu (45 $ pour deux heures).

De novembre à fin avril (parfois fin mai), le ski nocturne est pratiqué du mardi au samedi jusqu'à 22h. Le forfait journée coûte 41 $, celui du soir (à partir de 15h) revient à 19 $. Le ski de randonnée est lui aussi très pratiqué dans la station. Le réseau de sentiers (215 km) est le plus important du Canada.

Dans la station, une halte-garderie pour les enfants de 6 mois à 10 ans fonctionne tous les jours (8 $ l'heure, 30 $ la journée).

En été, les télécabines vous emmènent jusqu'au sommet. Si vous le souhaitez, des sentiers de randonnée pédestre et cyclable (plus de 200 km) grimpent également jusqu'au sommet. Que les néophytes se rassurent, les télécabines sont conçues pour transporter aussi les vélos. Trois pistes cyclables sont réservées à la descente. A la station, vous pouvez louer des bicyclettes (☎ 827-8640). Des vols en parapente sont également organisés (☎ 824-5343).

Comment s'y rendre. Emprunter la route 138 *via* Montmorency jusqu'à Beaupré. Puis suivre à gauche la route 360 jusqu'à la station de ski. II n'existe aucun service de bus qui assure la liaison à partir de Québec. Seule possibilité : prendre le bus jusqu'à Sainte-Anne-de-Beaupré puis faire du stop ou prendre un taxi (12 $ au minimum). L'autre solution consiste à prendre la navette taxi qui relie certains grands hôtels de Québec à la station (☎ 525-5191). Le tarif est de l'ordre de 18 $ l'aller-retour.

Stoneham
A une vingtaine de kilomètres au nord de Québec, sur la route 175 en direction de la réserve faunique des Laurentides, Stoneham (☎ 842-2411) est une autre station de ski très fréquentée. Bien que plus petit que celui du parc du Mont-Sainte-Anne, son domaine skiable satisfait tous les niveaux. Autre intérêt, le forfait y est bien moins cher (34 $ pour le journée), celui du soir (de 15h à 22h30) est au même prix (19 $).

Les Sept-Chutes
Elles sont les plus hautes chutes de la région (130 m) et se situent à environ une trentaine de kilomètres à l'est de Québec, dans la commune de Saint-Ferréol-les-Neiges, 4520 avenue Royale. Comme leur nom l'indique, c'est une succession de cascades qui dévalent un impressionnant canyon. De nombreux sentiers pédestres ont été aménagés le long des rivières, l'un

d'entre eux permet de rejoindre une ancienne centrale hydroélectrique désaffectée et un barrage. A l'entrée, un centre d'interprétation raconte l'histoire du site. On peut se restaurer sur place ou emporter un casse-croûte avec soi. L'entrée est de 6,50 $ et de 4 $ pour les 6-12 ans. Des tarifs famille sont proposés.

Fermées de la mi-octobre à la mi-mai, les chutes sont accessibles de 10h à 17h tous les jours à partir du troisième samedi de mai. Du 24 juin au premier lundi de septembre, les horaires d'ouverture sont de 9h à 19h. Passée cette date, elles ne sont accessibles que le week-end et les jours fériés de 10h à 17h, jusqu'à la mi-octobre.

Comment s'y rendre. Par la route 138. passé Beaupré, continuez la route 138 et tournez à gauche au panneau signalant Les Sept-Chutes. Le site est alors à une dizaine de kilomètres. Autre option : prenez, sur la route 138, la route 360, en direction de Saint-Ferréol-les-Neiges. A l'entrée du village, la route devient l'Avenue Royale.

Réserve nationale de faune de Cap-Tourmente

A 50 km à l'est de Québec et en bordure du Saint-Laurent, la réserve nationale de faune de Cap-Tourmente représente l'une des meilleures places pour observer l'oie des neiges durant sa migration (d'avril-mai à septembre-octobre).

Reconnue depuis 1981 comme une zone humide d'importance internationale, en vertu de la Convention de Ramsar, elle accueille, au printemps et à l'automne, des centaines de milliers d'oies blanches qui viennent y faire escale avant de repartir. Les marais abritent également des milliers de canards, des hérons, des crécelles d'Amérique, des busards et des faucons. Le passerin indigo voisine avec le raton-laveur, le renard roux et l'ours noir (qui joue les discrets). La réserve recense 250 espèces d'oiseaux, 54 espèces de mammifères et 700 espèces de plantes. Paradis des ornithologues et des randonneurs, elle dispose d'un réseau de 18 km de sentiers pédestres, de longueurs et de difficultés variées (les bicyclettes ne sont pas autorisées). Des points d'observation ont été aménagés afin de ne pas perturber l'écosystème. Les aires de pique-nique sont nombreuses et leurs cadres valent les meilleurs restaurants de Québec. Une carte des sentiers gratuite est distribuée à l'entrée du site. Le centre d'interprétation permet de s'informer sur la faune, la flore du parc et sur la migration de l'oie des neiges. L'exposition est particulièrement bien conçue.

Sur place, il est possible de louer des jumelles à la journée (3 $) ou à la demi-journée (2 $). On peut également utiliser un guide d'interprétation pour 2 $ l'heure et par personne. Le petit restaurant n'est ouvert que de fin avril à octobre.

Durant la période de la migration, de la mi-avril à la mi-octobre, la réserve (☎ 827-4591) est ouverte tous les jours de 9h à 17h et l'entrée revient à 5 $ par personne. En dehors de cette période, les horaires varient d'un mois sur l'autre. Il est préférable de s'informer au ☎ 827-3776. De la mi-janvier à la fin mars, le site est accessible, gratuitement, tous les week-ends de 8h à 16h. Mais de novembre à décembre, l'accès à la réserve se limite à deux ou trois jours par semaine.

Comment s'y rendre. Empruntez la route 138. A 50 km environ de Québec, un panneau indique la direction à prendre pour rejoindre le site qui se trouve alors à six kilomètres environ. Cap sur le Saint-Laurent. En venant de Baie-Saint-Paul dans la Charlevoix, à une quarantaine de kilomètres, faites attention : le panneau Cap Tourmente est sur la gauche, juste après une belle descente.

Où se loger. En bordure de la réserve, construite en pleine nature, *L'auberge de l'oie des Neiges* (☎ 827-5153), 390 chemin du Cap-Tourmente, à Saint-Joachim, allie le charme d'une vieille demeure et un environnement exceptionnel. Attenante à la superbe maison en pierre des propriétaires, une cuisine permet de préparer ses repas. La nuit se monte à 45 $ par personne, 75 $ pour deux. On peut louer aussi la maison et visiter l'érablière de la propriété et, en saison, assister à la fabrication du sirop d'érable. Au petit déjeuner figurent confitures et sirop d'érable maison !

Lévis

Construite juste en face de Québec, sur la rive sud du Saint-Laurent, Lévis se découvre à partir de la capitale provinciale. La traversée en ferry (☎ 644-3704) réserve de très belles vues sur Québec. Mais pour bénéficier du panorama le plus saisissant, il faut se promener sur la terrasse de Lévis, rue Willam-Tremblay, à proximité de l'embarcadère.

Le Vieux-Lévis, qui s'étage sur la colline, offre lui aussi une agréable promenade. Le fort qu'il abrite se visite. Entre 1865 et 1872, les Britanniques construisirent en effet trois forts sur les falaises de la rive sud du Saint-Laurent pour protéger Québec contre une éventuelle attaque des Américains. Le **Fort Numéro 1** (☎ 835-5182 ou 1 800 463-6769), 41 chemin du Gouvernement, est le seul vestige qui reste de cette ligne de défense. Il a été restauré et transformé en parc historique national. Des visites guidées sont organisées. Ouvert tous les jours de 10h à 17h de la mi-juin à début septembre, il n'est accessible en mai et début juin que du dimanche au vendredi de 9h à 16h. En septembre-octobre, il n'ouvre ses portes que le dimanche entre 12h et 16h. Il est fermé de novembre à début mai. L'entrée est de 2,50 $ (gratuite pour les moins de cinq ans).

A la Pointe-Lévy, le **Fort de la Martinière** (☎ 833-6620), 9805 boulevard de la Rive-Sud, est une autre construction militaire qui se visite à l'année. Édifié en 1907, il est le seul ouvrage ayant réellement servi à la défense de Québec. Des visites guidées sont également organisées. Ouvert tous les jours de mai à octobre de 9h à 17h, il n'est accessible le reste de l'année que les jours de la semaine. L'entrée est gratuite.

Lévis abrite aussi la **Maison Alphonse Desjardins**, transformée en musée (☎ 835-2090), 6 rue du Mont-Marie. Consacré à la vie du fondateur de la première caisse populaire au Québec, il retrace notamment la construction de ce vaste réseau de coopératives d'épargne et de crédit qui compte aujourd'hui quatre millions d'adhérents au Québec.

Comment s'y rendre. La liaison en ferry Québec-Lévis est assurée toute l'année de 6h à 3h45, toutes les 30 minutes (le soir et la nuit, toutes les heures). La traversée dure 10 minutes.

En voiture, empruntez, de Québec, le pont de Québec afin de rejoindre la route 132 qui mène à Lévis.

Saint-Michel-de-Bellechasse

A 30 km de Lévis, à l'ouest, Saint-Michel-de-Bellechasse fait partie de ses beaux villages du Québec qu'il ne faut absolument pas manquer. En bordure du fleuve, le Village Blanc, comme on le surnomme, a conservé la plupart de ses vieilles demeures. Peintes en blanc (exceptionnellement en couleur pastel) comme le veut un arrêt municipal, elles sont collées les unes aux autres. L'ensemble est fort agréable, voire exceptionnel notamment le long des rues de la Grève, des Remparts et de la rue Saint-Joseph. Sur la place de l'Église, la vue sur les quais, la rive et l'île d'Orléans laisse rêveur. L'été, la promenade est agréable le matin. Dès 11h, le village déborde de monde.

Comment s'y rendre. De Québec, rejoindre Lévis par le pont de Québec pour emprunter la route 132 qui longe le Saint-Laurent.

On peut s'y rendre également à bicyclette. De Québec, montez à bord de la navette pour Lévis. De là, prenez la route 132, dont le nouvel accotement jusqu'à Saint-Michel-de-Bellechasse facilite la balade à deux-roues.

Le Charlevoix

Indicatif ☎ 418

Au nord-est de Québec, ce territoire de 6 000 km^2 pour 30 000 habitants, le plus petit de la province après les îles de la Madeleine, offre un paysage de montagnes tout en vallons et en courbes généreuses, aimant à plonger ses racines dans un Saint-Laurent aux allures déjà maritimes. A l'intérieur de ses terres, soigneusement protégées, se cachent des aires de taïga, domaines du caribou, exceptionnelles à cette latitude.

Cette particularité lui a valu d'être classé Réserve mondiale de la Biosphère par l'Unesco en 1989.

A géographie peu banale, histoire digne des plus belles légendes. Né d'un impact colossal d'une météorite géante, le Charlevoix est en effet un immense cratère, l'un des plus grands de la planète.

Domaine abrupt, difficile d'accès et peu perméable à la présence humaine, il est longtemps resté une terre vierge, et le demeure. Seul son littoral enregistre une réelle présence humaine, limitée à quelques points côtiers et à de rares villes de l'intérieur.

Peintres et écrivains en ont toujours fait leur refuge et leur cadre de travail. A une heure seulement de Québec, le Charlevoix, voie d'accès pour la Côte Nord, est un espace de villégiature très prisé.

Les galeries, antiquaires et boutiques d'artisanat abondent dans les villes et les villages. L'été, les hôtels et les gîtes, logés pour la plupart dans de belles demeures et au milieu de sites d'exception, affichent complet et augmentent leurs tarifs.

La plupart sont néanmoins abordables, même pour les voyageurs disposant d'un petit budget.

La route 138, et surtout la route 362 qui relie Baie-Saint-Paul à La Malbaie, permettent de prendre la mesure des paysages du Charlevoix et des dénivelés vertigineux.

A NE PAS MANQUER

- Les pistes de ski de la station Le Massif à Petite-Rivière-Saint-François
- La randonnée de la Taïga dans le parc des Grands-Jardins
- Le musée Maritime de Saint-Joseph-de-la-Rive
- Les concerts du Domaine Forget à Saint-Irénée
- Le musée du Charlevoix à Pointe-au-Pic
- Une balade en canoë dans le secteur de l'Équerre, dans le parc des Hautes-Gorges-de-la-Rivière-Malbaie
- Le centre d'interprétation et d'observation des baleines de Pointe-Noire à Baie-Sainte-Catherine

HISTOIRE

La région fut longtemps une terre inoccupée. Seuls les pêcheurs de cétacés fréquentaient ses rives. L'établissement de sept seigneuries au XVIIe siècle marque le début de son peuplement, qui reste néanmoins extrêmement timide.

En 1855, elle prend le nom de Charlevoix en hommage à François-Xavier de Charlevoix, jésuite et historien de la Nouvelle-France au XVIIe siècle. Elle est alors principalement une région de navigateurs. Marins et agriculteurs l'été, les hommes se font bûcherons l'hiver et construisent des goélettes, un bateau léger à fond plat mesurant entre 15 et 30 mètres de long.

La région, de par son manque d'infrastructures et l'interruption de la navigation en hiver, est isolée et doit subvenir seule à ses besoins. Jusqu'à l'achèvement de la route en 1954, le train sera le seul moyen de transport, avec le bateau qui, lui, est condamné à rester à quai cinq mois de l'année jusqu'à la fonte des glaces du Saint-Laurent.

Les difficiles conditions de subsistance amèneront nombre de familles à émigrer vers des terres moins hostiles. En 1830, les premiers bateaux à vapeur, les bateaux

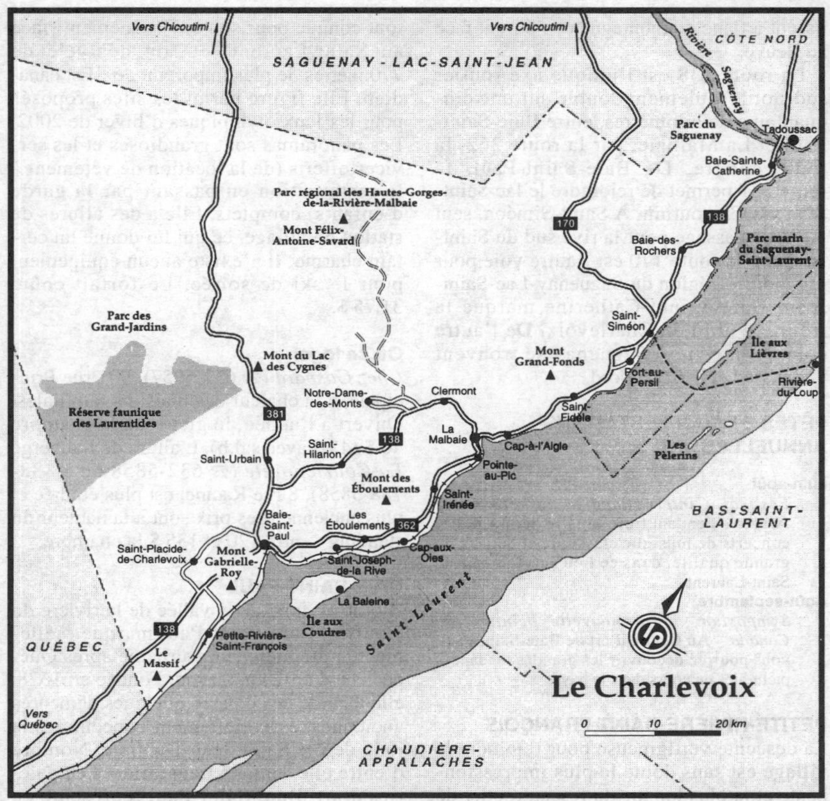

blancs comme on les surnomme alors, ouvrent une nouvelle ère. La beauté des paysages du Charlevoix attire de riches Américains et Canadiens mais aussi des peintres.

De somptueuses demeures sont construites, des terrains de golfs se créent, un tourisme de luxe se développe. La région est apprivoisée.

Entre l'exploitation forestière, l'agriculture, la construction navale et le développement rapide du tourisme, elle entame un nouveau chapitre de son histoire, dont elle porte encore aujourd'hui les marques.

ORIENTATION

Entre la région de Québec au sud-ouest, celle du Saguenay-Lac-Saint-Jean au nord et le Saint-Laurent qui la borde de bout en bout, le Charlevoix est marqué à l'intérieur de ses terres par les hauts sommets du vieux massif des Laurentides frôlant les mille mètres. Au nord-est, l'action des glaciers a provoqué la création de cirques et de vallées aux gorges profondes.

De Petite-Rivière-Saint-François au sud à Baie-Sainte-Catherine située juste à l'embouchure de la rivière Saguenay et du Saint-Laurent, les villes et villages se blottissent à flanc de montagne et s'étirent face au fleuve.

La route 138 est l'unique axe routier sud-nord, seulement doublé sur une cinquantaine de kilomètres, entre Baie-Saint-Paul et La Malbaie, par la route 362, la route côtière. De Baie-Saint-Paul, la route 381 permet de rejoindre le lac Saint-Jean *via* Chicoutimi. A Saint-Siméon, seul point de passage pour la rive sud du Saint-Laurent, la route 170 est l'autre voie pour rejoindre la région du Saguenay-Lac-Saint-Jean. Baie-Sainte-Catherine marque la frontière nord du Charlevoix. De l'autre côté de la rivière Saguenay se trouvent Tadoussac et la Côte Nord.

FÊTES ET MANIFESTATIONS ANNUELLES

Juin-août

Festival international du Domaine Forget – Pendant trois mois se déroulent des concerts de musique classique et de jazz de grande qualité, dans ce lieu surplombant le Saint-Laurent.

Août-septembre

Symposium de la nouvelle peinture au Canada – Au Centre d'art de Baie-Saint-Paul, vous pourrez découvrir les grandes tendances picturales en cours dans le pays.

PETITE-RIVIÈRE-SAINT-FRANÇOIS

La descente vertigineuse pour rejoindre le village est sans doute la plus impressionnante et la plus longue du réseau routier de la région. Éloignée de quelques kilomètres de la route 138, Petite-Rivière-Saint-Francois a des allures de bourg effilé dont la course sur 6 km, le long de la rue Principale, se termine tranquillement à la station de ski Le Massif.

Domaine des érablières, totalement absorbé par la nature environnante, le village a abrité pendant plusieurs étés la romancière Gabrielle Roy. Au printemps, des effluves de sirop d'érable flottent dans le village. Deux cabanes à sucre organisent des visites dans les propriétés.

Distante de seulement quelque 90 km de Québec, la station de ski alpin **Le Massif** (☎ 632-5205), 1350 rue Principale, est surtout connue pour son environnement (face au Saint-Laurent) et son dénivelé de 770 mètres, le plus important de l'Est canadien. Elle figure parmi les sites proposés pour les Jeux olympiques d'hiver de 2002. Les panoramas sont grandioses et les services offerts (de la location de vêtement à la restauration en passant par la garde d'enfants) complets. Elle a des allures de station de village, ce qui lui donne un certain charme. Il n'existe aucun équipement pour le ski de soirée. Le forfait coûte 31,75 $.

Où se loger

Chez Gaspard (☎ 632-5957), 901 rue Principale, a la chaleur des maisons familiales. Ouvert à l'année, le gîte loue la chambre 40 $ (45 $ avec s.d.b). L'allure de l'auberge *La Courtepointe* (☎ 632-5858 ou 1 888-788-5858), 8 rue Racine, est plus étudiée et plus ancienne. Les prix sont à la hauteur du standing : entre 120 et 135 $ la chambre.

BAIE-SAINT-PAUL

Blottie au fond de la vallée de la rivière du Gouffre, Baie-Saint-Paul marque réellement la première étape urbaine après Québec, situé à 91 km au sud. Fondée en 1678, elle a gardé de ce passé quelques demeures anciennes, essentiellement concentrées le long de rue Saint-Jean-Baptiste. Nombre d'entre elles ont été transformées en galeries d'art. Baie-Saint-Paul représente en effet l'une des principales vitrines de la création artistique québécoise, comme en témoignent les nombreuses galeries vouées à la peinture paysagiste et les multiples ateliers d'artiste disséminés dans la ville.

Renseignements

Le bureau touristique (☎ 435-4160), 444 boulevard Monseigneur-de-Laval (route 138), se situe dans le bâtiment du Centre d'histoire naturelle de Charlevoix. Il est ouvert tous les jours de 9h à 16h30 (fermeture à 21h de la mi-juin à début septembre).

De la mi-juin à début septembre, le Centre d'art de Baie-Saint-Paul accueille une antenne saisonnière, en service de 9h à 21h. La poste se trouve 9 rue Saint-Jean-Baptiste. Le centre hospitalier de Charlevoix (☎ 435-5150) se tient 74 rue Ambroise-Fafard.

A voir

Le **Centre d'art de Baie-Saint-Paul** (☎ 435-3681), 4 rue Ambroise-Fafard, et le **Centre d'exposition de Baie-Saint-Paul** (☎ 435-3681), au n°23, proposent des expositions temporaires et des rétrospectives consacrées notamment à des peintres célèbres qui ont immortalisé le Charlevoix et Baie-Saint-Paul, tels les Québécois Clarence Gagnon (1881-1942), Jean-Paul Lemieux (1904-1990), René Richard ou l'Ontarien Alexander Young Jackson (1882-1974). Dans la rue Saint-Jean-Baptiste se concentrent des galeries tout aussi intéressantes, comme la galerie d'art Clarence Gagnon, au n°61. Le Centre d'art de Baie-Saint-Paul est ouvert tous les jours de l'année et l'entrée est gratuite. Le Centre d'exposition, lui aussi accessible tous les jours, affiche un droit d'entrée de 3 $.

Le **Centre d'histoire naturelle de Charlevoix** (☎ 435-6275), 444 boulevard Monseigneur-de-Laval (route 138), est voué à la topographie et aux paysages du Charlevoix. Il constitue une bonne entrée en matière pour comprendre la région. Il est ouvert tous les jours de 9h à 19h du 24 juin au 1er septembre (10h-16h en dehors de cette période) et l'entrée s'élève à 3 $ (1 $ pour les moins de 12 ans).

Le Centre propose également des excursions à pied ou à bicyclette dans le Charlevoix. Vous pouvez vous faire accompagner d'un guide, louer des cassettes audio (6 $) ou des deux-roues. Un circuit en autobus de deux heures revient à 15 $ (5 $ pour les moins de 12 ans).

Où se loger

A proximité du Centre d'art, *Le Gîte du Voyageur* (☎ 435-3480), 44 boulevard Ambroise-Fafard, présente un excellent rapport qualité/prix avec une simple/double à 35/45 $, taxes incluses. A côté, l'*Auberge aux petits oiseaux* (☎ 435-3888) dispose d'une belle façade et affiche des prix plus élevés (entre 60 et 80 $ la chambre).

Dans la rue Sainte-Anne, au n°192, l'*Auberge Belle Plage* (☎ 435-3321) offre une chambre à 50 $ en basse saison (60 $ le reste de l'année). Au n°196, l'*Auberge Le Cormoran* (☎ 435-6030) propose une large gamme de prix, de 60 à 100 $.

Les hôtels de charme se concentrent essentiellement le long de la rue Saint-Jean-Baptiste. Au n°23, mentionnons *La Maison Otis* (☎ 435-2255), dont les tarifs varient de 130 à 220 $ en haute saison (à partir de 80 $ en dehors de cette période). Au n°39, l'*Auberge La Muse* (☎ 435-6839), tout aussi plaisante, propose un premier prix à 110 $. *La Grande Maison* (☎ 435-5575 ou 1 800 361-5575), 160 rue Saint-Jean-Baptiste, est une élégante demeure facturant les chambres entre 45 et 120 $.

Le camping *Le Genevrier* (☎ 435-6520), 1175 boulevard Monseigneur-de-Laval, est le plus important camping de la région. L'emplacement revient à 21,50 $.

Où se restaurer

Le restaurant *Aux Petits Oignons* (☎ 435-5575), 160 rue Saint-Jean-Baptiste, installé au rez-de-chaussée de l'hôtel La Grande Maison, est spécialisé dans la cuisine régionale (repas à partir de 15 $). Pour manger léger et végétarien, *Le Balcon Vert* (☎ 435-5587) représente le lieu idéal (fermé d'octobre à mai).

Le Mouton Noir (☎ 435-3075), 43 rue Sainte-Anne, à l'ambiance décontractée, est d'un bon rapport qualité/prix : comptez environ 12 $. Il ne ferme qu'à 23h.

La Maison Otis (☎ 435-2255), 23 rue Saint-Jean-Baptiste, est la grande table de la ville. Vous débourserez en moyenne 25 $.

Comment s'y rendre

De Québec, prendre la route 138 Nord. De Tadoussac, suivre la route 138 Sud et, à La Malbaie, empruntez la route 362.

La compagnie Intercar effectue deux fois par jour la liaison Québec-Baie-Saint-Paul.

Le terminus (☎ 435-6569) est installé dans le centre commercial Le Village, 2 route de l'Équerre.

PARC DES GRANDS-JARDINS

A 35 km au nord de Baie-Saint-Paul, le parc des Grands-Jardins est l'une des trois aires centrales de la Réserve mondiale de la Biosphère du Charlevoix répertoriées par l'Unesco. La végétation nordique qui recouvre une partie de ses 310 km² de territoire en fait un site exceptionnel à cette latitude.

L'autre grande richesse du parc réside dans ses troupeaux de caribous. Disparus au début du siècle, ils ont été réintroduits avec succès à la fin des années 60.

Les multiples sentiers de randonnée (50 km) offrent des points de vue à couper le souffle sur les montagnes du Charlevoix. La découverte de ce paysage de toundra arctique procure des instants de grande émotion.

Le **Poste d'accueil Thomas-Fortin** (☎ 457-3945), sur la route 381 en provenance de Baie-Saint-Paul, est le passage obligé pour rentrer dans le parc, en toute saison. Ouvert chaque jour de 9h à 17h de la mi-mai à la mi-octobre, ses horaires passent de 8h à 20h entre la mi-juin et la dernière semaine d'août.

Le **Centre d'interprétation du Château-Beaumont**, à dix kilomètres environ du poste d'accueil, présente la flore et la faune du parc.

La Société charlevoisienne de mise en valeur du parc des Grands-Jardins (☎ 1 800 665-6527 ou 890-6527) organise des randonnées à thème avec des guides naturalistes. Il vous en coûtera 10 $ pour celle dite de la taïga (durée trois heures). Elle loue par ailleurs des bicyclettes (18 $ les 8 heures, 6 $ l'heure) et des canoës (21 $ les 8 heures, 8 $ l'heure). En hiver, le circuit sur la piste du caribou permet de partir en ski de fond sur les aires d'hivernage de l'animal.

Renseignez-vous au ☎ 846-2057 ou 435-3101 de juin à novembre ; le reste de l'année, appelez le ☎ 435-3101.

Où se loger

Dans le parc, il est possible de louer des chalets à partir de 20 $ par personne et par jour. Par ailleurs, des refuges équipés (à partir de 14 $ par personne) ont été construits aux abords des sentiers. Il faut réserver (☎ 890-6527 ou 1 800 665-6527).

Sur place également, deux types de camping (☎ 846-2057) ont été aménagés. Le *Camping de la Roche* possède l'ensemble des services désirés mais ne compte qu'une vingtaine d'emplacements, à partir de 14 $. Près du centre d'accueil, un terrain est disponible pour le camping. Deux autres aires en bordure de rivière, accessibles en canoë, sont par ailleurs réservées aux campeurs (10 $).

LES ÉBOULEMENTS

Le nom de ce village à flanc de montage évoque le gigantesque glissement de terrain survenu à la suite du tremblement de terre de 1663. A mi-chemin entre Baie-Saint-Paul et La Malbaie, Les Éboulements ont inspiré de nombreux peintres. La vue sur l'île aux Coudres est superbe et les lumières somptueuses. De belles maisons aux couleurs chatoyantes se répartissent de chaque côté de la rue Principale (route 138).

Au n°157, **Le Moulin** (☎ 635-2239), construit en 1790 par le premier seigneur des Éboulements, Pierre de Tremblay, fonctionne toujours. Attenant, l'ancien manoir seigneurial, bien conservé, permet d'imaginer une seigneurie du XVIIIe siècle. Pour les horaires et les jours d'ouverture, mieux vaut téléphoner.

A trois kilomètres au nord, accessible par un chemin goudronné à droite de la route 362, la plage de **Cap-aux-Oies** est un régal pour la promenade, le paysage et la baignade.

Où se loger et se restaurer

L'*Auberge de nos aïeux* (☎ 635-2405 ou 1 800-2652405), 183 route 362, est un motel de grande classe, avec des pavillons blancs aux larges baies vitrées. La vue sur l'île aux Coudres et la gentillesse des propriétaires ont fait de cette adresse le repaire des peintres. Il dispose d'ailleurs d'un atelier. La table est par ailleurs réputée. En basse saison, la simple avec dîner et petit déjeuner revient à 60 $ (65 $ en haute saison). Il est préférable de réserver.

Plus guindée, l'*Auberge Le Surouêt* (☎ 635-1401), 195 rue Principale (route 362), joue dans le registre chaumière feutrée avec cheminée pour les plus belles chambres. Pour une personne, les prix commencent à 55 $ en basse saison et 80 $ en dehors de cette période. L'auberge dispose aussi d'un restaurant.

Les gîtes du village sont bien plus abordables. *Aux Volets Verts* (☎ 635-2804), 293 rue Principale, affiche une simple/double à 30/50 $, voire moins selon la période. Au n°216, *Le Nichouette* (☎ 635-2458) et la *Villa des Roses* (☎ 635-2733), au n°290, proposent le même type de confort, c'est-à-dire simple et très convenable, pour 40/50 $.

SAINT-JOSEPH-DE-LA-RIVE

En contrebas du village Les Éboulements, accessible par la côte de la Misère (qui porte bien son nom tant le dénivelé est impressionnant), Saint-Joseph-de-la-Rive fut un chantier maritime très réputé, fermé en 1972. Aujourd'hui, il offre le visage d'un village de villégiature qui s'étire face à l'île aux Coudres.

Les quelques rares goélettes échouées font partie désormais du patrimoine du **musée Maritime** (☎ 635-1131), 305 place de l'Église, ouvert tous jours de 9h à 17h du 24 juin à début septembre (2 $; gratuit pour les moins de 12 ans). En mai, juin, septembre et octobre, il faut téléphoner.

En face du musée, la **papeterie Saint-Gilles** (☎ 635-2430), 304 rue Félix-Antoine-Savard, est célèbre pour ses feuilles de papier de coton incrustées de végétaux. Son fondateur, monseigneur Félix-Antoine Savard, auteur d'un grand classique de la région "Menaud, Maître-Draveur", est enterré dans le cimetière du village.

La papeterie abrite un intéressant **écomusée du papier** ouvert à l'année (entrée gratuite).

Saint-Joseph-de-la-Rive est le seul port d'accès pour l'île aux Coudres. La traversée (☎ 438-2282), gratuite, dure un quart d'heure et les horaires s'échelonnent à de 7h30 à 23h30. De fin juin au 1er septembre, les départs ont lieu toutes les trente minutes entre 10h et 17h ; le reste de l'année, de 7h30 à 23h30.

Où se loger

L'*Auberge L'Été* (☎ 635-2873), 589 chemin du Quai-Saint-Joseph, est une belle demeure à l'abri des regards indiscrets. Elle fut le refuge de l'écrivain Anne Hébert. De la fin mai à la mi-octobre, la chambre coûte 75 $ le week-end (65 $ en semaine). Le forfait revient à 125 $ pour deux, dîner inclus. Le reste de l'année, elle est fermée.

Plus vaste mais tout aussi charmante, *L'Auberge Beauséjour* (☎ 635-2895 ou 1 800 265-2895) est installée au n°569 et sert de relais aux motoneigistes l'hiver. La simple commence à 37,5 $ (47,5 $ en haute saison).

L'Auberge de la Rive (☎ 635-2846), 280 rue de l'Église, profite de sa proximité avec le chantier maritime. Les chambres n'ont rien d'extraordinaire, mais il règne une ambiance familiale. Elle fait également motel. La simple/double se monte à 35/65 $ (rajouter 5 $ l'été).

ÎLE AUX COUDRES

A dix minutes en traversier de Saint-Joseph-de-la Rive, l'île est facilement abordable. Petite (dix kilomètres dans sa plus grande longueur sur cinq environ), elle se découvre en voiture ou à bicyclette.

Une route de 26 km ceinture l'île. Le chemin Royal longe la rive nord-ouest avant de rejoindre le chemin des Coudriers bordant la rive sud-est. Elle constitue une promenade et offre un point de vue intéressant sur les montagnes du Charlevoix.

Au terminal des traversiers, vous trouverez un bureau d'information ouvert seulement de juin à septembre. Au 34 rue du Port, à deux cents mètres du port, la boutique Gérard Desgagnés (☎ 438-2332) loue des bicyclettes. Un second loueur est ins-

L'île aux Coudres, entre noisettes et goélettes

Lorsque Jacques Cartier débarque sur l'île le 6 septembre 1535, il s'étonne dans son journal du nombre de coudriers (noisetiers) qui couvrent ce territoire encore inconnu. Leurs fruits ne manquent pas de saveur, et s'avèrent même bien meilleurs que ceux récoltés en France. Le nom de ce bout de terre du Saint-Laurent est tout trouvé : ce sera l'île aux Coudres.

Pendant deux siècles environ, l'île restera inhabitée. Halte occasionnelle pour les navires en direction de Québec, elle est parfois occupée par des pêcheurs de bélugas, le temps de tanner la peau de ces cétacés, très prisée dans la confection de bottes.

L'attribution en 1677 du territoire à Étienne Lessard de Beaupré par le gouverneur de Frontenac ne changera guère le cours de son destin.

Il faut attendre le début du XVIIIe siècle et le peuplement du Charlevoix pour que l'île aux Coudres enregistre, à l'année, une réelle occupation de son sol. Son développement est alors rapide. Les habitants seront fermiers, éleveurs, tisseurs, pêcheurs mais aussi employés sur les chantiers de construction et de réparation de goélettes, une activité traditionnelle qui s'éteindra dans les années 50.

Parallèlement, comme sur l'île d'Orléans, des moulins à eau et à vent sont élevés pour moudre les récoltes de blé et de maïs. Deux d'entre eux fonctionnent encore, vestiges d'un passé pas si lointain. ■

tallé à 5 km du traversier, au village de l'Île-aux-Coudres.

Aujourd'hui essentiellement tournée vers l'agriculture et le tourisme d'été, cette île de 1 400 habitants dispose de plusieurs musées. Le premier (☎ 438-2753), installé 231 chemin des Coudriers, est consacré à l'histoire des insulaires, il est ouvert tous les jours de la mi-mai à octobre (3,50 $). Au n°203, le **musée des Voitures d'eau** (☎ 438-2208) retrace l'activité des chantiers navals et le rôle de la goélette et organise des excursions dans l'île avec un bateau monté sur roues.

Dans le village de l'Île-aux-Coudres, situé à la pointe sud-ouest, deux moulins, l'un à eau, l'autre à vent, servent de cadre à l'**écomusée de la Farine** (☎ 438-2184), 247 chemin du Moulin. Comme tous les lieux à visiter sur l'île, il est ouvert tous les jours de la mi-mai à la mi-octobre.

Depuis peu, des croisières pour le fjord du Saguenay et l'observation des baleines sont organisées quotidiennement de la mi-mai à la mi-octobre par la compagnie Famille Dufour Croisières (☎ 1 800 463-5250). Les départs se font à 9h.

L'île dispose de motels, de gîtes et de deux campings. Près de l'embarcadère (à deux kilomètres environ), le *Camping Sylvie* (☎ 438-2420), 191 rue Royale Ouest, affiche des prix compris entre 10 et 15 $. La location d'un chalet pour deux personnes revient à 30 $ la journée (35 $ le chalet de 4 personnes). Plus grand, situé à proximité de la ville principale de la Baleine, sur la rive est, le *Camping Leclerc* (☎ 438-2217), 183 route Principale, offre toutes les commodités. Il coûte 16 $ l'emplacement.

Pour s'y rendre, reportez-vous au paragraphe *Saint-Joseph-de-la Rive*.

SAINT-IRÉNÉE

L'environnement de ce petit village très éclaté n'est qu'une suite de lignes arrondies et harmonieuses plongeant dans le Saint-Laurent. Saint-Irénée abrite le **Domaine Forget**, une académie de musique et de danse de réputation internationale ouverte aux étudiants du monde entier. Chaque été, des stages d'études sont organisés et donnent lieu à des concerts.

Situé à flanc de collines, juste au dessus de la route 362, le Domaine (☎ 452-8111 ou 1 888 DFORGET), 398 chemin les Bains, englobe trois anciennes propriétés estivales, résidences de Joseph Lavergne, d'Adolphe-Basile Routhier, auteur de l'hymne national (Ô Canada), et de Rodolphe Forget, député du Charlevoix, initiateur de la ligne de chemin de fer régionale.

La nouvelle salle de concert, construite dans l'immense propriété, compte parmi les meilleures du Canada de par ses qualités acoustiques. Dès la mi-mai, des concerts de musique classique et de jazz y sont donnés en soirée et dans l'après-midi. Les prix sont relativement abordables : comptez 63 $ pour trois concerts de jazz en juillet. En saison, le Domaine organise un brunch musical le dimanche.

Où se loger

Installée en bordure du Saint-Laurent, *La Luciole* (☎ 452-8283), 178 chemin les Bains, est une superbe et grande demeure aux larges terrasses, ouverte toute l'année. Le prix de la chambre varie entre 45 et 80 $. Elle est fermée en basse saison. Au n°223, l'*Auberge des Sablons* (☎ 452-3594 ou 1 800 267-3594) est un grand hôtel de style avec des prix de chambre (entre 145 et 245 $) à la hauteur des prestations proposées. Pendant l'été, elle propose des forfaits intéressants comprenant le souper et une place de concert au Domaine Forget.

Les Studios du Domaine (☎ 452-3535), 398 chemin les Bains, sont installés sur les hauteurs de Saint-Irénée. En dehors de la saison estivale, des sutdios pour 3 personnes avec coin cuisine sont loués 60 $ par jour ; des rabais sont consentis à partir du quatrième jour.

POINTE-AU-PIC

Pointe-au-Pic est le pendant résidentiel de La Malbaie, la ville attenante. Le paysage se compose de terrains de golfs, parmi les plus beaux d'Amérique de l'Est et d'élégantes propriétés à flanc de montagne ou blotties à l'arrière de grands jardins. Concentrées le long de la rue de la Falaise, ces demeures aux allures de palais sont les témoins vivants du temps où Pointe-à-Pic faisait partie des carnets mondains de la haute société new-yorkaise et canadienne. William-Howard Taft, président des États-Unis de 1909 à 1913, disait même de l'air de la baie qu'il "enivrait comme du champagne, sans les maux de tête du lendemain".

Construit en bordure de La Malbaie et de la route 362, le **musée du Charlevoix** (☎ 665-4411), 1 chemin du Havre, consacre son rez-de-chaussée à l'histoire de la région, les expositions permanentes et temporaires étant centrées sur l'art populaire. Ouvert tous les jours de 10h à 18h (17h en septembre et de 13h à 17h le week-end) de la mi-juin à début septembre, il est fermé le lundi le reste de l'année. L'entrée est de 4 $ (3 $ pour les seniors et les étudiants).

Du musée, on peut continuer sur la droite le **quai de Pointe-au-Pic** en cours de réaménagement. C'est aussi le point de départ des croisières pour le fjord du Saguenay et l'observation des baleines. Des excursions sur le thème des phares du Saint-Laurent sont également organisées de la mi-mai à octobre. Renseignez-vous à l'Association touristique régionale de Charlevoix, à La Malbaie (reportez-vous à la rubrique *Renseignements* de La Malbaie).

En face du manoir Richelieu, le **casino** (☎ 665-5300 ou 1 800 665-2274), 183 avenue Richelieu, est le plus récent des trois casinos que compte le Québec.

Où se loger

Difficile de trouver un hébergement économique à Pointe-au-Pic, surtout pendant l'été. Plusieurs forfaits (incluant notamment le souper et/ou le golf) sont proposés. La plupart des gîtes acceptent les cartes de crédit.

Le Manoir Richelieu (☎ 665-3703 ou 1 800 463-2613), 181 rue Richelieu, derrière ses allures de château Frontenac *bis*, s'avère le plus économique avec des formules en semaine à partir de 57,50 $ la chambre (62,50 $ le week-end). L'hôtel *Le Petit Manoir du Casino* (☎ 665-0000 ou 1 800 618-2112), 169 chemin des Falaises, construit juste à l'entrée du manoir, affiche une simple/double à partir de 90/100 $ en haute saison (60/70 $ en dehors de cette période).

En bordure de la route 362, l'*Auberge Des 3 Canards* (☎ 665-3761) a de l'allure. Le prix d'une simple commence à 42,50 $, atteignant 52,50 $ en haute saison.

Sur le chemin des Falaises, au n°129, l'*Auberge La Romance* (☎ 665-4865) dispose de chambres de qualité inégale mais la terrasse et le jardin attenant en font un nid douillet. Compris entre 59 et 79 $ en basse saison, les prix varient entre 95 et 140 $ en juillet et en août.

Au n°168, l'*Auberge La Châtelaine* (☎ 665-4064) se tient en retrait de la route et allie charme et romantisme. Ouvert de mai à octobre, le prix de la chambre s'échelonne entre 69 et 99 $ durant la basse saison (entre 80 et 130 $ le reste de l'année).

Resplendissant d'art de vivre, *L'Auberge les Sources* (☎ 665-6952), 8 rue des Pins, inclut le dîner dans son tarif de chambre. Comptez 160 $ pour deux en basse saison, 175 $ le reste de l'année. Elle est fermée en hiver et n'ouvre qu'en mai.

A deux cents mètres du musée de Charlevoix, l'*Auberge La Maison Donohue* (☎ 665-4377), 145 rue Principale, cachée derrière de grandes haies, joue également les élégantes. La simple varie de 60 à 95 $ en haute saison.

Entre Pointe-au-Pic et Saint-Irénée, le camping *Le Domaine du Gros Ruisseau* (☎ 665-6182), 313 rang Terrebonne (perpendiculaire à la route 362), propose l'emplacement à partir de 12 $. Il est ouvert de mai à fin octobre et loue des tentes. *Le Camping des Érables* (☎ 665-4212), 69 rang Terrebonne (route 362), est doté de chalets pour 4 personnes à partir de 75 $ par jour.

Où se restaurer

Le Manoir Richelieu (☎ 665-3703 ou 1 800 463-2613), 181 rue Richelieu, possède un pub très abordable dans ses prix (repas à partir de 10 $). Le lieu est par ailleurs très agréable midi et soir.

Dominant le fleuve, l'*Auberge Des 3 Canards* (☎ 665-3761), sur la route 362, est l'une des meilleures tables de la région. Vous débourserez 38,95 $ pour le menu gastronomique.

LA MALBAIE

L'intérêt de la capitale régionale du Charlevoix reste limité. Sa magnifique baie est bien plus jolie à observer en allant à Cap-à-l'Aigle ou en arrivant de Pointe-à-Pic, les deux villes qui la bordent.

Toutefois, il ne faut pas manquer les **Jardins aux quatre vents**, le plus grand jardin privé du Canada. Il compte plus de mille variétés de plantes. Pour les jours de visite, renseignez-vous auprès de l'Association touristique.

Par ailleurs, La Malbaie est le terminus du **P'tit train de Charlevoix** (☎ 692-0403 ou 1 888 692-0403) qui emprunte de la fin juin à la fin août l'ancienne ligne de chemin de fer Québec-La Malbaie, le long du fleuve. Du nom de la compagnie privée qui le gère désormais, il offre une excursion dans le

La mauvaise baie de Champlain

C'est à Samuel de Champlain que La Malbaie doit son nom. Lorsqu'il accoste dans la baie en 1608, la nuit est tombée. Le matin, au réveil, quelle n'est pas sa stupeur lorsqu'il constate que les eaux du fleuve se sont retirées, l'empêchant de reprendre sa route. "Ah! La malle bayes!", se serait-il écrié.

Baptisée également Murray Bay après la Conquête, elle fut, dès le XIX siècle, l'un des lieux de villégiature préférés des grandes fortunes américaine et canadienne. Sa réputation était la hauteur de la beauté de ses rives.

La rencontre des eaux vertes et salées du golfe du Saint-Laurent et des eaux brunâtres et douce de la rivière Malbaie forme en effet, par beau temps, un tableau aux allures de peinture abstraite, étonnant par la luminosité des couleurs et le découpage des lignes aux tracés nets. ■

Charlevoix. Le départ a lieu à 8h et se fait du parc de la Chute-Montmorency (pour s'y rendre, reportez-vous à la rubrique *Les environs de Québec* dans le chapitre *Québec*).

Le trajet jusqu'à La Malbaie dure trois heures, avec retour à 17h30. Le voyage comprend les deux repas de la journée, les services du guide et les animations. Il revient à 99 $ hors taxes. Le train ne s'arrête pas durant son parcours.

Le boulevard de Comporté (route 362), parallèle à la rue Saint-Étienne (l'autre axe principal de la ville), longe la baie et permet de rejoindre la route 138.

Renseignements

L'Association touristique régionale de Charlevoix (☎ 665-4454 ou 1 800 667-2276), 630 boulevard de Comporté, est ouverte tous les jours de 9h à 17h (jusqu'à 21h de la mi-juin à début septembre).

La Société d'histoire de Charlevoix (☎ 435-6864), 2 place de l'Église, propose d'excellents audioguides sur la région.

La poste (☎ 665-3774) est au 304 rue Saint-Étienne.

Le centre hospitalier Saint-Joseph (☎ 665-3711) se tient 303 rue Saint-Étienne.

Où se loger et se restaurer

Dans les villes avoisinantes, le choix est plus large. Vous bénéficierez de points de vue plus agréables sur le fleuve et la campagne environnante que ceux de La Malbaie.

Les campings restent néanmoins une option intéressante. Mentionnons le camping grand luxe *Au Bord de la Rivière* (☎ 665-4991), 56 boulevard Mailloux. Avec seulement 25 sites, le *Camping L'international* (☎ 665-3512), 785 rang Saint-Charles, sur la route 138, a une palette de services plus réduit.

Comment s'y rendre

De Baie-Saint-Paul, vous pouvez continuer la route 138 qui permet de découvrir l'intérieur du Charlevoix en faisant une boucle de 56 km. Autre option : prendre la superbe route 362 qui longe le fleuve Saint-Laurent sur 48 km et jusqu'à La Malbaie.

La compagnie Intercar assure deux liaisons par jour depuis Montréal et Québec *via* Baie-Saint-Paul (relié en 45 minutes), par la route 138 uniquement. Le terminus se trouve chez le Dépanneur J.E. Otis (☎ 655-2264), 46 rue Sainte-Catherine, perpendiculairement à la rue Saint-Étienne qui traverse La Malbaie.

PARC RÉGIONAL DU MONT-GRAND-FONDS

A une dizaine de kilomètres de La Malbaie au sud-ouest, le parc régional du Mont-Grand-Fonds (☎ 665-0095), 1000 chemin des Loisirs, est l'autre grande station de ski de piste du Charlevoix. Des compétitions internationales s'y déroulent à l'occasion.

Le parc dispose d'un réseau de sentiers de randonnée d'environ 160 km. Sur place, vous pourrez louer l'équipement nécessaire. Il existe une garderie pour enfants. Pour s'y rendre, traversez le pont (qui permet de rejoindre la rue Fraser depuis le boulevard de Comporté) à La Malbaie et tournez immédiatement à gauche sur le chemin de la Vallée. Le chemin des Loisirs est à un kilomètre sur la droite.

PARC RÉGIONAL DES HAUTES-GORGES-DE-LA-RIVIÈRE-MALBAIE

Au nord et à 45 km de La Malbaie, le parc renferme une superbe vallée, parmi les plus belles du Québec. Traversé par la rivière Malbaie et encadré par de hautes parois rocheuses de 800 mètres (les plus hautes de l'est du Canada), ce territoire de 233 km^2 fait partie des trois aires centrales de la Réserve mondiale de la Biosphère du Charlevoix. Il contient une érablière à ormes, exceptionnelle à cette latitude, où dominent l'épinette et le sapin.

L'un des attraits du parc est le secteur de l'Équerre, avec ses gorges à longer en canoë. L'escalade, pratiquée en toute saison, est l'autre grande activité.

L'entrée du parc se situe à Saint-Aimé-des-Lacs (☎ 439-4402 ou 418 665-4965). La route pour y accéder *via* la route 138, étroite et sinueuse, n'est pas goudronnée. Comptez une heure de trajet depuis La Malbaie, où il est préférable de faire le plein d'essence. Un droit d'entrée de 6 $ est perçu au poste d'accueil, qui délivre une carte des sentiers. L'hiver, le parc est ouvert aux motoneigistes.

Des croisières en bateau-mouche sur la rivière Malbaie (☎ 665-7527) d'une durée d'une heure et demie sont organisées de mai à la mi-octobre. Le billet coûte 20,50 $ (11,40 $ pour les 6-14 ans, gratuit jusqu'à 6 ans). Les départs se font à l'intérieur du parc.

CAP-A-L'AIGLE

Village que rien ne vient perturber, Cap-à-l'Aigle, juste après la rivière Malbaie, se compose de belles maisons dispersées sur des flancs de la montagne surplombant le fleuve et la baie. Ici, la nature domine, pour le plus grand plaisir des yeux.

Où se loger et se restaurer

La Pinsonnière (☎ 665-4431 ou 1 800 387-4431) est un Relais et Château dont les chambres sont vastes et luxueuses. Comptez à partir de 100 $ en basse saison et 130 $ pour une chambre avec vue sur le jardin. Le restaurant jouit d'une très bonne réputation.

Juste en face et ouvert à l'année, *La Maison Vert-Tige* (☎ 665-6201), 125 rue Saint-Raphaël, a des allures de petite maison dans la prairie. La simple/double revient à 45/60 $ (75 $ pour une chambre avec s.d.b.).

Au n°381, l'*Auberge des Peupliers* (☎ 665-4423 ou 1 888-282-3743) est à la hauteur de sa réputation, en matière de restauration et d'hôtellerie. La chambre coûte à partir de 148 $ en haute saison (90 $, voire moins, le reste de l'année).

Sur la route qui mène au très joli petit quai du village, l'*Auberge des Eaux-Vives* (☎ 665-4808) est un gîte bien placé face au fleuve et loin de la route (chambre à partir de 50 $).

PORT-AU-SAUMON

Le **Centre écologique de Port-au-Saumon** (☎ 434-2209), sur la route 138, est consacré à l'environnement. Ouvert en juillet et en août de 10h à 17h, il propose des randonnées à thème dans la région du Charlevoix. Sa situation dans un parc en bordure du Saint-Laurent en fait par ailleurs un remarquable point d'observation du fleuve.

PORT-AU-PERSIL

A l'écart de la route 138 et au Sud de Saint-Siméon à cinq kilomètres, Port-au-Persil ne compte que quelques maisons surplombant le fleuve, suffisamment éloignées les unes des autres pour laisser la nature s'épanouir. La plage de rochers en contrebas (accessible par une route à la pente impressionnante) offre un paysage minéral à contempler à marée basse.

Avant d'aller s'établir dans l'île aux Coudres, le peintre Jean-Paul Lemieux passait ses étés à l'hôtel Port-au-Persil, fréquenté également par la romancière Gabrielle Roy. Les peintres du Groupe des Sept s'y donnaient également rendez-vous (reportez-vous à l'encadré qui leur est consacré dans la partie traitant de l'Ontario). Depuis, ce vieil hôtel a été rebaptisé l'*Auberge Petite Madeleine* (☎ 638-2460),

Le Charlevoix est prisé des artistes

400 route Port-au-Persil. L'endroit possède la magie des lieux anciens toujours vivants. Le prix des chambres inclut le souper. Comptez 108 $ pour deux.

SAINT-SIMÉON

Saint-Siméon représente surtout un carrefour. Il suffit de continuer la route 138 pour atteindre la Côte Nord *via* Baie-Sainte-Catherine et Tadoussac. Quant à la route 170, elle permet de longer la rive sud du Saguenay, de traverser Chicoutimi avant d'arriver au lac Saint-Jean.

Saint-Siméon est également le point de départ des ferries pour Rivière-du-Loup, située sur la rive sud du Saint-Laurent. La traversée dure 65 minutes. Il en coûte 24,85 $ par véhicule et 9,80 $ par passager (réductions pour les seniors et les enfants, gratuit pour les moins de cinq ans).

Les horaires (multiples) varient d'une saison à une autre mais il est impossible de réserver. L'été, il est préférable d'arriver une heure et demie en avance (au moins 5 départs à cette saison).

A proximité du quai, à flanc de colline et faisant face au fleuve, le *Motel Vue Belvédère Inc.* (☎ 638-2227 ou 1 800 463-2263), 130 rue du Quai, possède des chambres correctes (la s.d.b. l'est un peu moins) à partir de 49 $ (69 $ en juillet). Il ferme de la fin novembre à la fin décembre. A côté, au n°109, l'*Auberge sur Mer* (☎ 638-2674), fermée durant la basse saison, affiche un standing plus étudié mais à des tarifs plus élevés (à partir de 50 $ la chambre).

BAIE-SAINTE-CATHERINE

Située à l'embouchure de la rivière Saguenay, Baie-Sainte-Catherine marque la limite septentrionale du Charlevoix. Face à elle, Tadoussac, porte d'entrée de la Côte Nord et lieu privilégié pour l'observation des baleines.

Beaucoup moins fréquentée que Tadoussac, Baie-Sainte-Catherine constitue un aussi bon poste d'observation des cétacés (voir *Tadoussac* dans le chapitre *La Côte-Nord*). Elle offre par ailleurs de belles plages de sable fin.

Plusieurs agences organisent des excursions en bateau à partir du petit port.

Le **Centre d'interprétation et d'observation de Pointe-Noire** (☎ 237-4383 en saison, 235-4703 en dehors de cette période), sur la route 138, explique les richesses du parc marin du Saguenay. Le centre propose de multiples activités : randonnées, diaporamas, expositions et films. Le belvédère, équipé de télescopes, sert de point d'observation des baleines.

Il est ouvert tous les jours de 9h à 18h de la mi-juin à la mi-septembre. Entre septembre et octobre, il est accessible les vendredi, samedi et dimanche de 9h à 17h. Iil est fermé le reste de l'année. L'entrée était gratuite au moment de la rédaction de cet ouvrage.

Où se loger et se restaurer

Le motel *Le Vacancier* (☎ 237-4395), 329 route 138, est intéressant pour ses chambres avec vue sur le fleuve, juste en contrebas, facturées 70 $.

Au n°294, le *Baie-Sainte-Catherine* (☎ 237-4271) est un motel-hôtel aux tarifs très raisonnables en haute saison (60 $). Il dispose également d'un restaurant et loue des chalets entre 55 et 170 $ par jour. Le gîte *Entre Mer et Monts* (☎ 237-4391 ou 237-4252), 476 route 138, offre une simple/double correcte à partir de 30/40 $. Il est ouvert à l'année et prépare un repas le soir à ceux qui le souhaitent.

Comment s'y rendre

A 66 km de La Malbaie et à 36 km de Saint-Siméon, Baie-Sainte-Catherine est traversée par la route 138. La liaison quotidienne avec Tadoussac par ferry (pour les horaires, reportez-vous à la rubrique *Tadoussac* dans le chapitre *La Côte Nord*) est gratuite et ne dépasse pas quinze minutes.

Les bus de la compagnie Intercar relient Baie-Sainte-Catherine au départ de Montréal ou de Québec, deux fois par jour en semaine. De Québec, le trajet dure un peu moins de quatre heures.

Le terminus se situe au restaurant *Le Cèdre* (☎ 237-4369), 303 route 138.

Le Saguenay-Lac-Saint-Jean

Indicatif ☎ 418

Le Saguenay-Lac-Saint-Jean recouvre deux régions indissociables, mais pourtant distinctes. D'un côté, l'industrieuse ; de l'autre, la forestière et l'agricole. L'une se raccroche aux rives d'une rivière qui se faufile avec souplesse sur plus de cent kilomètres à travers une masse rocheuse couverte d'une forêt compacte, d'un vert sombre et lumineux. L'autre s'arrime à un gigantesque plan d'eau de 225 km de circonférence que les Montagnais désignent comme le Piekouagami, le lac plat.

Si le Saguenay puise ses racines dans le lac Saint-Jean, il reste la voie de communication naturelle vers cette mer intérieure prise par les glaces six mois par an.

Avec des montagnes et des plaines à perte de vue, le Saguenay-Lac-Saint-Jean, faiblement peuplé, s'est toujours battu contre l'adversité avec la volonté farouche de rester fidèle à ses traditions et ouvert sur le monde.

A NE PAS MANQUER

- Une croisière dans le fjord depuis L'Anse-Saint-Jean ou Sainte-Rose-du-Nord
- La vue sur le fjord du Saguenay depuis le sentier de la statue, à Rivière-Éternité
- La Pulperie de Chicoutimi
- Le festival de musique de Jonquière, en été
- Les castors de la Pointe-Taillon
- Les panoramas sur le lac Saint-Jean depuis Péribonka, la ville de Maria Chapdelaine
- Le musée amérindien de Mashteuiatsh

HISTOIRE

La région fut longtemps le territoire exclusif de quelques marchands de fourrures qui commerçaient avec les Montagnais de ce vaste pays. Le Saguenay, le lac Saint-Jean et la Côte Nord font alors partie du Domaine du Roy, délimité par le gouvernement de la Nouvelle-France. Toute colonisation est interdite et seuls les missionnaires sont autorisés à rentrer sur ce territoire. Des postes de traites sont créés. Métabetchouan, Mashteuiatsh et Chicoutimi voient le jour. Parallèlement, les pérégrinations d'un curé, le Père Jean Dequeen, le conduisent à l'embouchure de la rivière Métabetchouan. Le 16 juillet 1647, le lac Piekouagami, qu'il découvre, prend le nom de lac Saint-Jean.

La Conquête de 1760 ne change guère le cours des choses. Le Domaine du Roy devient seulement les King's Posts et ses nouveaux concessionnaires s'appellent Compagnie de la Baie d'Hudson et Compagnie du Labrador. Ces deux empires commerciaux sont désormais les propriétaires des lieux jusqu'en 1842, comme le prévoient leurs baux.

Au début du XIXe siècle, deux groupes de pression émergent néanmoins pour rompre ce monopole. Le premier vient du Charlevoix où les fermiers trop à l'étroit (certains ont déjà émigré vers les États-Unis et le Canada) sur leurs terres cherchent de nouveaux horizons d'autant que les possibilités agricoles, surtout vers le lac Saint-Jean, s'avèrent extrêmement prometteuses.

Mais il faudra attendre des enjeux économiques pour que la région Saguenay-Lac-Saint-Jean connaisse l'arrivée massive de colons. Le commerce du bois, en pleine expansion, nécessite de nouveaux terrains d'exploitation. Un homme d'affaires, William Price, déjà très implanté dans le Charlevoix, convoite les réserves inexploitées au nord de la région. Pour ce faire, il décide de soutenir les fermiers du Charlevoix regroupés sous le nom de Société des XXI. En 1838, un contrat est passé avec la Compagnie de la Baie d'Hudson pour la coupe de billots. A peine est-il signé que des familles quittent le Charlevoix en goélette et s'aventurent dans le fjord du Saguenay. Le peuplement du Saguenay-Lac-Saint-Jean

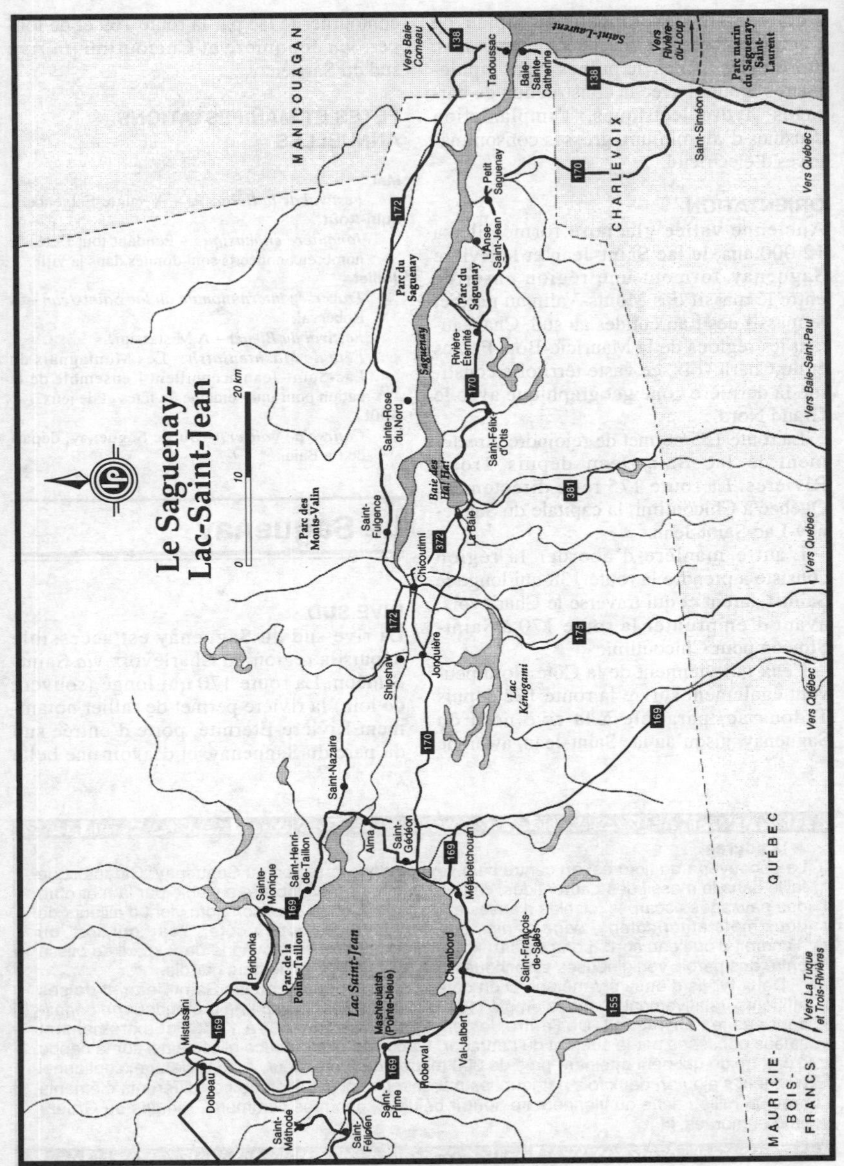
Le Saguenay-
Lac-Saint-Jean
0
10
20 km
MANICOUAGAN
CHARLEVOIX
QUÉBEC
MAURICIE-
BOIS-
FRANCS
Saint-Laurent
Vers Baie-Comeau
Vers Rivière-du-Loup
Parc marin du Saguenay-Saint-Laurent
Tadoussac
Baie-Sainte-Catherine
Saint-Siméon
Vers Québec
Vers Baie-Saint-Paul
Vers La Tuque et Trois-Rivières
Petit Saguenay
L'Anse-Saint-Jean
Parc du Saguenay
Rivière-Éternité
Saint-Félix-d'Otis
Saguenay
Baie des Ha! Ha!
La Baie
Sainte-Rose du Nord
Saint-Fulgence
Chicoutimi
Jonquière
Shipshaw
Lac Kénogami
Parc des Monts-Valin
Saint-Nazaire
Alma
Saint-Gédéon
Saint-Henri-de-Taillon
Sainte-Monique
Péribonka
Parc de la Pointe-Taillon
Lac Saint-Jean
Métabetchouan
Saint-François-de-Sales
Chambord
Val-Jalbert
Roberval
Mashteuiatsh (Pointe-bleue)
Saint-Prime
Saint-Félicien
Saint-Méthode
Dolbeau
Mistassini
138
170
172
372
381
175
169
155

s'amorce, le développement rapide de l'industrie forestière accélérera le processus. A l'ère des usines de pulpes vient rapidement s'ajouter, avec la construction de barrages hydroélectriques, l'implantation d'usines d'aluminium, grosses consommatrices d'électricité.

ORIENTATION

Ancienne vallée glaciaire formée il y a 12 000 ans, le lac Saint-Jean et la rivière Saguenay forment une région enserrée entre le massif des Monts-Valin au nord et le massif des Laurentides au sud. Chapeautant les régions de la Mauricie-Bois-Francs et du Charlevoix, ce vaste territoire constitue la dernière zone géographique avec le Grand Nord.

La route 155 permet de rejoindre directement le lac Saint-Jean depuis Trois-Rivières. La route 175 relie directement Québec à Chicoutimi, la capitale du Saguenay-Lac-Saint-Jean.

L'autre manière d'aborder la région consiste à prendre la route 138 qui longe le Saint-Laurent et qui traverse le Charlevoix, avant d'emprunter la route 170 à Saint-Siméon pour Chicoutimi.

Ceux qui viennent de la Côte Nord peuvent également suivre la route 172 depuis Tadoussac, parallèle à la rive nord du Saguenay, jusqu'au lac Saint-Jean, avant de contourner le lac par la route 169 et de longer, *via* Jonquière et Chicoutimi, la rive sud du Saguenay.

FÊTES ET MANIFESTATIONS ANNUELLES

Mai

Festival de la Bernache – A Sainte-Fulgence.

Juin-Août

Jonquière en musique – Pendant tout l'été, de nombreux concerts sont donnés dans la ville.

Juillet

Traversée internationale du lac Saint-Jean – A Roberval.

Festival du Bleuet – A Mistassini.

Fête de Mashteuiatsh – Les Montagnais du Lac-Saint-Jean accueillent l'ensemble de la nation pour une semaine de fêtes et de jeux.

Août

Course de voiliers – Sur le Saguenay, départ de La Baie.

Le Saguenay

RIVE SUD

La rive sud du Saguenay est accessible depuis la région du Charlevoix *via* Saint-Siméon. La route 170 qui longe (souvent de loin) la rivière permet de rallier notamment Rivière-Éternité, porte d'entrée sud du parc du Saguenay, et d'avoir une belle

A la source

La découverte du fjord est au centre d'un voyage dans la région du Saguenay. Gigantesque faille dans le massif des Laurentides, cette ancienne vallée glaciaire envahie par la mer offre des paysages escarpés, ciselés d'anses et de caps. L'origine de son nom vient d'ailleurs de deux mots amérindiens, *saga* et *nipi*, qui signifient, mis côte à côte, "l'eau qui sort" ou "l'endroit d'où l'eau sort". Long de 110 km environ et large en moyenne de 2 km, il se glisse entre des parois vertigineuses et rocheuses de près de 300 m de haut parfois.

Deux types d'eaux s'y mêlent. D'un côté, les eaux douces du lac Saint-Jean et de ses affluents, relativement chaudes en été (16°C) et peu salées, avec une profondeur ne dépassant pas les dix mètres. De l'autre, les eaux glaciales (de 0,5° à 1,6°C) et extrêmement salées poussées par le courant du Labrador. La coulée d'eau douce glisse ainsi sur la nappe d'eau froide qui peut atteindre près de 300 mètres de profondeur. A ce tableau exceptionnel viennent s'ajouter, deux fois par jour, les marées. La conjugaison de ces différents éléments crée un milieu riche où viennent se nourrir bélugas, phoques communs, requins du Groenland et morues. ■

vue sur le fjord. L'Anse-Saint-Jean, premier village d'importance depuis Saint-Siméon, offre un panorama superbe sur le fjord. La route 170 continue ensuite vers Chicoutimi et Jonquière pour finir au lac Saint-Jean.

L'Anse-Saint-Jean

Déjà célèbre pour son pont qui illustrait les anciens billets de 1 000 $, L'Anse-Saint-Jean est devenu, suite à un référendum organisé par le maire, la première monarchie en Amérique le 21 janvier 1997. Sa Majesté le roi Denys Premier de l'Anse règne en effet avec le plus grand sérieux sur cette petite localité de 1 309 âmes. Le village n'en a pas pour autant transformé sa manière d'être, ni de vivre. Ici, tout est paisible et harmonieux. L'Anse-Saint-Jean est certainement le plus beau village du fjord : entouré de montagnes imposantes, il s'insère parfaitement dans un paysage entièrement tourné vers la rivière Saguenay qui le borde, et représente une base idéale pour partir à la découverte du parc et du fjord.

La rue Saint-Jean-Baptiste (plus de deux kilomètres de long) est le seul axe qui traverse le village. Arrivée à l'extrémité ouest, elle s'arrête.

La Caisse Populaire Desjardins se tient 243 rue Saint-Jean-Baptiste. Le guichet automatique se trouve à hauteur de l'Alimentation Thibeault, à l'angle de la route 170 et de la rue Saint-Jean-Baptiste.

Activités sportives. De la marina, vous pouvez vous exercer au kayak et à la voile. Du 10 mai au 26 octobre, Les Croisières 2001 Inc (☎ 272-3363 ou 1 800 694-5489) organisent trois fois par jour depuis le quai de L'Anse-Saint-Jean des excursions dans le fjord. D'une durée de 2 heures, elles s'élèvent à 21 $ (10 $ pour les moins de 14 ans, gratuit pour les moins de 5 ans).

Le Centre Équestre des Plateaux (☎ 272-3231), 31 chemin des Plateaux, propose des promenades d'une heure à plusieurs jours en été et, en hiver, à cheval ou à traîneau (10 $ par personne pour cette dernière activité). Sur le quai, on pêche la truite de mer et l'éperlan.

A proximité, la petite station de ski du Mont-Édouard (450 m) offre ski alpin et ski de fond (☎ 272-2927)

De L'Anse-Saint-Jean, vous pouvez également rejoindre deux sentiers de randonnée. Celui partant à l'ouest rejoint l'anse du Petit-Saguenay, l'autre, à l'extrémité est du village, mène au belvédère de l'anse de Tabatière qui offre un remarquable point du vue sur le fjord. Ce belvédère est accessible en voiture par le pont couvert.

Où se loger. *Les gîtes du Fjord* (☎ 272 3430), 344 rue Saint-Jean-Baptiste, sont un complexe hôtelier proposant différents forfaits incluant le petit déjeuner, le dîner et/ou des activités sportives. La chambre seule est louée 88 $ pendant la haute saison (76 $ le reste de l'année).

Le gîte L'Anjeannoise (☎ 272-3437), au n°289, possède le charme des maisons anciennes (sa construction remonte à 1854). La décoration intérieure est soignée tout en restant simple et joue de la structure en bois de cet ancien magasin général. Il vous en coûtera 45 $ la chambre.

Au bout de la rue Saint-Jean-Baptiste, au n°376, et au départ du chemin de randonnée qui mène à l'anse du Petit-Saguenay, le *Gîte du Nid de l'Anse* (☎ 272-2273) est une superbe demeure blanche aux volets bleus, ouverte du 1er mai au 31 octobre. L'intérieur est des plus raffinés. La simple/double revient à 45/50 $.

Le Camping de l'Anse (☎ 272-2554) est au cœur du village, en bordure du fjord. L'emplacement coûte entre 15 et 25 $ selon le confort recherché.

Où se restaurer. *Les gîtes du Fjord* (☎ 272 3430), 344 rue Saint-Jean-Baptiste, est un complexe hôtelier qui fait également restaurant.

Au n°317, *Le Grillon* (☎ 272-3323), propose la formule plats à emporter (excellents sandwiches). Vous pouvez prendre un repas (poutine, tourte, fèves au lard) dans la salle attenante. Comptez entre 6 et 12 $.

Le fjord vu de l'eau

De Tadoussac à Chicoutimi, une dizaine de sociétés proposent la découverte du fjord en bateau. Le cap Trinité est souvent le but de la promenade. En fait, la partie la plus impressionnante du fjord s'étend de l'anse du Petit-Saguenay à baie Éternité, coincée entre cap Trinité et cap Éternité. D'autres secteurs de la rivière Saguenay sont également au programme comme la baie des Ha! Ha!, le cap Jaseux et l'anse à la Croix.

Le prix de la croisière dépend du type de bateau (du pneumatique au navire d'une capacité de 300 passagers) et de la durée de la croisière (entre 1 heure et 7 heures). Plus le départ est éloigné de la partie centrale du fjord, plus le coût est élevé. De Chicoutimi comme de Tadoussac, la croisière revient à 30 $ par adulte (demi-tarif pour les enfants). Les bateaux s'arrêtent souvent à midi à Sainte-Rose-du-Nord, sur la rive nord du Saguenay. Le retour peut alors se faire en bus, selon la compagnie. De L'Anse-Saint-Jean à Rivière-Éternité en bordure de la baie Éternité, le prix de l'excursion diminue et s'établit entre 12 et 20 $.

Autre moyen à la mode de voyager sur le Saguenay, le kayak de mer, qui nécessite un encadrement qualifié. Il faut rester vigilant, car l'eau est d'une couleur magnifique mais froide (à peine 4°C) et la brume subite. Les courants et les vents peuvent être très forts. Aussi faut-il toujours se munir d'une carte des marées et s'informer des conditions météorologiques. La location de kayak se pratique un peu partout et revient en moyenne à 30 $ la journée (équipement de survie compris).

Le parc du Saguenay a aménagé des des campings dit rustiques le long du fjord, c'est-à-dire dépourvus d'eau et d'électricité. Leur capacité d'accueil est réduite (à peine une dizaine d'emplacements, certains n'en comptant que trois !). Pensez à réserver (☎ 544-7388). Si une partie d'entre eux n'est accessible qu'en kayak, les autres sont bordés par des sentiers de randonnée. ■

Il ne faut pas manquer d'aller goûter la cuisine de *Louise*, notamment sa pâtisserie et son pain (☎ 272-2611), au n°328. Les tartes se déclinent aux bleuets, aux fraises, à la rhubarbe. Elle prépare également des plats à emporter (pâté au saumon, à la morue, fèves au lard...).

Comment s'y rendre. L'Anse-Saint-Jean est à 100 km environ de Saint-Siméon au sud-est et à 15 km à l'ouest de Rivière-Éternité. La route 170 menant à Chicoutimi puis au lac Saint-Jean coupe la rue Saint-Jean-Baptiste qui conduit au village, à deux kilomètres environ de l'intersection. Les bus Intercar qui relient quotidiennement Québec à Chicoutimi peuvent vous laisser à la croisée des chemins mais il faudra ensuite vous débrouiller.

Rivière-Éternité

Cet ancien village forestier de 770 habitants porte le nom de la rivière qui le traverse. Aujourd'hui tourné vers le tourisme, il constitue la porte d'entrée du parc du Saguenay et sa baie magnifique est au cœur du fjord.

Le Centre d'interprétation du fjord du Saguenay (☎ 272-2267), ouvert de la mi-mai à la mi-octobre, est consacré au fjord et aux différentes étapes de sa formation. Des naturalistes répondent aux questions et organisent des randonnées.

Le parking de la baie est payant (7,75 $ par jour) comme l'accès au parc.

Activités. De la mi-mai à la mi-septembre, les Croisières du Cap Trinité (☎ 272-2591), 461 rue Principale, partent deux à trois fois par jour, du débarcadère. Le tarif de l'excursion qui dure une heure est de 15,50 $ (8 $ pour les enfants de 6 à 14 ans, gratuit pour les moins de 5 ans).

Depuis Rivière-Éternité, plusieurs sentiers ont été aménagés. Ils se parcourent à pied et en raquettes ou ski de fond l'hiver. Le sentier de La Statue conduit à la statue Notre-Dame-du-Saguenay qui domine le cap Trinité. Comptez 4 heures aller-retour pour cette superbe promenade. Érigée en 1881, la statue, haute de plus de 8 m, est l'œuvre de Louis Jobin.

Quelques lacs et la rivière elle-même sont accessibles aux pêcheurs. L'hiver, la pêche blanche fait partie des grandes activités du secteur.

Où se loger et se restaurer. Le *Centre d'hébergement touristique* (☎ 272-3008), 24 rue Notre-Dame, loue à l'année des chalets de 2 à 8 personnes. La location revient à 64 $ pour deux et à 94 $ pour un chalet pouvant accueillir 4 personnes (respectivement 57 et 70 $ entre le 1er mai et le 15 juin, puis entre la mi-octobre et mi-décembre). Ils disposent tous d'une douche et d'un coin cuisine. Le centre possède également un restaurant ouvert à l'année.

Le site du *Camping de Baie-Éternité* est au cœur du parc. Le tarif de l'emplacement se monte à 21 $ par tente et par jour et à 17,50 $ pour un emplacement sans eau ni électricité.

Comment s'y rendre. Le Centre d'interprétation qui marque l'entrée du parc du Saguenay est à environ quatre kilomètres de la route 170. Les bus Intercar qui relient quotidiennement Québec à Chicoutimi s'arrêtent à la jonction des deux routes, sur demande au chauffeur.

Saint-Félix-d'Otis

Ce village en bordure du Saguenay est surtout connu pour avoir été le lieu de tournage d'une série télévisée consacrée à l'histoire du Québec au XVIIe siècle. Les décors du film intitulé *Robe Noire* ont été laissés sur place. Des comédiens font revivre cette époque. Le **Site de Robe Noire** (☎ 544-8027), chemin Saint-Félix-d'Otis, se visite tous les jours de 9h à 17h de la mi-juin au 1er septembre. L'entrée est de 7 $ (6 $ pour les seniors, 4 $ pour les enfants et les étudiants, gratuit pour les moins de 6 ans).

A Saint-Félix-d'Otis, le *Camping municipal de la Baie* (☎ 697-5096), 400 chemin du Patro, est situé dans un cadre agréable. Les prix de l'emplacement vont de 17 à 23 $.

La route 170 passe en bordure du village.

La Baie

Située en bordure de la baie des Ha! Ha!, La Baie est une importante ville portuaire et industrielle. Les grandes cheminées de la papeterie Abitibi Price et de la Société d'électrolyse et de chimie Alcan marquent son paysage urbain construit néanmoins dans un très beau site.

Renseignements. Le Centre d'information (☎ 697-5053 ou 1 800 263-2243), 1171 7e avenue, est ouvert tous les jours de 8h à 20h du 20 juin au 4 septembre. En dehors de cette période, il est accessible du lundi au vendredi de 9h à 16h30 (fermé entre 12h et 13h30). Il dispose d'un plan de la ville et peut vous aider à trouver un hébergement.

La Caisse Populaire Desjardins dispose de plusieurs guichets automatiques dans la ville. L'un d'eux se trouve au niveau du marché Richelieu, 3671 boulevard de la Grande-Baie Sud, l'autre aux Galeries de la Baie, rue Bagot.

A voir et à faire. Le **musée du Fjord**, 3346 boulevard de la Grande-Baie Sud, présente l'histoire de la ville, de la baie et du fjord. Une exposition est consacrée aux terribles inondations survenues en juillet 1996. Il est ouvert tous les jours de 9h à 18h (le week-end, ouverture à 10h). L'entrée revient à 3,5 $ (nombreuses réductions).

Au départ du quai de la ville de La Baie, Les Croisières de La Baie (☎ 697-7630 ou 1 800 363-7248), 721 rue du Cap, proposent des excursions dans le fjord, la baie des Ha! Ha! et au Site de Robe Noire (reportez-vous à *Saint-Félix-d'Otis*). Elles durent 2 heures et coûtent 20 $.

Où se loger. Face à la baie, et dotée d'une élégante façade blanche, l'*Auberge des 21* (☎ 698-2121 ou 1 800 363-7298), 621 rue Mars, est le grand hôtel de la ville. La chambre vaut 90 $. Des forfaits, comprenant le petit déjeuner et le dîner, sont également proposés. En basse saison, le prix de la simple/double démarre à 110/79 $ par personne. En été, les tarifs passent respectivement à 138 et 97 $. Pour les repas au restaurant, comptez 12 $ minimum au déjeuner et 35 $ pour le dîner.

En dehors de la ville, mais donnant sur la baie, l'*Auberge de la Grande Baie* (☎ 544-9334 ou 1 800 463-6567), 4715 boulevard de la Grande-Baie Sud, ne dégage pas la même classe mais les prix sont plus abordables.

Dans le centre-ville, le *Gîte Belle Vue* (☎ 544-4598), 1442 rue Simard, est une belle maison sur les hauteurs. La chambre est louée 50 $. Si *La Maison du Docteur Tanguay* (☎ 544-3515), 547 rue Victoria, n'offre pas de beau panorama, les chambres à 50 $ (toutes taxes comprises) sont en revanche beaucoup plus confortables.

La Maison des Ancêtres (☎ 544-2925), 1722 chemin Saint-Joseph, est une très belle maison en pleine campagne, ouverte du 1er octobre au 1er juin. La chambre est à 150 $, petit déjeuner et dîner compris. Il sert de relais aux motoneigistes. Les paysages alentours sont de toute beauté.

Le camping *Au jardin de mon père* (☎ 544-6486), 3736 chemin Saint-Louis, revient à 16 $ l'emplacement (20 $ avec l'eau et l'électricité).

Où se restaurer. L'*Auberge des 21* (☎ 698-2121 ou 1 800 363-7298), 621 rue Mars, est la meilleure table de La Baie. Comptez au moins 12 $ au déjeuner et 35 $ pour le dîner.

Plus abordable, le *Bistro Victoria* (☎ 544-8417), 907 rue Mars, prépare des repas légers. Le soir, des concerts de musique sont donnés. Dans le même style, la *Maison du pain* (☎ 544-0562), 1082 rue Bagot, sert des repas à partir de 10 $.

Chicoutimi

Comptoir central pour le commerce des fourrures puis ville forestière, Chicoutimi fut pendant longtemps l'un des principaux pôles économiques de la région. Aujourd'hui, elle est devenue une capitale administrative de 64 600 habitants. En bordure de la rivière Saguenay, nichée au creux des montagnes, Chicoutimi est une ville de transit entre le lac Saint-Jean et le fjord du Saguenay.

Celle "jusqu'où c'est profond" et "d'où l'eau sort", comme signifie son nom en Montagnais, n'a rien d'une ville de villégiature mais a conservé des vestiges de son passé comme les bâtiments industriels aujourd'hui transformés en musée.

Les inondations de juillet 1996 ont durement frappé la ville qui en porte encore les traces.

Orientation. La rue Racine est l'axe principal de la ville où se distribuent banques, commerces et restaurants. Parallèle, le boulevard Saguenay longe la rivière, la marina et le vieux port transformé en vaste terrain de promenade. Sur le boulevard Saguenay, une piste cyclable a été aménagée. Les excursions pour le fjord partent du quai du Vieux-Port. Aux halles du Vieux-Port, vous trouverez un loueur de bicyclette, des artisans, des expositions de peinture...

Le pont Dubuc est le seul pont en aval du Saguenay qui permette de traverser la rivière.

La route 170 devient, dans la ville, le boulevard Talbot où se trouvent les motels de la ville.

Renseignements. L'office du tourisme (☎ 698-3167), 2525 boulevard Talbot (route 175), est ouvert tous les jours de 8h30 à 20h en été. En dehors de cette période, il est fermé le week-end et ses horaires sont 8h30-16h30, avec une interruption de 12h à 13h. En saison, les halles du vieux port accueillent un kiosque d'informations.

La poste se tient 152 rue Racine.

A voir. Construite en 1896 au confluent des rivières Chicoutimi et Saguenay, **La Pulperie** (☎ 698-3100), 300 rue Dubuc, est devenue un gigantesque centre d'interprétation sur le bois et la pulpe. L'usine, constituée de cinq bâtiments imposants, a été fermée en 1930. Plus grande productrice de pâte à papier au Canada en 1910, elle fut, dans les années 20, l'une des toutes premières au monde.

Depuis 1994, le site abrite la **maison du peintre Arthur Villeneuve**, barbier de métier qui, dans les années 50, découvre la peinture et se met à figurer sur les murs de sa maison et les portes sa vision du monde. Ses tableaux sont aujourd'hui vendus dans le monde entier. Quelques-uns sont exposés dans la demeure qu'il partagea avec sa femme.

Le site est ouvert tous les jours de 9h à 18h (20h en juillet) de la mi-mai à la mi-octobre. De la mi-octobre à la fin novembre, il n'est accessible que du lundi au vendredi de 12h à 16h. L'entrée se monte à 8,5 $ (7,5 $ pour les seniors et les étudiants, demi-tarif pour les moins de 16 ans).

Le **Musée du Saguenay-Lac-Saint-Jean**, qui retrace le mode de vie des pionniers et l'histoire de la région, devrait emménager à la Pulperie en 1999.

Chicoutimi offre deux points de vue sur le Saguenay. L'un se situe rue Jacques-Cartier, juste après l'hôpital. Pour le second, il faut se rendre à la Croix de Sainte-Anne, sur la rive nord de la rivière, et emprunter le pont Dubuc, puis la rue Roussel, avant de tourner à gauche.

Activités. Les Croisières Marjolaines Inc. (☎ 543-7630 ou 1 800 363-7248) organisent, de juin à la fin septembre, des excursions quotidiennes pour le fjord du Saguenay (du 20 juin au 1er septembre, deux départs sont prévus : l'un en matinée, l'autre l'après midi). Le retour de Sainte-Rose-du-Nord s'effectue en autobus. La sortie en bateau dure 2 heures et coûte 30 $, (demi-tarif pour les 5-14 ans). Le bateau part du quai de Chicoutimi.

Les Croisières Le Gaïa (☎ 674-9264 ou 1 800 267-9265) offrent les mêmes services à des tarifs identiques.

Visites Forestières (☎ 690-2100), 339 rue Racine Est, proposent la découverte du monde forestier, de la forêt et du travail du bûcheron à l'usine de pâte à papier de l'Abitibi Price Inc. L'excursion prend une journée entière (50 $).

Vous pouvez louer des bicyclettes aux halles du Vieux-Port (7 $ pour la journée).

Où se loger. L'*Auberge Centre Ville* (☎ 543-0253), 104 rue Jacques-Cartier, est correcte mais peu recommandée aux femmes voyageant seules. Les premiers prix s'établissent à 35 $ la chambre, sans le petit déjeuner.

Dans le centre-ville, l'*Hôtel Chicoutimi* (☎ 549-7111 ou 1 800 463-7930), 460 rue Racine Est, est l'hôtel de référence de la ville mais ne possède aucun charme. Les tarifs des chambres très convenables varient selon l'étage. Au premier et au deuxième, la simple/double est à 45/51 $, sans le petit déjeuner.

Sur les hauteurs, l'hôtel-motel *Le Parasol* (☎ 543-7771 ou 1 800 363-7248), 1287 boulevard Saguenay Est, n'a pour seul intérêt que sa vue sur la rivière. La chambre sans la vue est à 40 $ en basse saison sans le petit déjeuner. Rajoutez 5 $ pour jouir d'une belle perspective. En haute saison, les prix grimpent à 75 $.

Face à la rivière, le *Gîte de la Promenade* (☎ 543-9997), 782 boulevard Saguenay Est, est installé dans une belle maison. Lise et Jacques, les propriétaires, sont toujours prêts à vous aider. La simple/double est facturée 40/50 $. La s.d.b. commune possède une baignoire gigantesque.

Où se restaurer. Les restaurants sont de qualité et l'ambiance est toujours très agréable.

Le Bistrot La Tour (☎ 543-1534), 517 rue Racine Est, a l'allure et l'atmosphère d'un pub. Il est si fréquenté qu'il est préférable de réserver, surtout le soir. Les premiers plats s'affichent à 8 $. Au n°433, les grillades de *Chez Georges* (☎ 543-2875), sont, dit-on, les meilleures de la ville (viande à partir de 10 $).

Au restaurant *Padoue* (☎ 690-2353), 112 rue Jacques-Cartier, les banquettes et les fauteuils vert amande, les néons et le comptoir des années 50 donnent à l'ensemble une certaine ambiance, surtout en soirée. Œuf au plat, hamburger, poulet ou salades à partir de 4 $ figurent au menu. *La Fourchette* est un restaurant ouvert 24h/24.

La fine cuisine de *La Bougresse* (☎ 543-3178), 260 avenue Riverain, vaut celle de chez *Pachon* (☎ 690-5188), 255 rue Racine (entrée rue Lafontaine). Comptez au moins 10 $ à midi et 30 $ le soir. Le Pachon ne sert à déjeuner que du lundi au vendredi. Dîner le dimanche soir sur réservation.

Comment s'y rendre. A 19 km de La Baie, Chicoutimi est accessible par la route 170. La compagnie Intercar assure tous les jours la liaison Québec-Chicoutimi-Jonquière. Le trajet Chicoutimi-Québec *via* la rive sud du Saguenay, Saint-Siméon et la région du Charlevoix dure 2 heures 30 et coûte 32 $. De même, un bus quotidien assure la liaison avec les principales villes du lac Saint-Jean.

De Chicoutimi, vous pouvez rejoindre tous les jours (excepté le samedi) directement la Côte Nord par la rive nord du Saguenay et Tadoussac. Le trajet jusqu'à Havre-Saint-Pierre demande deux jours avec une étape pour dormir à Sept-Îles.

La gare routière (☎ 543-1403) est en centre-ville, au 55 rue Racine.

Jonquière

Jonquière est une ville aussi importante que Chicoutimi, distante seulement d'une vingtaine de kilomètres. Marquée dans son architecture par son passé de ville forestière et industrielle, elle reste le poumon économique de la région. Très dynamique sur le plan culturel, elle est l'endroit pour sortir le soir.

A voir. Le **Centre d'interprétation Sir-William Price** (☎ 695-7278), rue Price, raconte, à travers l'histoire de cet industriel qui marqua la région, l'industrie papetière qui fut à l'origine de la création et du développement de la ville de Kenogami, au nord de Jonquière. Le Centre est accessible de 10h à 18h du 15 juin au 1er octobre.

Le **pont d'Aluminium** qui enjambe la Saguenay est, de par sa structure, unique au monde. Cet ouvrage, dessiné par les ingénieurs d'Alcan, rappelle aussi les ambitions de ce géant américain de l'aluminium qui implanta en 1925 à l'est de Jonquière la plus grande usine du monde d'aluminium.

Construit sur le mont Jacob, le **Centre national d'exposition** (☎ 546-2180), 4160 rue du Vieux-Pont, propose des expositions thématiques et des salles consacrées à la peinture et à la sculpture. Son accès est gratuit.

La rue Saint-Dominique, très animée le soir, est la rue principale où s'échelonnent cafés, bars, restaurants et boutiques.

Où se loger. Jonquière propose deux types d'hébergement de grande qualité. L'*Auberge de jeunesse du Vieux-Saint-Pierre* (☎ 547-0845), 3875 rue Saint-Pierre, fait partie des meilleures auberges de jeunesse du Québec. Centrale, elle offre une excellente literie et un accueil chaleureux. Le lit dans un dortoir de quatre à six places revient à 20 $ (3 $ supplémentaires sont demandés pour les draps et les serviettes de bain).

Les moins de 12 ans payent 10 $ (gratuit pour les moins de 6 ans). La chambre particulière se monnaie 40 $. L'auberge organise, été comme hiver, des activités de plein air. Le petit déjeuner à volonté vaut 4 $ (dîner à 7 $).

Sur la route menant au lac Kénogami et construit au cœur de la forêt, *Le Cepal* (☎ 547-5728 ou 1 800 361-5728), 3350 rue Saint-Dominique, est constitué de pavillons en bois. Il propose, outre l'hébergement, une piscine et une restauration de qualité, de multiples activités. Le prix d'une simple/double commence à 52/59 $. En demi-pension, la chambre revient à 65 $ par personne en occupation double et à 95 $ si l'on est seul.

Où se restaurer. *Le Barillet* (☎ 547-2668), 2523 rue Saint-Dominique, sert tous les jours une formule buffet à 10 $. Cuisine québécoise et chinoise figurent au menu. *Les Quatre Cents Coups* (☎ 542-0400), 2350 rue Saint-Dominique, propose une cuisine plus raffinée pour 12 $ environ. Réservez pour le brunch du dimanche.

Comment s'y rendre. A l'est de Chicoutimi, Jonquière est accessible par la route 170. La compagnie Intercar relie tous les jours Québec *via* la rive sud du Saguenay et Chicoutimi. Elle assure par ailleurs une liaison avec Alma sur le lac Saint-Jean. La compagnie Jasmin assure la liaison quotidienne avec le lac Saint-Jean en faisant le tour de ses localités. La gare routière (☎ 547-2167) est située 2249 rue Saint-Hubert.

Lac Kénogami

A 6 km de Jonquière, et accessible par la rue Saint-Dominique, cet immense plan d'eau de 37 km de long est un site de villégiature.

Le Camping Jonquière (☎ 542-0176) est installé en bordure du lac et donne accès à la plage de sable. Il dispose de tout le confort souhaité. Le prix de l'emplacement varie entre 17 et 21 $.

Le Ranch des Érables (☎ 542-24881), 3868 chemin des Érables, est une propriété de 200 km² qui offre des chambres, des chalets, de quoi se restaurer et de nombreuses activités, dont l'équitation.

Basées à Jonquière, les Croisières du Lac-Kénogami (☎ 695-6950), 2841 boulevard du Royaume, organisent différentes excursions sur le lac.

RIVE NORD

Bien moins peuplée que sa consœur du sud, la rive nord du Saguenay offre, de Chicoutimi, un autre point de vue sur la rivière, que longe de bout en bout la route 172, seul axe routier permettant d'atteindre en voiture ou en bus (compagnie Intercar) Tadoussac.

Saint-David-de-Falardeau

Ce petit village, à 25 mn de Chicoutimi, abrite une base de rafting très réputée (☎ 673-4949 ou 1 800 420-2202). La descente de la rivière Shipshaw se déroule du 26 avril à la mi-octobre et coûte 65 $ avec l'équipement. Sur place, vous trouverez un camping et un café.

Sainte-Fulgence

En prenant le chemin de la Pointe-aux-Foins, vous apercevrez les premiers escarpements du fjord et vous accéderez au parc du Cap-Jaseux, un site d'une grande beauté, où vous pourrez pratiquer le kayak de mer. Des croisières sont également proposées par Les Navettes maritimes du fjord (☎ 696-1248 ou 1 800 267-9265). Le parc (☎ 674-9114) est ouvert de la mi-mai à la mi-octobre (entrée payante). Sur place, des campings et des dortoirs ont été aménagés.

A proximité, 100 rue Cap-des-roches, le **Centre d'interprétation des battures et de la réhabilitation des oiseaux** (☎ 674-2425) permet d'observer la migration des bernaches. Un sentier mène à de vastes volières qui abritent des oiseaux de proie convalescents et en attente d'être relâchés. Le centre est ouvert tous les jours de mai à la fin septembre (5 $).

Sainte-Rose-du-Nord

Le charme de ce petit village de 420 habitants en fait l'escale obligatoire de tout voyage le long de la rive nord du Saguenay. L'église blanche et les maisons aux couleurs pastels semblent sorties tout droit d'un livre d'images. Le presbytère a été transformé en auberge et sa terrasse offre un superbe panorama sur le fjord.

Les Croisières Marjolaines (☎ 543-7630 ou 1 800 363-7248) accostent tous les jours de mai à octobre et proposent des excursions en direction de Chicoutimi.

Le **musée de la Nature** (☎ 675-2348), 199 rue de la Montagne, abrite une collection étonnante d'animaux naturalisés allant du duc mâle, un énorme rapace, au requin du Saguenay, mangeur de morues.

Où se loger. La propriétaire du *Musée de la nature* accueille les voyageurs. La chambre est à 50 $. Le *Gîte de la Maison d'Églantine* (☎ 675-2213) 262 rue du Quai, charmant, loue des simples/doubles à 30/40 $. Au n°911, le *Gîte à L'Orée du*

Bois (☎ 675-2501), est tout aussi accueillant. La simple/double est facturée 35/45 $.

Le camping *La descente des femmes* (☎ 675-2500), du nom de la route qui permet d'y accéder, est installé dans un très beau site (17 $ l'emplacement).

Le lac Saint-Jean

D'une circonférence de plus de 1 000 km², le lac Saint-Jean constitue une vaste mer intérieure bordée de plages de sable qui se prête l'été à la baignade, à la planche à voile et au bateau. Il peut s'aborder du nord au sud, comme du sud au nord *via* la route 169 qui le ceinture. Moins peuplé, le nord offre sans doute les plus belles vues. Une voie cyclable permet de longer le lac.

ALMA

Alma est avant tout une grande ville industrielle. Néanmoins le **musée d'Histoire du Lac-Saint-Jean** mérite une visite. Il constitue en effet une bonne introduction à la région avant d'entamer un périple autour du lac. Installé juste derrière l'église, 54 rue Saint-Joseph Sud, il retrace son peuplement.

Ouvert du 24 juin à début septembre, il est accessible du lundi au vendredi de 9h à 18h (le week-end, de 13h à 17h). Le reste de l'année, il n'accueille le public qu'en semaine et ferme entre 12h et 13h30. Le prix de l'entrée est de 3 $.

La compagnie Les Croisières (☎ 668-3116), 1385 chemin de la Marina, propose, de la mi-juin au début septembre, des excursions sur le lac (17,55 $).

L'office de tourisme (☎ 669-5030) se tient 715 rue Harvey Ouest.

Comment s'y rendre

Alma est à 60 km de Chicoutimi. La route 172 permet d'y accéder facilement. De Jonquière, il faut emprunter la route 170 jusqu'à Saint-Bruno puis tourner à droite, direction Alma (une heure de trajet à peine).

Les bleuets de l'espoir

Le bleuet, emblème de la région, a donné aux habitants du lac Saint-Jean leur surnom. Cousin de la myrtille, ce fruit est apparu après le gigantesque incendie qui ravagea en 1870 les forêts entre Saint-Félicien et Chicoutimi. Il fut le premier arbuste à repousser. Aussi devint-il rapidement aux yeux de la population le symbole de l'espoir et de la reconstruction.

Présent sur tout le territoire québécois, il accompagne tartes, viandes et laitages. Alcools, vins et confitures sont également produits à partir de cette baie que l'on ramasse dès la fin juillet. Le Lac-Saint-Jean dispose de nombreuses bleuetières qui accueillent volontiers les visiteurs, simples curieux ou bénévoles, pour une cueillette improvisée. ■

La compagnie Intercar relie deux fois par jour Alma depuis Chicoutimi et Jonquière, à 45 km.

SAINT-HENRI-DE-TAILLON

Construit juste en bordure du lac, ce village agricole très étendu offre un beau panorama sur le lac et des plages magnifiques. Il constitue également la porte d'entrée principale du parc de la Pointe-Taillon. La rue Principale traverse le village laissant courir, si vous venez d'Alma, la route 169 sur la droite. Les superbes maisons en bordure du lac que vous pourrez apercevoir derrière les haies de bouleaux sont souvent habitées à l'année.

Où se loger

Le gîte *Chez Monique* (☎ 347-5113), 625 rue Principale, est une maison en pleine campagne. Sa propriétaire voue une passion pour les oiseaux qu'elle identifie parfaitement rien qu'à leur chant. Les chambres sont agréables. La simple/double est à 35/45 $. Au n°421, le *Gîte Auberge du Canton Taillon* (☎ 347-2246), qui compte 4 chambres, est tout aussi convenable et affiche les mêmes prix que le précédent.

Le *Camping Belley* (☎ 347-3612) est un vaste camping avec tout le confort voulu (dépanneur, buanderie...). L'emplacement coûte 21,5 $.

PARC DE LA POINTE-TAILLON

Vaste plaine couverte de bouleaux, de peupliers, de pins, de mélèzes et d'épinettes noires, ce parc de 92 km^2 offre de somptueux points de vue sur le lac. Baigné au sud par ce gigantesque plan d'eau, il est cerné de bout en bout, au nord, par la rivière Péribonka, le plus important affluent du lac, donnant à ce territoire une forme de presqu'île. Ici, l'orignal et le castor abondent. Pendant les périodes de migration, le parc constitue également une halte pour les bernaches.

Ouvert de juin à septembre, le parc (☎ 347-5371) est surtout connu pour ses plages de sable qui occupent toute sa partie sud. Leur accès est payant : 8 $ pour la journée et par véhicule (2 $ par bicyclette). Des sentiers de randonnée et des pistes cyclables ont par ailleurs été aménagés. Sur place, vous pourrez louer des bicyclettes (18 $ pour 6 heures), des kayaks et des canoës.

Deux sites de camping ont été aménagés, soit seulement 25 emplacements sans point d'eau, ni électricité. Emportez des provisions. Le site coûte 6 $. Un service de transport des bagages est assuré pour 5 $.

Le parc dispose de deux entrées, l'une au sud, l'autre au nord. Le poste d'accueil de la rivière Taillon se situe à Saint-Henri-de-Taillon. Après avoir dépassé le village lorsqu'on vient d'Alma, prendre le rang 3.

L'entrée du secteur nord du parc s'effectue par Sainte-Monique, en empruntant le rang 6 depuis la route 169.

SAINTE-MONIQUE

En bordure de la rivière Péribonka, cette localité abrite un *Centre touristique* (☎ 347-3124), sorte de grand complexe hôtelier où l'on peut se restaurer, se loger ou camper.

PÉRIBONKA

Depuis la publication en 1916 du roman *Maria Chapdelaine*, de Louis Hémon, Péribonka est sorti de l'anonymat. Le village offre de beaux panoramas sur le lac. Construit à l'embouchure de la rivière Péribonka et du lac Saint-Jean, il s'étire en longueur et ne possède pas de centre-ville. Une longue promenade et une belle plage le bordent d'est en ouest.

Le **musée Louis-Hémon** (☎ 374-2177), 700 route 169, consacre une salle entière à l'auteur. Il rassemble par ailleurs des expositions thématiques sur la région et sur la littérature. Il est ouvert tous les jours de 9h à 17h30 de juin à septembre ; en dehors de cette période, il ferme à 16h et, le dimanche, ses horaires sont 13h-17h. L'accès est de 4,5 $ (3,50 $ pour les seniors et 2,5 $ pour les étudiants ; gratuit pour les moins de 12 ans).

Où se loger et se restaurer

L'Auberge de L'île du Repos (☎ 347-5649) est une vaste auberge de jeunesse située dans un immense terrain boisé en bordure d'eau et ponctué de chalets. Mais elle peut donner l'impression à celui qui voyage seul de n'être qu'une maison d'habitués. Le lit dans un dortoir revient à 17 $ et la chambre à 49 $. Elle propose également un forfait petit déjeuner, lit et dîner à 29 $.

L'Auberge-Restaurant La Volière (☎ 374-2360), 200 route 169, fait restaurant et possède trois chambres à l'étage avec s.d.b. commune. Goûtez la tourtière, l'une des multiples spécialités de ce haut lieu de la cuisine québécoise. Les chambres sont confortables. L'une vaut 60 $, les deux autres sont à 30 $.

MISTASSINI

Mistassini, capitale du bleuet, n'est guère un lieu de villégiature. Avec **Dolbeau**, située juste de l'autre côté de la rivière Mistassini, elle est l'une des plus importantes villes du lac Saint-Jean.

Si vous souhaitez vous lancer dans la cueillette des bleuets, préférez d'autres espaces plus verdoyants et moins industriels.

L'office du tourisme (☎ 276-0022) se tient 1030 boulevard Vézina.

Où se loger et se restaurer

Le *Motel-Auberge de la Diligence* (☎ 276-6544 ou 1 800 361 6162), 414 boulevard de la Friche (route 169) est un complexe hôtelier sans véritable charme mais convenable. La simple/double commence à 60/65 $. A quelques kilomètres, *La Chute des Pères* (☎ 276-1492), 46 boulevard Panoramique (route 169), est mieux situé et légèrement plus chaleureux. La cuisine y est, dit-on, très bonne. La simple/double varie entre 55/65 $ et 75/85 $.

Comment s'y rendre

La route 169 traverse les deux villes avant de continuer sa course le long du lac. Dolbeau est à 119 km de Jonquière.

La compagnie Jasmin (☎ 547-2167) relie tous les jours Chicoutimi à Dolbeau *via* Roberval.

NORMANDIN

Normandin est surtout connu pour le site **Les Grands Jardins** (☎ 274-1993), 1515 avenue du Rocher, qui retrace l'histoire de l'art des jardins à travers cinq parterres différents, allant du jardin d'Orient aux jardins à l'anglaise. Chaque localité du lac Saint-Jean possède un lopin de terre qu'elle se doit chaque année de composer à sa guise.

Ouvert tous les jours du 22 juin à la fin septembre, son accès coûte 8 $ (de multiples réductions sont offertes).

SAINT-FÉLICIEN

Saint-Félicien est une ville de moyenne importance, agréable, dont le centre-ville jouxte la rivière Ashuapmushuan. Le boulevard Sacré-Cœur qui coupe la route 169 constitue l'artère principale où se concentrent banques, commerces, restaurants et hôtels.

Le **jardin zoologique de Saint-Félicien** (☎ 679-0543 ou 1 800 667-5687) est un immense enclos de 485 hectares où sont regroupés tous les animaux d'Amérique du Nord. Il est ouvert tous les jours de la fin mai à la troisième semaine de septembre, de 9h à 18h (fermeture à 17h de mai au 24 juin), et son accès coûte 17 $ (15 $ pour les étudiants et les seniors, 12 $ pour les 12-17 ans). Il est fermé aux particuliers de septembre à la mi-mai.

Pour y accéder, il faut prendre la route 167 qui coupe la route 169.

Où se loger et se restaurer

Au 1055 boulevard Sacré-Cœur, l'*Hôtel Bellevue* (☎ 679-8912) présente un bon rapport qualité/prix. La simple/double commence à 40/45 $ (30/35 $ en basse saison). Plus accueillant, le *Motel Lavallière* et son restaurant attenant le *Cléopâtre* offrent une belle vue sur la rivière. Le prix de la chambre varie entre 55 et 75 $.

En allant au zoo, l'*Hôtel du Jardin* (☎ 679-8422 ou 1 800 463-4927), 1400 boulevard Du Jardin, est pourvu d'une haute façade moderne. L'intérieur est froid, vaste et impersonnel mais possède tout le confort souhaité. La chambre est à 97 $ en haute saison (76 $ le reste de l'année).

A cinq kilomètres au nord du centre-ville de Saint-Félicien, à Saint-Méthode, le gîte *La Liberté* (☎ 679-0919), 989 rue Principale, à cent mètres de la route 169, loue la chambre 25 $ et propose des dîners (5 $) copieux autour de la table familiale. Comptez 10 $ par personne supplémentaire.

Le snack de la gare routière (reportez-vous au paragraphe *Comment s'y rendre*) peut vous trouver une chambre chez l'habitant pour 20/25 $.

Comment s'y rendre

Saint-Félicien se trouve à la jonction de la route 169 et de la route 167 qui traverse la réserve faunique Ashuapmushuan avant de rejoindre Chibougamau, ville carrefour pour gagner l'Abitibi-Témiscamingue (reportez-vous au chapitre *L'Abitibi-Témiscamingue et la baie James*).

Les bus de la compagnie Intercar relient tous les jours Saint-Félicien depuis Chicoutimi, Jonquière et Chambord. La gare routière (☎ 679-3856) se situe à l'intérieur d'un snack à l'ambiance sympathique, 1119 rue Saint-Jean-Baptiste, perpendiculaire au boulevard Sacré-Cœur. De là, vous pouvez emprunter un taxi si vous souhaitez visiter le jardin zoologique. Comptez environ 8 $ pour la course.

SAINT-PRIME

Saint-Prime possède l'une des plus belles plages du lac Saint-Jean. La 14e avenue, depuis la route 169, permet d'y accéder.

Dans le village, la **vieille fromagerie Perron**,148 15e avenue, est le dernier témoignage au Québec d'une fabrique de cheddar. Ouverte tous les jours de 9h à 18h de la mi-juin à la première semaine de septembre, elle continue à produire ce fromage.

MASHTEUIATSH

Mashteuiatsh ("là où il y a la pointe", en langue montagnaise) s'étire en bordure du lac Saint-Jean. Ils sont environ 1 800 Piekuakami Ilnutsh ("les êtres humains du lac plat") à vivre dans cette réserve de 15 km², appelée aussi Pointe Bleue.

Dans la rue Ouiatchouan, vous trouverez un kiosque touristique ouvert en saison uniquement. Dans le village, le **Centre d'interprétation de la traite des fourrures** reconstitue l'histoire de la traite entre les Montagnais et les employés de la Compagnie de la Baie d'Hudson qui avait établi ici même un comptoir.

Le **musée Amérindien** (☎ 275-4842), 1787 rue Amishk, a pour vocation de faire connaître la culture des différentes Nations du Canada à travers des expositions thématiques. Des rencontres et des projections de documentaires sont organisées. Une nouvelle salle est désormais consacrée à l'art et à l'artisanat. Le musée est ouvert tous les jours de juin à la fin septembre de 9h à 18h. En dehors de cette période, il ferme le week-end et entre 12h et 13h. L'entrée coûte 3 $ (2 $ pour les étudiants).

La boutique de l'artisan Gérard Siméon, 1785 rue Ouiatchouan, mérite un détour pour ses objets en écorce de bouleau. L'homme est par ailleurs un remarquable conteur.

La rue Ouiatchouan est l'artère principale du village. Elle est doublée en centre-ville d'une promenade donnant accès aux plages. Des tipis en béton la ponctuent sur une petite portion. L'accès au plage est payant (entre 2 et 3 $).

Où se loger

Deux campings ont été aménagés, juste en bordure du lac. Le *Camping de la Plage Robertson* (☎ 275-1375) est légèrement moins cher (20 $ l'emplacement) que le *Camping de la Pointe* (☎ 275-6006).

L'*Auberge Kukum* (☎ 275-0697), 1899 rue Ouiatchouan, est sympathique. La chambre revient à 20 $ par personne, petit déjeuner compris. Guylaine, la propriétaire, peut organiser des excursions.

ROBERVAL

Attenante à la Mashteuiatsh, Roberval offre l'image d'une station de villégiature. Elle concentre le plus grand nombre de compagnies offrant des sorties sur le lac.

Parmi elles, la société Les Voiles du Lac-Saint-Jean (☎ 275-6106) organise des croisières sur le lac à bord de voiliers. Les départs (5 par jour de la mi-juin à début septembre) ont lieu depuis la marina. Elle propose différentes formules dont le prix varie en fonction de la durée de la croisière. Une sortie de 2 heures coûte par exemple 24 $ (15 $ pour les 3-12 ans).

CHAMBORD

Pour ceux qui arrivent de Trois-Rivières par la route 155, Chambord représente la porte d'entrée de la région. Si la ville en soi n'a rien d'extraordinaire, le **Village historique Val-Jalbert** mérite un arrêt. Cet ancien village industriel, construit autour de son usine de production de pulpe en bordure de la chute Ouiatchouane, a gardé intacts ses bâtiments du début de siècle. Abandonné par ses habitants dans les années 30 après la fermeture de l'usine, il a servi dans les années 70 à de nombreux tournages de films. Aujourd'hui, il se visite.

L'ancien magasin général a été transformé en hôtel. Un camping a par ailleurs été aménagé. Très bien indiqué, le village est accessible de la route 169. Il est ouvert tous les jours de la mi-mai à la mi-octobre. L'entrée est de 8,5 $ (3 $ pour les moins de 14 ans, gratuit pour les moins de 6 ans). Du 1er décembre au 31 mars, l'entrée est gratuite et les hébergements ainsi que le restaurant sont ouverts pour les randonneurs à ski et les motoneigistes.

SAINT-GÉDÉON

La route qui mène à l'Auberge des Îles mérite que l'on quitte la route 169. La campagne qui se dessine est superbe et la vue sur le lac depuis l'Auberge est exceptionnelle.

L'*Auberge des Îles* (☎ 345-2586 ou 1 800 680-2589), 250 Rang des Îles, est de loin le meilleur établissement hôtelier du lac Saint-Jean. Le bâtiment tout en bois peint en blanc, au bord du lac, s'inscrit parfaitement dans le paysage. Vous débourserez 69 $ pour une simple (petit déjeuner et dîner inclus). En été, le prix passe à 104 $. Pour deux, comptez 104 $ (160 $ pendant la haute saison).

La Côte Nord et l'île d'Anticosti

La Côte Nord

Indicatif ☎ 418

A NE PAS MANQUER

- Le centre d'interprétation des mammifères marins à Tadoussac
- L'observation terrestre des baleines depuis Bergeronnes
- Les fruits de mer de Godbout
- La visite du gigantesque barrage hydro-électrique de Manic 5
- Le phare de Pointe des Monts
- Une balade en bateau dans l'archipel des îles de Mingan, célèbre pour ses monolithes de calcaire
- Natashquan, ville natale de Gilles Vigneault et terminus de la route 138
- Les fossiles de l'île d'Anticosti

Terre de vallons et de collines, de plages de sable fin et de centaines de rivières, la Côte Nord forme un univers à part, un monde gigantesque très peu peuplé (3 habitants au km^2). De Tadoussac sur la rive sud du Saguenay à Blanc-Sablon aux portes du Labrador, on compte plus de 1 000 km de côtes où dominent l'épinette, la roche, le sable et l'eau.

Sur la rive qui s'étire le long du Saint-Laurent se distribuent quelques villes et villages épars, blottis entre deux anses. A l'intérieur des terres, la présence humaine se réduit à une poignée de cités minières et de pourvoiries, points perdus au milieu d'une nature omniprésente.

Pays des Montagnais, des Inuit en langue vernaculaire, des pêcheurs, des chasseurs et des cueilleurs de baies sauvages, la Côte Nord n'en finit pas le long de l'unique voie d'accès, la route 138, de nous raconter son histoire riche en soubresauts.

Terre de prédilection des marchands de fourrures et des pêcheurs, puis des industries hydroélectriques et minières, cette région entre terre et mer est un ailleurs qui fascine. Fabuleux terrain d'observation des baleines qui viennent s'alimenter de mai à octobre dans les eaux du Saint-Laurent, elle est aussi une région où se concentrent le plus grand nombre de rivières à saumon au monde.

La route 138 conduit jusqu'à Natashquan, village du poète et chansonnier Gilles Vigneault. Après Natashquan, le bateau et l'avion restent les seuls moyens pour aborder les derniers trois cents kilomètres de la Côte Nord. En suivant cet axe routier construit par tronçons successifs depuis 1967, on quitte peu à peu l'estuaire du fleuve pour s'enfoncer, à partir de Pointe-des-Monts, dans le golfe du Saint-Laurent. Le territoire de la Minganie, au chapelet d'îles et d'îlots riches en gigantesques sculptures de calcaires, se dessine alors, comme irréel.

Encore peu fréquentée par rapport aux autres régions du Québec, la Côte Nord dispose d'un bon réseau d'hébergements dont l'ouverture reste toutefois dépendante de la saison touristique qui ne démarre jamais avant la mi-mai pour finir au plus tard en octobre.

HISTOIRE

Fief des Montagnais et des Naskapis, la Côte Nord est fréquentée dès les années 1500 par les pêcheurs de morue venus du Pays basque, d'Angleterre et d'Espagne. Ils sont les premiers Occidentaux à séjourner sur le littoral de ce qu'ils appellent alors le Labrador. Ils sèchent leurs poissons puis s'en retournent, laissant derrière eux les vigneaux, supports de bois servant au séchage. L'austérité du relief rocheux n'inspirera guère Jacques Cartier lors de son premier voyage. "La terre que

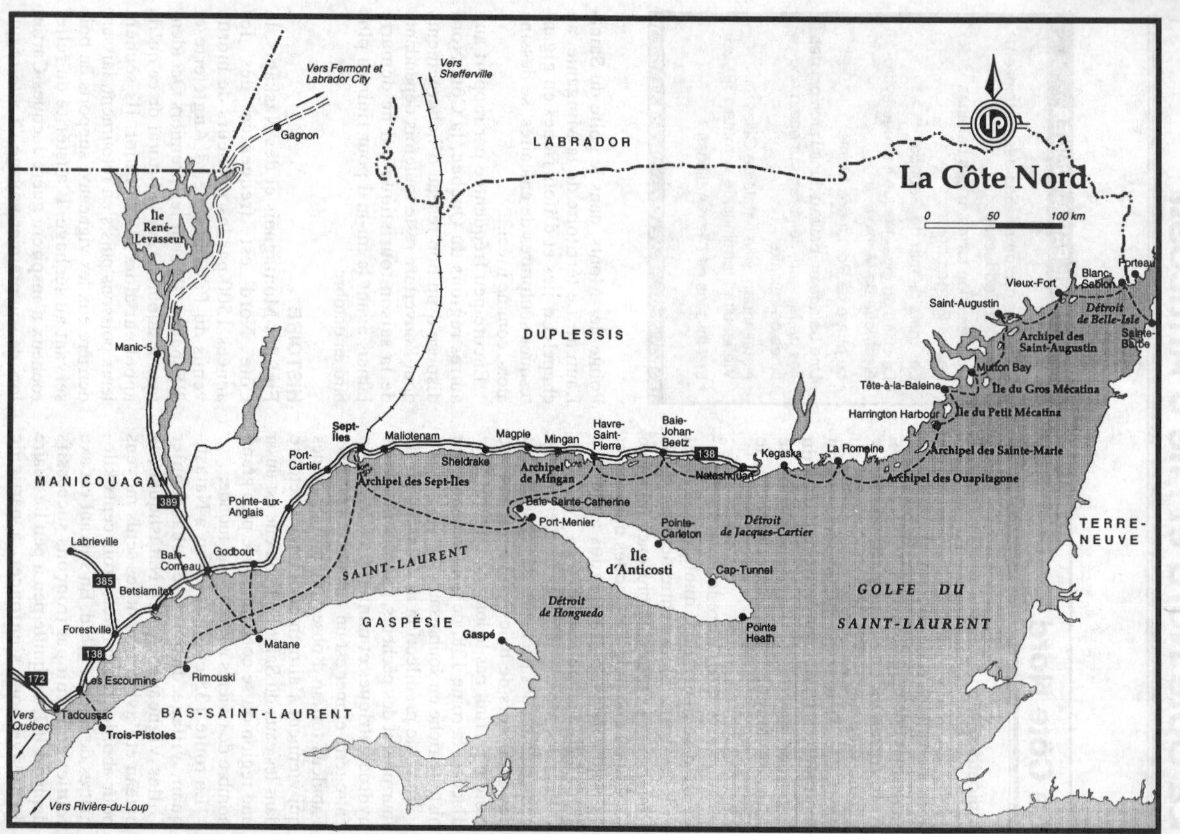
La Côte Nord
0
50
100 km
LABRADOR
DUPLESSIS
MANICOUAGAN
TERRE-NEUVE
GOLFE DU SAINT-LAURENT
SAINT-LAURENT
GASPÉSIE
BAS-SAINT-LAURENT
Île d'Anticosti
Détroit de Jacques-Cartier
Détroit de Honguedo
Détroit de Belle-Isle
Vers Schefferville
Vers Fermont et Labrador City
Gagnon
Île René-Levasseur
Manic-5
Labrieville
Betsiamites
Baie-Comeau
Godbout
Pointe-aux-Anglais
Port-Cartier
Sept-Îles
Maliotenam
Sheldrake
Magpie
Mingan
Havre-Saint-Pierre
Baie-Johan-Beetz
Natashquan
Kegaska
La Romaine
Harrington Harbour
Tête-à-la-Baleine
Mutton Bay
Saint-Augustin
Vieux-Fort
Blanc-Sablon
Porteau
Sainte-Barbe
Archipel des Sept-Îles
Archipel de Mingan
Baie-Sainte-Catherine
Port-Menier
Pointe-Carleton
Cap-Tunnel
Pointe Heath
Archipel des Ouapitagone
Archipel des Sainte-Marie
Île du Petit Mécatina
Île du Gros Mécatina
Archipel des Saint-Augustin
Forestville
Les Escoumins
Tadoussac
Trois-Pistoles
Rimouski
Matane
Gaspé
Vers Québec
Vers Rivière-du-Loup
138
385
389
172

Dieu donna à Caïn", comme il la décrit dans son journal, restera longtemps hors du champ d'intérêt de la Nouvelle-France.

Un territoire sous influence
Englobée au XVIIe siècle dans le "Domaine du Roy" qui couvre le Saguenay, le lac Saint-Jean, la Haute-Côte-Nord est vouée au seul commerce de la fourrure. Aucun colon n'y est admis, seuls les missionnaires sont acceptés. Des postes de traite s'ouvrent alors aux Escoumins, à Godbout et à Sept-Îles. La Basse-Côte-Nord, au nord-est de la rivière Moisie est, de son côté, partagée en seigneuries. Louis Jolliet, l'explorateur du Mississippi, se voit attribuer l'île d'Anticosti et la Minganie. De Courtemanche devient le propriétaire de la Basse-Côte où descendent régulièrement les Inuit.

La Conquête en 1760 amène de nouveaux concessionnaires. Le territoire de la Minganie revient à la Compagnie de la Baie d'Hudson. En 1821, le Domaine du Roy lui appartient. Elle a le monopole du commerce des fourrures, de la pêche au saumon et de la chasse au loup-marin.

En 1842, sous la pression conjuguée de William Price – un industriel soucieux

Villes de papier
Tout a commencé au début des années 1900 par une partie de pêche au saumon sur la rivière Sainte-Marguerite dans la baie de Sept-Îles. William et James Clarke, à la tête d'une maison d'édition de journaux à gros tirage, sont sans cesse à la recherche de papier. La région leur semble l'endroit idéal pour s'approvisionner. Ils achètent l'ensemble du terrain. Avant de construire une usine de transformation, il leur faut édifier un barrage hydroélectrique, un chemin de fer et une ville.

Pour réaliser ce vaste et coûteux programme, ils associent des hommes d'affaires anglais avec lesquels ils forment l'Anglo-Canadian Pulp and Paper. Ainsi va naître Clarke-City, une ville modèle sans précédent. Tout est propriété de la compagnie : l'hôpital, l'école, l'église, les maisons des employés et l'hôtel dont les caves font office de prison. Sortie de terre en quelques années, la ville attire des centaines de travailleurs pour qui l'ensemble des services fournis (souvent gratuitement, comme l'électricité) constitue un cadre de vie bien meilleur que celui de la pêche ou des travaux des champs.

En 1920, le gouvernement fédéral demande même à la famille Clarke d'assurer le transport maritime, ce qu'elle fera durant plusieurs décennies. Elle règne alors en maître. Toutefois, depuis deux ans, un autre éditeur de journaux, Robert Rutherford McCormick, propriétaire du *Chicago Tribune*, lui aussi soucieux de diversifier ses sources d'approvisionnement, mène à Shelter-Bay (l'actuel Port-Cartier) une entreprise semblable. Le lancement de son quotidien *New York Daily News* en 1921 l'oblige à investir à nouveau dans d'autres villages et dans les forêts de la rivière Manicouagan (convoitées également par les frères Clarke). Dans les années 30, McCormick s'engage auprès des autorités québécoises à construire une usine de pâte à papier avec toute l'infrastructure urbaine et routière qu'elle suppose : ce sera la création de Baie-Comeau, dont les allures modernes, le centre commercial et l'aéroport constituent une petite révolution à cette époque. Baie-Comeau, Clarke-City ou Franquelin appartiennent ainsi à de puissants groupes d'édition.

Lorsqu'en 1955, un charcutier décide d'ouvrir sa propre boutique à Franquelin malgré l'interdiction de l'Ontario Paper (la compagnie propriétaire de la ville), l'affaire va ainsi rapidement révéler au grand public le dessous de ces eldorados. Elle devient le combat de David contre Goliath. Pour éviter le scandale, la société retirera sa plainte. David a triomphé.

Cependant, le milieu des années 50 marque aussi la fin de cette époque. Les ressources forestières sont épuisées. Les usines n'ont plus de raison d'être. Une à une, elles sont démantelées.

Seules Forestville et Baie-Comeau demeurent encore d'importants centres producteurs de pâte à papier qui alimentent le monde entier. ■

d'étendre ses exploitations forestières –, et des paysans de Baie-Saint-Paul et de La Malbaie, trop à l'étroit dans leur région du Charlevoix, le gouvernement québécois accepte de briser le monopole de la Compagnie de la Baie d'Hudson sur le Domaine. Les premiers colons commencent à s'installer entre Tadoussac et Portneuf. Les Montagnais sont refoulés vers le nord et rejoignent leurs compatriotes de Sept-Îles et de Mingan. Les réserves des Escoumins et de Betsiamites sont créées en 1861.

La traite des fourrures est désormais répartie entre plusieurs compagnies. La Compagnie de la Baie d'Hudson se retire de ses comptoirs et ne travaille plus qu'avec les Montagnais de Betsiamites. En 1859, le gouvernement va encore plus loin et met un terme à ses droits exclusifs sur les rivières à saumon, aussitôt allouées à de très chics et très fermés clubs américains et canadiens.

L'ouverture du territoire voit parallèlement l'arrivée des Madelinots, des Acadiens des îles de la Madeleine et de la baie des Chaleurs. Une partie d'entre eux s'établit à Natashquan et à Mingan. D'autres s'installent à la pointe des Esquimaux qui deviendra Havre-Saint-Pierre en 1924. La pêche à la morue est alors l'activité principale et entraîne la création de villages dans les anses les plus propices. L'arrivée d'une nouvelle migration en provenance de Terre-Neuve dans les années 1870 fera de la Basse-Côte-Nord un territoire aux villages essentiellement anglophones.

L'eldorado des riches et des pauvres

De Tadoussac à Sept-Îles, la Haute-Côte-Nord voit l'arrivée d'agriculteurs et de bûcherons entre 1860 et 1900. Mais, dans les années 40, la préférence des Européens et des Américains pour le bois de l'Ouest provoquera la fermeture de nombre de scieries et d'entreprises. Le besoin de pâte à papier des journaux américains permet, au même moment, à la région de rebondir. Des villes comme Clarke-City et Baie-Comeau émergent. Jusque dans les années 1950, elles assureront le développement de la Côte Nord.

Parallèlement, les grands chantiers miniers et hydroélectriques (dont Manic 5) de l'arrière-pays transforment Sept-Îles, Pointe-Noire et Port-Cartier en grands centres portuaires. Des cargos géants venus d'Europe, du Japon et des États-Unis viennent s'approvisionner en minerai de fer. Dans les années 70, Sept-Îles est le nouvel eldorado québécois.

Dans les années 80, les compagnies minières délocalisent leur exploitation au Brésil et ferment leur usines de la Côte Nord, provoquant une crise économique.

Depuis la fin des années 50, le secteur de la pâte à papier a également enregistré un désengagement important des investisseurs. Néanmoins, la construction de barrages sur la rivière Manicouagan a attiré un nouveau type d'industrie, celle de l'aluminium. L'installation à Baie-Comeau, en 1958, de la Canadian British Aluminium a marqué le début d'une diversification inespérée pour la ville.

ORIENTATION

La Côte Nord regroupe deux régions, le Manicouagan et le Duplessis, deux gigantesques territoires dont la population (environ 102 700 habitants) se concentre essentiellement le long du littoral.

Le Manicouagan s'étend de Tadoussac à Baie-Trinité (Baie-Comeau en est la capitale), le Duplessis allant de Pointe-aux-Anglais à Blanc-Sablon, dernier village avant la province du Labrador.

La route 138 est la seule voie est-ouest. Elle relie Tadoussac à Natashquan. Les autres villages ne sont desservis ensuite que par bateau ou par avion.

La route 389 est le seul axe nord-sud. Elle relie Baie-Comeau à Labrador-City dans la province du Labrador. Elle passe par le barrage de Manic 5 et la ville minière de Fermont.

Trois services de traversier permettent de rejoindre la rive sud du Saint-Laurent. Le premier part de Baie-Comeau et le second de Godbout. Tous deux rejoignent Matane en Gaspésie. Le troisième service de ferries assure le voyage Les Escoumins-Trois-Pistoles dans le Bas-Saint-Laurent (reportez-vous aux rubriques concernées).

FÊTES ET MANIFESTATIONS ANNUELLES

Juin

Festival de la chanson à Tadoussac – Quatre jours durant lesquels se produisent des artistes connus et de jeunes auteurs-compositeurs.

Juillet

Fête des Montagnais – le 26, à Betsiamites.

Pow wow – A Essipit, à la fin de la troisième semaine.

Festival international de jazz et de blues – A Baie-Comeau.

Août

Festival de la baleine bleue – A Grandes-Bergeronnes.

Festival Innu Nikamu – Dans la réserve montagnaise de Maliotenam (à l'est de Sept-Îles). Pendant quatre jours, de nombreux spectacles de chants et de danses traditionnels et contemporains sont donnés par des groupes venus de toute l'Amérique du Nord.

Festival des Acadiens – A Havre-Saint-Pierre, vers le 15.

TADOUSSAC

Au confluent de la rivière Saguenay et du Saint-Laurent, Tadoussac est la porte d'entrée de la Côte Nord. Elle est entourée de vallons boisés et rocheux que les Montagnais appelaient Tatoushak ("mamelons"). Construite à flanc de colline le long d'une large baie, cette localité attrayante, au cadre de villégiature, peut se visiter entièrement à pied. En 1535, Jacques Cartier fut séduit par sa baie et les paysages environnants, alors territoire des Montagnais. Champlain lui aussi y fit escale.

De par son charme et sa situation, elle est devenue l'étape privilégiée pour l'observation des baleines et la découverte du fjord du Saguenay (l'un des plus longs au monde) dont les eaux sombres rencontrent celles vert-émeraude du Saint-Laurent.

Face à la baie de Tadoussac, l'Hôtel Tadoussac, avec sa longue et fine façade blanche et son toit rouge, est le grand hôtel de la ville aux allures de palace d'autrefois.

La ville est le siège du parc marin du Saguenay-Saint-Laurent (☎ 235-4703 ou 1 800 463-6769), 182 rue de l'Église.

Envahie de juin à fin septembre, la localité, qui ne compte que 856 habitants, est désertée le reste de l'année. La quasi totalité de ses restaurants et nombre de ses hébergements sont alors fermés.

En été, un système de bus urbain est mis en place. Le billet coûte 1 $.

Renseignements

Le bureau des renseignements touristiques (☎ 235-4744), 197 rue des Pionniers, est en centre-ville. Il est ouvert tous les jours de 9h à 17h. Du 21 juin à début septembre, les horaires sont de 8h à 22h.

La Caisse Populaire Desjardins (☎ 235-4482) se tient 187 rue du Bord-de-l'Eau. Elle dispose d'un guichet automatique accessible en permanence.

Activités sportives et culturelles

Au centre de la ville, des sentiers de randonnée de courte distance ont été aménagés par le **parc du Saguenay**. Ils permettent de rejoindre l'anse à l'Eau et la pointe de l'Islet (2 km environ) d'où vous pourrez apercevoir des baleines. Ils partent et aboutissent à la rue du Bord-de-L'Eau qui longe la baie. Le sentier du fjord (17 km) relie de son côté Tadoussac à Sacré-Cœur construit dans la superbe Anse-de-Roche.

La **Maison des dunes** (☎ 235-4238) est le centre d'interprétation et d'information du parc du Saguenay. Situé à 6 km de Tadoussac, sur la route 172 en direction de Sacré-Cœur, il vous fournira des cartes.

De nombreuses compagnies se disputent les faveurs des baleines. Parmi elles, les Croisières Famille Dufour (☎ 235-4421 ou 1 800 463-5250) se font sur un catamaran pouvant accueillir 340 passagers. Très confortable, la sortie se déroule sur fond de commentaires d'un guide naturaliste. Le prix est de 30 $ (demi-tarif pour les enfants et gratuit pour les moins de cinq ans). Les billets se retirent à l'Hôtel Tadoussac. Les Croisières Navimex (☎ 1 800 463-1292), 175 rue des Pionniers, ont également lieu à bord de grands bateaux.

La Compagnie de la Baie de Tadoussac (☎ 235-4548 ou 1 800 757-4548), 145 rue du Bord-de-l'Eau, programme des excursions en pneumatique (4 à 5 par jour, dont une à 5h). Les Croisières Express (☎ 235-4770 en saison ou 235-4283), 161 rue des Pionniers, proposent de petits bateaux de 12 passagers, plus confortables que les pneumatiques. Otis Excursions (☎ 235-4197 ou 235-4537), 431 avenue Bateau-Passeur, vogue dans un esprit aussi familial.

La Boutique Nature-Aventure (☎ 235-4303), 177 rue des Pionniers, loue des bicyclettes, des jumelles (5 $), des télescopes (30 $) et des tentes à deux places (10 $ par jour).

A voir

Centre d'interprétation des mammifères marins (CIMM). Installé 108 rue de la Cale-Sèche, il donne toutes les informations nécessaires à la compréhension des cétacés et dispose d'un hydrophone permettant d'entendre le chant des bélugas. Il devrait disposer d'un système de télévision pour les apercevoir à la surface de l'eau. Ouvert de 10h à 20h de mi-mai à mi-

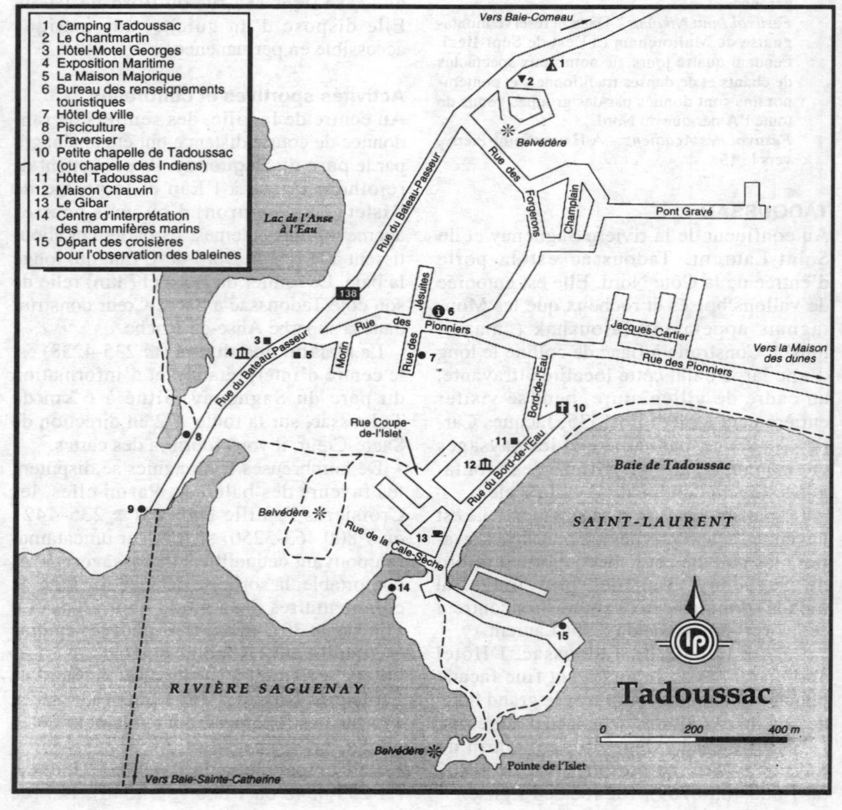

Le parc marin du Saguenay-Saint-Laurent : la sauvegarde d'un milieu

La création en 1990 du parc marin du Saguenay-Saint-Laurent est unique en son genre. Né de la volonté du gouvernement fédéral et de celui du Québec, il a pour objectif de protéger et mettre en valeur ce milieu marin où viennent s'alimenter les cétacés. En effet, environ 6 000 transporteurs circulent chaque année sur le Saint-Laurent, dont près de 900 dans le Saguenay. Un trafic auquel il faut ajouter les activités de croisières d'observation des baleines (plus de 300 000), en constante augmentation.

Englobant une partie du lit de la rivière Saguenay et une portion de l'estuaire du Saint-Laurent, de Cap-à-l'Aigle jusqu'à la Pointe-Rouge des Escoumins, son territoire (1 138 km^2) englobe notamment l'île aux Lièvres, accessible seulement de Rivière-du-Loup.

Quatre régions sont ainsi concernées : le Charlevoix, la Haute-Côte-Nord, le Saguenay et une partie du Bas-Saint-Laurent.

Le parc développe depuis peu pour chaque site une thématique et des activités propres. Des centres d'interprétation ont été implantés à Pointe-Noire, à Baie-Sainte-Catherine et à Cap-de-Bon-Désir. Un circuit routier balisé devrait être mis en place. ■

octobre, il est fermé le reste de l'année. L'entrée est de 4,75 $ (2,5 $ pour les 6-12 ans ; tarif famille à 12 $).

Petite chapelle de Tadoussac. Appelé chapelle des Indiens, cet édifice religieux situé juste en contrebas de l'Hôtel Tadoussac est reconnaissable à son toit rouge et sa façade en bois blanche. Construite en 1747, elle est considérée comme la plus ancienne église en bois encore existante au Canada. A l'intérieur se trouvent des objets religieux. Sa cloche aurait été offerte par Louis XIV.

Accessible tous les jours de 9h à 21h de la mi-juin à la mi-septembre, elle est fermée au public le reste de l'année (1 $).

Poste de traite Chauvin. Cette construction fortifiée, tout en rondins de bois, 157 rue du Bord-de-l'Eau, est une reconstitution du comptoir que Pierre Chauvin créa et dirigea lors de son arrivée en 1599. L'histoire de la traite des fourrures y est relatée.

Ouvert tous les jours de mai à octobre, il ne ferme pas entre 12h et 15h de juillet à septembre. L'entrée coûte 2,75 $ (réduction pour les enfants, les seniors et les étudiants).

Exposition maritime. Installé 143 rue du Bateau-Passeur, dans la maison Molson-Beattie, ce lieu retrace l'histoire de la navigation sur le Saint-Laurent et le Saguenay à l'aide de maquettes, de photographies et d'autres objets.

Il est ouvert de la mi-juin à septembre (3,5 $). Le prix inclut, en juillet et en août, la visite du poste de traite Chauvin.

Pisciculture. Accessible par le 115 rue du Bateau-Passeur, cette société est chargée du repeuplement des rivières en saumon.

Plusieurs sentiers pédestres du parc du Saguenay partent juste derrière le bâtiment.

Où se loger

Hôtels. L'*Hôtel Tadoussac* (☎ 235-4421 ou 1 800 463-5250), 165 rue du Bord-de-l'Eau, a de l'allure à l'extérieur comme à l'intérieur. De la mi-mai à octobre, les prix des chambres grimpent (200 à 270 $) et redescendent à 80 $ lorsque la saison touristique est terminée.

L'*Hôtel-Motel Georges* (☎ 235-4393), 135 rue du Bateau-Passeur, est installé dans la plus vieille demeure de la ville. Il se tient à deux cents mètres du traversier pour Baie-Sainte-Catherine. Le prix de la chambre commence à 42 $ (70 $ l'été).

Au n°158, l'auberge de jeunesse *La Maison Majorique* (☎ 235-4372), est un endroit chaleureux qui vient de s'agrandir, sans perdre son âme. Des sorties en kayak sont proposées. La nuitée en dortoir revient à 17 $. Il existe également des chambres individuelles. Des dîners (comptez au

L'observation des baleines

Le nord du Charlevoix et la Côte Nord sont les deux régions phares pour l'observation des cétacés. Le Bas-Saint-Laurent et la Gaspésie disposent également de lieux privilégiés.

Domicile à l'année du béluga – espèce menacée –, le Saint-Laurent est aussi celui du petit rorqual, du rorqual commun, du rorqual à bosse, du cachalot macrocéphale, du marsouin commun et de la baleine bleue, le plus grand animal vivant au monde. C'est la fosse laurentienne où circule le fameux courant du Labrador qui est responsable de la prolifération du krill dans l'estuaire, nourriture préférée des baleines.

La période la plus propice pour les observer et les entendre s'échelonne de juin à octobre. Les excursions en mer ne commencent jamais avant la mi-mai.

De Baie-Sainte-Catherine à Natashquan, plusieurs possibilités sont offertes. Les sorties en bateau ou en pneumatique sont les plus communément choisies. Le bateau est la solution la plus confortable. La taille des embarcations, qui diffère d'une compagnie à une autre, peut varier d'une douzaine de passagers à plus de trois cents. Plus le navire est gros, plus il comporte de services (bar, salles d'observation couvertes) mais, revers de la médaille, la vision ne s'accompagne pas du même frisson que l'on éprouve sur de petites embarcations. Les excursions sont la plupart du temps commentées en français et en anglais (pour les sociétés importantes).

Le pneumatique (qui peut accueillir jusqu'à 12 passagers) est certainement le meilleur moyen pour s'approcher au plus près des mammifères, qui semblent parfois à portée de main. L'accès est par ailleurs plus rapide. La démarche se veut davantage sportive : les participants sont toujours habillés d'une combinaison de survie, dont la location est comprise dans le prix ou soumise à un supplément de 5 $ en moyenne. Il est toujours recommandé de porter des vêtement chauds. Les enfants de moins de 6 ans ne sont généralement pas acceptés.

Le kayak de mer est une autre option.

moins 8 $) et des petits déjeuners (3 $) sont proposés.

Gîtes. La plupart sont fermés de fin octobre à fin mai. Au centre-ville, la *Maison Gauthier* (☎ 235-4525), 159 rue du Bateau-Passeur, fait partie de cette catégorie. Les chambres (70 $) sont très convenables. La *Maison Clauphi* (☎ 235-4303), 188 rue des Pionniers, présente également un bon rapport qualité/prix (65 $ la chambre). Au n°285, *La Maison Havingthon* (☎ 235-4466) est une très belle demeure, de style soigné. La chambre coûte 100 $. Ouvert toute l'année, le *Gîte Madeleine Fortier* (☎ 235-4215), 176 rue des Pionniers, est simple. Quant au prix, il est modéré (50 $ la chambre), comme *Chez Julie* (☎ 235-4380), au n°251, où la simple/double est louée 35/45 $.

Camping. Le *Camping Tadoussac Inc* (☎ 235-4501), 428 avenue du Bateau-Passeur (route 138), est à un kilomètre environ

Ce type d'excursion, pratiqué surtout à Bergeronnes et aux Escoumins, se fait toujours avec un guide-interprète et demande une certaine pratique.

La durée des excursions varie entre 2 et 6 heures selon la compagnie et le type d'expédition choisi. Le temps moyen est de 3 heures pour un prix de 30 $ environ (demi-tarif pour les enfants, gratuité pour les moins de 5 ans). En s'éloignant de Tadoussac, les prix ont tendance à diminuer. A Godbout par exemple, situé à 200 km de Tadoussac, le tarif est de 20 $.

Tadoussac est certainement la ville où se bousculent le plus grand nombre de compagnies. Bergeronnes, Les Escoumins, Sault-au-Mouton, Godbout, Pointe-des-Monts ou Havre-Saint-Pierre sont aussi de bons sites. Chaque région a son environnement propre et son contingent d'espèces. Le béluga se trouve ainsi essentiellement entre Baie-Sainte-Catherine et Tadoussac. Dans le secteur de Bergeronnes, à 22 km de Tadoussac, la fosse marine fait surtout le bonheur de la baleine bleue qui s'approche très près du rivage (les bateaux partant de Baie-Sainte-Catherine ou de Tadoussac y vont toujours). Le paysage de l'archipel de Mingan avec ses monolithes et ses macareux moines constitue un autre cadre tout aussi féerique et reste moins fréquenté que les autres.

L'observation terrestre est une autre approche tout aussi chargée en émotions. Elle a pour avantage de pas être minutée. Il suffit d'être patient et attentif. Plusieurs sites ont été aménagés à cet effet, pour la plupart sur la rive nord du Saint-Laurent, à Baie-Sainte-Catherine, Tadoussac, Bergeronnes, Les Escoumins et Pointe-des-Monts.

A 6 km de Bergeronnes, le Cap-de-Bon-Désir propose ainsi des randonnées à travers bois avant d'atteindre le belvédère qui domine le fleuve. Des sentiers de Pointe-des-Monts comme du Phare, vous pouvez admirer les baleines bleues. Des guides naturalistes sont présents dans chacun de ces sites.

Le centre d'interprétation des mammifères marins, à Tadoussac, est un passage obligé. Il permet de s'initier à cet univers riche, complexe et fragile. L'observation des cétacés est en effet soumise à une réglementation stricte. Tout mouvement ou son brusque peut provoquer un stress chez l'animal et modifier ses comportements. L'approche des bélugas hors excursion est interdite.

De manière générale, il est conseillé d'emporter un pull, une paire de jumelles et un appareil photo avec téléobjectif. Par beau temps, les lunettes de soleil et la crème solaire sont appréciables.

La plongée sous-marine s'avère une autre solution. Là aussi, les conditions sont strictes et requièrent une bonne pratique. Les Escoumins et Pointe-des-Monts sont les deux sites privilégiés. Le prix varie en fonction du forfait. Comptez 40 $ pour un équipement complet et 15 $ pour les services d'un guide, à moins de faire un stage d'observation d'un ou plusieurs jours à la Station de recherche des îles Mingan dans le décor grandiose de l'archipel.

Attention cependant : les baleines ne programment pas leur apparition. Le spectacle se fait au hasard et au rythme des rencontres, comme les grands instants d'une vie. ■

du centre-ville. L'emplacement avec vue sur le fleuve revient à 25 $.

Où se restaurer

Le restaurant de l'*Hôtel Georges* (☎ 235-4393), 135 rue du Bateau-Passeur, est la meilleure table de la ville. Au menu : filet de sole ou de truite, et viande cuite à la perfection. Comptez en moyenne 20 $ le repas. Le restaurant, fermé en mars et en avril, n'ouvre que vers la première semaine de mai. Il fait également office d'hôtel. Le restaurant de l'*Hôtel Tadoussac* est décevant et semble profiter de son cadre.

Au Père Coquart Café (☎ 235-4342), 115 rue Coupe-de-l'Islet, est l'endroit où se produisent des chansonniers. La gamme des prix (repas à partir de 10 $) et des plats est large.

Belle ambiance également au n°113, à l'*Auberge La Mer Veilleuse* (☎ 235-4396). Toujours dans la même rue, *Le Café-bar Le Gibar* est un lieu à l'atmosphère décontractée. Il prépare d'excellents sandwiches pour 5 à 8 $.

Le Chant Martin (☎ 235-4733), 412 rue du Bateau-Passeur, est une sorte de brasserie, spécialisée dans les pizzas.

Comment s'y rendre

Voiture. De Québec, il suffit de suivre la route 138 qui parcourt du sud au nord le Charlevoix. A Baie-Sainte-Catherine, le traversier assure la liaison tous les jours, 24h/24. Le trajet, gratuit, dure dix minutes.

La traversée a lieu toutes les heures entre 24h et 6h, toutes les 40 minutes entre 6h et 10h et entre 18h et 24h. Entre 10h et 16h, les fréquences sont toutes les 20 minutes (excepté le week-end). On ne peut réserver.

De Chicoutimi, empruntez la route 172.

Bus. La compagnie Intercar assure tous les jours le trajet Québec (gare de Sainte-Foy)-Tadoussac. Le terminus se situe 433 route 138, chez le Dépanneur de la Côte (qui fait également station-service). Le centre-ville est juste en contrebas, à gauche.

La compagnie effectue également une liaison quotidienne Chicoutimi-Tadoussac (excepté le samedi où aucun bus ne circule entre les deux villes).

BERGERONNES

Bergeronnes est, avec Tadoussac à une vingtaine de kilomètres au sud, l'une des principales aires d'observation des baleines. Étant située en bordure de la fosse marine du Saint-Laurent, nul besoin de sortir en mer pour les apercevoir. Le bureau touristique (☎ 232-6326), 424 rue de la Mer, est un bureau saisonnier.

A voir et à faire

Le **centre d'interprétation de Cap-de-Bon-Désir** (☎ 232-6751 en saison, sinon 232-6326), 166 route 138, permet de les contempler à loisir depuis la terre ferme. L'entrée est de 4 $ (7,5 $ par famille). Le centre loue des jumelles. Ouvert tous les jours de 8h à 20h de la mi-juin à début septembre, il ferme ses portes à la mi-octobre. Entre septembre et la date de sa fermeture, les horaires sont 9h-17h.

Depuis 1980, Bergeronnes est également un haut lieu archéologique. Des vestiges remontant à 3 500 ans avant J.-C. ont été découverts entre Tadoussac et Betsiamites. Ils sont exposés au **centre d'interprétation Archéo-Topo** (☎ 232-6286), 498 rue de la Mer. Des visites de sites sont également organisées. Il est ouvert tous les jours de 9h à 18h (20h en juillet et en août) de la mi-mai à la mi-octobre.

Plusieurs compagnies proposent des sorties en mer. Les départs se font quai de la Marina. Mentionnons les croisières SMB 1993 Inc et TGB Inc (☎ 232 6778 ou 233-2509), qui organisent au moins trois fois par jour des excursions en bateau et en pneumatique pour 26,33 $ (hors taxes ; demi-tarif pour les moins de 12 ans).

Les Croisières Neptune (☎ 232-6716) sont plus spécialisées dans les sorties en pneumatique (4 fois par jour entre juin et mi-octobre). Les tarifs s'élèvent à 30 $ (15 $ pour les moins de 12 ans).

Bergeronnes est par ailleurs réputée en matière de plongée sous-marine. Le Paradis Marin (☎ 232-6237), 174A route 138, loue du matériel et organise des sorties.

Où se loger

La plupart des hébergements ferment entre novembre et mi-mai. *Le gîte Françoise Simard* (☎ 232-6223), 402 rue de la Mer, ne fait pas exception. Avec seulement deux chambres, il affiche un excellent rapport qualité/prix (40 $ la chambre). Mieux vaut réserver. Au n°411, la *Nuit étoilée* (☎ 232-6756) a l'avantage d'être ouvert à l'année. La chambre revient à 60 $.

Camping. Ouvert du 1er juin à la mi-septembre, le *Camping du parc du Bon- Désir* (☎ 232-6297 ou 232-6326 en dehors de la haute saison), 160 route 138, est accroché à flanc de colline. Il compte une centaine d'emplacements dont 26 avec toilettes, douches et machine à laver. Plusieurs sentiers partent du camping et permettent

L'impact mortel
L'île René-Levasseur forme un gigantesque cratère de 65 km de diamètre, né de la chute d'une météorite sur cette partie du Bouclier canadien il y a plus de 210 millions d'années. Selon des scientifiques, cet impact aurait causé la disparition d'environ 75% de la faune et de la flore terrestres. L'île est riche en minerais, notamment en nickel. Au centre du cratère, le mont Babel possède un gisement de pierres semi-précieuses. ■

d'observer les baleines. Le prix des sites varie entre 15 et 18 $ selon le confort recherché.

Comment s'y rendre

De Tadoussac, suivre la route 138 en direction de Baie-Comeau.

Les bus Intercar qui relient au moins une fois par jour Québec à Tadoussac assurent ensuite la liaison avec Bergeronnes, à seulement quinze minutes de Tadoussac. Le terminus est logé chez le Dépanneur des Berges (☎ 232-6330).

LES ESCOUMINS

A 41 km de Tadoussac, Les Escoumins forment un très beau petit village. Le site de la **Pointe à la Croix** constitue une remarquable balade. Dans ses écrits, Champlain raconte qu'à cet endroit les baleiniers faisaient fondre la graisse des cétacés. Le village abrite également le centre de contrôle du trafic maritime sur le Saint-Laurent.

Les Escoumins sont reconnus au Canada pour être un haut lieu de plongée sous-marine. Le Centre des loisirs marins (☎ 233-2860), 41 rue des Pilotes, organise des sorties plongée avec ou sans bouteilles. Une salle d'exposition relate l'évolution de ce loisir dans le Saint-Laurent.

Au 27 rue de l'Église, le Centre de plongée du Manoir (☎ 233-3325) demande 40 $ pour la location de l'équipement complet et 15 $ pour les services d'un moniteur.

Explo Mer propose, à partir de la base du Centre des loisirs marins, des sorties en kayak. La demi-journée coûte 37 $ (20 $ pour les premières heures de la matinée).

Chaque jour, de la mi-mai à la mi-octobre, vous pouvez rejoindre par bateau, en 1 heure 30, Trois-Pistoles sur la rive sud du Saint-Laurent.

Attenant au village, la **réserve d'Essipit** (la rivière aux coquillages) regroupe 200 Montagnais. Elle est située à côté du quai du traversier. Elle propose une vaste gamme d'hébergements (se reporter au paragraphe *Où se loger et se restaurer*) et organise, de la dernière semaine de mai à octobre, des excursions pour observer les baleines (☎ 232-6778 en été, sinon 233-2202). Le billet s'élève à 26,33 $ (demi-tarif pour les enfants).

Kayak de mer (☎ 233-2860) offre des sorties en kayak de mer en collaboration avec Explo Mer. La journée revient à 74 $ (34 $ la demi-journée), taxes et transport inclus.

Où se loger et se restaurer

Dominant la baie, au-dessus de la route 138, le *Manoir Bellevue* (☎ 1 888 233-3325), 27 rue de l'Église, affiche une certaine classe. Les chambres sont louées à partir de 49 $ (s.d.b. commune), 39 $ si vous êtes seul. Avec s.d.b., le prix se monte à 65 $. Il fait office également de restaurant. Sa table est exceptionnelle pour ses saveurs et son prix (à partir de 18 $).

Disposant d'une vue sur la baie et les montagnes, le *Gîte de la Côte* (☎ 233-2052), 3 rue des Oblats, est d'un bon rapport qualité/prix. La simple/double revient à 30/48 $. Au 267 route 138, l'*Auberge de la Baie* (☎ 233-2010 ou 1 800 287 2010) est un hôtel-restaurant.

A Essipit, l'*Enchanteur* (☎ 233-2202), 29 rue de la Réserve-Essipit, regroupe de superbes chalets au toit rouge en bordure d'une anse. Ils sont loués à la journée (95 $ pour 4 personnes) ou à la semaine (480 $).

Le camping *Le Tipi* est accessible de juin à la mi-octobre. L'emplacement tout confort vaut 19 $ (14 $ le reste de l'année).

Comment s'y rendre

En voiture, il suffit de suivre la route 138. La liaison Tadoussac-Les Escoumins *via* Grandes-Bergeronnes est assurée quotidiennement par les bus de la compagnie Intercar. Le terminus (☎ 233-2401) se tient 201A route 138.

BETSIAMITES

Située à l'embouchure de la rivière Betsiamites et du Saint-Laurent, Betsiamites est la capitale de la nation montagnaise.

Comment s'y rendre

Bus. La compagnie Intercar relie tous les jours Betsiamites à Tadoussac (deux heures de trajet).

PARC RÉGIONAL DE POINTE-AUX-OUTARDES

Situé à l'embouchure de la rivière aux Outardes et du Saint-Laurent, le parc régional de Pointe-aux-Outardes (☎ 567-4226) forme un territoire d'1 km^2 réputé pour être l'un des meilleurs postes d'observation des oiseaux de l'est du Canada. Plages de sable fin, dunes, pinèdes, tourbières et marais salins constituent le cadre de ce parc aménagé pour la randonnée, le camping sauvage et la baignade l'été, et pour le ski de fond l'hiver.

De la mi-juin à début septembre, le Centre d'accueil (ouvert seulement durant cette période de 9h à 18h) organise des sorties accompagnées de guides naturalistes. L'entrée coûte 3,5 $.

BAIE-COMEAU

Baie-Comeau, capitale du Manicouagan, concentre à elle seule 76% de la population de cette région. Avec Sept-Îles située plus à l'est, elle représente l'un des principaux pôles économiques de la Côte Nord. Née en 1936 de la volonté d'un patron de presse américain, Robert McCormick (qui lui donna son nom en mémoire du trappeur naturaliste Napoléon-Alexandre Comeau), elle a gardé son visage de ville industrielle et portuaire. Elle abrite notamment la papetière QUNO et les hauts-fourneaux d'aluminium de la Société canadienne de métaux Reynold's.

La ville en elle-même n'a guère de charme à l'exception du **quartier historique Sainte-Amélie** où vous pourrez admirer l'Hôtel Le Manoir, autre bâtiment imposant après l'Hôtel Tadoussac.

Les plages de sable à perte de vue de **Pointe-Lebel**, à 10 km au sud-ouest, accessibles par la route 138, sont de belles aires récréatives.

Pour les voyageurs, Baie-Comeau reste principalement une ville carrefour qui permet de relier le Labrador et la rive sud du Saint-Laurent par traversier.

Dans la ville, la route 138 devient le boulevard Laflèche puis le boulevard Comeau.

Renseignements

Le bureau touristique (☎ 589-5497), 1305 boulevard Blanche, vous accueille à l'année, du lundi au vendredi de 8h à 12h et de 13h à 17h. En été, il dispose d'un bureau saisonnier, 2630 boulevard Laflèche, ouvert tous les jours et sans interruption.

Une Caisse Populaire Desjardins se trouve 990 boulevard Laflèche. Sur le boulevard La Salle (qui prolonge à l'est le boulevard Laflèche), au n°267, se tient une autre agence Desjardins. La Banque Nationale du Canada est au n°383 et la Banque Royale au n°327.

A voir

Rester à Baie-Comeau suppose s'intéresser à son patrimoine industriel. La **Société canadienne de métaux Reynold's** organise des visites guidées gratuites de juin à septembre, du lundi au vendredi de 13h à 15h (☎ 296-7051). Les enfants de moins de 14 ans ne sont pas acceptés. L'autre grande aluminerie de la ville, **Aluminerie Alouette** (☎ 964-7342), propose des tours guidés.

Le port de Baie-Comeau abrite le plus grand entrepôt à céréales du pays géré par la **Compagnie Cargill** (☎ 296-2233) qui ouvre gratuitement ses portes durant l'été.

La ville par ailleurs ne peut être dissociée des centrales hydroélectriques construites sur la rivière Manicouagan et dont la production d'énergie a incité nombre d'industriels à s'installer dans les environs. A l'entrée de Baie-Comeau se trouve **Manic 1**, construit en 1964, premier barrage d'une série de cinq réalisés par Hydro-Québec. L'entreprise dispose d'un centre d'information situé à l'embranchement de la route 389 (pour de plus amples informations, reportez-vous à la rubrique *Manic 5*).

Où se loger et se restaurer

Installé dans une maison d'inspiration victorienne, le gîte *Au Vieux Quartier* (☎ 294-2614), 57 rue Champlain, est au cœur du joli quartier historique Sainte-Amélie, à quelques centaines de mètres du traversier pour Matane. Agréable et chaleureux, il est ouvert à l'année. La simple/double est facturée 40/55 $, taxes comprises.

Juste en face, l'*Hôtel Le Manoir* (☎ 296-3391 ou 1 800 463-8567), 8 avenue Cabot, donne sur la baie. Avec sa grande bâtisse en pierre, il est un des très rares hôtels de luxe de la Côte Nord. Le premier prix pour une chambre débute à 71,5 $ (98,50 $ en juillet et en août).

La Cache d'Amélie (☎ 296-3722), 37 avenue Marquette, est la table gastronomique de la ville, réputée pour le poisson. Comptez 20 $ au minimum. L'établissement est fermé le dimanche et le lundi.

Comment s'y rendre

Voiture. De Québec, prendre la route 138 ; de Chicoutimi, emprunter la route 172 Est puis la route 138.

Bus. La compagnie Intercar dessert Québec quotidiennement *via* Tadoussac. Le terminus (☎ 296-6921) est installé 212 boulevard Lasalle.

La société Laterrières assure un départ par jour de Chicoutimi.

Avion. L'aéroport de Baie-Comeau (☎ 589-8285) a été construit à Pointe-Lebel, à 10 km au sud-ouest de la ville. Il est relié à Montréal et Québec par Inter-Canadien, Air Alliance, Air Satellite, Air Montréal et Confortair.

Bateau. Chaque jour, un traversier assure la navette entre Baie-Comeau et Matane, sur la rive sud du Saint-Laurent. Il est conseillé de réserver sa place de véhicule (☎ 294-8593). La traversée dure 2 heures 20 et coûte 10,90 $ (7,60 $ pour les 5-11 ans, 9,80 $ pour les seniors). Le passage de la voiture revient à 26,50 $ (gratuit pour les bicyclettes). Le paiement s'effectue dans le bateau. Le ferry dispose d'un bar et d'un snack.

MANIC 5

Construit à 214 km au nord de Baie-Comeau, Manic 5, connu aussi sous le nom de Daniel-Johnson, est le plus grand barrage à voûtes multiples et à contreforts du monde. Il fait partie du gigantesque complexe Manic élevé sur la rivière aux Outardes. A lui seul, le réservoir, d'une superficie de 2 000 km^2, donne la mesure du site. Actuellement, 40% de l'énergie électrique du Québec transite par le Manicouagan.

Les installations de Manic 5 et Manic 2 sont accessibles tous les jours de la mi-juin à début septembre, à des horaires très précis (renseignez-vous auprès du bureau touristique de Baie-Comeau pour les horaires des visites). La visite, gratuite, dure environ 90 minutes.

Manic 2 n'est qu'à 22 km de Baie-Comeau.

Comment s'y rendre

Depuis Baie-Comeau, la route 389 permet de se rendre en trois heures à Manic 5.

FERMONT

A 565 km au nord-est de Baie-Comeau, Fermont est une ville minière située à la frontière entre la province du Québec et le Labrador. Labrador City n'est qu'à 20 km à l'est. L'exploitation minière du mont Wright (l'un des plus importants gisements de fer en Amérique du Nord) a conduit, en 1970, à la construction de la ville.

Fondée officiellement en 1974, elle présente une architecture urbaine d'inspiration suédoise, pensée pour le climat nordique. Une longue barre de 1,5 km de long et haute de cinq étages la ceinture et protège les logements, les boutiques et les services situés à l'arrière. Environ 3 860 personnes y vivent à l'année.

Fermont est une étape avant d'aborder le Labrador. La route continue vers Scherfferville, une autre ville minière de 1 150 habitants où se trouvent la réserve montagnaise de Matimekosh et la réserve naskapie de Kawawachikamach.

Où se loger et se restaurer

Vous n'aurez guère le choix. L'*Hôtel Fermont* (☎ 287-5451), 299 rue du Carrefour, ne loue pas de chambres à moins de 100 $.

Comment s'y rendre

Voiture. De Baie-Comeau, prendre la route 389, le seul axe sud-nord de la Côte Nord. Elle est asphaltée entre Baie-Comeau et Manic 5, et entre Gagnon et Fire-Lake ; le reste est en graviers. Certaines portions ne sont pas en très bon état. Comptez environ 8 heures pour parcourir les 565 km qui séparent les deux villes. Le trajet est jalonné de trois relais (restauration et essence). Le premier se situe au Km 98, le deuxième au Km 207 et le troisième au Km 320. Les deux derniers assurent l'hébergement.

Train. La liaison ferroviaire, qui part de Sept-Îles, passe par Labrador City et Schefferville. Elle est assurée par la compagnie ferroviaire Quebec, North Shore and Labrador (reportez-vous à la rubrique *Vers le Labrador et Terre-Neuve*).

GODBOUT

A 50 km de Baie-Comeau, cet ancien poste de traite de fourrures de la Compagnie de la Baie d'Hudson possède la simplicité et la beauté naturelle des petits ports de pêche aux maisons dispersées et au quai toujours animé au petit matin. Il est un lieu réputé pour la pêche en haute mer et la pêche au saumon. La rivière Godbout est en effet l'une des plus poissonneuses du Québec avec la rivière Trinité qui coule non loin de là. En 1649, Nicolas Godbout, qui a donné son nom au village, fut l'un des grands saumoniers des marchés de Québec et de Montréal. La remontée des saumons commence généralement fin juin.

Godbout est, avec Baie-Comeau, l'autre localité de la Côte Nord qui permet de rejoindre Matane sur la rive sud du Saint-Laurent. Les départs sont quotidiens sauf entre janvier et mars, période durant laquelle aucune liaison n'est assurée le dimanche. En été, les fréquences sont au nombre de trois, excepté le lundi et le dimanche. Pour les tarifs (identiques à ceux de Baie-Comeau), consultez le paragraphe *Comment s'y rendre* dans la rubrique *Baie-Comeau.*

Le chemin Pascal-Comeau qui longe le golfe du Saint-Laurent est la rue principale du village. Au n°134, le **Musée amérindien et inuit** (☎ 568-7306) abrite une collection de sculptures inuit et amérindiennes et possède un centre de documentation sur les premières nations. Ouvert tous les jours de 10h à 11h de juin à septembre, il est fermé le reste de l'année. Le tarif de base est de 2,50 $. Le magasin général installé à proximité loue des kayaks de mer.

Les Croisières Viateur Chassé (☎ 568-7812), 102 rue Wilfrid, disposent de deux petits bateaux pour l'observation des baleines. Les tarifs (à partir de 22 $; demi-tarif pour les enfants) dépendent de la durée de l'excursion (entre deux et quatre heures).

Où se loger et se restaurer

Le *Restaurant du Passant* (☎ 568-7785), 100 rue Monseigneur Labrie, compte parmi les meilleures adresses de la Côte Nord pour déguster poissons et crustacés, notamment le crabe des neiges. Comptez 39 $ pour une assiette de flétan, de pétoncles, de crevettes. De la terrasse vitrée vous apercevrez peut-être une baleine.

Juste à côté, le gîte *Aux Berges* (☎ 568-7748), 180 chemin Pascal-Comeau, donne sur le golfe. Chaleureuse, la demeure en bois peint en blanc a des allures de maison de vacances. Le propriétaire propose une multitude d'activités allant de l'excursion en canoë à la pêche au saumon, en passant par le deltaplane. La simple/double vaut 35/45 $. Il loue des chalets aménagés moyennant 55/65 $ pour deux/quatre personnes. Hors saison, le prix tombe à 40 $. Le soir, le repas coûte 19 $.

Face à la plage, le camping *De la Mer* (☎ 589-6576), 72 rue Chouinar, est à 3 km au sud-ouest de Baie-Comeau, en direction de Pointe-Lebel. Ouvert de fin mai à fin septembre, il offre tous les services désirés. Le tarif de l'emplacement varie entre 16 et 20 $.

POINTE-DES-MONTS

C'est à la Pointe-des-Monts que le fleuve devient le golfe du Saint-Laurent. Sur cette bande de terre minérale, entourée d'anses profondes, se dresse l'un des plus vieux phares du Saint-Laurent. Construit en 1830 et accessible par la route 138, il a été transformé en un passionnant **musée** (☎ 939-2332 en été ou 589-8408 en dehors de cette saison). Haut de 28 m, il compte sept étages aménagés. Il raconte la fabuleuse histoire de ses gardiens, retirés du monde, et l'épopée des naufragés qu'il abrita.

Le musée est ouvert tous les jours de 9h à 19h de juin à mi-septembre. Le reste de l'année, il est fermé (2,50 $).

La maison du gardien, construite au début du siècle, a été transformée en gîte-restaurant, le *Gîte du Phare du Mont* (☎ 939-2332). Plusieurs formules de prix existent. Le forfait comprend notamment le petit déjeuner, le dîner et une excursion en mer pour observer baleines et phoques et revient à 119 $ pour deux. La chambre seule est facturée 48 $. Des chalets avec un coin cuisine ont également été aménagés le long du rivage. Le prix de location commence à 62 $ pour deux.

L'excursion seule est à 20 $ par personne (10 $ pour les moins de douze ans). L'observation des épaves avec périscope se monte à 50 $. Sur place, vous pouvez louer des bicyclettes pour 18 $ la journée.

Palme-O-Nord (☎ 939-2101 en été ou 296-8279) offre les services d'un moniteur de plongée. Le prix varie en fonction du forfait et commence à 65 $ (deux plongées). Il en coûte jusqu'à 120 $ par jour pour une nuit à Pointe-des-Monts et les trois repas pris sur place.

BAIE-TRINITÉ

Découverte en 1536 par Jacques Cartier, Baie-Trinité, à 83 km de Baie-Comeau, offre de superbes paysages côtiers. En mai et en juin, le capelan, petit poisson argenté, légèrement plus petit qu'un éperlan, vient se reproduire sur les plages, par bancs entiers. Leurs ébats se terminent souvent dans les filets des pêcheurs.

A une heure de route, la Pointe-aux-Anglais possède l'une des belles plages de la Côte Nord.

SEPT-ÎLES

Malgré son isolement, à 428 km de Tadoussac, Sept-Îles possède le plus grand port du Québec et représente, en tonnage, le deuxième port du Canada. Dernière localité d'une certaine importance sur la Côte Nord, elle est construite au bord d'une baie circulaire de 45 km^2, protégée par un rempart de 7 îles qui lui a donné son nom.

Le long du parc en bord de mer, une promenade longe le rivage. Rioux vélo plein air, 391 avenue Gamache, loue des bicyclettes, des canoës et des kayaks.

De Sept-Îles, vous pouvez relier le Labrador par le train *via* la ville minière de Schefferville (reportez-vous à la rubrique *Vers le Labrador et Terre-Neuve*).

Renseignements

A proximité de la promenade, la Maison du tourisme (☎ 962-1238 ou 1 800 463-1622), 1401 boulevard Laure Ouest, est ouverte du lundi au vendredi de 8h30 à 16h30. De la dernière semaine de juin à la fin août, le bureau accueille le public tous les jours et ferme à 22h.

A voir

Le Vieux Poste. Situé boulevard des Montagnais, ce centre d'interprétation de la culture montagnaise (☎ 968-2070) reconstitue un poste de traite du temps de la Compagnie de la Baie d'Hudson. Des pièces d'artisanat traditionnel montagnais sont vendues à la boutique. Il est ouvert tous les jours de 9h à 17h de la dernière semaine de juin à la mi-août (fermé en dehors de cette période). L'entrée coûte 3,25 $ (nombreuses réductions possibles).

Musée régional de la Côte Nord. Installé 500 boulevard Laure, ce bâtiment (☎ 968-2070) fait office de musée d'art et de traditions populaires et de centre d'exposition d'art contemporain. Des audioguides en français, en anglais et en montagnais sont disponibles à la réception. Il est ouvert tous les jours de 9h à 17h en période estivale. Le reste de l'année, il est fermé le week-end ainsi qu'entre 12h et 13h.

Parc régional de l'Archipel des Sept-Îles. De Sept-Îles, vous pouvez rejoindre l'île de **La Grande Basque** qui fait partie de l'Archipel. On peut camper (6 $ l'emplacement), marcher (des sentiers de randonnée ont été aménagés), profiter des plages et de quelques sites. L'été, cinq à six navettes fonctionnent depuis Sept-Îles, entre 9h et 18h. La traversée dure 20 minutes et coûte 13 $ (8 $ pour les moins de 13 ans). Les billets peuvent être pris à la Maison Boudreau (☎ 968-1818), 516 avenue Arnaud. Des bateaux taxis conduisent à d'autres îles. L'**île Corossol** est un important refuge d'oiseaux migrateurs.

Où se loger et se restaurer

La ville compte une dizaine de motels, chers par rapport aux services proposés. L'auberge de jeunesse, l'*Auberge Internationale Le Tangon* (☎ 962-8180), 555 avenue Jacques-Cartier, est installée dans une ancienne école rénovée. Ouverte huit mois sur douze (ferme juste avant Noël), elle propose un lit en dortoir pour 17 $ (2 $ en sus pour la literie). La chambre individuelle se loue 24 $, toutes taxes comprises. Il est possible de camper (10 $ le site).

La carte du *Café du Port* (☎ 962-9311), 495 avenue Brochu, met en appétit sans décevoir (repas à partir de 12 $).

Comment s'y rendre

Voiture. De Baie-Comeau, à 229 km, suivre la route 138.

Bus. La compagnie Littoral assure une liaison quotidienne avec Baie-Comeau avant de poursuivre vers Havre-Saint-Pierre et Natashquan. La gare routière (☎ 962-2126) se tient 126 rue Monseigneur-Blanche.

Bateau. Relais Nordik Inc. (☎ 723-8787 ou 1 800 463 0680) est l'unique compagnie maritime à assurer chaque semaine entre avril et début janvier une liaison passagers Rimouski-Sept-Îles. Le bateau dessert ensuite Port-Menier sur l'île d'Anticosti, Havre-Saint-Pierre, Baie-Johan-Beetz et Natashquan.

De là, il constitue le seul moyen de transport pour relier les autres villages de la Côte Nord : Kegaska, la Romaine, Harrington-Harbour, Tête-à-la-Baleine, La Tabatière, Saint-Augustin, Vieux-Fort et Blanc-Sablon. Il fait ensuite le parcours inverse et s'arrête à nouveau à chacun de ces ports avant de faire route pour Rimouski.

Le trajet Rimouski-Blanc-Sablon dure quatre jours et coûte 180,52 $ (394,77 $ avec la couchette et les repas). Les voitures, les motocyclettes et les bicyclettes peuvent être embarquées.

Pour les jours et les horaires d'arrivée et de départ, il faut téléphoner à Sept-Îles au ☎ 562-2500.

RÉSERVE FAUNIQUE DE SEPT-ÎLES-PORT-CARTIER

Située au nord-ouest de Sept-Îles, la réserve faunique de Sept-Îles-Port-Cartier (☎ 766-2524 ou 1 800 665-6527) est réputée pour sa faune aquatique, riche en saumons et en truites mouchetées. On dit que 75% de ses lacs (plus de mille) n'ont jamais connu de pêcheurs.

Il est possible de louer des chalets équipés (notamment autour du lac Walker). Des aires de camping, au confort souvent sommaire, ont par ailleurs été aménagées, notamment pour la pratique du canoë-camping.

RIVIÈRE-AU-TONNERRE

Situé à 100 km à l'ouest de Havre-Saint-Pierre, ce petit village blotti dans un paysage de dunes de sable et de hautes herbes est, comme Baie-Trinité, l'endroit idéal pour observer les ébats amoureux des capelans.

Le motel *Place Jonathan* (☎ 465-2217), 454 rue Jacques-Cartier, est surtout réputé pour ses fruits de mer.

LONGUE-POINTE

Porte d'entrée de l'archipel de Mingan, Longue-Pointe est bordée de kilomètres de plages de sable fin et de dunes. A 170 km de Sept-Îles et à 43 km de Havre-Saint-Pierre, elle représente une agréable étape avant d'entamer la visite de l'archipel.

La **Station de recherche des îles Mingan** (☎ 949-2845), 124 rue du Bord-de-la-Mer, constitue un bon préalable. Elle regroupe une équipe de biologistes spécialisés dans l'étude des cétacés et organise des excursions en pneumatique à la journée pour 65 $. La location de combinaison de survie (obligatoire) coûte 5 $.

Sur place, vous ne rencontrerez aucune difficulté pour louer un canoë ou un kayak ou pour partir en croisière. Les gîtes et les boutiques du village vous aiguilleront.

Les expéditions Mer-Cure (☎ 949-2240) proposent un circuit en pneumatique dans l'archipel de Mingan avec pour thème la découverte des macareux moines et des phoques. L'excursion dure 6 $ et revient à 60 $, taxes incluses. Emportez votre repas et prévoyez des vêtements chauds.

Où se loger et se restaurer

Les spécialités du bistrot *Le petit Rorqual* (☎ 949-2240), 64 chemin du Roi, sont délicieuses et alléchantes (bisque de crabe, saumon à l'oseille...). La table d'hôte commence à 16 $ (fermé à l'heure du déjeuner). Le gîte *La Chicoutée* (☎ 949-2434), 3 rue du Centre Est, met à votre disposition des chambres confortables pour 40/50 $ la simple/double.

Le camping *La Minganie* (☎ 766-7137), 47 rue de la Mer, est ouvert de juin à fin septembre.

HAVRE-SAINT-PIERRE

Jusqu'en 1996, Havre-Saint-Pierre marquait la fin de la route 138. Aujourd'hui, elle se prolonge jusqu'à Natashquan. Fondée en 1857 par des pêcheurs des îles de la Madeleine, elle s'est depuis fortement industrialisée.

Elle constitue l'autre point de départ des visites à la réserve du parc national de l'Archipel-de-Mingan. Le **centre d'accueil et d'interprétation** (☎ 538-3285), 975 rue de l'Escale, renseigne sur les différentes activités offertes par le parc et organise des expositions, des projections et des débats. Ouvert de 13h à 18h de la mi-juin à la fin août (20h de la mi-juillet à la mi-août), le **kiosque d'accueil de la réserve** (☎ 538-3285), à la marina, délivre le permis pour camper. Il reste ouvert jusqu'à la mi-septembre.

L'ancien magasin de la Compagnie de la Baie d'Hudson, 957 rue de la Berge, a été transformé en **centre culturel et d'interprétation** (☎ 538-2450). Il est axé sur l'histoire locale et organise des soirées à thème. Accessible tous les jours à partir de 10h de la mi-juin à début septembre, il ne ferme ses portes qu'à 22h (2 $). Il abrite le **bureau touristique** (☎ 538-2512), ouvert tous les jours de la mi-juin à la mi-septembre.

Des excursions dans les îles de l'Archipel-de-Mingan durent au minimum trois heures, et certaines font des escales. Les arrêts dans les îles Quarry et Fantôme sont fréquents. Les bateaux sont en général de taille moyenne – entre 12 et 39 passagers. La plongée sous-marine est également au programme de différentes compagnies.

Où se loger

Dans la rue Boréal se concentrent hôtels, motels et gîtes. Au n°1264, le *Gîte 4 saisons* (☎ 538-1329) et la *Maison du Portageur* (☎ 538-3885), au n°1047, possèdent des chambres à 50 $. Au n°1288, l'*Auberge Boréale* (☎ 538-3912) affiche des tarifs similaires mais n'est ouverte que de juin à octobre. Le *Motel Archipel* (☎ 538-3900), 805 boulevard de l'Escale, est correct (75 $ la chambre).

Le *Camping municipal* (☎ 538-2415), rue Boréal Est, dispose du confort nécessaire pour rendre le séjour agréable. Il est accessible de la mi-juin à début septembre. Le site revient à 17 $.

Comment s'y rendre

Voiture. La route 138 relie Québec à Havre-Saint-Pierre *via* Tadoussac et Baie-Comeau.

Bus. La compagnie Littoral (☎ 296-6921) relie quotidiennement Baie-Comeau à Havre-Saint-Pierre *via* Sept-Îles.

Avion. Inter Canadien (☎ 1 800 665-1177) assure un vol entre Québec et Havre-Saint-Pierre.

Bateau. Reportez-vous au paragraphe *Comment s'y rendre* dans la rubrique *Sept-Îles.*

ARCHIPEL DES ÎLES DE MINGAN

Tour à tour terre de landes, de forêts, de falaises et de roches, ce chapelet d'îles (43 au total) et d'îlots (900 environ) s'étire de part et d'autre de Havre-Saint-Pierre sur près de 175 km dans le golfe du Saint-Laurent, de Longue-Pointe à Aguanish.

De par son statut de réserve de parc national obtenu en 1984, l'archipel est une zone protégée où poussent plantes arctiques et alpines, mousses et lichens. Il englobe 75 plantes jugées rares, et sert de refuge à près de 200 espèces d'oiseaux dont les petits pingouins et le macareux moine, surnommé le perroquet des mers, très nombreux notamment sur les îles du Sanctuaire, de la Maison et sur l'île à Calculot.

L'archipel compte également la plus grande concentration de monolithes au

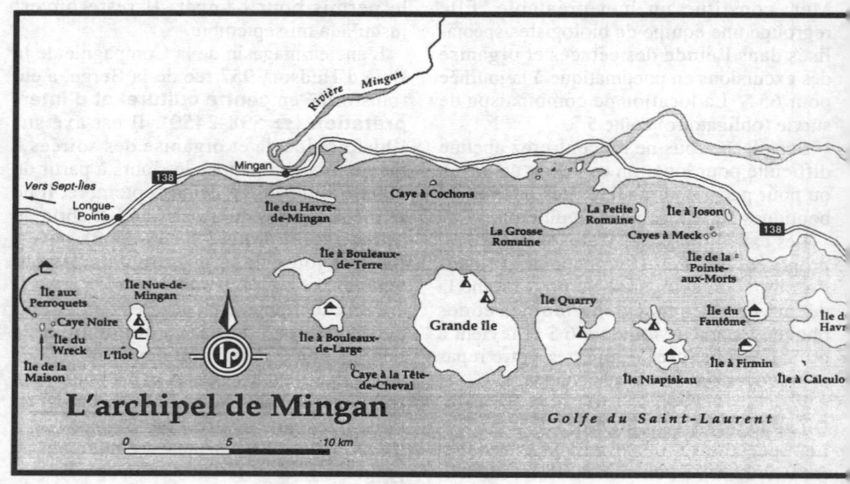

monde, gigantesques sculptures de calcaire aux formes diverses (queue de baleine, visage, botte...). Les îles de la Fausse-Passe et de Niapiskau abritent certainement les plus beaux exemplaires de l'archipel. Sur l'île Quarry, des sentiers de randonnées ont été aménagés.

L'origine du terme Mingan proviendrait soit du mot Menguem ("pierre blanche"), soit du nom Mahingan ("loup"), soit encore d'un nom basque désignant une flèche en pointe de sable.

Des excursions en bateau ou en pneumatique d'une durée de deux à quatre heures sont organisées par différentes compagnies depuis Havre-Saint-Pierre et Mingan. Elles ne se déroulent en général que de la mi-juin à la mi-septembre.

Le kayak est un autre moyen de découvrir les îles, mais les distances sont parfois trompeuses. Le brouillard tombe vite, les marées, les courants et les vents surprennent. Les locations s'effectuent à Mingan ou à Havre-Saint-Pierre.

Deux postes d'accueil assurent l'entrée dans la réserve du parc. Le premier se situe à Havre-Saint-Pierre (☎ 538-3285 ou 538-3331 hors saison), 975 rue de l'Escale ; le second est à Longue-Pointe (☎ 949-2126, en été seulement), 30 rue du Bord-de-Mer. Ils disposent des horaires des marées et vendent des cartes marines de la région.

Où se loger

Le camping est autorisé sur les îles du Havre, Niapiskau, Quarry, Nue, Grande-Île et Chasse, de la dernière semaine de juin à début septembre. Seul celui de Quarry est ouvert jusqu'à fin septembre. Un permis est délivré au poste d'accueil de Havre-Saint-Pierre ou de Longue-Pointe.

Des bateaux taxis les relient depuis Havre-Saint-Pierre. Le nombre total de sites ne dépasse pas la trentaine, aussi faut-il réserver à l'un des deux postes d'accueil, 7 jours maximum à l'avance. Tous les sites disposent de toilettes, de table, de foyer de cuisson et d'abri pour le bois. Seules les tentes de certaines dimensions sont autorisées. Les déchets doivent être rapportés.

NATASHQUAN

Village natal du poète-chansonnier Gilles Vigneault, Natashquan est le village le plus

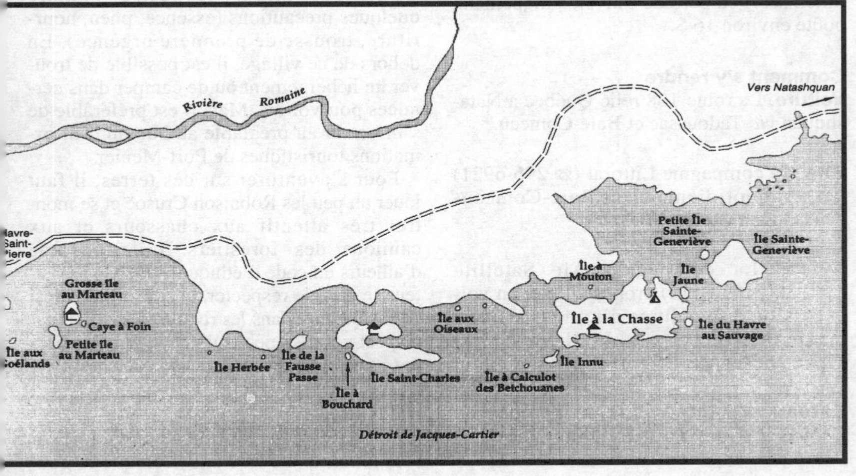

peuplé de la Basse-Côte-Nord (1 030 habitants), reconnaissable à son église et aux maisons clairsemées peintes en blanc. La population est composée pour moitié de Montagnais. Les Vigneault et les Landru forment l'autre moitié. La rivière Natashquan est une grande rivière à saumon.

La route 138, qui termine ici sa course après avoir franchi de multiples ponts, devient la rue du Pré.

Sur place, vous pouvez louer des bicyclettes (15 $ la journée) et des canoës. Les promenades sont multiples. Le bureau touristique (☎ 726-3756), 33 allée des Galets, ouvert de la mi-juin à septembre, vous renseignera.

Où se loger et se restaurer

Sans prétention mais confortable, *Le Port d'Attache* (☎ 726-3569), 70 rue du Pré, est ouvert toute l'année. La simple/double revient à 50/65 $, petit déjeuner inclus. Pour le dîner, comptez 14,25 $. A l'extrémité est du village, l'*Auberge de la Cache* (☎ 726-3347), 183 chemin d'En-Haut, affiche un style plus recherché. Chaque chambre possède sa s.d.b. La simple/double est louée 72/92 $. Le prix du petit déjeuner varie entre 4,25 et 9,95 $. Le dîner, servi en période estivale uniquement, coûte environ 16 $.

Comment s'y rendre

Voiture. La route 138 relie Québec à Natashquan *via* Tadoussac et Baie-Comeau.

Bus. La compagnie Littoral (☎ 296-6921) dessert quotidiennement Baie-Comeau-Natashquan *via* Sept-Îles.

Avion. La compagnie Air Satellite (☎ 1 800 463-8512) propose, l'été, un vol-excursion d'une durée d'un jour et demi maximum, au départ de Havre-Saint-Pierre, moyennant 160 à 180 $.

Bateau. Reportez-vous au paragraphe *Comment s'y rendre* dans la rubrique *Sept-Îles*.

L'île d'Anticosti

Entre la Côte Nord et la Gaspésie, l'île d'Anticosti est située au cœur de l'estuaire du golfe du Saint-Laurent. Elle représente un territoire gigantesque (17 fois l'île de Montréal) et sa population ne dépasse pas les 350 habitants. Isolée, elle offre des paysages composés de forêts, de falaises escarpées plongeant dans la mer, de canyons, de rivières à saumon et de chutes d'eau. Riche en faune (ours, cerf de Virginie...) et en flore, elle constitue également l'une des plus belles aires de fossiles du monde.

Cette île du bout du monde est le domaine des pourvoiries, autrement dit des chasseurs et des pêcheurs, une riche clientèle venue par avion des États-Unis ou du Canada. Cependant, depuis quelques années, elle est de plus en plus fréquentée par les amateurs d'ornithologie et de paléontologie. Quelques épaves échouées rappellent aussi l'époque où elle fut surnommée "le cimetière du Golfe".

Port-Menier est l'unique zone urbaine de l'île. La seule route, qui permet de faire la traversée d'ouest en est, totalise 276 km de long. Elle n'est pas toujours en bon état. Quitter Port-Menier suppose de prendre quelques précautions (essence, pneu, nourriture, trousse de première urgence). En dehors de ce village, il est possible de trouver un hébergement ou de camper dans certaines pourvoiries. Mais il est préférable de s'informer au préalable au bureau d'informations touristiques de Port-Menier.

Pour s'aventurer sur ces terres, il faut jouer un peu les Robinson Crusoë et se montrer très attentif aux chasseurs et aux camions des forestiers. L'île possède d'ailleurs un code d'éthique que chaque visiteur se doit de respecter, déconseillant ainsi "de se baigner dans les rivières à saumon par respect pour les pêcheurs et de circuler hors des routes principales en saison de chasse".

HISTOIRE

La présence d'Amérindiens et d'Inuit sur l'île remonte à 3 500 ans. Lorsque le gouvernement de la Nouvelle-France concède le territoire à Louis Jolliet en récompense de sa découverte du Mississippi, l'île est vierge de toute présence humaine, à l'exception d'une poignée de familles de pêcheurs établis à l'ouest du territoire qui hébergent les navigateurs basques. Elle le restera pratiquement jusqu'à son rachat en 1895 par le millionnaire et chocolatier français Henri Menier.

Celui-ci entreprend de créer le plus grand club privé du monde et de faire construire un manoir richement décoré à Baie Ellis. Les habitants hostiles à ses projets sont expulsés, les autres participent à la construction du village de Port-Menier. Henri Menier fait d'Anticosti un immense terrain de chasse, notamment au chevreuil (qu'il a introduit) et de pêche au saumon, ainsi qu'un territoire de villégiature où il reçoit de nombreux invités. A sa mort, en 1913, la propriété revient à son frère. En 1926, ce dernier vend Anticosti à un industriel de pâte à papier. Les propriétaires se succèdent jusqu'en 1983, date du rachat par le gouvernement québécois de l'île.

ORIENTATION

Anticosti s'étend sur 276 km de long et 56 km dans sa plus grande largeur. Port-Menier est situé dans la Baie Ellis, à l'ouest. Baie-Sainte-Catherine est le point ultime à l'ouest. La Falaise aux Goélands, la Baie au Cormoran et la Pointe Heath constituent l'extrémité est d'Anticosti.

PORT-MENIER

Port-Menier est le seul village d'Anticosti. Il ne compte que 270 habitants. Avec ses maisons dispersées, il a des allures de bourg déserté.

Le **Centre d'interprétation paléontologique** (☎ 535-0111), 26 chemin de la Faune, expose une collection de fossiles et donne un aperçu géographique et géologique de l'île. Il est ouvert tous les jours de la mi-juin à la mi-octobre.

Du **château Menier**, détruit par un incendie en 1953, il ne reste qu'un site reconstitué.

La visite de l'**écomusée d'Anticosti** (☎ 535-0250) est une manière de s'imprégner de son histoire et de préparer son voyage à l'intérieur des terres. Il est ouvert en juillet et en août seulement. L'entrée est gratuite.

Port-Menier représente le seul endroit où s'informer (notamment en ce qui concerne les zones interdites, domaine exclusif des pourvoiries) et de s'approvisionner avant de partir. Il dispose d'une épicerie ouverte tous les jours (fermeture à 19h en semaine et à 17h le week-end). Dans le centre commercial Louis Olivier Gamache se trouvent le bureau de poste et une Caisse Populaire Desjardins (☎ 535-0116), ouverte en principe de juin à fin novembre.

A proximité de Port-Menier, **Baie-Sainte-Catherine** fut le premier village aménagé par Henri Menier. Il ne subsiste que quelques maisons, un four à chaux et les vestiges de deux cimetières. Son territoire, interdit à la chasse, regorge de cerfs de Virginie.

Renseignements

Le bureau d'information touristique (☎ 535-0250), situé sur le chemin des Forestiers, est ouvert tous les jours de 8h30 à 17h en été (du lundi au vendredi de 8h30 à 12h et de 13h à 16h30 le reste de l'année).

L'Auberge Port-Menier (☎ 535-0122) propose deux types d'excursion. La première visite la partie ouest de l'île. Elle dure 3 heures et coûte 25 $. L'autre circuit a pour thème le cœur d'Anticosti et conduit sur les aires de fossiles, la rivière Pelletier et la chute Vauréal.

Où se loger et se restaurer

Les trois hôtels du village font également office de restaurant ou de brasserie. Donnant sur la mer, l'*Auberge Port-Menier* (☎ 535-0122), rue Menier, a été le premier hôtel de la ville. Il a été récemment rénové. La simple revient à 101 $, dîner et petit déjeuner inclus.

L'*Auberge au Vieux-Menier* (☎ 535-0352), chemin de la Ferme, est située aux abords du lac Saint-Georges. Les cinq chambres, confortables, sont très abordables, avec un premier prix à 35 $, toutes taxes comprises et petit déjeuner inclus (10 $ par personne supplémentaire). Elle dispose également d'un dortoir de six lits à 15 $ la nuit (20 $ avec le petit déjeuner).

Place de l'Île (☎ 535-0279), rue des Forestiers, est une brasserie-hôtel dont le forfait déjeuner/dîner/chambre coûte 86 $, toutes taxes comprises.

Camping. Le *Camping municipal* fait face à la mer. Il possède des douches et des toilettes. Le site est à 11 $. Plus haut de gamme, en bordure du lac Saint-Georges, le *Camping du Vieux-Menier* loue l'emplacement 25 $.

Comment s'y rendre

Bateau. La compagnie Relais Nordik Inc. (☎ 723-8787) relie Port-Menier à Sept-Îles une fois par semaine (généralement le mercredi) avant de repartir pour Havre-Saint-Pierre. Il ne repasse à Port-Menier que dans la nuit du dimanche au lundi (vers 2h30). Le voyage d'un véhicule à partir de Havre-Saint-Pierre revient à 178 $ (207 $ depuis Rimouski, le point de départ). Le billet passager se monte à 33,07 $. Le trajet depuis Havre-Saint-Pierre dure 5 heures 45. La liaison est assurée d'avril à début janvier.

Avion. Anticosti est desservie *via* Sept-Îles ou Havre-Saint-Pierre par les vols en provenance de Montréal ou de Québec. Les compagnies Inter Canadien (☎ 1 800 363-7530), Air Alliance (☎ 1 800 361-8620), Québec Labrador (☎ 1 800 463-1718), Régionair (☎ 538-2004) et Air Satellite (1 800 463-8512) assurent des liaisons dont les fréquences (souvent réduites à une par semaine) et les horaires varient d'un mois à un autre. De Havre-Saint-Pierre, un aller simple revient à 65 $ taxes incluses. Des liaisons par avion privé sont également assurées par des compagnies comme Confortair (☎ 1 800 353 4660). Des excursions d'une durée d'un ou deux jours sont également proposées par Air Satellite moyennant 125 à 175 $.

De Gaspésie, vous ne pouvez relier Anticosti que de Gaspé. Les Ailes de Gaspé (☎ 368-1995) effectuent un aller-retour dans la journée pour 484 $.

Comment circuler

Les seules voitures que l'on peut louer sur l'île sont des fourgonnettes de type pick-up ou des minibus, voire des camions. Comptez environ 100 $ par jour, essence comprise.

Pelletier (☎ 535-0204), rue des Meniers, et Tilden (☎ 535-0157) sont les deux seules agences de location.

Si vous disposez de votre propre véhicule, il est recommandé d'avoir deux pneus de rechange et deux bidons d'essence. Les camions chargés de bois seront souvent les seuls véhicules que vous croiserez. Faites attention et rangez-vous autant que possible. Les distances se mesurent davantage en temps passé qu'en kilomètres et la prudence est de rigueur, car il n'est pas rare de voir des cerfs de Virginie traverser la route.

VERS LE LABRADOR ET TERRE-NEUVE

Vaste péninsule canadienne au nord-est du Québec, le Labrador est accessible par la route 389 qui part de Baie-Comeau pour atteindre Goose Bay, sur la côte, *via* le barrage Manic 5, puis les villes minières de Fermont, Labrador City, Wabush et Churchill Fall. Ce parcours de 1 100 km s'effectue à travers un paysage de forêt boréale, de taïga et de toundra. La route est souvent en graviers, excepté sur les portions Baie-Comeau-Manic 5 (214 km) et Fire Lake-Mont Wright (65 km).

A partir de Goose Bay, un ferry relie le Labrador à Saint-John's, sur la pointe est de Terre-Neuve. Pour les heures de traversée et l'hébergement sur place, il est préférable de se renseigner au département tourisme de Terre-Neuve (☎ 1 800 563-6353).

Chaque semaine, la compagnie Relais Nordik Inc. (☎ 723-8787 ou 1 800 463-0680) relie, depuis Rimouski, Sept-Îles, Port-Menier, Havre-Saint-Pierre et dix villages de la Côte Nord jusqu'à Blanc-Sablon, à 2 km du Labrador et du 54e parallèle. Le ferry circule d'avril à début janvier, en fonction de la glace.

De Blanc-Sablon, le ferry de la Northern Cruiser Ltd (☎ 461-2056) se rend, de mai à décembre, à Sainte-Barbe, à Terre-Neuve.

Vous pouvez également rejoindre en train Labrador City (8 heures) et Schefferville (12 heures) par la compagnie Quebec, North Shore and Labrador (QNS&L). Les fréquences et les horaires varient d'une saison à une autre (trois départs à 9h en été : les lundi, mardi et jeudi ; deux en hiver). Renseignez-vous auprès des gares de Sept-Îles (☎ 968-7808), Labrador City (☎ (709) 944-8205) et de Shefferville (☎ 585-3608).

Le Bas-Saint-Laurent et la Gaspésie

Le Bas-Saint-Laurent

Indicatif ☎ 418

Longue bande légèrement courbée, le Bas-Saint-Laurent n'est pas simplement une région de passage entre Québec et la péninsule gaspésienne. Les plaines qui le composent sont fertiles et les grands champs de tourbe constituent l'une des richesses de cette région également tournée vers le Saint-Laurent, sa mer nourricière.

Les villages et les villes, avant d'être des lieux de villégiature, sont encore des ports de pêche et de transit pour nombre de navigateurs. Le charme est discret et les maisons blanches semblent immaculées.

Mais à la douceur qu'il affiche au premier abord, le Bas-Saint-Laurent oppose un paysage accidenté et tourmenté, pourvu d'anses profondes et de montagnes abruptes au joli reflet bleuté. Le vent se fait frais et l'eau du Saint-Laurent encore plus bleue. Passé Rivière-du-Loup, la côte devient plus vallonnée, accentue ses courbes, et les villages s'espacent. Entre Saint-Fabien et Bic, la campagne présente un relief encore plus marqué, éblouissant de beauté. Puis Rimouski s'annonce, ville phare et capitale d'une région qui ouvre progressivement la voie vers la Gaspésie.

A NE PAS MANQUER

- Une partie de pêche à l'anguille à Kamouraska
- Les eiders à duvet et les pingouins des îles du Bas-Saint-Laurent
- Causapscal et ses rivières à saumons
- Les fossiles du parc de la Miguasha
- La ville micmac de Listuguj
- Le Musée acadien du Québec, à Bonaventure
- Les fous de Bassan sur l'île Bonaventure
- Le Rocher Percé, accessible à marée basse
- Les plages de sable de Coin-du-Banc
- La vue sur le golfe du Saint-Laurent depuis le cap Bon (parc national de Forillon)
- Un pique-nique avec des crustacés et des poissons à Rivière-au-Loup
- L'observation des orignaux depuis le mont Albert dans le parc de la Gaspésie

HISTOIRE

Fréquentée par les Amérindiens, la rive du Bas-Saint-Laurent fut utilisée comme escale par les pêcheurs basques, chasseurs de baleines, bien avant l'arrivée de Jacques Cartier. Nombre de ses îles serviront ainsi au dépeçage de l'animal et à la confection d'huile à partir de sa graisse. Au cours du XVIIe siècle, seul le sud de la région connaît un réel mouvement de peuplement avec la création de seigneuries et le début de l'exploitation des terres agricoles. La pêche concentre pour sa part quelques familles le long du littoral. C'est l'exploitation forestière et la construction du chemin de fer qui vont réellement dynamiser cette région, zone de transition entre Québec et la Gaspésie.

ORIENTATION

Faisant face à la région du Charlevoix et à la Haute-Côte-Nord, de l'autre côté du fleuve, le Bas-Saint-Laurent s'étire sur 200 km entre La Pocatière et Sainte-Luce, dernier village avant d'aborder la péninsule gaspésienne. A l'opposé, il est bordé par le Maine (États-Unis) et le Nouveau-Brunswick.

Bande étroite au sud (la frontière américaine n'est qu'à une quarantaine de kilomètres du fleuve), le Bas-Saint-Laurent s'élargit ensuite à partir de Rivière-du-Loup.

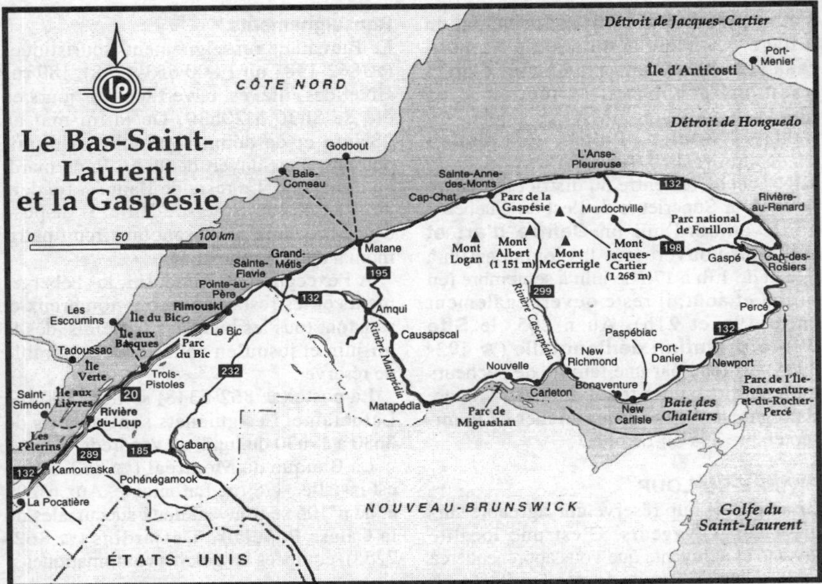

Villes et villages se concentrent essentiellement au bord du Saint-Laurent. L'intérieur des terres enregistre une densité de population très faible à l'exception de la région du lac Témiscouata, à mi-parcours entre Rivière-du-Loup et Edmundston, dans le Nouveau-Brunswick.

La route 132, dite route des Navigateurs, longe le fleuve depuis Montréal et Québec et offre de beaux point de vue sur le fleuve. Elle relie les principaux centres d'intérêt de la région de Kamouraska, Rivière-du-Loup, Trois-Pistoles à Pointe-au-Père.

L'autoroute 20 assure depuis Québec une liaison plus rapide, du moins jusqu'au nord de Cacouna, où elle termine sa course.

FÊTES ET MANIFESTATIONS ANNUELLES

Août

Festival international de Jazz de Rimouski – En général à la fin du mois.

KAMOURASKA

Construite en 1790, Kamouraska a gardé une unité architecturale parmi les plus belles du Québec. Élégantes demeures et anciennes maisons de navigateurs composent ce village qui surplombe le Saint-Laurent. Adolphe Basile Rhoutier (auteur des paroles de l'hymne national "Ô Canada") y vécut.

La pêche à l'anguille

L'anguille se capture entre septembre et novembre mais c'est au printemps que les pêcheurs préparent leurs pièges. Cette tradition se perpétue depuis des générations. A marée basse, ils s'en vont installer une série de longs piquets de bois perpendiculairement au rivage et en zigzag, avant de tendre des filets. Le travail est long et méticuleux. L'anguille n'aura plus alors qu'à se diriger vers la trappe qui forme l'extrémité du piège. ■

L'avenue Morel est l'axe principal du village. Au n°69, le **musée de Kamouraska** (☎ 492-9783) est un musée d'art et traditions populaires, surtout riche en objets et mobilier du XIXe siècle. Au n°111, l'**Ancien Palais de justice** – Kamouraska fut, au milieu du XIXe siècle, le centre du district judiciaire de la Cour Supérieure de l'est du Québec – abrite aujourd'hui un **Centre d'art et d'histoire** ouvert tous les jours de 10h à 12h et de 13h à 17h de juin à septembre (en juillet et août, il reste ouvert également entre 19h et 21h). Au n°205, le **Site d'interprétation de l'anguille** (☎ 492-3935) est tenu par une famille de pêcheurs à l'anguille, métier traditionnel au village. Ils organisent des sorties en mer de la mi-septembre à la mi-octobre.

RIVIÈRE-DU-LOUP

Rivière-du-Loup réserve une agréable surprise aux voyageurs. C'est une localité vivante et attrayante que vous appréhenderez rapidement. Construite de manière étagée sur un éperon rocheux, elle offre de beaux points de vue sur le fleuve. Trois versions circulent sur l'origine de son nom. La première veut qu'un navire français, *Le Loup*, après avoir passé tout l'hiver dans l'embouchure de la rivière, ait donné son nom à la ville. La deuxième parle d'Amérindiens appelés "Les Loups". La troisième mentionne une importante colonie de loups de mer.

Ancienne seigneurie concédée en 1673 à un riche marchand de fourrure, Rivière-du-Loup ne prit réellement son essor qu'en 1802 avec le seigneur Fraser et la construction d'une scierie.

Un traversier permet de rejoindre Saint-Siméon, sur la rive nord du Saint-Laurent. Pour rejoindre la marina d'où partent les bateaux, vous longerez Le Château de Rêve, un parc d'attractions pour les enfants, dont le toit rose (visible de loin) n'est pas du meilleur goût.

La rue Lafontaine est l'axe principal où se concentrent les restaurants, les banques et les commerces. Depuis la route 132, elle grimpe la colline.

Renseignements

Le Bureau de renseignements touristiques (☎ 862-1981 ou 1 800 653-4268), 189 rue Hôtel-de-Ville, est ouvert tous les jours en été de 8h30 à 20h30. De la mi-mai au 23 juin et de début septembre à la mi-octobre, il est ouvert de 9h à 17h du mardi au dimanche. Le reste de l'année, rendez-vous au 65 rue Hôtel-de-Ville. Il dispose d'une brochure proposant un circuit patrimonial dans la ville (1 $).

A l'exception de Rimouski, les hébergements et les restaurants sont nombreux et satisfont tous les budgets. Toutefois, dès la mi-juin et jusqu'en août, il est préférable de réserver.

La poste (☎ 862-6348) se tient 200 rue Lafontaine. Les guichets sont ouverts de 8h30 à 17h30 du lundi au vendredi.

La Banque de Montréal (☎ 862-6961) est installée 428 rue Lafontaine. Aux n°299 et au n°106 se trouvent deux succursales de la Caisse Populaire Desjardins (☎ 862-7255), équipées de guichets automatiques.

A voir

Musée du Bas-Saint-Laurent. Ce musée régional, 300 rue Saint-Pierre, à l'angle de la rue de l'Hôtel-de-Ville, est consacré à l'histoire de la région et à celle de la ville. Il abrite par ailleurs des expositions de peinture et des œuvres de Riopelle. Il est accessible tous les jours de 13h à 17h (21h le mercredi). Le billet coûte 3,5 $ (2 $ pour les étudiants et les seniors ; gratuité pour les moins de 12 ans).

Manoir Fraser. Dernier-né des musées de Rivière-du-Loup, le Manoir Fraser (☎ 867-3015), 32 rue Fraser, retrace l'histoire de la célèbre famille qui, un temps, donna son nom à la ville, devenue Fraserville en 1845.

Il est ouvert tous les jours de 10h à 17h du 24 juin au mois de septembre. L'entrée s'élève à 3,5 $ (2 $ pour les étudiants et les moins de 12 ans).

Parc des Chutes et de la Croix lumineuse. En suivant la rue Frontenac (à l'est de la rue Lafontaine), vous arriverez à plu-

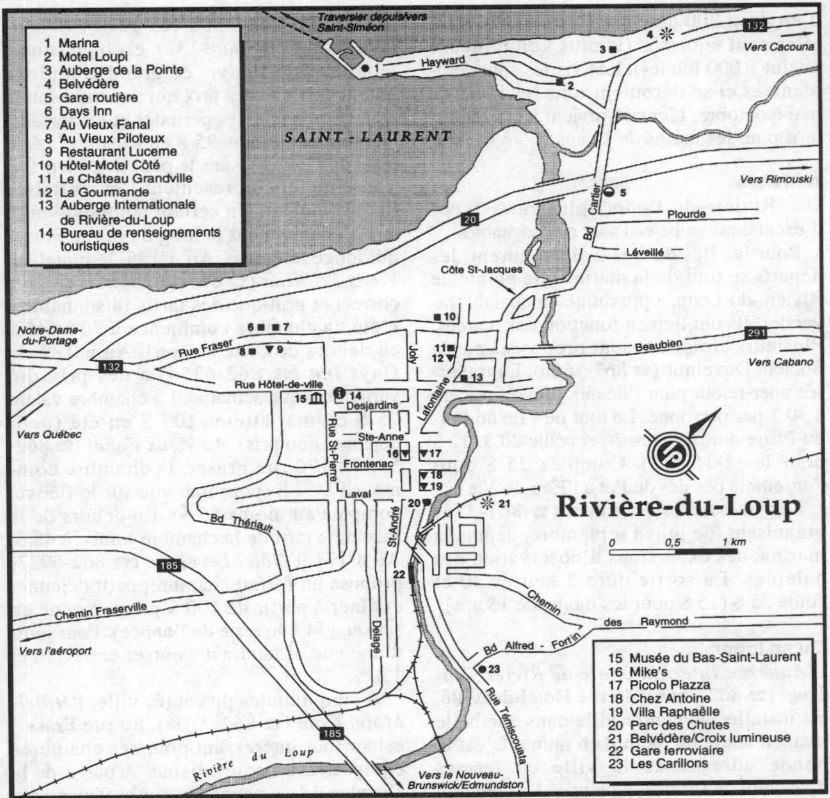

sieurs chutes d'eau sur la rivière du Loup et au parc qui les borde. Pour accéder aux sentiers, traversez la passerelle qui surplombe une chute de 33 m. En période de crue, l'accès est fermé, sinon il est ouvert de 9h à 22h. Au pied des Chutes, la centrale hydroélectrique se visite. De la Croix lumineuse, la vue sur la rivière et le Saint-Laurent est grandiose. Bien que centrale et accessible à pied, cette croix est difficile à atteindre. Du chemin des Raymond, tournez à gauche dans la rue Alexandre, puis à droite dans la rue Bernier et à nouveau à gauche dans la rue Sainte-Claire.

Si vous possédez un véhicule, un autre point de vue, tout aussi remarquable, s'offre à vous à l'est de la ville. Suivez la route 132 Nord, passez l'Auberge de la Pointe et repérez les panneaux indiquant le belvédère. Un petit parking se trouve à gauche. Il suffit alors d'emprunter le sentier qui monte à travers bois pour arriver à une plate-forme. En contrebas, le front de mer est un endroit fréquenté où vous pouvez pique-niquer.

Les Carillons. Installés 393 rue Témiscouata, Les Carillons (☎ 862-3346 ou 862-3399) constitue une collection privée d'environ 200 cloches. Certaines d'entre elles sont énormes (la plus volumineuse atteint 1 000 tonnes). Les visites sont commentées et se déroulent tous les jours de mai à octobre. L'entrée revient à 4 $ (demi-tarif pour les moins de 13 ans).

Activités

De Rivière-du-Loup, plusieurs types d'excursions en bateau sont envisageables.

Pour les îles du Bas-Saint-Laurent, les départs se font de la marina à la pointe de Rivière-du-Loup, à proximité du quai du traversier. Ils ont lieu en fonction des marées. Plusieurs croisières sont proposées par la Société Duvetnor (☎ 867-1660). La traversée aller-retour pour l'île aux Lièvres revient à 30 $ par personne. Le tour de l'île du Pot-du-Phare dure 1 heure 30 et coûte 20 $ (12 $ pour les 4-15 ans). Comptez 25 $ pour l'ensemble des îles du Pot à l'Eau-de-Vie.

Les Croisières Navimex (☎ 867-336) organisent, de juin à septembre, depuis la marina, des excursions d'observation des baleines. La sortie dure 3 heures 30 et coûte 35 $ (15 $ pour les moins de 15 ans).

Où se loger

L'*Auberge Internationale de Rivière-du-Loup* (☎ 862-7566), 46 rue Hôtel-de-Ville, est installée au centre-ville dans une belle maison ancienne peinte en jaune. C'est la bonne adresse de la ville en termes d'accueil, de service et de prix. La chambre individuelle se monte à 17,50/19,50 $ pour une/deux personnes (petit déjeuner inclus). Un lit en dortoir coûte 12,50 $. En juillet-août, il faut absolument réserver.

Le *Cégep* (☎ 862-6003), 325 rue Saint-Pierre, loue également des chambres l'été. Comptez entre 20 et 35 $.

Au-delà de sa très belle façade, *Le Château Grandville* (☎ 868-0750), 94 rue Lafontaine, est décevant car les chambres sont souvent exiguës. La simple/double s'élève à 40/55 $ (petit déjeuner inclus) en basse saison et à 45/60 $ en haute saison.

A 5 km du centre-ville, et à 2 km environ de l'embarcadère pour la rive nord du Saint-Laurent, l'*Auberge de la Pointe* (☎ 862-3514 ou 1 800 463-1222), 10 boulevard Cartier (route 132), est bien située. Dominant le fleuve, ce grand complexe hôtelier affiche des prix qui varient selon la situation, la vue, les périodes et les forfaits. Comptez au moins 95 $ en saison (75 $ le reste de l'année), sans le petit déjeuner.

Les motels représentent l'essentiel de l'hébergement. Un certain nombre d'entre eux s'échelonnent le long de la rue Fraser qui longe le fleuve. Au n°185, le motel *Au Vieux Piloteux* (☎ 867-2635) s'avère très correct et pratique des tarifs raisonnables. L'été, la chambre commence à 70 $ (45 $ en dehors de cette saison). Au n°182, le *Days Inn* (☎ 862-6354) a des prix qui varient chaque semaine. La chambre valant 75 $ en mai atteint 109 $ en été (petit déjeuner compris). *Au Vieux Fanal* (☎ 862-5255), 170 rue Fraser, la chambre commence à 57 $ (pour une vue sur le fleuve, comptez au moins 85 $). En dehors de la saison, le tarif de la chambre tombe à 45 $. Au n°171, l'*Hôtel Levesque* (☎ 862-6927) propose un forfait chambre, petit déjeuner et dîner à partir de 100 $ par personne en saison, (74 $ le reste de l'année). Pour jouir d'une vue, il faudra débourser entre 110 et 130 $.

A cinq minutes du centre-ville, l'*Hôtel-Motel Côté* (☎ 862-7706), 80 rue Fraser, est surtout intéressant pour ses chambres équipées d'un coin cuisine. A partir de la chambre 18, le panorama sur le fleuve vaut le coup d'œil. L'été, le prix varie de 65 à 75 $ (45 $ le reste de l'année).

En allant vers l'embarcadère, le *Motel Loupi* (☎ 862-6898), 50 rue de l'Ancrage, allie plusieurs atouts, notamment une vue superbe sur le fleuve et de vastes chambres avec balcon (il dispose d'une piscine, d'un mini-golf et d'un tennis). Le prix est des plus raisonnables : la simple/double coûte 50/65 $ (gratuité pour les moins de 12 ans) entre le 15 juin et le 15 septembre. Hors saison, la même chambre est louée 45/55 $.

Où se restaurer

A Rivière-du-Loup, les restaurants préparent une cuisine de bonne qualité, à des prix modérés. La plupart se concentrent dans la rue Lafontaine.

La Gourmande (☎ 862-4270), 120 rue Lafontaine, offre de succulents petits déjeuners, moyennant de 3 à 7 $. A midi, les sandwiches, les soupes et les salades sont délicieux. Les sandwiches aux crabes, aux crevettes ou les mixtes viandes-fromages de chez *Mike's* sont savoureux et bon marché (entre 5 et 8 $). Pour un plat de pâtes ou une pizza, il vous en coûtera entre 6 et 9 $.

Juste en face, le *Picolo Piazza* (☎ 868-1671) propose une cuisine variée (pizza, salades, viandes, tourtes...). Le lieu (ambiance pub) et l'addition modérée (entre 10 et 15 $) en font un endroit idéal pour dîner. En dehors de l'été, il ne sert pas de repas le midi.

Les établissements *Chez Antoine* (☎ 862-6936), au n°433, et la *Villa Raphaëlle* (☎ 867-1211), juste à côté, au n°435, sont les deux grands restaurants de la ville. Leurs spécialités : le saumon et les crustacés. Le repas revient en moyenne à 20 $.

Les motels de la rue Fraser font également office de restaurant. Le *Restaurant Lucerne* (☎ 862-4060), au n°183, pratique des prix modérés dans un cadre parfait.

Comment s'y rendre

Voiture. De Montréal ou de Québec, prendre la route 132 qui longe le Saint-Laurent ou l'autoroute 20. La sortie 503 rejoint le boulevard Cartier.

Bus. Au départ de Montréal et Québec, la compagnie Orléans Express assure tous les jours la liaison avec Rivière-du-Loup avant de continuer sa route vers Rimouski, la Gaspésie ou vers Edmundston à 122 km dans le Nouveau-Brunswick. La gare routière (☎ 862-4884) se trouve 83 boulevard Cartier, juste derrière le Restaurant 24h.

Train. VIA Rail (☎ 1 800 361-5390) relie Québec et Campbellton, dans le Nouveau-Brunswick, *via* la vallée de la Matapédia. La gare ferroviaire (☎ 867-1525 ou 867-1169) est au bout de la rue Lafontaine, à l'angle de la rue Fraserville.

Bateau. La traversée Rivière-du-Loup/Saint-Siméon (65 minutes) est assurée tous les jours de l'année (☎ 862-5094). Les fréquences varient d'un mois à l'autre (deux par jour au moins en été). Le prix du billet s'élève à 9,80 $ (8,8 $ pour les seniors et 6,5 $ pour les 5-11 ans, gratuit pour les moins de 5 ans). Le passage de la voiture revient à 24,85 $.

La marina où accostent les bateaux est à 6 km du centre-ville. Si vous ne possédez pas de véhicule, vous pouvez prendre un taxi en passant par la compagnie Taxi Capitol (☎ 862-6333). La course revient à environ 6 $.

VERS LE NOUVEAU-BRUNSWICK

La route 185 est la voie rapide qui relie Rivière-du-Loup à Edmundston dans le Nouveau-Brunswick. Usines de pâte à papier et forêts émaillées de fermes constituent le paysage.

En bordure du lac Témiscouata, à **Saint-Louis-du-Ha! Ha!** (en langue amérindienne Hexcuewaska, "quelque chose d'inattendu"), le paysage est superbe et verdoyant.

Autour de **Cabano** et dans la ville même, vous trouverez quelques campings et motels. Le site historique de Fort Ingall a été construit en 1839 par les Canadiens pour se protéger des attaques des Américains après une querelle de frontière.

A **Notre-Dame-du-Lac**, l'*Auberge Marie Blanc* (☎ 899-6747), 1112 rue Commerciale, est classée patrimoine architectural. Construite en 1905 par un avocat pour sa maîtresse Marie Blanc, la maison serait l'œuvre de l'architecte américain Franck Lloyd Wright. Elle est aujourd'hui une table renommée ouverte de début avril à la fin octobre.

En été, des bateaux traversent le lac. La région est encore peu visitée.

CACOUNA

Appelée Kakoua Nak, "là où il y a le porc-épic", par les Malécites, cette ancienne réserve indienne a laissé place à la fin du XIXe siècle à une station balnéaire réputée, prisée par les bourgeoisies francophone et anglophone.

Dans la rue Principale, des maisons, l'église anglicane, le **château Montrose** (au n°700), aujourd'hui le cénacle des pères capucins, témoignent de cette époque.

Au n°600, l'*Auberge du Porc Épic* (☎ 868-1373), ouverte en saison seulement, est un superbe B&B à l'abri des regards, donnant sur le fleuve. La chambre coûte 70 $.

L'ISLE-VERTE

Accessible depuis la route 132, ce village possède un grand nombre de poissonneries et de fumoirs. Au début du siècle, on y pratiquait la cueillette de la mousse de mer, utilisée notamment pour la confection de matelas.

Port d'accès à l'île Verte, juste en face, il abrite le poste d'accueil et d'interprétation de la **Réserve nationale de faune de la baie de l'île Verte** (☎ 898-2629), à la sortie du village. Les employés organisent des randonnées dans les marais salés de la mi-juin à la mi-septembre. Ouvert de 8h à 17h de la mi-juin à début septembre.

ÎLE VERTE

Entre Rivière-du-Loup et Trois-Pistoles, l'île Verte forme un îlot merveilleux de 11 km de long, aux maisons peintes en bleu, jaune, vert ou turquoise. Jacques Cartier, à la recherche d'eau, y débarqua en 1535. C'est à lui que l'île doit son nom.

Sur la rive nord, Notre-Dame-des-Sept-Douleurs est le seul village du Bas-Saint-Laurent habité à l'année. Par temps clair, vous apercevrez l'embouchure du Saguenay. Sur la rive sud, escarpée et rocailleuse, se dresse le plus ancien phare du Saint-Laurent, construit en 1809. On peut dormir dans le dortoir prévu à cet effet et prendre ses repas.

Sur place, vous trouverez cinq gîtes (environ 50 $ la chambre) et des boucaneries où vous pourrez acheter du saumon, du hareng, du filet d'esturgeon frais ou fumé pour pique-niquer sur l'île.

L'été, un service de traversier (☎ 898-2843) est mis en place à partir de l'Isle-Verte. L'hiver, on peut atteindre l'île en ski de fond ou en motoneige.

A Trois-Pistoles, Kayak-O-Tour (☎ 851-4551 ou 736-5968), 330 rue Notre-Dame Est, offre des excursions sur l'île. Les tarifs se chiffrent à 40 $ la demi-journée, 65 $ la journée et 225 $ les deux jours (repas et hébergement compris).

TROIS-PISTOLES

L'imposante église Notre-Dame-des-Neiges, aux allures de cathédrale, fait de Trois-Pistoles un village qui ne passe pas inaperçu. Située 30 rue Notre-Dame, elle est ouverte à l'année de 9h à 18h.

Petit musée voué à l'histoire de cette demeure centenaire et au mode de vie de l'époque, la **maison du Notaire** (☎ 851-1656), 168 rue Notre-Dame, est ouverte de 9h30 à 21h de la mi-juin à début octobre, et seulement le week-end durant les périodes allant d'avril à la mi-juin et d'octobre au 24 décembre (13h-17h).

Le **Parc de l'aventure basque en Amérique** (☎ 851-1556), 66 rue du Parc, est certainement le meilleur endroit pour appréhender l'épopée des pêcheurs basques dans le Saint-Laurent. Il ouvre la dernière semaine de juin et ferme ses portes début septembre. L'entrée se monte à 5 $ (4 $ pour les étudiants et les seniors).

Face à Trois-Pistoles se dessine l'**île aux Basques**. Au XVIe siècle, les pêcheurs baleiniers basques y faisaient escale et commerçaient avec les Amérindiens, dont la présence sur l'île date du VIIIe siècle. Vouée ensuite à l'agriculture, l'île a été achetée en 1929 par la Société Provancher d'Histoire naturelle. Aujourd'hui protégée, elle est un véritable sanctuaire d'oiseaux. Des sentiers bordés d'églantiers ont été aménagés. Accessible tous les jours de 6h à 19h de juin à septembre, les réservations (☎ 851-1202) sont obligatoires. L'accès coûte 35 $ (transport aller-retour inclus, 25 $ pour les 8-15 ans, 10 $ pour les moins de 7 ans).

Comment s'y rendre

Voiture. De Rivière-du-Loup (à 50 km), empruntez la route 132.

Les îles du Bas-Saint-Laurent

Entre Rivière-du-Loup et Saint-Siméon, une toute petite poignée d'îles constituent une véritable arche de Noé pour oiseaux. Eiders à duvet, petits pingouins, guillemots à miroir, grands hérons, bihoreaux à couronne noire, goélands et autres mouettes tridactyles y trouvent refuge, chaque année, dès le mois de mai. Des phoques gris se prélassent sur ses rives. Des bélugas agiles tournoient.

Une partie de ces îles appartient au Service canadien de la faune. Une partie est devenue, en 1979, la propriété d'une association, la Société Duvetnor, créée par un groupe de biologistes soucieux de préserver l'habitat des oiseaux marins.

L'archipel Les Pèlerins, deux des trois îles du Pot à l'Eau-de-Vie et l'île aux Lièvres sont ainsi devenus des territoires hautement protégés. A l'exception des gardiens du phare, ces îles n'ont jamais été vraiment habitées. Aujourd'hui, elles ne sont accessibles que de juin à septembre.

L'archipel Les Pèlerins s'étire sur 7,5 km et regroupe cinq îles totalement dénudées, refuges privilégiés des petits pingouins (la plus importante colonie dans l'estuaire et le golfe). Mais il est encore impossible d'y débarquer.

De son côté, l'île aux Lièvres fourmille, comme son nom l'indique, de lièvres. Longue de 13 km et large de 1,6 km, elle est couverte pour l'essentiel d'arbres, de peupliers et de sapins. Entre ses anses rocheuses s'étirent de longues plages de sable. Un réseau de sentiers de plus de 40 km a été aménagé. Le kiosque d'informations en bordure de quai distribue une carte. Le sentier du Jardin (qui passe sur le point le plus élevé de l'île, à 86 m), offre de beaux panoramas sur les rives sud et nord du fleuve.

Il existe deux campings. Le premier, *La Gélinotte*, est installé près de l'embarcadère. Le second, *Les Cèdres*, se situe sur la côte nord-ouest de l'île et nécessite 3 km de marche pour y accéder. L'emplacement se monte à 15 $. Vous pouvez également loger dans un chalet de bois rond équipé d'un coin cuisine. Le séjour doit durer au minimum 48 heures et ne pas dépasser quatre jours. Pour la location, comptez de 140 à 160 $ par jour pour quatre.

L'île du Pot à l'Eau-de-Vie se compose en réalité de trois îles. L'île du Pot-du-Phare où est érigé le phare, le Petit Pot (un îlot rocheux inaccessible) et le Gros Pot (la plus grande des trois îles).

Le phare qui se découpe en rouge et blanc, sur l'île du Pot à l'Eau-de-Vie, a été transformé en hôtel-restaurant. Il est ouvert de mai à septembre et possède trois chambres. Le forfait au phare coûte 135 $ par personne en basse saison (170 $ le reste de l'année). Il comprend la nuitée, le brunch, la traversée aller-retour et une excursion commentée.

Les îles aux Lièvres et du Pot à l'Eau-de-Vie ne peuvent se visiter dans leur totalité qu'une fois la nidification des oiseaux terminée, c'est-à-dire après les premiers jours de juillet. Des télescopes sont proposés. ■

Bateau. De la mi-mai à la mi-octobre, la Compagnie de Navigation des Basques (☎ 851-4676) assure la liaison avec Les Escoumins, sur la rive nord du Saint-Laurent, deux à trois fois par jour (90 minutes, 9,45 $; 6,4 $ pour les seniors et les 5-11 ans). Le transport de la voiture sur l'autre rive revient à 9,40 $. Il faut arriver sur le quai 30 minutes avant le départ. Réservations conseillées.

SAINT-FABIEN-SUR-MER

A l'écart de la route 132, blotti contre la montagne, ce petit village n'est qu'une suite de maisons particulières s'étirant le long d'une superbe baie. Le chemin de la Mer, qui le parcourt d'un bout à l'autre, ne va pas plus loin. Porte d'entrée du parc Bic, il offre des sentiers de randonnée avec des aires de pique-nique.

Un bureau d'information saisonnier (☎ 869-3333 ou 869-3311) est installé 33 route 132.

BIC

A 80 km à l'est de Rivière-du-Loup et à 20 km seulement de Rimouski, Bic représente l'endroit idéal pour poser ses bagages et partir à la découverte de la région. Petit village dominant le Saint-Laurent, disposant d'un hébergement de qualité, c'est aussi l'une des portes d'entrée dans l'inoubliable parc du Bic.

Où se loger et se restaurer

Juste à l'entrée du village, en venant de Rivière-du-Loup, le *Gîte Marie-Claire* (☎ 736-4018), 257 rue Sainte-Cécile, offre une belle vue sur le Saint-Laurent. La chambre (impeccable) revient à 50 $.

Au cœur du village, installée dans un ancien magasin général, l'*Auberge du Mange Grenouille* (☎ 736-5656), 148 rue Sainte-Cécile, possède une âme. Les propriétaires ont un goût pour la décoration et la mise en scène. Sa table est par ailleurs très cotée (repas compris entre 23 et 30 $). Les chambres disposant d'une s.d.b. commune vont de 50 à 60 $, celles avec s.d.b sont louées 75 $. La chambre nuptiale (un véritable bonheur) est à 85 $. L'établissement est ouvert tous les jours de la mi-juin à la mi-octobre, et tous les week-ends de mai à la mi-juin. Les propriétaires organisent des soirées "meurtres et mystères".

A la pointe des Anglais, deux gîtes ont élu domicile dans de belles maisons ouvrant sur de vastes jardins juste en bordure du parc du Bic. *Aux Cormorans* (☎ 736-8113), 627 pointe aux Anglais, les chambres sont belles et lumineuses. La propriétaire est par ailleurs une conteuse née, toujours à l'écoute d'une nature qu'elle vous fera découvrir. La chambre avec s.d.b. est à 75 $. Sans s.d.b., comptez entre 50 et 60 $. Au n°209, *Le Gîte du Havre* (☎ 736-4424) loue des chambres à partir de 50 $.

PARC DU BIC

Situé entre Saint-Fabien et Bic, le parc du Bic (☎ 722-3779 ou 736-5035) est un petit territoire protégé extraordinaire, de 33 km^2 seulement. Dessiné par le fleuve, il offre un paysage de montagnes irrégulières qui bordent un littoral rocheux et escarpé. De multiples anses, baies, caps et îles jalonnent la côte. La végétation est celle d'une zone transitoire où se mêlent forêt d'espèces à feuilles caduques méridionale et forêt boréale septentrionale. La diversité florale reflète ces deux influences : une quarantaine de plantes propres à ce milieu ont été recensées.

Le parc abrite des colonies de phoques (gris et communs) et d'eiders à duvet. Il représente également l'un des meilleurs sites du Québec pour observer des rapaces comme le faucon pèlerin et le brisard saint-martin. Il n'est pas rare d'apercevoir quelques rorquals.

Pour les navigateurs, il a toujours servi de refuge naturel contre les vents et les courants. Suite à des fouilles archéologiques, on a trouvé des traces d'une présence amérindienne vieille de plus de 6 000 ou 7 000 ans.

Les marées dans le parc peuvent atteindre des amplitudes de 3 à 5 mètres, mettant régulièrement à sec un certain nombre d'îlots. Le paysage devient alors presque lunaire, surtout par temps gris. L'île aux Canards et l'île Ronde sont alors accessibles à pied. De la pointe aux Anglais, vous pouvez rejoindre l'île au Massacre. Celle-ci tire son nom d'une histoire qui raconte que des Micmacs, se croyant à l'abri, s'étaient réfugiés dans sa grotte. Surpris par des Iroquois qui les recherchaient, ils furent massacrés.

Activités sportives

De par ses paysages, sa faune et sa flore, le parc du Bic est une aire de promenade et de canoë exceptionnelle. De nombreux sentiers, prévus pour les cyclotouristes et les randonneurs, ont été aménagés et offrent des panoramas à couper le souffle. Il ne faut pas manquer la vue de l'estuaire à partir du pic Champlain, le plus haut sommet du Bic (347 m). Comptez quarante minutes de marche, sur un sentier parfois abrupt.

La randonnée le long des rivages suppose de consulter la table des marées (disponible aux deux centres d'accueil) et d'être chaussé d'une paire de bottes. La température de l'eau, entre 8 et 10°C, n'incite guère à la baignade.

Une piste cyclable de 11 km a été aménagée. Au cap à l'Orignal, vous trouverez un loueur de bicyclette et une cafétéria.

De juin à septembre, des visites guidées et des conférences sur la faune et la flore sont organisées par le Centre d'interprétation du parc (☎ 869-3502). Des associations locales, telles Parc Ami Bic (☎ 723-8486) et le Comité de la zone périphérique Bic-Saint-Fabien (☎ 869-3311), proposent elles aussi des excursions pédestres.

Éco Découvertes (☎ 736-5232) et Marines Vacances (☎ 736-5739) organisent des excursions en mer en pneumatique ou en bateau.

Kayak Aventure (☎ 736-5232 ou 723-0160), à Rimouski, loue des kayaks de mer et offre des sorties accompagnées ou non, de juin à septembre. Kayak Orca (☎ 727-3511) pratique aussi la location de canoës et de kayaks.

Officiellement fermé de septembre à mai, le parc reste néanmoins fréquenté par les randonneurs toute l'année.

Où se loger

Le *Camping du Bic* (☎ 736-4711) est ouvert de la mi-juin à fin septembre. Le prix de l'emplacement commence à 14 $.

Comment s'y rendre

Deux postes d'accueil permettent d'accéder au parc. L'un est situé au cap à l'Orignal (☎ 869-3427), que l'on atteint par la route 132 et en empruntant sur la gauche une petite route (fiez-vous au panneau). Le Centre d'accueil Pierre-Baudry (☎ 736-5711) est à 5 km en continuant sur la route 132 vers Rimouski.

RIMOUSKI

Autrefois, les Micmacs aimaient pêcher et chasser à cet endroit qu'ils appelaient Rimouski, "terre à orignal" ou "cabane à chien". Ville industrielle en pleine expansion et centre de distribution de pétrole, Rimouski est aujourd'hui la capitale administrative de l'est du Québec. Construite en forme d'amphithéâtre en raison du rivage en arc de cercle, elle est une ville vivante.

La rue Saint-Germain forme le grand axe est-ouest du centre-ville que domine la cathédrale Saint-Germain, construite dans les années 1850 dans le style néo-gothique de l'époque. Parallèle, le boulevard René-Lepage (route 132) longe le Saint-Laurent.

Juste en face du centre-ville, à 4 km, s'étend l'île Saint-Barnabé, longue et fine bande de terre de 4,5 km environ, refuge du grand héron et de l'eider à duvet. Un sentier la ceinture et offre une belle ballade. Au XVIIIe siècle, l'île a abrité un ermite dont l'histoire a engendré de nombreux romans. Le journal de Montcalm en parle.

Renseignements

L'office du tourisme (☎ 723-2322 ou 1 800 746-6875), 50 rue Saint-Germain Ouest, est ouvert tous les jours de 9h à 20h de la mi-mai à la mi-octobre. En dehors de cette période, il est fermé le week-end et les heures d'ouverture sont 9h-12h, 13h-16h30. Il loue des audio-guides (5,64 $).

La poste se tient 180 avenue de la Cathédrale. La Banque Nationale (☎ 724-4106), 2 rue Saint-Germain Est, dispose d'un bureau de change. Dans la rue Saint-Germain, toutes les principales banques du pays disposent de guichets automatiques.

Activités sportives

Installé à Rimouski, le Centre de plongée du Bas-Saint-Laurent (☎ 722-6232), 378 avenue de la Cathédrale, vous fournira la liste des principaux sites de plongée sur la rive sud du Saint-Laurent. Il loue l'équipement complet et organise des sorties.

Des excursions pour l'île Saint-Barnabé (☎ 723-0202) sont également proposées. Elles partent de la marina à l'est de la ville. Les départs s'échelonnent toutes les 30 minutes, entre 10h et 15h. Les retours s'effectuent entre 12h et 18h. Le prix est de 12 $ (10 $ pour les étudiants et les enfants de plus de 12 ans, gratuit en dessous de cet âge).

Une agence de croisières en bateau, Excursion de Pêche-Îles, organise des parties de pêche et des circuits le long des falaises de la côte.

De début avril à début janvier, la compagnie maritime Relais Nordik (☎ 723-8787 ou 1 800 463-0680), 205 rue Léonidas, relie depuis Rimouski les principales villes de la Côte Nord et l'île d'Anticosti, et revient une semaine plus tard à son port d'attache. Le forfait aller-retour coûte 737 $.

Écomertours (☎ 724-6227 ou 1 800 724-TOUR), 606 rue des Ardennes, organise des croisières de plusieurs jours sur la Côte Nord et l'île d'Anticosti (1 485 $ minimum pour 8 jours, 2 265 $ maximum) en juillet et en août au départ de Rimouski. Également au programme, des croisières de deux jours vers Tadoussac, Pointe-au-Pic puis le parc du Bic (deux jours pour 280 $ minimum, 564 $ maximum).

A voir

Musée régional de Rimouski. Aménagé dans la plus ancienne église de l'est du Québec, ce musée (☎ 724-2272), 35 rue Saint-Germain Ouest, est consacré à l'histoire locale et aux sciences de la mer. Il dispose d'une salle d'exposition d'art contemporain.

Ouvert tous les jours l'été (10h-18h), il est fermé le lundi et le mardi en dehors de cette saison et ses horaires sont 12h-17h (le jeudi, nocturne jusqu'à 21h toute l'année). L'entrée coûte 4 $ (3 $ pour les étudiants et les seniors, 10 $ pour les familles).

Institut maritime du Québec. Cet institut (☎ 724-2822), 53 rue Saint-Germain Ouest, représente le plus important centre de formation maritime au Canada. Il ouvre de la dernière semaine de juin à la mi-août mais sa visite a lieu selon des horaires très précis. Le sous-marin du professeur Tournesol y est même exposé.

L'entrée se monte à 2 $. Pour accéder aux maquettes de sous-marin, un supplément de 3 $ est demandé.

Maison Lamontagne. A environ 6 km à l'est de l'office du tourisme, sur la route 132, au n°707 boulevard du Rivage, la Maison Lamontagne est une belle demeure du XVIIIe siècle entourée d'un parc. Construite en 1750, elle est considérée comme la plus vieille maison de l'est du Québec. Elle a été transformée en centre d'interprétation de l'architecture domestique où sont rassemblés meubles et objets de cette époque.

Elle se visite tous les jours de 9h à 18h de la mi-mai à la mi-octobre. Le prix d'accès est de 3 $ (nombreuses réductions).

Où se loger

Les motels sont nombreux, en particulier rue Saint-Germain Ouest et sur le boulevard René-Lepage (route 132). Le *Comfort Inn* (☎ 724-2500), 455 boulevard Saint-Germain, présente un très bon rapport qualité/prix. La chambre se loue 70 $.

Le *Cégep* (☎ 723-4636, poste 2579), 3120 rue Potevin, propose des chambres en été mais aussi durant le reste de l'année. La simple/double revient à 19/26 $. La semaine de location coûte 72/92 $ (5 $ sont demandés pour le dépôt de la clef).

L'*Hôtel Rimouski* (☎ 725-5000), 225 boulevard René-Lepage (route 132), est l'hôtel de la ville. Vaste (il abrite le centre de congrès), mais un peu froid dans sa décoration, il offre des chambres à partir de 75 $.

Au centre-ville, le *Gite Marie Soleil* (☎ 736-4018), 2577 rue Sainte-Cécile, est certainement le meilleur hébergement de la ville en termes de rapport qualité/prix. La chambre est à 50 $. Fermé durant l'hiver, il n'ouvre qu'à la mi-mai. La simple/double au *Gîte du Centre-Ville* (☎ 723-5289), 84 rue Saint-Pierre, se négocie 38/48 $. Ce gîte, plus excentré, est ouvert de la mi-mai à septembre.

Où se restaurer

Le choix ne manque pas. A l'est de l'avenue de la Cathédrale, dans la rue Saint-Germain, sont réunis restaurants, boîtes de nuit et cafés-bar avec table en terrasse et orchestre.

Chez Serge Poully (☎ 723-3038), 284 rue Saint-Germain Est, est un établissement très renommé. Fruits de mer, poisson et grillades sont ses spécialités. Il est relativement bon marché et ne ferme pas trop tôt. *Le Saïgon* (☎ 723-0764), 355 avenue de la Cathédrale, est un excellent établissement vietnamien. Couscous, grillades et paëlla figurent au menu du restaurant *Le Méditerranée*, 106 rue Saint-Germain Est.

Le Mix, 50 rue Saint-Germain Est, et *Le Rhinocéros,* à quelque cent mètres, sont deux pubs très agréables.

Le centre commercial *Les Halles*, rue Saint-Germain Ouest, comprend des restaurants, des cafés et des épiceries. Juste à côté et à l'angle de la rue Saint-Louis, au n°97, *Le Saint-Louis* (☎ 723-7979) propose des moules et des steak-frites. Le prix du repas s'établit en moyenne à 13 $. La *Brûlerie d'Ici* (☎ 723-3424), 91 rue Saint-Germain Est, est un lieu très agréable pour prendre un café et un repas léger.

Le restaurant *Marie-Antoinette* (☎ 723-5617), 127 boulevard René-Lepage, propose une cuisine québécoise à des prix raisonnables.

A l'est de la ville sont regroupées plusieurs poissonneries où vous pourrez acheter à bon prix soles, saumons, crevettes, homards et du poisson séché.

Comment s'y rendre

Voiture. Vous pouvez suivre la route 132 qui longe le Saint-Laurent ou emprunter l'autoroute 20 avant de prendre la sortie 606 qui donne accès à l'ouest de la ville. La sortie 610 permet d'arriver directement à l'office du tourisme.

Allô Stop (☎ 723-5248) est représenté 106 rue Saint-Germain.

Bus. La gare routière (☎ 723-4923) est implantée 90 avenue Léonidas. Elle est reliée tous les jours depuis Québec par la compagnie Orléans Express.

Train. Rimouski se trouve sur la ligne VIA Rail (☎ 1 800 361-5390). A Mont-Joli, le train s'en va pour Campbellton, dans le Nouveau-Brunswick. La gare se tient 57 rue de l'Evêché Est.

Bateau. De son retour de la Côte Nord, la compagnie maritime Relais Nordik (☎ 723-8787 ou 1 800 463-0680), 205 rue Léonidas, relie Sept-Îles à Rimouski de début avril à début janvier. Le bateau quitte Sept-Îles le lundi après-midi et arrive à Rimouski le mardi vers 7h (55 $).

POINTE-AU-PÈRE

A 10 km de Rimouski à l'est, Pointe-au-Père est un haut lieu de la navigation. Pendant longtemps, il a représenté l'un des plus importants centres de navigation au Canada. Ouverte en 1859, la station de pilotage a fermé ses portes un siècle plus tard.

Aujourd'hui, son phare superbe et ses bâtiments annexes, 1034 rue du Phare, ont été transformés en un vaste centre d'interprétation sur la navigation maritime. Ils regroupent le **musée de la Mer** et le **Lieu historique national du Phare-de-Pointe-au-Père**. L'exposition du musée relate le naufrage de l'*Empress of Ireland*, le 29 mai 1914, qui causa la mort de 1 012 passagers. Le phare se visite. Le site est ouvert du 15 juin au 31 août de 9h à 18h. Du 1er septembre au 13 octobre, les horaires passent de 10h à 17h. Les frais d'entrée s'élèvent à 5,50 $ (13,50 $ pour les familles).

Des plongées sur l'épave *Empress of Ireland* sont proposées (☎ 739-5271). A cette hauteur du Saint-Laurent, 45 km environ séparent les deux rives, et la profondeur des fonds atteint 357 m.

Pour vous rendre au phare, vous longerez la **réserve nationale de faune du marais de Pointe-au-Père**, refuge de milliers d'oiseaux migrateurs. Le musée de la Mer fournit des renseignements à son propos.

Où se loger et se restaurer

A deux pas du musée et du phare, le *Motel Bienvenue* (☎ 724-4338), 1057 avenue du Phare, offre des chambres avec cuisine et s.d.b. pour 45 $. L'accueil est un peu froid et le hall des plus sommaires mais les chambres réservent de belles surprises.

Le *Gîte de la Pointe* (☎ 724-6614), 1046 avenue du Phare Ouest, est plus coquet. La simple/double revient à 40/50 $.

Au n°1560, *Place Lemieux* (☎ 723-8243) fait motel, poissonnerie (crevettes, crabe, saumon frais ou fumé, hareng, homard...) et restaurant. Poissons et crustacés sont la spécialité. Comptez au moins 20 $.

Comment s'y rendre
De Rimouski, suivre le boulevard Sainte-Anne (route 132) puis prendre à droite l'avenue Père-Nouvel Nord avant d'arriver à la rue du Phare.

LES PORTES DE L'ENFER

A 35 km au sud de Rimouski, le Canyon des Portes de l'Enfer qui s'étire sur 5 km a été aménagé en parc offrant de multiples randonnées. Des passerelles surplombent la rivière Rimouski. Le site possède notamment le pont suspendu le plus haut du Québec. Sur place, vous pouvez vous adonner au rafting, au kayak ou au canoë.

Ouvert de mai à octobre, le lieu est accessible par le chemin des Portes de l'Enfer que l'on prend à Sainte-Narcisse après avoir emprunté la route 232 depuis Rimouski. L'entrée est de 5 $ (4 $ pour les étudiants et les seniors, 2 $ pour les 8-12 ans).

La Gaspésie

Indicatif ☎ 418

Large et opulente boucle, la Gaspésie s'avance dans le golfe du Saint-Laurent, comme pour mieux affronter les vents du large. Terre des Micmacs, berceau du Québec, elle représente un monde en soi tourné depuis toujours vers la mer. Ses côtes ont représenté pour nombre de marins et d'immigrants la première vision d'un univers convoité. Elles annonçaient la fin d'un long et périlleux voyage et marquaient le début d'une nouvelle aventure. Ici, la brume voile les obstacles aussi vite qu'elle les dévoile. Les naufrages furent nombreux et les attaques de pirates toujours assassines. La Gaspésie est un bout de terre où chacun a trouvé un port d'ancrage. Basques, Gascons, Acadiens, Irlandais, Écossais, Jersiais et Loyalistes... Le nom des villages qui ponctuent le littoral décline leur identité.

Le long de la route 132, seul axe routier desservant villes et villages, les infrastructures portuaires rappellent qu'en Gaspésie, la pêche reste le pilier économique d'une région enracinée dans ses traditions. Certes, les bancs de poissons et de morues se sont réduits, laissant à quai nombre de bateaux. Crevettes, crabes et homards sont devenus des mannes providentielles. Dès le mois de mai, ils s'affichent au menu des restaurants.

Voyager en Gaspésie suppose de prendre la route 132 (si possible du sud au nord, pour goûter au mieux les perspectives) et de s'arrêter quelque temps dans ses localités, histoire d'écouter les vies de chacun. Chaque été, les voyageurs viennent nombreux pour contempler le Rocher Percé et se promener le long du littoral déchiré et tourmenté.

La haute saison est courte – de juin à septembre. Les prudents réserveront. La brume et la fraîcheur de l'air font partie du décor, même en plein mois d'août. En mai, les tempêtes de neige sont possibles et le parc de la Gaspésie, encore de blanc vêtu, compte quelques adeptes du ski.

HISTOIRE

La péninsule a été occupée pendant plus de 2 500 ans par les Micmacs. L'arrivée de Jacques Cartier le 24 juillet 1534 aux larges des côtes allait ouvrir un autre chapitre de son histoire. C'est à Gaspé que le navigateur français plante une croix et prend possession du territoire au nom du roi de France. On n'en connaît pas l'emplacement exact. Bien avant lui, des pêcheurs basques, bretons et des îles anglo-normandes avait sillonné ses rives. Pendant près de deux siècles, la péninsule restera la terre des Amérindiens et un port d'ancrage pour les pêcheurs européens.

La première vague de peuplement a lieu dans la baie des Chaleurs, au sud de la péninsule. Les Acadiens fuyant la déportation s'installent en 1755 à l'embouchure de la rivière Restigouche.

La Conquête en 1760 bouleverse à nouveau l'échiquier. Les Acadiens, fuyant les Anglais, se dispersent le long de la baie, d'autres s'en vont vers Québec. Parallèlement, une immigration venue d'Irlande, d'Angleterre et des îles anglo-normandes apparaît. La région, connue pour ses eaux poissonneuses, est en effet convoitée par de puissantes compagnies anglo-normandes. Deux compagnies de Jersey, la Compagnie de Charles Robin et celle de LeBoutillier, vont ainsi se partager pendant près d'un siècle le littoral. Avec elles va naître tout un système d'exploitation reposant sur une flotte importante, la création de représentations un peu partout sur la côte gaspésienne et l'ouverture de magasins généraux. Le système de crédit qu'elles mettront également en place aura pour but de rendre chaque employé encore plus dépendant de son employeur.

La guerre d'Indépendance des États-Unis apporte elle aussi son lot de Loyalistes qui s'installent, dans les années 1780, dans le sud de la péninsule, dans la baie des Chaleurs. Douglastown, New Carliste et New Richmond voient le jour.

A la fin du XIXe siècle, les compagnies se retirent. La crise bancaire qui sévit en Angleterre menace leur finance et leur capital. La pêche n'est plus aussi rentable et productive, les bancs de poissons se sont réduits considérablement. Les pêcheurs gaspésiens s'organisent alors et forment des coopératives. Parallèlement, au nord, une industrie minière et forestière apparaît.

Depuis quelques années, la Gaspésie est touchée de plein fouet par l'effondrement des stocks de morue, conduisant nombre de ses ports à vivre au ralenti et réduisant la population au chômage.

ORIENTATION

Le relief de la Gaspésie est accidenté et montagneux, particulièrement sur son versant nord. L'intérieur des terres est totalement inhabité. Elle est traversée par les Appalaches, dont les sommets dépassent souvent les 1 000 m. Le mont Jacques-Cartier culmine à 1 268 m.

Bordée au nord et à l'ouest par le golfe du Saint-Laurent, la péninsule, dans sa partie sud, s'étire le long de la baie des Chaleurs, face au Nouveau-Brunswick.

La péninsule se divise en quatre régions distinctes. La vallée de la Matapédia, de Sainte-Flavie à Matapédia, forme un long corridor vallonné et boisé, traversé de bout en bout par la rivière Matapédia.

Au sud de la péninsule, la baie des Chaleurs conduit de Listuguj à L'Anse-aux-Gascons. Commence alors la pointe de la péninsule, avec Percé et Gaspé comme villes phares. La côte nord court ensuite de L'Anse-Pleureuse jusqu'à Sainte-Flavie.

Sainte-Flavie, porte d'entrée de la Gaspésie, représente également la ville où la route 132 prend deux directions : l'une longe le littoral nord de la péninsule avant d'atteindre Gaspé. L'autre traverse la vallée de la Matapédia et continue sur la baie des

Le barachois

Le mot barachois vient de la déformation de l'expression "barre à choir", banc de sable qui entoure une lagune et sur lequel les pêcheurs échouent leurs embarcations. En général, le barachois se crée à l'embouchure d'une rivière, en raison des dépôts qu'elle transporte et qui s'accumulent. Lieu d'échange des courants d'eau salée de mer et des courants d'eau douce de rivière, il représente un milieu transitoire où les sédiment s'accumulent. Des algues aquatiques poussent alors, des organismes marins apparaissent et les poissons se multiplient pour le plus grand bonheur des canards, des cormorans, des grands hérons, des bernaches et des sternes.

En Gaspésie, les barachois se localisent dans la baie des Chaleurs. De Miguasha à Percé, les barachois sont nombreux et se prêtent toujours merveilleusement à l'observation des oiseaux. ■

Chaleurs, longeant le littoral sud de la péninsule avant de poursuivre vers Percé puis Gaspé. De la vallée de la Matapédia, la route 132 permet aussi de rejoindre le Nouveau-Brunswick.

La route 299, qui relie sur 143 km Sainte-Anne-des-Monts à New-Richmond, est la seule route qui traverse de part en part le territoire.

FÊTES ET MANIFESTATIONS ANNUELLES

Février

Courses de traîneaux à chiens – Sur la banquise de Gaspé

Juin

Festival de la crevette – A Matane

Juillet

Fête du vol libre – A Mont-Saint-Pierre, durant les deux dernières semaines du mois

Août

Maximum Blues – Festival de blues et de jazz à Carleton

Festival acadien du Québec – A Bonaventure, du 15 au 18

SAINTE-FLAVIE

Porte d'entrée de la Gaspésie, Sainte-Flavie abrite l'Association touristique de la Gaspésie (☎ 775-2223 ou 1 800 463-0323), 357 route de la Mer (route 132). Ouverte à l'année du lundi au vendredi, ses horaires sont 8h30-17h. L'été, elle est accessible tous les jours entre 8h et 20h.

A proximité, au n°564, le **Centre d'art Marcel-Gagnon** (☎ 775-2829) est consacré au peintre et sculpteur Marcel Gagnon, dont plus de 80 statues sont exposées. L'espace englobe une auberge, un restaurant et une école d'art. Il est agréable d'y prendre un café. Il est ouvert tous les jours de 8h à 23h d'avril à la mi-octobre. En dehors de cette période, il est préférable de téléphoner. L'entrée est gratuite.

En ville, le **Centre d'information du saumon atlantique** (☎ 775-9466), 900 route de la Mer, présente différentes expositions sur ce roi des poissons, avec des aquariums et des vidéos. Des sentiers de randonnée partant du Centre ont été aménagés. Au menu de son restaurant, il est en bonne place. L'accès au Centre coûte 5,50 $.

La route 132 qui se poursuit vers la vallée de la Matapédia et Causapscal passe devant l'aéroport de Sainte-Flavie (☎ 775-8911), desservi quotidiennement par les compagnies Inter-Canadien et Air Alliance depuis Montréal et Québec. Il représente une escale, avant celle de Gaspé, pour les îles de la Madeleine (reportez-vous au chapitre *Les îles de la Madeleine*).

GRAND-MÉTIS

A 10 km à l'est de Sainte-Flavie, les **Jardins de Métis** (☎ 775-2221), 200 route 132, méritent la visite tant ils sont une merveille aussi bien pour les yeux que pour la senteur fleurie et légère qu'ils dégagent. En outre, ils offrent de superbes perspectives sur le Saint-Laurent. Le jardin fut conçu par Elsie Reford qui hérita la terre de son oncle, le premier président de la Canadian Pacific. Commencé en 1920, il est géré par le gouvernement. Ouvert tous les jours de 8h30 à 20h de juin à fin septembre (6 $).

Dans le jardin se dresse la résidence d'été d'Elsie Reford. Le deuxième étage abrite un musée consacré à la famille Reford et à la ville de Grand-Métis. Le rez-de-chaussée et la terrasse font restaurant et salon de thé. Le dîner est servi jusqu'à 19h30. A la boutique horticole, vous pourrez vous procurer des semences.

VALLÉE DE LA MATAPÉDIA

La vallée de la Matapédia qui s'étend sur près de 150 km de Mont-Joli à la ville de Matapédia, est une région dominée par la forêt et par la rivière Matapédia, réputée pour le saumon. Elle forme un territoire à part dans la péninsule, une sorte de long et large couloir menant des rives du Saint-Laurent à la frontière provinciale du Québec avec le Nouveau-Brunswick. Terres agricoles puis vallons de plus en plus resserrés marquent le paysage.

AMQUI

A quelque trente kilomètres de Mont-Joli, Amqui présente peu d'intérêt. Construite à la pointe du lac Matapédia, cette localité, la plus importante de la vallée, offre néanmoins d'agréables points de vue sur ce gigantesque plan d'eau.

Au nord de la ville, sur les rives du lac Matapédia, est installé le *Camping Amqui* (☎ 629-3433), 686 route 132. Le prix de l'emplacement varie entre 15 et 19 $. Il est ouvert de la mi-juin à début septembre et dispose d'un dépanneur. A la fin de l'été, vous apercevrez des gens au bord de la route qui agitent des pots. Ils vendent des noisettes cueillies sur place à un prix très raisonnable. Des aires de pique-nique ont été aménagées.

CAUSAPSCAL

Au confluent des rivières Causapscal et Matapédia, cette jolie ville est une étape idéale dans la vallée. L'industrie forestière est encore très présente. Le secteur consti-

Pêche gardée

La pêche au saumon de l'Atlantique a ses fans. Aujourd'hui ouverte à tous moyennant finance, elle connut une époque où elle fit du Québec une terre très convoitée, propriété de riches Américains et Canadiens. De début juin à la fin août, ils sont tous là. Aucun d'entre eux ne pourrait imaginer manquer ce rendez-vous.

A Causapscal, ils ont marqué l'histoire de chacun. Il n'y a pas si longtemps, personne dans le village ne pouvait aller taquiner le poisson au grand jour sans être rappelé à l'ordre. Les rivières étaient propriété privée et quiconque tentait y puiser quelque nourriture se voyait mis à l'amende.

Tout a commencé en 1873, lorsque Lord Mount Stephen, de la Canadian Pacific Railway, acheta des lots de terres le long des rivières Matapédia et Causapscal, connues pour leurs fosses à saumons. Soucieux de protéger son patrimoine, l'homme embauche des gardiens dans le village pour surveiller le domaine. Le long de la rivière, des cabanes en rondins de bois sont construites pour abriter les invités de Lord Stephen, dont la propriété au bord d'un lac reste un mystère pour les gens du village.

En 1892, le domaine est racheté par la Restigouche Salmon Club. Il passe entre les mains de six hommes d'affaires américains et canadiens. Le Mattamajaw Salmon Club est créé et régnera en maître pendant plus de soixante ans sur le cours de la Matapédia et de la Causapscal. Faire partie du Club signifie posséder quelques titres mais surtout beaucoup d'argent. En 1905, un membre devait débourser 4000 $ par an.

Jusque dans les années 1970, le protocole ne variera guère. Dès le mois de juin, ils arrivent à l'aéroport de Mont-Joli et s'installent dans de luxueuses limousines. Direction la vallée de la Matapédia.

En 1974, "l'opération déclubage", comme l'appellent les gens de la région, commence. L'heure est à la démocratisation. Le temps est venu de faire revenir terres et cours d'eau dans le domaine public. Le cas de la rivière Matapédia et de Causapscal sera un dossier parmi tant d'autres. ■

tue également un haut lieu de la pêche au saumon.

Le **site Matamajaw** (☎ 756-5999), 53 rue Saint-Jacques Sud, est consacré à ce roi des rivières mais aussi à l'histoire de ce club américain très sélect, propriétaire de la rivière et de ses saumons (reportez-vous à l'encadré *Pêche gardée*). Installé dans l'ancien pavillon du club, le site n'est accessible que l'été et ferme ses portes à la mi-octobre. Ses horaires sont 9h-20h jusqu'à la fin août (9h-17h en septembre et en octobre). L'entrée coûte 4 $.

Juste en contrebas du pavillon se trouve le **parc des Fourches**. Aménagé aux abords des rivières Matapédia et Causapscal, il permet d'observer les pêcheurs en action.

En face, un petit kiosque d'information ouvert seulement en été. A 15 km de la ville, des sentiers pédestres permettent de longer la rivière Causapscal, ponctuée de chutes. Une pancarte dans la ville indique la direction. La route 132, en rentrant dans le village, devient la rue Saint-Jacques.

Les bus de la compagnie Orléans Express s'arrêtent au 122 rue Saint-Jacques, à deux cents mètres du Domaine.

Où se loger et se restaurer

Ouvert à l'année, le *Motel du Vallon* (☎ 756-3433), 609 rue Saint-Jacques Nord, n'a aucune prétention. La simple/double revient à 42/48 $ en été, 32/38 $ le reste de l'année. Il dispose de chambres avec cuisinette à 55/65 $ (dix dollars de moins de décembre à mai).

Juste à côté, le *Camping municipal Saint-Jacques* (☎ 756-5621), 601 rue Saint-Jacques Nord (route 132), de petite dimension, n'est pas un lieu désagréable. Vous débourserez entre 14 et 18 $.

En face du site Matamajaw, sur les hauteurs, l'*Auberge de la Coulée Douce* (☎ 756-5270), 21 rue Bourdreau, ouverte à l'année, est la bonne adresse pour se loger et se restaurer. La simple/double se monte à 40/60 $ en basse saison, 48/68 $ le reste de l'année, petit déjeuner inclus. Le restaurant est ouvert midi et soir en été. De la mi-septembre à la mi-mai, il faut réserver. La table d'hôte varie entre 19 et 28 $. Au menu, le saumon tient la vedette. L'auberge abrite souvent des pêcheurs et le propriétaire est un grand amateur. Dans la rue Saint-Jacques se sont installés des restaurants assez quelconques.

SAINTE-FLORENCE

Cette bourgade dotée d'une importante usine à bois est située à l'endroit même où la vallée se rétrécit. Le paysage se fait plus austère. Une pompe à essence est en service.

ROUTHIERVILLE

Vous verrez dans ce petit village un pont en bois. Vous apercevrez par ailleurs des pêcheurs avec leurs cuissardes et leurs cannes à pêche.

MATAPÉDIA

La ville de Matapédia est construite au confluent des rivières de la Restigouche et de la Matapédia. Elle sert de base à de nombreux pêcheurs qui viennent y lancer leur ligne. Parmi les plus illustres, à noter, en leur temps, les présidents Nixon et Carter et le général Schwartzkopf. Le pont qui enjambe la rivière permet de passer dans la province du Nouveau-Brunswick et de rejoindre Campbellton, à 17 km.

BAIE DES CHALEURS

La baie qui s'étend de Listuguj à la pointe aux Gascons doit son nom à Jacques Cartier qui, impressionné par la douce chaleur du lieu, la dénomma ainsi en juillet 1534 dans son journal de bord. Elle constitue effectivement un territoire protégé des vents froids. Plages de sable fin et barachois rythment le littoral. A la différence du nord de la péninsule, le paysage est plus plat et moins rocheux. De même, la population se distingue par la présence de francophones (à majorité acadiens) au côté d'anglophones. L'agriculture et différentes industries jouent un rôle important.

POINTE A LA CROIX/LISTUGUJ

Cette localité au nom micmac a toujours été un village micmac. Ici, on vit à l'heure

Les Acadiens

Colonie française de 1604 à 1713, l'Acadie fut cédée à l'Angleterre et devint la Nouvelle-Écosse anglaise par le traité d'Utrecht. Refusant plusieurs fois de prêter serment d'allégeance à la couronne britannique, les Acadiens se virent contraints et forcés de quitter leur maison à la fin du mois d'août 1755. Leurs villages furent souvent brûlés et les populations embarquées de force sur des navires.

De nombreux Acadiens (un million environ) s'installèrent en Louisiane où ils reçurent le nom de Cajuns. D'autres trouvèrent refuge au Texas, en Alabama (500 000), en Ontario (300 000), dans l'Ouest canadien (100 000), mais aussi au Québec.

Ils furent aussi près d'un millier, à l'époque de la déportation, à trouver refuge à Restigouche, au fond de la baie des Chaleurs. Mais la chute de Restigouche en 1760 entraînera à nouveau leur dispersion le long de la baie. Nombre d'entre eux partiront également vers la région de Québec. Des villes comme Trois-Rivières sur la rive nord du Saint-Laurent constituèrent de nouveaux ports d'ancrages pour nombre de familles. D'autres préférèrent rester en Gaspésie et s'établirent entre Carleton et Bonaventure qu'ils fondèrent.

Les îles de la Madeleine et la Côte Nord furent également des terres d'exil. Exil forcé qui inspirera à Henry Wadsworth Longfellow le poème *Evangéline*, du prénom de l'héroïne fictive de l'exode que chaque Acadien apprend encore aujourd'hui au Québec. ■

du Nouveau-Brunswick. L'anglais est la langue de communication avec les visiteurs.

Une visite au **Centre d'art et culturel de Listiguj** (☎ 788-5707), 2 Riverside West, permet de découvrir l'histoire et la vie d'aujourd'hui de cette première nation. Des artisans exposent leur production où dominent bijoux et vannerie.

En face, le **fort Listuguj** (☎ 788-5752 ou 788-1760) reconstitue la vie d'un fort au temps de la Nouvelle-France, juste avant la bataille de Restigouche en 1760. Derrière les hautes palissades en billots se côtoient, en habits d'époque, Micmacs alliés des Français, soldats français et Acadiens.

L'entrée et la visite guidée coûtent 5 $ (15 $ pour les familles, 4 $ pour les étudiants et les seniors, gratuit pour les moins de cinq ans). Ouvert de 10h à 19h de la mi-juin à la fin octobre, le fort abrite également un hôtel-restaurant. La simple/double se loue 35/30 $. En tipi, le lit revient à 18/23 $.

PARC HISTORIQUE NATIONAL DE LA BATAILLE DE LA RESTIGOUCHE

Construit à la Pointe-à-la-Croix, à l'écart de la route 132, le **Centre d'interprétation de la bataille de la Restigouche** (☎ 788-5676) raconte l'histoire de la dernière bataille entre la France et l'Angleterre pour la conquête de la Nouvelle-France en 1760. Des objets et des pièces provenant de l'épave du voilier français *Le Machault* sont exposées.

Dissimulé derrière un paravent d'arbres, le Centre fait face à la baie où a eu lieu la célèbre bataille.

Il est ouvert du 1er juin au 13 octobre de 9h à 17h. Le billet d'entrée coûte 3,50 $ (7,25 $ pour les familles).

POINTE A LA GARDE

L'auberge de jeunesse (☎ 788-2048) qui se situe à cet endroit est un lieu étonnant. A défaut d'y coucher, il ne faut pas manquer d'aller voir le surprenant château Bahia, château en bois construit dans la forêt par le propriétaire des lieux. Passionné de château, Jean Roussy a en effet réalisé cet édifice sorti tout droit de son imagination. La nuit au château revient à 19,50 $ par personne. Le dîner (à 9,5 $) se tient dans la salle à manger, d'ambiance médiévale. Hiver comme été, si la vie de château ne vous convient pas, vous pouvez dormir dans la maison du propriétaire juste en contrebas. Le lit dans le dortoir revient à 15 $, petit déjeuner compris.

Situé sur la route 132, le château est indiqué par un panneau. L'arrêt du bus de la compagnie Orléans Express se trouve juste à l'embranchement du chemin qui mène à l'auberge de jeunesse.

PARC DE MIGUASHA

Le parc de Miguasha (☎ 794-2475), 231 route Miguasha Ouest (route 132), compte parmi l'un des plus prestigieux sites fossilifères du monde.

Découvert en 1842, le site a pendant plus d'un siècle fasciné les plus illustres institutions scientifiques et muséologiques de la planète par sa faune et sa flore fossilisées.

Ce bout de falaise gaspésienne a livré une multitude d'espèces de poissons, d'invertébrés et de plantes qui ont permis de reconstituer un écosystème de l'époque dévonienne, autrement dit un milieu de vie remontant à 370 millions d'années.

Ouvert tous les jours de 9h à 18h de juin à la mi-octobre, le parc dispose d'un centre d'interprétation et organise des visites guidées jusqu'aux falaises. Des tables de pique-nique sont dispersées le long du sentier. L'entrée est gratuite.

MIGUASHA

De Miguasha, vous pouvez vous rendre à Dalhousie dans le Nouveau-Brunswick. De la mi-juin à la mi-septembre, un bateau de la compagnie Dalmig Marine Inc. (☎ 794-2792), 194 route Wafer, relie les deux villes toutes les heures entre 7h30 et 19h30.

De Dalbousie, les départs s'échelonnent entre 9h et 21h. La traversée dure 15 minutes et coûte 1 $ par passager (gratuit pour les moins de 15 ans ; 12 $ pour le passage de la voiture).

CARLETON

Blottie entre montagne et mer, Carleton a la douceur des stations balnéaires à dimension humaine (elle compte à peine 2 000 habitants). Cette localité représente une belle étape, tant par son cadre que par son hébergement de qualité et ses bons restaurants.

La plage sablonneuse et la relative chaleur de l'eau sont agréables en été. Son barachois permet d'observer (à la jumelle) de nombreux oiseaux.

Fondée en 1756 par des Acadiens, la ville de Tracadièche ("là où se tiennent les hérons", en langue micmac) a pris le nom du gouverneur Guy Carleton en 1785.

La route 132 se transforme en arrivant dans la ville en boulevard Perron, le long duquel se distribuent les hébergements, les restaurants, les boutiques et les banques.

Le bureau d'information touristique (☎ 364-3544) est installé au rez-de-chaussée de l'hôtel de ville, 629 boulevard Perron. Il n'est ouvert que de la mi-juin à septembre.

La compagnie qui assurait la liaison avec les îles de la Madeleine a fait faillite.

Où se loger

Au nord de la ville, *Le Manoir Belle Plage* (☎ 364-3388), 474 boulevard Perron, propose des chambres correctes mais sans véritable âme, moyennant 90 $ pendant la haute saison (55 $ en dehors de cette période). Sur le même trottoir, au n°482, l'*Hostellerie Baie Bleue* (☎ 364-3355) est plus stylée. Le prix d'une double s'élève à 97 $ en été (55 $ le reste de l'année).

A l'autre bout du boulevard Perron, au n°895, le *Thermôtel* (☎ 364-7055 ou 1 800 463-0867) domine la mer. Belle bâtisse en bois, il propose des cures mais aussi des chambres. La simple/double est à 55/65 $ avant mai. Elle passe ensuite à 65/75 $ avant de grimper jusqu'à 75/85 $ de la mi-juin à août.

Le gîte *La Visite Surprise* (☎ 364-6553), 527 boulevard Perron, se trouve à l'intersection de la route du Quai. L'accueil est chaleureux mais évitez les chambres installées au sous-sol à moins de pas être gêné par l'absence de vue. La simple/double est louée 40/55 $.

Au n°711, le *gîte de la Mer-Lamontagne* (☎ 364-6474) présente le meilleur rapport qualité/prix dans sa catégorie. La chambre au dernier étage, dotée d'une fenêtre avec balcon ouvrant sur la mer, est un pur bonheur. Le *Gîte Le Barachois* (☎ 364-3453), 846 boulevard Perron, est agréable et la vue sur la mer superbe. Seul petit défaut : la taille réduite de certaines chambres. La double est facturée 50 $ taxes comprises.

Installé le long d'un bras de mer, le *Camping Carleton* (☎ 364-3992) offre à la fois une vue dégagée sur la mer et la montagne. L'ombre est cependant rare. Le prix du site varie entre 15 et 19 $. Pour s'y rendre, il faut prendre, depuis le boulevard Perron (route 132), au niveau du Thermotel, la route qui part vers la mer.

Où se restaurer

Sur la route du Quai, au n°215, le *Café l'Indépendant* (☎ 364-7602) se loge dans un belle maison en bois construite en bordure de grève. Du petit déjeuner au dîner, il offre des plats de qualité, une terrasse et une vue qui en font l'un des meilleurs endroits de la ville. Réputé pour son poisson, il fait une table d'hôte à 18 $. Fermeture de la mi-septembre à début mai.

A la *Brasserie la Rochelle* (☎ 364-3611), 536 boulevard Perron, l'ambiance est décontractée et joyeuse. Les moules-frites sont la spécialité de la maison. Jusqu'à début juin, vous bénéficierez de deux moules-frites pour le prix d'un (repas entre 11 et 14 $). Tout aussi bon et avec en plus un zeste d'ambiance années 50, *Le Héron* (☎ 364-3881), 561 boulevard Perron, prépare de délicieux sandwiches au crabe accompagnés de frites.

Au 840 boulevard Perron, *La Maison Monti* (☎ 364-6181) est une superbe et élégante demeure réputée pour sa cuisine.

Activités sportives et culturelles

Le long du chemin de la Balade qui longe le barachois, vous trouverez une aire de jeu pour les enfants. Au bout de la route du Quai, une tour en bois permet d'observer le grand héron et la sterne (l'hirondelle de mer) qui viennent se nourrir dans le barachois. Du chemin de la Balade, vous pouvez atteindre la pointe Tracadigash située à l'extrémité du camping.

Du quai, des excursions en bateau sont proposées par différentes compagnies. Soleil de Mer (☎ 364-3839) organise des sorties en mer pour la journée avec, au programme, la baie des Chaleurs et l'île aux Hérons et l'estuaire de la Restigouche. Comptez 75 $ par personne (le repas est fourni). Les moins de 11 ans ne payent pas. La demi-journée revient à 45 $. La location de voilier est également possible.

Derrière la ville, des sentiers pédestres bien balisés et une route mènent au sommet du mont Saint-Joseph (555 m) où s'élèvent l'oratoire Notre-Dame et l'antenne de Radio-Canada. Le panorama sur la baie est époustouflant. A pied, comptez une bonne heure de marche. Le snack-bar (ouvert entre juin et début septembre) est vraiment le bienvenu.

Au 756 boulevard Perron, le Centre d'Artiste Vaste et Vague est une galerie où sont exposées des œuvres d'artistes québécois contemporains.

Comment s'y rendre

La route 132 traverse la ville. L'arrêt des bus de la compagnie Orléans Express se trouve 561 boulevard Perron, juste au niveau du restaurant Le Héron (☎ 364-7000). Les liaisons avec Québec *via* le Bas-Saint-Laurent sont quotidiennes. A l'intérieur du restaurant, on peut acheter les tickets. Le train de la compagnie VIA Rail en provenance de Québec et en direction de Percé s'arrête à Carleton trois fois par semaine (consultez le paragraphe *Comment s'y rendre* dans la rubrique *Percé*).

MARIA

Du nom de l'épouse de Sir Guy Carleton, Maria est située à une dizaine de kilomètres de Carleton. A l'ouest de la ville, le long de la route 132, vous apercevrez une petite église en forme de tipi (*wigwan* en langue micmac). Installée au cœur de la réserve, elle rappelle que la communauté micmac est importante à Maria.

Au 548 boulevard Perron (route 132), l'*Hôtel-Auberge Honguedo* (☎ 759-3488) est pourvu d'une magnifique terrasse ouvrant sur la baie. La piscine est à la hauteur du standing. Le prix des chambres s'échelonne de 80 à 120 $.

NEW RICHMOND

Baignée par deux importantes rivières à saumon, la Petite Cascapédia et la Grande

Cascapédia, New Richmond a abrité plusieurs familles acadiennes avant que les Loyalistes en fassent leur ville en 1794. En 1820, les Écossais ont également été très nombreux à venir s'établir à New Richmond, dont la population dépasse aujourd'hui 4 000 habitants. Les Irlandais suivirent dans les années 1860. L'architecture des maisons n'est pas sans rappeler ces vagues d'immigration successives.

Le **Centre de l'héritage britannique de la Gaspésie** (☎ 392-4487), 351 boulevard Perron Ouest, retrace l'épopée anglaise en terre gaspésienne. Ce centre reconstitue littéralement un village loyaliste de la fin du XVIIIe siècle avec ses demeures particulières de couleurs jaune ou bleu pâle, son magasin général et sa poste. On peut s'y restaurer.

Il est ouvert tous les jours de juin à début septembre (5 $; nombreuses réductions possibles).

Les Rangs 3 et 4, jalonnés de grands arbres plus que centenaires, cachent de magnifiques demeures. Parallèles l'un à l'autre, ils sont accessibles en prenant, sur la route 132, la route 299 qui mène au parc de la Gaspésie. Sur la route 299, suivre, dans le village, le chemin Stuart qui mène au 4ème Rang. Empruntez ensuite l'un des multiples chemins sur la droite.

BONAVENTURE

En bordure d'eau et tirant son nom, dit-on, d'un voilier qui sillonnait le Saint-Laurent dans les années 1590, Bonaventure est une ville très plaisante où trouvèrent refuge de nombreux Acadiens en 1760. Encore aujourd'hui, environ 80% de la population (2 960 habitants) est acadienne.

Le **Musée acadien du Québec** (☎ 534-4000), 95 avenue Port-Royal (route 132), retrace merveilleusement l'histoire fascinante et tragique de ce peuple. Au rez-de-chaussée, une grande salle est réservée à des œuvres d'artistes contemporains.

Ouvert tous les jours de 9h à 20h du 24 juin à début septembre, il ferme ses portes entre 12h et 13h puis à 17h en dehors de cette période (le week-end, 13h-17h). L'entrée est de 3,5 $ (2,5 $ pour les étudiants et les seniors, 7,5 $ pour les familles, gratuit pour les moins de 6 ans).

La route du Quai (parallèle à la route 132) conduit à la plage. L'avenue du Grand-Pré est la rue principale où se répartissent restaurants, boutiques, banques et hôtels.

Où se loger

L'*Auberge du Café Acadien* (☎ 534-4276), au bout de la route du Quai près du petit port de pêche, loue des chambres à partir de 50 $.

Plus standard, le *Motel Grand-Pré* (☎ 534-2053 ou 1 800 463-2053), 118 avenue Grand-Pré, a l'avantage d'être central. La simple/double (très correcte) se négocie 65/76 $. Pour 5 $ de plus, vous bénéficierez d'une chambre donnant ailleurs que sur le parking.

En arrivant dans la ville de la route 132, vous ne manquerez pas l'hôtel-motel *Le Château Blanc* (☎ 534-3336 ou 1 800 463 Riôtel). Son élégante façade d'un blanc immaculé fait face à la mer. Ouvert de juin à fin septembre, il pratique des prix variant en fonction de l'exposition des chambres : de 55 à 110 $.

Où se restaurer

Au bout de la route du Quai, l'*Auberge du Café Acadien* (☎ 534-4276) est installée dans un ancien bâtiment qui servait autrefois à la vente de poisson. Converti en auberge hospitalière, il offre en plat principal du poisson et des crustacés pour moins de 20 $ par personne. Il n'ouvre qu'à partir de la fin mai.

Le *Fou du Village*, dans l'avenue du Grand-Pré, est un endroit chaleureux pour boire une bière, un café ou prendre un repas léger.

NEW CARLISLE

Ce village loyaliste traversé par la route 132 a vu grandir René Lévesque, fondateur du Parti québécois et Premier ministre du Québec de 1976 à 1985. Il dispose de belles maisons à l'architecture toute anglo-saxonne souvent bordées d'arbres plus que centenaires.

La **Maison Hamilton**, 115 rue Principale, du nom d'un ancien député du Comté de Bonaventure, et la **Maison Caldwell** se visitent tous les jours de la mi-juin à la fin août. L'après-midi, une pièce fait office de salon de thé.

PASPÉBIAC

Des descendants de Normands, de Bretons, d'habitants des îles anglo-normandes et de Basques composent sa population. La pêche fut à l'origine de la construction du village. Le cœur de sa vie économique et sociale n'est plus ce qu'il était.

Des bâtiments ayant appartenu aux compagnies rivales Robin et LeBoutillier, originaires de l'île de Jersey, témoignent néanmoins de ce passé prospère. Reconnaissables à leurs façades de bois peintes en blanc et à leurs portes rouge basque, ils constituent aujourd'hui le **Site du Banc-de-Paspébiac**. Dispersés le long de route du Quai, les bâtiments se visitent entre mi-juin et début septembre. Des guides font revivre (en français et en anglais) cette époque où la pêche à la morue drainait un commerce florissant.

Installé dans un ancien bâtiment, le restaurant *L'Ancre* propose, pendant cette période, des fruits de mer et du poisson. Le prix du repas varie entre 12 et 18 $.

PORT-DANIEL

Les habitants de cet ancien territoire micmac sont d'origine écossaise, irlandaise et acadienne. Construit dans une baie profonde, ce joli petit village possède une agréable plage.

A 8 km au nord du village s'étend la petite **réserve faunique de Port-Daniel** dont la rivière et les lacs abondent en truites mouchetées et en saumons de l'Atlantique.

POINTE GASPÉSIENNE

Elle représente souvent l'objectif final de tout voyage en Gaspésie ; Percé en est le phare, Gaspé le cœur et la mémoire historique, et le parc Forillon une étape pour l'observation des baleines.

PABOS MILLS

Ancien chef-lieu administratif, économique et religieux de la Gaspésie, Pabos Mills ne mérite un arrêt que pour son centre d'interprétation le **Bourg de Pabos** (☎ 689-4240), 75 rue de la Plage, qui reconstitue le mode de vie des pêcheurs durant les années 1730-1758. Il est ouvert tous les jours de 8h à 18h de juin à octobre.

CHANDLER

Pendant longtemps, Chandler fut une ville où prédominait l'industrie de la pâte à papier. Son activité économique dépend toujours de la gigantesque usine Abitibi-Price. Dans le port, des cargos venus du monde entier repartent chargés de tonnes de papier.

L'ANSE-A-BEAUFILS

A 10 km à peine de Percé, ce petit port de pêche, toujours en activité, a conservé ses installations. Les belles plages sont réputées pour ses agates et ses jaspes. La plage du Cap-d'Espoir est propice à la baignade.

PERCÉ

Percé est indissociable de son immense Rocher Percé, proche du rivage, réellement impressionnant et de toute beauté au couchant. L'été, la ville est saturée de monde, alors que la ville est déserte de la mi-septembre jusqu'au mois de juin. Environ 450 000 personnes passent chaque année à Percé pour voir son Rocher et s'aventurer sur l'île Bonaventure, face au village, à seulement 3,5 km de distance. Dominé par le mont Sainte-Anne (375 m), Percé est un petit village doté d'une imposante église et de maisons aux belles façades blanches. Les hébergements foisonnent, ainsi que les restaurants et les cafés. Les prix grimpent mais restent abordables.

En arrivant du sud, l'Anse du Sud se dessine, fermée par le mont Joli et le Rocher Percé ; entre les deux, le village s'étire face à l'île Bonaventure. Un observatoire se trouve au mont Joli. La route 132, qui traverse le village, monte ensuite et contourne l'Anse du Nord avant de poursuivre vers le Pic de l'Aurore, à l'extrémité nord du village.

Histoire

Percé et l'île Bonaventure furent très tôt des bases recherchées par les pêcheurs basques, bretons, normands et charentais. L'île est d'ailleurs un poste de pêche plus fréquenté que Percé durant l'été, encore vierge de toute population permanente. En 1686, 24 habitants sont ainsi recensés à Bonaventure. Mais des pirates à la solde de la Nouvelle-Angleterre viennent compromettre le développement de la région. En 1690, les compagnies préfèrent se retirer de Percé et de Bonaventure plutôt que de subir de nouveaux pillages. Gaspé et sa baie profonde seront leur nouvelle base. Jusqu'en 1760, les eaux de Percé et de l'île Bonaventure ne seront plus fréquentées et la région restera inoccupée.

La Conquête en 1760 conduit d'autres compagnies à s'intéresser à la région. L'année 1766 voit ainsi l'arrivée de la compagnie jersiaise Robin dont le pouvoir sera vite contesté par la compagnie concurrente LeBoutillier. Rapidement, elle contrôle la chaîne de production, de transformation et de commercialisation du poisson (principalement la morue), mais aussi la ville. Tout lui appartient : les bâtiments, le magasin général et l'école. Cette période faste durera un siècle. L'île Bonaventure connaît alors un nouveau peuplement et Percé se développe. La fin du XIXe siècle marquera un tournant. Les compagnies ont changé de propriétaires, les bancs de morues se sont déplacés, le commerce n'est plus ce qu'il était. Le déclin s'amorce. La pêche restera une activité bien moins importante qu'auparavant. Au début du XXe siècle, l'arrivée des premiers touristes, essentiellement américains, et de nombreux artistes attirés par la beauté des lieux ouvriront de nouvelles perspectives. L'île Bonaventure devient rapidement un lieu de villégiature. Plus de la moitié de son territoire est propriété d'une poignée d'Américains. En 1971, le gouvernement québécois se porte acquéreur de l'île. Le parc de l'île-Bonaventure-et-du-Rocher-Percé est officiellement créé en 1985.

Le Rocher Percé à pied sec

A l'origine, le rocher avait quatre arches. Lorsque Jacques Cartier passe devant, en juillet 1543, il est relié à la pointe du Mont-Joli. Lors du voyage de Champlain en 1603, le rocher se distingue nettement de la rive à marée haute. Le terme Percé lui est déjà donné par les Micmacs de la région. Friable, le rocher perd une à une ses quatre arches. La dernière s'écroule le 17 juin 1845. Quelques décennies plus tard, la mer grignote pourtant à nouveau cette falaise de calcaire, haute de 90 m à son point le plus élevé. Une ouverture se dessine, s'ouvrant chaque année un peu plus et donnant à voir aujourd'hui un rocher percé d'une seule arche. Les vagues et les marées, le gel et le dégel continuent à le sculpter et à le délester de 300 tonnes de roches par an.

A marée basse, il est possible de s'y rendre à pied et de longer la falaise, longue de 440 m seulement. Il suffit d'emprunter le sentier depuis l'aire de stationnement du Mont-Joli, à l'est de la ville, de descendre les escaliers puis de suivre le chemin juste en dessous du belvédère. Le trajet aller-retour, court, s'effectue aisément en une heure. Renseignez-vous au préalable sur les horaires des marées. La prudence est de rigueur, car la roche est friable. Un programme d'interprétation est organisé de la fin juin à la fin août, permettant à ceux qui le désirent de se rendre au rocher accompagné d'un guide-naturaliste, qui vous livrera l'histoire des cent fossiles répertoriés, datant de 375 millions d'années.

Au sommet de la falaise, vous apercevrez de nombreux oiseaux marins, comme le goéland argenté, le cormoran à aigrette et des petits pingouins.

L'hiver, la balade se fait sur la glace, avec un zeste de frissons en plus. ■

Renseignements

Ouvert de la troisième semaine de mai au 20 octobre, l'office du tourisme (☎ 782-

5448) est situé 142 route 132, au centre-ville. Presque en face, la Caisse Populaire Desjardins possède un guichet automatique.

Toujours dans le centre-ville, vous trouverez deux buanderies.

A voir

Le **Centre d'interprétation du parc de l'Île-Bonaventure-et-du-Rocher-Percé** (☎ 782-2721), rang de l'Irlande, présente la faune de l'île et des eaux du golfe de manière très vivante. Panneaux, jeux interactifs, aquariums et films animent l'exposition. Il est ouvert tous les jours de juin à mi-octobre (entrée gratuite).

Le rang de l'Irlande, situé à 4 km du centre-ville, est accessible par la route des Failles ou par un sentier de randonnée qui part d'un stationnement près de la route 132.

Au centre-ville, juste en face l'office du tourisme, le **musée Le Chafaud** (☎ 782-5100), 145 route 132, organise, de juin à fin septembre, des expositions de peintures à thème. Il est logé dans un superbe bâtiment de la compagnie Robin. Le reste de l'année, il est fermé. Dans le centre-ville, vous trouverez de nombreuses galeries d'inégale qualité le long de la route 132.

Activités et excursions

Sur la route 132, avant d'entrer dans le village et de passer devant l'Auberge Fleur de Lys, prenez la **route des Failles**, dite aussi route panoramique, pour bénéficier d'une vue sur le village, le Rocher et l'île Bonaventure. Derrière l'église, un sentier mène au mont Sainte-Anne (comptez 3 heures), et passe devant une grotte. Un autre sentier pédestre de 3 km mène à la **Grande Crevasse**. Empruntez-le derrière le célèbre restaurant le Gargantua, à 2 km au nord de la ville.

Des circuits guidés de Percé en bus ou en minibus sont organisés. Adressez-vous à l'office du tourisme. Comptez entre 6 et 15 $ selon la durée de l'excursion. Des taxis sont également disponibles.

Les excursions en bateau ou en pneumatique partent du quai principal. Plusieurs compagnies proposent des sorties pour observer des baleines ou des fous de Bassan sur l'île Bonaventure. Le prix s'établit à 35 $ en moyenne pour une sortie de 2 heures 30 environ. D'autres assurent simplement la navette jusqu'à l'île. Le prix dépend de la capacité du bateau et varie entre 11 et 16 $ l'aller-retour. Le premier bateau part vers 8h et le dernier quitte l'île à 17h, heure de fermeture du parc.

Pour la plongée sous-marine, voyez le Club nautique de Percé (☎ 782-5326).

L'hiver, Percé s'adonne entre autres à la motoneige et à l'escalade. John Leblanc (☎ 782-2087) propose notamment des ascensions sur des parois de glaces.

Où se loger

Les pensions pour petits budgets sont relativement nombreuses dans le village. L'office du tourisme vous aidera à trouver un hébergement. Chez un particulier, comptez entre 25 et 30 $.

Les gîtes, nombreux, ferment pour la plupart entre fin septembre et juin. Le *Gîte de la Savoie* (☎ 782-2091), 72 route 132 Ouest, est ouvert à l'année et offre des chambres très correctes à 45 $ (35 $ la simple). *La Rêvasse* (☎ 782-2102), 16 rue Saint-Michel, est tout aussi chaleureux. La simple/double s'échelonne entre 35/45 et 40/50 $. L'ambiance est familiale *Chez Georges* (☎ 782-2980), 16 rue Sainte-Anne. Tout est fait pour vous rendre la vie simple et agréable. Un simple lit revient à 15 $; pour la chambre, vous débourserez 40 $. Georges est également chauffeur de taxi.

Dans la rue de l'Église, la *Maison Avenue House* (☎ 782-2954) loue des simples/doubles à 30/40 $.

Sur la route 132, au n°31, le *Gîte Maison Tommi* (☎ 782-5104) est convenable et vous demandera 35/45 $ pour une simple/double. Au n°84, le gîte *Rendez-Vous* (☎ 782-5152) propose la chambre à 45 $.

Dans la catégorie supérieure, l'*Hôtel La Normandie* (☎ 782-2121 ou 1 800-463-0820), 221 route 132 Ouest, vient d'être rénové. Donnant sur le Rocher Percé, il constitue le meilleur hébergement dans sa gamme. Le prix de la simple/double varie en fonction de sa situation : entre 55/65 $ et 79/89 $ en basse saison, voire moins. De fin juin à fin août, le tarif varie entre 79/89 $ et 99/135 $. Il offre par ailleurs la formule dîner, chambre et petit déjeuner.

Toujours en centre-ville, l'*Auberge La Table à Roland* (☎ 782-2606), 190 route 132, fait hôtel et motel. Les chambres dans la partie hôtel sont chères pour ce qu'elles sont (fauteuils en plastique) : 45,95 $ hors saison et 65 $ en été. Dans la partie motel, comptez 90 $ l'été (55 $ le reste de l'année). Au *Pigalle* (☎ 782-2021), ouvert lui aussi à l'année, la chambre grimpe entre les deux périodes de 55 à 90 $ mais elle est agréable. A l'*Hôtel-Motel Manoir Percé* (☎ 782-2022), 212 route 132, on joue du mobilier et de l'ancien avec des prix de chambre qui font le grand écart de manière parfois exagérée, entre 60 et 110 $.

Le *Motel Fleur de Lys* (☎ 782-5380), 248 route 132, présente un bon rapport qualité/prix : la double coûte entre 40 et 65 $.

Riches en hôtels et motels, Percé ne compte pas moins de quatre campings. *Le Camping du Phare* (☎ 782-5588), 385 route 132, est ouvert de juin à fin septembre et dispose de tout le confort désiré. Le prix du site varie entre 15 et 20 $. Le camping *Le Parc Panorama de Percé* (☎ 782-2208), 382 route 132, légèrement plus petit, est pourvu de la même gamme de services. L'emplacement revient entre 10 et 20 $. Il est accessible de mai à la mi-octobre.

Où se restaurer

En centre-ville, l'*Auberge La Table à Roland* (☎ 782-2606), 190 route 132, est ouverte à l'année. Au menus, crustacés et poissons, à des prix souvent excessifs. Sur le même trottoir, *Au Pigalle* (☎ 782-2021) est tout aussi bon. Le restaurant de l'*Hôtel Normandie* (☎ 782-2112), au n°221, est une très bonne table, avec une fourchette de prix allant de 15 à 30 $. Le *Manoir de Percé* (☎ 782-5195), au n°212, propose une cuisine moins talentueuse mais le cadre (une vieille demeure finement restaurée) est certainement le plus beau de Percé.

Sur la route des Failles, au n°222, l'*Auberge du Gargantua* (☎ 782-2852), n'a pas d'égal en termes de qualité et de prix. Ce restaurant, qui se veut avant tout familial, propose poissons, fruits de mer et plats québécois. Comptez 15 $ environ pour un repas copieux.

Pour prendre une bière et un plat, le *Resto-Bar Le Matelot* (☎ 782-2569), 7 rue de l'Église, est une option. Le soir, il organise souvent des dîners spectacles.

Distractions

Le soir, *La Maison aux Chansons* (☎ 782-2171 ou 1 800 798-6882), 412 route 132 Ouest, propose des concerts qu'anime le propriétaire des lieux, Benard Proulx, chanteur-compositeur, dans une ambiance agréable.

Comment s'y rendre

Bus. Les bus de la compagnie Orléans Express (☎ 782-2140) relient deux fois par semaine Percé à Québec, *via* le Bas-Saint-Laurent, la vallée de la Matapédia et la baie des Chaleurs. Le billet revient à 72 $.

La station-service Petro Canada, au nord-est de la rue Principale, sert de gare routière.

Train. Depuis Montréal, la compagnie VIA Rail (☎ 782-2747 ou 1 800 361-5390) dessert, au départ de Lévis (face à Québec), Percé *via* toute la rive sud du Saint-Laurent trois fois par semaine. Le train traverse la vallée de la Matapédia, longe la baie des Chaleurs avant d'arriver à Percé et poursuit son itinéraire jusqu'à Gaspé, avant de repartir dans l'autre sens. Il dessert de nombreuses localités sur son passage. Le trajet entre Lévis et Percé dure 11 heures (85 $). La gare est à 10 km au sud de Percé, à L'Anse-à-Beaufils.

Le trajet en taxi entre les deux villes revient au moins à 13 $. Taxi Percé (☎ 782-2102 ou 782-2980) assure le service.

COIN-DU-BANC

A 9 km au nord de Percé, ce village irlandais dispose de belles plages sablonneuses où vous pouvez cueillir des agates et des jaspes. Les courageux pourront se baigner (l'eau ne dépasse pas les 12°C). Le barachois à proximité est propice à l'observation des oiseaux.

L'auberge *Le Coin du Banc* (☎ 645-2907), 315 route 132, fait hôtel et restaurant. Tenue par un Irlandais qui résida sur l'île Bonaventure, elle est un lieu chaleureux éloigné de l'agitation de Percé. La plage attenante est superbe. Le prix de la chambre commence à 50 $.

SAINT-GEORGES-DE-LA-MALBAIE

En venant de Gaspé, Saint-Georges-de-la-Malbaie est le village d'où vous pourrez

L'île Bonaventure

Des marins basques et bretons auraient donné son nom à l'île, car ses eaux poissonneuses représentaient une bien belle aventure. Une autre version voudrait que ce bout de terre, à 3,5 km des côtes de Percé, ait pris le nom du saint du jour où Jacques Cartier mouilla près de ses falaises, le 15 juillet 1534.

Quoi qu'il en soit, l'île Bonaventure représente aujourd'hui une extraordinaire échappée. Légèrement inclinée vers l'ouest, elle offre à voir ses hautes falaises dont les plus abruptes, hautes d'environ 90 m, se situent à la pointe à Margaulx, paradis des oiseaux.

Parmi ses hôtes célèbres : les fous de Bassan, les margaulx comme les appelaient autrefois les pêcheurs. Ils seraient 700 000 environ à venir nicher dès le mois d'avril sur ses parois rocheuses, faisant de l'île la deuxième plus grande concentration de fous de Bassan d'Amérique du Nord. On peut les observer à la pointe à Margaulx, située au sud-est de l'île. Elle est interdite d'accès mais la clôture érigée permet néanmoins de les contempler à loisir.

Les fous de Bassan ne sont pas les seuls occupants de l'île. Cormorans, goélands argentés, guillemots noirs (cousin lointain des pingouins) et macareux y trouvent également refuge. Sur les 80 espèces recensées qui nichent sur l'île, 70 sont terrestres. Parmi elles, le faucon, le busard des marais et l'épervier brun.

Peu de mammifères vivent sur l'île. On dénombre seulement quelques lièvres, renards et souris. La forêt occupe les quatre cinquièmes de son territoire. Le reste a été défriché par les anciens habitants de Bonaventure afin de pouvoir faire paître leur élevage de moutons dont la chair était très renommée.

Aujourd'hui, l'anse à Butler constitue la seule porte d'entrée de l'île. Les bâtiments de la Compagnie LeBoutillier (Butler est une contraction du nom) ont été restaurés et servent non seulement de postes d'accueil et de restaurant, mais retracent aussi la vie d'autrefois sur l'île.

Avec une superficie de 4 km^2, l'île Bonaventure se parcourt aisément. Quatre sentiers ont été aménagés d'ouest en est. Ils comptabilisent au total 15 km de randonnée. Le sentier des Mousses au nord se fait en une heure (deux heures aller-retour). Il passe dans la forêt et permet d'observer la flore. Le sentier des Colonies rejoint directement le belvédère d'observation des fous de Bassan. Large et facile d'accès (que ce soit pour les enfants ou les personnes âgées), il est certainement le plus fréquenté. Il demande 1 heure 30 de marche aller-retour. Plus au sud, le sentier Paget alterne sur 4 km paysages forestiers et champs. Comptez soixante minutes pour l'aller. Au sud, le sentier Chemin-du-Roy est le plus beau de tous mais il est le plus long (au moins 3 heures aller-retour). Il longe la baie des Marigots et permet d'apercevoir quelques maisons avant d'atteindre le belvédère d'observation des fous de Bassan. Pour revenir, vous pouvez emprunter le sentier des Colonies. Le tour complet de l'île s'effectue en empruntant le sentier Chemin-du-Roy puis le sentier des Mousses. Comptez au moins quatre heures de marche.

L'île ne possède pas d'eau potable. Aussi faut-il prendre avec soi quelques bouteilles. De même, des bonnes chaussures de marche faciliteront la randonnée. Des guides peuvent vous accompagner gratuitement au cours de votre escapade.

L'accès se fait depuis le quai de Percé, de juin à la mi-octobre, de 9h à 17h. ■

apercevoir pour la première fois le Rocher Percé. Autrefois, il fut un port de pêche important.

DOUGLASTOWN

Douglastown est une petite bourgade anglaise établie par les Loyalistes où la pêche et l'agriculture restent deux activités importantes. Elle porte le nom d'un arpenteur écossais qui se ruina à vouloir en faire une ville modèle.

GASPÉ

Gaspé tire son nom du mot micmac *Gespeg* qui signifie "la fin des terres". Celle qui a donné son nom à la péninsule est devenue la capitale administrative et de services de la région et regroupent boutiques et centres commerciaux.

Renseignements

Le bureau de poste est au centre-ville, 98 rue de la Reine. La Caisse Populaire Desjardins dispose d'un guichet automatique au 80 rue Jacques-Cartier. Celui de la Banque Nationale du Canada est installé 39 montée Sandy Beach.

A voir

Après les paysages grandioses et les villages attrayants qui caractérisent la région, Gaspé apparaît comme une ville banale. Mais on ne peut passer à Gaspé sans visiter le **musée de la Gaspésie** (☎ 368-1534), 80 boulevard Gaspé, qui surplombe la baie de Gaspé où Jacques Cartier débarqua le 24 juillet 1534, planta une croix et prit possession du territoire au nom du roi de France. Le musée retrace l'histoire de la région. Il est ouvert tous les jours de 8h30 à 20h30 de la fin juin à début septembre. De mi-octobre à fin juin, il est fermé le lundi. Ses horaires passent alors de 9h à 17h en semaine et de 13h à 17h le week-end. L'entrée est de 4 $ (nombreuses réductions offertes).

Le **monument Jacques-Cartier** érigé juste à côte du musée de la Gaspésie commémore la prise du territoire par Jacques Cartier. Œuvre des sculpteurs Bourgeault-Legros de Saint-Jean-Port-Joli, il est composé de six stèles de fonte qui rappellent les menhirs bretons et les galets de la Gaspésie.

Juste en contrebas du musée, un sentier d'interprétation (indiqué par des panneaux directionnels) longe la baie de Gaspé.

Dans le centre-ville, la **cathédrale du Christ-Roi** est intéressante. Il s'agit de la seule cathédrale entièrement en bois d'Amérique du Nord. Une fresque à l'intérieur commémore le quatrième centenaire de l'arrivée de Jacques Cartier.

Quelque peu à l'écart du centre-ville, 765 boulevard Pointe-Navarre, le **sanctuaire Notre-Dame-des-Douleurs** est devenu, depuis 1940, un haut lieu de pèlerinage. Il est ouvert tous les jours de 7h à 21h de début juin à fin octobre.

Au n°783, un village micmac a été reconstitué. Le **site historique de Gespeg** (☎ 368-6005) se visite de juin à fin septembre et décrit la vie quotidienne des Micmacs au XVIIe siècle. L'entrée est de 3 $ (2 $ pour les étudiants et les seniors, gratuit pour les moins de 13 ans).

Où se loger et se restaurer

Gaspé n'est pas véritablement l'endroit de villégiature idéal. Mais en dehors de la haute saison, la ville constitue une base de repli appréciable.

Le *Cégep* (☎ 368-2749), 94 rue Jacques-Cartier, met à votre disposition des chambres et des appartements du 10 juin au 12 août environ. La simple/double revient à 24/36 $. Pour un appartement de 6 à 8 personnes comptez 70 $.

Le *Motel Adams* (☎ 368-2244), 2 rue Adams, dispose d'une centaine de chambres et d'un restaurant. La chambre, assez sinistre, coûte 85 $. Le restaurant sert jusqu'à 22h. Somme toute aussi convenable, le *Motel Plante* (☎ 368-2254), 137 rue Jacques-Cartier, loue des chambres à partir de 50 $. Le *Quality Inn* (☎ 368-3355), 178 rue de la Reine, représente une autre option, onéreuse : le premier prix pour une chambre s'établit à 90 $.

Le *gîte Baie Jolie* (☎ 368-2149), 270 montée Wakeman (accessible par la route 198 Ouest), dispose de chambres d'un très bon rapport qualité/prix (45 $).

Comment s'y rendre

Le restaurant du Motel Adams (☎ 368-1888) sert de terminus au bus de la compagnie Orléans Express qui relie tous les jours Gaspé depuis Montréal et Québec *via* le Bas-Saint-Laurent, Matane et Sainte-Anne-des-Monts.

La compagnie VIA Rail (☎ 1 800 361-5390) dessert trois fois par semaine Gaspé depuis Québec *via* la vallée de la Matapédia et la baie des Chaleurs. La gare de Gaspé (☎ 368-4313) est le terminus de la ligne.

L'aéroport de Gaspé est desservi quotidiennement depuis Montréal et Québec par les compagnies Air Alliance (☎ 1 800 361-8620) et Inter Canadien (☎ 1 800 665-1177).

CAP-AUX-OS

Au sud du parc national de Forillon, ce village doit son nom aux os de baleines qui venaient s'échouer sur la plage. Il représente une base agréable pour explorer le parc.

L'*Auberge de Cap-aux-Os* (☎ 892-5153), 2095 boulevard Forillon, est une auberge de jeunesse confortable qui fait partie des établissements les plus réputés du Québec dans sa catégorie. La vue sur la baie est magnifique. Construite sur trois étages, elle est vaste mais affiche souvent complet en été. Le lit en dortoir coûte 16 $ et la chambre particulière 17 $ par personne. Petits déjeuners et dîners peuvent être servis.

Le bus s'arrête devant l'auberge pendant l'été. Seul inconvénient pour les voyageurs non motorisés : elle est loin des sentiers de randonnée. Des bicyclettes sont à votre disposition moyennant 15 $ la journée, ainsi que des jumelles (5 $).

PARC NATIONAL DE FORILLON

Le parc (☎ 892-5553 ou 368-5505) s'étend à l'extrême pointe nord-est de la péninsule. Il est certainement l'un des plus beaux du Québec.

La côte nord du parc est constituée de longues plages de galets et de falaises de calcaire abruptes (certaines sont hautes de 200 m). Le **cap Bon-Ami** donne toute la mesure de ce relief et le paysage est à couper le souffle. Un télescope permet d'observer les baleines (surtout visibles entre mai et octobre).

La côte sud possède davantage de plages (certaines sont sablonneuses) et d'anses. La **plage de Penouille** est réputée pour offrir les eaux les plus chaudes. Ses plages et ses dunes de sables confèrent à l'ensemble un joli cadre. La randonnée (8 km environ) le long de cette côte jusqu'au **cap Gaspé** est facile et agréable. Vous apercevrez des phoques et des baleines. A **Grande-Grave**, le **magasin général Hyman&Sons** a été conservé. Il se visite du 22 juin au 1er septembre (entre 10h et 17h). A un kilomètre à peine, l'**anse Blanchette** a conservé une maison familiale et un hangar à poisson datant de l'époque où cette côte était entièrement vouée à la pêche.

Le **Centre d'interprétation** est installé dans le secteur nord du parc. Il est le passage obligé pour tout connaître des activités proposées. Il fournit une bonne carte et organise des randonnées accompagnées par des guides-naturalistes. Le soir, des discussions à thèmes avec projection se déroulent dans les amphithéâtres des campings Petit-Gaspé et Des-Rosiers. Il est ouvert de 9h à 18h du 21 juin à début septembre de juin à la mi-octobre (16h30 durant les trois premières semaines de juin et 16h après la mi-octobre).

Toujours dans le secteur sud du parc, à proximité de la plage Penouille, un **Centre récréatif** offre un service de restauration, des terrains de tennis et une buanderie. L'accès à la piscine est payant : 3,5 $ par jour (8,25 $ pour les familles, 2,75 $ pour les seniors et 1,75 $ pour les étudiants et les 6-16 ans). Le centre loue également du matériel de plongée et des kayaks.

L'entrée dans le parc s'élève à 3,5 $ par jour (8,25 $ pour les familles, 2,75 $ pour les seniors et 1,75 $ pour les étudiants et les 6-16 ans). Des forfaits de 4 jours ou saisonniers sont également proposés.

Activités sportives

De multiples activités, toutes très bien conçues, sont possibles. Outre des sentiers de randonnée, le visiteur peut s'adonner à la plongée sous-marine et en apnée, à la pêche au maquereau, au kayak de mer ainsi qu'à la promenade équestre ou cyclotouristique.

Les croisières Forillon Enr, à bord du Félix-Leclerc (☎ 892-5629 ou 368-2448), partent du quai de Cap-des-Rosiers, dans le secteur nord du parc. Elles durent environ 1 heure 45 et se déroulent entre la deuxième semaine de juin et la troisième semaine de septembre. Il vous en coûtera 16 $ (12,50 $ pour les seniors, 42 $ pour les couples avec un enfant, gratuit pour les moins de 4 ans).

Les Croisières Baie de Gaspé Inc. (☎ 892-5500 ou 368-6123) proposent des sorties pour observer les baleines, entre juin et mi-octobre, dans le secteur sud du parc, depuis Grande-Grave. Le prix est de 32 $ (27 $ pour les seniors, 74 $ pour un couple et un enfant). Selon les horaires de départ, les commentaires sont en français et en anglais.

Où se loger

Trois campings ont été aménagés dans le parc (le quatrième est réservé aux groupes). Ils représentent certainement les meilleurs endroits de la pointe pour faire une halte.

Installé au sud du parc, *Le Petit Gaspé* est un camping assez vaste doté de tout le confort nécessaire. Protégé des vents marins, il est très fréquenté. L'emplacement revient à 19 $ (15,50 $ pour un site sans électricité).

Au nord du parc, le camping *Des Rosiers*, face à la mer, pratique les mêmes tarifs. Plus petit et sans électricité, le *Cap-Bon-Ami* (15,50 $ le site) se tient à proximité d'un belvédère et d'un sentier de randonnée.

Il est préférable de réserver (☎ 368-6050). Des frais de réservation de 5 $ sont demandés.

CAP-DES-ROSIERS

Au nord du parc national de Forillon, Cap-des-Rosiers est un petit village aux maisons dispersées situé dans un paysage sublime, très découpé. Il fut le témoin de nombreux naufrages dont celui du *Garrich* en 1847 qui transportait des immigrants irlandais. Le cimetière, sur la falaise, retrace son histoire et celle de ses habitants où se mêlent Anglais, Irlandais et Français.

Le **phare**, construit en 1958, est le plus élevé du Canada (37 m). Il est aujourd'hui classé monument historique et se visite l'été.

Des parties de pêche et des excursions à la baleine sont organisées depuis son quai. Au cœur du village se trouvent deux restaurants et un dépanneur.

Vous pourrez loger au *Motel Atlantique* (☎ 892-5533), 1334 boulevard Cap-des-Rosiers. Les pavillons situés à proximité du phare sont rustiques mais offrent une vue superbe sur la baie. La chambre se loue 60 $. Il est ouvert de mai à fin septembre.

Dans le centre-ville, le *Motel-Hôtel Le Pharillon* (☎ 892-5200), 1293 boulevard Cap-des-Rosiers, bénéficie d'une belle vue sur la mer et propose des chambres (entre 50 et 75 $) certainement plus soignées. Il est ouvert de mai à fin octobre. L'arrêt du bus est juste à son niveau.

ANSE-AU-GRIFFON

Balayé par le vent, le paysage ici a des allures de lande perdue. Le **manoir LeBoutillier**, qui apparaît le long de la route 132, avec sa superbe façade jaune, surprend quelque peu par son élégance. Il rappelle qu'il y a un siècle à peine, la pêche à la morue attirait les plus grands marchands d'Europe. John LeBoutillier, originaire de l'île de Jersey, était de la partie. La maison qu'il fit construire afin de mieux surveiller le travail des pêcheurs a été transformée en un centre socioculturel. Une partie des lieux est devenu un musée consacrée à l'histoire de ce personnage. Une salle d'exposition temporaire est attenante.

Ouvert tous les jours de 9h à 17h du 24 juin à début septembre, le manoir est fermé le reste de l'année. L'entrée coûte 1 $ (5 $ pour les familles).

Durant l'été, des repas légers, des pâtisseries et des boissons sont offerts de 8h à 21h.

RIVIÈRE-AU-RENARD

Aujourd'hui, Rivière-au-Renard est le plus important pôle industriel de transformation du poisson du nord de la péninsule. L'activité portuaire est intense aux aurores.

La poissonnerie *La Marinière*, 41 rue de l'Entrepôt, vend des produits frais et fumés qui peuvent composer le menu d'un piquenique. Crevettes et crabes frais sont un vrai régal. Le bateau qui permettait de rejoindre l'île d'Ancosti puis Havre-Saint-Pierre sur la Côte Nord n'est plus en circulation depuis 1996. Il est question qu'une autre compagnie reprenne le service.

La route 132 longe la côte et offre de magnifiques endroits pour s'arrêter. De Rivière-au-Renard à l'Anse-Pleureuse se succèdent des petits villages de pêcheurs, souvent très espacés et très attachants. Blotti dans des anses, **Petite-Vallée** fait certainement partie des plus beaux.

Sur la route, vous croiserez des motels souvent fermés en dehors de la saison. Avant d'arriver à **Rivière-Madeleine**, la route amorce une descente vertigineuse. Le panorama est sublime. Au loin, on aperçoit la route construite juste en bordure de mer et accolée à de hautes montagnes sombres.

RIVIÈRE-MADELEINE

Accolée au village Madeleine, cette localité est un haut lieu pour la pêche en haute mer et la pêche au saumon. La truite est également présente en abondance.

Le phare de Cap-Madeleine se visite en été et représente une bonne aire d'observation terrestre des baleines.

L'arrêt des bus de la compagnie Orléans Express se situe au niveau du restaurant *Le Rond Point*.

A deux pas, l'*Auberge Madeleine sur Mer* (☎ 393-2920 ou 1 800 230-6710), 200 rue Principale, est ouverte à l'année. Elle fait également office de restaurant. Le prix de la chambre varie entre 65 et 75 \$. Construit juste au dessus de l'Auberge et plus à l'écart de la route 132, l'*Hôtel-Motel Bon Accueil* (☎ 1 800 230 6710) possède des chambres à partir de 55 \$. La plus chère coûte 100 \$.

LA CÔTE

La côte nord de la péninsule gaspésienne peut se diviser en deux parties. De l'Anse-Pleureuse à Sainte-Anne-des-Monts, les villages sont rares le long du littoral. Le paysage très accidenté est dominé par les monts Chic-Chocs. De Sainte-Anne-des-Monts, ville d'accès pour le parc de la Gaspésie, à Mont-Joli, la montagne laisse s'épanouir à ses pieds un fin bandeau de plaines qui s'élargit à mesure que l'on quitte la péninsule.

Murdochville

Quitter la route 132 au centre du village de l'Anse-Pleureuse pour suivre la route 198 qui s'enfonce à l'intérieur des terres, c'est découvrir un autre visage de la péninsule, celui de la mine. Murdochville est le dernier témoin de l'époque où l'activité minière attirait nombre de travailleurs en Gaspésie.

Construite entre 1951 et 1953, à 40 km du bord de mer, Murdochville est une ville champignon. Grâce à son gisement (l'un des plus importants du monde), Murdochville devint la capitale du cuivre.

Le **Centre d'interprétation du cuivre** (☎ 1 800 487-8601), 345 route 198, permet de descendre dans une galerie. En juillet et en août, le Centre est ouvert tous les jours de 9h à 18h. En juin et en septembre, les horaires passent de 10h à 16h.

Mont-Saint-Pierre

A 6 km de l'Anse-Pleureuse et à une cinquantaine de kilomètres de Sainte-Anne-des Monts, ce petit village est niché dans une baie légèrement encaissée. Le site est spectaculaire avec ses affleurements de rochers noirs d'un côté et sa plage en forme de croissant de l'autre.

Les adeptes du vol libre en ont fait leur base. De fait, elle est considérée comme l'un des endroits les mieux adaptés pour pratiquer ce sport en Amérique du Nord.

Une route accidentée mène au sommet du mont Saint-Pierre (430 m) où sont installées trois stations d'envol. Un 4x4 est fortement recommandé si vous n'avez pas l'intention de grimper à pied.

Carrefour Aventure (☎ 797-5033 ou 1 800 463-2210), 106 rue Prudent-Cloutier, propose des vols d'initiation en deltaplane et en parapente. Cette société loue également des cerfs-volants, des kayaks, des bicyclettes et organise des excursions en 4x4 au mont Saint-Pierre.

Du village, on peut rejoindre le parc de la Gaspésie près du mont Albert et la réserve faunique des Chic-Chocs (secteur du mont Jacques-Cartier). Un bus relie le parc tous les matins à 9h. Il part de la boutique Carrefour Aventure et revient vers 17h. Ce service n'est assuré qu'à partir de la fin de la première semaine de juillet jusqu'à la mi-août.

La rue Prudent-Cloutier (route 132) est l'axe principal qui traverse le village.

Où se loger et se restaurer. L'*Auberge Les Vagues* (☎ 797-2851), 84 rue Prudent-Cloutier, est un établissement très accueillant. Un lit en dortoir revient à 15 $ (17 $ dans une chambre de 4 personnes). Comptez 19 $ par personne dans la section motel. Des repas composés de fruits de mer sont servis au restaurant de l'auberge.

Sur le même trottoir, l'*Hôtel Motel Mont-Saint-Pierre* (☎ 797-2202) facture la simple/double 50/60 $. Il sert aussi de station pour les bus de la compagnie Orléans Express qui relient la ville deux fois par jour depuis Gaspé et Sainte-Anne-des-Monts. Il fait également restaurant.

Légèrement plus confortable, le *Motel Restaurant Au Délice* (☎ 797-2955), 100 rue Prudent-Cloutier, propose des simples/doubles entre 50/60 $ et 58/72 $.

Sainte-Anne-des-Monts

Sainte-Anne-des-Monts n'est pas vraiment une jolie ville, mais elle représente un carrefour. De là, vous rejoindrez le parc de la Gaspésie ou continuerez votre route le long du littoral.

Sur le boulevard Sainte-Anne se concentrent banques, stations-service, centres commerciaux et restaurants. Au port de pêche, vous pourrez acheter du poisson frais ou fumé près des docks, sur la route du parc, en face de l'église.

Le **Centre d'interprétation Exporama** (☎ 763-2500), 1 1re avenue Ouest, présente les différents écosystèmes marins de la Gaspésie et permet un bonne appréhension géographique du territoire. Ouvert tous les jours de juin à la mi-octobre, il est fermé le reste de l'année. L'entrée est de 5 $.

Au sud de la ville s'étend la **réserve faunique de la Rivière-Sainte-Anne** qui longe le parc de la Gaspésie.

Parc de la Gaspésie

Accessible depuis Sainte-Anne-des-Monts, le parc de la Gaspésie (☎ 763-3301) forme un territoire de 802 km^2, composé de deux massifs impressionnants, les Chic-Chocs avec les monts Albert et Logan, et les monts Mc Gerrigle où culmine le mont Jacques-Cartier (1268 m), deuxième plus haut sommet du Québec.

La forêt qui couvre les vallées et les versants côtoie des sommets rocheux où prédomine une végétation boréale et arctique. Le parc est par ailleurs l'un des rares endroits en Amérique du Nord où coexistent le cerf de Virginie, l'orignal et le caribou menacé de disparition.

Installé à proximité de la route 299, à 2 kilomètres à peine du Gîte du Mont-Albert, le **Centre d'interprétation du parc de la Gaspésie** (☎ 763-7811) vous donnera toutes les informations nécessaires et une carte. Il est ouvert de juin à la mi-octobre (jusqu'au 1er septembre, ses horaires sont 8h-20h). Il propose des randonnées avec des naturalistes les lundi et jeudi ainsi que des promenades nocturnes. A l'intérieur du Centre, l'Association du Parc Ami Chic-Chocs organise elle aussi de nombreuses activités (telle une excursion au pays de l'orignal) et loue du matériel. Comptez 10 $ pour des chaussures de randonnée, 5 $ pour un sac à dos et 8 $ pour un porte-bébé. La location de canoë revient à 11 $.

Les routes (en graviers) qui traversent le parc vous conduiront à divers sentiers de randonnée et des points de vue sur les monts Chic-Chocs.

L'ascension aller-retour du mont Jacques-Cartier prend environ trois heures et demie et mérite cet effort. Le paysage alpin et les vues sont grandioses. Il n'est pas rare d'apercevoir un troupeau de caribous, à proximité du sommet. Le sentier est étroitement surveillé afin de protéger les troupeaux. L'accès est limité de 10h à 16h du 24 juin jusqu'à la fin septembre.

Durant cette période, un service de navette d'autobus est mis en place à partir du parking du camping La Galène. Il mène au début du sentier du mont Jacques-Cartier, long de 4 km. Les départs s'échelonnent toutes les 30 minutes entre 10h et 12h. Le retour s'étale entre 14h15 et 16h. Les billets sont en vente au Centre d'interprétation et au camping La Galène. L'aller-retour coûte 5 $ (2 $ pour les 6-12 ans et 12 $ pour les familles). Personne n'est autorisé à rester au sommet entre la fin de l'après-midi et le lendemain matin. Au sommet, des naturalistes répondent à vos questions, notamment celles portant sur le caribou.

Durant cette période, un bus fait également la liaison entre le Centre d'interprétation et le début du sentier du mont Jacques-Cartier. Il part à 9h pour un retour vers 17h (10 $ l'aller-retour, 25 $ pour une famille et 5 $ pour les 6-12 ans). Un bus fait également la liaison depuis Mont-Saint-Pierre (reportez-vous à la rubrique *Mont-Saint-Pierre*).

Vous pouvez également gravir le mont Albert par un sentier plus raide. On aperçoit souvent des orignaux au petit matin ou le soir, au lac Paul.

La pêche à la truite et au saumon est autorisée dans le parc. Mais les réservations (obligatoires) pour le saumon sont presque toujours complètes un an à l'avance.

L'hiver, le parc s'ouvre à l'escalade, au traîneau à chien, à la randonnée en raquettes et au ski de fond ou alpin (le parc ne disposant pas de remontées mécaniques, on remonte à pied).

Où se loger et se restaurer. Construit dans le parc et donnant sur le mont Albert, le *Gîte du Mont-Albert* (☎ 763-2288 ou 1 888-270-4483) est le seul hébergement possible. Cet hôtel de grande classe est relativement accessible, surtout en dehors de la haute saison qui va de la mi-mai à la mi-octobre. Pour le forfait souper, hébergement et petit déjeuner, comptez 130/170 $ la simple/double. En hiver, le prix est respectivement de 100 et 136 $. Il est très convenable au regard de la qualité exceptionnelle des chambres et des repas servis. Son restaurant passe pour l'un des meilleurs du Québec. En été, la chambre seule vaut 90 $ (65 $ en dehors de cette période).

La location de chalets (capacité : 6 personnes) varie entre 139 et 169 $.

Le gîte propose également des forfaits ski alpin mais vous devez emporter votre équipement.

Des refuges ont été construits en bordure de la rivière Sainte-Anne et le long de sentiers de randonnée. Ils sont gérés respectivement par le Club Grand Yétis (☎ 763-7782) et le Petit Saut (☎ 763-7633). Comptez 15 $ par personne environ. Un transport de bagages est assuré.

Pour le camping (☎ 763-2288 ou 1 888-270-4483), trois sites ont été aménagés. Ils dépendent du Gîte du Mont-Albert. Les *Camping du Mont-Albert* (ouvert du 30 mai au 1er septembre), *De la rivière* (ouvert de fin mai à mi-octobre) et *Cascapédia* (accessible de juin à fin août) pratiquent un tarif unique de 16 $ par jour. Sur ces aires aménagées, vous pouvez louer des chalets. Comptez entre 64 $ pour un chalet deux places et 156 $ pour celui de six places. Le Camping du Mont-Albert dispose d'un dépanneur et d'une buanderie. Le camping Cascapédia est le plus petit des trois (49 emplacements).

Le camping *La Galène* (☎ 797-5101) est installé au pied du mont Jacques-Cartier. Il ouvre vers le 20 juin et ferme le premier jour de septembre. L'emplacement revient à 16 $.

Comment s'y rendre. A partir de Sainte-Anne-des-Monts, prenez la route 299 qui traverse le parc et la réserve faunique des Chic-Chocs avant de rejoindre la baie des Chaleurs. A 40 km, le secteur du Mont-Albert est l'entrée principale du parc. De New Richmond, sur la côte sud de la péninsule, le secteur du Mont-Albert est à 100 km.

De Mont-Saint-Pierre, la route 2 permet d'atteindre le secteur La Galène, autre porte d'entrée du parc. La route est un mélange de terre et de graviers sur 27 km.

Cap-Chat

Cap-Chat est situé au confluent du Saint-Laurent et du golfe du Saint-Laurent. A 2 km du centre-ville, à l'ouest, le Rocher Cap-Chat possède la forme d'un chat assis qui se dresse en bord de mer. La plage où il se trouve est un endroit fréquenté.

A 3 km, toujours à l'ouest, se dresse une éolienne à axe vertical visible de la route 132. Elle est la plus haute et la plus puissante au monde. Elle se visite du 24 juin à la mi-octobre.

A proximité de la ville, les lacs Joffre, Simoneau et Paul sont propices à la pêche à la truite et la rivière Cap-Chat à la pêche au saumon.

Où se loger et se restaurer. Sur la route 132, les *Cabines Goémons sur Mer* (☎ 786-5715) sont installées en bordure de plage. Équipées de cuisine, elles coûtent 42 $. Plus à l'est, les *Cabines Sky line* (☎ 786-2626) sont plus simples, plus petites et reviennent à 30/40 $ la simple/double.

Le *Motel Fleur de Lys* (☎ 786-5518), 184 route 132, est plus moderne et incomparablement plus agréable, surtout pour prendre son petit déjeuner. Le prix de la chambre varie de 45 à 70 $. Son restaurant fait partie des bonnes tables de la ville. Il dispose d'un camping.

A l'est de la ville, en bordure également de la route 132, le restaurant *Le Cabillaud* (☎ 786-2480), 268 route 132, fait partie des restaurants gastronomiques de la Gaspésie. La table d'hôte revient à 32 $. Il n'est ouvert que le soir et ne sert qu'entre 17h et 20h (fermé le lundi).

Matane

A 65 km de Sainte-Flavie, porte d'entrée de la Gaspésie, Matane est un port de pêche important, notamment pour le saumon et les crevettes. Le saumon remonte la rivière Matane, qui traverse la ville. La promenade des Capitaines, qui longe la rivière, permet d'atteindre la passe migratoire du barrage Mathieu d'Amours. Un bâtiment, accessible par la rue Saint-Jérôme, a été aménagé juste en bordure et permet d'observer par un système de surveillance le trajet des saumons. Il est ouvert de 7h à 21h de juin à la mi-octobre.

A proximité, et accessible par un pont, s'étend le parc des Îles, avec son théâtre en plein air et ses aires de jeu pour enfants.

L'**usine de crevette** (☎ 562-1273), 1600 Matane-sur-Mer, peut se visiter durant l'été. Les réservations sont obligatoires. Vous pouvez acheter sur place et à un bon prix du poisson frais ou fumé.

L'avenue du Phare Ouest (route 132) forme le grand axe est-ouest de la ville. Elle permet d'atteindre le traversier qui relie Matane à la rive nord du Saint-Laurent (reportez-vous à la rubrique *Comment s'y rendre*).

L'avenue Saint-Jérôme est l'axe principal du centre-ville.

Renseignements. Le Bureau d'informations (☎ 562-1065), 968 avenue du Phare Ouest, est ouvert à l'année du lundi au vendredi de 8h30 à 17h et tous les jours de 8h à 20h de la mi-juin à début septembre.

La Caisse Populaire Desjardins est installée rue Saint-Pierre. Dans la rue Saint-Joseph, la Banque de Montréal et la Banque Nationale disposent toutes trois de guichets automatiques.

Où se loger. Les motels se succèdent le long de la route 132. Il sont en général onéreux. *Les Mouettes* (☎ 562-3345), 298 rue McKinnon, est l'un des moins chers avec une double à 50 $. Le motel *Le Beach*

(☎ 562-1350), 1441 rue Matane-sur-Mer, affiche un prix similaire.

L'hôtel-motel *Belle Plage* (☎ 562-2323), 1310 rue Matane-sur-Mer, fut un temps le grand hôtel de la ville. Ouvert de la mi-mai à la mi-octobre, il loue des chambres à partir de 70 $.

Installé en lisière de la ville, le *Collège de Matane* (☎ 562-1240), 616 avenue Rédempteur, propose des chambres moyennant 18 $ par personne environ.

Le Relais du Voyageur (☎ 562-3472), 75 rue d'Amours, est un B&B simple pourvu de chambres à 42 $ (le prix du lit simple s'élève à 26 $). *L'Auberge La Seigneurie* (☎ 562-0021), 621 avenue Saint-Jérôme, est une superbe vieille demeure meublée avec du mobilier ancien.

A l'ouest de la ville, 2345 avenue du Phare Ouest, accessible par la route 132, *Le Camping Parc Sirois La Baleine* met un emplacement à votre disposition pour 14 $.

Où se restaurer. Le *Café Aux Délices*, à l'angle des rues Saint-Jérôme et du Bon-Pasteur, est recommandé pour son ambiance et sa cuisine très éclectique, italienne, canadienne et chinoise. Les petits déjeuners sont copieux. Ouvert tous les jours et tard le soir.

En bordure de la route 132, vers l'embarcadère, *Le Vieux Raphio*, 1415 avenue du Phare Ouest, est tout aussi agréable. Les repas à base de poissons ou de crustacés ne déçoivent pas.

Au n°1014, *La Maison sous le vent* (☎ 562-7611) est réputée pour sa cuisine.

Comment s'y rendre. La gare routière (☎ 562-1177), 7750 avenue du Phare Ouest, est installée dans les Galeries du Vieux-Port, un centre commercial sur la route 132, non loin du centre-ville. Le bureau est à l'angle du Restaurant des Galeries. Chaque jour, deux bus font route pour Gaspé et quatre autres desservent Québec.

Un traversier (☎ 562-3345) assure une navette quotidienne (sauf de janvier à mars, période durant laquelle aucun trajet n'est assuré le dimanche) avec Baie-Comeau et le village de Godbout, sur la rive nord du Saint-Laurent. Il est conseillé de réserver sa place de véhicule. En été, les fréquences sont au nombre de trois, sauf le lundi et le dimanche. La traversée dure 2 heures 20 et coûte 10,90 $ (7,60 $ pour les 5-11 ans et 9,80 $ pour les seniors). Le passage de la voiture revient à 26,50 $ (gratuit pour les bicyclettes). Le paiement se fait dans le bateau. A l'intérieur, le ferry dispose d'un bar et d'un snack. Le terminal du traversier est à 7 km environ à l'ouest du centre-ville.

Réserve faunique de Matane

A 40 km au sud de Matane, cette réserve (☎ 562-3700) est un espace gigantesque riches en orignaux où l'on peut camper, faire du canoë, pêcher et louer des embarcations.

Les îles de la Madeleine

Indicatif ☎ 418

Situées à 105 km de l'île du Prince-Édouard et à 215 km de la péninsule gaspésienne, les îles de la Madeleine s'étirent sur une soixantaine de kilomètres dans le golfe du Saint-Laurent. Plus proche des Provinces atlantiques du Canada que du Québec, l'archipel comprend une douzaine d'îles reliées pour la moitié par des bancs de sable et des lagunes.

Avec leurs falaises rouges, leur fines plages de sable doré, leurs petits ports de pêche et leurs maisons très colorées, elles représentent un bout du monde chaleureux, balayé par les vents frais du large. Il fait bon y vivre et s'y promener.

Plus de 95% de ses 15 000 habitants sont francophones, mais de nombreux descendants d'Irlandais et d'Écossais résident sur l'île d'Entrée et la Grosse-Île.

Les Madelinots vivent principalement de la pêche (au homard notamment), comme ils l'ont toujours fait. Le tourisme estival vient contrebalancer des revenus en baisse.

A NE PAS MANQUER

- Le festival du homard des îles, à Grande-Entrée
- Havre-aux-Maisons, par le chemin des Montants
- Les phoques et les canards de la réserve nationale de la faune de la Pointe-de-L'Est
- La plage de sable de la Grande-Échouerie
- La chapelle de Saint Peter's by the Sea

HISTOIRE

Les Micmacs les appelaient Menagoesenog ("îles balayées par le ressac"). Jacques Cartier, lors de son retour en France en 1534, les avait nommées les Araynes, du latin *arena*, qui signifie "banc de sable". Finalement, en 1663, elles prendront le nom de Madeleine, prénom de l'épouse du premier seigneur des Îles, François Doublet de Honfleur.

Jusqu'à l'arrivée des Acadiens, elles ne connaîtront pas de peuplement à l'année. Fuyant la déportation, les Acadiens commencent à s'installer dans les années 1755. D'autres, refoulés de Saint-Pierre-et-Miquelon lors de la Révolution française en raison de leur attachement au clergé, viendront gonfler les rangs initiaux quelques décennies plus tard

La Conquête en 1760 fait passer les îles de la Madeleine sous domination anglaise. En 1787, Isaac Coffin devient le nouveau maître des lieux ; avec lui commence alors plus d'un siècle de régime féodal. Nombre de Madelinots quitteront l'archipel à la recherche de meilleures conditions de travail et de vie. La Côte Nord représentera ainsi pour beaucoup une nouvelle terre d'accueil. En 1895, une loi du Québec leur permettra néanmoins de devenir propriétaires du sol qu'ils cultivent et maîtres à bord sur leur bateau.

ORIENTATION

Les îles de la Madeleine forment un croissant qui s'étire sur une soixantaine de kilomètres du sud au nord-est. L'île du Cap-aux-Meules est la porte d'entrée de l'archipel. Avec ses six kilomètres de large et ses dix kilomètres de long, elle représente la deuxième plus grande île de l'archipel, derrière sa consœur du sud, l'île du Havre-Aubert.

Au nord de Cap-aux-Meules s'étend l'île du Havre-aux-Maisons où se trouve l'aéroport. Vient ensuite l'île aux Loups, la plus petite de toutes (un kilomètre de large à peine). Le banc de sable qui la relie à Grosse-Île s'étire sur dix kilomètres. L'île de la Grande-Entrée boucle l'archipel.

La route 199 est l'axe principal qui relie les îles entre elles.

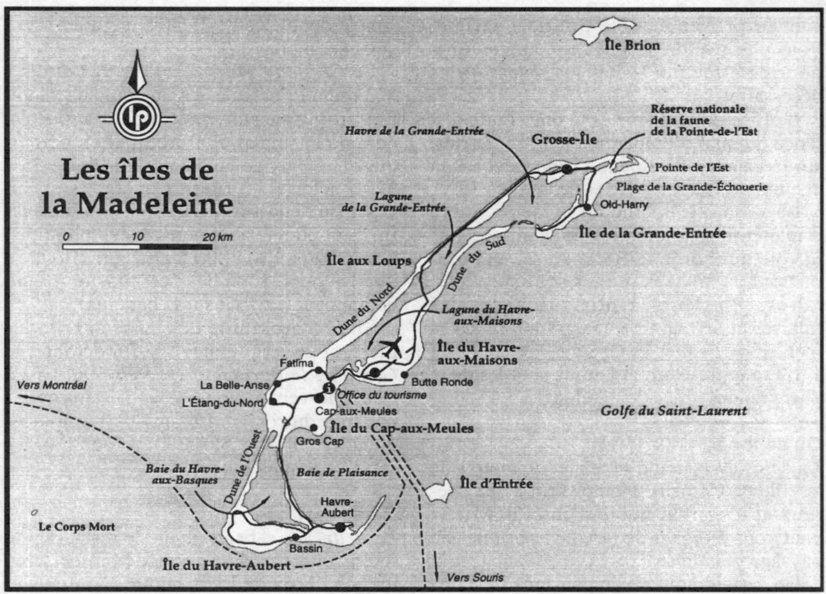

RENSEIGNEMENTS

Le bureau de renseignements touristiques (☎ 986-2245), 128 chemin Débarcadère, est installé sur l'île de Cap-aux-Meules, porte d'entrée pour l'archipel. Situé à proximité du quai, il est ouvert à l'année. Du 24 juin à début septembre, il est accessible tous les jours de 7h à 21h. En dehors de cette période, il est fermé le week end et ses horaires sont 9h-12h et 13h-17h.

Le site Internet est accessible à l'adresse suivante : http://ilesdelamadeleine.com

De juin à septembre, l'affluence sur les îles est importante et les possibilités d'hébergement se font rares. Il est préférable de réserver. L'office de tourisme dispose d'un service de réservation à l'année, que l'on peut joindre au numéro donné ci-dessus. Si, à votre arrivée, vous ne disposez pas de logement réservé, allez directement à l'office. Il contactera les adresses en sa possession. Vous pourrez en trouver d'autres grâce à certaines annonces, ou en demandant simplement autour de vous. Les habitants sont très sympathiques et parlent aussi bien le français que l'anglais.

En dehors de la période allant de mi-juin à mi-septembre, la plupart des hébergements et des restaurants ferment.

Les Madelinots vivent avec une heure de décalage par rapport à Montréal. Lorsqu'il est 9h à Québec, il est 10h dans les îles.

FÊTES ET MANIFESTATIONS ANNUELLES

Juillet

Festival du homard des îles – A Grande-Entrée

Août

Festival acadien – A Havre-Aubert

Concours de châteaux de sable – Le 15 ou le 16, sur la plage du Havre-Aubert.

CAP-AUX-MEULES

Cap-aux-Meules, l'île d'entrée de l'archipel, donne son nom à la ville où le traversier en provenance de Souris s'arrime. Vous y trouverez banques et commerces et pourrez effectuer toutes les réservations nécessaires.

L'office du tourisme est à une courte distance du quai d'embarquement des ferries, sur la gauche. Il se tient à l'intersection du chemin du Débarcadère et de la route 199.

La ville elle-même ne présente guère d'intérêt. Il est préférable de se diriger vers la côte qui borde la Belle-Anse, au nord-ouest. Les falaises rouges sont spectaculaires. Plusieurs sentiers longent les falaises et offrent une vue grandiose sur la mer, en particulier de Cap-au-Phare.

L'Étang-du-Nord et Fatima sont les deux plus grandes villes de l'archipel.

Où se loger

La demi-douzaine d'hôtels et de motels de la ville de Cap-aux-Meules sont assez onéreux et n'offrent guère d'intérêt. Mieux vaut vous éloigner de la ville et profiter du paysage grandiose.

Un certain nombre de pensions sont rassemblées de l'autre côté de l'île, autour de Fatima ou de l'Étang-du-Nord, comme le gîte de *Lauretta Cyr* (☎ 986-2302), près de la plage et à 5 km de l'embarcadère. La simple/double coûte 35/40 $ en juillet, petit déjeuner inclus.

Le *Château Madelinot* (☎ 986-3695), 323 route Principale, est un complexe hôtelier proposant une multitude d'activités, comme le survol de l'archipel en hélicoptère. Le prix de la chambre varie de 75 à 120 $ selon les forfaits. Cet établissement organise de la fin février à mars plusieurs forfaits pour l'observation des phoques. Comptez environ 800 $ pour un séjour de quatre jours. L'un des forfaits comprend notamment une nuit sur la banquise.

Situé à proximité de l'anse aux Baleiniers, et ouvert de mai à la fin octobre, le *Camping le Barachois* (☎ 986-6065) est à l'abri du vent si vous ne vous rapprochez pas trop du rivage. Le tarif de l'emplacement, de 14 à 18 $, varie en fonction des services proposés.

Menu du pêcheur

Entre homards, crabes des neiges, pétoncles, palourdes, coques, moules, maquereaux et soles, vous aurez l'embarras du choix pour composer votre repas ou pique-nique. La saison du homard court du mois de mai à la mi-juillet, celle du crabe des neiges en avril ou en mai dès que la glace quitte le golfe. Le temps de la pétoncle s'étire pour sa part d'avril à septembre. La pêche à la morue, qui fut le principal revenu de l'archipel, est interdite sauf pour la consommation personnelle.

La spécialité locale est le pot-en-pot, un plat de poisson ou de fruits de mer en sauce et de pommes de terre, cuits en croûte. ■

Où se restaurer

Le Belle-Vue est sans doute le restaurant le moins onéreux de Cap-aux-Meules, avec un bon choix de mets chinois, italiens et canadiens. Un peu plus cher et plus chic, le *Pizza Patio* se trouve chemin Principal, au sud du terminal des ferries.

Le *Casse-Croûte Raymond* est parfait pour le petit déjeuner, les fritures et les burgers. L'*Auberge la Jetée*, 153 rue Principale, sert des fruits de mer.

La *Coopérative de Gros-Cap* sert des repas délicieux et bon marché. Le homard est au cœur de son activité. La cafétéria-restaurant, connue sous le nom de *La Factrie*, à l'étage, est dotée d'une large baie qui surplombe l'usine. Elle est ouverte tous les jours, de 12h à 21h ; le dimanche, de 15h à 21h.

A Fatima, *Le Decker Boy Restaurant* est simple, mais bon. Essayez la soupe de palourdes.

Au nord, à Anse-de-l'Hôpital, sont implantés un complexe de boutiques pour touristes et un snack-bar.

ÎLE DU HAVRE-AUBERT

Située au sud de l'île du Cap-aux-Meules et reliée à elle par deux longues bandes de

CHRISTINE COSTE

CHRISTINE COSTE

CHRISTINE COSTE

CHRISTINE COSTE

CHRISTINE COSTE

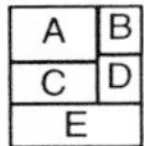

A : Cabane pour la pêche blanche
B : Phare de Pointe-des-Monts (Côte Nord)
C : Hydravion près du lac Saint-Jean
D : Travail de l'écorce de bouleau (Saguenay-Lac-Saint-Jean)
E : Bergeronnes, au bord du Saint-Laurent (Côte Nord)

CHRISTINE COSTE

CHRISTINE COSTE

CHRISTINE COSTE

CHRISTINE COSTE

A	
B	C
D	

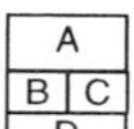

A : Carleton et la baie des Chaleurs (Gaspésie)
B : Église en forme de *wigwan* à Maria (Gaspésie)
C : Le parc de la Gaspésie
D : Le Rocher Percé, près de Percé (Gaspésie)

sable, il s'agit de la plus grande île de l'archipel.

A la pointe sud-est de l'île, le village de La Grave est le quartier le plus animé de Havre-Aubert. La rue principale est bordée de boutiques d'artisanat et de souvenirs, de restaurants et de nombreuses vieilles maisons. Son théâtre donne pendant la période estivale de nombreux spectacles.

A l'**Aquarium des Îles-de-la-Madeleine** (☎ 937-2277), 146 chemin de la Grave, les phoques du Groenland sont la principale attraction. Il est ouvert tous les jours, de la mi-juin à début septembre.

Le **musée de la Mer** (☎ 937-5711), 1023 route 109, est axé sur l'histoire de la pêche et le transport maritime. Les naufrages font l'objet d'une exposition entière. Ils furent nombreux et ont inspiré de multiples histoires. Le musée est ouvert tous les jours de la dernière semaine de juin à la fin août. L'entrée coûte 3,5 $ (2 $ pour les enfants de 6 à 12 ans).

Activités sportives

Près de la ville, installé sur la baie du Bassin, le Centre Nautique de l'Istorlet (☎ 937-5266) propose de multiples activités, notamment pour les jeunes à partir de 5 ans (voile, plongée, randonnée équestre, pêche). Par ailleurs, il loue des kayaks (60 $ la journée), des planches (60 $) et des bicyclettes (20 $). Il propose également des hébergements allant de la tente à la chambre individuelle.

Où se loger et se restaurer

L'*Auberge Chez Denis à François* (☎ 937-2371) loue 6 simples/doubles dont le prix varie selon la période. A partir du 15 juin et jusqu'à fin août, comptez 45/52 $ pour une simple/double dans une chambre de petite dimension, et 65/72 $ pour une plus grande. En dehors de cette période, le prix de la chambre varie entre 30 et 40 $. Elle dispose d'un restaurant. Fermeture de janvier à la mi-février.

Central et ouvert tous les jours de l'année, l'auberge-restaurant *La Marée Haute* (☎ 937-2492), 25 chemin des Fumoirs, est installée dans une vieille demeure restaurée avec goût. La simple/double est à 50/60 $ (petit déjeuner inclus). La pension complète revient à 95 $ pour une personne et à 75 $ par personne si l'on est deux. Les propriétaires proposent des pique-nique à emporter, des cours de cuisine, des sorties de pêche aux palourdes et louent des bicyclettes.

Dans La Grave, le *Café de la Grave* sert des repas simples et bon marché, mais vous pourrez aussi déguster un café accompagné d'un gâteau. Le restaurant *La Saline* est ouvert pour le déjeuner et le dîner. Les fruits de mer sont assez chers mais vous pourrez goûter à la spécialité locale, le pot-en-pot.

Le camping *Plage du Golfe* (☎ 937-5224), 535 chemin du Bassin, est simple mais agréable. Le prix du site se monte à 15 $ (ajoutez un à deux dollars pour l'eau et l'électricité).

HAVRE-AUX-MAISONS

Cette île possède les plus beaux paysages de l'archipel. Il faut absolument emprunter la route de la côte sud, dite chemin des Montants, qui part de Pointe-Basse, contourne la Butte-Ronde et s'enfonce dans une magnifique petite vallée. Votre trajet sera jalonné de splendides panoramas, de maisons de style traditionnel, d'un phare et de boucaneries servant à fumer le poisson. La zone côtière qui englobe le chemin de la Dune du Sud est également attrayante. D'énormes arches se dessinent sur la plage.

L'aéroport est installé au nord de l'île.

Où se loger et se restaurer

Plusieurs restaurants sont disséminés le long de la route 199.

L'*Auberge Les Sillons* (☎ 969-2134) est accueillante, bien située et pratique des prix raisonnables avec des doubles à 50 $. On peut y prendre ses repas. Au 235 chemin de la Pointe-Basse, à un kilomètre de la plage, la pension *Nicolas Hubert* (☎ 969-4730) facture la double 30 $. Elle est située à 5 minutes à pied de la plage.

Activités, de l'air et du sel

Les activités ne manquent pas sur l'archipel, à commencer par la randonnée sur les plages. Les dunes se prêtent à la glissade, les lagunes à la baignade et les falaises à la contemplation. Vous pouvez également partir à bicyclette à la recherche des vues les plus grandioses, emprunter de petites routes secondaires et visiter les villages de pêcheurs.

Se baigner dans l'océan est du domaine du possible, mais préférez les lagunes, car les courants sont puissants et s'aventurer au large n'est guère prudent. La température de l'eau peut atteindre 17°C, plaçant les îles au premier rang des lieux propices à la baignade au Québec.

Les vents quasi permanents favorisent la pratique de la planche à voile ou de la voile. La location n'est pas un problème. Des leçons sont données à plusieurs endroits. Les sorties en kayak, les parties de pêche et la plongée sous-marine réservent également des sensations. Frileux s'abstenir.

Vers février-mars, des Madelinots emmènent les touristes sur la banquise pour contempler les phoques du Groenland qui viennent mettre bas au large de l'archipel. ■

Le Havre à William (☎ 969-4513), 46 chemin L'Oiseau, loue la chambre 30 $.

Le camping *Les Sillons* (☎ 969-2134), chemin Dune Sud, est le plus petit camping de l'archipel (20 sites). L'emplacement revient à 12 $.

ÎLE AUX LOUPS

De chaque côté de cette petite bande de terre s'étirent des plages de sable et des dunes, comptant parmi les plus belles de l'archipel. L'eau est plus chaude du côté de la lagune de la Grande-Entrée.

Sur le bord de la route 199, vous pouvez acheter des coques et des palourdes.

GROSSE-ÎLE

Colonisée par des pionniers écossais, elle est l'île anglophone de l'archipel. Tous les panneaux sont en anglais et nombre d'habitants ne parlent pas un mot de français. East Cape et Old Harry sont les principales localités.

La **Trinity Church,** célèbre pour ses vitraux représentant Jésus en pêcheur, mérite une visite. Par les fenêtres, vous apercevrez le cimetière, des casiers à homards, quelques maisons solitaires, puis l'océan. Le monde insulaire en microcosme, en somme.

C'est à **Mines Seleine**, vers Old Harry, que l'exploitation saline a commencé. Ouverte en avril 1983, la mine mesure 255 m de profondeur. Les deux millions de tonnes de sel produites chaque année servent essentiellement au déglaçage des routes sur le continent. La mine n'est pas ouverte au public. Sur la route 199, un bureau d'information fournit tous les renseignements voulus en été.

A Old Harry, charmant petit port de pêche, le **Council for Anglophones Magdalen Islanders** (☎ 985-2116), 787 route 199, présente tous les jours en juillet et en août l'histoire des anglophones dans l'archipel.

La route 199 longe ensuite la **réserve nationale de la faune de la Pointe-de-L'Est** (☎ 985-2371). Vous pourrez apercevoir des phoques et de multiples espèces de canards mais surtout des pluviers siffleurs et des grèbes cornus, deux espèces d'oiseaux de rivage protégées. Deux sentiers permettent d'accéder aux marais salés situés à la superbe plage l'Échouerie.

De Grosse-Île à l'île de la Grande-Entrée s'étend, à l'est, la plage de sable fin la plus spectaculaire de l'archipel : la **plage de la Grande-Échouerie**, qui s'étire sur près de 5 km de la pointe de l'Est à la pointe Old-Harry. Vous y accéderez par la route 199, en empruntant le chemin qui mène à la pointe Old-Harry.

A environ 16 km de la Grosse-Île se trouve l'**île Brion**, une réserve écologique protégée, désormais déserte et interdite d'accès. Elle abrite 140 espèces d'oiseaux et une très intéressante végétation. Le centre nautique de l'Istorlet (☎ 937-5266) organise depuis Havre-Aubert des excursions en pneumatique autour de l'île. A Cap-aux-Meules, Claude Roy (☎ 986-5755) offre également un tour de l'Île.

Où se loger et se restaurer

Quelques habitants de la Grosse-Île louent une chambre ou deux, pendant l'été, mais ne sont pas répertoriés dans les guides.

GRANDE-ENTRÉE

La pêche au homard est une tradition dans cette île. Old Harry est un des ports les plus importants de l'archipel. Le paysage est émaillé de quelques falaises spectaculaires et de grottes. Autrefois, des morses résidaient alentour et venaient se prélasser à Sea Caw Lane.

Ne manquez pas **Saint Peter's by the Sea**, une très belle petite église qui surplombe la mer. Elle est délimitée par les tombes des membres des familles Clark et Clarke, exclusivement. Entièrement en bois, y compris la porte sculptée dédiée aux pêcheurs disparus en mer, elle est ouverte aux visiteurs. Par jour de vent, elle offre une paix silencieuse que vient seulement rompre le craquement des chevrons. De l'autre côté de la rue, l'endroit est propice à l'observation des vagues qui viennent voler en éclats contre les rochers du littoral.

Sur la route 199, au n°377, le **Centre d'interprétation du Phoque** (☎ 985-2833) permet de découvrir l'univers de ces mammifères marins et raconte l'histoire de la chasse au phoque. Il est ouvert tous les jours de 11h à 18h en juillet et en août.

Où se loger et se restaurer

Le *Club Vacances "Les Îles"* (☎ 985-2833) est une station qui propose de multiples activités (randonnée, planche à voile, observation des oiseaux ...) et différents forfaits d'hébergement. Il est ouvert de mai à fin septembre. La chambre seule revient à 45 $. Le forfait 4 jours/3 nuits, comprenant les activités du Club, la chambre, le petit déjeuner et le souper, s'élève à 215 $ par personne sur la base d'une occupation double. Avec le billet d'avion de Montréal ou de Québec, comptez entre 619 et 655 $ pour quatre jours.

Le forfait tente, repas (déjeuner et dîner) et activités coûte 157 $ par personne pour 3 nuits. Si vous souhaitez simplement planter votre tente, le tarif de l'emplacement se monte à 12 $. Vous pouvez utiliser le restaurant-cafétéria.

L'Émergence (☎ 985-2801), 122 chemin des Pealey, est un gîte simple doté de trois chambres convenables. Le prix de la chambre varie entre 35 et 50 $.

A la pointe de l'île sont amarrés des bateaux de pêche colorés. Deux restaurants sont à votre disposition. Le restaurant du *CEPIM* est le meilleur. Il sert des fruits de mer et le homard est bon marché.

ÎLE D'ENTRÉE

Elle n'est pas reliée aux autres îles par des bancs de sable. Une navette la relie au port de Cap-aux-Meules, deux fois par jour, du lundi au samedi (en début de matinée et à la mi-journée). La traversée dure de 30 minutes à une heure et coûte 16 $. La liaison est assurée du 1er mai au 31 décembre.

Île anglophone d'environ 200 habitants, dépourvue d'arbres, elle vit essentiellement de la pêche. D'une longueur de 4 km environ et d'une largeur inférieure à un kilomètre, elle est sillonnée de sentiers pédestres.

La partie ouest, moins aride, est émaillée de quelques fermes avant de s'achever par de gigantesques falaises rouges. La zone orientale est montagneuse, avec le sommet le plus élevé, Big Hill, à 174 m au-dessus du niveau de la mer. Un sentier part de la Post Office Road et mène au sommet, d'où l'on jouit d'une vue magnifique.

L'île ne compte qu'un seul hébergement. La pension *Chez MClean* d'Isabelle Crowell (☎ 986-4541) ne possède que trois chambres. La simple/double revient à 40/45 $, petit déjeuner inclus. Vous pouvez utiliser la cuisine. Il est préférable de téléphoner avant de vous présenter et de faire quelques courses avant de vous rendre sur l'île.

L'île possède également deux épiceries et un snack-bar.

COMMENT S'Y RENDRE

Vous n'aurez guère le choix. A moins de prendre d'avion, aller depuis Québec jusqu'aux îles de la Madeleine coûte cher et demande une à deux journées de transport. En bateau, il faut partir de Montréal, seule ville portuaire au Québec à desservir désormais l'archipel. Encore s'agit-il d'organiser d'avance son départ (la liaison est hebdomadaire), d'avoir du temps (elle dure deux jours) et prévoir un budget important. A moins de posséder un véhicule et de vous rendre au Nouveau-Brunswick, dans l'île du Prince-Édouard, de prendre à Souris le traversier qui mène à Port-aux-Meules.

Avion

Inter Canadien (☎ 1 800 665-1177) relie à l'année les îles de la Madeleine depuis Ottawa, Montréal et Québec.

De Montréal, deux vols par jour sont assurés du lundi au vendredi et le dimanche. Le premier est à 7h30 (arrivée à 12h25, heure maritime), le second à 18h30 (arrivée à 23h25). Le samedi, seul le vol du matin est assuré. La durée du trajet est de 4 heures. La liaison n'est pas directe. L'avion, après une escale à Québec, relie les aéroports de Mont-Joli et de Gaspé, à l'aller comme au retour. En sens inverse (îles de la Madeleine-Montréal), la liaison est assurée deux fois par jour, du lundi au samedi. Le dimanche, il n'y a qu'un vol l'après-midi. De Montréal, le billet plein tarif aller-retour revient à 940 $; de Québec, à 933 $. Si vous prenez votre billet 16 jours à l'avance et si vous passez le dimanche sur l'archipel, le prix tombe à 524 $ (517 $ de Québec). De Mont-Joli, l'aller-retour vaut 843 $ (466 $ tarif réduit) ; de Gaspé, 567 $ (284 $).

La compagnie assure, du lundi au vendredi, une liaison quotidienne depuis Ottawa *via* Montréal, Québec, Mont-Joli et Gaspé. Pour le retour, les départs ont lieu tous les jours. Le billet plein tarif est à 1 077 $ (508 $ avec réduction).

Air Alliance (☎ 1 800 393-3333) assure également des vols depuis Montréal et Québec *via* Mont-Joli et Gaspé.

Bateau

Pour rejoindre les îles de la Madeleine, deux solutions s'offrent à vous.

La première consiste de prendre le bateau de Montréal. La CTMA (☎ (514) 937-7656 ou 986-6600 pour Cap-aux-Meules) assure une liaison directe par semaine, le vendredi après-midi, d'avril à la mi-décembre. Le trajet dure deux jours. Le mardi soir, le bateau repart de Cap-aux-Meules et arrive au port de Montréal le vendredi en fin d'après-midi.

Du 15 juin au 15 septembre, le tarif passager revient à 480 $ l'aller simple (chambre et repas inclus). Le transport de la voiture coûte 205 $ l'aller simple. Les taxes ne sont pas incluses dans le prix.

Hors saison, l'aller simple s'élève à 325 $. Le prix du passage de la voiture reste inchangé. Les 5-12 ans paient demi-tarif (gratuit pour les moins de 5 ans).

En février et en mars, la liaison est assurée depuis Matane, mais dépend des glaces du Saint-Laurent. Le prix du trajet simple se monte à 114 $ (137 $ pour la voiture).

Voiture/bateau

L'autre solution consiste à se rendre en voiture jusqu'à Cape Tormentine dans le Nouveau-Brunswick puis d'emprunter le pont de la Confédération qui permet d'atteindre directement Souris dans l'île du Prince-Édouard, sans prendre de traversier. En voiture, le trajet Montréal-Souris dure entre onze et treize heures. Ensuite, de Souris, la liaison avec Cap-aux-Meules se fait par bateau et dure cinq heures.

De Montréal, suivre l'autoroute 20 jusqu'à Rivière-du-Loup. De là, empruntez la Transcanadienne (route 185) vers Edmundston avant d'obliquer pour la route 2 qui vous mène jusqu'à Shediac.

A Shediac, prendre la direction de Cape Tormentine (route 15 puis route 16) afin de rejoindre le pont de la Confédération, mis en service en juin 1997. Son accès est payant (le montant était estimé entre 20 et 30 $ au moment de la rédaction de cet ouvrage).

A Souris, le service de traversier (☎ (902) 687-2181) est assuré d'avril à janvier. D'avril au 22 juin, la liaison est quotidienne (départ l'après-midi à 14h), à l'exception du lundi où aucun service n'est assuré. Progressivement, les fréquences augmentent.

Du 8 juillet au 20 août, deux liaisons (2h et 14h) sont assurées par jour (sauf le mardi où il n'y en a qu'une seule, à 2h).

L'aller simple coûte 33,75 $ (26,50 $ pour les seniors ; 16,75 $ pour les 5-12 ans). Le passage de la voiture revient à 64,25 $ (22,5 pour une moto et 7,75 $ pour une bicyclette). Les cartes de crédit sont acceptées.

Le bateau, le *M.V. Lucy Maud Montgomery*, qui peut accueillir 90 véhicules et 300 passagers, est toujours complet et on ne peut pas réserver. Si, après avoir attendu pendant des heures, vous ne pouvez pas monter à bord, on vous donnera une réservation valable seulement pour le prochain ferry. Pour le voyage du retour, on peut réserver. Ce qu'il est conseillé de faire dès son arrivée. Vous pouvez réserver sept jours à l'avance. Le ferry pour l'île du Prince-Édouard part à 8h, excepté le mardi (20h).

Le bateau est bien aménagé et dispose même d'une cafétéria. Dans la salle à manger, on sert des repas de 16 à 20 $, et un menu table d'hôte à un prix avantageux. Il y a plusieurs ponts à ciel ouvert, divers salons et un bar avec une animation.

COMMENT CIRCULER

Voiture

Les routes sont nombreuses et bien entretenues. Vous pourrez louer une voiture à Cap-aux-Meules ou à l'aéroport. Le prix à la journée s'élève en moyenne à 50 $ (avec cent kilomètres gratuits, taxes et assurances en sus). La location pour une semaine avec une franchise de 700 km revient en moyenne à 250 $.

Bicyclette

Les îles de la Madeleine se prêtent à ce mode de transport car les distances sont courtes. A Cap-aux-Meules, Le Pédalier (☎ 986-2965), 365 chemin Principal, loue des bicyclettes. Le tarif à journée s'élève à 18 $ (15 $ à partir de 4 jours de location). Pour un VTT, comptez 25 $ la journée (20 $ par jour si la location dépasse les trois jours). Une caution de 10 $ est demandée. La remorque pour enfant coûte 15 $ par jour.

Cyclomoteur

A Cap-aux-Meules, Honda (☎ 986-4085) loue des cyclomoteurs de 80 cm^3. La journée de location, avec 100 km gratuits, revient à 36 $ (0,15 cent par kilomètre supplémentaire). Une location à la semaine vous donne droit à une journée gratuite.

Bus

Il n'existe pas de transports en commun dans les îles. Mais des compagnies proposent des circuits. Ma Poirier (☎ 986-4467) organise ainsi depuis Cap-aux-Meules un tour des îles pour 35 $ (le tour dure 6 heures).

Taxi

De Cap-aux-Meules, des taxis pourront vous déposer où vous voulez. La course entre l'aéroport et Cap-aux-Meules coûte 10 $. De Cap-aux-Meules à Grande-Entrée, à l'extrémité de l'archipel, comptez 30 $.

Bateau

Les excursions de la lagune Inc (☎ 969-45550) organisent depuis Havre-aux-Maisons, de juin à septembre, des sorties en mer avec un bateau à fond de verre. Le prix est de 20 $ (12 $ pour les moins de 13 ans).

Les excursions en mer (☎ 986-4745) effectuent notamment le tour de l'île d'Entrée pour 18 $ (14 $ pour les moins de 12 ans).

ExploRivage (☎ 986-4979) propose des tours des îles en pneumatique depuis la côte de l'Étang-du-Nord. Le tarif est de 45 $.

Cheval

La Chevauchée des Îles (☎ 937-2368), chemin des Arpenteurs, à Havre-Aubert. demande 30 $ pour 2 heures 30.

L'Ontario

Présentation de l'Ontario

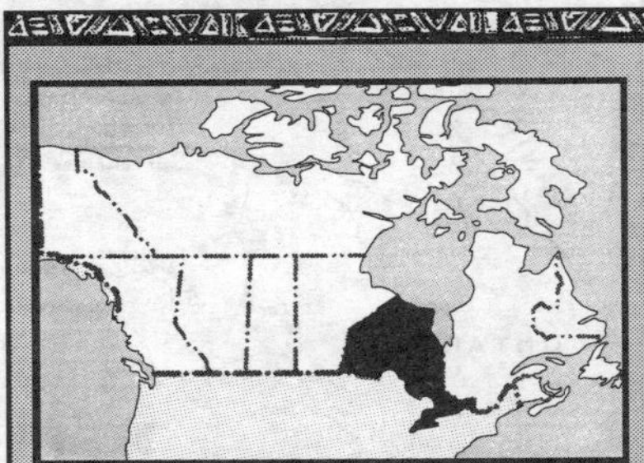

Entrée dans la Confédération : 1/07/1867
Superficie : 1 068 587 km^2
Population : 10 084 885 habitants
Capitale nationale : Ottawa
Capitale de la province : Toronto

HISTOIRE

L'histoire du peuplement du territoire qui deviendra l'Ontario débute bien avant le jour où un premier Européen posa le regard sur le lac Huron. Vraisemblablement originaires du nord de l'Asie, les populations amérindiennes du Canada atteignirent l'Ontario il y a environ 15 000 ans (date approximative compte tenu de nombreuses querelles d'expert...) alors que la glaciation, baissant le niveau des eaux, ouvrait un passage terrestre entre la Sibérie et l'Alaska.

Ces peuplades appartenaient à deux grandes familles : les Algonquins et les Iroquois. Ces deux groupes linguistiques diffèrent à de nombreux égards. Les Algonquins, et parmi eux les Cris, Ojibways et Algonquins de l'Ontario, ne pratiquaient que rarement l'agriculture. Vivant essentiellement de chasse et de cueillette, ils parcouraient le vaste territoire s'étendant du nord des grands lacs à la Baie James pour subvenir à leurs besoins.

Les peuples de la famille linguistique iroquoienne sont plus complexes. Sédentaires, cultivateurs de maïs, de courges et de haricots, ils regroupent, outre les Pétuns et les Neutres, deux confédérations : les Hurons et les Cinq Nations iroquoises. Estimés à environ 20 000, les Hurons étaient principalement installés dans le territoire compris entre les lacs Ontario, Érié

Hurons et Iroquois

Les Hurons – ainsi appelés par les Français car leurs courtes coiffures en brosse évoquaient à leur yeux une hure – sont issus de la même famille linguistique que leurs ennemis jurés, les Iroquois. L'organisation sociale de ces deux confédérations sédentaires – au sein de laquelle les femmes tenaient une large part, notamment chez les Iroquois – était parmi les plus structurées de tous les peuples amérindiens.

On a beaucoup écrit sur les guerres que se livraient Hurons et Iroquois. Dans tous les cas, il est aujourd'hui attesté que l'un des enjeux principaux des combats, avant la venue de l'homme blanc, était la capture de guerriers adverses vivants. Ces derniers étaient donnés à titre de compensation aux proches d'un guerrier mort au combat. Ils décidaient du sort du prisonnier : soit il était torturé à mort, soit il était adopté par la tribu. On estime ainsi que plus de la moitié de la population iroquoise en 1660 était composée "d'adoptés".

A la fin de la guerre d'Indépendance, les Iroquois perdirent leurs terres dans l'État de New York. La couronne britannique leur accorda alors de nouveaux territoires en Ontario. Certains s'installèrent ainsi près de la baie de Quinte et dans la vallée de la Grande Rivière. Il reste actuellement des réserves amérindiennes dans la province, dont les membres revendiquent une plus grande autonomie. Notons que des voix se sont élevées pour dénoncer le système des réserves, suspect de paternalisme. ■

et Huron et, en moindre proportion, le long de la rive nord du Saint-Laurent. La puissante confédération des Cinq Nations iroquoises regroupait pour sa part les Mohawks, Oneidas, Onondagas, Cayugas et Senecas. Vraisemblablement chassés par les Hurons, ils s'installèrent au sud et à l'est du lac Ontario, où Jacques Cartier les rencontra.

Les relations entre ces peuples n'étaient pas au beau fixe. Les Hurons et la confédération des Cinq Nations – qui totalisait environ 16 000 individus en 1685 – étaient ennemis de longue date.

Au-delà de leurs dissensions, ils partageaient néanmoins une philosophie commune au sein de laquelle "Dame Nature" tenait une large part. A l'arrivée des Européens, on estime leur nombre à environ 60 000. Même si les massacres ne furent pas aussi systématiques au Canada qu'aux États-Unis, l'arrivée de l'homme blanc ne marqua pas le commencement d'une histoire, mais bien la fin d'un monde.

Des Blancs et des peaux

Il faudra attendre plus de 80 ans après la découverte du Canada pour que le premier

Européen pénètre en Ontario. Explorateur et interprète cherchant à se frayer un chemin vers un ouest déjà mythique, Étienne Brûlé atteint l'intérieur de l'État en 1610. Cinq années plus tard, il mène Samuel de Champlain – premier gouverneur de la Nouvelle-France – jusqu'à la baie Géorgienne pour signer une alliance avec les Hurons. Objet de l'échange : les fourrures de castors, chassés par les Hurons, contre lesquelles les nouveaux venus proposent couteaux, tissus et poteries. Pacte avec le diable, pourrait-on dire. Car si les Français reçurent de leurs nouveaux alliés un inestimable cadeau, à savoir les techniques de survie dans ce milieu hostile pour les Européens (utilisation des canots et voies navigables, raquettes, herbes médicinales, etc.), leur influence sur la culture des peuples "naturels" fut dévastatrice.

Transformés en commerçants, les Amérindiens de l'Ontario perdirent progressivement leur mode de vie traditionnel. Dans le même temps, les maladies apportées par les blancs – scarlatine, rougeole, varicelle – faisaient des ravages dans leurs rangs. Enfin, les Européens apportaient avec eux de nouvelles et meurtrières armes de guerre. Le commerce des fourrures, en effet, tourna rapidement en une véritable guerre commerciale. Pour les peaux de castor, fort prisées des élégantes parisiennes au milieu du XVIe siècle, Hurons et Iroquois – qui avaient une revanche à prendre – en vinrent vite à se déchirer.

En filigrane de cette rivalité se dessine déjà le conflit franco-anglais. Les Cinq Nations iroquoises, en effet, avaient fait alliance avec les premiers explorateurs anglais au Canada, venus du nord et du sud. Dès lors qu'elles pénétrèrent en Ontario, vers 1648, la "guerre des fourrures" tourna à leur avantage. Les missions françaises, et notamment Sainte-Marie-au-Pays-des-Hurons, furent détruites.

Les Hurons – divisés entre convertis et non-convertis au catholicisme – furent décimés, et avec eux les Neutres, Pétuns et Ériés. Alliés des vainqueurs, les Britanniques commencèrent alors à s'implanter en Ontario.

Étienne Brûlé, un Français en Huronie

Explorateur, aventurier, interprète de la langue huronne, premier "visage pâle" à pénétrer en Ontario et à partager les vie des Amérindiens du Canada, Étienne Brûlé est un personnage qui fascine par sa vie mouvementée. Arrivé en Nouvelle-France vers 1608, ce Français originaire de Champigny-sur-Marne n'a guère laissé de traces écrites de ses explorations. C'est au travers des relations de Samuel de Champlain – qui l'appelle "mon garçon" – que l'on peut retracer sa courte existence. Brûlé a tout juste 20 ans lorsqu'il fait part au gouverneur de la Nouvelle-France de sa volonté d'aller passer l'hiver 1610-1611 chez les Indiens. A son retour, "habillé à la sauvage", il "avoit fort bien apris leur langue" et devint un précieux intermédiaire pour Champlain. En 1615, il le mena en Huronie afin de signer une alliance avec les Hurons. Il ne s'en tient pas là. Premier Européen à traverser en canoë les rapides de Lachine, près de Montréal, il se rendit également célèbre en atteignant le lac Supérieur et la baie de Chesapeake, aux États-Unis.

Esprit libre, Brûlé ne doit pas être considéré comme un représentant en terre huronne de la couronne de France. En adoptant le mode de vie des Indiens, il avait également fait siennes certaines pratiques jugées "sauvages" par les hautes autorités de la colonie. "L'on recognoissoit cet homme pour estre fort vicieux, et adonné aux femmes", condamne Champlain, pour qui le jeune aventurier épouse trop souvent les intérêts des Indiens et privilégie le commerce à la colonisation. Leur relation finira d'ailleurs au plus mal : parti en 1629 avec mission de piloter sur le Saint-Laurent les navires français jusqu'au port de Québec, Brûlé rencontra en chemin la flotte britannique et se mit à son service. Il mourra quatre ans plus tard dans des circonstances assez mystérieuses. Installé à Toanché en Huronie, il est assassiné par les Hurons qui, vraisemblablement, redoutaient la fureur de Champlain s'il les avait trouvés abritant le renégat. ■

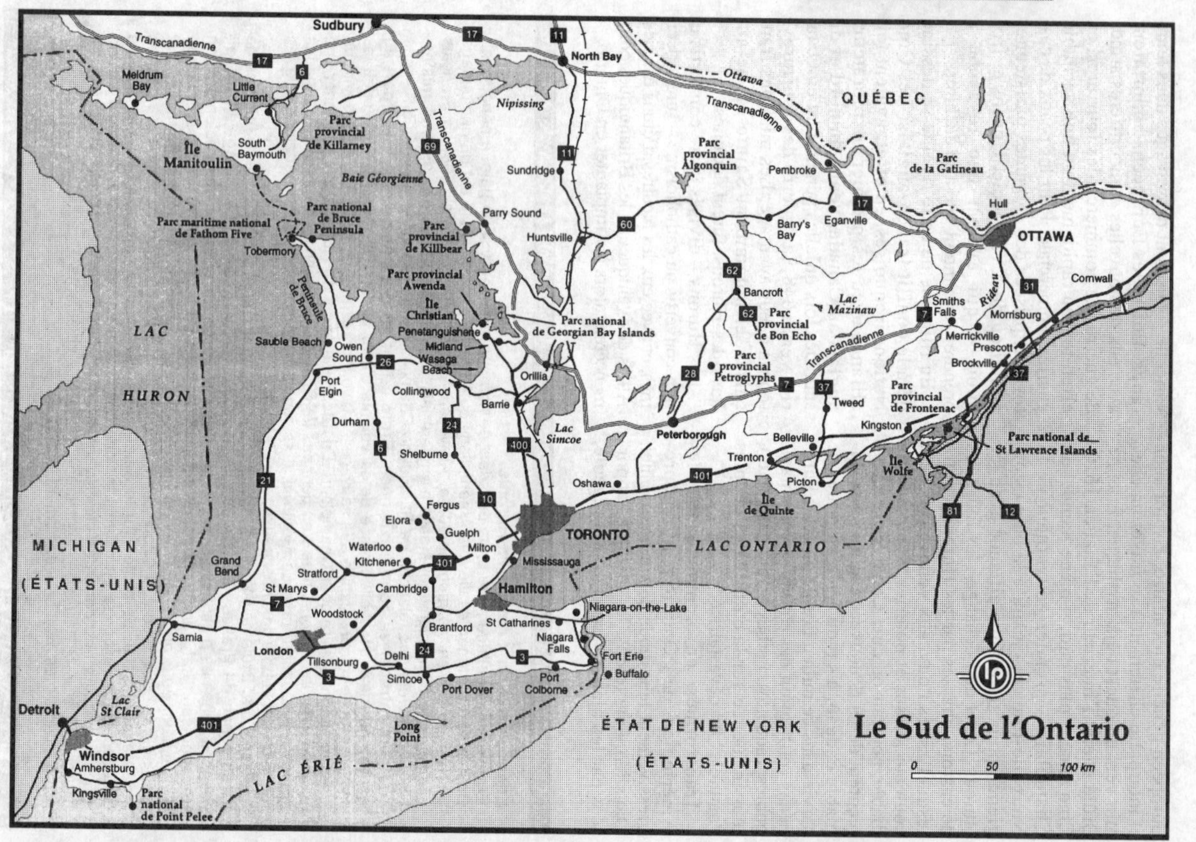
Sudbury
Transcanadienne
17
6
Meldrum Bay
Little Current
Parc provincial de Killarney
South Baymouth
Île Manitoulin
Baie Géorgienne
69
Nipissing
North Bay
11
Ottawa
Transcanadienne
QUÉBEC
Parc provincial Algonquin
Pembroke
Parc de la Gatineau
Hull
OTTAWA
Sundridge
Parry Sound
Huntsville
60
Barry's Bay
Eganville
Parc maritime national de Fathom Five
Parc national de Bruce Peninsula
Tobermory
Parc provincial de Killbear
Parc provincial Awenda
Île Christian
Péninsule de Bruce
Penetanguishene
Midland
Wasaga Beach
Parc national de Georgian Bay Islands
LAC
HURON
Sauble Beach
Owen Sound
26
Port Elgin
Collingwood
Orillia
Barrie
Durham
24
Lac Simcoe
400
Shelburne
Fergus
Elora
Guelph
Milton
10
Waterloo
Kitchener
401
Stratford
St Marys
Cambridge
7
Woodstock
Grand Bend
MICHIGAN
(ÉTATS-UNIS)
Sarnia
London
Brantford
Tillsonburg
Delhi
Simcoe
3
Port Dover
Long Point
Lac St Clair
Detroit
Windsor
Amherstburg
Kingsville
Parc national de Point Pelee
LAC ÉRIÉ
62
Bancroft
Parc provincial de Bon Echo
Lac Mazinaw
Parc provincial Petroglyphs
28
Peterborough
Transcanadienne
37
Tweed
Smiths Falls
Rideau
31
Morrisburg
Merrickville
Prescott
Brockville
Cornwall
Parc provincial de Frontenac
Kingston
Parc national de St Lawrence Islands
Belleville
Trenton
Picton
Île Wolfe
Oshawa
Île de Quinte
TORONTO
LAC ONTARIO
Mississauga
Hamilton
Niagara-on-the-Lake
St Catharines
Niagara Falls
Fort Erie
Buffalo
Port Colborne
81
12
ÉTAT DE NEW YORK
(ÉTATS-UNIS)
Le Sud de l'Ontario
0
50
100 km

D'une couronne à l'autre

L'Ontario, vers 1670, était encore peu fréquenté. Les Français concentraient leurs efforts sur le Québec voisin. Tout change avec l'ouverture par les Britanniques de la Hudson Bay Company (qui existe encore) en 1671. Sous son influence, le commerce des peaux connut un essor important. D'autant plus que la position du comptoir permettait d'acheminer rapidement les fourrures vers l'Europe. Cette prospérité, on pouvait s'y attendre, ne manqua pas de susciter des jalousies. Celle, notamment, des "coureurs des bois", Français s'aventurant en Ontario en quête de peaux. Pionniers remontant les cours d'eau en canoë, souvent influencés par le mode de vie des tribus indiennes avec qui ils commercent, ils sont au nombre des figures mythiques de l'Ontario. Ils n'en nuisaient pas moins à la prospérité du commerce britannique.

Les Français, ainsi, établirent petit à petit divers postes de commerce de fourrure sur le territoire. Les conflits avec les britanniques et les attaques de leurs comptoirs commerciaux se firent de plus en plus fréquents.

La couronne de France cessa néanmoins de marquer des points en Ontario à partir de 1713. Outre le traité d'Utrecht, qui renforça la position de l'Angleterre face à la France ruinée par la guerre de succession d'Espagne, la guerre de sept ans (1756-1763) porta un coup fatal aux projets français. En mai 1756, l'Angleterre déclara la guerre à la France pour mettre fin aux raids de ses ressortissants sur ses postes de commerce. Les combats navals firent rage sur le lac Ontario et, en 1759, les Français furent repoussés jusqu'au Québec. Le traité de Paris, en 1753, mit définitivement fin à la domination française au Canada : la Nouvelle-France devint alors une colonie britannique.

Les années qui suivirent virent les Anglais essayer de composer avec la culture francophone et catholique du Canada. Le résultat fut un mélange de Code civil français et de droit britannique, selon lequel les anglophones exerçaient le contrôle de la vie politique et économique de la colonie.

Nouveaux immigrants, nouveaux statuts

L'année 1783, avec la fin de la guerre d'Indépendance américaine, marque le début d'une longue période d'immigration en Ontario. On estime à environ 35 000 le nombre de colons de l'Amérique du nord britannique – américains "loyalistes", fidèles à la couronne britannique défaite aux États-Unis – qui émigrèrent alors au Canada. Aidés par l'État, qui leur fournit terres, bétail, semences et outils, nombreux sont ceux qui choisirent des terres de l'Ontario "cédées" par les Amérindiens durant les années 1780. Ces nouveaux pionniers, rapidement, imposèrent leurs conditions à la couronne d'Angleterre. Refusant le droit civil français en vigueur, ils furent à l'origine de l'acte constitutionnel de 1791, qui divisa le territoire de la colonie en deux zones distinctes : le Haut-Canada (sud de l'Ontario actuel) et le Bas-Canada (sud de l'actuel Québec). Il en faudra plus, néanmoins, pour résorber les querelles entre anglophones et francophones…

Au lendemain de la guerre de 1812 entre les États-Unis et le Canada – qui vit les troupes américaines occuper certaines parties de l'Ontario jusqu'en 1814 – une seconde vague d'immigration déferla sur la province. Poussés par les difficultés économiques que connaissait alors la Grande-Bretagne, nombreux sont en effet les Anglais, Irlandais et Écossais qui décident de tenter leur chance au Canada anglophone. D'autant plus que le gouvernement souhaite développer l'immigration et crée spécialement la Compagnie du Canada. En 1823 et 1835, elle organisa le transport et l'établissement d'environ 2 500 colons d'origine irlandaise. D'autres firent le voyage à leurs frais, parmi lesquels de nombreux Irlandais fuyant les famines de 1845-47 causée par la maladie de la pomme de terre en Irlande. Au total, c'est près d'un million d'anglophones qui s'installèrent à cette époque au Canada et notamment en Ontario.

Sous l'impulsion de ces nouveaux venus, la colonie se développa rapidement : le chemin de fer atteignit Toronto et Guelph, les banques, l'industrie forestière, les tanneries et distilleries prospérèrent. C'est également à cette époque que furent creusés le canal Rideau – entre l'actuelle Ottawa et Kingston – et le canal Welland, qui relie les lacs Ontario et Érié.

A partir de 1860, la population de l'Ontario dépasse en nombre celle du Québec. Dès lors, la question de l'équilibre entre anglophones et francophones, dont dépendait (déjà !) la stabilité politique et sociale de la colonie, appelait plus que jamais une réponse.

Le mécontentement d'une frange de la population s'était en effet clairement exprimé durant une rébellion vite étouffée, en 1837-1838. L'Acte d'Union tenta d'apporter une solution au désaccord opposant francophones et anglophones en réunissant les deux colonies (Haut et Bas-Canada) à partir de 1841. Cette organisation ne fut pas longue à montrer ses limites et un nouveau statut vit le jour en 1867 : la confédération.

Ainsi, chaque province fut dotée d'un gouvernement distinct, selon une organisation comparable à celle des États-Unis, si ce n'est un pouvoir fédéral plus marqué. Ottawa, capitale des provinces anglaises du Canada depuis 1857, devint le siège du gouvernement fédéral. C'est à cette époque que le Haut-Canada adopta le nom d'Ontario. Ce terme issu de l'iroquois signifierait, selon les sources, "belles eaux", "beaux lacs" ou encore "rochers dressés au bord de l'eau", en référence aux chutes du Niagara.

Mines, machines et croissance

Les débuts du XXe siècle virent l'explosion économique de l'Ontario. La découverte de ressources minières – nickel, cuivre, cobalt, or, minerai de fer – lors de la construction de la Canadian Pacific, dans les dernières années du siècle précédent, était déjà de bon augure. Favorisée par la création de l'Ontario Hydro-Electric Power Commission en 1906, l'énergie hydroélectrique se développa également. Dans le même temps, l'extension du chemin de fer et les débuts de l'automobile favorisèrent la création de grands centres urbains : Toronto, Hamilton, Ottawa, Windsor... Enfin, l'invention du téléphone par Alexander Graham Bell – en 1876, à Brantford dans l'Ontario – apporta sa pierre à l'édification de la province.

En 1912, ses frontières actuelles furent tracées par une entente avec le gouvernement fédéral concédant à l'Ontario des territoires situés entre la baie d'Hudson et la rivière Albany. Suite à la Première Guerre mondiale, durant laquelle de nombreux Canadiens et Ontariens – y compris d'origine amérindienne – s'engagèrent, la province continua de prospérer et d'attirer de nouveaux immigrants.

Seule la Grande Dépression réussit à entamer l'optimisme ontarien du XXe siècle. Des années 30 à la Seconde Guerre mondiale, elle plongea la province dans une période de stagnation marquée par le chômage et la chute brutale des échanges internationaux d'un Ontario très dépendant des marchés extérieurs. Sitôt ce désastreux épisode passé, le développement repartit de plus belle. Au lendemain de la Seconde Guerre mondiale, l'Ontario – favorisé par sa position géographique et sa culture anglophone – orienta ses échanges économiques vers les États-Unis. Supplantant la Grande-Bretagne, le voisin américain reçut dès les années 70 la majorité des exportations de la province. En plus d'un important *baby boom*, la population ontarienne s'enrichit par ailleurs de nouveaux immigrants, en provenance de tous les horizons. Deux millions de personnes auraient choisi l'Ontario depuis la fin de la Seconde Guerre mondiale.

Fort de la découverte de nouveaux gisements miniers (uranium, or, cuivre, zinc), d'une industrie forestière florissante et d'un tourisme croissant, le Nord de l'Ontario ne fut pas exclu de cette croissance. Dès les années 60, la province devint ainsi la plus prospère du Canada, celle que nous connaissons aujourd'hui.

L'Ontario aujourd'hui

Véritable locomotive économique du Canada – avec le Québec –, l'Ontario dépasse aujourd'hui les autres provinces canadiennes par son activité et son dynamisme. Politiquement, et même si le programme orienté à gauche du New Democratic Party (NDP) a récemment eu le vent en poupe, l'Ontario a une longue tradition conservatrice. A l'été 1995, les Ontariens ont massivement rejeté le NDP au profit du réalisme des "conservateurs progressistes" (Progressive Conservatives) qui ont fait de la réduction des 98 milliards de dollars de la dette provinciale leur cheval de bataille.

Regroupant plus du tiers de la population canadienne, l'Ontario reste très marqué par ses origines britanniques. Même si elles sont plus discrètes que par le passé, les dissensions entre anglophones et francophones – et donc entre Québec et Ontario, véritables moteurs économiques du pays – demeurent. Outre la résurgence du sentiment identitaire québécois face à un Ontario fortement américanisé, elles se sont encore illustrées lors des débats suscités par l'intégration du Canada à l'Alena (accord de libre échange nord-américain).

Il serait néanmoins faux de réduire la population actuelle de l'Ontario aux seuls anglophones. En passant de 2 millions en 1901 à 10 millions en 1991, elle s'est en effet largement ouverte aux non-Européens, notamment Asiatiques, Caribéens et Sud-Américains. Urbaine à 80%, elle est principalement concentrée dans le "grand Toronto".

Les Amérindiens, quant à eux, sont maintenant au nombre des minorités de la province. A la fin du XIXe siècle, le gouvernement instaura un système de réserves indiennes dans le but de les sédentariser et de leur faire renoncer à leurs droits territoriaux. A ce jour, cette question est toujours une pomme de discorde avec le gouvernement fédéral et la gestion de la question amérindienne par le gouvernement canadien a souvent été critiquée.

Des efforts, cependant, ont été fait depuis 1975. Ils sont notamment le fait du "Secrétariat des affaires autochtones", dont l'action vise également à accorder des pouvoirs accrus aux gouvernements "autochtones".

GÉOGRAPHIE

La province de l'Ontario occupe une superficie de 1 068 587 km², soit près de deux fois la France et... 11% du Canada. Parsemé de lacs et dépassant rarement les 500 m d'altitude, ce vaste territoire est délimité au nord par la baie d'Hudson, à l'est par le Québec et à l'ouest par la province du Manitoba. La quasi-totalité de la frontière sud est, quant à elle, constituée des lacs Supérieur, Huron, Érié et Ontario – entre lesquels se trouvent les chutes du Niagara – placés sous l'administration conjointe du Canada et des États-Unis. Plus de 15% de la superficie de l'Ontario est recouvert d'eau.

La région du "grand Toronto" regroupe une bonne partie des agglomérations et industries du pays. Autrefois forestier, le paysage généralement plat est devenu beaucoup plus agricole.

Le Nord de l'Ontario est occupé par le Bouclier canadien, une formation vieille de plus de deux milliards et demi d'années. On retrouve sur ce territoire très ancien, rocheux et sablonneux, les paysages de forêts, de lacs et de rivières si caractéristiques du Canada. Dans cette région sauvage, accidentée et froide, les colons exercèrent les deux activités essentielles à leur survie : l'exploitation minière et forestière.

Citons enfin l'île Manitoulin, sur le lac Huron : elle est la plus grande du monde en eau douce.

CLIMAT

L'Ontario est la région la plus méridionale du Canada, ce qui influe sur son climat. Au sud de la province, et notamment aux environs de Niagara, les étés sont longs et les hivers doux. D'Ottawa à Windsor, les mois de juillet et août sont souvent chauds et lourds.

Comme on peut s'y attendre, les températures baissent progressivement (et consi-

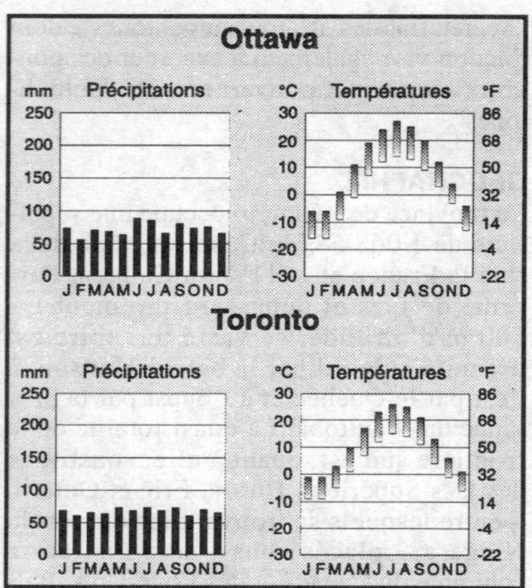

dérablement) à mesure que l'on se dirige vers le nord.

FAUNE ET FLORE

Les espèces présentes dans les deux provinces étant sensiblement comparables, reportez-vous à la section *Faune et flore*.

PARCS NATIONAUX ET PROVINCIAUX

Il existe plus de 250 parcs provinciaux en Ontario et 6 parcs nationaux. Leur vocation est différente.

Les parcs nationaux ont pour but de protéger et rendre accessible au public un environnement spécifique. Rares sont ceux qui ne disposent pas de campings. En Ontario, ils sont concentrés dans la région des lacs.

Le parc national de Bruce Peninsula est une destination obligée pour les campeurs, randonneurs et autres amoureux de la nature. Non loin, le parc Fathom Five permet la découverte des eaux de la baie Géorgienne. Le parc Pukaskwa, uniquement accessible par route ou bateau, offre de belles randonnées le long du lac Supérieur. Le parc national de Point Pelee, au sud-ouest de la province, est, quant à lui, un lieu privilégié pour l'observation des oiseaux.

Enfin, le parc national de St Lawrence Islands couvre 17 îles disséminées sur le fleuve, tandis que celui de Georgian Bay Islands en comprend une cinquantaine. Ajoutons à cette liste deux sites historiques nationaux : les parcs de Fort Malden et Fort Saint Joseph.

Les parcs provinciaux varient énormément. Certains sont destinés aux loisirs de plein air, d'autres à la protection d'un site historique, d'autres enfin à la préservation d'un environnement naturel spécifique. Quelques-uns mettent à la disposition du public des équipements de camping. A défaut de pouvoir ici les énumérer tous, retenons que le parc provincial Algonquin, à 300 kilomètres au nord de Toronto, est l'un des plus réputés du Canada. Outre de vastes étendues de nature vierge, il offre des possibilités de location de canoë, de randonnée, d'excursions à traîneau (en hiver !) et de camping.

Il existe enfin de nombreuses réserves naturelles en Ontario. Dans tous les cas, un équipement approprié et le respect de mesures élémentaires de prudence sont indispensables si vous souhaitez camper plusieurs jours dans des endroits inexploités. Les parcs nationaux et régionaux, ainsi que les réserves, sont détaillés au fil de cet ouvrage. Les offices du tourisme provinciaux pourront également vous fournir des brochures et des renseignements sur les parcs qui dépendent de leur juridiction.

INSTITUTIONS POLITIQUES

Comme toute province canadienne, l'Ontario est largement autonome. On retrouve en fait à l'échelle des provinces une organisation comparable à celle qui existe au plan fédéral. Monarchie constitutionnelle, le Canada est régi par un gouverneur fédéral, représentant symbolique du pouvoir exécutif détenu par la reine du Royaume-Uni. Dans les faits, le véritable chef du pays est le Premier ministre, issu du parti politique majoritaire.

Les institutions politiques provinciales sont calquées sur ce modèle : un lieutenant-gouverneur représente la monarchie à l'échelon de la province, qui est effectivement dirigée par un Premier ministre provincial (ou Premier). Actuellement, le Premier ministre de la province de l'Ontario est Michael D. Harris.

Le pouvoir législatif provincial appartient, quant à lui, à une assemblée législative. Celle de l'Ontario – qui siège à Queen's Park, à Toronto – compte 130 députés. A l'heure où nous mettons sous presse, elle est majoritairement composée de membres du parti progressiste-conservateur, la province gardant une longue tradition conservatrice.

Selon l'acte constitutionnel, les affaires étrangères, l'immigration, les impôts indirects, le système judiciaire pénal, la défense et le commerce sont du ressort du gouvernement fédéral. Les provinces, pour leur part, détiennent la haute main sur l'éducation, la santé, les services sociaux, la justice et les impôts directs. Dans les faits, la répartition des pouvoirs entre les institutions fédérale et provinciale est sans cesse l'objet de débats animés. Des différends existent également entre les provinces, ou encore, au sein d'une même province, entre les pouvoirs provinciaux et municipaux, qui sont une réalité au Canada.

ÉCONOMIE

L'Ontario est de loin la province la plus riche du Canada, même si la récession du début des années 90 s'y est fait plus durement sentir qu'ailleurs et que ses effets perdurent.

La province compte autant d'industries manufacturières que toutes les autres réunies. Elle produit plus de la moitié des biens manufacturés du pays et est à l'origine de près de 80% des exportations canadiennes de ces produits. Elle bénéficie largement du faible coût de l'énergie hydroélectrique en Ontario.

Les industries manufacturières sont principalement concentrées sur la rive ouest du lac Ontario.

Hamilton constitue le centre du fer et de l'acier canadien, tandis que les villes d'Oshawa et de Windsor, à proximité, font de l'Ontario le leader incontesté de la construction automobile sur le plan national. La production industrielle de la province s'illustre aussi dans les domaines des appareils électriques, de l'informatique, de l'aéronautique et de la chimie.

Aussi étrange que cela puisse paraître, l'Ontario est également la première province agricole du pays, même si l'asphalte gagne chaque année sur les excellentes terres fertiles des environs des Grands Lacs. La péninsule du Niagara est une importante région de production vinicole et fruitière.

Plus au nord sont massées d'énormes richesses naturelles : Sudbury produit un quart du nickel mondial ; Elliot Lake est bâtie sur le plus colossal gisement d'uranium jamais mis à jour.

A cela s'ajoute l'exploitation des forêts, qui constitue une richesse non négligeable. Elles recouvrent les trois-quarts de la superficie de la province et appartiennent au gouvernement provincial pour une très large part. Elles emploient plus de 150 000 personnes.

POPULATION ET ETHNIES

L'Ontario est aujourd'hui la province la plus peuplée du Canada, et la plus diverse sur le plan ethnique. Un tiers des Canadiens vivent en Ontario, et plus de 80% d'entre eux sont citadins, surtout installés entre Kingston et Windsor, le long des grandes voies d'eau qui délimitent la frontière sud.

La province compte plus de 7,5 millions d'anglophones et environ 460 000 francophones. Ces derniers sont surtout présents dans l'est et le nord. En règle générale, les Canadiens anglophones sont protestants et les francophones catholiques. La religion ne joue cependant plus un rôle déterminant dans la vie canadienne.

Il serait néanmoins erroné de réduire la population de la province à ces deux communautés. Pour la seule année 1991, plus de 100 000 immigrants de tous les horizons se sont installés en Ontario. Centre de cette immigration internationale, Toronto est devenue l'une des villes les plus cosmopolites au monde. Selon le recensement de 1986, les langues les plus représentées dans la province – hormis l'anglais et le français – sont le chinois, le néerlandais, l'allemand, le grec, le persan, l'italien, le polonais, le portugais et l'ukrainien. L'Ontario compte également des communautés sud-américaines et caribéennes.

Enfin, 167 000 descendants des peuples amérindiens sont recensés en Ontario. Cette évaluation minore peut-être la réalité compte tenu du fait que les critères définissant les "Canadiens autochtones" restent stricts. Il n'en demeure pas moins qu'avec plus de 20% de la population totale des Amérindiens du Canada, l'Ontario est la province la plus peuplée en représentants des "premiers Canadiens". Moins de 10% d'entre eux vivent dans des réserves.

Depuis le début des années 80, les leaders indiens du Canada se sont efforcés de politiser leurs revendications, qu'il s'agisse d'invoquer la Constitution, de réclamer des terres ou de défendre leurs droits miniers. Des organisations nationales s'activent aujourd'hui à défendre les intérêts des Amérindiens du Canada et contribuent considérablement à faire entendre leur voix. Il semble par ailleurs que la plupart des Canadiens approuvent aujourd'hui les revendications des Indiens.

Quoi qu'il en soit, les Amérindiens du Canada attendent toujours que des mesures concrètes améliorent véritablement leur situation, même s'il est de plus en plus difficile aux gouvernements fédéraux et provinciaux de fermer les yeux, leurs revendications étant régulièrement portées devant les tribunaux, notamment le droit à l'autonomie. La création d'écoles indiennes, qui permettrait de contrôler l'instruction religieuse et l'enseignement de la langue vernaculaire, ainsi que la mise en place d'un système judiciaire indien, font également l'objet de pourparlers.

Nombre d'Indiens participent aussi de plus en plus à divers mouvements qui cherchent à encourager le respect de la religion, de la culture, de la langue et de l'histoire de leur peuple.

SYSTÈME ÉDUCATIF

L'Ontario dispose du système d'éducation commun à la majorité des provinces canadiennes. Divisé en trois niveaux – primaire, secondaire et supérieur – il est placé sous la responsabilité des autorités provinciales et est gratuit jusqu'à la fin des études secondaires.

Il existe depuis la Confédération deux systèmes scolaires publics. Certains établissements sont non-confessionnels, d'autres "séparés" (catholiques). Les deux sont ouverts à tous et reçoivent des subventions de la province.

L'Ontario compte également des écoles privées, mais pas de véritable système privé. Nombre d'établissements ontariens proposent des cours en français. Il existe également des programmes d'immersion qui permettent aux élèves anglophones de recevoir un enseignement dispensé entièrement en français. Ils sont très en vogue dans tout le Canada.

Les universités et collèges d'art appliqué et de technologie reçoivent également des subventions d'État. Elles dispensent un enseignement poussé dans des domaines variés. Ces dernières années, le système éducatif canadien a fait l'objet d'une surveillance accrue. Il s'est en effet avéré que de nombreux étudiants, à la sortie du secondaire, ne répondaient pas aux critères exigés sur le plan international, mais aussi par les universités canadiennes, et qu'ils étaient mal préparés par les entreprises.

Les éducateurs invoquent des problèmes insolubles : le manque de fonds, des équipements peu performants, mais aussi la nécessité pour eux d'assumer simultanément le rôle d'enseignant, de surveillant, de conseiller pédagogique et de travailleur social.

Moins de la moitié des Canadiens entreprennent aujourd'hui des études supérieures. Environ 10% possèdent un diplôme universitaire. En revanche, de nombreux étudiants viennent du monde entier étudier dans les universités canadiennes. Cette présentation ne serait pas complète sans mentionner la question de l'éducation des Indiens. Le modèle d'éducation non-indien généralement appliqué à ces derniers soulève en effet des critiques, notamment parce qu'il contribue à la perte de l'identité et de la culture indiennes. Même s'il a augmenté, le niveau d'éducation des Indiens reste bas et rares sont ceux qui accèdent à l'enseignement supérieur.

ARTS

Littérature

Si ce n'est la longue saga de Jalna de Mazo de la Roche (1927), c'est surtout depuis les années 40 que la littérature anglophone a commencé à s'imposer.

Elle compte notamment de nombreux poètes dont l'un des plus connus est incontestablement E. J. Pratt (1882-1964). Originaire de Terre-Neuve, il fut professeur à Toronto jusqu'en 1953 et publia treize recueils de poèmes d'inspiration épique (*Titans* ou *Towards The Last Pike*, qui décrit la construction du chemin de fer transcanadien). Robertson Davis, quant à lui, est resté attaché aux valeurs littéraires de l'Angleterre et passe pour le plus britannique des écrivains canadiens contemporains.

Alors que Mordecai Richler a parié sur l'Angleterre pour devenir célèbre, des auteurs de romans et de nouvelles typiquement canadiens ont réussi à obtenir une notoriété internationale. Parmi eux, Margaret Atwood, poète (*Journals of Susanna Moodie*) puis romancière (*Surfacing*) et nouvelliste, a publié récemment *The Handmaid's Tale*.

Le célèbre humoriste Stephen Leacock s'est, pour sa part, illustré avec *Sketches of*

La littérature indienne

Évolution significative de la littérature canadienne : l'influence de plus en plus marquante des auteurs indiens. Motivée par le besoin de relater la cruelle vérité coloniale et de faire voler en éclats la thématique "cabanes en rondins et chemises de bûcherons", ainsi que de partager et de célébrer la richesse de leur propre culture, l'œuvre de la décennie passée se compose notamment de romans, de récits, de pièces de théâtre et de poésie. Ce type de littérature, dotée d'une forte puissance d'évocation, apporte du sang neuf et renouvelle les genres, s'inspirant de la riche tradition de littérature orale indienne.

Les femmes se distinguent particulièrement. Initialement écrite comme une lettre adressée à elle-même, *Halfbreed* est une autobiographie de Maria Campbell. Publiée en 1973, elle devint rapidement un best-seller. A l'instar d'autres auteurs indiens, Campbell souligne avec force la nécessité de se réapproprier sa propre langue. En effet, bon nombre d'écrivains indiens voient d'un mauvais œil l'appropriation, par des Européens, des récits indiens. Cette "confiscation" vient en effet s'ajouter à la dépossession foncière et à la mise sous le boisseau de leur culture. Ironie de la situation : ce ne sont pas les Indiens qui éprouvent le besoin de cette littérature et des valeurs qu'elle véhicule.

La lutte pour l'autodétermination des Indiens constitue le thème de *Slash* (1985), le roman de Jeannette Armstrong qui rencontra un écho international. Béatrice Culleton, dans *In Search of April Raintree* (1983), relate les vies de deux jeunes métisses. Signalons également *Honour the Sun*, de Ruby Slipperjack. Publié en 1987, il porte sur l'évolution d'une jeune fille dans une communauté isolée et fragmentée.

Thompson Highway s'est également fait remarquer grâce à deux pièces de théâtre à succès, *The Rez Sisters* et *Dry Lips Oughta Move to Kapuskasing*. Highway considère le théâtre comme un prolongement naturel de la narration. Il compte parmi les auteurs indiens les plus connus.

Au cours des dernières années, de nombreuses anthologies poétiques et théâtrales ont également été publiées. Publié en 1985, *Achimoona* rassemble de courtes fictions signées par de jeunes auteurs indiens. *All My Relations* (1990) est un recueil de nouvelles, dirigé par l'écrivain Thomas King. *Seventh Generation* (1989), sous la direction de Heather Hodgson, est une anthologie de poésie indienne contemporaine. ■

a Little Town. Le livre, qui a pour cadre la ville d'Orillia, au nord-est du lac Simcoe dans l'Ontario, est considéré par certains comme l'ouvrage le plus typiquement canadien jamais écrit.

Enfin, le moraliste Morley Callaghan connut la célébrité dans les années 50 avec des écrits relatifs à la réalité sociale du pays. Son public est surtout nord-américain (*The Love and the Lost*).

Peinture

Les premiers peintres canadiens firent leur apparition dès le début du XVIIIe siècle. De styles très divers, leurs œuvres subirent l'influence européenne. De cette période on retiendra le nom de Cornelius Krieghoff, pour lequel la région du Saint-Laurent fut le sujet d'inspiration privilégié.

Tom Thompson et le Groupe des Sept, fondé juste avant la Seconde Guerre mondiale, privilégièrent le paysage et définirent un style qui allait dominer l'art canadien pendant une trentaine d'années. Le Groupe des Sept réunissait Franklin Carmichael, A. J. Casson, Lawren Harris, A. Y. Jackson, Arthur Lismer, J. E. H. MacDonald et Frederick Varley. S'inspirant des paysages de la région des lacs, à l'est, leur œuvre a su séduire un public tant national qu'international.

Algonquin d'origine, Benjamin Chee-Chee contribua à donner ses lettres de noblesse à la peinture des Amérindiens de l'Ontario avec ses œuvres abstraites.

Musique

Célèbre depuis 20 ans, l'Ontarien Neil Young émergea d'abord avec le groupe Crosby, Steel, Nash and Young, puis continua sa carrière en solo. Paul Anka et Bruce Cockburn sont également originaires de la province.

Sur un rythme plus ternaire, le pianiste de jazz montréalais Oscar Peterson a fait ses débuts à Toronto avant de connaître une célébrité mondiale.

Dans le domaine classique, on retiendra surtout Glenn Gould (né à Toronto), pianiste virtuose et d'exception. Son interprétation très personnelle de l'œuvre de Jean-Sébastien Bach est une merveille, notamment les Variations Goldberg. La création dans les années 60 de la Canadian Opera Company de Toronto fut un bienfait pour la musique classique dans la province.

Cinéma

Le cinéma canadien jouit d'une certaine notoriété à l'étranger, grâce au travail accompli par l'Office national du film (National Film Board/NFB) dont les productions connaissent toutefois une audience étonnamment restreinte sur place. Fondé en 1939, l'Office produit chaque année de nombreux films d'animation, de fiction et des documentaires. On lui attribue d'ailleurs la création du genre documentaire. De nombreuses cassettes vidéo sont disponibles à la location.

Norman Jewison, réalisateur d'*Éclair de lune*, (1988) peut être considéré comme le père des cinéastes anglophones du Canada. Son premier film remonte à 1962. On a parlé d'une "nouvelle vague" du cinéma ontarien dans les années 1984-1992. Alors que le Québec était traditionnellement le fer de lance de la production cinématographique canadienne, ces années ont en effet vu les réalisateurs ontariens rivaliser de créativité et d'originalité.

Parmi ces cinéastes, citons David Cronemberg, qui s'est rendu célèbre avec *La Mouche* (1986), *Faux-semblants* (1988) ou encore *Le festin nu* (1991) ; Atom Egoyan, dont l'univers tout à fait personnel transparaît dans le très apprécié *Exotica* (1994) ; Bruce McDonald qui a réalisé *Road Kill* (1989), *Highway 61* (1991) et *Dance Me Outside*, sur les conditions de vie indiennes contemporaines ou encore Patricia Rozema, qui a réalisé *I've Heard the Mermaids Singing* (1986), comédie dramatique récompensée par le prix de la jeunesse à Cannes.

Des films et réalisateurs moins connus peuvent être découverts lors du festival annuel de Toronto.

RELIGION

L'impact de la religion fut important lors de la colonisation du Canada et de l'Ontario.

Soutenant les catholiques français et irlandais, les jésuites furent en perpétuel conflit avec les protestants anglais et hollandais.

Sujet d'étude et d'évangélisation, les Indiens devinrent, au XVIIe siècle, l'instrument d'une guerre de pouvoir entre catholiques et protestants. Dès lors, les jésuites furent massacrés par les Iroquois aux ordres des Anglais. Malgré cette meurtrière opposition, le rôle des jésuites ne reste pas moins essentiel dans l'exploration scientifique du Canada et la prédominance de leur doctrine auprès des Indiens d'aujourd'hui.

Les catholiques constituent la première communauté religieuse de l'Ontario. Son importance a été renforcée, entre autres, par l'immigration italienne, grecque et polonaise.

Au sein de la communauté protestante, les unitariens représentent le groupe majeur, suivi par les anglicans. Viennent ensuite, dans des proportions moindres, les presbytériens, baptistes et luthériens.

Quoi qu'il en soit, la religion joue un rôle de moins en moins déterminant dans la vie canadienne et la fréquentation des églises ne cesse de diminuer depuis la Seconde Guerre mondiale. Le judaïsme, l'islam, l'hindouisme et la religion sikh sont également présents en Ontario.

Nombreux sont les membres de la communauté amérindienne qui sont catholiques, ce qui tend à démontrer l'efficacité des premiers jésuites. On assiste cependant à un retour aux anciens systèmes de croyances fondés sur la nature et le monde des ancêtres.

LANGUE

L'anglais est la langue principale de l'Ontario. La langue de Molière n'est néanmoins pas une parfaite inconnue dans la province. En 1991, le taux de bilinguisme chez les Ontariens dont la première langue était l'anglais atteignait 7,5%. A cette même date, plus de 85% des Ontariens parlant français en première langue étaient bilingues.

Les Indiens continuent à utiliser leur langue maternelle, comme le font de nombreux immigrants. Dans certaines communautés indiennes toutefois, seuls les membres les plus vieux sont encore capables de pratiquer la langue vernaculaire de leur nation. La plupart des Canadiens ignorent les langues des Indiens et seuls quelques mots, comme parka, muskeg et kayak sont passés dans le langage courant.

Anglais canadien

L'anglais pratiqué au Canada et importé sur place par les premiers colons au début du XIXe siècle diffère peu de la langue parlée en Angleterre. Certaines règles de grammaire ont également subi des modifications. Par ailleurs, le vocabulaire canadien s'est trouvé considérablement enrichi par l'apport de termes nouveaux adaptés à un pays neuf par l'influence des langues autochtones et du français.

On ne retrouve pas au Canada quantité de dialectes comme en Angleterre ou en Allemagne. Dans la région d'Ottawa, l'anglais parlé a subi l'influence des nombreux colons irlandais arrivés au milieu du XIXe siècle.

Les États-Unis ont également exercé une influence considérable sur le développement de l'anglais canadien, en particulier ces dernières années, par l'intermédiaire des médias et de l'utilisation de dictionnaires et d'ouvrages scolaires américains. L'orthographe en revanche n'a guère subi de modifications, à quelques exceptions près, telles que "tire" (tyre/pneu) et "aluminum" (aluminium).

La différence la plus connue entre l'américain et l'anglais canadien tient sans doute à la prononciation de la dernière lettre de l'alphabet. Les Américains disent "zee", les Canadiens "zed".

Salutations et formules de politesse

oui	*yes*
non	*no*
s'il vous plaît	*please*
merci	*thank you*
je vous en prie	*you're welcome*
salut	*hello*
comment ça va ?	*how are you ?*

ONTARIO

ça va bien	*I'm fine*
pardon	*excuse me*
bienvenue	*welcome*

Termes et expressions utiles

grand	*big*
petit	*small*
bon marché	*cheap*
cher	*expensive*
ici	*here*
là	*there*
beaucoup	*much, many*
avant	*before*
après	*after*
demain	*tomorrow*
hier	*yesterday*
toilettes	*toilet*
banque	*bank*
chèque de voyage	*travellers' cheque*
l'addition, le reçu	*bill*
magasin	*store*
une allumette	*a match*
musée	*museum*
gaz	*gas*
sans plomb	*lead-free (gas)*
libre-service	*self-service*

Questions

où/où est... ?	*where/where is...?*
comment ?	*what ?*
quoi ? (argot)	*huh ? (slang)*
combien ?	*how much?*

Panneaux de signalisation

entrée	*entrance*
sortie	*exit*
quai	*platform*
renseignements	*information*
interdiction de camper	*no camping*
stationnement interdit	*no parking*
bureau de tourisme	*tourist office*

Quelques phrases utiles

Je suis touriste	*I am a tourist*
Parlez-vous français ?	*Do you speak French ?*
Je ne parle pas anglais	*I don't speak English*
Je comprends	*I understand*
Je ne comprends pas	*I don't understand*

Hébergement

hôtel	*hotel*
auberge de jeunesse	*youth hostel*
chambre	*room*

Alimentation

restaurant	*restaurant*
casse-croûte	*snack*
œufs	*eggs*
pommes de terre	*potatoes*
frites	*french fries (chips)*
pain	*bread*
fromage	*cheese*
légume	*vegetable*
fruit	*fruit*

Boissons

eau	*water*
lait	*milk*
bière	*beer*
vin	*wine*
rouge	*red*
blanc	*white*

Transports

autobus	*bus*
train	*train*
billet	*ticket*
avion	*plane*
aller et retour	*return ticket*
aller simple	*one-way ticket*
gare ferroviaire	*train station*
gare routière	*bus station*

Directions

à gauche	*left*
à droite	*right*
tout droit	*straight ahead*

Nombres

1	*one*
2	*two*
3	*three*
4	*four*
5	*five*
6	*six*
7	*seven*
8	*eight*
9	*nine*
10	*ten*

11	*eleven*	25	*twenty-five*
12	*twelve*	30	*thirty*
13	*thirteen*	40	*forty*
14	*fourteen*	50	*fifty*
15	*fifteen*	60	*sixty*
16	*sixteen*	70	*seventy*
17	*seventeen*	80	*eighty*
18	*eighteen*	90	*ninety*
19	*nineteen*	100	*a/one hundred*
20	*twenty*		
21	*twenty-one*	500	*five hundred*
22	*twenty-two*	1 000	*a/one thousand*

Ottawa

ONTARIO

Capitale du pays, Ottawa occupe un site superbe sur la rive sud de la rivière des Outaouais et de son confluent, la rivière Rideau. Au nord, on aperçoit les monts Gatineau.

Vous serez peut-être surpris d'entendre couramment parler français. C'est sans doute parce que le Québec se trouve sur l'autre rive, mais surtout parce que l'on exige maintenant des fonctionnaires qu'ils soient bilingues.

A noter que nombre de sites touristiques d'Ottawa sont fermés le lundi.

HISTOIRE

En 1826, les troupes britanniques fondèrent la première colonie en vue de construire le canal Rideau (reliant la rivière des Outaouais au lac Ontario). D'abord baptisée Bytown, la ville changea de nom en 1855. La reine Victoria en fit la capitale du pays deux ans plus tard.

Après la Seconde Guerre mondiale, l'urbaniste parisien Jacques Greber fut chargé d'embellir Ottawa. Cette agréable cité de 314 000 habitants jouit aujourd'hui de parcs et de nombreuses aires de loisirs sur les rives des voies navigables.

ORIENTATION

Le cœur de la ville est très compact et englobe la majeure partie des monuments dignes d'intérêt. On peut facilement en faire le tour à pied. Le canal Rideau divise le centre d'Ottawa en deux secteurs, est et ouest.

Côté ouest, Wellington St est la principale artère est-ouest, bordée de nombreux édifices gouvernementaux et par le Parlement. La rivière des Outaouais s'étend au nord. Bank St est une rue commerçante aux nombreux restaurants et théâtres.

A l'ouest du canal, vous apercevrez Elgin St et la vaste Confederation Square au milieu de laquelle se dresse le National War Memorial (monument aux morts). Sont également présents l'office du tourisme, dans le centre national des Arts, et le grand hôtel Château Laurier.

A NE PAS MANQUER

- La National Gallery
- Le parc Gatineau

Le canal Rideau traverse le sud de la ville. Il est bordé de voies cyclables et piétonnières. En hiver, le canal gelé se transforme en patinoire. De l'autre côté du canal, à l'est, Rideau St constitue l'artère principale où se déploie l'énorme centre commercial Rideau. Au nord, entre George et York St, se tient, depuis les années 1840, le marché Bytown, animé le samedi.

RENSEIGNEMENTS

L'Alliance française (☎ 613-234-9470 ; fax 233-1559) se trouve 352 MacLaren St, Ottawa, Ontario, K2P 0M6.

Offices du tourisme

L'office du tourisme (☎ 237-5158) est installé dans le centre national des Arts, 65 Elgin St, en face de l'angle de Queen St. Il est ouvert de 9h à 21h, tous les jours, de début mai à début septembre. Le reste de l'année, il ouvre de 9h à 17h du lundi au samedi et de 10h à 16h le dimanche. Parking gratuit (pour 30 mn) en sous-sol.

Plus grand, le Canada's Capital Information Centre (☎ 239-5000 ou 1-800-465-1867) est sis 14 Metcalfe St, face au Parlement. Il est ouvert tous les jours. L'agence principale (☎ 239-5555) est située 40 Elgin St.

Le Visitors & Convention Bureau (☎ 237-5150) se trouve bureau 1800 au 130 Albert St.

Argent

Vous trouverez plusieurs banques dans Sparks St, dont le bureau de change Accu-

Rate, au n°153. Il reste ouvert tard et propose des chèques de voyage.

Poste

Un bureau de poste est implanté 59 Sparks St.

Agences de voyages

Les voyageurs à petit budget trouveront leur bonheur chez Hostel Shop (☎ 569-1400), 75 Nicholas St. Travel CUTS (☎ 238-5493) dispose d'une succursale à la Carleton University, au sud du canal, le long de Bronson Avenue.

Livres et cartes

The World of Maps and Travel Books (☎ 724-6776), 118 Holland Avenue, à l'angle de Wellington St, propose un vaste choix de cartes, plans et guides. Tout comme The Map Store (☎ 233-6277), ouvert tous les jours au 113 O'Connor St. Books Canada, 71 Sparks St, contient un excellent rayon spécialisé sur le pays.

Services médicaux

L'hôpital central d'Ottawa (☎ 737-7777) se trouve 501 Smyth Rd.

Désagréments et dangers

La nuit, drogue et prostitution règnent dans le quartier du marché. Évitez de vous promener dans les rues isolées à une heure tardive.

A VOIR ET A FAIRE

Colline du Parlement

Le bâtiment du Parlement est le plus impressionnant des édifices gouvernementaux.

Le Sénat et la Chambre des députés se trouvent dans le Parlement, et les séances sont publiques. Des visites gratuites (☎ 239-5000) d'environ 20 mn sont fréquemment proposées et mènent jusqu'au belvédère de la tour de la Paix (fermée récemment pour travaux). Réservation indispensable.

National Gallery

Une visite à la National Gallery (☎ 990-1985), Sussex Drive, à 15 mn du Parlement, s'impose. C'est le principal musée des Beaux-Arts du Canada.

Ouverte en 1988, cette structure de verre et de granit rose, qui domine l'Ottawa, fut conçue par Moshe Safdie, auteur également de l'Habitat de Montréal (complexe résidentiel unique en son genre), du musée de la Civilisation de Québec et responsable de la rénovation de l'hôtel de ville. Si les artistes canadiens sont largement privilégiés, les grands noms de l'art américain et européen sont bien représentés.

Non seulement l'excellente présentation chronologique de la peinture et de la sculpture canadiennes fournit un bon aperçu de l'histoire de l'art de ce pays, mais elle permet aussi de mieux saisir le développement du pays, de la vie des Indiens à l'arrivée des premiers Européens.

Au niveau 2, la **galerie Inuit** jouxte les salles consacrées aux œuvres contemporaines et internationales.

Le musée est immense. Il est impossible de visiter toutes les galeries en quelques heures. L'entrée est gratuite mais, pour les expositions temporaires, il faut acquitter un droit d'entrée de 5 $ environ.

En été, le musée est ouvert de 10h à 18h tous les jours, excepté le jeudi où il est ouvert jusqu'à 20h. Le reste de l'année, il est ouvert du mercredi au dimanche, de 10h à 17h. Il est fermé pendant les vacances d'hiver.

Musée canadien de la Nature

Le musée de la Nature (☎ 996-3102) occupe un ancien bâtiment victorien, à l'angle de McLeod St et de Metcalf St.

En été, le musée est ouvert tous les jours de 9h30 à 17h ; à partir de 10h, le reste de l'année. Le jeudi, il est ouvert jusqu'à 20h. L'entrée est de 4 $ (tarif réduit pour les enfants, les personnes âgées et les familles).

Le jeudi, l'entrée coûte moitié prix jusqu'à 17h, puis est gratuite de 17h à 20h.

Depuis Confederation Square, empruntez le bus n°5, 6 ou 14 dans Elgin St. Entre le Parlement et le musée, comptez 20 mn à pied.

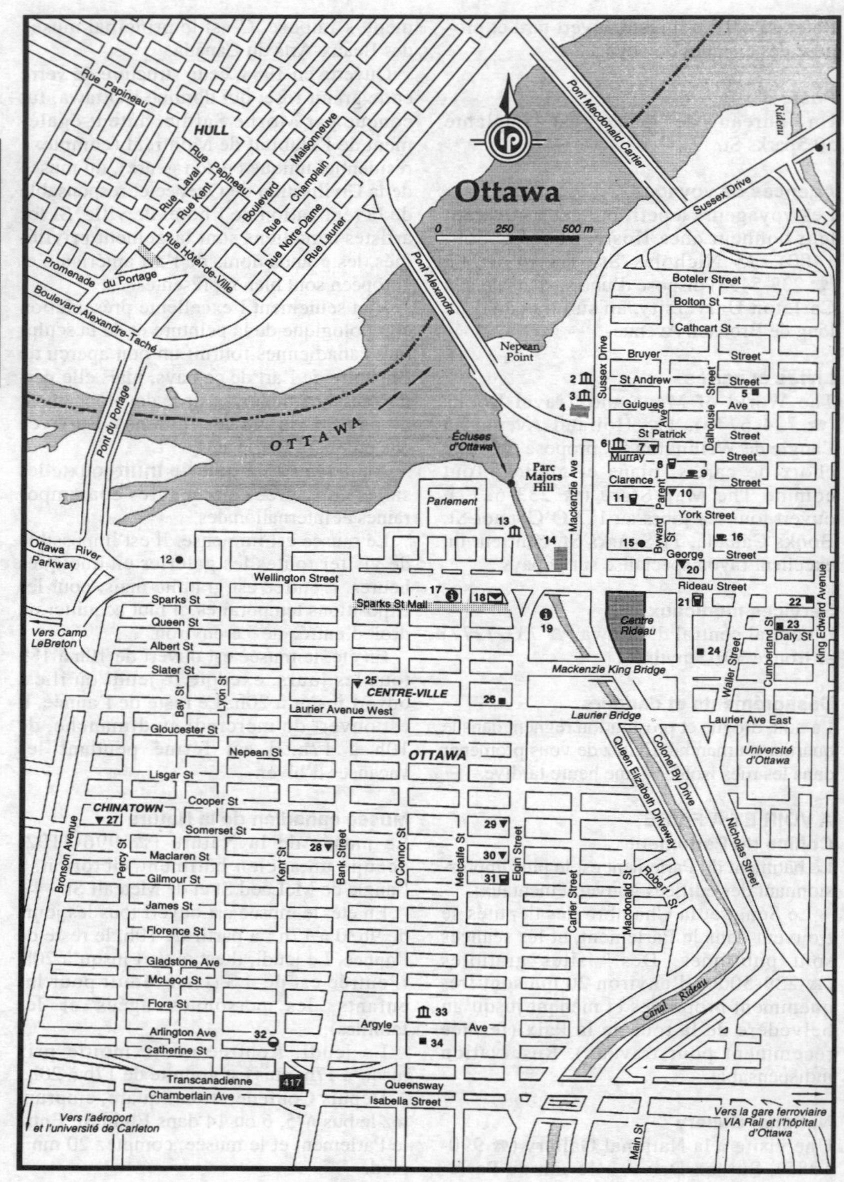

Ottawa
0
250
500 m
HULL
Rue Papineau
Rue Laval
Rue Kent
Rue Papineau
Boulevard
Maisonneuve
Rue Champlain
Rue Notre-Dame
Rue Laurier
Rue Hôtel-de-Ville
Promenade du Portage
Boulevard Alexandre-Taché
Pont du Portage
Pont Alexandra
Pont Macdonald Cartier
Sussex Drive
Rideau
OTTAWA
Nepean Point
Écluses d'Ottawa
Parc Majors Hill
Parlement
Ottawa River Parkway
Vers Camp LeBreton
Wellington Street
Sparks St
Sparks St Mall
Queen St
Albert St
Slater St
Laurier Avenue West
CENTRE-VILLE
Gloucester St
Nepean St
OTTAWA
Lisgar St
Cooper St
CHINATOWN
Somerset St
Maclaren St
Gilmour St
James St
Florence St
Gladstone Ave
McLeod St
Flora St
Arlington Ave
Argyle
Ave
Catherine St
Transcanadienne
417
Queensway
Chamberlain Ave
Isabella Street
Vers l'aéroport et l'université de Carleton
Bronson Avenue
Percy St
Bay St
Lyon St
Kent St
Bank Street
O'Connor St
Metcalfe St
Elgin Street
Mackenzie Ave
Sussex Drive
Boteler Street
Bolton St
Cathcart St
Bruyer
St Andrew
Guigues
St Patrick
Murray
Clarence
York Street
George
Rideau Street
Street
Street
Ave
Street
Street
Street
Street
Byward
Parent Ave
Dalhousie Street
Centre Rideau
Mackenzie King Bridge
Laurier Bridge
Daly St
Waller Street
Cumberland St
King Edward Avenue
Laurier Ave East
Université d'Ottawa
Colonel By Drive
Queen Elizabeth Driveway
Nicholas Street
Cartier Street
Macdonald St
Robert St
Canal Rideau
Main St
Vers la gare ferroviaire VIA Rail et l'hôpital d'Ottawa

OÙ SE LOGER

5 Foisy House
14 Château Laurier
22 Quality Hotel by Journey's End
23 Gasthaus Switzerland Inn
24 HI Ottawa Hostel
26 Lord Elgin Hotel
34 YMCA-YWCA

OÙ SE RESTAURER

7 Crêpe de France
9 Café Bohemian
10 Bagel Bagel
16 Cyber Perk Café
20 Oregano's
25 Suisha Gardens
27 Mekong Restaurant
28 The Royal Oak
29 Charlie's Party Palace
30 The Ritz

DIVERS

1 Hôtel de ville
2 Monnaie royale canadienne
3 Musée canadien de la Guerre
4 National Gallery
6 Musée canadien du Ski
8 Rainbow Bistro
11 Zaphod Beebleroy
12 Archives nationales
13 Musée Bytown
15 Marché Byward
17 Office du tourisme
18 Poste
19 Confederation Square, Centre national des arts et office du tourisme
21 Take Five Jazz Café
31 Penguin Rock Bar & Club
32 Gare routière
33 Musée c canadien de la Nature

ONTARIO

Maison Laurier

Cette maison victorienne, sise 335 Laurier Ave (☎ 992-8142) et construite en 1878, fut la résidence de deux Premiers ministres, Wilfrid Laurier et l'excentrique William Lyon MacKenzie King. Elle est magnifiquement meublée – ne manquez surtout pas le bureau au dernier étage.

Du 1er avril au 30 septembre, elle est ouverte du mardi au samedi, de 9h à 17h (le reste de l'année, elle ouvre à 10h) ainsi que le dimanche de 14h à 17h. L'entrée coûte 2,50 $.

Activités sportives

En été, vous pourrez faire du bateau sur le canal. Pour louer canoës ou barques, adressez-vous à Dows Lake Marina (☎ 232-5278) ou à la marina, dans Hog's Back Rd (☎ 736-9894), deux agences situées au sud du centre-ville. Les locations se font à l'heure ou à la semaine.

Une large bande de parcs reliés entre eux, appelée Greenbelt, encercle la ville à l'est, à l'ouest et au sud. Cette zone de bois, de marais et de champs est sillonnée de sentiers de randonnée, de pistes cyclables et de promenades.

Non loin d'Ottawa, plusieurs agences proposent des descentes de rapides en rafting. Il n'est pas nécessaire d'être un rafter expérimenté. Les emplacements sont situés à moins de deux heures de la ville. Très réputé, Esprit Rafting (☎ 1-800-596-7238) propose des excursions en rafting en petit groupe et dans les règles de l'art. L'organisme vient vous chercher et vous dépose gratuitement à l'auberge de jeunesse internationale d'Ottawa. Esprit organise aussi des descentes en canoë de quatre jours sur la rivière Petawawa, au sein du parc provincial d'Algonquin, ainsi que des cours de kayak. Le club dispose d'un refuge rustique au bord de l'eau, près de Fort Colonge, juste après la frontière québécoise. Prévoyez 85 $ la journée de rafting.

Vous pouvez également vous adresser à deux autres organismes, tous deux implantés dans Foresters Falls : Wilderness Tours (☎ 646-2241 à Québec, ou ☎ 1-800-267-9166) et OWL Rafting (☎ 1-800-461-7238). Les deux rivières empruntées sont la rivière de l'Outaouais et le Magnetawan. Mieux vaut réserver pour le week-end. Les descentes en semaine sont nettement moins chères.

En hiver, on peut faire du ski à 20 km de la ville, aux monts Gatineau. Deux stations offrent des pistes de difficultés diverses, Camp Fortune et Mont Cascades.

En hiver, le canal Rideau est célèbre pour ses 5 km de patinoire. En chemin, on vous servira d'énormes beignets, les *beavertails* (queues de castor), et du chocolat chaud. Renseignez-vous auprès de l'office du tourisme sur les locations de patins.

Pour louer des vélos, consultez la rubrique *Comment circuler*. L'office du tourisme dispose d'une carte détaillée de tous les parcs.

FESTIVALS

Voici quelques-unes des principales manifestations :

Février

Winterlude – le célèbre et populaire Winterlude commence début février. Les trois week-ends consécutifs de festivités se déroulent sur le lac Dows gelé et le canal. Les sculptures de glace méritent vraiment le coup d'œil.

Mai

Festival de la Tulipe – grande manifestation annuelle, le festival de la Tulipe se déroule à la fin mai.

Juin

Le Franco Festival – il a lieu en juin et permet à la culture française du Canada de se manifester (musique, artisanat, etc.).

Juillet-août

Cultures Canada – en juillet et en août, la scène en plein air du parc de Major's Hill, appelée l'Astrolabe, est utilisée pour des concerts, des ballets, des spectacles de mime, et d'autres divertissements. C'est gratuit et ouvert la nuit.

Festival international de jazz – cette manifestation dure dix jours, à la fin du mois de juillet, à Ottawa et à Hull.

Central Canada Exhibition – foire annuelle qui se tient tous les ans à la fin du mois d'août et propose dix jours de manifestations, un carnaval et diverses attractions. Elle a lieu au parc Lansdowne.

OÙ SE LOGER

Camping

L'excellent *Camp Le Breton* (☎ 943-0467), est implanté à l'angle de Fleet St et de Booth St. Comptez 7,50 $ par nuit et par personne. Le séjour est limité à cinq nuits. Il affiche une capacité de 200 tentes. Conçu d'abord pour les cyclistes et les randonneurs, il n'offre ni électricité, ni eau. Il est ouvert de la mi-mai à la fête du Travail. Le bus urbain relie le centre-ville au camping, proche de la rivière et des chutes Chaudière.

Le *Camp Hither Hills* (☎ 822-0509), à 10 km au sud de la ville, sur la Hwy 31 (Bank St), demande 13 $ pour une tente.

D'autres campings sont regroupés à l'est et à l'ouest de la ville, sur la Hwy 17. L'office du tourisme pourra vous fournir la liste des terrains de la région d'Ottawa. On peut aussi camper dans le parc Gatineau, sur l'autre rive, dans la province de Québec.

Auberges de jeunesse

Le HI *Ottawa Hostel* (☎ 235-2595), 75 Nicholas St, à l'est du canal Rideau, est installé dans l'ancienne prison d'Ottawa – on aperçoit la potence à l'arrière du bâtiment. C'est l'une des auberges de jeunesse les plus réputées du pays. Centrale, non loin du Parlement, elle dispose de 130 lits dans le bâtiment restauré, dont la plupart sont installés dans d'anciennes cellules très austères. Comptez 15 $ pour les membres, 19 $ pour les autres. L'auberge est ouverte 24h/24. Les installations incluent une cuisine, une laverie et un café en été. Il vaut mieux réserver en été et en février, au moment de Winterlude.

Le bus n°4 part de la gare routière, à l'angle de Arlington St et de Kent St, et s'arrête à deux pâtés de maisons de l'auberge. Depuis la gare ferroviaire, le bus 95 effectue le même trajet.

La *YM-YWCA* (☎ 237-1320), 180 Argyle Ave, à l'angle de O'Connor St, dans le sud du centre-ville, loue des simples plus chères à 42 $ avec s.d.b. commune. Les doubles sont plus intéressantes à 49 $. Des chambres avec s.d.b sont disponibles. Il y a une cafétéria et une piscine.

L'*University of Ottawa* (☎ 564-5400) offre l'un des hébergements les moins chers du Canada. Les visiteurs sont acceptés de mai à août. Les simples/doubles coûtent 20/35 $ pour les étudiants, 32/40 $ pour les non-étudiants. A disposition : laverie, piscine, parking et cafétéria. La réception se trouve à la Residence Commons, au 100 University St. Sise au sud-est du Parlement, l'université est facilement accessible à pied.

La *Carleton University* (☎ 788-5609), 1233 Colonel By Drive, centrale elle aussi, loue des chambres l'été à 30 $ par personne, petit déjeuner inclus. Contactez le Tour & Conference Centre dans le Commons Building de l'université. Les familles sont acceptées.

Tourist homes et B&B

Ottawa B&B (☎ 563-0161) est une organisation qui assure la promotion et la location des hébergements dont elle possède la liste. Comptez à partir de 45/55 $ pour des simples/doubles en ville, en banlieue ou en pleine campagne. Agence similaire, Capital B&B Reservation Service (☎ 737-4129) dispose également d'adresses très diverses. Les prix varient.

La *Gasthaus Switzerland Inn* (☎ 237-03335) est l'une des meilleures adresses de la ville. Elle est tenue par des Suisses polyglottes et se trouve 89 Daly St, à deux pâtés de maisons au sud de Rideau St et du marché. Suivez Cumberland St au sud jusqu'à Daly St. La pension est proche de l'angle nord-est. Le bus n°4 emprunte Rideau St depuis le centre. La pension dispose de 22 chambres, toutes avec s.d.b. Une simple coûte 68 $, avec un copieux petit déjeuner. Les doubles se montent à 78 $. En hiver, les prix baissent légèrement.

201 Daly St, la *Maison McFarlane House* (☎ 241-0095), classée, loue trois doubles à 75 $, avec s.d.b., clim. et parking.

185 Daly St, la *McGee's Inn* (☎ 237-6089) offre 14 chambres dans une maison victorienne restaurée. Les prix commencent à 52/68 $, petit déjeuner (complet) compris. Certaines chambres sont équipées de s.d.b. Des pensions de famille ne cessent d'ouvrir et de fermer dans Stewart St, à un pâté de maisons, au sud de Daly St. L'*Ottawa House* (☎ 789-4433), 264 Stewart St, jouit d'une bonne réputation et l'atmosphère est sympathique. Elle est tenue par Connie McElman, qui loue trois simples/doubles avec s.d.b. commune pour 50/70 $, petit déjeuner compris.

Autre rue intéressante : Marlborough St, au sud-est de Daly St et de Stewart St, au sud de Laurier Ave et à l'ouest de la rivière Rideau. Elle est centrale, mais un peu éloignée du cœur de la ville. Il faut compter 30 mn à pied jusqu'au Parlement. Les prix sont légèrement moins élevés.

Confortable à souhait, l'*Australis Guesthouse* (☎ 235-8461), 35 Marlborough St, est réputée pour ses délicieux petits déjeuners et ses hôtes fort serviables, Carol et Brian Waters. L'établissement comprend quatre chambres. Comptez 48/58 $ la simple/double avec s.d.b. commune et 69 $ avec s.d.b. Si vous les prévenez au préalable, les Waters viendront vous chercher gratuitement aux gares routière ou ferroviaire.

Deux autres adresses méritent votre attention dans le quartier du marché de Byward, au nord de Rideau St. *Henrietta Walker's* (☎ 789-3286), 203 York Street, très proche du marché, propose six chambres avec s.d.b. commune pour 50/65 $ la simple/double, petit déjeuner inclus. Accueillante, la *Foisy House* (☎ 562-1287), 188 St Andrew St, de style rustique, offre trois chambres à 45 $ en simple ou en double, petit déjeuner compris. Piscine à disposition.

Autre adresse centrale, *L'Auberge du Marché* (☎ 241-6610), 87 Guigues Ave. C'est un bâtiment plus ancien rénové, avec trois simples/doubles à 45/55 $. Il y a un parking. Plus proche du centre-ville, de l'autre côté du canal, l'*Albert House* (☎ 236-4479), 478 Albert St, est plus onéreuse, avec 17 simples/doubles à 62/72 $, mais elle est bien située ; la maison est classée et offre tout le confort.

Pour s'offrir le luxe du Château Laurier à l'échelle d'un B&B, rendez-vous au 500 Wilbrod St, au nord de Laurier Avenue et à l'ouest de King Edward Avenue. *Paterson House* (☎ 565-2030), une demeure de style reine Anne récemment restaurée, vous accueillera dans trois chambres meublées avec un goût exquis pour 120 $ la nuit.

Hull compte quelques pensions (voir la rubrique *Hull* dans ce chapitre).

ONTARIO

Hôtels – petits budgets

Le *Somerset House Hotel* (☎ 233-7762), 352 Somerset St West, est l'un des quelques vieux hôtels (non étoilés) de la ville. Il propose 35 simples/doubles à partir de 45 $ avec s.d.b. commune, à 62 $ avec s.d.b. Somerset St est perpendiculaire à Bank St.

Le *Town House Motor Hotel* (☎ 789-5555), 319 Rideau St, offre des simples/doubles à 55/60 $. Le *Butler Motor Hotel* (☎ 746-4641), 112 Montreal Rd, est comparable, avec 38 simples/doubles, vastes, à 50/58 $. Il est situé à 5 mn en voiture du centre-ville, 112 Montreal Rd, dans le prolongement de Rideau St.

Hôtels – catégories moyenne et supérieure

Le *Quality Hotel by Journey's End* (☎ 789-7511), 290 Rideau St, propose des simples/doubles à partir de 85 $.

Le *Days Inn* (☎ 237-9300), 123 Metcalfe St, offre un bon rapport qualité/prix avec des chambres à partir de 65 $.

Le très classique *Château Laurier* (☎ 241-1414), 1 Rideau St, en bordure du canal, est l'hôtel le plus réputé de la ville. Comptez de 129 à 169 $ pour une chambre. Grande piscine couverte à disposition.

En été, nombre d'hôtels de cette catégorie proposent des tarifs spéciaux pour le week-end.

L'*Aristocrat Hotel* (☎ 232-9471), 131 Cooper St, loue des chambres à 80 $ pour deux personnes. L'ancien *Lord Elgin* (☎ 235-3333), 100 Elgin St (parking gratuit), pratique des prix d'été à partir de 79 $.

Studios

Le central *Doral Inn* (☎ 230-8055), 486 Albert St, est une bonne adresse. Il compte 40 chambres à 65/75 $ la simple/double, plus quelques unités d'habitation (avec kitchenette). L'auberge dispose d'une cafétéria et d'une piscine.

Le *Capital Hill Motel & Suites* (☎ 235-1413), 88 Albert St, a été rénové. Comptez 72 $ pour une chambre avec deux doubles lits.

Motels

Deux rangées de motels bordent, de chaque côté, le centre de la ville. A l'est, vous en trouverez dans Montreal Rd, qui prolonge Rideau St et fait quitter la ville par l'est. Les motels sont à environ 6 km du centre.

Le *Travellers Inn* (☎ 745-1531), 2098 Montreal Rd, loue des simples/doubles à 45/55 $. Vous aurez accès à une piscine. Le *Concorde Motel* (☎ 745-2112), 333 Montreal Rd, dans Vanier, est plus simple et moins cher, avec des doubles à 40 $.

Le Parkway Motel (☎ 789-3781), 475 Rideau St, est assez banal, mais d'un bon rapport qualité/prix et proche du centre-ville. Les prix pour une double commencent à 65 $, petit déjeuner compris.

Le long de Carling Ave, vous trouverez différents établissements. Le *Stardust* (☎ 828-2748), au 2965, propose 25 chambres à 45/48 $. Plus proche du centre-ville, au 1705, le *Webb's Motel* (☎ 728-1881) loue des chambres à 65 $ et possède son propre restaurant.

OÙ SE RESTAURER

Marché Byward

Pour le petit déjeuner, essayez le *Zak's Diner*, un restaurant de style années 50, 14 Byward St. Il ouvre tôt, ferme tard et est généralement bondé. Les prix sont raisonnables. Si vous souhaitez un endroit plus tranquille, le *Domus Café*, au 87 Murray St, est réputé. Il est ouvert tous les jours à partir de 9h (11h le dimanche) pour le petit déjeuner et le déjeuner.

Le *Café Bohemian*, 89 Clarence St, très animé, sert des plats de 6 à 10 $. Le brunch du week-end présente un bon rapport qualité/prix, avec desserts et café.

De l'autre côté de la rue, *Bagel Bagel* prépare des bagels crémeux et des sandwiches, ainsi que des salades et autres plats rapides. Ouvert tous les jours.

Pour ceux qui souhaitent davantage qu'un simple repas, le *Cyber Perk Cafe*, 347 Dalhousie St, propose la connexion à Internet (4 $ la demi-heure) ainsi que différentes variétés de cafés, des sandwiches, des desserts et une sélection de bières et de vins. Le café est ouvert tous les jours de 10h à 22h ; il ferme plus tard le week-end.

Crêpe de France, 76 Murray St, à l'angle de Parent Ave, dispose d'un bar dans un patio et d'une terrasse couverte. Il sert des crêpes à partir de 5 $.

Envie de pâtes ? Jetez votre dévolu sur l'*Oregano's*, à l'angle de William St et de George St, très compétitif, avec des buffets à volonté (5,95 $) ou, pour un dollar de plus, un dîner, servi très tôt (de 16h30 à 20h). Brunch le dimanche.

Las Palmas, 111 Parent Ave, conviendra aux amateurs de cuisine mexicaine. Goûtez aux fajitas.

Au *Haveli*, 87 George St, le poulet tandoori est succulent. Dans le bâtiment du marché, au bout de York St, cherchez l'étal qui vend des *beavertails*, ces beignets plats, chauds, prisés des patineurs. Quelques bons restaurants sont situés dans le Centre Rideau.

Centre-ville

Le *Suisha Gardens*, dans Slater St, est un restaurant japonais très réputé. La nourriture est succulente, le cadre authentique et le service parfait.

Des pubs de style britannique sont rassemblés alentour. Le *Royal Oak*, 318 Bank St, sert de la nourriture et de la bière anglaises. On peut jouer aux fléchettes.

Le *Kamal's*, 683 Bank St, propose une cuisine libanaise excellente et peu onéreuse.

Le *Flippers*, à l'angle de Bank St et de Fourth Ave, est un bon restaurant de poisson.

Plus au sud, le *Glebe Café*, 840 Bank St, sert des spécialités du Moyen-Orient et quelques plats végétariens. Essayez la soupe de lentilles. Les prix varient de 6 à 12 $. C'est un endroit à l'atmosphère détendue, où l'on peut lire les journaux et recueillir des informations sur les manifestations locales, affichées sur un panneau.

Au 895 Bank St, le *Mexicali Rosa's* prépare une savoureuse cuisine mexicaine modérément épicée.

Vous pourrez déguster de la cuisine essentiellement végétarienne, bonne et peu chère, au *Roses Café*, 523 Gladstone Ave, entre Bay St et Lyon St. Fermé le dimanche.

Chinatown et Little Italy

Ottawa possède un petit quartier chinois, à proximité de l'intersection entre Bronson Ave et Somerset St West. Vous y trouverez de nombreux restaurants.

Le *Ben Ben*, 697 Somerset St, propose une cuisine sichouanaise et cantonaise.

Le *Mekong*, 637 Somerset St, sert de bons plats chinois et vietnamiens. Vous y mangerez pour 7 à 12 $.

Si vous rêvez d'un festin, *Chez Jean-Pierre*, 210 Somerset St West, prépare une excellente cuisine française. En sortant, vous pouvez continuer jusqu'au 200 Preston St et prendre un dessert et un café au *Paticceria-Gelateria Italiana*. Preston St est surnommée la "Little Italy" d'Ottawa et vous trouverez de nombreux restaurants italiens dans cette artère animée.

Rideau St

Situé de l'autre côté du canal, face à Wellington St, ce quartier comblera les gourmands. Au n°464, *Sam's Falafel Tabouleh Garden* propose d'excellents plats libanais, à des prix raisonnables et dans une atmosphère chaleureuse.

Le *Sitar*, 417A Rideau St, est difficile à trouver. Il se cache en bas d'un très haut bâtiment, proche du canal, à l'est, et prépare une délicieuse cuisine indienne (de 22 à 34 $ pour deux).

Au n°316, *Nate's* fait figure d'institution locale. Ce restaurant kascher est célèbre pour ses prix modiques. Le petit déjeuner spécial est le moins cher du pays (1,75 $). Commandez le Rideau Rye, un pain grillé succulent. Autres possibilités : blintzes et bagels au fromage blanc. Il est particulièrement animé le dimanche.

Elgin St

Le secteur est également fréquenté pour ses boîtes de nuit. Le *Ritz*, 274 Elgin St, est un restaurant italien très couru. Les prix varient de 6 à 13 $. Le *Charlie's Party Palace*, ou plus simplement Party Palace, 252 Elgin St, est un endroit réputé. Le service est rapide et l'endroit parfait pour le petit déjeuner.

DISTRACTIONS

Musique

Consultez l'*Ottawa Citizen* qui paraît le vendredi.

Le *Zaphod Beeblebrock*, 27 York St, est un endroit éclectique, apprécié, où vous pourrez écouter du rock new age, de la musique africaine, du rythm and blues, etc. Des groupes jouent mardi, jeudi, vendredi et samedi soir. Ils proposent également un large éventail de bières à la pression.

A l'étage du *Rainbow Bistro*, 76 Murray St, on peut écouter du blues chaque soir de la semaine. Le *Take-Five*, 412 Dalhousie St, propose également du jazz en nocturne.

Le *Barrymores*, dans Bank St, accueille des groupes de rock et de blues. Le *Penguin Rock and Bar Club*, 292 Elgin St, propose jazz, blues et folk. Le couvert est payant. Le très confortable *Irene's Pub Restaurant*, 885 Bank St, présente des groupes de musique celtique et folk et sert une grande variété de bières.

Le *Patty's Place* est un agréable pub irlandais avec de la musique du jeudi au samedi, et un patio en plein air, en été. Il se trouve à l'angle de Bank St et d'Euclid St.

Le *Yuk Yuk's*, installé dans le Beacon Arms Hotel, 88 Albert St, présente des numéros comiques du mercredi au samedi. L'entrée est assez onéreuse. L'*Hotel Lafayette*, dans Byward Market, dans York St, sert des bières à la pression jour et nuit.

Manifestations sportives

L'équipe de la capitale de football américain, les Ottawa Rough Riders, affiliée à la Canadian Football League, dispute des matchs en été au stade Frank Clair du parc Lansdowne, au sud d'Isabella St, entre Bank St et Queen Elizabeth Drive. Appelez le ☎ 235-2200 pour connaître les dates et les tarifs.

En hiver, vous applaudirez l'équipe de hockey NHL, les Ottawa Senators, au Corel Centre. Appelez le ☎ 721-4300 pour les dates des matchs.

COMMENT S'Y RENDRE

Avion

L'aéroport, étonnamment petit, est à 20 mn au sud de la ville. Les principales compagnies qui desservent Ottawa sont Canadian Airlines (☎ 237-1380) et Air Canada (☎ 247-5000). Les destinations de Canadian Airlines incluent Toronto (239 $), Halifax (395 $) et Winnipeg (539 $). Les tarifs excursion (aller et retour) sont bien plus avantageux.

Bus

La gare routière est située 265 Catherine St, au sud, non loin de Bank St. Les principales compagnies de bus sont Voyageur, qui rejoint Montréal, et Greyhound, qui dessert Toronto. On peut contacter ces deux compagnies au ☎ 238-5900.

L'aller simple pour Toronto vaut 55 $, pour Kingston 28 $, pour Montréal 25 $ et pour Sudbury 72 $. Les étudiants bénéficient de 30% de réduction avec l'achat d'un carnet de billets.

Environ sept bus, dont quelques express, assurent chaque jour la liaison avec Montréal et Toronto. Départs fréquents pour Kingston, Belleville, Sudbury, etc.

Train

La gare VIA Rail (☎ 244-8289) est installée loin du centre, au sud-est, 200 Tremblay Rd, près de la jonction entre Alta Vista Rd et Hwy 417, à l'est du canal Rideau.

Il existe quatre trains par jour pour Toronto et Montréal. Le billet coûte 83 $ pour Toronto, 36 $ pour Kingston et 39 $ pour Montréal.

Réserver au moins cinq jours à l'avance peut vous faire économiser jusqu'à 40%, si vous évitez les jours de pointe comme le vendredi. Pour les destinations à l'ouest – Sudbury par exemple –, il n'existe pas de train direct. Les correspondances s'effectuent à Toronto.

MARK LIGHTBODY

MARK LIGHTBODY

RICHARD EVERIST

A	B
C	

A : La mine Big Nickel à Sudbury (Ontario)
B : Frissons au-dessus des chutes du Niagara (Ontario)
C : Les chutes du Niagara (Ontario)

MARK LIGHTBODY

MARK LIGHTBODY

A
B

A : Production de sirop d'érable (Ontario)
B : Couleurs d'automne (Ontario)

Voiture

Tilden (☎ 232-3536), 199 Slater St, dispose également d'une agence à l'aéroport. Leur tarif pour petite voiture est de 51 $ par jour (200 km gratuits, 12 cents du km ensuite) ou 229 $ pour une semaine (avec 1 550 km gratuits). Les agences Budget et Hertz ne sont pas aussi centrales.

Partager une voiture

Allo Stop (☎ 562-8248), un service réputé à Montréal, à Québec et à Toronto, qui met les automobilistes en relation avec des passagers, est représenté à Ottawa, 238 Dalhousie St.

En stop

Faire de l'auto-stop ne pose aucun problème entre Montréal et Ottawa, mais devient compliqué à destination de Toronto. Pour Montréal, prenez le bus de Montréal-Ogilvy, vers l'est, dans Rideau St qui vous amènera à la Hwy 17 East, où vous pourrez vous installer. Pour Toronto, empruntez la Hwy 31, au sud de la Hwy 401, non loin de la ville de Morrisburg. La Hwy 401 (probablement la route la plus fréquentée du Canada) relie Toronto à Montréal et le stop y est abondamment pratiqué.

Pour un parcours plus rural, empruntez la Hwy 7 jusqu'à Tweed et la Hwy 37 jusqu'à Belleville, puis la Hwy 401.

COMMENT CIRCULER

Desserte de l'aéroport

Le bus urbain est le mode de transport le moins cher pour se rendre à l'aéroport. Prenez le bus n°5 dans Elgin St, qui se dirige au sud vers Billings Bridge Mall, puis le n°96 jusqu'à l'aéroport. Vous pouvez aussi attraper ce dernier dans Slater St, dans le centre-ville.

Il existe une navette, moins fréquente le week-end, qui part toutes les 30 mn de l'hôtel Château Laurier, de 6h30 à 24h. Elle coûte autour de 7 $ et met environ 25 mn.

Bus

Ottawa et Hull disposent de réseaux de bus séparés. Pour passer de l'un à l'autre, il faut acquitter un supplément. Le trajet des bus change souvent, de même que leurs tarifs. En règle générale, aux heures de pointe (de 6h30 à 8h30 et de 15h à 17h30, du lundi au vendredi), le billet coûte 2,10 $; le reste du temps, le prix tombe à 1,60 $. Utiliser des billets, vendus dans de nombreux kiosques, revient moins cher que de payer en espèces.

Pour obtenir des renseignements concernant Ottawa, appelez le ☎ 741-4390. Tous les bus de la ville s'arrêtent de circuler vers 24h, voire plus tôt. L'agence de OC Transport (bus urbains) est sise 112 Kent St. Vous pourrez prendre les bus suivants dans le centre-ville :

Gare routière – le n°4, au sud de Bank St, ou plus fréquemment le n°1 ou le n°7 qui s'arrêtent à un pâté de maisons du terminal.

Gare ferroviaire – Transitway n°95 à l'est, dans Slater St, ou le n°99 le long de Chamberlain.

Musée de la Nature – le n°14 dans Elgin St, mais aussi n°99, 1, 4 et 7, dans un rayon d'un pâté de maisons.

Hull – le n°8 à l'ouest, dans Albert St, mais seulement pendant la journée ; le service de bus Outaouais relie Hull à Rideau St, jour et nuit.

Bicyclette

Pour louer un vélo, adressez-vous à Cycle Tour Rent-A-Bike (☎ 241-4140), au Château Laurier. L'agence est ouverte tous les jours, de mai à septembre. La présentation du passeport est exigée. La location d'un vélo coûte 18 $ par jour.

LES ENVIRONS D'OTTAWA-HULL

Parc Gatineau

Il couvre 36 000 ha de forêts et de lacs sur les monts Gatineau, au Québec. Il s'étend au nord-ouest du centre de Hull, à seulement 20 mn en voiture du Parlement d'Ottawa. Le week-end, certaines routes sont interdites à la circulation, et le parking, aux lacs Meech ou King Estate, est payant.

Le parc abrite une faune abondante, dont une centaine d'espèces d'oiseaux. Il est également sillonné par quelque 150 km de sentiers de randonnée. Les **lacs Meech,**

ONTARIO

Phillipe et Lapêche sont jalonnés de plages et, par conséquent, très fréquentés. Les aires de camping aux abords du lac Lapêche sont seulement accessibles par canoë (en location). Vous pouvez pêcher dans les lacs et les cours d'eau, et les sentiers de randonnée sont propices à la pratique du ski de fond en hiver.

Le petit **lac Pink** est joli mais la baignade n'est malheureusement plus autorisée. Le lac Meech possède une plage nudiste gay.

L'Est de l'Ontario

A l'ouest d'Ottawa, deux grands axes routiers traversent l'Ontario. La Hwy 17, la Transcanadienne, rejoint Pembroke, au nord-ouest, puis continue vers North Bay et Sudbury. C'est l'itinéraire le plus rapide pour l'ouest du Canada.

Depuis Pembroke, la Hwy 60/62 traverse à l'ouest la partie sud du parc d'Algonquin, en direction de Huntsville, où la Hwy 11 se dirige au nord vers North Bay et au sud vers Toronto.

L'axe sud qui part de Toronto aboutit à la région sud la plus peuplée de l'Ontario, le Saint-Laurent, les Grands Lacs et Toronto. Comptez environ cinq heures en voiture d'Ottawa à Toronto, par les Hwys 7 et 37.

EGANVILLE

Au nord-ouest d'Ottawa, cette petite bourgade abrite les **grottes Bonnechere**, situées à proximité, à 8 km au sud-est. Les grottes et les tunnels se trouvaient, il y a quelque 500 millions d'années, au fond d'une mer tropicale.

CORNWALL

C'est la première ville d'une certaine importance de l'Ontario sise dans la vallée du Saint-Laurent. Elle est reliée aux États-Unis par le pont international de la Voie maritime (Seaway international bridge).

Bien que Cornwall ait été colonisée par des Écossais et des loyalistes, la population d'origine française y est largement représentée.

Le **musée-villa de la régence Inverarden** (Inverarden Regency Cottage Museum) constitue le plus bel exemple d'architecture de style Régence. Construite en 1816, la villa se trouve à l'angle de la Hwy 2 et de Boundary Rd. Le musée est ouvert d'avril à novembre.

Juste à la sortie de la ville, au collège situé dans la réserve indienne de l'île de Cornwall, vous pourrez visiter un **musée en rondins** ayant trait aux Cris, aux Iroquois et aux Ojibways. Il est fermé le week-end. La grande fête indienne qui se déroule à la réserve en juillet ou en août est l'une des plus importantes de la province

A l'ouest de Cornwall, le **Long Sault Parkway** relie toute une série de parcs et de plages en bordure du fleuve.

A NE PAS MANQUER

- La pittoresque région des Mille-Îles
- Kingston et son charme tout victorien

MORRISBURG ET UPPER CANADA VILLAGE

Cette petite ville est construite à l'ouest de Cornwall, sur le Saint-Laurent. En dépit de sa taille modeste, elle jouit d'une étonnante notoriété due à la présence d'un passionnant site historique – l'Upper Canada Village (☎ 543-3704), reconstitution minutieuse d'une bourgade de campagne du siècle dernier.

Comptez plusieurs heures pour explorer entièrement le site, qui est ouvert du 20 mai au 9 octobre, de 9h30 à 17h. L'entrée est de 9,50 $.

Vous pourrez vous rendre au village par les bus qui relient Ottawa à Cornwall, ou par ceux qui empruntent l'axe Montréal-Toronto.

Morrisburg compte une douzaine d'hôtels et quatre terrains de camping, dont l'*Upper Canada Migratory Bird Sanctuary Nature Awareness Campsite* (☎ 543-3704) qui se cache à 14 km à l'est de la ville sur la Hwy 2. Il dispose d'une cinquantaine d'emplacements pour tente, mais les aménagements sont réduits au minimum.

PRESCOTT

Autre bourgade du XIXe siècle, Prescott comporte un pont international qui relie le Canada à Ogdensburg (État de New York).

A l'est du centre-ville, et accessible à pied, se trouve le **site national historique du fort Wellington** (☎ 925-2896), construit pendant la guerre de 1812 qui opposa Canadiens et Américains.

Le site est ouvert tous les jours, de fin mai au 30 septembre.

KINGSTON

Dotée d'une population de 137 000 habitants, Kingston est une belle ville qui a su préserver nombre de vestiges du passé, bâtiments historiques et fortifications. Elle occupe une position stratégique au confluent du lac Ontario et du Saint-Laurent, et constitue une halte idéale, presque à mi-chemin entre Montréal et Toronto. On peut y passer d'une à trois journées très agréables et instructives.

Autrefois comptoir pour le commerce des fourrures, elle devint ensuite le principal poste militaire britannique à l'ouest de Québec, et même, pour un temps, la capitale nationale.

Les nombreux édifices du XIXe siècle en grès et les rues victoriennes aux maisons de brique rouge donnent à la ville un charme bien particulier.

Orientation

La ville est construite à quelques kilomètres au sud de la Hwy 401. Princess St, la rue principale, débouche directement sur le Saint-Laurent, bordé de très beaux bâtiments anciens. La ville est basse et les immeubles modernes sont rares.

En bas de Princess St, Ontario St longe le port, au point de départ du canal Rideau vers Ottawa. C'est un quartier ancien, restauré, doté d'un office du tourisme, d'une vieille batterie militaire et de la tour Martello. Le marché se tient à l'angle de Brock St et de King St East.

King St longe la berge du lac jusqu'à l'université. Elle est bordée de nombreux édifices du XIXe siècle et de parcs. L'impressionnant tribunal en grès se dresse à proximité du campus. Plus loin s'étend le parc du lac Ontario, avec un camping et une petite plage.

Renseignements

Le Kingston Tourist Information Office (☎ 548-4415), 209 Ontario St, de l'autre côté de l'hôtel de ville, dans Confederation Park, est le principal office du tourisme du centre-ville.

Très excentré, le Fort Henry Information Centre (☎ 542-7388) se trouve au fort, à la jonction des Hwys 2 et 15. Il est ouvert seulement de mai à septembre.

L'Hotel Dieu Hospital (☎ 544-3310) se trouve 166 Brock St.

Fort Henry

Perchée au sommet d'une colline, cette fortification britannique (☎ 542-7388) datant de 1832 et restaurée, domine la ville dont elle est la principale attraction. A l'intérieur du fort, vous pourrez découvrir, entre autres, une chambre d'officier entièrement meublée, ainsi que les quartiers jadis réservés au commandant. L'entrée vous coûtera 9,50 $ (réduction pour les enfants) et inclut une visite guidée.

Sans voiture, le fort est difficilement accessible car il n'y a pas de bus. Vous pouvez marcher – par la chaussée qui part de la ville –, mais les derniers cinq cents mètres grimpent sérieusement.

Hôtel de ville

C'est l'un des plus beaux bâtiments classiques du pays et un exemple parfait du style anglo-toscan façon Renaissance du XIXe siècle ! Il fut construit en grès en 1843, à l'époque où Kingston était encore la capitale des Provinces unies du Canada. Les visites sont gratuites en été.

Parc MacDonald

A l'angle de Barrie St et de King St East s'étend le parc MacDonald, en bordure du lac Ontario. Au large, en 1812, le navire britannique *Royal George* défia l'*Oneida* américain.

Villa Bellevue

Ce monument historique national (☎ 545-8666) est une villa de style toscan, arborant balcons et couleurs vives. Elle fut autrefois

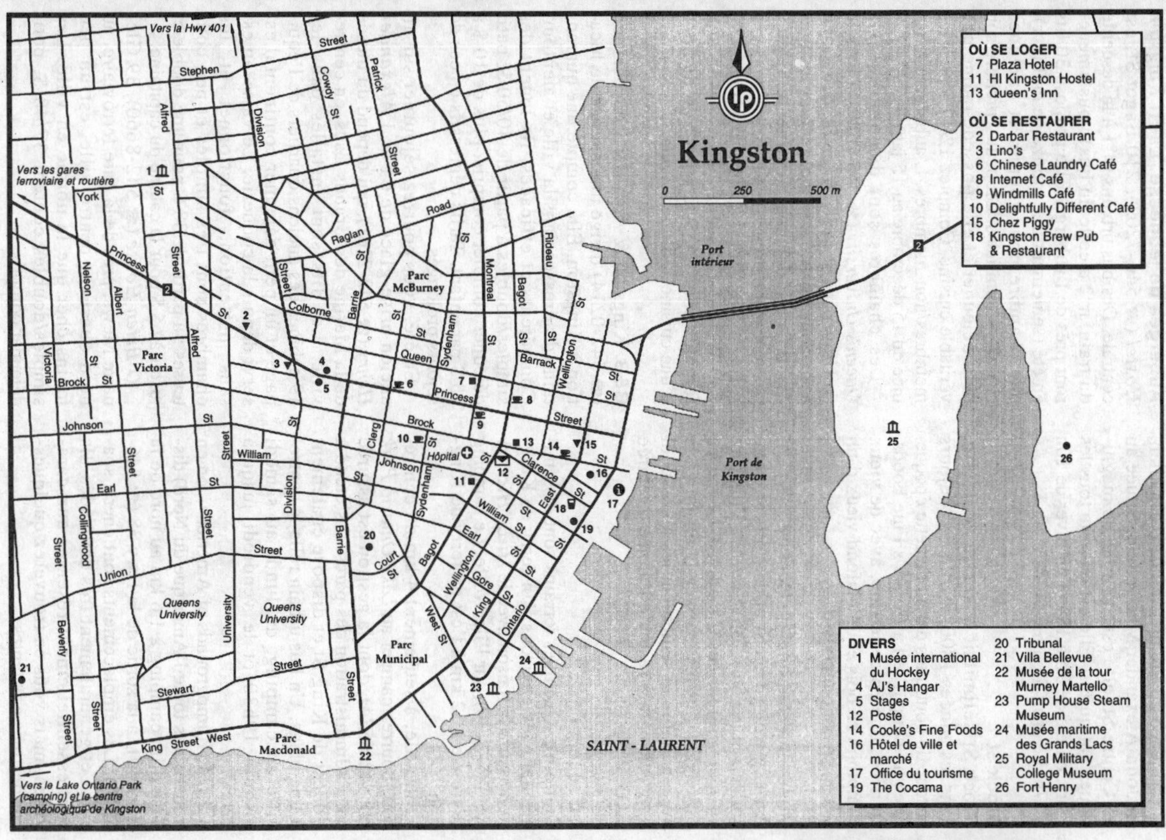
Kingston
0
250
500 m
OÙ SE LOGER
7 Plaza Hotel
11 HI Kingston Hostel
13 Queen's Inn
OÙ SE RESTAURER
2 Darbar Restaurant
3 Lino's
6 Chinese Laundry Café
8 Internet Café
9 Windmills Café
10 Delightfully Different Café
15 Chez Piggy
18 Kingston Brew Pub & Restaurant
DIVERS
1 Musée international du Hockey
4 AJ's Hangar
5 Stages
12 Poste
14 Cooke's Fine Foods
16 Hôtel de ville et marché
17 Office du tourisme
19 The Cocama
20 Tribunal
21 Villa Bellevue
22 Musée de la tour Murney Martello
23 Pump House Steam Museum
24 Musée maritime des Grands Lacs
25 Royal Military College Museum
26 Fort Henry
Port intérieur
Port de Kingston
SAINT - LAURENT
Vers la Hwy 401
Vers les gares ferroviaire et routière
Vers le Lake Ontario Park (camping) et le centre archéologique de Kingston
Parc McBurney
Parc Victoria
Parc Municipal
Parc Macdonald
Queens University
Hôpital
Princess St
Division Street
Rideau St
Wellington St
King Street West
Union Street
Johnson St
Brock St
Clergy St
Barrie St
Sydenham St
Bagot St
Montreal St
Ontario St
Queen St

ONTARIO

la résidence du Premier ministre canadien, sir John Alexander MacDonald. Située au 35 Centre St, elle est meublée de magnifiques antiquités. Elle est ouverte tous les jours, en été de 9h à 18h et en hiver de 10h à 17h. Le droit d'entrée est de 2,50 $.

Brock St

Brock St délimitait le centre de la ville dans les années 1800, et elle est toujours bordée de boutiques datant de cette époque. Jetez un coup d'œil à Cooke's Fine Foods, au n°61, une épicerie fine, avec de vieux comptoirs en bois et un plafond vieux d'un siècle, en étain repoussé.

Musée international du Hockey

A l'angle d'Alfred St et de York St, cette collection (☎ 544-2355) retrace l'histoire du sport préféré des Canadiens. Le musée est ouvert tous les jours de la mi-juin à la mi-septembre et seulement les après-midi du week-end le reste de l'année. L'entrée est de 2 $.

Où se loger

Camping. Quelques terrains sont disséminés dans les environs. Un ferry de Kingston assure la liaison avec le *Hi-Lo Hickory* (☎ 385-2430), sur l'île Wolfe. Le camping se trouve à 12 km à l'est du ferry de Kingston.

En ville, à seulement 4 km du centre, vous pourrez camper au *Lake Ontario Park* (☎ 542-6574), dont la gestion est assurée par l'administration des parcs. Il s'étend à l'ouest de King St et dispose également d'une plage. Un bus urbain relie le centre-ville au camping, du lundi au samedi jusqu'à 19h30 et le vendredi jusqu'à 22h30.

KOA (Kampgrounds of America – on en trouve dans toute l'Amérique du Nord) dispose d'un camping à 1,6 km au nord de la Hwy 401, à la sortie de la Hwy 38 (☎ 546-6140). Les emplacements sont chers, spacieux et généralement très demandés. Ils sont essentiellement réservés aux caravanes, mais vous en trouverez quelques-uns destinés aux tentes.

Auberges de jeunesse. La HI *Kingston Hostel* (☎ 546-7203), 210 Bagot St, est centrale. Des bus urbains (n°1 à la descente du train, n°2 à celle du bus) vous amèneront près de l'auberge. Elle propose 30 lits en été (seulement une quinzaine en hiver), une chambre pour couple, et quelques chambres familiales. On peut y prendre son petit déjeuner et elle possède même une véritable cuisine. Comptez 12/17 $ pour les membres/non-membres. L'auberge est fermée du 15 décembre au 15 janvier.

Des chambres sont disponibles à la *Queen's University* (☎ 545-2529), à l'angle de University St et de Union St, de mi-mai à mi-août, pour 38 $ (moins pour les étudiants), petit déjeuner continental inclus. On peut y prendre ses repas.

La *YM-YWCA* (☎ 546-2647), 100 Wright Crescent, est réservée aux femmes pour 26 $ la nuit. Elle dispose d'une cuisine et d'une piscine.

B&B. Kingston & Area B&B Association (☎ 542-0214) dirige une agence de location à Kingston. Elle compte une quarantaine d'adresses dans la ville et alentour. Compétents et efficaces, ils louent des simples/doubles à partir de 40/50 $, petit déjeuner complet compris, plus de 10 $ à 15 $ par enfant. Tarifs dégressifs en cas de séjours prolongés.

En été, vous pourrez séjourner sur un ancien brise-glace de 64 m, l'*Alexander Henry* (☎ 542-2261), qui dépend du musée de la Marine des Grands Lacs, en centre-ville. Les lits sont installés dans les 19 cabines des anciens quartiers de l'équipage et un petit déjeuner continental est servi depuis la coquerie. Le vaisseau est sans prétention, fonctionnel et les chambres sont très simples et peu coûteuses : à partir de 38 $ pour une double et jusqu'à 65 $ pour la cabine du capitaine.

O'Brien House (☎ 542-8660), 39 Glenaire Mews, près de la gare ferroviaire, au nord-ouest du centre-ville, est un peu moins cher que la norme en ville. Les simples/doubles coûtent 37/48 $, petit déjeuner compris.

Hôtels. Parmi les anciens établissements bon marché, il ne reste plus que le *Plaza Hotel*, 46 Montreal St, à l'angle de Queen St. Fréquenté pour son bar, il est correctement entretenu mais peu recommandé aux voyageurs en famille et aux femmes seules. Il pratique des prix modiques (25/35 $ pour une simple/double avec s.d.b).

Également bon marché, mais plus recommandé, le *Donald Gordon Centre* (☎ 545-2221), 421 Union St, est affilié à la Queen's University. Le centre loue des chambres tranquilles, climatisées, pour 40/45 $.

Dans une catégorie supérieure, le *Queen's Inn* (☎ 546-0429), 125 Brock St, offre de meilleurs aménagements. Il date de 1839. Il offre 17 chambres modernes, bien situées, dont les prix varient de 65 à 95 $ en haute saison (d'avril à novembre) et de 45 à 75 $ le reste de l'année.

Motels. Au 1454 Princess St, le *Comfort Inn by Journey's End* (☎ 549-5550) est un bâtiment de deux étages. Les chambres à l'étage sont deux dollars moins chères. Comptez de 61 à 79 $ pour les simples/doubles.

Un peu meilleur marché, le *Hilltop* (☎ 542-3846), 2287 Princess St, offre des simples/doubles à 48/56 $. Plusieurs autres motels jalonnent Princess St, ainsi que la Hwy 2.

Où se restaurer

Au cœur d'un environnement agréable, le *Windmills Café*, 184 Princess St, propose de succulents plats végétariens. A midi, les prix varient entre 5 et 8 $. Vous pourrez déguster entre autres de la salade thai aux crevettes ou de la tarte au chèvre chaud. Prévoyez entre 6 et 12 $ pour le dîner. L'établissement sert également des petits déjeuners et un brunch le week-end. Au coin de la rue, *Windmills To Go*, 19 Montreal St, offre un vaste choix de plats à emporter.

Le *Delightfully Different Café*, 118 Sydenham St, entre Brock St et Johnson St, sert de délicieux et légers déjeuners et des muffins et autres délices au petit déjeuner. Il est ouvert de 7h à 16h, du lundi au vendredi. Bon marché, il mérite le détour.

34 Clarence St, le *Kingston Brewi Pub & Restaurant* est un pub qui brasse lui-même ses bières brunes et blondes – essayez leur Dragon Breath –, mais sert aussi de nombreuses autres marques. Il propose tous les jours un bon choix de plats bon marché, style brasserie, ainsi qu'un curry.

Pour prendre un en-cas, essayez le *Chinese Laundry Café*, 291 Princess St. Il dispose d'un patio et reste ouvert tard.

Au 479 Princess St, le *Darbar* prépare une excellente cuisine indienne du Nord. Il est ouvert tous les jours, pour le déjeuner et le dîner.

Si vous rêvez d'un véritable festin, *Chez Piggy*, 68 Princess St, est sans nul doute le meilleur restaurant de la ville. Installé dans un bâtiment rénové du XIXe siècle, l'établissement se trouve en réalité dans une petite allée qui donne dans King St, entre Brock St et Princess St. A déjeuner, de 11h30 à 14h, soupes, sandwiches et salades sont relativement bon marché. Pour le dîner, servi dès 18h, comptez de 9 $ à 17 $ pour le plat principal. Un brunch original est servi le dimanche, mais les prix sont à l'avenant. Il est ouvert tous les jours.

En direction de la RN 401, dans Division St, vous trouverez un bon échantillon d'enseignes de chaînes de restaurants classiques.

Lino's, à l'angle de Division St et de Princess St, est ouvert 24 h/24.

Pour boire un café, déguster une part de gâteau et vous renseigner sur la région, allez faire un tour à l'*Internet Café* , 303 Bagot St, dans le centre commercial LaSalle Mews.

Distractions

Bars et discothèques. *Le Cocama*, 178 Ontario St, est un énorme bar dansant, au bord de l'eau. Il s'inspire largement du Limelight de New York. A l'*AJ's Hangar*, 393 Princess St, vous écouterez des

ONTARIO

groupes de rock et de blues, le week-end. *Stages*, au 390 Princess St, en face d'AJ's, est une discothèque très fréquentée.

Kingston compte aussi quelques pubs de style anglais. Des orchestres se produisent souvent au *Toucan*, 76 Princess St.

A l'angle de King St East et Brock St, à proximité de l'hôtel de ville, le *Duke of Kingston Pub* sert des bières anglaises.

Comment s'y rendre

Bus. La gare routière Voyageur (☎ 547-4916), 175 Counter St, se trouve à environ 2 km au sud de la Hwy 401. Les liaisons à destination de Toronto sont fréquentes (huit environ). Pour Montréal, les bus sont un peu moins nombreux.

A destination d'Ottawa, des bus partent le matin, l'après-midi et le soir. La compagnie dessert également des villes plus petites, comme Pembroke et Cornwall. Un aller simple revient à 38 $ pour Montréal, 27 $ pour Ottawa et à 37 $ pour Toronto.

Train. La gare VIA Rail (☎ 544-5600) se trouve au nord-ouest du centre dont elle est très éloignée, mais le bus urbain n°1 s'arrête à l'angle de Princess St et de Counter St, à une courte distance à pied de la gare.

Cinq trains desservent Montréal chaque jour pour 50 $. Pour Ottawa (32 $), quatre trains par jour. Pour Toronto (50 $), huit trains par jour.

Des réductions sont appliquées si les billets sont achetés au moins cinq jours à l'avance.

Voiture. Tilden (☎ 546-1145), 2232 Princess St, loue des voitures à la journée, à la semaine, etc.

Comment circuler

Bus. Pour tout renseignement sur les bus, contactez Kingston Transit (☎ 544-5289). Le bureau des bus urbains se trouve 181 Counter St.

Pour se rendre en ville, il faut prendre le bus qui s'arrête en face de la gare routière. Les bus partent toutes les demi-heures, au quart et à moins le quart.

Vélo. On peut louer des vélos chez Source For Sports, 121 Princess St, ou encore chez La Salle Sports (☎ 544-4252), 574 Princess St. La région est plutôt plate et les Hwys 2 et 5 disposent de bas-côtés pavés.

LES ENVIRONS DE KINGSTON

Thousand Islands Parkway

A l'est de Kingston, entre Gananoque et Mallorytown Landing, une petite route touristique (Thousand Islands Parkway) débouche au sud de la Hwy 401, longe la rivière puis rejoint l'axe routier. C'est un itinéraire recommandé lorsqu'on doit emprunter la Hwy 401 dans l'une ou l'autre direction. Elle est jalonnée d'aires de pique-nique et de points de vue superbes sur de nombreuses îles. Il existe aussi une **piste cyclable** qui passe sur les lignes de téléphone à fibre optique. On peut louer des vélos au 1 000 Islands Camping Resort (☎ 659-3058), à 8 km à l'est de Gananoque.

A **Mallorytown Landing** sont installés les bureaux du **parc national des Mille-Îles**, le plus petit parc national du Canada.

La route est bordée de quelques terrains de camping privés, de nombreux motels et de quelques villas (en location pour les séjours prolongés).

A Gananoque, 279 King St West, le *Victoria & Rose Inn* (☎ 382-3368) est un établissement véritablement grandiose, datant des années 1870. L'intérieur est particulièrement confortable. Les prix sont en harmonie avec le décor. Comptez à partir de 75 $ pour une double.

Les Mille-Îles. Cette pittoresque région, à l'est de Kingston, est composée d'un millier d'îles qui parsèment le Saint-Laurent entre les rives canadienne et américaine.

Des croisières partent de Kingston et font le tour de quelques îles. En été, deux agences organisent des excursions d'une journée. *Island Belle* (☎ 549-5544) propose un circuit d'une heure et demie le long du littoral de Kingston avec commentaire sur les sites. L'*Island Queen* organise une promenade de trois heures, en soirée, avec un dîner (jusqu'à trois excursions par jour en été). Les bateaux partent tous du dock de l'*Island Queen*, dans Ontario St, au pied de Brock St.

D'autres circuits partent de Rockport et de Gananoque, deux petites bourgades à l'est du fleuve. La plupart durent trois heures et demie, coûtent 15 $ et incluent quelques visites dans divers sites, comme le **château Boldt**. La Rockport Boat Line (☎ 659-3402) propose des excursions de deux heures autour des îles internationales pour 10 $. Le départ se fait toutes les heures en haute saison, moins fréquemment au printemps et à l'automne, du dock situé à 3 km à l'est du pont international des Mille-Îles.

Parc national des îles du Saint-Laurent. Au milieu de ce verdoyant archipel aux formes douces, ce parc couvre 17 îles disséminées sur 80 km de fleuve. A Mallorytown Landing, ainsi qu'au centre de renseignements, vous trouverez un terrain de camping de 60 emplacements, sans raccordement d'eau. Il y a quelques sentiers de randonnée et une plage.

Nombre d'îles disposent de campings dotés d'un aménagement minimal, tandis que 13 îles offrent des terrains de camping rudimentaires, seulement accessibles par bateau. Bateaux-taxis et locations de bateaux sont proposés au bureau du parc (☎ 923-5261) et dans quantité de petites bourgades le long de la route.

Nord de Kingston

Au nord de Kingston s'étend la région des **lacs Rideau**, où l'on peut pêcher et camper.

Le **parc provincial de Frontenac** (☎ 376-3489) se trouve à cheval sur les terres basses du sud de l'Ontario et le Bouclier canadien plus septentrional, d'où la présence d'une flore, d'une faune et d'une géologie très diversifiées. Le parc est surtout destiné aux randonneurs et aux adeptes du canoë. Plusieurs aires de camping sont disséminées à l'intérieur du parc, accessibles seulement à pied ou en canoë. Des sentiers pédestres et des voies canotables ont été tracés.

L'entrée et le bureau de renseignements se trouvent à **Otter Lake**, par la Hwy 5A, au nord de Sydenham. On peut nager mais il vaut mieux faire bouillir l'eau avant de la boire. La pêche à la perche est réputée.

Au nord-ouest de Kingston, en remontant la Hwy 41, le **parc provincial Bon**

Les loyalistes

L'indépendance de l'Amérique vis-à-vis de la Grande-Bretagne divisa les colonies américaines en deux camps : les patriotes et les loyalistes. Durant la guerre d'Indépendance de 1775-1783, les loyalistes conservèrent leur allégeance à la Couronne britannique. Un tiers de la population des treize colonies resta fidèle à la Grande-Bretagne. Plusieurs lois très dures furent alors votées, obligeant notamment quelque 200 000 loyalistes à quitter le sol américain pendant et après la guerre d'Indépendance. Sur ce nombre, entre 50 000 et 60 000 s'installèrent dans la région du lac du Saint-Laurent dans le Haut-Canada (Ontario), les Provinces maritimes et le Bas-Canada. Tous n'étaient pas d'origine britannique, mais de nationalités très diverses. Leur arrivée renforça la mainmise de la Grande-Bretagne sur cette partie de l'Empire. En Nouvelle-Écosse par exemple, les Français ne constituèrent plus, dès lors, la majorité de la population.

Dans le Haut-Canada, l'arrivée des loyalistes favorisa essentiellement la formation de la province de l'Ontario. Britanniques et gouvernements locaux firent preuve d'un soutien généreux en offrant vêtements, nourriture, aides diverses et en accordant des terres.

Bientôt les loyalistes canadiens devinrent autonomes et puissants. Aujourd'hui, leurs descendants représentent une part influente de la population canadienne.

On peut visiter des sites loyalistes dans le sud du Québec, à Gaspé, et plus particulièrement à Saint-Jean, dans le Nouveau-Brunswick, ou à Shelburne, en Nouvelle-Écosse. ■

Echo (☎ 336-2228), l'un des plus grands parcs de l'est de l'Ontario, est également propice à la pratique du canoë. Vous y trouverez des sentiers de promenade et des terrains de camping aménagés.

A **Mazinaw Lake** vous pourrez admirer des peintures indiennes sur les falaises rocheuses de granit.

Canal Rideau. Ce réseau canal/rivière/lac vieux de cent cinquante ans et long de 200 km relie Kingston à Ottawa. Pour parcourir cette voie d'eau historique tout du long, il vous faudra traverser 47 écluses. Les bâtiments fortifiés qui la longent ont été restaurés.

S'il s'avéra fort utile ensuite pour l'acheminement des marchandises, de nos jours, on utilise surtout le canal à des fins récréatives. Houseboat Holidays (☎ 382-2842), situé à Gananoque, loue des péniches pour la promenade. Six personnes peuvent dormir à bord et les tarifs commencent à 450 $ le week-end. Des routes longent la majeure partie du canal et les rives se prêtent aux balades à pied ou en vélo.

Rideau Trail. Ce réseau de sentiers de randonnée s'étire sur 400 km, de Kingston à Ottawa. Il traverse Westport, Smiths Falls, de nombreuses zones protégées avec forêts, champs et marais et comporte des tronçons routiers. Le long du sentier, vous apercevrez le canal Rideau. Des triangles orange balisent le sentier principal, des triangles bleus les sentiers annexes.

ÎLE DE QUINTE

L'île de Quinte constitue une retraite paisible et pittoresque loin de l'agitation du sud de l'Ontario. Ses villages datent, pour la plupart, des XVIIIe et XIXe siècles. Vous trouverez des témoignages de ce passé historique dans les petits cimetières jouxtant les églises des villages.

A voir et à faire

La circulation est tranquille sur les routes de l'île, qui longent de vastes fermes anciennes et des champs cultivés. La contrée offre de beaux points de vue sur le **Saint-Laurent** qui n'est jamais très loin. La pêche est réputée dans la **baie de Quinte** où les habitants de l'île pratiquent également la voile. L'île est aussi très populaire auprès des cyclistes, car généralement plate et sillonnée de petites routes ombragées.

L'île compte trois parcs provinciaux, dont **North Beach** et **Sandbanks**. Ce dernier (☎ 393-3319) est le seul à offrir des possibilités de camper et c'est aussi l'un des plus fréquentés de la province. Il faut réserver, en particulier pour les week-ends.

De l'autre côté de l'île, **Lake on the Mountain**, le troisième parc, mérite une visite pour son lac qui surplombe très nettement la route et d'où l'on a une vue plongeante spectaculaire sur le lac Ontario et plusieurs îles.

Où se loger

La région est surtout réputée pour le camping et vous trouverez plusieurs terrains privés. Un d'entre eux, très agréable, se cache à la pointe de Salmon Arm. Il offre un aménagement rudimentaire mais les couchers de soleil sont incomparables.

La contrée est riche en résidences de vacances, bungalows, motels et B&B, aux prix les plus variés. Pour un séjour d'un ou deux jours, mieux vaut opter pour un B&B. Sinon privilégiez les bungalows. La vallée Cherry a la palme de l'hébergement le moins cher.

Pour plus de renseignements sur les B&B, contactez Belleville Tourism (☎ 966-1333).

Isiah Tubbs Resort (☎ 393-2090), est l'adresse la plus luxueuse et la plus onéreuse de l'île.

Si tous les établissements de l'île affichent complet, prospectez dans le périmètre de Belleville.

TRENTON

La petite localité de Trenton est le point de départ du Trent-Severn Waterway, qui parcourt 386 km (44 écluses) jusqu'à la baie Géorgienne, au lac Huron. En été, yachts et embarcations les plus diverses suivent cette très ancienne voie d'eau indienne.

Trent-Severn Waterway

La Trent-Severn Waterway traverse en diagonale le sud de l'Ontario agricole, en suivant rivières et lacs sur 386 km, de Trenton (sur le lac Ontario) à la baie Géorgienne, à l'embouchure du cours d'eau Severn (près de Port Severn et de Honey Harbour). Elle coupe, ou frôle, les contrées et stations touristiques les plus réputées, telles que les **lacs de Kawartha**, de **Bobcaygeon**, de **Fenelon Falls** et **Lake Simcoe**.

Les péniches sont louées avec un équipement plus ou moins complet et peuvent accueillir jusqu'à huit personnes (six adultes).

Egan House Boat Rentals (☎ (705) 799-5745) est situé à Egan Marine, RR4, dans le village d'Omemee, à l'ouest de Peterborough, sur la Route 7.

Les tarifs varient selon la durée, mais vous débourserez au minimum 500 $ pour le week-end. En règle générale, vous consommerez 100 $ d'essence par semaine.

Lake Waterloo Waterfront Trail

La piste de randonnée sur les rives du lac Ontario s'étend sur 325 km de Trenton à Hamilton, à l'extrémité ouest du lac Ontario, en passant par Toronto.

Idéale pour la marche, le vélo et même le roller-skate, la piste relie 160 secteurs préservés, 126 parcs et des dizaines de musées, de galeries et de sites historiques. En été, de multiples activités, allant des marchands ambulants aux festivals de jazz, animent le parcours. Vous trouverez des plans détaillés et le programme de l'ensemble des manifestations au Waterfront Regeneration Trust (☎ (416) 314-8572) ou encore à l'office du tourisme de Trenton.

LACS DE KAWARTHA

La plupart des très jolies bourgades de la région des lacs de Kawartha abritent quelques bons restaurants et, généralement, un ou deux antiquaires. **Bobcaygeon** et **Fenelon Falls**, notamment, méritent une visite (la première accueillant aussi un important concours de violon tous les ans en juillet).

Tout près, **Balsam Lake** est réputée pour la baignade et la pêche. A **Lindsay**, petite ville plus ordinaire, ne manquez pas le *Dutch Treat*, dans Kent St, qui sert de succulents muffins et divers autres mets. Cette ville est l'hôte d'un festival de théâtre en été.

Le **parc provincial des Pétroglyphes** possède probablement la plus importante collection de reliefs préhistoriques sculptés du pays, découverts en 1954 : 900 formes et silhouettes gravées sur les corniches de calcaire.

AU NORD DES LACS DE KAWARTHA

En poursuivant au nord, on arrive dans une région de collines, plus paisible, moins peuplée, appelée les Haliburton Highlands. On y accède par la Hwy 507, qui part de Bobcaygeon et traverse Catchacoma et Gooderham.

Toronto

Avec une population de 2,6 millions d'habitants, Toronto est la première "ville" du Canada, et elle ne cesse de se développer. Cette croissance est due, en partie, à l'attrait qu'elle exerce sur les immigrants venus du monde entier. Toronto est entourée par les communes d'Etobicoke, Scarborough, North York, York et East York.

Le réveil économique de la fin des années 80 a permis à Toronto de consolider son statut de capitale financière, économique et médiatique du pays, mais aussi de centre artistique et culturel des Canadiens anglophones. Dans le centre-ville, un plan d'urbanisme a cherché à équilibrer la proportion des logements et des bureaux, et cet équilibre fait de Toronto une ville plus humaine que beaucoup d'autres. Toronto est l'une des villes les plus onéreuses d'Amérique du Nord, une caractéristique que les touristes ne ressentent pas directement car elle touche surtout l'immobilier.

Plusieurs communautés ethniques se sont regroupées pour former des quartiers prospères et actifs. Ils constituent un des aspects les plus positifs de la ville et contribuent à contrebalancer le caractère froid et réservé de la métropole.

Toronto a célébré son 150e anniversaire en 1984, mais n'a atteint une envergure et une renommée internationales que très récemment. Vers 1970, la ville est parvenue à surpasser par la taille sa rivale de toujours, Montréal.

Depuis cette réussite, largement symbolique, Toronto n'a cessé de se développer. Capitale de la province de l'Ontario, premier port canadien des Grands Lacs, elle est également un grand centre de la finance, de l'industrie de transformation et de l'édition. La Bourse de Toronto est l'une des plus importantes d'Amérique du Nord.

A NE PAS MANQUER

- L'ambiance cosmopolite des multiples quartiers
- Les rencontres sportives au Skydome
- L'Art Gallery of Ontario, réputé pour ses peintures et sculptures

HISTOIRE

Au XVIIe siècle, les Indiens Senecas occupaient cette région. Étienne Brulé fut le premier à découvrir le site lors d'un voyage en compagnie de Samuel de Champlain, en 1615. Les Indiens firent preuve d'une certaine hostilité à l'implantation des Européens, et c'est seulement vers 1720 que les Français parvinrent à établir un comptoir pour le commerce des fourrures et une mission à l'extrémité ouest de la métropole actuelle.

Après des années de conflit avec les Français, les Britanniques s'en emparèrent. En 1793, John Simcoe, lieutenant-gouverneur du nouveau Haut-Canada, choisit Toronto comme capitale. Elle remplaça Niagara-on-the-Lake et fut appelée York.

Durant la guerre de 1812, les Américains prirent York et brûlèrent le Parlement. En représailles, les forces britanniques marchèrent sur Washington et incendièrent le bureau politique américain. Les traces de l'incendie furent recouvertes de peinture blanche, d'où le nom de Maison Blanche.

A la fin de la guerre, en 1814, York connut une période d'expansion. Un service de diligences fut créé dans Yonge St, en 1828. En 1834, York fut rebaptisée Toronto, un terme indien qui signifie "lieu de réunion", sur décision du maire, William Lyon MacKenzie.

Dans les années 20, la croissance démographique fit un bond mais, en 1941, la population comptait encore 80% d'Anglo-Saxons. Après la Seconde Guerre mondiale, la ville commença à changer. Elle accueillit notamment 500 000 immigrants, pour la plupart européens. Aujourd'hui, les Italiens constituent le groupe ethnique le

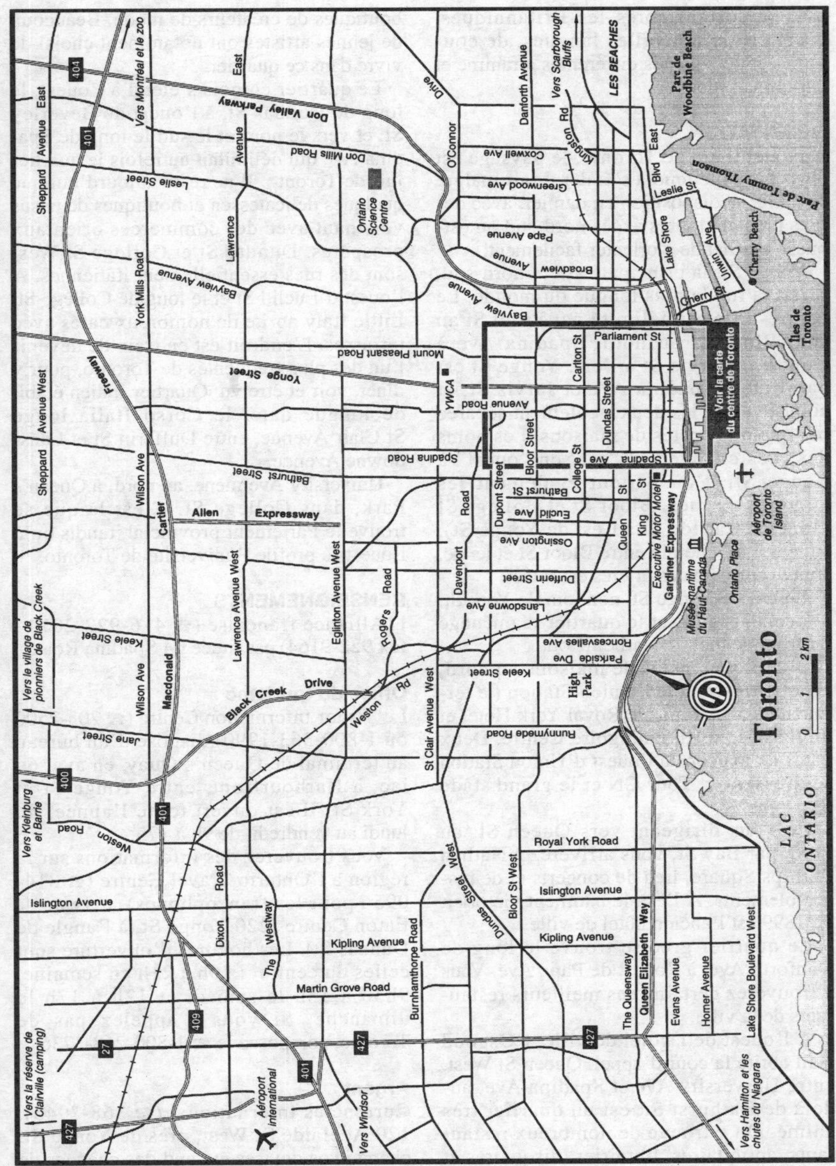
Toronto
LAC ONTARIO
0 1 2 km
Vers Scarborough Bluffs
LES BEACHES
Parc de Woodbine Beach
Parc de Tommy Thomson
Cherry Beach
Îles de Toronto
Aéroport de Toronto Island
Ontario Place
Musée maritime du Haut-Canada
Executive Motor Motel
Gardiner Expressway
Voir la carte du centre de Toronto
Parliament St
YWCA
Ontario Science Centre
High Park
Vers Montréal et le zoo
Vers le village de pionniers de Black Creek
Vers Kleinburg et Barrie
Vers la réserve de Clairville (camping)
Aéroport international
Vers Windsor
Vers Hamilton et les chutes du Niagara
Don Valley Parkway
Don Mills Road
Leslie Street
Sheppard Avenue East
Sheppard Avenue West
Lawrence Avenue
Lawrence Avenue West
Bayview Avenue
York Mills Road
Mount Pleasant Road
Yonge Street
Avenue Road
Spadina Road
Bathurst Street
Allen Expressway
Wilson Ave
Cartier
Macdonald
Eglinton Avenue West
Rogers Road
Davenport Road
Dupont Street
Bloor Street
College St
Dundas Street
Queen St
King St
Carlton St
Euclid Ave
Ossington Ave
Dufferin Street
Lansdowne Ave
Roncesvalles Ave
Parkside Dve
Keele Street
Jane Street
Black Creek Drive
Weston Rd
Weston Road
St Clair Avenue West
Runnymede Road
Royal York Road
Islington Avenue
Kipling Avenue
Bloor St West
Dundas Street West
The Queensway
Queen Elizabeth Way
Evans Avenue
Horner Avenue
Lake Shore Boulevard West
Burnhamthorpe Road
Martin Grove Road
The Westway
Dixon Road
O'Connor Drive
Danforth Avenue
Coxwell Ave
Greenwood Ave
Pape Avenue
Broadview Avenue
Kingston Rd
Lake Shore Blvd East
Leslie St
Unwin Ave
Cherry St
404
401
400
409
427
27

plus important après les Britanniques. L'apport de nouvelles langues, de coutumes et de cuisines différentes a ranimé et enrichi la ville.

ORIENTATION

Aux alentours de Toronto, le paysage est plat et la ville tend à s'étaler. Mais malgré sa taille, sa disposition en damier, avec des rues presque toutes axées nord-sud ou est-ouest, permet de s'orienter facilement.

Yonge St, la principale artère nord-sud, serait la rue la plus longue du monde. Le centre-ville est délimité par Front St au sud, Bloor St au nord, Spadina Ave à l'ouest et Jarvis St à l'est. Yonge St est parallèle à Spadina Ave et Jarvis St, et coincée entre les deux, seulement séparée par quelques pâtés de maisons. Les noms des rues changent d'"est" en "ouest" à Yonge St, d'où partent également les numéros de rues. Bloor St et College St (appelée Carlton St à l'est de Yonge St), situées à mi-chemin entre Bloor St et le lac, sont les principales artères est-ouest.

En bas de Yonge St, non loin de York St, s'étendent le lac et le quartier réaménagé du front de mer, le Harbourfront.

A quelques pâtés de maisons au nord, Front St rassemble l'Union Station (le terminal de VIA Rail), le Royal York Hotel et un théâtre, le Hummingbird Centre. Deux pâtés de maisons à l'ouest d'Union Station se dressent la Tour CN et le grand stade Skydome.

En vous dirigeant vers Queen St, au nord, par Bay St, vous arriverez à Nathan Phillips Square, lieu de concerts et de rassemblements. A l'est, le bâtiment victorien de 1899 est l'ancien hôtel de ville.

Le quartier grec se trouve le long de Danforth Ave, à l'ouest de Pape Ave. Vous y trouverez certains des meilleurs restaurants de la ville.

A l'ouest de l'hôtel de ville, l'Osgood Hall abrite la cour d'appel. Queen St West, entre University Ave et Spadina Ave, au-delà de Bathurst St, est un quartier très animé. On y trouve de nombreux restaurants, antiquaires, librairies, disquaires et boutiques de créateurs de mode. Beaucoup de jeunes artistes ont notamment choisi de vivre dans ce quartier.

Le quartier chinois s'étend à l'ouest, le long de Dundas St, à l'ouest de Beverley St, et vers le nord et le sud le long de Spadina Ave qui délimitait autrefois le quartier juif de Toronto. Il ne reste aujourd'hui que quelques delicatessen et boutiques de tissus voisinant avec des commerces orientaux prospères. Dundas St et College St West sont des rues essentiellement italiennes. A l'ouest d'Euclid St et le long de College St, Little Italy abrite de nombreux cafés avec terrasses. L'endroit est en train de devenir l'un des plus fréquentés de Toronto, pour y dîner, voir et être vu. Quartier italien établi de longue date, le Corso Italia longe St Clair Avenue, entre Dufferin St et Lansdowne Avenue.

University Ave mène, au nord, à Queen's Park, dans College St. C'est là que se trouve le Parlement provincial, tandis qu'à l'ouest se profile l'université de Toronto.

RENSEIGNEMENTS

L'Alliance française (☎ 416-922-2014 ; fax 922-9164) est située 24 Spadina Road.

Office du tourisme

Le Visitor Information Centre (☎ 203-2500 ou 1-800-363-1990) dispose d'un bureau au terminal de Queen's Quay, en aval du lac, à Harbourfront, entre Yonge St et York St. Il est ouvert toute l'année, du lundi au vendredi, de 9h à 17h.

Vous trouverez des informations sur la région à l'Ontario Travel Centre (☎ 314-0956 pour les francophones), niveau 1, Eaton Centre (220 Yonge St, à l'angle de Dundas St). Les horaires d'ouverture sont celles du centre : 10h à 21h en semaine, 9h30 à 18h le samedi et 12h à 17h le dimanche. Si vous n'appelez pas de Toronto, composez le ☎ 1-800-268-3736.

Argent

Currencies International (☎ 368-7945), 120 Adelaide St West, près de Yonge St, change vos devises et vend des chèques de voyage. Vous trouverez des succursales de la Bank of Montreal et de la Canadian Bank of Commerce à l'angle de Yonge St et de Queen St.

Livres et cartes

La plus grande librairie du monde (World's Largest Bookstore), 20 Edward St, une rue au nord du Eaton Centre, fera le délice des papivores. Pour ce qui est des guides de voyage, cartes et ouvrages sur la nature, le camping et les activités de plein air, adressez-vous à Open Air (☎ 363-0719), 25 Toronto St, non loin du croisement entre Adelaide St East et Yonge St. L'entrée se fait par Toronto St. Canada Map (☎ 362-9297), situé 63 Adelaide St East, vend également des cartes, dont un choix intéressant de cartes topographiques.

Au coin de Yonge St et de Front St, dans BCE Place, The Great Canadian News Co propose des journaux du monde entier et un vaste choix de périodiques. Vous trouverez par ailleurs un excellent choix d'ouvrages français à la librairie Champlain, 468 Queen St East.

Services médicaux

Le Central Toronto Hospital (☎ 340-4611) se situe 22 Elizabeth St, près de University Ave.

A VOIR ET A FAIRE

Tour CN

Plus haute structure autoportante au monde, la tour CN (☎ 360-8500) est devenue un symbole de Toronto. La tour s'élève à l'extrémité sud de la ville, près du lac, au sud de Front St West, à John St. Par temps clair, on a une vue panoramique jusqu'à 160 km à la ronde.

Le prix d'entrée à la plate-forme d'observation se monte à 12 $ (supplément de 3 $ pour accéder au dernier niveau).

Skydome

A côté de la tour CN, 1 Blue Jay Way, se trouve ce stade très spécial (☎ 341-3663). Ouvert en 1989, il est célèbre pour son toit rétractable, premier du genre au monde. Le stade sert d'abord aux rencontres professionnelles de base-ball et de football, mais aussi à des concerts et à d'autres manifestations. On l'appelle simplement le "Dome".

On peut le visiter tous les jours, au début de chaque heure, jusqu'à 17h, si le stade n'accueille pas de rencontres. La visite coûte 9 $.

Royal Ontario Museum (ROM)

Ce grand musée (☎ 586-5551), sis à l'angle de Queen's Park Ave et de Bloor St West, couvre des domaines aussi variés que les sciences naturelles, le monde animal, l'art et l'archéologie.

La collection d'artisanat, textiles et art chinois est considérée comme l'une des plus belles au monde. Les civilisations égyptienne, grecque, romaine et étrusque sont également bien représentées.

Dans le S R Perron Gem & Gold Room (composée de quatre salles octogonales), on peut admirer une époustouflante collection de pierres précieuses.

Le musée est ouvert du lundi au samedi, de 10h à 18h, jusqu'à 20h le mardi, et de 11h à 18h le dimanche. L'entrée s'élève à 8 $, 4 $ pour les étudiants et les personnes âgées (gratuit le mardi, de 16h30 à la fermeture). Il existe aussi des tarifs famille.

Art Gallery of Ontario (AGO)

C'est l'un des trois plus grands musées des Beaux-Arts du Canada (☎ 977-0414), les deux autres se trouvant à Ottawa et à Montréal. Il est sis au 317 Dundas St West, deux pâtés de maisons à l'ouest de University Ave. Il expose essentiellement des peintures, du XIVe siècle à l'époque contemporaine. Une section est consacrée au Canada et des salles sont réservées aux expositions temporaires. Le musée est surtout célèbre pour son importante collection de sculptures de Henry Moore – une des salles abrite une vingtaine de pièces.

De mai à octobre, le musée est ouvert de 10h à 17h30, du mardi au dimanche (jusqu'à 22h le mercredi). D'octobre à mai, il est ouvert du mercredi au dimanche. Il est ouvert les lundi fériés toute l'année.

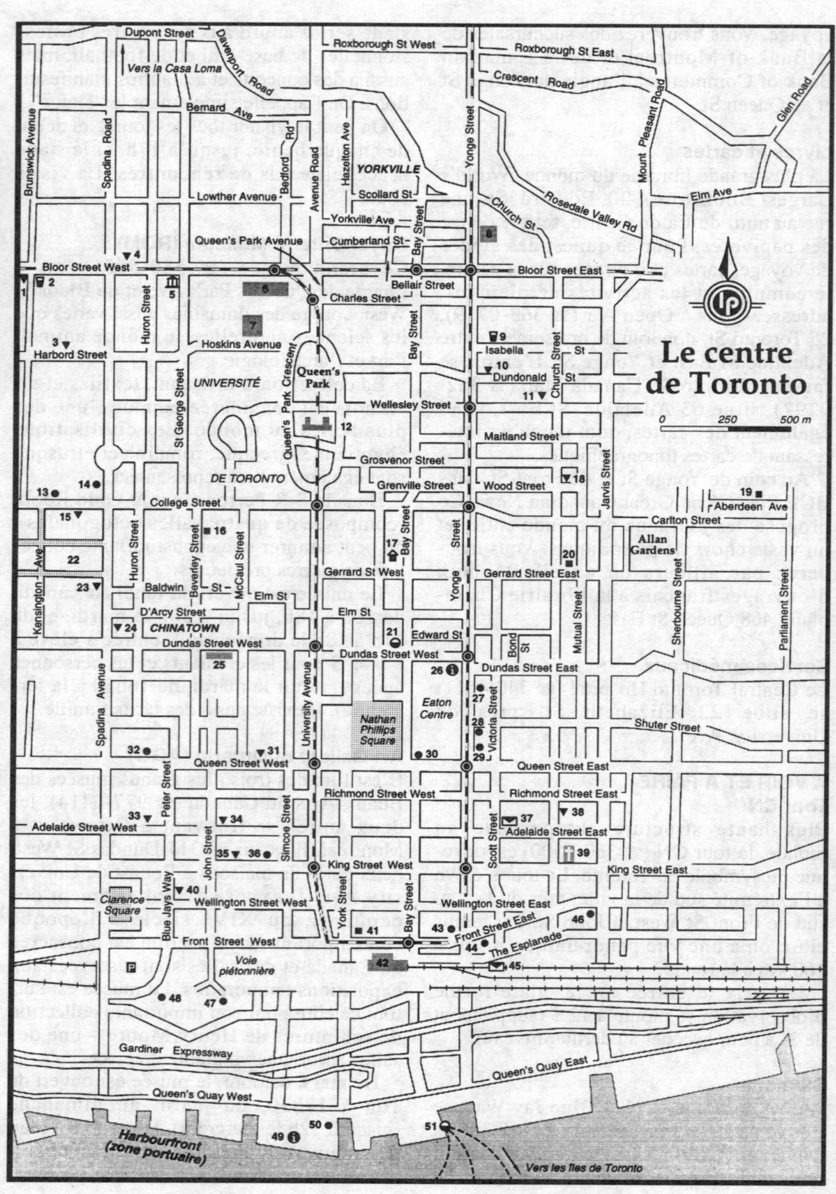
Le centre de Toronto
0 250 500 m
Dupont Street
Davenport Road
Vers la Casa Loma
Roxborough St West
Roxborough St East
Crescent Road
Mount Pleasant Road
Glen Road
Bernard Ave
Brunswick Avenue
Spadina Road
Bedford Rd
Avenue Road
Hazelton Ave
YORKVILLE
Yonge Street
Rosedale Valley Rd
Elm Ave
Church St
Lowther Avenue
Scollard St
Yorkville Ave
Queen's Park Avenue
Cumberland St
Bay Street
Bloor Street West
Bloor Street East
Bellair Street
Charles Street
Huron Street
Harbord Street
Hoskins Avenue
Isabella St
Dundonald St
Church Street
Queen's Park Crescent
Queen's Park
UNIVERSITÉ
DE TORONTO
St George Street
Wellesley Street
Maitland Street
Grosvenor Street
Grenville Street
Wood Street
Jarvis Street
Aberdeen Ave
College Street
Carlton Street
Allan Gardens
Beverley Street
McCaul Street
Kensington Ave
Baldwin St
Elm St
Gerrard St West
Gerrard Street East
D'Arcy Street
CHINATOWN
Edward St
Sherbourne Street
Parliament Street
Mutual Street
Bond St
Dundas Street West
Dundas Street East
Spadina Avenue
University Avenue
Eaton Centre
Victoria Street
Nathan Phillips Square
Shuter Street
Queen Street West
Queen Street East
Peter Street
Simcoe Street
Richmond Street West
Richmond Street East
Adelaide Street West
Adelaide Street East
John Street
Scott Street
King Street West
King Street East
Blue Jays Way
Clarence Square
Wellington Street West
Wellington Street East
York Street
Front Street West
Front Street East
The Esplanade
Voie piétonnière
Gardiner Expressway
Queen's Quay East
Queen's Quay West
Harbourfront (zone portuaire)
Vers les îles de Toronto
1 2 3 4 5 6 7 8 9 10 11 12 13 14 15 16 17 18 19 20 21 22 23 24 25 26 27 28 29 30 31 32 33 34 35 36 37 38 39 40 41 42 43 44 45 46 47 48 49 50 51

OÙ SE LOGER

16 Beverley Place
17 HI Hostel
19 Aberdeen Guesthouse
20 Neill Wycik College Hotel
41 Royal York Hotel

OÙ SE RESTAURER

1 Future Bakery
3 Kensington Kitchen
4 Master's Buffeteria
9 Artful Dodger
10 Health Haven
11 The Mango
15 Peter's Chung King
18 Le Baron Steak House
23 Pho Hung
24 Swatow
31 Queen Mother
33 Zupa's Deli
34 Zocalo
35 Old Ed's
38 Young Thailand
40 Wayne Gretzky's

DIVERS

2 Brunswick Tavern
5 Musée Bata de la chaussure
6 Royal Ontario Museum
7 Planétarium McLaughlin
8 Bibliothèque métropolitaine de Toronto
12 Parlement
13 Free Times Café
14 Silver Dollar Room
21 Gare routière
22 Kensington Market
25 Art Gallery of Ontario
26 Office du tourisme
27 Théâtre Pantages
28 Massey Hall
29 Théâtres Elgin et Wintergarden
30 Ancien hôtel de ville
32 Bamboo Club
36 Théâtre Royal Alexandra
37 Poste
39 Cathédrale St James
42 Gare ferroviaire VIA Rail
43 Hockey Hall of Fame
44 Centre commercial O'Keefe
45 Poste principale
46 St Lawrence Market
47 Tour CN
48 Skydome
49 Terminal de Queen's Quay, office du tourisme et théâtre Premiere Dance
50 Centre commercial de York Quay
51 Terminal des ferries pour les îles

L'entrée est de 7,50 $, 4 $ pour les étudiants et les personnes âgées ; elle est gratuite pour tous le mercredi soir, et le vendredi pour les personnes âgées.

La Cinémathèque Ontario (☎ 923-3456), dans le Jackman Hall, propose une programmation internationale de qualité.

Casa Loma

Cet imposant manoir de style médiéval composé de 98 pièces fut construit entre 1911 et 1914 par sir Henry Pellat, homme fortuné et excentrique. Le manoir (☎ 923-1171) devint un site touristique dès 1937, lorsque son entretien commença à revenir trop cher. L'intérieur est somptueux, édifié avec les matériaux les plus rares importés du monde entier. Les jardins valent à eux seuls la visite.

La Casa Loma est ouverte tous les jours, de 10h à 16h. Un billet coûte 8 $. Le parking est cher.

Parlement provincial

Ce séduisant bâtiment de grès rose (☎ 325-7500) est implanté dans Queen's Park, au nord de College St, dans University Ave. Achevé en 1892, le Parlement a été parfaitement entretenu. Vous pourrez profiter de fréquentes visites gratuites, du lundi au vendredi, jusqu'à 15h30. Le Parlement siège d'octobre à décembre et de février à juin.

Hôtel de ville

Dans Nathan Phillips Square, à l'angle de Queen St et de Bay St, ce bâtiment (☎ 392-7341) composé de trois formes architecturales symbolise l'ascension de Toronto. Il fut achevé en 1965 par l'architecte finlandais Viljo Revelld, lauréat du concours.

Les quartiers de la ville

Chinatown. Toronto possède la plus importante communauté chinoise du pays. L'ancien quartier chinois, dans le centre-ville, longe Dundas St, depuis Bay St, près de la station de métro, à l'ouest de University Ave. On y trouve de nombreux restaurants, mais le secteur est devenu très touristique.

ONTARIO

La partie la plus importante de Chinatown, et la plus intéressante, s'étend plus à l'ouest. Elle longe toujours Dundas St West, entre Beverley St, non loin de l'Art Gallery, et Spadina Ave, et un peu au-delà. Le quartier chinois englobe aujourd'hui l'essentiel de Spadina Ave, de Dundas St au sud à College St au nord, ainsi qu'à l'est et à l'ouest, le long de College St.

Rosedale. C'est l'un des quartiers les plus riches de la ville, au nord-est du croisement de Yonge St et de Bloor St. En remontant à pied ou en voiture Sherbourne St, au nord de Bloor St, vous aboutirez à Elm Ave. Presque toutes les maisons de cette avenue sont répertoriées dans le Historical Board pour leur intérêt architectural ou historique.

Cabbagetown. Situé à l'est de Parliament St, ce quartier doit son existence à la vague d'immigration irlandaise suite à la famine de 1841, due à la pénurie de pommes de terre. Son nom signifie "ville du chou", car jadis ses terres sablonneuses se révélèrent idéales pour la culture de ce légume. C'est en même temps un quartier résidentiel (où voisinent immeubles modestes et plus confortables) et commerçant. On y retrouve le style caractéristique de l'architecture victorienne du XIXe siècle, avec ses alignements de maisons et ce secteur est sans doute le plus bel ensemble d'architecture victorienne de toute l'Amérique du Nord.

The Danforth. A l'extrémité est de la ville, dans Danforth Ave, entre Pape Ave et Woodbine Ave, se trouve le quartier grec, souvent appelé The Danforth.

Ses nombreux restaurants, ses cafés enfumés réservés à une clientèle masculine, mais aussi ses magasins de fleurs et de fruits et légumes, qui sont ouverts toute la nuit, l'ont rendu très populaire, en particulier les soirs d'été où une foule dense se presse dans les rues.

Little India. Dans la même partie de la ville, vous pourrez visiter Little India, avec ses nombreuses boutiques de saris, ses couleurs et ses odeurs d'épice. Elle s'étend le long de Gerrard St East, à un pâté de maisons à l'ouest de Coxwell Ave. Vous trouverez ici une multitude de petits restaurants très bon marché.

Corso Italia. Les Italiens se sont installés dans de nombreux quartiers de la ville, mais le centre de la communauté italienne se trouve dans St Clair Ave West, à l'est et à l'ouest de Dufferin St. C'est ici que vous verrez des films italiens et que vous dégusterez des expressos, tout en jouant au billard. Connu sous le nom de "Little Italy", un autre quartier à l'italienne se situe dans College St, à l'ouest d'Euclid Ave. Plus en vogue que le précédent, on y découvre sans cesse de nouveaux cafés avec terrasses et de petits restaurants.

A proximité se trouve le quartier portugais, le long de Dundas St West, entre Ossington St et Dufferin St.

Yorkville. Autrefois version réduite de Greenwich Village ou de Haight-Ashbury, cet ancien bastion de la contre-culture est devenu le quartier des magasins chics. Le secteur est central, juste au-dessus de Bloor St, entre Yonge St et Avenue Rd. Il englobe Cumberland St, Yorkville Ave et Hazelton Ave. Quantité de galeries d'art, cafés, restaurants, boîtes de nuit et magasins de luxe longent les rues étroites et animées et certaines boutiques du Hazelton Lane Shopping Centre sont parmi les plus chères du Canada.

On y trouve cependant quelques boutiques étonnantes et des galeries originales. Inuit Gallery, dans Prince Arthur St, est spécialisée dans l'art inuit (très cher). Le Bellair Café est l'endroit obligé où faire une pause (le verre de vin coûte 7,50 $).

Harbourfront

Ce quartier riverain du lac s'étend du bas de Bay St à Bathurst St, à l'ouest. Ce secteur de vieux entrepôts, d'usines et de docks désaffectés devait être réaménagé en un quartier "artistique" de galeries d'art, de théâtres et d'ateliers, agrémenté d'espaces verts. C'est ce qui s'est passé mais jusqu'à un certain point seulement, à en juger par les constructions hideuses qui défigurent çà et là le bord du lac.

Pour les visiteurs, York Quay, 235 Queen's Quay, constitue le principal centre d'intérêt. Vous y trouverez un office du tourisme et le du Maurier Theatre et Molson Place, une salle de concert, sont tous proches. Presque chaque soir, on peut y voir un nouveau spectacle : ballet, concert, etc. Certaines manifestations sont gratuites. Elles ont lieu en plein air, ou dans les divers théâtres et galeries. Pour tout renseignement, contactez le ☎ 973-3000.

Le week-end, le quartier favorise les promenades le long du quai ou dans le marché à la brocante. La Canoe School loue des canoës, avec lesquels il est possible de se rendre jusqu'au port.

Pour visiter Harbourfront, rendez-vous d'abord à Union Station, la gare ferroviaire dans Front St, à quelques pâtés de maisons au nord du lac. Le métro vous emmènera à l'extrémité sud. De là, vous pourrez soit emprunter Yonge St, vers le sud, soit prendre le tramway LRT qui longe le quartier d'Harbourfront, dans Queen's Quay, jusqu'à Spadina Ave, puis revient par le même itinéraire. Le service fonctionne dans la journée et en soirée, sans interruption. Se garer dans le quartier est parfois un vrai casse-tête et revient cher. Mieux vaut emprunter les transports publics.

Les îles de Toronto

Du bas de Bay St, non loin du Harbour Castle Hotel, vous pouvez prendre un ferry qui vous emmènera en 10 mn aux trois îles de Toronto : Ward, Centre et Hanlan's Point. Autrefois surtout résidentielles, les îles abritent essentiellement des parcs. Centre Island est celle qui offre le plus d'aménagements, de manifestations estivales et c'est la plus fréquentée.

Les ferries offrent de belles vues sur la ville. Ils sont fréquents en été et coûtent 3 $ aller et retour (réduction pour les enfants et les personnes âgées). Vous pouvez faire le tour des îles à pied en moins de deux heures. Elles sont relativement peu fréquentées pendant la semaine. Vous pouvez aussi sillonner à vélo la rive sud des trois îles. Il est possible de transporter son vélo à bord du ferry ou d'en louer un sur l'île Centre.

Le parc Tommy Thompson et le port

Cette langue de terre de 5 km s'avance dans le lac et connaît un succès inattendu auprès de la faune. Conçue au départ pour améliorer les conditions de pêche, elle est devenue en quelques années un important lieu de reproduction des mouettes à collier. Les sternes et d'autres espèces y ont également élu domicile.

Le parc est ouvert au public le week-end et les jours fériés. Il se trouve au sud de l'angle de Queen St East et de Leslie St, au croisement de Unwin Ave et de Leslie St.

D'avril à octobre, une navette gratuite part de l'arrêt de bus le plus proche, dans Leslie St, à Commissioners Rd (à environ trois pâtés de maisons de la porte principale), jusqu'à la porte du parc. Il circule toutes les demi-heures, de 9h à 17h. Le parc ferme à 18h. Les véhicules ne sont pas autorisés, mais de nombreux visiteurs utilisent des vélos – le Martin Goodman Recreational Trail est une piste cyclable praticable dans les deux sens.

Les Beaches et les Bluffs

Les Beaches, un quartier assez chic, longe Queen St East, à Woodbine Ave, en bordure du lac. Les Beaches désignent la plage elle-même et le parc qui jouxte le lac.

Une piste a été aménagée pour les adeptes du vélo et des patins à roulettes. La qualité de l'eau éloigne les nageurs potentiels, mais on peut louer des planches à voile et prendre des cours. Sports Rent (☎ 694-7368), 2210 Queen St East, loue vélos et roller-skates. Une piscine publique se trouve à l'extrémité ouest, dans le parc Woodbine. Plusieurs établissements jalonnent Queen St East. Pour déguster un succulent flétan, faites une halte au *Nova Fish and Chips*, au n°2209. Pour rejoindre les

ONTARIO

plages, sautez dans un des tramways qui desservent la rue.

A environ 5 km plus à l'est s'élèvent les Scarborough Bluffs, des falaises de calcaire situées dans le parc, en bordure du lac. L'érosion a créé des formes étranges et a mis au jour des couches de sédiment, indiquant cinq glaciations différentes. Il y a quelques sentiers offrant de belles vues sur le lac. Les falaises les plus hautes (98 m) se trouvent à Cathedral Bluffs Park.

Marchés

Le plus important, **Kensington Market**, est un marché vivant, à l'ancienne mode, coincé entre Baldwin St et Augusta Ave, par Spadina Ave, au sud de College St et à l'est de Bathurst St. Il est ouvert tous les jours, mais l'affluence est à son comble le samedi matin. Plusieurs communautés s'y retrouvent.

Le **St Lawrence Market**, 92 Front St East (à Jarvis St), est installé dans ce qui fut le premier hôtel de ville de Toronto, datant de 1844.

Au nord de l'ancien hôtel de ville, le **St Lawrence Hall** est coiffé d'une tour d'horloge. C'est l'un des plus beaux bâtiments anciens de Toronto. Il servait autrefois de salle de réunion et accueille aujourd'hui – entre autres – les répétitions du National Ballet.

Sites historiques

Les amoureux des vieilles pierres ne sont pas gâtés car la ville est récente, mais l'office du tourisme pourra vous fournir un guide des demeures et sites historiques. Nombre de ces vieux bâtiments sont regroupés à l'emplacement de l'ancienne ville de York – dans le secteur sud de l'actuelle Toronto. Vous trouverez ci-dessous une description des sites les plus intéressants.

Fort York. Le fort (☎ 392-6907) fut fondé par les Britanniques en 1793 pour protéger la ville, qui s'appelait alors York. Il fut largement détruit à la fin de la guerre de 1812, mais rapidement reconstruit. Aujourd'hui restauré, il compte huit bâtiments originaux en rondins, pierres et briques. Le fort est ouvert tous les jours de l'année, de 9h30 à 17h. L'entrée coûte 5 $ (tarif réduit pour les enfants et les personnes âgées). Visites guidées gratuites à 16h. Il se dresse dans Garrison Rd, qui débouche de Fleet St West (non loin du croisement entre Bathurst St et Front St). Prenez le tramway, au sud, dans Bathurst St.

Villa MacKenzie. Cette demeure datant du milieu de la période victorienne (☎ 392-6915) est meublée avec un mobilier ancien de la même époque. Sise 82 Bond St, à deux pâtés de maisons à l'est de Yonge St, non loin de Dundas St East, la maison est ouverte tous les jours (le dimanche, seulement l'après-midi). L'entrée est de 3,50 $.

Villa Spadina. C'est un charmant hôtel particulier (☎ 392-6910), 285 Spadina Ave, à l'est de Casa Loma, appartenant à l'homme d'affaires local, James Austin. Dix de ses trente-cinq pièces sont ouvertes au public tous les jours (mais seulement l'après-midi, le dimanche et les jours fériés). L'entrée est de 5 $.

Villa Campbell. Dans le centre, au croisement de Queen St et de University Ave, cette maison (☎ 597-0227), une demeure en brique de style colonial et dont les meubles datent du début du siècle dernier, était autrefois la résidence des juges du Haut-Canada. Elle est ouverte tous les jours (seulement l'après-midi le week-end). L'entrée est de 3 $.

Colborne Lodge. Située dans High Park, cette maison (☎ 392-6916), construite en 1836, est de style Régence et abrite quantité de meubles d'origine.

Des visites guidées sont proposées par un personnel en costumes d'époque, avec démonstrations de travaux d'artisanat et de cuisson du pain. En été, la maison est ouverte du lundi au samedi de 9h30 à 17h et le dimanche de 12h à 17h. Le prix d'entrée est 3,50 $.

Villa Gibson. Cette demeure de style Géorgien (☎ 395-7432), qui appartint à un politicien célèbre, offre un aperçu de la vie quotidienne dans les années 1850. Elle se trouve non loin de la station de métro Sheppard, dans la partie nord de la ville, au 5172 Yonge St, au nord de Sheppard Ave. L'entrée coûte 2,50 $.

Églises. L'**église anglicane de la Sainte-Trinité** (☎ 598-4521) se cache dans le centre, derrière le Eaton Centre, dans Trinity Square. L'endroit est exceptionnel, à mi-chemin entre le lieu de culte et le centre d'accueil. A l'angle de King St et de Church St fut construite en 1807 la première église de la ville. La **cathédrale St James**, érigée en 1853, l'a remplacée. C'est la plus haute église du pays. Tout à côté, au croisement de Queen St et de Parliament St, la première église catholique fut édifiée en 1822. Sur ce site se dresse maintenant une seconde **église anglicane Saint-Paul**, l'un des bâtiments de style Renaissance les plus impressionnants de Toronto.

Montgomery's Inn. Construite en 1832 par un capitaine irlandais du même nom, Montgomery's Inn (☎ 394-8113), 4709, Dundas St West, non loin d'Islington Ave, à l'extrémité ouest de la ville, est un bel exemple d'architecture loyaliste. Elle fut restaurée dans le style des années 1830 à 1855.

Elle est ouverte tous les jours (seulement l'après-midi, le week-end et les jours fériés). L'entrée est de 2,50 $.

Village de pionniers de Black Creek

Réplique d'un village de l'Ontario vieux d'un siècle, le village de Black Creek (☎ 736-1733) est la principale attraction de la ville. Il se trouve à environ une demi-heure en voiture du centre, à l'angle de Steeles Ave et de Jane St, dans le secteur nord-ouest de la ville, et est accessible par les transports publics.

Des manifestations ont lieu tout l'été. Il est ouvert de 10h à 17h tous les jours, de mai à décembre. L'entrée est de 7,50 $. Le parking est gratuit.

Zoo de Toronto

Ce vaste zoo (☎ 392-5900) jouit d'une excellente réputation. C'est l'un des plus vastes et des mieux aménagés du Canada, et il continue de s'étendre. Il compte plus de 5 000 animaux sur 283 ha, certains résidant dans des enclos de la taille d'un terrain de football. Comptez une journée pour tout voir.

L'entrée coûte 9,95 $ (tarif réduit pour les enfants). Le parking est de 5 $. Le zoo est ouvert de 9h à 19h30 tous les jours en été, de 9h30 à 16h30 en hiver. Appelez pour vérifier les horaires.

Hockey Hall of Fame

Installé dans le magnifique bâtiment de la vieille Bank of Montreal (datant de 1885), à l'angle nord-ouest de Front St et de Yonge St, ce temple du hockey (☎ 360-7765) répond à toutes les questions des supporters de tous âges. Pour les visiteurs peu familiarisés avec ce jeu, des expositions permettent de mieux comprendre l'histoire du hockey et surtout la passion des Canadiens pour ce sport. L'entrée est de 8,75 $ (tarifs réduits pour les enfants et les personnes âgées). Il est ouvert tous les jours, en nocturne le jeudi et le vendredi.

Toronto Dominion Gallery of Inuit Art

Abrité dans la mezzanine de la tour AETNA du Toronto Dominion Centre, dans Wellington St, entre Bay St et York St, ce musée (☎ 982-8473) présente une collection exceptionnelle de l'art du Grand Nord. Elle comprend essentiellement des œuvres créées depuis la Seconde Guerre mondiale, consistant surtout en sculptures en pierre et en os, caractéristique majeure de l'art inuit.

Le musée est gratuit et ouvert tous les jours, de 8h à 18h, du lundi au vendredi ; de 10h à 16h, le week-end. Vous trouverez parfois une corde tendue en travers de la porte. Que cela ne vous empêche pas de pénétrer à l'intérieur. Il n'y a pas toujours d'employé à l'entrée. Des visites guidées gratuites sont organisées le mardi et le jeudi, une fois par jour. Pour tout autre jour, contactez le musée.

Activités sportives

Vélo. Le Martin Goodman Trail est une piste cyclable qui longe le bord du lac depuis les Beaches à l'est, traverse Harbourfront et le centre-ville, puis retrouve le Humber, une rivière, à l'ouest. De là, la piste est reliée à d'autres sentiers du parc qui longent le Humber vers le nord. Ce tronçon est idéal pour le vélo.

Vous pourrez ainsi aller au moins jusqu'à Eglinton, ce qui représente un certain nombre de kilomètres.

Une brochure gratuite sur les sites qui bordent le sentier est disponible à l'office du tourisme.

Le Toronto Bicycling Network (☎ 766-1985) organise des excursions courtes, moyennes ou longues pendant les week-ends en été.

Sports aquatiques. Des plages sablonneuses, des parcs ombragés, un chemin recouvert de planches et les chaudes journées d'été, attirent (en particulier le week-end) de nombreux visiteurs aux Beaches. Kew Beach est la plus fréquentée.

On peut aussi y pratiquer la planche à voile. A l'extrémité ouest de la plage, aux alentours de la baie Ashbridges, vous pourrez louer le matériel nécessaire.

Circuits organisés

Compagnie sérieuse, Gray Line (☎ 594-3310) propose une promenade de deux heures dans la ville pour 25 $ (réduction pour les enfants et les personnes âgées). Plusieurs autres excursions, plus spécialisées, durent deux heures et demie. Une autre encore, d'une journée, vous emmènera, à l'ouest, jusqu'aux chutes du Niagara (89 $). L'organisme vient chercher les passagers aux hôtels du centre-ville et au principal terminal des bus (610 Bay St). On peut acheter les billets dans le bus ou au guichet Gray Line du Royal York Hotel dans York St, de l'autre côté de la gare ferroviaire.

Si vous recherchez des circuits plus spécialisés, contactez Architectural Walks (☎ 922-7606). Les promenades à pied de deux heures et demie partent de la porte du vieil hôtel de ville, 60 Queen St West, et sillonnent les anciens et nouveaux quartiers au cœur de la ville. Ces visites guidées coûtent 10 $ et fonctionnent du mardi au samedi, de juin à septembre.

Civitas Cultural Resources (☎ 966-1550) propose trois excursions à pied dans la ville. L'une des visites s'attache à l'architecture coloniale, la seconde s'intéresse davantage au Toronto de l'époque victorienne tandis que la troisième permet la découverte de Yorkville. Ces circuits ne fonctionnent qu'en semaine. Ils durent deux heures environ, moyennant 10 $. Appelez l'organisme pour réserver et vérifier les lieux et horaires de rendez-vous.

Un autre circuit à pied intéressant, de trois heures et demie, consiste à faire le tour de Chinatown, avec visite dans les boutiques, les herboristeries, etc., et un déjeuner. Ce circuit est organisé par David Ko (☎ 618-8238) et il est valable tous les jours de l'année. Le prix (50 $) inclut le transport aller et retour à votre logement, ainsi que le repas.

Tout au long de l'été, des bénévoles du Royal Ontario Museum proposent des visites guidées gratuites de la ville. Quel que soit le temps, les circuits se déroulent le dimanche après-midi et le mercredi soir. Appelez le ☎ 586-5797 pour de plus amples détails ou prenez une brochure à l'office du tourisme ou encore au musée même.

Plusieurs agences organisent des excursions en bateau dans le port et aux alentours des îles. La plupart partent de Harbourfront, à Queen's Quay, à John Quay et, plus particulièrement, à York Quay. Pour tout renseignement sur les croisières, contactez le ☎ 973-4094.

Mariposa Cruise Lines (☎ 203-0178) est la principale agence. Le *Chippewa*, un ancien *Maid of the Mist* du Niagara, est utilisé pour des tours avec commentaires d'une heure (12 $). La Mariposa propose également des croisières en soirée sur le *Northern Spirit*, avec buffet, bar et piste de danse. Pour toutes ces excursions, on peut acheter les billets à l'avance, quai d'embarquement n°6, au terminal de Queen's Quay.

Le ferry des îles offre également de belles vues sur la ville pour un prix modique. Si vous visitez les îles, vérifiez l'heure du dernier retour. En été, les ferries partent toutes les demi-heures, mais ils s'arrêtent de circuler assez tôt (voir la rubrique *Les îles de Toronto*).

Un certain nombre d'organismes implantés à Toronto proposent aujourd'hui des activités et des circuits dans la nature, à l'extérieur de la ville. Plusieurs lecteurs nous ont recommandé The Canadian Experience, qui travaille en collaboration avec Hostelling International (☎ 971-4440 ou 1-800-668-4487). Cette société organise une excursion très complète de 2 jours et demi, englobant une visite à la mission française reconstruite de Sainte-Marie, en territoire huron, non loin de la Baie Géorgienne ; une randonnée sur la spectaculaire Bruce Trail ; une visite en voiture de quelques villes mennonites et enfin une halte aux chutes du Niagara. Le circuit démarre de l'auberge de jeunesse de Toronto, une fois par semaine, et coûte 200 $. Avec un supplément de 65 $, vous pouvez passer une nuit en camping et parcourir la Bruce Trail toute une journée.

Niagara Falls Sightseeing Alternative (☎ 778-9686) organise une visite d'une journée qui comprend les chutes du Niagara, Niagara-on-the-Lake et la dégustation des vins de la région. Comptez 39,95 $ (réduction de 10 $ pour les étudiants).

De juin à fin septembre, Canadian Woodlands (☎ 469-4356) vous emmène directement au parc provincial d'Algonquin, depuis le centre-ville de Toronto. Le départ a lieu à 7h30 les lundi, mercredi et vendredi, moyennant 35 $ l'aller. On peut vous déposer à n'importe quel point d'accès à la réserve, sur la RN 60 qui longe la partie sud du parc. Un aller-retour dans la journée (qui permet une visite de 5 heures dans le parc) vous coûtera 50 $ et le prix du billet englobe des circuits guidés sur de courts chemins de randonnées.

FESTIVALS

Voici quelques-unes des principales manifestations :

Mai

Toronto International Powwow — pendant deux jours, la culture indienne est à l'honneur avec des danses, des expositions de costumes et d'objets artisanaux. La manifestation se déroule dans le Skydome à la mi-mai.

Juin

Caravan – durant neuf jours, au milieu ou à la fin du mois de juin, ont lieu des échanges culturels entre les différents groupes ethniques, avec musique, danse, cuisine nationale. Un passeport (14 $) vous permet de visiter la cinquantaine de pavillons implantés dans toute la ville. Des bus effectuent la navette entre les pavillons. Ces différentes manifestations se déroulent durant les derniers jours de juin. Demandez-en la liste complète à l'office du tourisme. Le pavillon japonais est l'un des plus appréciés.

Gay Pride Day Parade – organisée depuis déjà deux décennies à la fin du mois de juin, cette manifestation connaît un succès croissant et culmine avec un défilé provocateur dans le centre-ville. Les Torontois viennent nombreux assister à cette fête gigantesque qui réunit jusqu'à 100 000 participants. La communauté homosexuelle de Toronto est regroupée autour de Church St, entre Carlton St et Bloor St, où se déroule le défilé.

Festival de Jazz du Maurier – réputé et jouissant d'une notoriété croissante, ce festival se déroule en juin et début juillet, dans le centre-ville, avec une semaine de concerts jour et nuit. Des musiciens locaux, américains et européens participent à ce festival qui réunit jusqu'à 1 000 participants. On y entend aussi plus de gospel et de blues qu'auparavant.

Juillet

Soul & Blues Festival – ce festival se déroule chaque année fin juillet dans Harbourfront.

Fringe Theatre Festival – avec plus de 400 spectacles étalés sur dix jours à six endroits différents, généralement en juillet, ce festival (☎ 534-5919) est devenu une rencontre théâtrale majeure. Les participants sont choisis par une loterie, ce qui explique la variété des spectacles, leur forme et leur qualité si diverses. Attendez-vous à l'inattendu.

Drame, comédie, comédies musicales et spectacles de cabaret font partie du festival. Demandez à l'office du tourisme le programme de l'année.

Mariposa Folk Festival — fondé au début des années 60, ce festival de musique folk, de bluegrass et de musique amérindienne connaît depuis peu des problèmes financiers, ce qui explique que les lieux et l'ampleur des manifestations varient d'une année sur l'autre. Pour tous renseignements, appelez la Mariposa Folk Foundation (☎ 924-4839). Ateliers et jam sessions font en général partie du programme qui s'étale sur plusieurs jours en juillet ou en août.

Août

Caribana – festival antillais annuel qui connaît une popularité croissante, le Caribana (☎ 465-4884) a célébré son 30e anniversaire en 1996. Il se déroule sur Lake Shore Blvd West, au début d'août. Il dure un week-end et est essentiellement consacré à la musique et à la danse reggae, steel drum et calypso. La principale attraction, toutefois, consiste en un gigantesque défilé. Environ 6 000 personnes défilent pendant cinq heures, arborant des costumes étonnants ou provocants. D'autres manifestations et concerts se déroulent pendant deux semaines jusqu'au week-end organisé sur l'île.

Canadian National Exhibition (CNE) – elle prétend être la plus grande foire annuelle du monde. Elle inclut des expositions agricoles et techniques, des concerts, des démonstrations, des présentations artisanales, des défilés, un excellent spectacle en plein air, une manifestation hippique, toutes sortes de jeux et manèges, et des feux d'artifice. La foire se déroule pendant deux semaines jusqu'à la fête du Travail, à Exhibition Place, qui se trouve à côté de l'ancien stade de football CNE, dans Lake Shore Blvd West.

Septembre

Festival of Festivals – le festival annuel du Film est un événement cinématographique de renommée internationale. Il a généralement lieu en septembre et dure une dizaine de jours pendant lesquels sont projetés des films en tout genre. Pour plus de renseignements, appelez le ☎ 968-3456, ou consultez les journaux et les revues. Vous pourrez acheter des billets séparés (ils se vendent très rapidement) ou vous offrir un forfait valable pour toutes les projections.

Octobre

International Festival of Authors — il se déroule en automne (d'ordinaire en octobre) à Harbourfront et il n'existe aucun autre événement littéraire de cette importance dans le monde. Des dizaines d'auteurs célèbres de poésie, de romans ou de nouvelles se rassemblent pour lire et discuter de leurs œuvres. Chaque soir a lieu la présentation de trois ou quatre écrivains. Des lectures se déroulent également chaque semaine tout au long de l'année, avec la participation d'auteurs moins connus.

OÙ SE LOGER

Camping

Plusieurs terrains de camping/caravaning sont regroupés dans un rayon de 40 km. L'office du tourisme en possède la liste complète.

Un des plus proches, l'*Indian Line Campground*, qui fait partie du Clairville Conservation Area (☎ (905) 678-1233), se trouve au nord d'Indian Line Rd, orientée nord-sud, à l'est de l'aéroport. Le terrain est implanté non loin de Steeles Ave, qui délimite la lisière nord de la ville. C'est probablement le site le mieux adapté au camping, avec 224 emplacements à 15 $ la nuit.

Également proche de la ville, le *Glen Rouge Park* (☎ 392-8092), dans Kingston Rd (Hwy 2), à Altona Rd, non loin de Sheppard Ave East, est situé en face du lac, en bordure de Scarborough qui fait partie de l'agglomération de la ville, et de Pickering, à la lisière est de Toronto. Il contient environ 120 emplacements à 16 $ la nuit.

Auberges de jeunesse

Le *HI Toronto Hostel* (☎ 971-440 ou 1-800-668-4487) occupe désormais plusieurs étages de l'immense Hospital Residence du 90 Gerrard St. Très central, l'établissement ne se trouve qu'à deux pâtés de maisons de la gare routière et à quelques minutes de marche des principaux sites de la ville. La station de métro la plus proche est celle de Queens Park.

L'auberge peut accueillir 200 clients. La plupart des chambres contiennent seulement deux lits et toutes disposent d'un lavabo. L'établissement est climatisé et comprend une grande cuisine, une laverie, une piscine, des courts de squash et un gymnase. C'est ouvert 24h/24 toute l'année, mais il est prudent de réserver de mai à septembre. Comptez 23/27 $ la nuit pour les membres/non-membres, petit déjeuner continental compris. L'endroit abrite aussi le bureau régional des auberges de jeunesse des Grands Lacs.

Leslieville Hostel (☎ 461-7258 ou 1-800-280-3965) offre une bonne solution de rechange. Auberge indépendante, elle se compose de trois maisons, toutes proches les unes des autres, dans un quartier résidentiel, 4 km à l'est du centre-ville. La principale se situe au 185 Leslie St. On y accède en 20 mn par le tramway de Queen St qui circule 24h/24, jusqu'à Leslie St, puis en suivant la rue vers le nord. Cet établissement familial peut héberger jusqu'à 70 clients. La plupart des alits sont en dortoirs, mais il existe huit chambres. Comptez 13 $ la nuit en dortoir, 32/39 $ la simple/double et 2 $ pour le petit déjeuner. Outre la cuisine et la laverie, l'auberge dispose d'un parking gratuit.

Le *Marigold International Hostel* (☎ 536-8824), également privé, est affilié aux Backpackers, à l'extrémité ouest de la ville, 2011 Dundas St West. L'auberge se trouve sur le trajet des tramways provenant du centre-ville, de College St ou de Dundas St. Comptez 20 mn. Évitez les tramways qui passent par Dundas St le week-end, car ils traversent Chinatown, particulièrement encombrée ce jour-là. Le métro offre une autre solution : allez jusqu'à la station Dundas West, d'où vous pourrez prendre le tramway vers l'est, jusqu'à l'auberge.

Les lits en dortoir sont proposés à 22 $ la nuit. On ne peut pas cuisiner, mais café et beignets vous sont offerts chaque matin. Ouverte toute l'année, l'auberge contient une quarantaine de lits et deux chambres pour les couples. En général, on ne peut s'y inscrire qu'à partir de 15h, mais si vous y avez passé la nuit, vous n'êtes pas tenu de libérer la chambre à un horaire précis ; la porte se verrouille automatiquement derrière vous.

L'auberge *YWCA* (☎ 923-8454), pour femmes seulement, 80 Woodlawn Ave, près de Yonge St, est centrale. Vous y trouverez une cafétéria. Le prix d'une simple est de 44 $, moins si vous partagez une double et celui d'un lit en dortoir, 18 $, petit déjeuner compris. L'hiver, on vous proposera une réduction si vous restez une semaine ou plus.

Résidences universitaires

Au 96 Gerrard St East, non loin de la Ryerson Polytechnic University, le *Neill-Wycik College Hotel* (☎ 977-2320 ou 1-800-268-4358) est une résidence universitaire bien située et comprenant des appartements. Pendant l'été (de début mai à fin août), les chambres sont louées à des visiteurs pour de courtes ou de moyennes durées. Comptez 32/38 $ la simple/double et 47 $ pour une chambre familiale. Il existe une laverie et une cafétéria gérée par les étudiants où prendre le petit déjeuner. L'établissement n'étant pas climatisé, les chambres de petite taille peuvent s'avérer étouffantes pendant l'été. Lors d'une visite récente, nous avons malheureusement déploré un manque de propreté.

Centrale, l'*University of Toronto* (☎ 978-8735) loue des chambres dans deux résidences universitaires. Le campus se trouve à l'angle de University Ave et de College St. Les chambres sont disponibles de la mi-mai à la fin août. Elles coûtent à partir de 44 $ par personne, petit déjeuner et service de ménage compris. Les tarifs à la semaine sont très avantageux.

York University (☎ 736-5020) loue également des chambres de mai à la fin août. En revanche, située à la limite nord de la ville, 4700 Keele St, non loin de Steeles Ave, elle est très excentrée. Les simples/doubles coûtent 37/55 $, moins pour les étudiants. Mieux vaut réserver.

B&B et pensions ("tourist homes")

Formules d'hébergement de plus en plus recherchées, certains de ces établissements semblent ne jamais désemplir. Le petit déjeuner est en principe inclus dans le prix de la chambre, mais il est prudent de le vérifier pour ceux de la catégorie "tourist homes".

Il existe plusieurs associations de B&B qui disposent de listes de chambres soigneusement contrôlées, et qui s'occupent des réservations. Inutile de vous rendre à l'agence, il suffit de téléphoner. Le prix des chambres s'est à peu près stabilisé autour de 45/65 $ pour une simple/double.

La Downtown Toronto Association of B&B Guesthouses (☎ 368-1420 ; fax 368-1653) est spécialisée dans les chambres au centre-ville, principalement dans des maisons victoriennes restaurées. Les prix s'échelonnent de 40 à 60 $ la simple et de 50 à 90 $ la double. L'adresse postale est la suivante : PO Box 190, Station B, Toronto, M5T 2W1.

Metropolitan B&B Registry (☎ 964-2566) est l'agence la plus importante, avec des membres dans la ville et dans les environs. Elle est installée 615 Mount Pleasant Rd, Suite 269, Toronto M4S 3C5, et semble pratiquer les tarifs les plus bas en simple (à partir de 40 $). Les doubles coûtent de 50 $ à 75 $. Il est interdit de fumer.

Toronto B&B Inc (☎ 588-8800), 253 College St, à l'adresse postale Box 269, Toronto M5T 1R5, regroupe une vingtaine de membres. Les simples/doubles coûtent 45/55 $. L'agence ne possède pas de bureau ouvert au public. Si vous vous trouvez à Toronto, téléphonez.

Ces associations disposent de brochures contenant la liste des membres, la description de l'hébergement et les installations offertes.

Parmi les B&B, on ne saurait trop vous conseiller *Beverley Place* (☎ 977-0077), 235 Beverley St, dans une petite rue orientée nord-sud, qui relie College St à Queen St West, entre University Ave et Spadina Ave. L'université, Chinatown, Queen St et même la tour CN sont accessibles à pied. Bien restaurée, cette demeure de trois étages date de 1877. La décoration très originale comprend des meubles anciens et des objets de collection choisis avec goût et les plafonds sont magnifiques. Vous dégusterez un savoureux petit déjeuner à la grande table de la cuisine qui donne sur un jardin clos. Le propriétaire, Bill Ricciuto, dirige un établissement similaire de l'autre côté de la rue. Les clients de ce dernier viennent prendre leur petit déjeuner au n°235. Les prix sont raisonnables et varient selon la chambre. Les simples/doubles démarrent à 45/65 $. La "chambre de la Reine" se loue plus cher, comme l'appartement entièrement équipé du troisième étage, qui bénéficie d'un balcon et d'une vue panoramique sur la ville. De juin à septembre, il est prudent de réserver (conseil qui s'applique à tous les établissements cités dans cette sous-rubrique).

La *Karabanow Guesthouse* (☎ 923-4004), 9 Spadina Rd, au nord de Bloor St West, est bien située. Les prix incluent parking, ménage quotidien et TV par câble. Elle loue 9 chambres, les simples à partir de 46 $, les doubles de 56 à 62 $.

La *Palmerston Inn B&B* (☎ 920-7842) est également bien située, au nord de College St, 322 Palmerston Blvd, avenue tranquille bordée d'arbres. C'est une vieille maison, vaste (8 chambres), bien entretenue, dotée d'un agréable balcon au deuxième étage. Les prix sont un peu plus élevés : 50/70 $ pour une simple/double. Toutes les chambres sont climatisées et certaines disposent d'une cheminée. Quelques places de parking sont disponibles.

Aberdeen Guesthouse (☎ 920-8968), 52 Aberdeen Avenue (qui débouche dans Parliament St à l'ouest, juste au nord de Carlton St), est une petite maison victorienne restaurée jouissant d'un jardin ombragé et située dans le quartier est de Cabbagetown. Cet établissement climatisé abrite trois chambres superbement décorées, avec s.d.b. commune. Comptez 50/70 $ la simple/double avec un fantastique petit déjeuner.

Au 1233 King St West, la *Candy Haven Tourist Home* (☎ 532-0651), plus simple, se trouve sur la ligne du tramway. Elle est centrale et les chambres, à partir de 45 $ environ, sont équipées de lavabos.

Encore plus à l'ouest, 1546 King St, non loin de Roncesvalles Ave, la *Grayona Tourist Home* (☎ 535-5443) est une vieille demeure rénovée, tenue par Marie Taylor, une Australienne très accueillante. Comptez de 40 à 50 $ pour les simples, de 50 à

65 $ pour les doubles. Toutes sont équipées d'un réfrigérateur et, sauf une, d'une TV. Les plus chères disposent d'un coin cuisine et sont idéales pour les familles (il y a même un berceau). Une grande chambre familiale (avec s.d.b. et cuisine) coûte environ 90 $.

La Grayona se trouve à environ 7 km du centre-ville. Le tramway qui emprunte King St s'arrête pratiquement devant sa porte. A l'ouest, Roncesvalles Ave héberge deux autres pensions.

Hôtels – petits budgets

Les hôtels corrects et bon marché n'abondent pas dans le centre-ville. La plupart se regroupent à l'est de Yonge St, dans Church St, Jarvis St et Sherbourne St. Certaines chambres de ces établissements ne ne sont pas consacrées au seul sommeil et, la nuit, les femmes seules risquent de se faire importuner dans la rue par des noctambules pas toujours bien intentionnés. C'est notamment le cas aux alentours de Church St, Jarvis St, non loin d'Isabella St, et dans le secteur de Dundas St. Le soir, autant éviter la partie sud de Jarvis St, entre Carlton St et Queen St, et les rues voisines.

Quoi qu'il en soit, il ne faut pas éviter ce quartier à tout prix. La meilleure affaire en termes de rapport qualité/prix, dans la catégorie petit budget, est le *Selby* (☎ 921-3142), 592 Sherbourne St, au nord de Wellesley St. Cette demeure victorienne à tourelles, classée monument historique, date de 1882. Puis Hemingway y résida à l'époque où il travaillait pour le *Toronto Star*, avant son départ pour Paris. L'hôtel a été largement rénové et on peut y séjourner en toute tranquillité. Les simples/doubles coûtent de 70 à 80 $, selon la taille et l'aménagement. Les prix baissent légèrement durant les mois d'hiver et un forfait à la semaine est proposé toute l'année. Un petit déjeuner continental est inclus dans le prix. De mai à octobre, mieux vaut réserver.

Plus au sud, le *St Leonard* (☎ 924-4902) est installé 418 Sherbourne St. Il est désuet, propre et accueillant. Il dispose de 22 chambres, certaines équipées d'une s.d.b. et d'une TV. Le prix des simples varie de 39 à 45 $ et celui des doubles de 45 à 55 $.

Pour ceux que les établissements un peu louches ne rebutent pas, le *Gladstone*, 1214 Queen St West, est installé dans un magnifique immeuble ancien qui a connu des jours meilleurs (bien que ravalé). Il pratique des prix bon marché – moins de 30 $ – mais l'endroit n'est guère conseillé aux femmes seules.

Hôtels – catégorie moyenne

De catégorie moyenne, le *Strathcona* (☎ 363-3321) est également un vieil établissement réaménagé. Il dispose aujourd'hui de toutes les installations nécessaires, mais pour un hôtel du centre-ville, reste d'un prix modéré (à partir de 75 $). Il est très bien situé, 60 York St, tout près de la gare ferroviaire. Il dispose d'une salle à manger, d'une cafétéria et aussi d'un bar.

Le *Victoria* (☎ 363-1666), 56 Yonge St, est l'un des meilleurs petits hôtels du centre de Toronto. Entièrement rénové, il a conservé quelques vestiges du passé, tel son superbe couloir. Les prix commencent à 75 $ pour une simple ou une double.

Le *Comfort Hotel* (☎ 924-7381), 15 Charles St, pratique des prix légèrement supérieurs (à partir de 82 $).

De catégorie supérieure, le *Bond Place* (☎ 362-6061) est surtout fréquenté par des touristes, dont les bus sont garés juste en face. Il est fort bien situé, près d'Eaton Centre, 65 Dundas St East. Le prix de chambres commence à 82 $.

Plus proche du motel, mais très confortable, meilleur marché et doté d'un parking, l'*Executive Motor Hotel* (☎ 504-7441), 621 King St West, propose 75 chambres à environ 76 $ la double. Il est central et le tramway passe devant.

Hôtels – catégorie supérieure

On ne compte plus les grands hôtels modernes dans Toronto. Il sont nombreux en centre-ville, plus encore aux abords de la métropole et un bon nombre sont implantés à proximité de l'aéroport. La plupart proposent des forfaits week-end à tarif réduit.

Le *Four Seasons* (☎ 964-0411) propose les chambres les plus chères de Toronto. Il est établi à Yorkville, 21 Avenue Rd, où les prix démarrent à 295 $ la nuit (moins cher le week-end). Jouissant également d'une excellente réputation et doté d'un superbe hall, le *Hilton International* (☎ 869-3456), se trouve en plein centre-ville, 145 Richmond St West. Il loue des simples/doubles à partir de 250 $.

Le *Harbour Castle Westin* (☎ 869-1600), 1 Harbour Square, est situé en bordure du lac, en face des îles de Toronto. Le restaurant tournant offre de belles vues sur la ville et le lac. Chambres à partir de 250 $.

Le *Royal York* (☎ 368-2511), une vénérable institution, 100 Front St, en face de la gare ferroviaire, mérite une mention particulière. C'est le plus ancien des hôtels haut de gamme, et il a accueilli aussi bien des stars du rock que des têtes couronnées. Au sous-sol, il dispose de plusieurs bars où l'on peut se restaurer. Le prix des chambres dépend de l'occupation de l'hôtel : il commence à 169 $ et peut aller jusqu'à 260 $ pendant la période d'affluence.

Sur le chemin de l'aéroport sont regroupés plusieurs hôtels de même catégorie, notamment le *Quality Inn by Journey's End Hotel* (☎ 240-9090), 2180 Islington Ave.

Appartements

Très central, le nouveau *Town Inn Hotel* (☎ 964-3311) est installé 620 Church St, deux pâtés de maisons au sud de Bloor St. Pour un prix équivalent à celui d'une chambre d'hôtel, vous obtiendrez une suite avec cuisine. Il y a une piscine et un sauna. Une double coûte à partir de 95 $, petit déjeuner compris.

Executive Travel Suites (☎ (905) 273-9641) dispose de quatre immeubles de ce type dans le centre-ville. Un séjour de trois jours minimum est exigé (environ 100 $ par jour). Chaque unité est composée d'une chambre à coucher, d'une salle à manger, et chaque immeuble offre divers aménagements tels que piscine, balcons, terrasse sur le toit ou restaurant. La signature d'un contrat est obligatoire.

Autre adresse, le *Cromwell* (☎ 962-5604), 55 Isabella St, est central mais situé dans le quartier de la prostitution, donc peu recommandé pour les femmes seules le soir. Comptez 55 $ par jour (location de trois jours minimum).

L'office du tourisme pourra vous fournir d'autres adresses.

Motels

Dans la partie ouest de la ville, une série de motels (menacés par le réaménagement) bordant le lac, dans Lake Shore Bd West (communément appelé "the lakeshore") subsistent encore. Ils occupent le secteur situé entre la rivière Humber et Park Lawn Avenue, à l'ouest de High Park.

Ce secteur n'est pas très éloigné du centre-ville, à environ 12 km de Yonge St, et il est sillonné par les tramways. Pour vous y rendre, empruntez le tramway de Queen St ou de King St en provenance de Roncesvalles Ave, dans le centre, puis continuez jusqu'au Humber. Changez alors de tramway pour celui du Humber (pas de supplément à acquitter) qui longe la rive du lac. Des motels bordent le rivage et plusieurs parcs, à proximité, donnent sur le front de mer et offrent une halte agréable où l'on peut profiter de la brise, en été, ainsi que des vues superbes sur la ville et les îles.

Plus à l'ouest, on reconnaît le *Beach Motel* (☎ 259-3296), 2183 Lake Shore Blvd West, à sa pancarte jaune. Il loue 40 chambres confortables (à partir de 60 $) et un parc jouxte l'entrée.

Le *Seahorse* (☎ 255-4433), 2095 Lakeshore, moderne, bien entretenu, est sans doute le plus prospère. Il offre des chambres réservées aux amoureux, avec lits sur matelas d'eau, miroirs, etc. Il dispose d'une piscine. Chambre double à partir de 62 $.

Le *Inn on the Lake* (☎ 766-4392), 1926 Lake Shore Blvd, est plus proche de la ville, juste avant la longue rangée des motels. Les prix démarrent aux alentours de 89 $. La crêperie avoisinante, Golden Griddle, est l'endroit idéal pour prendre son petit déjeuner ou un brunch, pendant le week-end.

Pas très loin, à l'ouest de Queensway au n°638, le *Queensway Motel* (☎ 252-5821) se tient à l'écart du trafic, dispose souvent de chambres lorsque les autres motels affichent complet et pratique des prix très bas (49 $ pour une double).

Des motels sont disséminés le long de Lake Shore Blvd, en direction de Hamilton (autrefois c'était la principale artère). Vous trouverez d'autres motels dans Dundas St West, à l'ouest de la Hwy 427 (davantage située dans la banlieue de Mississauga que dans Toronto proprement dit). Depuis Lake Shore Blvd, remontez vers le nord par la Hwy 427, puis tournez à gauche.

L'autre secteur principal des motels se trouve à l'est de la ville, assez loin du centre dans Kingston Rd, qui débouche de Queen St East puis qui bifurque dans la Hwy 2 en direction de Montréal. Les motels commencent à l'est de Brimley Rd. L'accès est difficile. La gare Guildwood des trains GO, un service de correspondances, est installé à l'est de la rangée des motels. Elle dispose d'un parking et des trains se rendent fréquemment au centre-ville. Beaucoup plus lents, les transports publics peuvent également vous déposer dans Toronto. Le gouvernement utilise beaucoup de ces motels comme logements sociaux.

Le *Avon* (☎ 267-0339), 2800 Kingston Rd, après le parc Bluffers, est un établissement attrayant qui loue des chambres de 35 à 60 $, avec TV et piscine chauffée. L'établissement se trouve dans le voisinage de Brimley Rd. En haut de cette rue, à un pâté de maisons au nord, dans St Clair Ave, vous pourrez prendre un bus qui assure la correspondance avec le métro.

Au 3126 Kingston Rd se trouve le *Park* (☎ 261-7241). Une chambre double coûte 55 $ en été.

Plus excentré encore, à l'est d'Eglinton, le très pimpant *Idlewood Inn* (☎ 286-6861), 4212 Kingston Rd, est un motel vaste, moderne, doté d'un jardin bien entretenu et d'une piscine. Les tarifs sont plus élevés, de 60 à 90 $.

OÙ SE RESTAURER

Toronto offre un bon choix de restaurants, à tous les prix, et d'origines les plus diverses grâce aux nombreuses nationalités présentes dans la ville. La plupart des établissements cités ci-dessous sont situés au centre et accessibles par les transports publics. Ils sont répertoriés selon le quartier et le type de cuisine servie.

Yonge St et alentours

Bien que très fréquenté nuit et jour, Yonge St n'est pas le principal secteur des restaurants. Dans le centre, on trouve surtout des fast-foods et des comptoirs offrant des repas à emporter. Au sud d'Eaton Centre, Yonge St est particulièrement déserte. Pour trouver un restaurant, il faut se rabattre vers le centre et le nord de Bloor St. Deux pubs sont notamment installés dans le gigantesque centre commercial. Le *Café Michel* (il en existe au moins deux au premier étage) sert aussi bien de succulents plats cuisinés que des salades, des sandwiches et un bon café. *Aida* (à l'étage inférieur) propose des falafels tout à fait corrects et bon marché, du taboulé et quelques autres plats libanais classiques.

Au 362 Yonge St, le *Swiss Chalet* est une succursale de la chaîne canadienne de poulet rôti et pommes de terre. Les repas sont économiques et savoureux.

L'immense cafétéria, bruyante et souvent bondée, de la *Ryerson Polytechnic University*, offre des repas corrects à des prix étudiants, servis (seulement à l'heure des repas) à la cafétéria de Jorgenson Hall, à l'angle de Gerrard St East et de Victoria St.

Les meilleures adresses sont regroupées entre College St et Bloor St mais vous ne trouverez rien entre le quartier d'Eaton Centre et de College St. Au nord en revanche, le secteur s'anime à nouveau, en particulier vers Bloor St et au-delà. Au "hole-in-the-wall" (le trou dans le mur), le

Papaya Hut, 513A Yonge St, sert une soupe de légumes faite maison, des sandwiches et des jus de fruits frais qui offrent une savoureuse solution de rechange à la nourriture habituelle. Il dispose d'une autre succursale 228 Yonge St.

Une cuisine de pub anglais, une bonne variété de bières et un agréable patio en plein air vous attendent au *Artful Dodger*, dans Isabella St, à quelques mètres à l'est de Yonge St.

Sorte de cafétéria végétarienne, *Health Haven*, 4 Dundonald St, à quelques mètres également de Yonge St, jouit d'une bonne réputation. Les plats variés et peu chers incluent des spécialités du jour, des soupes, des salades, des sandwiches à préparer soi-même, de bons desserts et, le mardi soir, un buffet gigantesque. C'est un endroit calme, discret, ouvert tous les jours, à partir du début de soirée le dimanche.

Church St

Cette rue voisine de Wellesley St abrite quelques cafés, restaurants et lieux nocturnes. Vous voilà au cœur même du quartier gay de Toronto. L'animation atteint son apogée le samedi soir.

De tous les établissements, c'est *The Mango*, 580 Church St, qui possède le plus agréable patio. Vous dégusterez une cuisine à la fois simple et savoureuse. Comptez 9 $ pour un club sandwich au poulet et du bacon sur focaccio avec une grande salade et un assaisonnement maison.

Pour déguster un bon steak, rendez-vous chez *Le Baron*, implanté plus au sud, 425 Church St.

Réputé pour son atmosphère conviviale et sa cuisine thaï classique à des prix raisonnables, le *Young Thailand*, 81 Church St, mérite que l'on s'y arrête. On retrouve cette enseigne 111 Gerrard St. Les deux restaurants restent ouverts tard.

Plus à l'est dans Cabbagetown, vous découvrirez le premier Internet café de Toronto, l'*Eek-A-Geek*, 460 Parliament St. Comptez 5 $ l'heure de connexion au réseau tout en sirotant un cappucino honnête et en grignotant une copieuse salade.

Quartier des théâtres

Zocalo, 109 John St, est un lieu modeste où l'on peut savourer une cuisine mexicaine simple, comme des filets de saumon marinés au citron vert, servis avec tortillas et arrosés d'un verre de blanc sec. On s'y régale et les tarifs sont tout à fait corrects. Comptez 15 $ le repas avec le vin.

Lorsque l'on redescend vers le 287 King St West, non loin du Skydome, le *Groaning Board* est une institution de Toronto. Il est réputé pour ses projections de publicité internationale, le soir, et on y sert d'excellentes soupes, des salades et des plats végétariens. Il est ouvert tous les jours, de 8h à 24h.

Au 99 Blue Jay Way, *Wayne Gretzky's* (comme dans la légende du hockey) s'avère incontournable pour le classique hamburger-frites.

Le Skydome abrite plusieurs établissements, parmi lesquels le *Hard Rock Café*, qui s'adresse aux jeunes. Lorsqu'aucun match ne se déroule en ville, c'est un bar des sports classique, où l'on savoure son hamburger en sirotant sa bière, tout en jetant un coup d'œil au terrain de jeux. Il ouvre chaque jour de l'heure du déjeuner jusque tard dans la soirée.

Plus cher, le *Windows* sert à dîner les soirs de match. Comptez environ 50 $ le repas et le billet. Pour réserver, appelez le ☎ 341-2424.

Le *Rotterdam Bar & Bistro*, 600 King St West (dans Portland St), brasse sa propre bière mais vous en propose aussi des quatre coins du monde. Comptez moins de 10 $ pour n'importe quel plat principal.

Les amateurs de sandwich à la viande fumée se précipiteront chez *Zupa's Deli* au 342 1/2 Adelaide St West, à l'est de Spadina Ave. Dans cet établissement animé du plus pur style des delicatessen, il vous faudra une mâchoire extensible pour dévorer les sandwiches gargantuesques qui sont proposés. C'est fermé le dimanche.

Au coin de King St et de Simcoe St se situe le complexe Ed Mirvish. En face du Roy Thompson Hall et autour du Royal Alexander Theater, vous ne pourrez manquer les restaurants. Ils sont cependant plus célèbres pour leurs façades clinquantes et leurs décors anciens, éclairés d'une kyrielle de lampes Tiffany, que pour leur cuisine. Si la viande qu'on vous sert est de qualité, les légumes surgelés et autres pommes de terre déshydratées se passent de commentaire.

Old Ed's est un établissement sans prétention, où vous débourserez de 10 à 18 $ pour un dîner et déjeunerez pour quelques dollars de moins. La carte comprend, entre autres, des lasagnes, du poulet, du poisson, des côtelettes et du veau. *Ed's Warehouse* s'adresse aux portefeuilles un soupçon mieux garnis, avec des prix s'échelonnant entre 14 et 18 $ pour le dîner, un peu moins pour le déjeuner. La carte se borne à deux ou trois variétés de rosbif et à des steaks.

St Lawrence Market

Plus à l'est, après le Hummingbird Centre (dans Front St), on se trouve dans l'autre quartier très animé des spectacles, des restaurants et de la vie nocturne, fréquenté aussi bien par les touristes que par les résidents. Comme la plupart des grandes villes canadiennes, Toronto a sa *Spaghetti Factory*. Celle-ci se trouve au 54 The Esplanade. L'ambiance est haute en couleurs et la clientèle éclectique. Les menus sont bon marché (8 $), encore moins cher au déjeuner.

En face du marché, 12 Market St, l'*Old Fish Market* sert peut-être les meilleurs fruits de mer de la ville (plats principaux entre 10 et 15 $). Le mardi, on vous propose deux repas pour le prix d'un.

Bloor St

Si vous êtes près de Spadina Ave et cherchez un endroit bon marché pour vous restaurer, le *Masters' Restaurant*, 310 Bloor St West, est installé dans le bâtiment de la faculté d'Éducation. Essentiellement fréquenté par des étudiants, il est ouvert de 8h à 18h, du lundi au vendredi. Les repas de style cafétéria (agneau, sole, *shepherd's pie*) sont très bon marché. Des petits déjeuners complets sont également servis.

Bloor St West, aux alentours de Bathurst St, est un quartier étudiant très vivant, doté de nombreux restaurants peu chers et bons, de quelques cafés, dont le *Brunswick Tavern* – une institution –, et du populaire Bloor St Cinema.

Le *Continental*, un restaurant hongrois implanté 521 Bloor St West, est confortable et intime. Il est ouvert tous les jours de 11h à 22h. Sont proposés cinq repas par jour, y compris des plats de riz et de schnitzels, pour un prix moyen de 10 $.

Les végétariens pourront se rendre au *Kensington Natural Bakery & Vegetarian Café*, 460 Bloor St West.

Si la faim vous tenaille, courez à la *Future Bakery*, 483 Bloor St West. On y savoure des crêpes au fromage arrosées de crème, des perogies et de la choucroute, suivis de fabuleux gâteaux et de bols de café au lait. Juste en face, le *By the Way Café* est un établissement tout aussi animé qui propose une cuisine moyen-orientale ou végétarienne et d'excellents desserts.

Queen St West

Queen St West, entre Spadina Ave et University Ave, est l'un des quartiers les plus vivants du centre-ville. Certains établissements se soucient plus de la mode que de la qualité, mais le quartier reste varié et attrayant, avec quelques bons restaurants à prix abordables. L'un des meilleurs est le très confortable *Queen Mother*, 208 Queen St West. Il propose un menu varié, avec un penchant pour des plats thaïs, et sert café et snacks toute la journée.

Bon nombre de résidents jeunes et artistes fauchés du quartier ont déménagé plus à l'ouest, entre Spadina Ave et Bathurst St, ou au-delà. Vous trouverez dans le quartier toute une gamme de nouveaux petits restaurants. Pour grignoter ou boire un café à n'importe quelle heure du jour (ou de la nuit), il existe une autre *Future Bakery*, 735 Queen St West. *Dufflet's*, créateur des desserts les plus réputés de Toronto, dispose d'un petite boutique de détail avec deux ou trois tables, au 787 Queen St West. Ses gâteaux au chocolat sont absolument féeriques !

Pour les amateurs de confort et d'intimité, *Cities*, 859 Queen West St, propose des plats traditionnels d'un bon rapport qualité/prix, totalement réactualisés par l'emploi de produits frais et une heureuse inspiration aux fourneaux. Un plat principal à base d'escalopes, par exemple, vous coûtera environ 15 $.

Faites également une halte au minuscule *Babur Restaurant*, 273 Queen St West, non loin de City TV. Sans fioritures, la cuisine est pourtant excellente. Ouvert sept jours sur sept, comptez de 30 à 50 $ pour un dîner à deux, vin non compris.

Little Italy

S'étendant le long de College St, à l'ouest de Bathurst, la "Petite Italie" de Toronto est un quartier idéal pour se restaurer, se donner rendez-vous et flâner. *Kalendar Koffee House*, 546 College St, est un restaurant intime qui sert de délicieuses bouchées et autres pâtés en croûte, sans parler des salades, des soupes, des pâtes fraîches et des fabuleux desserts. La plupart des plats sont proposés à partir de 8 $. On peut aussi y siroter toute une gamme de bières étrangères.

Toujours bondé, *Bar Italia*, 584 College St, est réputé pour son ambiance, ses excellents sandwiches italiens bon marché et ses billards à l'étage. Vous dînerez à partir de 16 $, le tout arrosé d'un verre de vin.

Le *Café Diplomatico*, 594 College St, est un restaurant très animé qui se double d'une pizzeria dotée d'un vaste patio et qui surtout sert un savoureux cappucino. Il ouvre dès 8h et ferme tard, sept jours sur sept. Enfin, ceux qui raffolent de tartufo et de crème glacée sicilienne se précipiteront au *Sicilian Ice Cream Co*, 712 College St, en descendant la rue vers l'ouest.

Chinatown et alentours

Pour déguster une cuisine chinoise bon marché, savoureuse et variée, rendez-vous au *Peter's Chung King Restaurant*, 281 College St. La nourriture y est supérieure, de même que le décor débarrassé de ses traditionnels éléments fluorescents en plastique, mais les prix restent abordables – de 25 à 35 $ environ pour deux. Le *Lee Garden*, 311 Spadina Ave, sert une cuisine cantonaise délicieuse, variée et bon marché.

Comme de nombreux Chinois quittent le centre pour s'installer vers la banlieue, leurs enseignes sont remplacées par des établissements vietnamiens. Pour déguster d'excellentes soupes ou des nouilles (de 5 $ à 15 $), rendez-vous au *Swatow*, 309 Spadina Ave. Il est ouvert pour le déjeuner et très tard dans la soirée.

Restaurant sans prétention, le *Pho Hung*, 374 Spadina Ave, prépare une délicieuse cuisine vietnamienne.

Le *Café La Gaffe*, 24 Baldwin St, propose des pâtes simples, des plats de poissons et d'intéressantes salades. Il dispose de deux patios, un petit en façade et l'autre plus grand côté cour, ainsi que d'un bar. Les prix sont raisonnables. Juste à côté, Yung Sing Pastry Shop s'est spécialisé dans les tartes et les boulettes chinoises. Servez-vous un thé chinois pour 35 cents. Les plats sont à emporter, mais une table de pique-nique ombragée se trouve juste devant.

A l'ouest de Spadina Ave, le secteur du marché dans Kensington Ave et tout particulièrement dans Augusta Ave est très animé dans la journée et compte quelques petits cafés bon marché. Un peu plus au nord, le *Kensington Kitchen*, 124 Harbord St, est un restaurant confortable qui sert une délicieuse cuisine moyen-orientale. Les portions sont généreuses.

Little India

Little India, dans Gerrard St East, se trouve à l'ouest de Coxwell Ave et compte nombre de restaurants économiques. Le *Moti Mahal*, au n°1422, sert une cuisine délicieuse et incroyablement bon marché.

Le *Madras Durbar*, 1435 Gerrard St East, un minuscule restaurant végétarien, sert de la cuisine d'Inde du Sud. Le plat de thali est correct et compose un repas complet pour seulement 5,50 $.

Le bizarrement nommé *Bar-Be-Que Hut*, au n°1455, est plus luxueux que la plupart, mais si la cuisine ravit votre palais, les portions vous laissent sur votre faim. Le buffet du dimanche (7 $) à l'heure du déjeuner se révèle d'un bon rapport qualité/prix. Les vendredi et dimanche soir, des musiciens s'y produisent. Paisible, le *Haandi*, 1 401 Gerrard St East, propose de nombreux et excellents plats à la carte ou bien un buffet (7 $) très complet pour le dîner. Une fois rassasié, promenez-vous dans le quartier et demandez dans l'une des boutiques qu'on vous prépare un paan. Avec ou sans tabac, vous goûterez à l'exotisme sans vider votre porte-monnaie.

Danforth Ave

A l'est du centre-ville, le quartier grec qui longe Danforth Ave, entre Pope Ave et Woodbine Ave, plaira aux gourmets comme aux gourmands. La plupart des restaurants ne désemplissent pas les soirs d'été, lorsque la rue prend un air de fête. On ne compte plus les endroits animés et bon marché, où l'on peut s'attabler en famille dans une ambiance chaleureuse. Pour éviter la foule, nous ne saurions trop vous recommander toutefois de dîner tôt ou bien après 20h30 ou 21h.

L'*Omonia*, 426 Danforth Ave, est bon et pas cher, comme le prouve l'éternelle file d'attente. Similaire, l'*Astoria*, 390 Danforth Ave, à proximité de la station de métro Chester, sert de bons plats cuits au barbecue.

Plus paisible, l'*Ellas*, 702 Pape Ave, perpétue la tradition des plats grecs classiques, dont la plupart sont exposés près de l'entrée.

Le populaire *Ouzeri*, 500A Danforth Ave, offre une gamme de plats un peu plus élaborés, dans un décor à la mode et haut en couleurs. Comptez 14 $ environ pour un plat de sardines du jour à la moutarde sur un lit de salade, le tout arrosé d'une bière bien fraîche.

Confortable et raffiné, *Pan*, 516 Danforth Ave, est réputé pour le respect accordé à la tradition dans sa cuisine, qu'il s'agisse de la saveur ou des ingrédients. Ouvert chaque jour pour le dîner seulement, vous débourserez 55 $ à deux. Non loin de là, le *Myth*, 417 Danforth Ave, abrite un bar à mezze merveilleusement décoré, doté d'un patio à l'extérieur et de cinq tables de billard autour desquelles vous pourrez boire un verre tout en jouant, après dîner.

DISTRACTIONS

Avec ses boîtes de nuit, ses concerts, ses cinémas, ses conférences et le plus grand nombre de théâtres du pays, Toronto s'anime dès la nuit tombée. Les bars sont ouverts de 11h à 1h du matin, comme dans tout l'Ontario. Nombre de clubs restent ouverts jusqu'à 3h ou 4h du matin, sans servir d'alcool, mais on peut en consommer dans quantité de bistrots non officiels où il est vendu très cher à toute heure.

Concerts live

Le *Bamboo* (☎ 593-5771), 312 Queen St, est très populaire. On y joue du reggae et de la musique africaine, que vient applaudir une nombreuse clientèle d'une trentaine d'années. Une terrasse sur le toit permet de prendre l'air et l'on vous sert des plats savoureusement épicés. Comptez de 5 à 10 $ l'entrée.

Chicago's Diner, 335 Queen St West, propose du blues. Le service est assuré jusqu'à 1h du matin et l'entrée est souvent gratuite. A deux pas, le *Horseshoe* (☎ 598-4753), 370 Queen St West, propose un mélange de rock, de country, de blues et de R&B. Ici aussi, l'entrée est gratuite la plupart du temps.

Le *St Louis*, 2050 Yonge St, accueille fréquemment de bons groupes de R&B ou de blues. On peut y danser et l'entrée est gratuite.

Le petit *El Mocambo* (☎ 928-3393), toujours bondé, 464 Spadina Ave, au sud de College St, est une institution locale, et l'un des bars les plus connus. Les Rolling Stones y ont même joué. On peut assister à des concerts de rock et de blues. Le prix d'entrée varie en fonction des groupes invités à l'étage. Au rez-de-chaussée, l'entrée est gratuite et les boissons sont moins chères car c'est toujours un groupe local qui se produit.

Plus bas dans la rue, au 379, *Grossman's* n'est pas très propre mais c'est l'un des bars les moins chers. Il reçoit souvent d'excellents groupes et le public est très mélangé. Les après-midi et soirées du dimanche sont réservées au blues. L'entrée est gratuite.

Le *Brunswick*, 481 Bloor St West, est un endroit funky, moitié pub moitié rendez-vous d'étudiants. On écoute de la musique folk au *Free Times Café*, 320 College St.

Pour écouter du jazz, *C'est What*, 67 Front St East, propose un nouveau spectacle chaque soir. Vous pouvez aussi vous rendre au *Café des Copains*, 48 Wellington St. Si la musique plus expérimentale vous intéresse, la *Music Gallery* (on n'y sert pas d'alcool) se trouve 1087 Queen St West. Le *Meyer's Deli*, 69 Yorkville St, propose du jazz plus conventionnel.

Les mardi et samedi soirs, *Allen's Restaurant*, 143 Danforth Ave, propose de la musique celtique. L'entrée est parfois payante lorsque le groupe qui se produit est important.

Entrée gratuite à l'*Island Club*, à l'extrémité ouest d'Ontario Place, où la musique d'Amérique latine fait trembler les murs chaque samedi soir. A moins d'être mort, vous ne pourrez résister au rythme endiablé.

Discothèques et autres bars

Toute une série de boîtes de nuit parsèment la ville, mais les plus en vogue avoisinent le Skydome, au cœur du quartier animé des spectacles. Entre Queen St et Front St, Richmond St, Adelaide St West, et les petites Duncan St, John St et Peter St, on ne compte plus les discothèques. L'endroit est bondé le week-end et le meilleur moyen de faire votre choix consiste à regarder au passage les clients qui font la queue pour entrer dans les divers établissements. Parmi les autres rues animées, citons Blue Jay Way, et, de là, King St West jusqu'à John St. Pour changer un peu, certains endroits proposent un billard et une ambiance de pub raffiné. Essayez *Montana's*, au coin de John St et de Richmond St, ou *Milano's*, 325 King St West.

Les jeunes d'une vingtaine d'années se précipitent au très animé *Big Bop*, 651 Queen St, à l'angle de Bathurst St. Bon marché et populaire, *Sneeky Dee's* est installé à l'angle de College St et de Bathurst St. La clientèle plus âgée et plus fortunée trouvera son bonheur dans les nombreuses boîtes de Yorkville.

Le 292 Brunswick Avenue abrite le TRANZAC (Toronto Australia New Zealand Club) tout en demeurant un bar ouvert à tous.

Les plus avant-gardistes souhaiteront sans doute prendre l'air dans le tout premier bar à oxygène du Canada. Inspiré des distributeurs qui ont récemment vu le jour dans les cités nippones, l'*O2 Spa Bar*, 2044 Yonge St, vous branche sur un tuyau d'oxygène pur, moyennant 16 $ les vingt minutes.

Théâtre

Les salles de théâtre sont nombreuses à Toronto, qui occupe la troisième position juste après Londres et New York pour ce qui est de la vente de billets. Les productions vont des spectacles de type Broadway et comédies musicales aux pièces canadiennes contemporaines. Il existe aussi des théâtres avec dîner. Concernant les programmes, consultez les journaux ou les guides de Toronto disponibles dans les hôtels.

Le plus grand succès théâtral de Toronto, la pièce d'Agatha Christie, *The Mousetrap*, est jouée au *Toronto Truck Theatre* depuis seize ans. Un billet coûte environ 20 $. Un des théâtres les plus impressionnants est le traditionnel *Royal Alex*, dans King St West, qui présente des pièces et des interprètes confirmés.

Tout à côté se trouve le nouveau et somptueux *Princess of Wales Theatre*, doté de l'une des plus grandes salles d'Amérique du Nord. Le théâtre fut construit pour accueillir la comédie musicale *Miss Saigon*.

Pantages (dont la production du Phantom of the Opera est devenue un classique) est un théâtre classique des années 20, dont le somptueux hall Art déco mérite d'être vu. Situé au cœur du centre-ville, près de l'Eaton Centre, on peut le visiter chaque jour avec un guide moyennant 4 $. Mention spéciale pour les anciens théâtres restaurés *Elgin* et *Wintergarden*, tous deux au 189 Yonge St, qui accueillent des spectacles de qualité. Les mardi et samedi, on y organise des visites guidées.

Le *Dream*, dans High Park, offre un festival shakespearien, en juillet et en août. Une pièce différente est présentée chaque soir. L'entrée est gratuite. Les spectacles proposés par le Toronto Free Theatre sont d'un très haut niveau. Pour plus de détails, appelez leur salle dans le centre-ville (☎ 367-8243). Les représentations commencent à 20h, mais arrivez très à l'avance avec votre couverture et votre pique-nique, sinon vous devrez utiliser des jumelles. Une petite participation est demandée.

TO Tix (☎ 596-8211) vend des billets de théâtre et de ballets à moitié prix pour le jour même. Passez au kiosque installé 208 Yonge St (on ne peut pas retenir les places par téléphone). Le guichet est ouvert de 12h à 19h30 du mardi au samedi, et le dimanche de 11h à 15h.

Rencontres sportives

L'équipe de base-ball de Toronto, les Blue Jays, se produit au *Skydome* contre les équipes américaines.

Réservez le plus tôt possible (☎ 341-1234, carte de crédit obligatoire). Les billets sont également disponibles au guichet de la porte 9 du stade ou chez un vendeur de billets dans l'immeuble du CICB à l'angle de Bay St et de King St. Il existe quatre fourchettes de prix. Les billets les moins chers coûtent 6 $, mais vous serez placé tout en haut. Sont recommandées les places à 18 $ autour de la 500e derrière le filet, entre les 517e et 530e, par les portes 7, 8 ou 9. Les places les plus chères coûtent jusqu'à 23 $ et bordent le terrain.

La toute nouvelle équipe des Toronto Raptors (☎ 214-2255) de la National Basketball Association a marqué ses premiers paniers au Skydome pendant la saison 1995-1996.

En hiver, les rencontres de la Ligue nationale de hockey ont lieu au Maple Leaf Gardens (☎ 977-1641), dans le centre-ville, à l'angle de Carlton St et de Church St, à deux pâtés de maisons de Yonge St. Il

ONTARIO

est difficile d'obtenir des billets de manière officielle, mais vous pourrez toujours vous rabattre sur les revendeurs à l'entrée, juste avant le match. Les billets sont souvent très onéreux, les places les moins chères coûtant 23 $!

ACHATS

Vous trouverez toute une gamme de matériel pour le camping et le plein air à des prix souvent compétitifs. Mountain Equipment Co-op, 41 Front St East, et Trailhead, au 61 de la même rue, proposent un excellent choix d'équipement de camping, de tentes, de sacs de couchage, de sacs à dos et de chaussures.

Europe Bound, 49 Front St East, et trois autres de ses succursales vendent des livres et du matériel de randonnée ou de camping. On peut aussi louer une tente.

Pour les vêtements de plein air, la meilleure adresse reste Tilley Endurables, une petite société qui est en passe de devenir l'une des meilleures boutiques de vêtements de plein air. Le magasin principal se trouve 900 Don Mills Rd, mais une succursale vous attend au terminal de Queen's Quay, sur le Harbourfront.

COMMENT S'Y RENDRE

Avion

L'aéroport, Pearson International, se trouve à quelque 24 km au nord-ouest du centre-ville, à Malton, ville distincte de Toronto. Les principales compagnies canadiennes desservent Toronto, de même que les compagnies internationales. Pearson est incontestablement l'aéroport le plus actif du pays.

Voici quelques tarifs aller simple sur Air Canada (☎ 925-2311) : Montréal (222 $), Halifax (397 $) et Calgary (675 $). Canadian Airlines (☎ 675-7587) pratique les mêmes tarifs, qui varient toutefois en fonction des nombreuses promotions spéciales.

Air Ontario (☎ 925-2311) utilise régulièrement l'aéroport des îles de Toronto. Des avions plus petits assurent les liaisons plus rapidement. Air Ontario dessert surtout des destinations d'affaires, avec des liaisons avec Montréal, Ottawa et London (Ontario).

Une navette (gratuite pour les détenteurs d'un billet d'avion) relie le Royal York Hotel au ferry (2 mn) à destination de l'aéroport.

La station de métro Union se trouve de l'autre côté de la rue, depuis le Royal York. Sinon il existe un service TTC proche du ferry de l'aéroport – prenez le tramway dans Bathurst St, au sud, pour Lake Shore Blvd (appelé Lake Shore Road ou The Lakeshore). De là, le ferry est à deux pâtés de maisons, à pied.

Bus

La gare routière entièrement rénovée est centrale, à l'angle de Bay St et de Dundas St, en bordure de Chinatown, un pâté de maisons à l'ouest de Yonge St. Elle dessert les destinations extérieures à la ville et sert de dépôt à nombre de lignes couvrant l'Ontario. Pour les destinations dans l'est de l'Ontario et le nord de Toronto, contactez le ☎ 393-7911. Ce numéro est valable pour les compagnies Voyageur PMCL (Penetang-Midland Coach Lines), Canar, Ontario Northland et Trentway Wager. Ces lignes desservent Barrie, Orillia, Huntsville, Parry Sound, North Bay, Montréal et leurs environs ainsi que certaines destinations aux USA, dont New York.

Gray Coach (dirigé par Greyhound) et Greyhound (☎ 367-8747) couvrent l'Ontario, à l'ouest de Toronto, notamment la région de Niagara, Guelph, Kitchener, London, Windsor, Owen Sound, Sudbury et au-delà, jusqu'aux villes de Winnipeg et de Vancouver. Ils assurent également la liaison avec Detroit, New York et Boston. Greyhound dessert aussi Ottawa et Peterborough.

Des départs pour Ottawa sont assurés à 9h30, 11h30, 14h30 et 17h30. Le trajet (cinq heures) revient à 50 $ en aller simple.

Cinq ou six bus quotidiens, selon le jour de la semaine, relient Montréal. Le bus de nuit part à 0h15. Les billets pour Montréal coûtent 64 $.

Greyhound dessert les Chutes du Niagara, mais Trentway Wager a de meilleurs tarifs sur cet itinéraire (22 $ l'aller, deux heures de trajet environ). Un rabais est consenti sur le billet aller-retour dans la journée. Chaque compagnie propose plusieurs dessertes quotidiennes.

Pour Thunder Bay, les bus partent à 13h et à 17h (120 $ l'aller simple, environ vingt heures). Il y a des bus réguliers pour Buffalo, New York et Detroit. La gare abrite aussi le dépôt des bus touristiques Gray Line (☎ 594-3310).

Adjacent au terminal, côté ouest, se trouve entre autres la station des bus GO (☎ 869-3200), société gouvernementale qui dessert de nombreuses villes avoisinantes, avec des arrêts fréquents sur tout le trajet. Cette ligne est surtout utilisée par les banlieusards mais aussi pour quelques destinations assez éloignées (Hamilton, par exemple), à l'ouest de Toronto.

Les bus GO se rendent également dans les villes satellites de Barrie (au nord) et d'Oshawa (à l'est), renforçant le service régulier. En revanche, ils sont moins fréquents que pour les destinations ouest et n'utilisent pas le terminal du centre-ville comme point de départ.

Pour Barrie, vous devrez prendre le bus à la station de métro Finch, en soirée, aux heures de pointe. Pour Oshawa, le départ se fait à la station York Mills, aux mêmes heures difficiles. Le matin, le bus pénètre dans la ville.

Train

Union Station, vieille gare d'une taille imposante, est réservée aux trains VIA Rail (☎ 366-8411). Elle est bien située, dans Front St (orientée est-ouest), à l'extrémité sud de la ville, en bas d'University Ave, de York St et de Bay St. La station de métro, Union, se trouve dans la gare.

Le train quitte Ottawa tous les jours à 11h et 17h30 ainsi qu'à 9h du lundi au samedi et à 15h les lundi, mercredi et jeudi (87 $, taxe comprise, six heures de trajet environ). Des lignes desservent fréquemment Kingston. Vers Montréal, des trains partent quotidiennement à 12h, 15h45 et 18h (96 $).

Pour Sudbury, il existe trois trains par semaine, le mardi, le jeudi et le samedi, à 12h45 (79 $, sept heures et demie de trajet). A noter que pour Sudbury, le train se rend en réalité à Sudbury Junction, gare située à environ 10 km du centre-ville. N'oubliez pas qu'en réservant cinq jours à l'avance, vous bénéficiez d'un rabais non négligeable.

D'autres villes sont desservies par le train dont Niagara Falls et London. Ontario Northland (☎ 314-3750) dessert les destinations au nord de l'Ontario, notamment le train *Polar Bear Express* pour Moosonee.

Amtrak (☎ 800-872-7245) relie Toronto à New York, à Buffalo et à Chicago, avec des arrêts ou des correspondances en chemin. La compagnie propose d'avantageux tarifs sur les billets aller et retour. Réservation nécessaire pour tous les trains.

Voiture

Si vous souhaitez louer une voiture, sachez que la plupart des agences exigent que vous soyez âgé d'au moins 21 ans, voire 23 ans. Les agences sont innombrables à Toronto. Pourtant, il est parfois difficile de trouver une voiture pour le week-end. Réservez à l'avance.

L'agence la moins chère, Rent-A-Wreck (☎ 961-7500), est implantée 374 Dupont St, entre Spadina Ave et Bathurst St. Comptez 35 $ par jour pour un véhicule de taille moyenne (plus 14 cents par km après les deux cents premiers kilomètres). Il existe des tarifs à la semaine et au mois. L'assurance est en supplément, et augmente en rapport inverse de l'âge de l'automobiliste.

Si vous louez une voiture d'occasion, vérifiez qu'elle est en parfait état.

Downtown Car & Truck Rental (☎ 585-7782), 77 Nassau St, dans Kensington Market (dans Spadina Ave), est située dans le centre, et loue des voitures neuves ou d'occasion. Ces dernières coûtent 29 $ minimum par jour, plus 9 cents par km après les cent premiers kilomètres. Les véhicules neufs sont plus chers.

Tilden (☎ 364-4191), qui possède une agence à l'Union Station ainsi que plusieurs autres disséminées dans le centre-ville, et une à l'aéroport, est une compagnie plus classique qui loue des véhicules neufs. Les tarifs commencent à 40 $ par jour, pour les plus petites voitures, plus 15 cents par km, après les deux cents premiers kilomètres. Ils offrent des forfaits avantageux pour le week-end. Pensez à réserver. Sont également disponibles des sièges pour enfant et des porte-skis.

Avis (☎ 964-2051 ou 1-800-879-2847) est installé dans le hall de l'Hudson Bay Centre, à l'angle de Yonge St et de Bloor St. Mieux vaut une fois encore réserver.

Partager une voiture et Drive-Away

Easy Ride (☎ 977-4572), 421A Queen St, 2e étage, offre aux passagers un transport en camion entre Toronto, Montréal (28 $) et Ottawa (25 $). Vous pouvez demander qu'on vous dépose à Kingston. Ces transports bon marché sont fréquents et sympathiques, mais peut-être à la limite de la légalité. Vous pouvez aussi rejoindre New York par ce moyen.

Allo-Stop (☎ 531-7668) met en contact automobilistes et passagers. Leur agence de Toronto se trouve 609 Bloor St West. Ils s'occupent principalement des voyages pour Montréal et Ottawa, mais aussi pour New York, et même la Floride. Contactez-les deux jours avant votre départ. Les tarifs sont très avantageux.

Pour les longs trajets, vous pouvez avoir recours au système du Drive-Away (qui consiste à conduire la voiture d'un particulier à une destination précise) – les pages jaunes de l'annuaire fournissent une demi-douzaine d'adresses. Une des agences est la Toronto Drive-Away Service (☎ 225-7754), qui couvre des destinations canadiennes et américaines.

Le stop

L'auto-stop est illégal sur les voies express de Toronto. A l'intérieur de la ville, il est autorisé mais rarement pratiqué. En revanche, vous pouvez en faire sur la Hwy 401 à la sortie de la ville, ou à la hauteur des dos d'âne, en ville. Si votre destination est l'est et Montréal, le croisement entre Port Union Rd et la Hwy 401, dans Scarborough, non loin de la station de métro Zoo, est le meilleur emplacement. Pour y parvenir depuis le centre-ville, comptez au moins une heure et demie. Empruntez le métro jusqu'à la station Kennedy. De là, attrapez le Scarborough LRT jusqu'à la station de Lawrence East Rt. Puis prenez le bus Lawrence East 54E vers l'est d'East Drive à Lawrence East. Et changez une dernière fois (gratuit) pour le bus n°13 Rouge Hill, en direction de la Hwy 401.

Si vous vous dirigez vers l'ouest, prenez le métro jusqu'à la station Kipling, puis le bus West Mall (n°112 ou 112B), et continuez jusqu'au croisement de Carlingview Drive et d'International Blvd, presque jusqu'à la hauteur de la Hwy 401. Vous êtes arrivé aux limites de la ville mais, aux heures de pointe, les voitures auront sans doute des difficultés à s'arrêter. Comptez environ une heure depuis le centre-ville.

Si vous vous rendez dans le nord, la meilleure solution consiste à prendre le bus pour Barrie, puis à faire du stop sur la Hwy 400 ou la Hwy 11. Vous retrouverez la Transcanadienne vers l'ouest à Sudbury.

COMMENT CIRCULER

Desserte de l'aéroport

Le moyen le plus économique consiste à prendre le métro jusqu'à la station Kipling, sur la ligne est-ouest. De là, prenez les bus Kipling ou Martingrove (n°45 ou n°46) remontant au nord vers Dixon Rd. Prenez ensuite un autre bus pour Malton, le n°58A, qui rejoint l'aéroport, à l'ouest. Conservez votre ticket de transfert délivré dans le métro ; le second bus vous coûtera un supplément de 2 $. Même trajet, en sens inverse, de l'aéroport au centre-ville.

Autre solution, prenez le métro à la station Lawrence West sur la ligne nord-sud Spadina-University, puis le bus n°58A pour Malton. Ce bus vous coûtera également 2 $.

Entre l'aéroport et la station de métro Islington (une station avant Kipling), à l'extrémité ouest de la Bloor Ligne, vous attend un bus direct de la Pacific Western (☎ (905) 672-0293). Il part toutes les

20 mn, tous les jours, met une demi-heure et coûte 6,40 $ l'aller. Un autre bus relie l'aéroport aux stations de métro Yorkdale et York Mills (un peu plus cher).

Pacific Western assure des bus toutes les 20 mn depuis/vers l'aéroport et une demi-douzaine d'hôtels importants. L'aller coûte 11,45 $ (80 mn). Ces bus circulent de 4h à 22h30. A l'extérieur du terminal, les bus partent au niveau des arrivées. Il existe bien sûr des taxis, ainsi que plusieurs limousines pour au moins 2 $ de plus. En taxi, comptez 34 $ de Yonge St et de Bloor St à l'aéroport.

Toronto Transit Commission (TTC)

La ville dispose d'un bon réseau de métro, bus et tramways, appelé le TTC (☎ 393-4636). La ligne d'information sur les trajets et les tarifs est ouverte 24h/24 (☎ 393-8663). Le tarif est de 2 $ le ticket, ou 16 $ les dix tickets ou jetons. Il existe également des forfaits journaliers. Ils s'achètent dans le métro ou dans certaines épiceries ou magasins.

Avec un seul ticket, vous pouvez changer de bus, mais aussi passer du bus au métro ou au tramway, gratuitement dans un délai d'une heure. Demandez un coupon de changement au conducteur ou, dans le métro, retirez-le aux tourniquets en passant votre ticket. Un forfait d'une journée (5 $) vous permet de vous déplacer comme bon vous semble, après 9h30. Le dimanche et les jours fériés, ce forfait est valable pour deux adultes et quatre enfants.

Le train aérien Scarborough RT relie le métro à la partie nord-est de la ville, depuis la station Victoria Park jusqu'au Scarborough Town Centre.

Le Harbourfront LRT (Light Rail Transit) aérien et souterrain relie l'Union Station (dans Front St) à Harbourfront, le long de Queen's Quay West vers Spadina Ave.

Le métro fonctionne de 6h (9h le dimanche) à 1h30. Les horaires des bus varient. Certains circulent tard, mais ne sont pas fréquents.

GO Train

Les Trains GO (☎ 869-3200) quittent l'Union Station tous les jours, de 7h à 23h30. Ils desservent les banlieues de Toronto, à l'est jusqu'à Whitby, à l'ouest jusqu'à Hamilton. Les trains sont rapides et fréquents aux heures de pointe.

Tramway

Toronto est l'une des quelques villes d'Amérique du Nord à utiliser encore les tramways. Vous les trouverez dans St Clair Ave, College St, Dundas St, Queen St et King St.

Voiture

Sur tout le territoire de l'Ontario, vous pouvez tournez à droite au feu rouge, après avoir marqué l'arrêt. Les véhicules doivent stopper derrière un tramway, lorsque les portières s'ouvrent, au moment où montent et descendent les passagers. Vous devez vous arrêter aux passages pour piétons.

Les parkings sont chers – généralement de 2 à 3,50 $ pour la première demi-heure, un peu moins ensuite.

La plupart pratiquent des prix fixes après 18h. Des panneaux verts indiquent la présence des parkings municipaux disséminés dans le centre-ville et alentour. Ils sont moins chers que les parkings privés.

Bicyclette

McBride Cycle (☎ 763-5651), 180 Queen's Quay West, au Harbourfront, est le magasin le plus central pour louer des vélos. Toronto Island Bicycle Rental (☎ 203-0009), est situé sur la rive sud de Centre Island, non loin du quai des ferries.

Plus excentré, mais moins cher, Brown's Sports & Cycle (☎ 763-4176) est installé 2447 Bloor St West, non loin de Jane St. Ils louent des vélos à dix vitesses pour la journée et offrent des forfaits avantageux à la semaine.

Ce n'est pas loin de High Park, de Lake Shore Blvd et du Martin Goodman Trail pour les randonneurs et les cyclistes. High Park Cycle (☎ 532-7300), 1168 Bloor St West, loue également des vélos.

A vélo, faites très attention aux rails des tramways – traversez à angle droit ou vous risquez de faire la culbute.

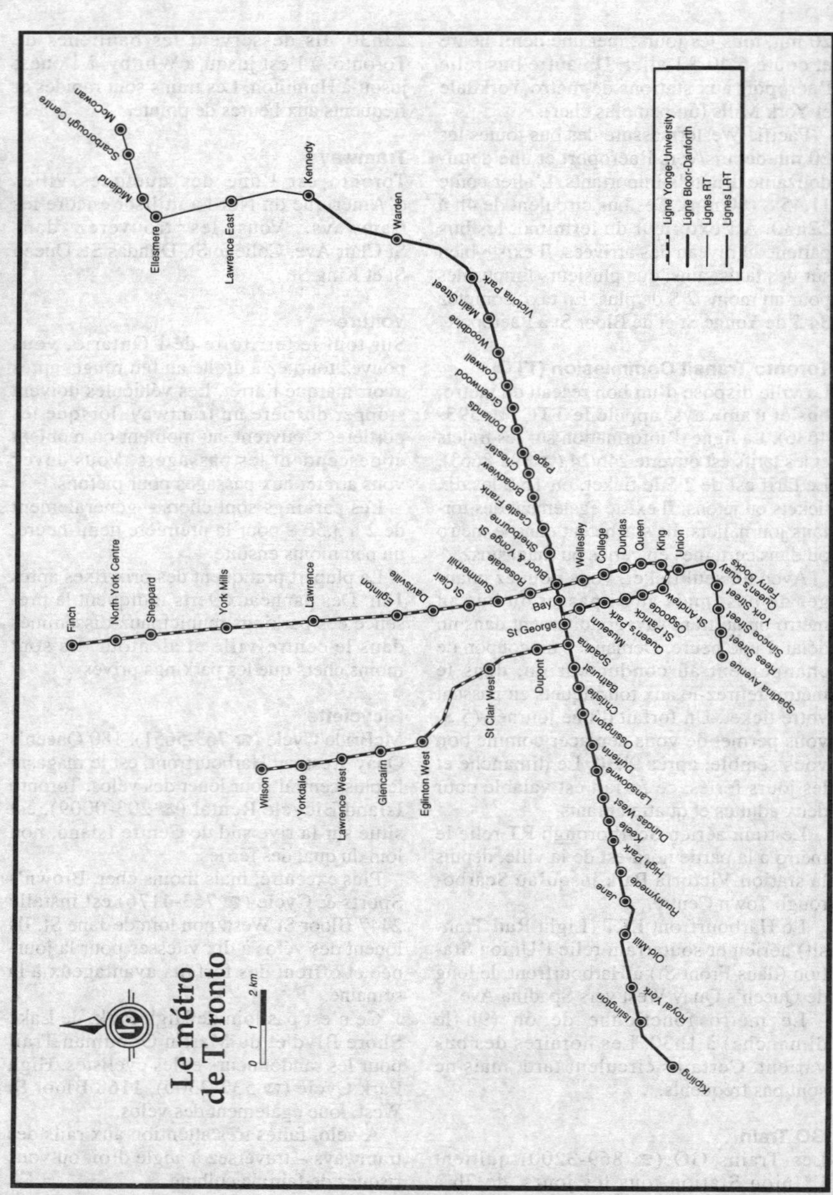
Le métro de Toronto
0
1
2 km
Ligne Yonge-University
Ligne Bloor-Danforth
Lignes RT
Lignes LRT
Finch
North York Centre
Sheppard
York Mills
Lawrence
Eglinton
Davisville
St Clair
Summerhill
Rosedale
Bloor & Yonge St
Wellesley
College
Dundas
Queen
King
Union
St Andrew
Osgoode
St Patrick
Queen's Park
Museum
St George
Bay
Spadina
Dupont
St Clair West
Eglinton West
Glencairn
Lawrence West
Yorkdale
Wilson
Kipling
Islington
Royal York
Old Mill
Jane
Runnymede
High Park
Keele
Dundas West
Lansdowne
Dufferin
Ossington
Christie
Bathurst
Sherbourne
Castle Frank
Broadview
Chester
Pape
Donlands
Greenwood
Coxwell
Woodbine
Main Street
Victoria Park
Warden
Kennedy
Lawrence East
Ellesmere
Midland
Scarborough Centre
McCowan
Ferry Docks
Queen's Quay
York Street
Simcoe Street
Rees Street
Spadina Avenue

Pedicab
Ces *rickshaws* de luxe peuvent se louer en été le long de Yonge St, dans le quartier des théâtres, ainsi qu'à Yorkville. Comptez entre 2 et 3 $ par personne, pour une distance comprise entre deux pâtés de maison.

LES ENVIRONS DE TORONTO
A moins d'une heure et demie de Toronto sont disséminées des petites villes qui, encore récemment, étaient des localités essentiellement agricoles. La région constitue une des destinations favorites de week-end.

Kleinburg
La **collection McMichael** est présentée dans un excellent musée (☎ (905) 893-1121), au nord de Toronto, dans le village de Kleinburg. Composé de bâtiments en bois dispersés dans un charmant cadre rural, le musée renferme les grandes figures de la peinture canadienne, connues sous le nom collectif de Groupe des Sept. D'autres salles sont consacrées à l'art des Inuits et des Indiens de la côte ouest, avec des sculptures, des gravures et des peintures. L'entrée est de 6 $ (réductions pour les enfants, les personnes âgées et les familles). Le musée est ouvert tous les jours en été de 10h à 17h et de 10h à 16h le reste de l'année. D'octobre à mai, il est fermé le lundi.

Comment s'y rendre. Kleinburg se trouve à 18 km au nord du croisement d'Islington Ave et de la Hwy 401, à Toronto. Pour

ONTARIO

Le Groupe des Sept

Ce nom désigne un groupe de peintres qui ont décidé de travailler ensemble dans les années 20, afin de glorifier le paysage du Canada dans un style novateur et plus vivant. Animés d'un enthousiasme quasi adolescent, le groupe (uniquement des hommes) s'attachait à explorer et à faire revivre sur la toile toute la beauté sauvage du Canada, contrée de prédilection de la bravoure, de la liberté et des solides bûcherons. Toute cette énergie, toute cette fougue transparaissent encore dans des tableaux tout à fait stupéfiants, où les lacs, les forêts, les montagnes et les petites villes du Canada se parent d'une lumineuse beauté.

Influencés par les impressionnistes, les post-impressionnistes et le groupe britannique de Bloomsbury, le Groupe des Sept passa beaucoup de temps dans les régions sauvages du nord de l'Ontario, peignant le paysage en toutes saisons et par tous les temps. Leurs lieux favoris englobaient le parc Algonquin, la baie Géorgienne, le lac Supérieur et l'Algoma. La compagnie de chemin de fer Algoma Central alla même jusqu'à transformer un vieux wagon de marchandises pour les peintres : un train les déposait alors sur une voie de garage pour une semaine ou davantage et les artistes intrépides s'enfonçaient dans la nature à pied ou en canoë pour peindre du matin au soir.

Les sept membres initiaux (le groupe s'agrandit ensuite pour devenir le Groupe des peintres canadiens) étaient Franklin Carmichael, Lawren Harris, AY Jackson, Franck Johnston, Arthur Lismer, JEH MacDonald et FH Varley. S'il est décédé avant la formation officielle du groupe, le peintre Tom Thompson n'en demeura pas moins considéré par les membres du groupe comme leur chef de file.

Habitué à vivre en pleine nature, Thompson se noya pourtant en 1917 alors qu'il réalisait l'une de ses œuvres les plus magistrales. Ses peintures d'une vivacité incroyable traduisent son lien profond avec la terre. Lorsque le groupe s'est installé dans des ateliers à Toronto (ils faisaient des croquis sur le motif, mais achevaient les tableaux en atelier), Thompson préféra travailler et vivre dans sa petite cabane, en pleine nature. Et dès la fonte des glaces, il partait pour le Grand Nord.

Parmi les endroits où sont exposées les œuvres du Groupe des Sept, citons la McMichael Collection dans le village de Kleinburg, au nord de Toronto, l'Art Gallery of Ontario à Toronto et la National Gallery of Canada, à Ottawa. ■

vous y rendre en voiture, empruntez la Hwy 427 puis la Hwy 27 en direction du nord. Tournez à droite à Nashville Rd.

La compagnie PMCL propose une desserte matinale au départ de la principale gare routière de Toronto, avec un billet forfaitaire comprenant l'entrée au musée.

Le réseau de transports publics est limité et compliqué et aucun service n'est assuré le week-end ou les jours fériés. Prenez le métro pour Islington (vers l'ouest) sur la ligne orientée est-ouest, puis le bus n°37 jusqu'à Steeles Ave (environ 35 mn). A l'intersection de Steeles Ave et d'Islington Ave, montez dans le bus Vaughan n°3. C'est le seul en circulation pour les visiteurs du musée, à 8h15. Comptez 20 mn de trajet puis 10 mn de marche.

Au retour, le bus n°3 part à 17h et à 18h. Pour tout renseignement, contactez Vaughan Transit (☎ (905) 832-2281).

Parcs protégés

Le sud-ouest de l'Ontario est essentiellement urbain. Pour compenser cet état de fait, le gouvernement a créé plusieurs petits parcs naturels protégés, dans lesquels l'on peut se promener, pique-niquer et parfois pêcher, se baigner et pratiquer le ski de fond. Ils sont très différents les uns des autres.

Le **parc Albion Hills** est idéal pour une brève escapade, par un après-midi ensoleillé d'été. C'est essentiellement une zone tranquille, boisée, sillonnée de sentiers de promenade. En hiver, on peut y pratiquer le ski de fond. A l'ouest de la ville, empruntez l'Indian Line (à côté de l'aéroport) en direction du nord, qui devient la Hwy 50 et rejoint le parc.

Dans le même périmètre, non loin de Kleinburg, vous attend la **réserve du centre Kortright**. Également propice à la promenade, c'est davantage un centre de recherche, avec musée, expositions sur les ressources naturelles, la faune sauvage, l'écologie, etc. Elle est ouverte tous les jours jusqu'à 16h.

A l'ouest de Toronto, non loin de Milton, deux parcs méritent une visite. Le **lac Crawford** (☎ 905-854-0234) est l'une des zones naturelles les plus intéressantes du réseau. Un lac profond et froid se cache au milieu des bois, sillonnés de sentiers de randonnée. Le centre d'informations fournit d'amples renseignements sur la formation et les propriétés uniques du lac.

Vous pourrez également visiter la reconstitution d'un village iroquois du XVe siècle.

Le lac Crawford est ouvert toute l'année le week-end et tous les jours de mai à octobre. Situé à 5 km au sud de la RN 401, au bout d'une route appelée Guelph Line, le site dispose d'un snack bar et de quelques tables pour pique-niquer. La Bruce Trail, décrite plus loin (reportez-vous à *Tobermory*, dans la partie *Baie Géorgienne et Lakelands* pour de plus amples détails) traverse également le parc. L'entrée coûte 2,75 $.

Le Sud-Ouest de l'Ontario

Cette région couvre le sud et l'ouest de l'Ontario jusqu'aux lacs Huron et Érié, à la frontière des États-Unis. Cette partie de la province est plate et agricole. C'est aussi la seule région de l'Ontario où les forêts sont rares et le taux de population élevé. En raison de son climat très doux, elle fut colonisée très tôt, et par conséquent sa croissance fut importante. Les rives du lac Ontario montrent une urbanisation ininterrompue. Ce "Golden Horseshoe" a contribué à faire de la région l'une des plus industrialisées et des plus riches du pays. Hamilton, la plus grande ville de la région, est un centre sidérurgique important. La région de Niagara, célèbre pour ses chutes, produit des fruits et du vin. Le lac Érié et plus particulièrement le lac Huron sont bordés de plages sablonneuses. Dans certaines villes plus anciennes, on peut trouver de l'artisanat et des antiquités. Compte tenu de la forte densité de la population et de la proximité des États-Unis, attractions et parcs connaissent une forte fréquentation en été. En règle générale, cette région est plus recherchée pour ses activités et ses loisirs que pour sa nature sauvage.

A NE PAS MANQUER

- Le spectacle grandiose des chutes du Niagara
- L'Oktoberfest à Kitchener
- Les paysages de la péninsule de Bruce

HAMILTON

Parfois appelée Steeltown, c'est une ville très fortement industrialisée, d'environ 310 000 habitants. Elle est située à mi-chemin entre Toronto et Niagara Falls. Centre de l'industrie canadienne du fer et de l'acier, siège des deux principales sociétés, Stelco et Dofasco, c'est aussi une ville très polluée.

Orientation

King St (en sens unique, vers l'ouest) et Main St (en sens unique, vers l'est, parallèle à King St, un pâté de maisons au sud), sont les deux principales artères. King St est bordée par la plupart des magasins et des restaurants de la ville, dont elle constitue le cœur avec John St. Jackson Square, dans King St, entre Bay St et James St, est un immense centre commercial regroupant des restaurants, des cinémas et même une patinoire couverte. Le Convention Centre (doté d'une galerie d'art) est situé à l'angle de King St et de MacNab St. Au sud, de l'autre côté de Main St, se trouve l'hôtel de ville. La gare routière est implantée à l'angle de James St et de Hunter, St à environ trois pâtés de maisons du centre-ville.

Renseignements

L'Alliance française (☎ 416-529-8210) se tient 110 James St South, Hamilton, Ontario, L3P 2Z3. L'office du tourisme du centre-ville (☎ 546-2666), 127 King St East, est ouvert tous les jours pendant l'été. D'autres, ne fonctionnant que pendant la période estivale, sont incorporés aux sites touristiques de Hamilton, comme le Royal Botanical Gardens.

Royal Botanical Gardens (jardins botaniques)

Il couvre près de 1 000 ha de fleurs, de parc naturel et de réserve animale et est probablement la première attraction de la région. Le parc est divisé en plusieurs jardins, reliés par des sentiers.

Au printemps, ne manquez pas de visiter le jardin de rocailles ni, de juin à octobre, d'assister à la floraison des roses.

Musée des Beaux-Arts de Hamilton

Le musée des Beaux-Arts (☎ 527-6610), le troisième de la province, est spacieux et comprend de multiples œuvres canadiennes et internationales.

Situé 123 King St West, le musée est ouvert du mardi au samedi de 10h à 17h (jusqu'à 21h le jeudi), et le dimanche de 13h à 17h. L'entrée est libre, mais les donations sont bienvenues.

Château Dundurn

Ce manoir (☎ 546-2872) de 36 pièces appartenait autrefois à Sir Allan Napier McNab, qui fut le Premier ministre des Provinces unies du Canada, de 1854 à 1856. Les meubles sont de style XIXe. Le manoir se dresse à la sortie de la ville, dans York Blvd, à environ 15 mn à pied du centre (vous pouvez aussi prendre le bus urbain de York). Il est ouvert tous les jours, toute l'année, mais l'après-midi seulement de juin à septembre. L'entrée est de 5 $.

Whitehern

C'est dans cet élégant manoir (☎ 546-2018), 41 Jackson St West, que résida la famille McQuesten, de 1852 à 1968. Il contient des meubles, des œuvres d'art et des objets datant de cette période, est entouré de jardins bien entretenus et offre ainsi un aperçu sur la vie des familles aisées à l'époque victorienne. L'entrée est payante.

Où se loger

Camping. La région compte de nombreux terrains de camping, dont celui de Confederation Park, juste au nord de la ville, sur Centennial Parkway.

Auberges de jeunesse. Pour les voyageurs disposant d'un petit budget, la *YMCA* (☎ 529-7102), 79 James St, loue 172 chambres, réservées aux hommes, à 28 $ la simple. La *YWCA* (☎ 522-9922), 75 McNab St, est comparable, quoique beaucoup plus petite, avec des simples/doubles à 30/44 $. Les deux possèdent une piscine et une cafétéria bon marché.

B&B. A 1 km du centre-ville, 107 Aberdeen Ave, *Haddo House* (☎ 524-0071), est une demeure du début du siècle proposant deux chambres avec s.d.b. Les simples/doubles se louent 45/55 $, petit déjeuner compris. L'endroit n'accepte ni les fumeurs ni les enfants. *Inchbury Street Bed & Breakfast* (☎ 522-3520), situé 87 Inchbury St, est à 15 mn à pied des Botanical Gardens. Il comprend deux chambres avec s.d.b. commune et ses tarifs se montent à 45/55 $ la simple/double.

Hôtels. Le *Budget Motor Inn* (☎ 527-2708), 737 King St East, loue des simples/doubles à 45/56 $. Également central, le *Visitors Inn* (☎ 529-6979), 649 Main St West, est plus cher mais confortable avec des simples/doubles à 62/68 $. Plus excentré, proche de l'université McMaster, le *Mountainview Motel* (☎ 528-7521), 1870 Main St West, coûte 40/50 $ la simple/double.

En bordure de la ville, à l'est ou à l'ouest, les motels abondent. Leur prix est généralement modique par rapport aux tarifs pratiqués dans les environs de Niagara-on-the-Lake.

Où se restaurer

Le centre-ville autour de King St dispose de nombreux restaurants chinois, indiens, grecs et italiens.

A l'angle de Ferguson St et de King St, le *Black Forest Inn*, d'inspiration germanique et autrichienne, est un endroit agréable et abordable si l'on se contente de soupes ou de sandwiches. Le soir, le menu propose toute une variété de schnitzels, plus chers.

Le Ganges, 234 King St, n'est pas véritablement bon marché, mais sert une délicieuse cuisine indienne.

Dans Hess Village, à deux pâtés de maisons du Convention Centre, le *Gown & Gavel*, un pub de style britannique, 24 Hess St, sert des repas légers et de la bière.

Le centre commercial de Jackson Square est bien fourni en restaurants bon marché.

Manifestations sportives

Vous pourrez applaudir les Hamilton Tiger Cats, club de la Canadian Football League, à l'Ivor Wynn Stadium. Pour tout renseignement, appelez le stade au ☎ 544-7978.

ST CATHARINES

Sise entre Hamilton et la rivière Niagara, St Catharines est la principale ville de la région vinicole et fruitière de Niagara. La route est bordée de fermes et de petites bourgades dotées de vignobles et d'établissements vinicoles.

CANAL WELLAND

Le canal Welland est la principale attraction historique de la ville. Contournant les chutes du Niagara, ce canal reliait le lac Ontario au lac Érié. Une série d'écluses jalonnait le canal sur 42 km et permettait de rattraper la dénivellation d'environ 100 m entre les deux lacs.

A Lakeside Park, sur la rive de Port Dalhousie, les premiers canaux rejoignaient le lac Ontario. On peut y voir de vieilles écluses, des phares et diverses infrastructures du siècle dernier. A **Mountain View Park**, à l'angle de Mountain St et de Bradley St, on aperçoit des écluses au niveau de l'escarpement du second canal, ainsi que plusieurs autres constructions du XIXe siècle.

Pour avoir un aperçu plus moderne, rendez-vous au **Welland Canal Viewing & Information Centre,** dans Canal Rd, en venant de Glendale Ave (qui débouche de Queen Elizabeth Hwy), toujours dans St Catharines. Il se cache à l'écluse 3 du canal le plus fréquemment emprunté et abrite un musée avec des expositions sur le canal et sa construction, une plate-forme d'observation et des informations audiovisuelles sur divers aspects de la voie fluviale.

Dernière écluse, la numéro 8 se trouve à Port Colbourne (sur le lac Érié).

Chaudiere Navigation (☎ 834-1536) propose des croisières d'une heure sur le canal moyennant 7 $. Parvenir aux docks est un peu compliqué. Il sont situés près de Lakeside Park, dans Port Dalhousie. Si vous êtes en voiture, empruntez Ontario St

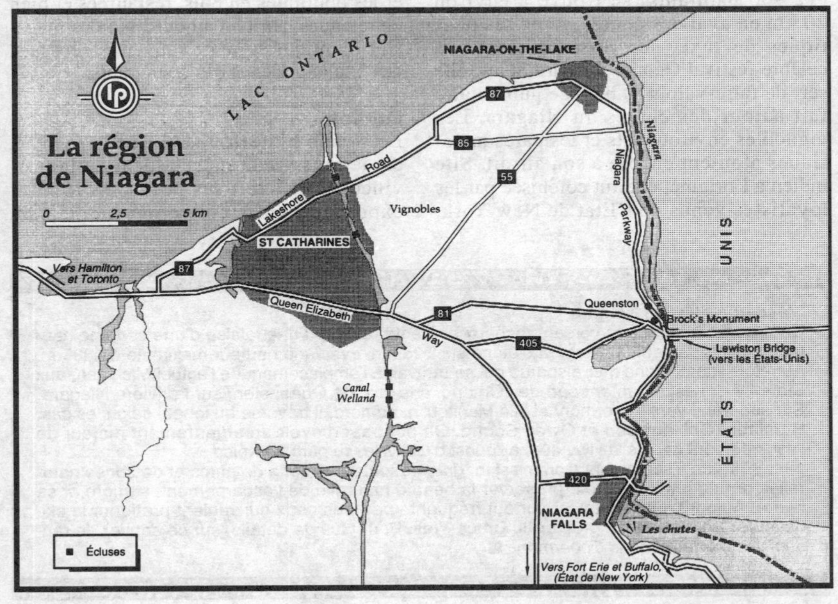

qui débouche de Queen Elizabeth Way (QEW), puis continuez au nord jusqu'à la Lakeport Rd, où vous devrez tourner à gauche. De là, traversez les pont successifs, jusqu'à ce vous aperceviez un panneau.

Pour les randonneurs, le Merritt Trail s'étend de Port Dalhousie, dans St Catharines, à Port Colbourne, en longeant le canal Welland sur l'essentiel du parcours. Consultez le guide consacré à la Bruce Trail, mais aussi la rubrique *Tobermory*, plus loin dans ce chapitre. Les offices du tourisme de la région pourront également vous fournir des informations sur ce sentier.

WELLAND

Bien que l'agriculture prédomine dans la région, Welland est essentiellement une ville industrielle (acier). Un tronçon du canal traverse la ville, tandis qu'un autre canal la contourne, à 2 km du centre.

NIAGARA-ON-THE-LAKE

Cette charmante petite bourgade (12 900 habitants) se trouve à environ 20 km en aval des chutes. Avec ses boutiques de luxe, ses restaurants et son célèbre festival George Bernard Shaw, elle sert de faire-valoir au battage publicitaire fait autour des chutes du Niagara. Les vignobles environnants et les parcs historiques ajoutent encore à son attrait. Site indien à l'origine, elle fut colonisée par les loyalistes venus de l'État de New York, après la guerre d'Indépendance américaine. Devenue dans les années 1790 la première capitale de l'Ontario, elle est considérée comme l'une des villes du XIXe siècle les mieux préservées d'Amérique du Nord.

Renseignements

Le personnel de l'office du tourisme (☎ 468-4263), implanté dans la chambre de commerce, à l'angle de King St et des rues Prideaux/Byron, est efficace et amical. Ils pourront notamment s'occuper de votre réservation de chambre. De mars à décembre, l'office du tourisme est ouvert tous les jours. Le reste de l'année, les heures d'ouverture sont plus limitées et l'agence est fermée le dimanche. A l'est du centre-ville, en direction des chutes, King St traverse Queen St au vaste parc Simcoe, côté est de Queen St.

Queen St

La principale artère de la ville, Queen St, en est aussi l'attraction majeure. Les maisons et les boutiques en bois, restaurées et bien entretenues, abritent aujourd'hui des magasins d'antiquités ou de souvenirs écossais, des boulangeries et des restaurants.

Musées

Le **Musée historique**, 43 Castlereagh St, est le plus vieux musée local de la province. Il a ouvert ses portes en 1907 et expose une vaste collection d'objets du

---

L'escarpement du Niagara

Un escarpement est un versant rocheux en pente raide, ou une falaise d'une certaine hauteur. L'escarpement du Niagara s'étend sur 725 km, avec une hauteur maximale de 335 m. Autrefois littoral d'une mer disparue qui se trouvait à l'emplacement de l'actuel Michigan, aux États-Unis, l'escarpement part de l'Ontario, à la ville de Queenston, sur la rivière Niagara. Sur son trajet vers Tobermory et l'île Manitoulin, au nord, il traverse ou longe, selon les cas, Hamilton, Collingwood et Owen Sound. On peut apercevoir un affleurement majeur de l'escarpement depuis la Hwy 401, à l'ouest d'Oakville, au parc de Kelso.

La Niagara Escarpment Commission, grâce à toute une série de parcs et de zones naturelles protégées, cherche à préserver la beauté naturelle de l'escarpement, sa flore et sa faune. Aujourd'hui, le site est surtout fréquenté par tous ceux qui veulent pratiquer le ski, observer les oiseaux et profiter du Bruce Trail. Pour plus de détails, sur ce sentier de randonnée, voir la rubrique *Tobermory*. ■

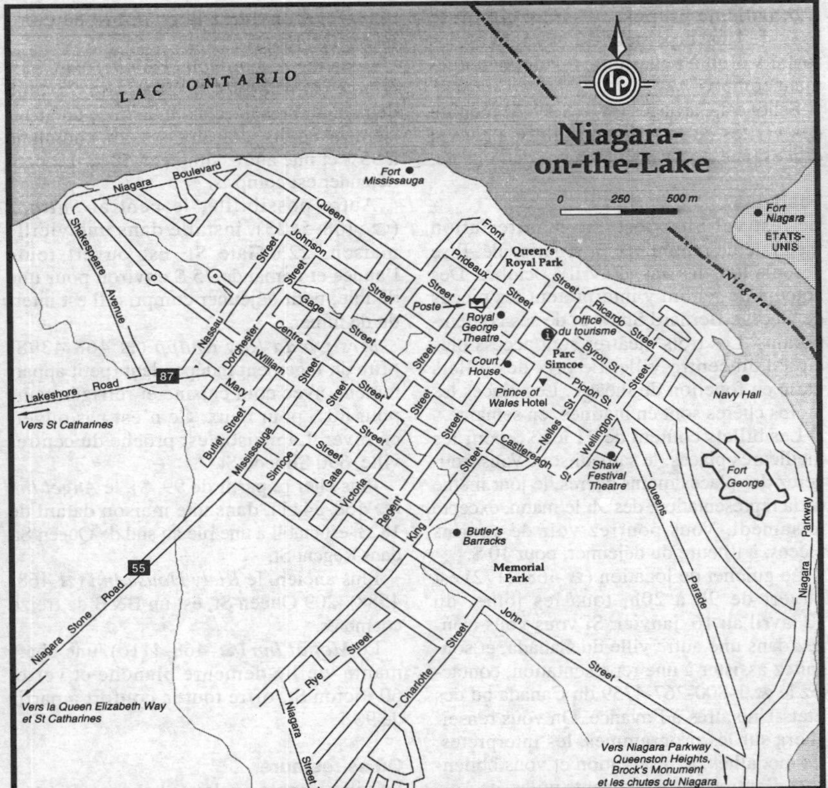

début du siècle, liés à l'histoire de la ville : artisanat indien, mais aussi souvenirs des loyalistes et de la guerre de 1812.

De mars à décembre, il est ouvert tous les jours de 10h à 18h.

En janvier et en février, il est seulement ouvert l'après-midi, les week-ends. L'entrée coûte 2,50 $.

Belle demeure de style georgien, la **maison McFarland** fut édifiée aux alentours de 1800 par John McFarland, un charpentier écossais. Restaurée en 1959, elle est aujourd'hui meublée d'objets datant d'avant 1840. Durant la guerre de 1812, elle servit d'hôpital. La maison se cache dans le parc McFarland, à 2 km au sud de la ville sur la Niagara Parkway. Elle est ouverte tous les jours, en été, de 11h à 17h.

Circuits organisés

Toutes les heures, entre 11h et 17h, les samedi et dimanche, de courts circuits à pied dans la ville (5 $) démarrent en face de l'office du tourisme.

Niagara Bicycle Tours (☎ 468-1300) organisent deux excursions quotidiennes dans la région (35 $) en vélo et une halte dans trois des plus importants vignobles.

L'organisme propose aussi un circuit le long de l'escarpement du Niagara et des forfaits d'un à deux jours à vélo, hébergement compris.

Sentineal Carriages (☎ 468-4943) propose des visites de la ville en voiture à cheval d'une durée de 20 minutes à une demi-heure.

Festivals

Le festival Shaw est une manifestation théâtrale de renommée internationale. Il se déroule tous les ans, d'avril à octobre. Des acteurs de renom y interprètent les pièces de George Bernard Shaw et de ses contemporains. Les trois théâtres sont accessibles à pied du centre-ville. Le prix des billets varie en fonction du théâtre. Les places les moins chères sont en matinée, en semaine.

Les billets coûtent de 21 à 53 $ pour les meilleures places, le samedi soir. Vous trouverez des places moins chères, le jour même de la représentation, dès 9h le matin, excepté le samedi. Vous pourrez voir de courtes pièces, à l'heure du déjeuner, pour 10 $.

Le guichet de location (☎ 468-2172) est ouvert de 9h à 20h, tous les jours, du 12 avril au 16 janvier. Si vous vous trouvez dans une autre ville du Canada, et souhaitez assister à une représentation, contactez le ☎ 1-800-267-4759 du Canada ou des États-Unis, très à l'avance. On vous renseignera sur les programmes, les interprètes, les modalités de réservation et vous obtiendrez d'autres renseignements utiles.

Où se loger

L'hébergement est cher. Beaucoup de visiteurs pourront se contenter de visiter la ville en quelques heures et loger dans les environs. Durant la période du festival Shaw, les hôtels affichent souvent complet, le week-end. Soyez prévoyants.

Central, l'*Endicott's B&B* (☎ 468-3671), 331 William St, est aussi l'un des B&B les plus économiques. Ses prix varient de 50 à 55 $ et des vélos sont disponibles.

Pratiquant des tarifs similaires, le *Rose Cottage* est également implanté dans le centre-ville, 308 Victoria St. Il dispose seulement d'une chambre avec s.d.b. Pour réserver, contactez la chambre de commerce (☎ 468-4263).

Également abordable, l'*Amberlea Guest House* (☎ 468-3749), 285 John St, loue deux chambres avec s.d.b. à 75 $, une troisième avec lits jumeaux et s.d.b. commune à 55 $ et une autre, simple, à 50 $. Le petit déjeuner est compris.

Autre possibilité, le central *Saltbox* (☎ 468-5423), installé dans une vieille maison, 223 Gate St, est ouvert toute l'année et demande 75 $ environ pour une double, petit déjeuner compris. Il est interdit de fumer.

Mrs Lynda Kay Knapp (☎ 468-4398) offre un logement indépendant (petit appartement, avec coin cuisine et réfrigérateur) pour 80 $ pour deux. Ce n'est pas ouvert en hiver. La maison est proche du centre-ville, 390 Simcoe St.

Plus cher (à partir de 99 $), le *Angel Inn* (☎ 468-3411), dans une maison datant de 1823, est établi à une rue au sud de Queen St, dans Regent St.

Plus ancien, le *Kiely House Inn* (☎ 468-4588), 209 Queen St, est un B&B de treize chambres.

Le *Moffat Inn* (☎ 468-4116), une charmante vieille demeure blanche et verte, 60 Picton St, offre tout le confort à partir de 90 $.

Où se restaurer

La ville compte quelques bonnes adresses. Au 45 Queen St, le *Stagecoach* est bon marché et toujours plein. Avant 11h, vous pourrez déguster un excellent petit déjeuner.

Le *Buttery*, 19 Queen St, dans un style de pub anglais, possède un très agréable patio. Vous pourrez déjeuner pour 7 $ et plus. Le samedi soir ont lieu des festins à la Henry VIII, avec distractions, boisson et nourriture en abondance.

Le *Fans Court*, 135 Queen St, offre un agréable contrepoint à la cuisine anglo-saxonne. Vous pourrez déguster des plats chinois et asiatiques, comme des nouilles de Singapour au curry, attablé dans la confortable salle à manger, ou à l'une des quelques tables installées à l'extérieur, dans la petite cour. Au déjeuner, les prix sont modiques, un peu plus élevés au dîner.

McCray Hall Gifts, au nord de Queen St, possède un petit salon de thé charmant et calme dans son patio, idéal pour une halte dans l'après-midi. Le *Prince of Wales Hotel* comprend un restaurant pour les gourmets qui sont prêts à s'offrir une bonne table. La plupart des auberges et des hôtels disposent de leur propre salle à manger.

A la *Kiely House Inn*, 209 Queen St, prendre un thé complet sous la véranda qui donne sur le terrain de golf est un véritable plaisir. Pour prendre une bonne tasse de café, rendez-vous au *Monika's*, 126 Queen St. A quelques pâtés de maisons de Queen St, vous pourrez pique-niquer au bord de l'eau dans le Queen's Royal Park.

Comment s'y rendre

Bus. De mai à septembre, un bus relie chaque jour Niagara-on-the-Lake à Toronto dans les deux sens. Le tarif est de 21,50 $ (deux heures de trajet). Charterways Bus Lines assure la liaison entre St Catharines et Niagara-on-the-Lake trois fois par semaine. En ville, les bus depuis/vers St Catharines s'arrêtent au Simcoe Park.

De mai à septembre, un bus assure trois fois par jour la navette entre Niagara-on-the-Lake et Niagara Falls. Vérifiez les horaires à l'office du tourisme. En hiver, une seule navette circule quotidiennement.

Taxi. Les taxis pour Niagara Falls coûtent 23 $.

Comment circuler

Vélo. C'est un bon moyen d'explorer la région. Au 92A Picton St, après le Moffat Inn (☎ 468-0044), on peut louer des vélos à l'heure, à la demi-journée ou à la journée, ainsi que des rollers skates et des accessoires de protection.

LES ENVIRONS DE NIAGARA-ON-THE-LAKE

Vignobles et routes du vin

Le triangle compris entre St Catharines, Niagara-on-the-Lake et Niagara Falls est la plus importante région vinicole du Canada. La région de l'Ontario produit environ 80% du raisin utilisé pour la production du vin. Le microclimat créé par l'escarpement et le lac Ontario est à l'origine de ce succès.

Les vignobles dont le nombre ne cesse de croître – ils sont 23 aujourd'hui – produisent un vin agréable. Les meilleurs crus portent la désignation Vinter's Quality Alliance (VQA). Les huit meilleurs vignobles sont regroupés sous le nom de Group of Seven Plus One (Groupe des Sept Plus Un). Ceux qui sont cités ci-après en font partie, avec une forte concentration au sud de Niagara-on-the-Lake.

Le Reif Estate Winery (☎ 468-7738) se trouve au sud de Niagara-on-the-Lake, entre la Line 2 et la Line 3, sur la Niagara Parkway. L'établissement est ouvert tous les jours, toute l'année. Renseignez-vous sur les horaires des visites guidées. Des dégustations sont proposées.

Inniskillin (☎ 468-3554) est implanté tout à côté, Line 3. Il est ouvert toute l'année. Ce vignoble s'est taillé une belle réputation et a remporté le maximum de prix. Une démonstration permet de comprendre le processus de fabrication du vin et son histoire à Niagara.

Château des Charmes (☎ 262-4219), vous attend dans St David's, entre les chutes et Niagara-on-the-Lake, sur la Line 7, en venant de la Four Mile Creek Rd, non loin de la Hwy 55. Il est ouvert tous les jours, toute l'année. Là aussi, la boutique est pratiquement toujours ouverte (dégustations). Les autres vignobles du Group of Seven Plus One sont Marynissen, Konzelmann, Stonechurch, Hillebrand et Pillitteri.

Brights (☎ 357-2400) est le plus vieux vignoble canadien. L'établissement est installé 4887 Dorchester Rd, dans Niagara Falls, au nord de la Hwy 420. Appelez pour plus de renseignements sur les horaires de visite et l'itinéraire ; on vous dira d'où partir pour faire le parcours le plus intéressant.

Les offices du tourisme de la région disposent de listes complètes des établissements vinicoles et leurs adresses.

NIAGARA PARKWAY ET CHEMIN DE DÉTENTE

Le parcours le plus agréable longe lentement sur 20 km la **Niagara Parkway** à deux voies jusqu'à Niagara Falls. Cette route au paysage aménagé est bordée de parcs, d'aires de pique-nique, de belles vues sur la rivière et de deux terrains de camping, qui font tous partie du réseau de la Niagara Parks Commission. Elle suit le trajet de la rivière Niagara, sur 56 km, de Niagara-on-the-Lake au lac Érié. Un sentier de 3 m de large et sur lequel on peut marcher, courir, faire du vélo ou du patin, longe la Parkway. Il est tout indiqué pour une excursion longue ou courte à bicyclette : le terrain est plat, le paysage riverain pittoresque et la fréquentation peu importante.

La piste se subdivise en quatre tronçons, dont chacun, si vous êtes à vélo, vous permettra de pédaler tranquillement pendant une ou deux heures. Des plaques signalent les sites naturels ou historiques. En été, vous pourrez faire une halte aux stands de fruits frais. Demandez à la Park Commission l'excellent plan du chemin de détente.

NIAGARA FALLS

Les chutes ont fait de cette ville l'une des premières destinations touristiques du Canada. C'est un endroit très visité – environ 12 millions de personnes viennent chaque année du monde entier.

Les chutes coupent la rivière Niagara entre l'Ontario et l'État de New York. Elles sont terriblement impressionnantes, en particulier les Horseshoe Falls (chutes en forme de fer à cheval). Même en hiver, lorsqu'une couche de glace masque partiellement le courant et que les bords sont gelés, le spectacle est toujours aussi grandiose.

Outre les chutes, la ville offre toutes sortes d'attractions des plus délirantes (tel le musée Elvis Presley et le nouveau Centre de recherche et d'exposition sur l'assassinat de John Fitzgerald Kennedy) qui, avec les hôtels, les restaurants et une débauche de néons, évoquent une sorte de Las Vegas canadien.

Niagara Falls se trouve approximativement à 2 heures en voiture de Toronto par la Queen Elizabeth Way (QEW), une fois dépassé Hamilton et St Catharines. Les transports publics entre Toronto et Niagara Falls sont fréquents et rapides.

Orientation

Niagara Falls se divise en deux principaux secteurs : le centre-ville des résidents, plus ancien, commerçant, et la zone touristique qui s'étend tout autour des chutes et qui est surtout fréquentée par les touristes. Les deux principales artères du centre-ville sont Queen St et Victoria Ave.

Le secteur de Bridge St, non loin du croisement avec Erie St, regroupe les gares routière et ferroviaire et deux hôtels bon marché. Les auberges de jeunesse se trouvent également dans le centre, pas très loin de la gare ferroviaire.

A environ 3 km au sud, le long de la rivière, les chutes vous attendent, avec tous les aménagements propres au tourisme – restaurants, motels, boutiques et attractions. Dans le voisinage des chutes, les rues principales sont Clifton Hill, Falls Ave, Centre St et Victoria Ave. Cette dernière compte de nombreux hôtels et plusieurs restaurants.

Dans l'autre sens, au nord, un parc borde la rivière. Il s'étend sur environ 20 km, des chutes en aval, à Niagara-on-the-Lake.

Vous trouverez également quantité d'hébergements dans ces deux secteurs.

Renseignements

Offices du tourisme. Le plus central, au Horseshoe Falls, est installé dans le bâtiment connu sous le nom de Table Rock Centre. La Niagara Parks Commission y dirige un bureau efficace (☎ 356-7944), ouvert tous les jours de 9h à 18h (jusqu'à 22h en été).

Le principal office du tourisme, cependant, reste l'Ontario Travel Information Centre (☎ 358-3221). Excentré à l'ouest, il se trouve sur la Hwy 420, lorsque l'on vient du Rainbow Bridge, en direction de la Queen Elizabeth Way, 5355 Stanley Ave,

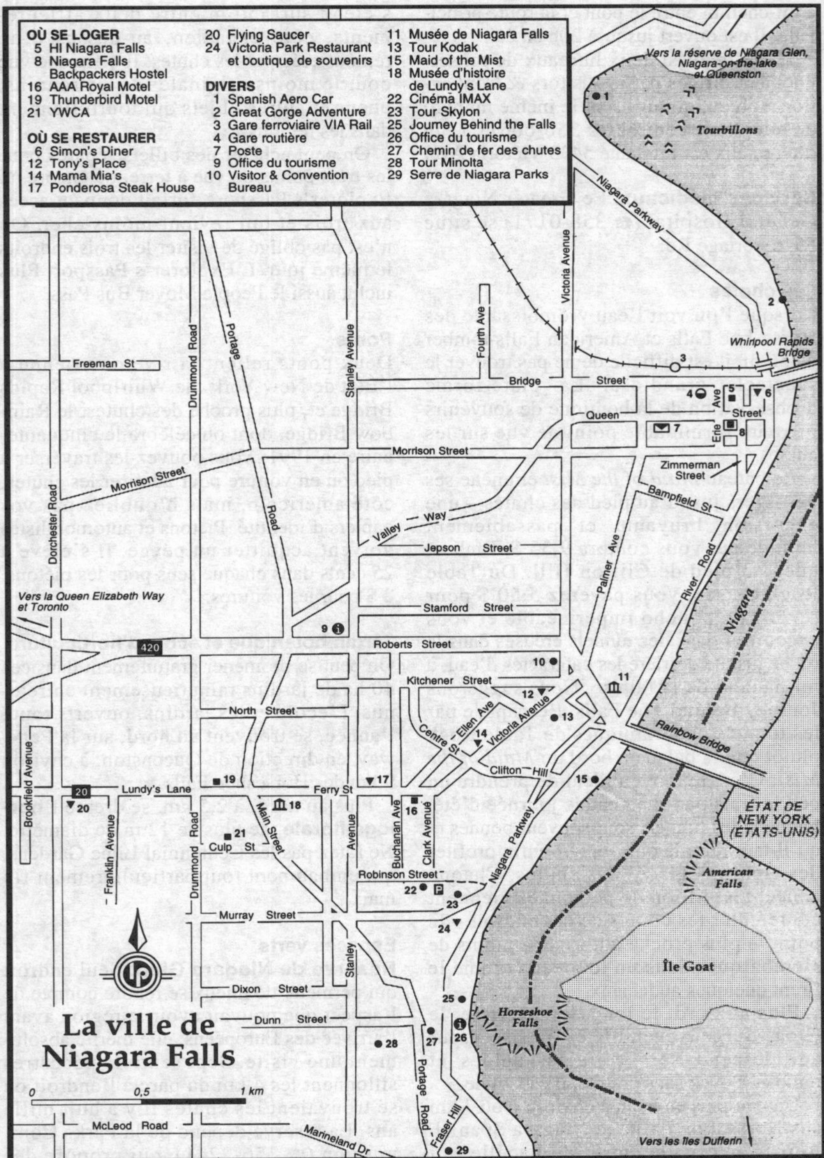
OÙ SE LOGER
5 HI Niagara Falls
8 Niagara Falls Backpackers Hostel
16 AAA Royal Motel
19 Thunderbird Motel
21 YWCA
OÙ SE RESTAURER
6 Simon's Diner
12 Tony's Place
14 Mama Mia's
17 Ponderosa Steak House
20 Flying Saucer
24 Victoria Park Restaurant et boutique de souvenirs
DIVERS
1 Spanish Aero Car
2 Great Gorge Adventure
3 Gare ferroviaire VIA Rail
4 Gare routière
7 Poste
9 Office du tourisme
10 Visitor & Convention Bureau
11 Musée de Niagara Falls
13 Tour Kodak
15 Maid of the Mist
18 Musée d'histoire de Lundy's Lane
22 Cinéma IMAX
23 Tour Skylon
25 Journey Behind the Falls
26 Office du tourisme
27 Chemin de fer des chutes
28 Tour Minolta
29 Serre de Niagara Parks
Vers la réserve de Niagara Glen, Niagara-on-the-lake et Queenston
Tourbillons
Niagara Parkway
Victoria Avenue
Whirlpool Rapids Bridge
Bridge Street
Queen Street
Erie Ave
Zimmerman Street
Bampfield St
Palmer Ave
River Road
Niagara
Rainbow Bridge
ÉTAT DE NEW YORK (ÉTATS-UNIS)
American Falls
Île Goat
Horseshoe Falls
Vers les Îles Dufferin
Freeman St
Drummond Road
Portage Road
Stanley Avenue
Fourth Ave
Morrison Street
Dorchester Road
Valley Way
Jepson Street
Stamford Street
Vers la Queen Elizabeth Way et Toronto
420
Roberts Street
Kitchener Street
North Street
Centre St
Ellen Ave
Clifton Hill
Lundy's Lane
Ferry St
Brookfield Avenue
Franklin Avenue
Main Street
Culp St
Buchanan Ave
Clark Avenue
Robinson Street
Murray Street
Dixon Street
Dunn Street
Fraser Hill
McLeod Road
Marineland Dr
0
0,5
1 km
La ville de Niagara Falls

à mi-chemin entre le pont et la route principale. Il est ouvert jusqu'à 20h en été.

Il existe aussi deux bureaux de renseignement dirigés par le Visitors & Convention Bureau, qui utilisent le même numéro de téléphone central (☎ 356-6061). L'un d'entre eux est implanté 5433 Victoria Ave.

Services médicaux. Le Greater Niagara General Hospital (☎ 358-0171) se situe 5546 Portage Rd.

Les chutes

Lorsque l'on voit l'eau vrombissante des Horseshoe Falls et American Falls tomber de 56 m, il est difficile de ne pas trouver le spectacle grandiose. La plate-forme d'observation de la boutique de souvenirs offre un formidable point de vue sur les chutes.

Le bateau *Maid of the Mist* emmène ses passagers jusqu'au pied des chutes – une excursion bruyante et passablement humide qui vous coûtera 9,55 $. Embarquez au pied de Clifton Hill. Du Table Rock Centre, vous payerez 5,50 $ pour revêtir un poncho imperméable et vous engouffrer dans des tunnels creusés dans la roche jusque derrière les cataractes d'eau, à mi-hauteur de la falaise. Nous suggérons Journey Behind The Falls, l'escapade par les tunnels panoramiques de Table Rock plutôt que la balade à bord du *Maid of the Mist*. C'est le moyen idéal de prendre un peu le frais par une chaude journée d'été, même si les tunnels sont souvent bondés et qu'il faut faire la queue pour enfin profiter des embruns glacés des chutes. Chaque année, un million de personnes viennent contempler les chutes de cet endroit – le point le plus proche autorisé, à moins de s'embarquer dans un tonneau comme le firent quelques audacieux.

Plus au nord, le long de la rivière, le Great Gorge Adventure est un ascenseur qui descend vers certains rapides et remous. Soyez sans crainte, il est solide.

Un peu plus en aval, à environ 6 ou 7 km des Horseshoe Falls, le Niagara Spanish Aero Car est une sorte de nacelle qui s'étend sur 550 m entre deux affleurements, côté canadien, au-dessus d'un remous créé par les chutes. Il offre une vue pour le moins originale sur les rondins, pneus et autres objets qui tourbillonnent dans les remous.

On peut acheter des billets séparés pour les trois points de vue à terre, ou encore un Explorer's Passport, forfait donnant accès aux trois et qui revient moins cher. On n'est pas obligé de visiter les trois endroits le même jour. L'Explorer's Passport Plus inclut aussi le People Mover Bus Pass.

Ponts

Deux ponts relient la rive ontarienne à l'État de New York : le Whirlpool Rapids Bridge et, plus proche des chutes, le Rainbow Bridge, dont on célébra le cinquantenaire en 1991. Vous pouvez les traverser à pied ou en voiture pour admirer les chutes, côté américain, mais n'oubliez pas vos papiers d'identité. Piétons et automobilistes doivent acquitter un péage. Il s'élève à 25 cents dans chaque sens pour les piétons, 2 $ pour les voitures.

Jardin botanique et école d'horticulture

On peut se promener gratuitement dans ces 40 ha de jardins minutieusement entretenus. L'école et les jardins, ouverts toute l'année, se trouvent au nord, sur la Parkway, en direction de Queenston, à environ 9 km des Horseshoe Falls.

Plus au nord, à 2,5 km, se dresse l'**horloge florale**, de plus de 12 m de diamètre. Ne ratez pas les Centennial Lilac Gardens, qui embaument tout particulièrement fin mai.

Espaces verts

Réserve de Niagara Glen. Seul endroit qui permette de mieux se rendre compte de l'aspect que pouvait avoir la région avant l'arrivée des Européens, elle mérite absolument une visite. Sept sentiers pédestres sillonnent les 4 km du parc à l'endroit où se trouvaient les chutes il y a huit mille ans. La réserve dépend de la Parks Commission (☎ 356-2241), qui propose des promenades gratuites avec guide, quatre fois par jour en été (de juillet à début septembre). Ces sentiers sont toujours ouverts au public (gratuitement). Ils serpentent jusqu'en bas de la gorge, passent devant d'énormes rochers, des grottes glacées, des fleurs sauvages et traversent des zones boisées. On peut pêcher du rivage. Le cours de la rivière remonte au nord vers Pebbly Beach et au sud vers les remous, site de l'attraction principale.

On a une vue impressionnante des remous depuis le Spanish Aero Car, mais on ne peut réellement apprécier la taille de la gorge que depuis le littoral. Tout ce qui est jeté dans le lac Érié passe par les remous et l'on remarquera, entre autres, pneus, rondins et autres déchets, provenant des quais des villas. Officiellement, les sentiers praticables s'arrêtent là. Certains s'aventurent à escalader les rochers en bordure de l'eau, en amont des chutes. L'endroit où la rivière coule (ou plutôt se jette) dans les remous est spectaculaire, mais difficilement accessible : les rochers sont glissants et la rivière dangereuse.

La réserve de Niagara Glen se trouve à 1 km au nord de l'entrée du Whirlpool Golf Course, sur la Niagara Parkway (en direction de Niagara-on-the-Lake). Le bus People Mover s'arrête à cet endroit, ou au printemps et à l'automne à l'attraction Niagara Spanish Auto Car, d'où la réserve est accessible à pied (environ 3 km).

Circuits organisés

Double Deck (☎ 374-7423) organise des circuits dans des bus rouges à impériale. Pour 34,50 $, l'une de ces excursions offre l'accès à trois des principales attractions de la ville, avec halte à d'autres sites gratuits. Vous pouvez quitter le groupe quand vous le désirez, voire étaler la visite sur deux jours. Un second circuit de 50 km permet de découvrir plus de sites. Comptez six heures. Un troisième rejoint Niagara-on-the-Lake et marque une halte dans l'un des établissements vinicoles de la région.

Honeymoon City Scenic Lines (☎ 356-5487) propose une excursion de trois heures et demie pour 21 $ incluant la visite de 75 sites. Une autre excursion (25 $) comprend ces visites auxquelles s'ajoute celle d'un domaine viticole de Niagara. Vous pouvez aussi survoler les chutes en hélicoptère avec Niagara Helicopters (☎ 357-5672), 3731 Victoria Ave.

Festivals

Le Niagara Grape & Wine Festival (festival du Raisin et du Vin) a lieu chaque année fin septembre. Il inclut des parades et des visites aux cinq principaux établissements vinicoles. Les festivités s'étendent à toute la région.

Où se loger

Camping. Plusieurs terrains sont disséminés dans toute la ville. Trois sont implantés sur Lundy's Lane, à la sortie de Niagara Falls, deux autres dans Montrose Ave, au sud-ouest du centre-ville. Ils sont bien aménagés. Le *Niagara Glen View Campground* (☎ 358-8689), avec emplacements pour tentes et électricité, à l'angle de Victoria Ave et de River Rd, au nord de la ville en direction de Queenston, est le plus proche des chutes. D'autres jalonnent la Niagara Parkway, plus au nord.

Auberges de jeunesse. Le *HI Niagara Falls International Hostel* (☎ 357-0770) vient de s'installer dans un ancien bâtiment commercial, dans la vieille ville, à proximité des gares routière et ferroviaire, au 4529 Cataract St. Cette petite rue part vers l'ouest depuis Bridge St, non loin de River Rd et du Whirlpool Rapids Bridge. L'établissement propose environ 70 places à 16,80 $ la nuit et il dispose d'une cuisine de bonne taille, d'une laverie, de vestiaires et d'un vaste salon. Vous pourrez y louer des vélos et profiterez de réductions pour les musées et le *Maid of the Mist*.

Tout proche, le *Niagara Falls Backpackers Hostel* (☎ 357-4266 ou 1-800-891-7022) offre une solution de rechange. L'auberge fait partie de l'énorme B& B *Doc's Inn,* 4711 Zimmerman St (entrée à l'angle, 4219 Huron St). Elle comprend des dortoirs à 15 $ et deux chambres pour couples. Le tarif englobe la location des draps et un café matinal accompagné de muffins. Les clients peuvent utiliser la cuisine et dîner sur place à peu de frais. L'auberge est ouverte toute l'année.

B&B. Les B&B et les pensions (sans petit-déjeuner) offrent en général le meilleur rapport qualité/prix. Ils se révèlent souvent (mais pas toujours) moins chers et plus attrayants que les motels ou les hôtels. Ils sont pour la plupart installés dans le centre. Le Visitors & Convention Bureau (☎ 356-6061) vous conseillera au mieux pour trouvez un hébergement. Nul doute qu'en arpentant les rues citées ci-dessous, vous dénicherez un endroit où loger. Les tarifs s'échelonnent d'environ 35 à 75 $, avec une moyenne de 45/60 $ la simple/double. River Rd relie le secteur des chutes à l'ancien centre-ville de Niagara Falls, à 3 km en aval de la rivière. Quelques B&B sont installés dans ce quartier fort pratique, avec de splendides vues sur le cours d'eau.

Butterfly Manor (☎ 358-8988), 4917 River Rd, fonctionne avec toute une série de B&B répartis dans la ville, certains disposant de prestations non négligeables, telles que piscine ou climatisation. Lorsque vous réservez, vérifiez que l'on vous servira un véritable petit déjeuner (compte tenu des tarifs, le client mérite davantage qu'un simple café-beignet). Butterfly Manor dispose de chambres à partir de 55 $ la double, petit déjeuner compris.

Glen Mhor Guesthouse (☎ 354-2600), 5381 River Rd, comprend cinq chambres à partir de 45/65 $ la simple/double, petit déjeuner complet compris. Un chemin vous permet d'accéder à pied aux chutes, mais l'on peut aussi vous prêter une bicyclette. Dans la même gamme de prix, citons *Gretna Green* (☎ 357-2081), un peu plus au nord, 5077 River Rd, et *Bedham Hall* (☎ 374-8515), 4835 River Rd, tout aussi accueillant. Ils abritent tous deux quatre chambres (dont la plupart avec s.d.b.), proposent un petit déjeuner complet et prêtent des vélos. L'*Eastwood Tourist Lodge* (☎ 354-8686), 5359 River Rd, est une demeure ancienne raffinée avec des balcons surplombant la rivière. Chaque chambre, vaste, bénéficie d'une s.d.b. attenante, ce qui justifie les tarifs plus élevés.

Ce type d'hébergement se trouve généralement dans Robert St ou Victoria Ave. Lundy's Lane est l'autre quartier des pensions de famille.

Hôtels. Les deux hôtels les moins chers sont situés près des gares ferroviaire et routière, loin des chutes. Le plus confortable, l'*Europa* (☎ 374-3231), à l'angle de Bridge St et d'Erie Ave, loue des chambres à moins de 30 $. Tout proche, de l'autre côté de la gare ferroviaire, l'*Empire* (☎ 357-2550), dans Erie Ave, n'est guère recommandé aux femmes seules.

Motels. Tout près de Clifton Hill et des restaurants, et à moins de 30 mn à pied des chutes, le central *AAA Royal Motel* (☎ 354-2632), vous attend 5284 Ferry St. Les chambres sont simples mais agréables et il y a une petite piscine. On vous fournira des tickets-repas avec lesquels vous pourrez bénéficier de réductions dans plusieurs restaurants alentour. Le prix des chambres varie de 30 à 65 $, avec une double à seulement 35 $ en juin, avant l'arrivée des touristes. Le *Thunderbird Motel* (☎ 356-0541), situé 6019 Lundy's Lane, loue des chambres de 35 à 90 $.

Au 7742 Lundy's Lane, le petit *Alpine Motel* (☎ 356-7016) offre des chambres de 40 à 75 $. Il dispose d'une piscine. Le *Melody Motel* (☎ 227-1023), 13065 Lundy's Lane, prend de 38 à 78 $ (piscine ici aussi). La rue est bordée de dizaines d'autres motels. Citons le *USA Motel* (☎ 374-2621), 6541 Main St, non loin de George's Parkway, d'un prix modeste.

Où se restaurer

Le *Mama Mia's*, 5719 Victoria Ave, sert depuis des années une cuisine italienne correcte, à un prix modéré. Également bon marché, la *Victoria Park Cafeteria* se cache, en face des chutes, dans le bâtiment dressé dans le parc dont elle a tiré son nom. Au deuxième étage, vous trouverez un restaurant plus cher et un patio en plein air où l'on sert de la bière, des sandwiches et des hamburgers pour 6 $ environ. Au *Ponderosa Steak House,* 5329 Ferry St, tous les repas (de 10 à 15 $) sont accompagnés de salade à volonté. On peut aussi avoir du poulet et des pâtes.

Tony's Place, 5467 Victoria Ave, est un établissement très populaire, spécialisé dans le porc et le poulet. Jusqu'à 18h30, il propose un spécial à 10 $. Comptez de 7 à 16 $ pour les plats à la carte. Il y a aussi un menu moins cher pour les enfants. Pour un petit déjeuner digne de ce nom, installez-vous sur l'un des tabourets du *Simon's Diner*, le plus vieux restaurant de Niagara Falls. Il se situe au cœur de la partie moins animée de la ville, dans Bridge St, à deux pas de River Rd.

Lundy's Lane abonde également en restaurants. Vous en trouverez aussi aux tours Skylon et Minolta (voir plus haut la rubrique *Points de vue*).

Comment s'y rendre

Bus. La gare routière (☎ 357-2133) est située dans le secteur le plus ancien de la ville, loin des chutes, en face de la rue qui mène à la gare ferroviaire, à l'angle de Bridge St et d'Erie Ave.

En semaine et à destination de Toronto, un bus part chaque heure entre 5h30 environ et 23h ; la fréquence diminue le week-end. Trentway Wager et Greyhound circulent sur cet itinéraire. A 23 $ l'aller, le billet de la compagnie Trentway se révèle un peu moins cher et l'aller-retour dans la journée vous sera proposé à un tarif très compétitif. Comptez environ deux heures de route.

Des navettes rejoignent Niagara-on-the-Lake trois fois par jour en été et une fois par jour en hiver.

Train. La gare (☎ 1-800-361-1235 pour les réservations ; 357-1644 pour les horaires) se situe dans le vieux quartier, à Bridge St, non loin du centre. Deux trains desservent Toronto chaque jour ; du lundi au vendredi, ils partent à 6h35 et à 17h15 ; les samedi et dimanche, à 8h30 et à 17h15. Le trajet dure deux heures et coûte 22 $ l'aller. Vous bénéficierez d'une réduction si vous effectuez l'aller-retour dans la même journée, mais vous devrez réserver cinq jours à l'avance. Il existe deux trains quotidiens desservant London et un à destination de New York.

Comment circuler

La plupart des curiosités étant regroupées dans un tout petit secteur, la meilleure solution consiste à marcher.

Bus. Pour sillonner les environs, le réseau de bus Niagara Parks People Mover, très efficace, fonctionne du 29 avril à la mi-octobre. Il part en ligne droite du secteur en amont, par-delà les chutes, passe devant la serre et les Horseshoe Falls, longe River Rd, traverse Rainbow Bridge et Whirlpool Bridge, rejoint au nord le Niagara Spanish Aero Car et, selon la période de l'année, aboutit au Queenston Heights Park. De là, il fait demi-tour et suit le même trajet dans l'autre sens sur 9 km. Au départ des chutes, il s'arrête près des gares routière et ferroviaire. Un ticket suffit pour toute la journée et vous pouvez monter et descendre où vous le souhaitez, à n'importe quel arrêt. Pour un petit supplément, vous pouvez obtenir une correspondance sur le réseau régulier urbain qui vous déposera devant la gare routière ou la gare ferroviaire. Le billet People Mover ne coûte que 4 $ et s'achète à la plupart des arrêts. En été, le bus circule tous les jours, de 9h à 23h, mais après 21h ne dépasse pas le Rainbow Bridge. Au printemps et à l'automne, il est moins fréquent et ne fonctionne pas en hiver.

Niagara Transit (☎ 356-1179) assure deux navettes similaires. Le Red Line Shuttle contourne les gares routière et ferroviaire, rejoint le centre-ville et remonte Lundy's Lane. Le Blue Line Shuttle part du dépôt de Rapids View (à l'extrémité sud de l'itinéraire du bus People Mover, près des chutes), longe Portage Rd et dessert le

ONTARIO

centre-ville. Ils partent toutes les demi-heures de 8h30 à minuit. Des correspondances gratuites sont assurées avec les bus urbains. Des forfaits à la journée sont disponibles et vendus par le conducteur.

LES ENVIRONS DE NIAGARA FALLS

Reportez-vous à la rubrique *Les environs de Niagara-on-the-Lake* pour plus de renseignements sur la région entre Niagara Falls et Niagara-on-the-Lake. Au sud de Niagara Falls, la Niagara Parkway, qui part de Niagara-on-the-Lake, aboutit à Fort Erie. Le paysage qui borde la route est plus plat et l'on aperçoit très nettement la rivière, car les chutes n'ont pas encore creusé de gorge dans le lit de la rivière.

Fort Erie

Sis au confluent de la rivière Niagara et du lac Érié, en face de la ville de Buffalo, dans l'État de New York, Fort Erie est relié aux États-Unis par le Peace Bridge. C'est une importante ville frontière qu'empruntent les bus reliant Toronto aux nombreuses villes de l'est des États-Unis. Les week-ends d'été, attendez-vous à faire la queue. Certains voyageurs se rendent à Buffalo depuis Toronto ou les environs, pour profiter de tarifs aériens américains plus avantageux. Ainsi, le vol de Buffalo à Seattle (avec, à chaque fois, un court trajet en bus) revient souvent moins cher que celui de Toronto à Vancouver.

Le principal attrait de la ville tient au **fort Erie**, construit en 1764 et dont les troupes américaines s'emparèrent en 1814 avant de faire retraite. Dans le fort, vous pourrez visiter le musée et assister à diverses manœuvres militaires. L'entrée est de 3,5 $.

BRANTFORD

A l'ouest de Hamilton, au milieu de terres agricoles, Brantford est célèbre pour plusieurs raisons. Tout d'abord, elle a longtemps été associée aux Indiens des Six-Nations et à leur chef, Joseph Brant. Ils contrôlaient un territoire qui s'étendait de la région à la partie nord de l'État de New York. Le **Brant County Museum,** 57 Charlotte St, présente des documents sur Brant et son peuple.

Her Majesty's Chapel of the Mohawks, à 3 km du centre-ville, dans Mohawk St, est la plus vieille église protestante de l'Ontario et l'unique chapelle royale indienne au monde. Elle est ouverte tous les jours du 1er juillet à la fête du Travail ; du mercredi au dimanche le reste de l'année.

Le **Woodland Cultural Centre Museum**, 84 Mohawk St, est consacré aux diverses populations amérindiennes de l'est du Canada et fournit des informations sur la confédération des Six-Nations. La confédération, qui réunissait les nations mohawks, senecas, cayugas, oneidas, onendagas et tuscaroras, avait une fonction politique et culturelle. Elle servait notamment à résoudre les conflits.

RÉSERVE INDIENNE DES SIX-NATIONS

A l'est de Brantford, dans Ohsweken, cette réserve iroquoise est l'une des plus célèbres du Canada. Fondée à la fin du XVIIIe siècle, elle donne un aperçu de la culture indienne. En semaine (et le week-end sur rendez-vous), on peut visiter la réserve et la Band Council House (siège du conseil) où sont prises les décisions. Différentes manifestations ont lieu pendant l'année, notamment le Grand River Pow-wow, un festival de théâtre en été et une vente d'artisanat en novembre.

GUELPH

Située sur la Hwy 401, à l'ouest de Toronto, Guelph est une vieille ville universitaire, de taille moyenne, attrayante, où il est agréable de vivre mais qui offre peu d'intérêt pour le visiteur. On peut admirer quelques belles maisons le long des rues bordées d'arbres, et profiter d'une vue superbe sur la rivière Speed et le centre-ville depuis la **Church of Our Lady** (église Notre-Dame). Le **marché** local dresse ses étals au cœur de la ville, sur la grand place historique, le mercredi et samedi matin (uniquement le samedi en hiver). Une centaine de marchands viennent de la campagne environnante pour vendre leurs produits. Vous trouverez aussi toutes sortes d'artisans, d'artistes et de bouquinistes.

Le **MacDonald Stewart Art Centre**, 358 Gordon St, abrite souvent de bonnes expositions, axées sur l'art inuit et canadien. Il est ouvert tous les après-midi, excepté le lundi. L'entrée est gratuite.

VILLAGE ET RÉSERVE DE ROCKWOOD

A environ 10 km à l'est de Rockwood, sur la Hwy 7, la réserve de Rockwood est l'endroit idéal pour passer un après-midi en pleine nature. C'est incontestablement l'une des zones les mieux protégées de la région de Toronto. L'entrée est de 5 $. On peut y nager, faire du canoë et pique-

Les mennonites

Les mennonites constituent l'une des plus célèbres minorités religieuses du Canada et l'une des plus méconnues. Tout le monde ou presque vous dira que les mennonites sont vêtus de noir, circulent en carrioles tirées par des chevaux et que, refusant la technologie de la vie moderne, ils cultivent leurs terres à l'ancienne. Ces caractéristiques ne reflètent toutefois qu'une partie de la réalité.

Secte protestante faisant partie des anabaptistes, les mennonites virent le jour en Suisse au début du XVIe siècle. Obligés de fuir de pays en pays pour des raisons religieuses, ils se retrouvèrent en Hollande et adoptèrent le nom de l'un de leurs premiers chefs néerlandais, Menno Simons. Pour échapper aux persécutions qu'ils subissaient en Europe et pour développer leur communauté en milieu rural, ils commencèrent à émigrer aux États-Unis vers 1640. Ils s'installèrent d'abord dans le sud-est de la Pennsylvanie, où ils comptent encore aujourd'hui une importante communauté (la plupart des 250 000 mennonites américains vivent toujours dans cet État). Au début du XIXe siècle, attirés par les terres vierges et bon marché de l'Ontario, certains se déplacèrent vers le nord.

Une douzaine de groupes de mennonites sont installés dans l'Ontario, dotés chacun de conceptions, de pratiques et de principes différents. L'Église mennonite représente la principale communauté, tandis qu'il en existe nombre d'autres, plus ou moins libérales. La majorité des mennonites sont modérés. Les plus orthodoxes sont facilement reconnaissables à la simplicité de leur vêtement. Les femmes sont coiffées d'un bonnet et portent une longue robe. Les hommes sont vêtus de noir et généralement barbus. Automobiles, machines et autres accessoires du confort moderne sont proscrits. Les mennonites du Vieil Ordre sont les plus stricts en ce qui concerne l'obéissance aux traditions.

Les amish, qui tiennent leur nom de Jacob Ammon, un Suisse, représentent une autre branche mennonite. Ils se séparèrent de la formation principale, car ils jugeaient les mennonites trop attachés aux biens de ce monde. Les amish traditionnels sont les plus simples parmi les simples. Leurs vêtements ne portent même pas de boutons. Ils ne possèdent pas d'église et les cérémonies sont assurées dans les diverses maisons de la communauté. Leur habitat ne comporte pas de tapis, de rideaux ou de tableaux au mur.

En dépit de leur habitudes quotidiennes différentes, tous ces groupes respectent les mêmes grands principes, à savoir la liberté de conscience, la séparation de l'Église et de l'État, le baptême à l'âge adulte, le refus de prêter serment, la piété pragmatique et une éducation basée sur la morale. Beaucoup rejettent la science et prônent avant tout une vie simple. Les communautés mennonites et amish vivent en autarcie et ne pratiquent pas le prosélytisme. Moins de 10 % des fidèles ne sont pas nés dans une famille mennonite. Vous pourrez rencontrer des communautés mennonites à Kitchener-Waterloo, St Jacob's et Elmira. Il n'est pas rare d'apercevoir leurs carrioles sur les petites routes, ou, le dimanche, aux abords des églises.

Nombre de boutiques locales et marchés agricoles vendent des produits mennonites. Les plus connus, et sans doute les plus recherchés, sont les dessus de lits. Ils sont superbes mais très chers. Les meubles artisanaux sont généralement très appréciés. Depuis peu, leurs produits biologiques et leur viande suscitent aussi un certain intérêt. Quant à leurs pains, gâteaux et confitures, ils sont excellents, bon marché et on peut se les procurer facilement. ■

niquer, mais son intérêt tient surtout à un bel environnement boisé, avec falaises, grottes et gouffres, que l'on peut explorer à pied.

KITCHENER-WATERLOO

Ces deux villes jumelles n'en font qu'une. Elles sont situées à une heure environ de Toronto, à l'ouest, au cœur de l'Ontario rural. Environ 55% des 210 000 habitants sont d'origine germanique. L'ensemble fait également office de centre pour les communautés amish et mennonites avoisinantes. Cette ville double, qui n'est guère différente des autres bourgades de la région, mérite toutefois une brève visite, en particulier à l'époque de l'Oktoberfest.

Les deux villes comptent deux universités et donc une importante population étudiante.

Orientation

Trois fois plus grande que Waterloo, Kitchener représente la partie sud de l'agglomération. Il est toutefois difficile de discerner ses limites. King St est la rue principale, orientée nord-sud (même si on la désigne souvent comme King St West et East). A l'extrémité nord, on arrive aux deux universités.

Le marché agricole, qui se tient à l'angle de King St et de Frederick St, délimite le centre-ville. C'est là que sont regroupés les gares routière et ferroviaire, les hôtels et les restaurants. King St se poursuit au sud vers la Hwy 8, qui rejoint la Hwy 401 à l'ouest, en direction de Windsor et à l'est en direction de Toronto. La Hwy 8 West, à la jonction de King St, se dirige vers Stratford.

Renseignements

Cartes et renseignements sont disponibles au Kitchener-Waterloo Visitors & Convention Bureau (☎ 748-0800), au sud du centre, 2848 King St East. De juin à la fin août, il est ouvert de 9h à 17h, du lundi au mercredi ; de 9h à 19h, le jeudi et le vendredi et de 10h à 16h le week-end. Le reste de l'année, il est ouvert de 9h à 17h du lundi au vendredi.

Marché agricole

Le marché se tient au centre-ville, à l'angle de King St East et de Frederick St. Il fut inauguré en 1839. Les amish et les mennonites viennent y vendre pains, confitures, fromages et saucisses, mais aussi objets artisanaux tels que couvertures, tapis, vêtements et jouets fabriqués à la main.

Le marché attire aussi de nombreux marchands, boulangers, artisans et fermiers qui ne sont pas mennonites. Le marché a lieu le samedi de 5h à 14h et, en été, également le mercredi, à partir de 7h.

Festivals

Voici quelques-unes des manifestations majeures :

Mai

Mennonite Relief Sale – grande vente de nourriture et d'artisanat faits maison, y compris une vente aux enchères de couvre-lits. Elle a lieu le dernier samedi de mai à New Hamburg, à 19 km de Kitchener-Waterloo.

Juin

Festival musical d'été – ce festival dure quatre jours à la fin de juin, avec concerts en plein air gratuits ou très bon marché, dans le périmètre du centre-ville.

Août

Busker Carnival – spectacles de rue annuels qui se déroulent à la fin du mois. Certains artistes sont excellents et le tout est gratuit.

Octobre

Oktoberfest – c'est l'événement de l'année et la plus grosse fête du genre en Amérique du Nord, attirant jusqu'à 500 000 personnes. Ce festival de neuf jours commence à la mi-octobre et inclut vingt stands de bière, de la musique et de la nourriture allemandes, des bals. Le dernier jour, un gigantesque défilé met fin à toutes ces festivités. Pour plus de renseignements, contactez K-W Oktoberfest Inc (☎ 570-4267). A votre arrivée, rendez-vous à l'un des guichets de réception pour y obtenir une carte, des billets et toutes les informations nécessaires.

Où se loger

Auberges de jeunesse. Backpackers' dispose d'un hôtel sur place, le *Waterloo International Home Hostel* (☎ 725-5202), 102B Albert St. Le tarif est de 14 $ la chambre, pour tous. La *YWCA* (☎ 744-0120), réservée aux femmes, se trouve dans Frederick St et Weber St, à Kitchener. Comptez 35 $ par nuit, petit déjeuner compris. Il existe des forfaits à la semaine.

L'*University of Waterloo* (☎ 884-5400) loue des chambres en été. Les simples/doubles coûtent 28/45 $. Des repas sont servis sur le campus. On peut utiliser gratuitement tous les aménagements (piscine et parking compris). Des bus desservent le campus régulièrement.

A la *Wilfrid Laurier University* (☎ 884-1970), contactez le responsable au 75 University Ave West. Comptez 20/37 $ pour une simple/double. Des chambres sont disponibles du 1er mai au 15 août, mais sont généralement utilisées par ceux qui assistent aux conférences. La salle à manger est ouverte en été.

B&B. A l'extérieur de Millbank, village à l'ouest de Kitchener, une association locale de B&B (☎ 595-4604) s'occupe de toutes les pensions de famille de Kitchener. Leurs tarifs sont corrects, avec des simples/doubles à partir de 35/45 $. Pendant l'Oktoberfest, de nombreux résidents louent des chambres.

Hôtels. Pour les voyageurs à petit budget, pas question de loger dans le centre-ville.

Le *Walper Terrace Hotel* (☎ 745-4321) est central, 1 King St West. C'est un vieux bâtiment restauré, maintenant classé. Il possède plus d'une centaine de chambres, à partir de 80 $, d'un excellent rapport qualité/prix comparé aux établissements de luxe de la ville. Le *Guest Inn* (☎ 893-7011), 2933 King St East, propose des chambres à partir de 42 $.

Pendant l'Oktoberfest, les hôtels affichent souvent complet. Pour plus de renseignements, contactez K-W Oktoberfest Inc (☎ 570-4267).

Motels. Ils sont nombreux, confortables et propres. La plupart sont concentrés dans Victoria St, orientée est-ouest, au nord du centre-ville de Kitchener.

Deux des motels à meilleur marché sont le *Mayflower* (☎ 745-9493), 1189 Victoria St, avec des simples/doubles à 35/46 $, et le *Shamrock* (☎ 743-4361), 1235 Victoria St, à 25/40 $.

Où se restaurer

Les restaurants abondent dans King St et les environs. Près de l'hôtel de ville, le *Williams Coffee Pub*, 198 King St West, propose un savoureux café, des pâtes fraîches bon marché, des bagels, des sandwiches et dispose d'un patio à l'extérieur.

Pour les amateurs de solides déjeuners ou dîners germaniques, le *Concordia Club* vous attend au 428 Ottawa St South. Un spectacle s'y déroule les vendredi et samedi en soirée et l'établissement ferme le dimanche.

Kitchener abrite aussi quelques traiteurs (delicatessen) européens, tels que *Fiedlers*, 197 King St East, qui regorge de fromages, de pains de seigle, de saucisses et de salamis.

Il est difficile de résister aux odeurs des pâtisseries, souvent nappées de chocolat, qui se dégagent du *Café Mozart*, 53 Queen St South, près de la gare routière. Il est ouvert tous les jours jusqu'à 22h (excepté le vendredi et le samedi soir, où il sert des snacks légers jusqu'à minuit).

Au 130 King St, dans Waterloo, le *Ali Baba* est un grill-room qui fonctionne depuis les années 60.

Distractions

Night-clubs. Connu dans toute la région, le *Lulu's*, sur la Hwy 8, est une immense discothèque, très populaire, considérée comme le bar le plus long du monde. Les soirs de week-end, des bus arrivent d'aussi loin que Toronto. Au 729 King St East, le *Circus Room* (☎ 571-1456) accueille chaque soir des musiciens qui jouent souvent du jazz ou du blues.

Comment s'y rendre

Bus. La gare (☎ 741-2600), 15 Charles St West, à Kitchener, est à 5 mn à pied du centre. Gray Coach relie fréquemment Toronto et Guelph et 5 bus quotidiens desservent London.

ONTARIO

Train. Deux trains de VIA Rail (☎ 1-800-361-1235) quittent Kitchener chaque jour pour Toronto et deux autres pour London. La gare, installée à l'angle de Victoria St et de Weber St, est facilement accessible à pied, au nord du centre-ville.

LES ENVIRONS DE KITCHENER-WATERLOO

St Jacob's

Au nord de la ville, St Jacob's est un petit village avec une **place centrale**, un petit musée et un centre d'interprétation sur les mennonites et leur histoire, ainsi que de nombreuses boutiques d'artisanat dans des bâtiments datant du XIXe siècle. Le musée, 33 King St, est ouvert tous les jours en été (le dimanche, l'après-midi seulement). En hiver, il est fermé en semaine. Une participation est la bienvenue. La boutique d'artisanat MCC vend des produits alimentaires mennonites.

Tour des pubs

A l'ouest de Kitchener-Waterloo, vous pourrez profiter des quatre anciennes tavernes des quatre villages voisins. Vieilles chacune d'au moins cent vingt ans, elles offrent une nourriture correcte et des boissons appropriées. Commencez par Petersburg et le *Blue Moon* (☎ 634-8405), pub de style georgien datant de 1848, implanté à la sortie des Hwys 7 et 8, au croisement des routes régionales 5 et 12.

Prochain arrêt à l'ouest, le *Ej's* (☎ 634-5711), à Baden, au décor original, notamment le plafond recouvert de carreaux peints à la main. Par beau temps, le patio en plein air est très agréable. Vous pourrez déguster des bières à la pression du monde entier.

Troisième étape, la *Kennedy's Country Tavern* (☎ 747-1313) vous attend dans le petit village de St Agatha. L'atmosphère y est franchement irlandaise, même si la nourriture servie dénote une influence germanique.

Dernière étape enfin, le *Heildelberg Restaurant & Brew Pub* (☎ 699-4413), à Heildelberg, au nord de St Agatha, à la jonction des Hwys 15 et 16. On vous y servira un repas de style germanique, accompagné d'une bière bavaroise, au sous-sol. Le bâtiment date de 1838.

ELORA

Peu éloigné de Kitchener-Waterloo, au nord-ouest de Guelph, sur la Hwy 6, c'est une petite ville très touristique, ainsi appelée d'après la petite ville d'Elora, en Inde, aux célèbres temples-grottes. Son moulin utilisait autrefois les chutes de la rivière Grand qui traverse la ville.

Les chutes, le vieux moulin, le site, la gorge et le parc à proximité, tout concourt à faire de cette bourgade une destination privilégiée des visiteurs étrangers à la province et des Ontariens.

Les rues principales sont Metcalfe St, Mill St et Geddes St, toutes à proximité du moulin et de la rivière.

A voir et à faire

Non loin de la ville, dans la **zone protégée de la gorge d'Elora**, la rivière coule au fond d'un canyon de calcaire escarpé. Un parc recouvre l'essentiel de la région et des sentiers mènent aux falaises et aux grottes en bordure de l'eau. Explorer la rivière sur une vieille chambre à air est une manière agréable de passer un après-midi d'été trop chaud. Quelques aires de pique-nique sont disséminées dans le parc.

A environ une douzaine de pâtés de maisons, à l'est de la ville, dans Mill St East, vous attend l'Elora Quarry (carrière d'Elora) qui mérite une visite et, mieux, un plongeon.

Festivals

Chaque année, l'Elora Festival (☎ 846-0331), un festival de musique, se déroule durant les deux dernières semaines de juillet et les deux premières semaines d'août. On y joue essentiellement de la musique classique (avec une préférence pour les œuvres chorales) et folklorique.

Où se loger

Vous trouverez un vaste camping au *Elora Gorge Conservation Area* (☎ 846-9742) qui affiche généralement complet les week-ends fériés, mais l'on peut réserver certains emplacements une semaine à l'avance. La ville et ses environs abritent un certain nombre de B&B. Pour tout renseignement, appelez le ☎ 846-9841 ou faites un saut au 1 MacDonald Square. Prévoyez 50 $ en moyenne pour deux personnes avec le petit déjeuner.

Central et un peu moins cher, le *Speers Home* (☎ 846-9744), 256 Geddes St (une rue qui donne dans l'artère principale), propose des simples/doubles à 40/45 $.

Hornsby Home (☎ 846-9763), 231 Queens St, se situe également à deux pas du centre et offre des simples/doubles pour à peine 30/40 $.

La *Gingerbread House* (☎ 846-0521), 22 Metcalfe St, offre des prestations luxueuses, des petits déjeuners succulents, un mobilier et un décor raffinés qui la placent dans une gamme de prix nettement supérieure.

L'*Elora Mill Inn* (☎ 846-5356) est l'adresse prestigieuse de la ville. Elle offre un site idéal, des vues sur la rivière, des cheminées et une salle à manger. Préparez-vous à desserrer les cordons de votre bourse, car les prix sont en proportion du luxe offert (à partir de 95 $).

Où se restaurer

Elora Confectioner's Delicatessen, 54 Metcalfe St, propose des sandwiches très frais. *Tiffany's*, 146 Metcalfe St, est un fish & chips. Au fond du *Leyanders*, un magasin sis 40 Mill St, se cache un paisible salon de thé, idéal pour déguster un thé en regardant la rivière.

D'autres restaurants le long de Mill St ainsi que la salle à manger de la *Mill Inn* proposent des menus plus onéreux. La *Metcalfe Inn*, à l'angle de Mill St et de Metcalfe St, dispose d'un patio en plein air où l'on sert de la bière.

FERGUS

Ville voisine d'Elora, Fergus est une paisible bourgade rurale. Comme son nom le suggère, elle a des origines écossaises, dont on pourra mieux se rendre compte lors des Highland Games annuels, la deuxième semaine d'août.

Ce festival inclut des danses, des orchestres de cornemuses, des dégustations et des événements sportifs tels que le lancer de tronc. C'est l'un des festivals écossais et Highland Games les plus importants d'Amérique du Nord.

Comme Elora, Fergus est une ville très touristique et les hébergements sont rares. Concernant les B&B, appelez le *4 Eleven* (☎ 843-5107), ou allez au 411 St Andre St East où il est installé. Il est facilement accessible à pied du centre-ville. Si vous n'y trouvez pas une chambre, ils vous fourniront d'autres adresses. Comptez à partir de 40/50 $ pour des simples/doubles (en règle générale, les prix sont un peu moins élevés qu'à Elora).

Pour vous restaurer, le *Honeycomb Café*, 135 St David St North, sert des soupes, des pains et des desserts faits maison.

STRATFORD

Avec une population de 28 000 habitants, ce centre typique de l'Ontario rural est plus joli que beaucoup d'autres. Par ailleurs, la ville est devenue mondialement célèbre grâce à son festival Shakespeare.

Orientation

Ontario St est l'artère principale et tout se trouve à courte distance de cette rue. En bas de Huron St se dresse la Perth County Courthouse, l'un des monuments les plus impressionnants de la ville.

Renseignements

Le personnel de l'office du tourisme (☎ 273-3352), au cœur de la ville à l'angle de York St et d'Erie St, est accueillant, bien informé et prévenant.

Par beau temps, les visites guidées partent de l'office du tourisme, dans le centre-ville, à 9h30 du lundi au samedi, du 1er juillet à la fête du Travail.

De novembre à mai, vous pourrez obtenir des renseignements auprès de Tourism Stratford, 88 Wellington St.

ONTARIO

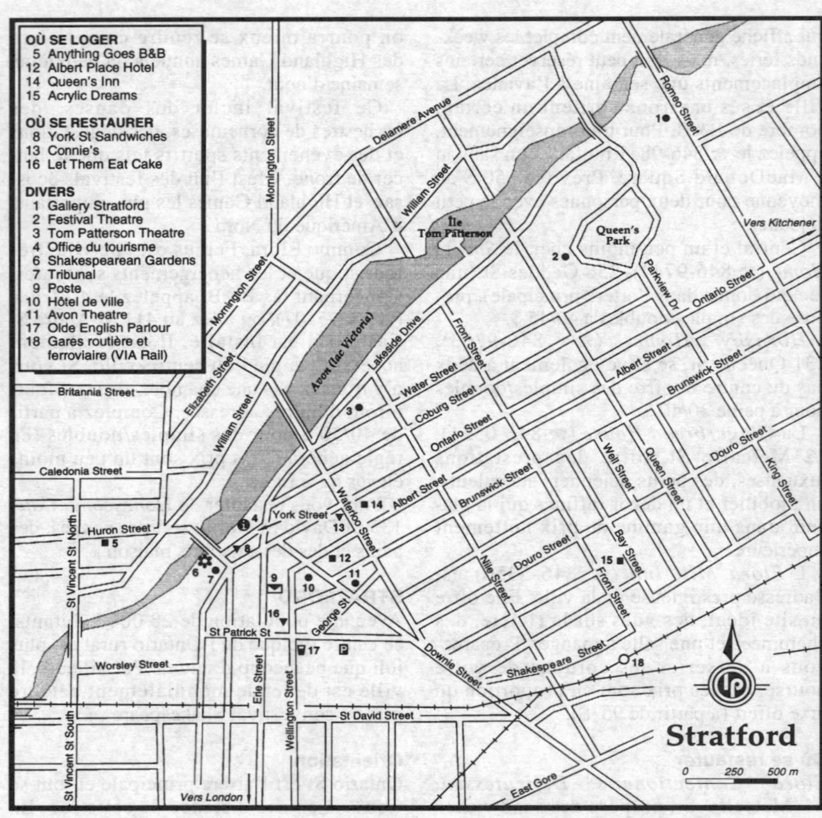

Festival Shakespeare

Il débuta humblement sous une tente en 1953 et attire aujourd'hui l'attention du monde entier. Les productions, les acteurs et les costumes sont du meilleur niveau. La saison se déroule chaque année, de mai à octobre. Les billets coûtent de 18 à 59 $ selon le jour, la place et le théâtre, et sont mis en vente à partir du 25 février. Au moment du festival, il ne reste généralement plus une place.

Un nombre limité de places à prix réduit sont disponibles et, pour certaines représentations, étudiants et personnes âgées bénéficient de tarifs réduits. Les billets pour les concerts, conférences (dont les interventions d'écrivains renommés) et autres productions qui font partie du festival, sont plus faciles à obtenir.

Les représentations du mardi (deux entrées pour un billet) sont particulièrement avantageuses.

Écrivez pour obtenir le programme de la saison. Vous trouverez tous les détails sur les représentations, les dates, les prix, etc., ainsi qu'un formulaire de réservation. Les billets sont vendus au guichet du Festival Theatre (☎ (519) 273-1600), par correspondance (PO Box 520, Stratford, Ontario, N5A 6V2), ou par téléphone.

Trois théâtres – tous dans la ville – accueillent pièces et œuvres musicales tant modernes que contemporaines, opéras et œuvres de Shakespeare.

Les productions principales sont présentées au Festival Theatre, avec sa scène ronde en avancée. L'Avon Theatre, qui peut accueillir 1 100 spectateurs, vient en seconde position, suivi du Tom Patterson Theatre, le plus petit des trois.

Où se loger

En raison du nombre de visiteurs attirés à Stratford par le festival, les hébergements ne manquent pas, en particulier B&B et chambres chez l'habitant. Pour les plus fortunés, on a installé plusieurs auberges de style traditionnel, confortables, dans des hôtels vieux d'un siècle et restaurés.

Camping. Vous pourrez camper au *Stratford Fairgrounds* (☎ 271-5130), 20 Glastonbury Drive. Le marché agricole, notamment, se tient dans ce parc, central, à environ sept pâtés de maisons de l'office du tourisme. Il y a aussi un camping à St Mary's (voir plus loin).

Auberges de jeunesse. La *General Hospital Residence* (☎ 271-5084), 130 Youngs St, offre des chambres semblables aux dortoirs d'université. Elles sont petites, propres, avec des lits simples ou jumeaux, un réfrigérateur et un évier. Une simple/double coûte 37/42 $ et les forfaits à la semaine sont très avantageux. Il y a aussi une laverie et une cuisine, une cafétéria et une piscine découverte. C'est une bonne adresse (voyez également la *Burnside Guest Home*, citée ci-après.)

B&B. Si vous voulez trouvez un logement économique, il est préférable de réserver auprès du Stratford Festival Accomodation Department (☎ 519-273-1600), 55 Queen St. Ils vous trouveront une chambre chez l'habitant pour 31/33 $ en simple/double, si vous disposez d'un billet pour une des représentations du festival. Pour deux dollars supplémentaires, on vous servira le petit déjeuner. Vous devrez acquitter la location de la chambre au moment de la réservation des billets.

La Stratford & Area B&B Association (☎ 273-2052), propose sensiblement les mêmes services. Mais comme elle ne fait pas partie du festival, ses prix sont plus élevés : de 35 à 45 $ pour une simple et de 55 à 65 $ et plus pour une double.

La *Burnside Guest Home* (☎ 271-7076), est implantée 139 William St, rue qui longe la rivière, de l'autre côté du cœur de la ville. Vous n'êtes qu'à 15 mn à pied des trois théâtres. Comptez à partir de 35 $ pour les simples et jusqu'à 65 $ pour les doubles. Des chambres dans le style des auberges de jeunesse sont également disponibles pour 25 $.

Au 107 Huron St, *Anything Goes* (☎ 273-6557) est accessible à pied du centre-ville. Il est ouvert toute l'année et propose des chambres de toutes catégories des doubles avec s.d.b. commune à celles avec s.d.b. individuelle et kitchenette. Les petits déjeuners sont délicieux et, dans la journée, on met des vélos à votre disposition. Il est ouvert toute l'année. Toujours central, 220 Church St, le *Maples of Stratford* (☎ 273-0810) occupe une vaste maison victorienne. Le prix des chambres commence à 50 $, petit déjeuner continental compris.

Au 66 Bay St, *Acrylic Dreams* (☎ 271-7874) est une villa datant de 1879, restaurée. Les hôtes sont bien reçus.

D'une catégorie supérieure, le *Stratford Knights* (☎ 273-6089), 66 Britannia St, qui donne dans Mornington St, est excentré, de l'autre côté de la rivière. Cette jolie maison ancienne possède une piscine découverte. Comptez à partir de 58 $ pour les doubles, petit déjeuner continental compris.

Hôtels. Rénové, le *Queen's Inn* (☎ 271-1400), 161 Ontario St (à proximité de Waterloo St), date des années 1850, ce qui en fait le plus ancien hôtel de la ville. En été, ses tarifs débutent à 75 $ la double.

Comptez 120 $ pour une chambre classique avec s.d.b.

Motels. Les motels sont généralement assez chers. Le *Noretta* (☎ 271-6110), sur la Hwy 7 en direction de Kitchener, loue des doubles à partir de 54 $. Le *Majers Motel* (☎ 271-2010), plus excentré, pratique sensiblement les mêmes prix. D'autres motels sont regroupés dans ce secteur, tels le *Rosecourt*, très confortable mais plus cher.

Où se restaurer

Let Them Eat Cake est un bar où l'on peut déguster des desserts en sirotant un café, 82 Wellington St. Vous trouverez quelques fast-foods et un restaurant chinois dans Ontario St, vers la sortie nord de la ville.

Connie's, 159 Ontario St (près de Waterloo St), sert des pizzas et des spaghettis, entre autres plats standard. Excentré, au-delà du pont en redescendant Huron St sur 2 km, *Madelyn's Diner*, 377 Huron St, est un petit établissement agréable et amical où prendre ses repas. De bons petits déjeuners sont servis toute la journée (à partir de 7h). Il est fermé le dimanche soir et le lundi.

Comme dans toute ville "anglaise" qui se respecte, vous y trouverez un certain nombre de pubs. Le *Stratford's Olde English Parlour,* 101 Wellington St, possède un patio en plein air. Le *Queen's Inn*, 161 Ontario St, dispose de plusieurs salles à manger, brasse sa bière et offre un menu bon marché. Régalez-vous au buffet du dimanche et mercredi soir, d'un bon rapport qualité/prix. Les tables des quelques autres auberges s'adressent aux festivaliers dotés d'un budget supérieur. L'onéreux *Rundles*, 9 Coburg St, jouit d'une bonne réputation.

Comment s'y rendre

Bus. Plusieurs petites lignes de bus desservant la région partent de la gare VIA Rail, 101 Shakespeare St, qui donne dans Downie St, à environ huit pâtés de maisons d'Ontario St. Les bus Cha-Co Trails (☎ 271-7870) relient Stratford à Kitchener, d'où vous pourrez rejoindre Toronto.

Des bus pour Goderich, London et Owen Sound, entre autres villes du Sud de l'Ontario, partent également de la gare.

Train. Deux trains quotidiens desservent Toronto, au départ de la gare VIA Rail (☎ 273-3234). D'autres circulent à destination de London ou Sarnia, avec des correspondances pour Windsor.

RIVE OUEST DU LAC ÉRIÉ

Le lac Érié, le moins profond des cinq Grands Lacs, a souffert d'une pollution extrême. Un travail de tous les instants lui a permis de retrouver des eaux propres.

Le long de la rive nord du lac, de Windsor à Fort Erie, sont disséminés des parcs du gouvernement, où l'on peut parfois camper. Ils attirent beaucoup de monde le week-end.

Turkey Point et, plus encore, **Long Point**, sont très prisés. Pour se baigner, toutefois, les parcs qui jalonnent la rive du lac Huron sont préférables. En dehors des parcs du lac Érié, la région est émaillée de petites résidences estivales, de petits villages et de fermes.

Port Dover est un centre de pêche, même si certaines personnes répugnent à manger le moindre poisson sorti d'un des Grands Lacs inférieurs, en raison de la pollution chimique. La ville compte un musée de la pêche et des croisières sur le lac vous sont proposées.

Plus à l'ouest, le **parc national de Point Pelee** (☎ 322-2365) englobe la pointe méridionale du Canada. Il est surtout célèbre pour les milliers d'oiseaux qu'il abrite au printemps et à l'automne, au moment des migrations. On y a observé jusqu'à 342 espèces – 60% des espèces répertoriées sur le territoire canadien.

Hillman Marsh, sur la rive nord de Point Pelee, est également propice à l'observation des oiseaux. Il dispose même d'une tour de guet et d'un chemin recouvert de planches.

Tout à côté, dans la ville de Wheatley, *Burton House* (☎ 825-4956) est un B&B aux prix modérés.

Marsh View (☎ 326-9746) est également situé à Wheatley. Vous y trouverez des chambres pour 45/60 $ la simple/double. A noter que, durant la période migratoire des oiseaux, la région connaît une certaine affluence. Pour d'autres adresses, contactez l'association locale (☎ 326-7169).

LONDON

London (316 000 habitants) est la ville la plus importante de la région du lac Érié. Localité industrielle, elle possède aussi divers sièges de compagnies d'assurances et l'une des plus grandes universités du pays. L'atmosphère de cette ville est paisible et conventionnelle.

Même si la cité se targue de posséder une Tamise, un Hyde Park et une Oxford St, ce London-là n'a rien à voir avec la capitale anglaise. Quelques sites sont à visiter et l'endroit, qui se situe à mi-chemin entre la frontière Canada-États-Unis, peut s'avérer pratique pour y passer la nuit.

Orientation

Les deux rues principales sont Dundas St et Richmond St, qui suit l'axe nord-sud. Le centre est délimité par York St au sud, Talbot St à l'ouest, Oxford St au nord et Waterloo St à l'est.

Les abords du centre-ville se parent d'agréables rues bordées d'arbres et d'élégantes demeures victoriennes.

Renseignements

Vous trouverez un office du tourisme (☎ 661-5000) au rez-de-chaussée de l'hôtel de ville, dans Dufferin Ave, à l'angle de Wellington St. Il est ouvert de 8h30 à 16h30, du lundi au vendredi.

Un autre bureau, ouvert tous les jours de 8h à 20h, est installé dans Wellington Rd, entre la Hwy 401 et Commissioners Rd, par le nord.

Musée d'Archéologie et village indien Lawson

Le musée (☎ 473-1360) expose des vestiges et des objets liés à onze mille ans d'histoire des Indiens de l'Ontario. Adjacent au musée, un village indien vieux de cinq cents ans a été mis au jour. On a reconstitué une partie du village, dont une maison communautaire.

Le musée, 1600 Attawandaron Rd, au nord-ouest de l'université, mérite une visite. Il est ouvert tous les jours, de 10h à 17h. Le site du village indien est ouvert tous les jours de mai à août. L'entrée est de 3,50 $ (réductions pour les étudiants, les personnes âgées et les familles).

Village de pionniers de Fanshawe

A la lisière est de la ville, un village de pionniers (☎ 457-1296), qui englobe 22 bâtiments, montre comment vivaient les colons européens au XIXe siècle et fait découvrir leurs techniques et leur artisanat. Un salon de thé attend les visiteurs, mais vous pouvez aussi apporter votre pique-nique (tables fournies). L'entrée est de 5 $ (réductions pour les étudiants, les enfants et les familles). Le site est ouvert de mai à octobre, tous les jours, de 10h à 16h30. L'entrée se fait par Fanshawe Park Rd, à l'est de Clark Rd.

Eldon House

Sise 481 Rideout St North, Eldon House qui date de 1834 est la plus vieille maison de la ville. Elle a été transformée en musée et renferme un ameublement de l'époque victorienne. Elle est ouverte tous les après-midi, du mardi au dimanche. Le mardi, l'entrée est gratuite (3 $ les autres jours).

Village indien de Ska-Nah-Doht

A 32 km à l'ouest de la ville, Ska-Nah-Doht (☎ 264-2420) est la reconstitution d'un petit village iroquois composé de maisons communautaires et datant d'un millier d'années.

Des visites guidées sont organisées mais vous pouvez également vous déplacer librement. Il est situé dans le parc de Longwoods Road, près de la Hwy 2 et est ouvert tous les jours en été ainsi qu'en janvier et février. Le reste de l'année, il est fermé le week-end. L'entrée est de 6,50 $ par voiture.

ONTARIO

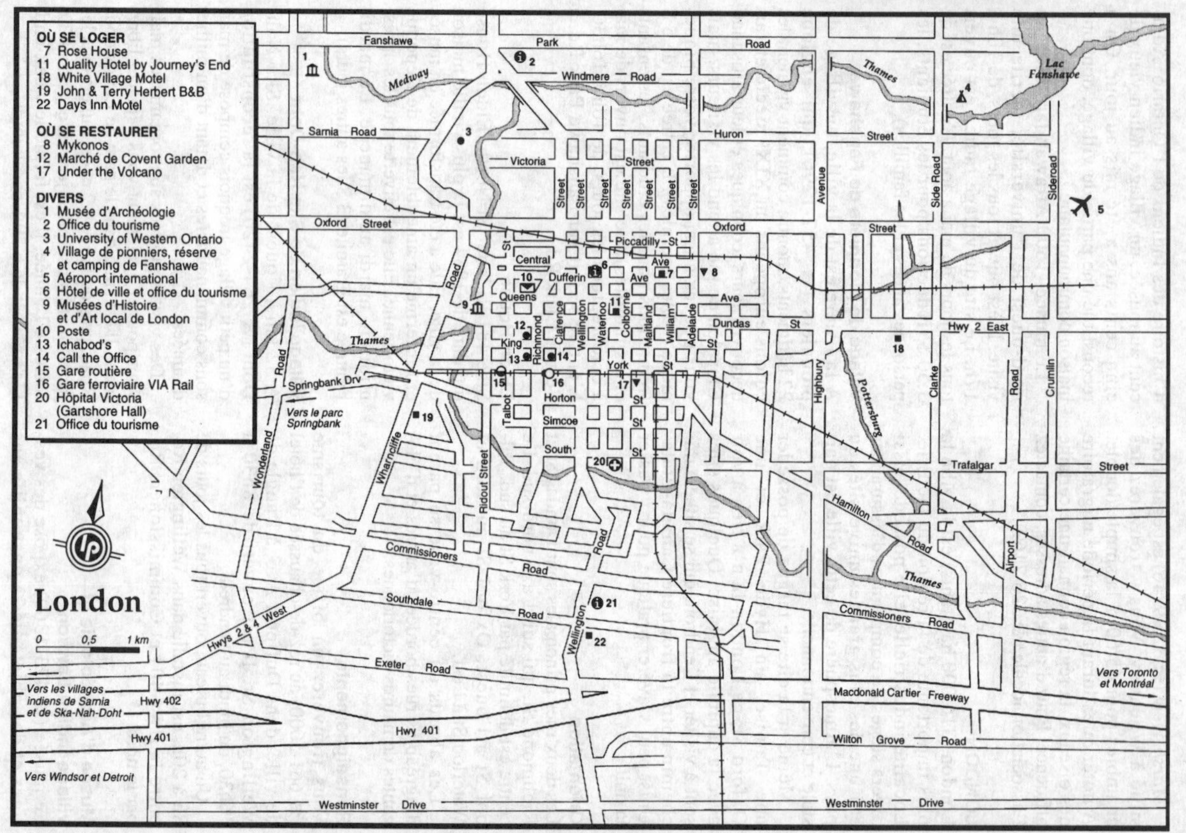
London
OÙ SE LOGER
7 Rose House
11 Quality Hotel by Journey's End
18 White Village Motel
19 John & Terry Herbert B&B
22 Days Inn Motel
OÙ SE RESTAURER
8 Mykonos
12 Marché de Covent Garden
17 Under the Volcano
DIVERS
1 Musée d'Archéologie
2 Office du tourisme
3 University of Western Ontario
4 Village de pionniers, réserve et camping de Fanshawe
5 Aéroport international
6 Hôtel de ville et office du tourisme
9 Musées d'Histoire et d'Art local de London
10 Poste
13 Ichabod's
14 Call the Office
15 Gare routière
16 Gare ferroviaire VIA Rail
20 Hôpital Victoria (Gartshore Hall)
21 Office du tourisme
0 0,5 1 km
Vers les villages indiens de Sarnia et de Ska-Nah-Doht
Vers Windsor et Detroit
Vers Toronto et Montréal
Vers le parc Springbank
Lac Fanshawe
Thames
Medway
Pottersburg
Fanshawe Park Road
Windmere Road
Sarnia Road
Huron Street
Victoria Street
Oxford Street
Piccadilly St
Central Ave
Dufferin Ave
Queens Ave
Dundas St
King St
York St
Horton St
Simcoe St
South St
Hwy 2 East
Trafalgar Street
Hamilton Road
Commissioners Road
Southdale Road
Exeter Road
Hwys 2 & 4 West
Hwy 402
Hwy 401
Macdonald Cartier Freeway
Wilton Grove Road
Westminster Drive
Springbank Drv
Wonderland Road
Wharncliffe Road
Ridout Street
Talbot
Richmond
Clarence
Wellington
Waterloo
Colborne
Maitland
William
Adelaide
Highbury Avenue
Clarke Side Road
Crumlin Sideroad
Airport
Road

Circuits organisés

En bus. Des excursions de deux heures (7 $), à bord de bus à impériale, partent de l'hôtel de ville, 300 Dufferin Ave, tous les jours, de la fin juin à début septembre (☎ 661-5000).

Route du vin. London Winery (☎ 686-8431) propose une visite de l'établissement vinicole (avec dégustation) et, à un autre endroit, de ses vignes et de son centre de recherche. Appelez pour plus de précisions.

Croisière en bateau. Au départ du quai, dans le parc Springbank, le *London Princess* (☎ 473-0363) fait un certain nombre de croisières sur la rivière. L'excursion dure 45 mn et coûte 7 $ (réductions pour les enfants, les étudiants et les personnes âgées). Il existe aussi des croisières avec brunch le dimanche matin et dîner en soirée. Mieux vaut réserver. Il circule de fin mai à octobre.

Où se loger

Camping. Dans la ville même, vous trouverez un camping très pratique à Fanshawe Conservation Area (☎ 451-2800), dans le secteur nord-est de la ville, par Fanshawe Park Rd. Il est ouvert du 28 avril au 9 octobre.

Auberges de jeunesse. En été, l'*Alumni House* (☎ 661-3814), à l'University of Western Ontario, loue des chambres. Elle est établie aux Richmond Gates, l'entrée du campus donnant dans Richmond St. Comptez 30 $ pour une simple (24 $ pour les étudiants), petit déjeuner continental compris.

Quelques chambres confortables sont disponibles au *Victoria Gartshore Hall* (☎ 667-6556), 370 South St, pour 29/38 $ en simple/double. Elles incluent TV, réfrigérateur, four à micro-ondes et cafetière. Une laverie est également à disposition.

B&B. La London & Area B&B Association (☎ 641-0467), 2 Normandy Gardens, dispose d'une liste de chambres à louer, de 25 à 45 $ la simple et de 40 à 55 $ la double.

Betty et Doug Rose louent trois chambres dans leur maison du XIXe siècle, *Rose House* (☎ 433-9978). Elle est centrale, 526 Dufferin Ave, et coûte à partir de 35/55 $ la simple/double, petit déjeuner compris.

John & Terry Herbert (☎ 673-4598), 87 Askin St, par Wharncliffe Rd, proposent deux chambres dans leur maison, également centrale et datant de 1871. Comptez 35/40 $.

Hôtels. Les petits hôtels du centre sont, semble-t-il, surtout fréquentés par les alcooliques de la ville. Si l'ambiance ne vous gêne pas, vous trouverez deux de ces établissements bon marché dans Dundas St.

Situé au cœur de la ville, le plus économique (à partir de 35 $ la chambre) est le très simple *National Traveller Hotel* (☎ 433-8161), 636 York St.

Le *Quality Hotel by Journey's End* (☎ 661-0233), 374 Dundas St, est également central et possède son propre restaurant. Comptez de 65 à 80 $ pour une chambre.

Motels. Ils représentent l'hébergement le plus courant. Pour de nombreux visiteurs, Wellington Rd, qui relie la Hwy 401 au nord au centre-ville, constitue le secteur le plus pratique. Les prix pratiqués sont évidemment plus élevés.

Le *Days Inn* (☎ 681-1240), 1100 Wellington Rd South, et l'*Econo Lodge* (☎ 681-1550), au n°1170, sont propres, confortables et raisonnablement tarifés. Comptez à partir de 50/60 $ pour le premier, un peu moins pour le second.

A l'ouest de la ville, le *Rainbow Motel* (☎ 685-3772), 1100 Wharncliffe Rd South (la Hwy 2 vers Windsor), est bon marché. Il a connu des jours meilleurs et il n'y a pas toujours de l'eau chaude, mais les lits sont bons et l'endroit est tranquille. Les chambres sont à partir de 22 $, en fonction du jour et de la saison, et l'on peut marchander.

A proximité, le *Rossholme Motel* loue des chambres à l'heure et n'est pas des mieux fréquentés.

Côté est de la ville, Dundas St East, une rue commerçante, est bordée de nombreux motels entre les numéros 1500 et 2300. Dundas St East devient la Hwy 2 East en s'éloignant du centre-ville. La qualité et les prix se situent entre ceux des deux autres secteurs de motels. Le *White Village* (☎ 451-5840), 1739 Dundas St East, n'est pas une mauvaise adresse.

Où se restaurer

Pour boire un verre ou satisfaire votre appétit, rendez-vous à *Covent Garden*, excellent marché en plein centre-ville, derrière le grand magasin Bay, à l'angle de Richmond St et de Dundas St. Vous pourrez y acheter quantité de produits frais, notamment du fromage et du pain. Le restaurant adjacent du même nom sert des repas simples et délicieux.

Say Cheese, 246 Dundas St (non loin de Clarence St), est à la fois un magasin spécialisé qui vend d'excellents pains et fromages et un restaurant qui sert de savoureux repas accompagnés de vin. Comptez 10 $ pour un déjeuner.

A l'angle de Dundas St et de Wellington St, le *Scots Corner* vous accueille dans une atmosphère de pub britannique. Les amateurs de cuisine et d'ambiance grecques se délecteront à la table du *Mykonos*, dans la partie est de la ville, 572 Adelaide St North. Les plats principaux (parmi lesquels toute une gamme d'assiettes végétariennes et de fruits de mer) débutent aux alentours de 8 $. L'établissement s'honore d'un patio en extérieur et propose de la musique grecque le soir.

Dans Dundas St, à Wellington St, un pub anglais, *The Scots Corner*, vous attend. *Under the Volcano*, d'après le roman du même nom de Malcolm Lowry, prépare une bonne cuisine mexicaine. Les plats principaux reviennent à environ 10 $. Il est ouvert tous les jours (mais ne sert pas de déjeuner, le dimanche) et est installé 300 Colborne St.

Pour faire un repas savoureux, mais cher, dans une pièce lambrissée de chêne et donnant sur la Tamise, rendez-vous chez *Michael's on the Thames* (☎ 672-0111), 1 York St. Les fruits de mer et le chateaubriand sont ses deux spécialités.

Dans Richmond St, au nord de Dufferin Ave, vous découvrirez une multitude de cafés et quelques boutiques qui méritent le détour.

Distractions

London a toujours accueilli les bluesmen et, si les bars ouvrent et ferment d'une saison à l'autre, vous trouverez toujours un endroit où écouter de la musique. Essayez l'*Old Chicago Speak Easy & Grill*, 153 Carling St, une rue qui part de Richmond St, entre Dundas St et Queens Ave. *Ichabod's*, 335 Richmond St, propose de la dance music. *Call the Office*, 216 York St, accueille des groupes alternatifs trois soirs par semaine et reste ouvert jusqu'à 3h du matin. Les étudiants ont coutume de se retrouver au *CEEPS*, 671 Richmond St (à l'angle de Mill St).

Comment s'y rendre

Bus. La gare routière des bus Greyhound (☎ 434-3991) est implantée 101 York St, à l'angle de Talbot St, dans le centre. Des bus desservent Toronto (pour 25 $) toutes les deux heures et Windsor six fois par jour.

Train. La gare VIA Rail (☎ 672-5722), se trouve tout à côté, dans York St, en bas de Richmond St. Elle dessert Toronto au moins quatre fois par jour, dont deux *via* Stratford. Dans l'autre sens, le train rejoint Chicago *via* Sarnia. Pour Toronto, le billet coûte 38 $.

Comment circuler

Pour tout renseignement, la London Transit Commission (☎ 451-1347), le service des bus urbains, dispose d'une agence au 167 Dundas St, à quelques mètres à l'est de Richmond St.

ST THOMAS

Au sud de London, St Thomas est une petite localité agricole qui compte quelques beaux exemples d'architecture victorienne.

A 11 km à l'ouest et 3 km au sud de St Thomas, non loin du village d'Iona, vous pourrez apercevoir les restes d'un fort indien à double rempart. Avant sa découverte, on ignorait que les Indiens d'Amérique du Nord construisaient de telles structures.

WINDSOR

Dotée d'une population de 194 000 habitants, Windsor est campée à la pointe sud-ouest de la province, en face de la rivière Detroit, et de la ville du même nom, au Michigan. Ville frontalière d'importance, mais peu touristique, elle est à deux heures en voiture de London et à quatre heures et demie de Toronto.

Vous obtiendrez des informations auprès du très précieux Ontario Travel Information Centre (☎ 973-1338), 110 Park St East, à quelques minutes de marche de la gare routière. Il est ouvert tous les jours de 8h30 à 16h30, jusqu'à 18h les vendredi et samedi pendant l'été. L'International Freedom Festival réunit la fête nationale canadienne du 1er juillet et la fête de l'Indépendance américaine du 4 juillet. Défilés, concerts et bals se terminent par un gigantesque feu d'artifice du continent.

Où se loger

B&B. Le *Nisbet Inn* (☎ 256-0465), 131 Elliott St West, se situe en plein centre

ONTARIO

Communautés noires en Ontario

A l'histoire des colons français et anglais, qui furent en grande partie les maîtres d'œuvre de l'histoire canadienne, vient s'ajouter une autre dans le sud de l'Ontario. Les comtés d'Essex et de Kent, en effet, aux alentours de Windsor et de Chatham constituent l'une des deux régions où s'implantèrent les premières communautés noires (l'autre se situant autour de Halifax, en Nouvelle-Écosse).

Terminus du "Underground Railroad" (chemin de fer souterrain) comme on l'appelait, Windsor représenta une porte d'accès vers la liberté pour des milliers d'anciens esclaves noirs durant la guerre de Sécession (1861-1865), aux États-Unis. Le chemin de fer consistait en réalité en un réseau de gens (les conducteurs) qui aidaient, dirigeaient et nourrissaient les esclaves en fuite, tandis que chaque nuit ils suivaient l'étoile du Nord vers la "prochaine gare".

A côté du musée d'Amherstburg, de nombreux monuments et sites sont directement liés à cet épisode de l'histoire américaine.

Le **site historique John Freeman Walls** est situé à 1,6 km au nord de la Hwy 401, à la sortie 28 de Windsor, vers l'ouest. Il comprend une cabane en rondins construite en 1876 par Walls, un esclave qui fuyait la Caroline du Nord. C'est là que se trouve l'Underground Railroad Museum.

Plus à l'ouest, vous pourrez visiter le **Raleigh Township Centennial Museum**, à proximité de Chatham, sur la County Rd 6, au sud de la Hwy 401, après la sortie de Bloomfield Rd. Ce musée retrace la vie des colons noirs qui transformèrent Elgin en centre d'accueil pour les autres réfugiés.

Dans la ville de Dresden est installé le **site historique de la case de l'oncle Tom**. L'oncle Tom est le personnage principal du roman controversé, écrit par Harriet Beecher Stowe en 1852. Il se fonde sur la vie de Josiah Henson, un Noir du sud des États-Unis. Le musée présente des articles liés au roman et au contexte historique.

On peut se rendre compte de l'importance que revêt encore aujourd'hui l'Underground Railway pour les Noirs américains à l'épisode qui se déroula il y a quelques années dans le monde du football. L'équipe des Toronto Argonaut cherchait en effet à s'assurer les services d'une nouvelle star du ballon, Raghib "Rocket" Ismaïl, juste à sa sortie du collège, aux dépens des équipes américaines concurrentes. Après quelques jours passés à Toronto, dont il put mesurer la tolérance raciale, le joueur décida de signer pour l'équipe canadienne. Lorsque l'on demanda à sa mère ce qu'elle pensait de cette décision, elle répondit qu'ils allaient enfin prendre le train de la liberté vers le Nord. ■

et propose des simples/doubles avec petit déjeuner à 55/65 $.

Au 427 Elm Ave, à cinq pâtés de maisons à l'ouest du casino, le *Diotte Bed & Breakfast* (☎ 256-3937) loue ses chambres à partir de 45 $, avec petit déjeuner complet. L'office du tourisme vous fournira la liste complète des B&B, mais la plupart sont installés loin du centre.

Motels. Les motels qui sont regroupés dans South Windsor, dans Dougall Ave, pratiquent des prix modérés. Ainsi, le *ABC* (☎ 969-5090), 3048 Dougall Ave, prend de 45 à 50 $ pour une simple/double.

Le *Star Economy* (☎ 969-8200) pratique des tarifs similaires.

Un peu plus cher, le *Cadillac Motel* (☎ 969-9340), 2498 Dougall St, loue des chambres à partir de 50 $.

Huron Church Rd et Division Rd (près de l'aéroport) sont également jalonnées de nombreux motels. Ainsi le *Casa Don* (☎ 969-2475), au n°2130, où le prix des chambres commence à 45 $.

Où se restaurer

Ouvert jusqu'à minuit, le *Has Beans Caffé*, à un pâté de maisons à l'est du casino, 128 Ferry St, sert des repas légers (à partir de 3 $), des desserts et plusieurs spécialités de cafés. Ouellette St, qui descend sur Riverside Dr, regorge d'endroits où manger. Au n°670, *Howl at the Moon* est un bar très fréquenté où vous trouverez les habituels en-cas à grignoter.

Le *Wooden Spoon*, 309 Chatham St, qui coupe Ouellette St, sert des plats canadiens faits comme à la maison et de copieux petits déjeuners tous les jours jusqu'à 13h. Les amateurs de fruits de mer iront s'attabler à l'*Old Fish Market*, 156 Chatham St West, à deux rues à l'est du casino. Le prix des plats démarre aux alentours de 9 $ et peut atteindre 30 $.

Comment s'y rendre

La gare routière, dans Chatham St, légèrement à l'est d'Ouellette St, est centrale. La gare VIA Rail (☎ 256-5511) se trouve à environ 3 km à l'est du cœur de la ville, à l'angle de Walker St et de Wyandotte St. Des trains fréquents desservent Toronto *via* London.

AMHERSTBURG

Située au sud de Windsor, au confluent de la rivière Detroit, qui prend sa source au lac St Clair, et du lac Érié, Amherstburg est une petite ville d'histoire.

Le **parc national historique de Fort Malden** souligne la présence de ces vestiges historiques. Il borde la rivière, au 100 Laird Ave. Vous apercevrez des vestiges d'un fort britannique datant de 1840.

Dès l'arrivée des marchands de fourrures, des tensions éclatèrent entre Indiens, Français et Anglais et, par la suite, Américains. C'est là que, durant la guerre de 1812 contre les Américains, le général Brock mit au point la prise de Detroit avec son allié, le chef shawnee, Tecumseh.

Le **North American Black Historical Museum**, 277 King St West, retrace l'histoire des Noirs en Amérique du Nord en général, et plus particulièrement dans la région de Windsor. Il est ouvert du mercredi au dimanche.

Park House Museum, la plus vieille maison de la ville, ne fut pas construite à son emplacement actuel. On lui fit traverser la rivière en ferry, en 1799. Son ameublement est de style 1850. Le musée est ouvert tous les jours en été mais est fermé les lundi et samedi, le reste de l'année. Il se tient 214 Dalhousie St.

RIVE DU LAC HURON ET ENVIRONS

Au nord de Windsor, à la pointe sud du lac Huron, **Sarnia** est un centre de raffinage pétrolier. C'est aussi le centre de "Chemical Valley", grand ensemble moderne de production chimique et pétrolière de la région.

Les bords du lac Huron, jusqu'à Tobermory et la péninsule de Bruce, sont jalonnés de parcs, de belles plages de sable, de villas et de petites stations estivales. L'eau est chaude et claire et les plages sont larges et sablonneuses.

A **Kettle Point**, à environ 40 km au nord-est de Sarnia, vous verrez une attraction vieille de 350 millions d'années. Le littoral est en effet bordé de roches sphériques appelées *kettles* (bouilloires, ou concrétions pour les géologues). Certaines de ces formations de calcite qui reposent sur une couche de schiste argileux plus tendre mesurent près de 1 m de diamètre.

Grand Bend est l'une des stations estivales du lac Huron, qui ressemble beaucoup à Sauble Beach. C'est un endroit très animé en été, avec quelques cafés où boire un verre en bordure du littoral.

Centre régional, **Goderich** est une petite ville attrayante, pleine de verdure, dotée d'une rue centrale circulaire. Un parc englobe un quart de la ville. Goderich est également réputée pour le *Benmiller Inn* (☎ 524-2191), un hôtel luxueux mais cher.

A proximité, le petit village de **Blyth** accueille un festival de théâtre important en été, qui présente surtout des pièces canadiennes, classiques et récentes.

Installée dans une ancienne gare ferroviaire, la *Blyth Station House* (☎ 523-9826) est l'unique B&B de la ville. Comptez à partir de 65 $ pour une double avec s.d.b. Plusieurs restaurants bordent la rue principale de la ville, Queen St (consultez la rubrique *Owen Sound/baie Géorgienne et Lakelands*).

ONTARIO

La baie Géorgienne et Lakelands

Au nord de Toronto, la baie Géorgienne est environnée de lacs et de forêts, de villes et de stations touristiques, de plages et de bungalows, qui forment un agréable contraste avec le Sud de l'Ontario.

Des collines boisées, d'innombrables lacs et rivières, des parcs à l'infini sont disséminés sur cette terre à vocation agricole où, l'été, on prend plaisir à pêcher, à se baigner, à camper et à se détendre. L'hiver, la neige offre d'autres loisirs : ski, scooter des neiges et pêche sous la glace. En septembre et en octobre, les visiteurs viennent admirer les couleurs automnales. En règle générale, c'est une région très fréquentée et très développée. Si l'on veut retrouver des espaces plus sauvages, il faut remonter plus loin, vers le nord, ou se rendre dans les parcs plus vastes, comme le parc Algonquin.

Le secteur qui englobe Barrie et le lac Simcoe jusqu'à Orillia, et le Nord-Ouest jusqu'à Penetanguishene, puis la baie Géorgienne à l'ouest, jusqu'à Collingwood, est connu sous le nom de **Huronie**.

La région au nord d'Orillia (entre les villes de Gravenhurst et de Huntsville, sur la Hwy 11) et à l'ouest jusqu'à la baie Géorgienne est appelée **Muskoka** ou, d'une manière incorrecte, les Muskokas – un terme qui s'inspire d'un des grands lacs de la région. Située sur la voie d'accès méridionale de la péninsule de Bruce, Owen Sound est la plus grande ville de la région. Le *Bruce* est une étroite bande de terre orientée vers le nord qui délimite la baie Géorgienne dans les eaux du grand lac Huron. Des ferries relient Tobermory, à la pointe de la péninsule, à l'île Manitoulin et au nord de l'Ontario. L'indicatif téléphonique pour l'Huronie, l'île Manitoulin et la région de Muskoka est le 705. Pour l'est de Barrie et d'Hamilton, composez le 519.

WASAGA BEACH

Plage la plus proche de Toronto, Wasaga Beach et la zone de plages qui s'étend sur

A NE PAS MANQUER

- Le parc provincial Algonquin, à explorer en canoë
- Les îles du parc national de Georgian Bay Islands et du parc provincial de Killbear

14 km en bordure de la baie sont jalonnées par des centaines de villas, un parc provincial et plusieurs terrains de camping privés. Le centre des activités est indissolublement lié à la ville de Wasaga Beach et à l'excellente plage du parc provincial de Wasaga Beach.

Où se loger

La chambre de commerce (☎ 429-2247) dispose d'un bureau ouvert toute l'année, au 35 Dunkerron St. On pourra sans doute vous aider à retenir une chambre.

Le secteur compte de nombreux motels, notamment le long de Main St ou de Mosley St. Les chambres se négocient à partir de 40/55 $ pour une simple/double. Ils sont un peu moins chers si vous restez deux nuits et avantageux pour un séjour d'une semaine. Vous en trouverez aussi sur la Rural Route 1, ou en bordure de la plage. On peut aussi louer une villa, avec tout le confort, mais il faut rester au moins une semaine.

Comment s'y rendre

Quatre bus relient chaque jour Toronto à Wasaga Beach. Le voyage dure deux heures et demie, avec un changement à Barrie. A Wasaga Beach, les bus empruntent la route principale. Le billet aller-retour coûte 43 $.

COLLINGWOOD

Sise au cœur du domaine skiable de Blue Mountain, au bord de l'eau, cette petite station touristique a la réputation d'être char-

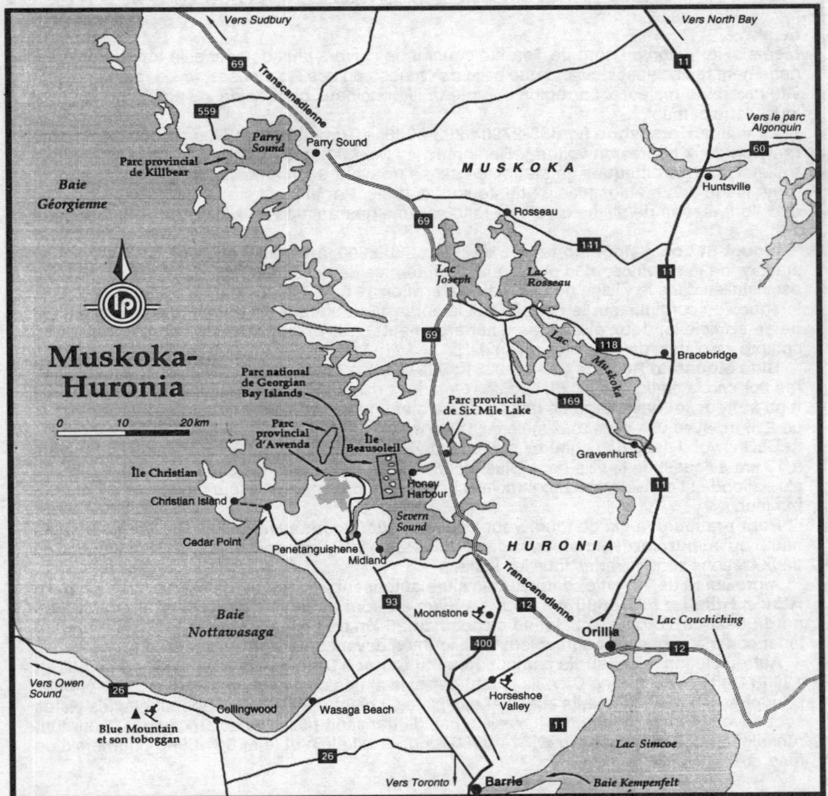

mante. Ce qui est usurpé. Les environs sont certes pittoresques, avec la partie la plus élevée de l'escarpement du Niagara, à proximité, escarpement qui continue au sud, jusqu'à Niagara Falls.

Les grottes qui émaillent les environs de la ville jouissent d'une renommée qu'elles ne méritent pas. Ce ne sont en réalité que des failles dans la falaise. En revanche, l'endroit offre de belles promenades et le sentier qui passe devant les grottes décrit une boucle au-dessus d'un splendide paysage et offre de belles vues. L'accès est payant.

Un télésiège grimpe au sommet de la Blue Mountain, où l'on peut emprunter d'autres télésièges ou un toboggan, en été.

La région est réputée pour sa poterie "bleue", jolie mais onéreuse. Un festival de musique bluegrass s'y déroule en été.

Vous trouverez un office de tourisme au 55 Hurontario St.

Où se loger

Collingwood possède une excellente auberge Backpackers. La *Blue Mountain Auberge* (☎ 445-1497) est ouverte toute l'année, mais affiche souvent complet. Elle

Le ski

Même si la région au nord de Toronto connaît des hivers plus doux et si la topographie est nettement moins spectaculaire que celle du Québec ou des Rocheuses, le ski reste une activité hivernale majeure. La région compte trois principaux centres de ski alpin, où l'on peut louer l'équipement.

La **vallée Horseshoe** (☎ 835-2790 ; 283-2988, à Toronto) est la plus proche de Toronto (environ deux heures en voiture). Remontez la Hwy 400 après Barrie jusqu'à la Horseshoe Valley Rd. Puis bifurquez, la station de ski se trouvant 6 km à l'est. On peut skier en nocturne jusqu'à 22h et les files d'attente sont courtes. Par ailleurs, vous disposez aussi d'un excellent réseau de pistes de ski de fond sur une quarantaine de kilomètres, qui ferment à 16h30.

Mount St Louis Moonstone (☎ 835-2112 ; 368-6900, à Toronto) est l'une des plus hautes stations de la province, et la plus grande (en termes de descentes) du sud de l'Ontario. Elle est installée dans le village de Coldwater, à environ 10 à 15 mn au nord de Horseshoe Valley, lorsque l'on continue sur la Hwy 400. A la sortie 131, bifurquez à droite. Elle propose de la neige artificielle, deux gîtes (pas d'hébergement) et diverses locations de matériels. Elle compte 42 pistes, de difficultés diverses.

Blue Mountain Resorts (☎ 445-0231 ; 869-3799, à Toronto), à Collingwood, est considérée comme la station de ski du sud de l'Ontario la mieux équipée et, située très au nord, elle tend à proposer davantage de neige naturelle et une saison plus longue. Le dénivelé est ici de 216 m, avec une piste maximale de 1 200 m.

Collingwood est à deux heures et demie de Toronto en voiture. Les descentes se trouvent à 13 km à l'ouest de la ville dans Blue Mountain Rd. Navette quotidienne depuis Toronto. Le ski de fond est considérablement moins cher ; à peu près partout il faut payer entre 7 et 10 $ par jour.

Pour pratiquer le ski de fond, vous pouvez vous rendre à Horseshoe Valley (citée plus haut), ou au **parc provincial Awenda** (☎ 549-2231), à Penetanguishene, plus sauvage. Ces deux stations sont ouvertes tous les jours.

A proximité de Toronto, deux autres sites autorisent la pratique du ski de fond. Le **parc Albion Hills** (☎ 661-6600) se trouve à 8 km au nord de la ville de Bolton, elle-même au nord-ouest de Toronto. La station dispose de 26 km de pistes à travers les bois. On peut louer son matériel et finir agréablement la journée devant un snack au café local.

Autre solution, skier sur le campus King du **Seneca College** (☎ 833-3333, poste 5024), 13990 Dufferin St, à King City. Ils louent des skis et des chaussures, très usés. Téléphonez pour plus de renseignements sur l'état des pistes. Lorsque la neige est abondante, les pistes sont ouvertes toute la journée. Il n'existe pas de transport public jusqu'au campus. Pour tout renseignement, composez le ☎ 314-0988, pour le ski alpin et le ☎ 314-0960 pour le ski de fond, à Toronto. ■

dispose d'une soixantaine de lits, d'une cuisine dans un chalet et d'un sauna. Vous la trouverez sur la Rural Route 3, à proximité des pentes de ski, au nord de Craigleith – à environ deux heures et demie en voiture de Toronto. Les tarifs sont de 15 $ en été et de 17 $ en hiver.

Les motels ne manquent pas. Le *Moore's Motel* (☎ 445-2478), sur la Rural Route 3, est un établissement de taille moyenne avec des chambres à 40 $ (un prix très modéré qui grimpe en pleine saison). Pour les petits budgets, mieux vaut se rendre au *Glen Lake Motel* (☎ 445-4676), sur la Rural Route 2, ou au *Milestone Motel* (☎ 445-1041), 327 First St. Tous deux proposent des chambres à partir de 45 $. Vous pourrez aussi trouver des établissements de catégorie nettement supérieure.

OWEN SOUND

Avec une population d'un peu plus de 20 000 habitants, Owen Sound est la localité la plus importante de la région. Si vous vous rendez à la péninsule de Bruce ou au nord, vers l'île Manitoulin, vous la traverserez nécessairement. Elle est construite à l'extrémité d'une baie profonde, entourée sur trois côtés par les falaises abruptes de l'escarpement du Niagara.

Tom Thomson Memorial Art Gallery
Thomson fut un contemporain du Groupe des Sept et l'un des peintres les plus célèbres du Canada. Il vécut à Owen Sound et une bonne partie de son œuvre fut inspirée par les paysages de la région. Le musée (☎ 376-1932), 840 First Ave West, expose aussi des œuvres d'autres peintres canadiens. De juin à septembre, le musée est ouvert du mardi au samedi de 10h à 17h (jusqu'à 21h le mercredi) et le dimanche de midi à 17h. Une participation est demandée à l'entrée.

County of Grey & Owen Sound Museum
Le musée est axé sur l'histoire anthropologique et géologique de la région. Vous pourrez notamment découvrir une réplique (à l'échelle 1/2) d'un village indien ojibway et un canoë de 8 m de long en écorce de bouleau. Le musée se tient 975 Sixth St East.

Chutes d'Inglis
A 6 km au sud de la ville, par la Hwy 6, la rivière Sydenham dévale en cascades l'escarpement du Niagara. Les chutes, d'une hauteur de 24 m, font partie d'une zone protégée reliée à la Bruce Trail, sentier qui part de Tobermory, au sud de la rivière Niagara (voir la rubrique *Tobermory* pour plus de détails). Le tronçon qui passe par Owen Sound offre de belles vues, des sources et des chutes comme celles d'Inglis, de Jones et d'Indian.

Festivals
Summerfolk, festival de musique qui dure trois jours, se déroule tous les ans le deuxième ou le troisième week-end d'août. C'est l'un des plus importants d'Amérique du Nord. Il a lieu dans le parc Kelso au bord de l'eau, et attire jusqu'à 10 000 personnes. Les musiciens viennent de toutes les régions d'Amérique. Le billet coûte environ 18 $ par jour. Un terrain de camping est établi à proximité.

Où se loger
Campings. Très pratiques, plusieurs terrains sont installés en pleine ville. L'un se trouve de l'autre côté de la route en provenance de Kelso Beach, et est idéal pour le festival de musique. Un autre, au *Harrison Park* (☎ 371-9734), prend 12 $ par emplacement (sans l'électricité) et vous pouvez profiter de la piscine chauffée.

Motels. Assurant l'essentiel de l'hébergement, ils sont regroupés dans Ninth Ave. Mentionnons le très bon marché *Travellers Motel* (☎ 376-2680), dotés de chambres à partir de 38 $. Le *Key Motel* (☎ 794-2350), à 11 km au sud de la ville, sur les Hwys 6 et 10, est plus onéreux, mais reste abordable avec des chambres de 41 à 55 $.

Où se restaurer
Quelques établissements sont installés au bord de l'eau et la plupart servent du poisson. Le *Marketside Café*, 813 2nd Ave East, propose des sandwiches surprenants, des salades originales et de succulents desserts (ouvert jusqu'à 19h).

Belamy's, 865 Tenth St West, offre une grande variété de plats, des pâtes fraîches aux steaks.

PORT ELGIN
Cette petite station touristique est implantée sur le lac Huron, à l'ouest d'Owen Sound. Elle offre des plages de sable, les eaux chaudes du lac Huron, des villas et des terrains de camping.

Le **parc provincial MacGregor**, avec aires de camping et des sentiers de randonnée, est situé à 5 km au sud.

La **rivière Saugeen** a été divisée en tronçons de 20 à 40 km destinés à la pratique du canoë. Des excursions d'une demi-journée, voire plus, sont organisées, avec camping à plusieurs endroits de la rivière. La **rivière Rankin** offre un circuit plus court.

SAUBLE BEACH
C'est une station estivale dotée d'une formidable plage sablonneuse de 11 km et

d'eaux chaudes peu profondes. La côte est réputée pour ses magnifiques couchers de soleil. Hôtels, motels et bungalows à louer ne manquent pas, de même que les distractions. Les nombreux terrains de camping disséminés alentour connaissent une très forte affluence les week-ends d'été. Le *Sauble Falls Provincial Campground* (☎ 422-1952) est le meilleur. Mieux vaut réserver. Plus au nord, vous trouverez plusieurs terrains privés – comme le *White Sands* (☎ 534-2781), à Oliphant. Les emplacements à l'arrière sont tranquilles et ombragés. En règle générale, les campings privés sont bruyants la nuit. En parcourant les rues transversales du centre-ville, vous tomberez peut-être sur le panneau d'une pension de famille ou d'un B&B.

Les bungalows sont généralement meilleur marché que les motels. *Chilwell's Cottages* (☎ 422-1692), 31 Third Ave North, avec ses six petits bungalows, est l'un des établissements les moins chers, avec des doubles de 30 à 40 $. Les prix s'échelonnent plutôt de 40 à 75 $.

PÉNINSULE DE BRUCE

C'est un affleurement de calcaire long de 80 km, à l'extrémité nord de l'escarpement du Niagara. Faisant saillie dans le lac Huron, il dessine la lisière ouest de la baie Géorgienne qu'il sépare du lac. Cette région peu développée de la province offre des paysages spectaculaires, un littoral escarpé, des plages sablonneuses, des lacs encaissés entre des falaises et des zones boisées verdoyantes. L'extrémité nord possède deux parcs nationaux. De Tobermory (à la pointe de la péninsule), les ferries partent pour l'île Manitoulin.

Baie de Dyer

On peut faire le tour de la baie de Dyer, située à une vingtaine de kilomètres au sud de Tobermory, en voiture. En partant de la Hwy 6, il faut prendre la petite route qui traverse le village, puis la route côtière au nord-est. L'excursion est assez courte, mais circuler entre la baie Géorgienne d'un côté et les falaises de calcaire de l'escarpement de l'autre, est particulièrement impressionnant. La route aboutit à Cabot Head Lighthouse.

Parc national de Bruce Peninsula

Ce parc (☎ 596-2233) protège et rend accessible les composantes caractéristiques de la péninsule de Bruce. Pour les randonneurs, les campeurs et les amoureux de la nature, c'est une destination obligée. Vous y retrouverez notamment le lac Cypress, un tronçon du littoral de la baie Géorgienne, l'escarpement du Niagara entre Tobermory et la baie de Dyer, ainsi qu'un important tronçon de la Bruce Trail (voir ci-après la rubrique *Bruce Trail* pour plus de détails). Le lac Cypress, avec terrain de camping, baignade et chemins de randonnée réunit la plupart des activités du parc.

Tobermory

Ce petit village de pêcheurs touristique et sans prétention, de 900 âmes, est construit à la pointe nord de la péninsule de Bruce qui avance dans le lac Huron. D'un côté de la péninsule, ce sont les eaux froides et claires de la baie Géorgienne, de l'autre les eaux beaucoup plus chaudes de la partie centrale du lac Huron.

Parc national Fathom Five. Premier parc en partie sous-marin de l'Ontario, sa mission est de protéger et de rendre plus accessible les eaux, au large de cette région. Disséminées entre les nombreuses petites îles, plus de 20 épaves reposent au fond de l'eau.

L'**île Flowerpot**, à 5 km environ au large de Tobermory, est la partie du parc la plus visitée. Elle est connue pour ses étranges formations rocheuses en forme de pots de fleurs, dues à l'érosion. On peut les visiter grâce à des bateaux qui relient l'île à Tobermory de la mi-mai à la mi-octobre. Plusieurs sentiers sillonnent l'île. Comptez environ une heure pour le plus court et deux heures et quart pour le plus difficile. Vous apercevrez peut-être des orchidées sauvages. On peut explorer les grottes creusées dans les falaises de l'île.

Pour camper, il est nécessaire de réserver, en particulier le week-end, et il faut apporter son ravitaillement, eau comprise.

Plusieurs agences et remorqueurs proposent des excursions en bateau jusqu'à l'île, où vous pourrez accoster et reprendre un autre bateau. Comptez environ 13 $. Le dernier bateau part vers 17h. Les organismes n'assurent pas de sortie quand la météo est mauvaise.

Bruce Trail. Tobermory marque la fin septentrionale de ce sentier de randonnée de 780 km, qui relie Queenston (sur la rivière Niagara) à la pointe de la péninsule de Bruce. Vous pourrez marcher une heure, une journée ou une semaine.

Le tronçon le plus au nord, de la baie de Dyer à Tobermory, est aussi le plus escarpé et le plus spectaculaire. Il est possible de sillonner le parc national pendant toute une journée. Avec un peu de chance, vous apercevrez même des serpents à sonnette, timides et devenus très rares en Ontario.

La Bruce Trail Association (☎ 529-6821), à Hamilton, propose les services d'un guide pour 32 $, moins pour les membres. Leur bureau se trouve Raspberry House, PO Box 857, Hamilton, L8N 3N9. Ils disposent aussi d'une antenne à Toronto. La Grey-Bruce Tourist Association publie une carte à du tronçon nord du sentier à 5 $.

On peut camper à certains endroits le long du sentier, tandis que dans la partie sud très fréquentée, moins escarpée, des refuges vous attendent où vous pourrez même prendre une douche.

A d'autres endroits, vous trouverez des B&B ou de vieilles auberges. Les deux bureaux cités plus haut vous renseigneront sur ce mode d'hébergement. Les prix commencent à 45/55 $ la simple/double.

Plongée. Les eaux claires du lac, riches en épaves et en formations géologiques, se prêtent à merveille à la plongée sous-marine. Méfiez-vous toutefois : elles sont glacées. Même pour la plongée avec masque et tuba, une combinaison s'impose.

G & S Watersports (☎ 596-2200), au Little Tub de Tobermory, loue du matériel et propose toute une gamme de cours de plongée. Comptez 22 $ la location d'un masque, d'un tuba, de palmes et d'une combinaison classique. L'administration régionale de l'Ontario édite une brochure recensant les sites de plongée avec descriptifs, profondeurs et recommandations. Vous la trouverez gratuitement à l'office du tourisme.

Autres activités. Se baigner dans la baie Géorgienne, en août, est agréable. Mais le lac Cypress, peu profond, est un meilleur choix. Plus au sud, dans la baie, une baignade à **Wasaga Beach** et à **Penetanguishene** ne manque pas d'attrait.

Huron Kayak Adventures (☎ (519) 596-2950), à Tobermory, loue des kayaks et propose des excursions et des cours, de la mi-mai à la fin septembre.

Où se loger. *Tobermory Village Campground* (☎ 596-2689), à 3 km au sud du village, propose quatre chambres rudimentaires avec s.d.b. commune, moyennant 35 $. Vous pourrez camper en déboursant 16,50 $.

A Cape Croker, une réserve ojibway de la baie de Colpoy, à mi-chemin au sud de la péninsule, abrite un camping isolé, où vous trouverez des circuits dans la nature et pourrez acheter des objets artisanaux indiens.

Une douzaine de motels sont éparpillés à Tobermory et dans ses environs. Les prix sont quelque peu élevés en pleine saison et il est conseillé de réserver pour le week-end ou les vacances. Le *Harbourside Motel* (☎ 596-2422) donne sur Little Tub et propose en semaine des chambres aux alentours de 50 $. A quelques minutes à pied du port, le *Peacock Villa Motel* (☎ 596-2242) est un endroit retiré, où le tarif des chambres est similaire.

Où se restaurer. De nombreux restaurants bordent les rues de Tobermory, tous spécialisés dans le corégone (un poisson à chair blanche). Vous pourrez aussi dîner dans tous les motels. Le *Ferry Dock* est un établissement bon marché et agréable où prendre son petit déjeuner, attablé face au port de Little Tub.

ÎLE MANITOULIN

Île en eau douce la plus vaste au monde, l'île Manitoulin est essentiellement rurale avec de petites fermes. Un tiers de la population est indienne. Le tourisme est devenu la principale ressource économique de l'île.

D'une longueur d'environ 140 km et d'une largeur de 40 km, l'île possède un beau paysage côtier, quelques plages sablonneuses, 100 lacs (pour certains, assez grands), quantités de petites bourgades et de villages, et de nombreux sentiers de randonnée. Globalement, l'île est peu développée, car difficilement accessible, comme s'en rendent très vite compte les visiteurs. Le transport sur l'île est inexistant.

Vous trouverez des bureaux d'information à South Baymouth (port des ferries), à Gore Bay, Mindemoya et à Little Current (☎ (705) 368-3021). Ce dernier est le seul ouvert toute l'année.

A l'ouest du quai d'embarquement des ferries, au village de **Providence Bay**, s'étend la plus grande plage de l'île. C'est également le lieu du fameux *Schoolhouse Restaurant*. Au-delà de **Meldrum Bay**, à **Mississagi Point**, à l'extrémité occidentale de l'île, un vieux phare (datant de 1873) offre des vues sur le détroit. Il y a aussi un terrain de camping, un restaurant et un musée dans le cottage du gardien du phare. Meldrum Bay possède, pour sa part, une auberge avec restaurant. Pour les plus beaux paysages enfin, suivez le nord de l'île, de Meldrum Bay à Little Current.

Little Current est la plus grosse localité, au début de la chaussée, au nord, en direction de la bourgade d'Espanola. Le principal office du tourisme de l'île y est installé, et il pourra vous aider à trouver un B&B. Les prix pratiqués sur l'île sont abordables, comparés à ceux de la région sud du continent. Deux points de vue méritent d'être signalés près de la ville et une bonne promenade est à faire. Le Cup & Saucer Trail, à 19 km de la ville, à l'est, mène au plus haut point de l'île (351 m), d'où l'on jouit d'un panorama superbe sur le North Channel. Plus proche de la ville, **McLeans Mountain**, à 4 km à l'ouest et 16 km au sud, sur la Hwy 6, est un bon point de vue d'où l'on aperçoit le village de **Killarney** (sur le continent).

Activités

La pêche et la navigation sont les principales activités proposées aux visiteurs. Plusieurs campements de pêcheurs sont disséminés sur l'île. Pour la voile, les 225 km du North Channel sont irremplaçables. Le site est superbe : un fjord de 15 km de long, le **Baie Finn**, bordé de falaises de quartzite blanc.

Vous pouvez louer des vélos à Little Current, mais c'est à 63 km de l'embarcadère des ferries. La seule et unique compagnie de bus circulant sur l'île vient de cesser son activité. Renseignez-vous à l'office du tourisme sur les éventuels circuits qui auraient vu le jour.

Festivals

L'île Manitoulin abrite une importante population indienne. A la **réserve Wikwemikong**, appelée Wiky, le plus grand powwow de la province se déroule durant le premier week-end d'août.

Y participent des Indiens venus de toutes les régions du Canada. Ces festivités de trois jours comportent des danses, de la musique, des dégustations et des expositions artisanales. Wikwemikong se trouve au nord-est de l'île.

Comment s'y rendre

Bus. Sans voiture, il est assez difficile d'accéder à Tobermory ou à l'île Manitoulin. Vous devez changer de bus à Owen Sound, en prenant la direction de la péninsule de Bruce. Au départ de Toronto, des bus desservent fréquemment Owen Sound mais, une fois sur place, la liaison n'existe que les vendredi, samedi et dimanche (et aucune en hiver). Comptez une journée pour ce voyage. Les horaires sont également modifiés chaque année, aussi renseignez-vous. Aux dernières nouvelles, le bus ne circulait – de façon peu commode – dans les deux sens que le vendredi, le samedi et le dimanche. Autrement dit, soit vous restez une journée sur l'île, soit une semaine. C'est un long voyage, assez onéreux. Aucun service de train n'est assuré dans ce sens.

Le bus Greyhound décrit un tour complet de la baie Géorgienne, de Toronto à Espanola, puis de là jusqu'à Little Current (sur l'île Manitoulin).

Ferry. Au départ de Tobermory, le *Chi-Cheemaun* dessert South Baymouth, à la pointe sud de Manitoulin. Il n'est pas rare de faire la queue pour la traversée. Au cœur de l'été, quatre ferries circulent, deux seulement au printemps et à l'automne. A Tobermory, les départs ont lieu à 7h, 11h20, 15h40 et 20h. Pendant la saison estivale (mi-juin à début septembre), l'aller-retour coûte 18 $ pour un adulte ; 60,75 $ avec la voiture (35 $ l'aller simple). Vous acquitterez un petit supplément pour les vélos. Comptez une heure quarante-cinq de traversée (50 km), durant laquelle vous pourrez vous restaurer à la cafétéria qui se trouve à bord. Pour réserver, appelez le ☎ 1-800-265-3163 ou 1-800-461-2621 (en français).

Voiture et moto. L'île fournit aussi un bon raccourci à ceux qui se dirigent vers le nord de l'Ontario. Prenez le ferry à Tobermory, traversez l'île, puis empruntez les ponts jusqu'à la rive nord de la baie Géorgienne. Vous économiserez quelques heures de route. Cette solution est agréable mais plus coûteuse.

MIDLAND

Au nord de Barrie, à l'est de la baie Géorgienne, Midland, petite ville commerçante de 14 000 habitants, est la localité la plus intéressante de l'Huronie. Les Hurons furent les premiers à occuper la région et y développèrent une confédération destinée à encourager la coopération entre les nations indiennes. Les villages hurons attirèrent d'abord les explorateurs français, puis les missionnaires jésuites.

Village huron

Au sein du parc, le village huron (☎ 526-2844) est la réplique d'une localité indienne telle qu'elle était avant l'arrivée des missionnaires jésuites français, il y a 500 ans. Voisin du village, le **musée de la Huronie** présente une intéressante collection d'objets indiens artisanaux ou fabriqués par les pionniers (ne manquez pas le Slenderizer, conçu aux alentours de 1958), ainsi que des peintures et des croquis exécutés par le Groupe des Sept. Le musée et le village sont ouverts toute l'année et un billet forfaitaire pour ces deux sites vous coûtera 5 $.

Sainte-Marie-au-Pays-des-Hurons

Excentré, ce site historique (☎ 526-7838) est une reconstitution de la mission jésuite du XVIIe siècle. Elle retrace un chapitre sanglant de l'affrontement entre Indiens et Européens. Beaucoup de Canadiens se souviennent des gravures représentant des missionnaires torturés à mort, qui ornaient les anciens livres d'histoire. Le site est ouvert tous les jours de mai à octobre et le prix d'entrée est de 7,25 $. Il y a un café.

Circuits organisés

Des docks partent des excursions en bateau de deux heures et demie à bord du *Miss Midland* (☎ 526-0161), avec passage dans la baie Géorgienne et près des îles du **Honey Harbour**. Les croisières sont assurées de la mi-mai à la première semaine d'octobre, avec deux voyages par jour en été, pour 14 $.

Où se loger

Le *Shamrock Motel* (☎ 526-7851), 955 Yonge St, rue qui traverse le centre-ville d'ouest en est, et le *King's Motel* (☎ 526-7744), 751 King St, la rue principale orientée nord-sud, louent des chambres à partir de 45 $. En face du village huron et du musée, deux B&B sont installés dans

King St : *B&B with the Artists* (☎ 526-8102) au n°431, et *Kylmore House B&B* (☎ 526-6063) au n°427. Ils sont un peu plus chers que la moyenne : prévoyez 50 $ la simple dans l'un ou l'autre établissement. La chambre de commerce fournit la liste complète des B&B de la région.

Où se restaurer

Au 249 King St, *Riv Bistro* sert une cuisine grecque à prix modérés. Vous pourrez aussi grignoter des frites, des hamburgers et de la salade dans un pub très fréquenté, installé sur les docks.

Comment s'y rendre

Le bus Penetang & Midland Coach Lines ou PMCL (☎ 777-9510 à Toronto, ou ☎ 526-0161 à Midland) part de la principale gare routière de Toronto et dessert Midland et Penetanguishene.

PENETANGUISHENE

Un peu au nord de Midland, cette petite bourgade abrite une population d'origine française et anglaise. Les premiers voyageurs français, des marchands de fourrures, s'installèrent à proximité des postes militaires britanniques, et les deux communautés s'implantèrent dans la région.

Un bureau d'information (☎ 549-2232) se trouve à l'embarcadère.

Entre Penetanguishene et Parry Sound (au nord), les eaux de la baie Géorgienne sont parsemées de 30 000 îles – la plus grande concentration au monde. L'endroit, tout comme les plages avoisinantes, est propice à la pratique de la voile. Centre touristique, les docks accueillent en été de nombreux visiteurs venus de la région et d'ailleurs. Des croisières de trois heures, prisées en été mais aussi à l'automne, lorsque les feuilles se parent de leurs couleurs automnales, partent des docks et de Midland. Essayez le *Georgian Queen* (☎ 549-7795), à trois ponts.

PARC PROVINCIAL AWENDA

Awenda (☎ 549-2231), à l'extrémité de la péninsule, est un parc provincial, petit mais intéressant. Malgré sa petite taille, il connaît une belle affluence. Les aires de camping sont vastes, ombragées d'arbres et privées. Il est doté de quatre belles plages, toutes reliées par des chemins de promenade. On peut atteindre la première en voiture. Les deux autres sont les plus sablonneuses. C'est l'un des rares endroits de la baie Géorgienne où l'eau est d'une chaleur agréable.

ÎLE CHRISTIAN

Au large de la côte nord-ouest de la péninsule, cette île, desservie par un ferry, fait partie d'une réserve ojibway. Elle est le site du fort Sainte-Marie II, vieux de trois cent cinquante ans et très bien conservé. Il fut construit par les Hurons ainsi que par une poignée de soldats et de prêtres français pour se protéger des Iroquois. Ces derniers décidèrent d'affamer les occupants du fort. A l'intérieur, les jésuites se chargèrent de contrôler les maigres rations de nourriture, accordées seulement à ceux des Hurons qui assistaient à la messe. En un an, 4 000 Indiens moururent de faim, ce qui mit fin à la présence huronne dans la région.

ORILLIA

A l'extrémité nord du lac Simcoe, Orillia sert d'accès à la région de Muskoka, et au-delà. Les Hwys 69 et 11 bifurquent au sud de la ville et continuent vers le nord de l'Ontario. C'est également un lien majeur avec le réseau Trent-Severn Canal. D'Orillia, des bateaux circulent sur le canal et le lac Couchiching.

Le célèbre humoriste canadien Stephen Leacock résida à Orillia. Il y rédigea ses œuvres et, en 1919, s'y fit construire une très grande maison, aujourd'hui transformée en un musée que l'on peut visiter toute l'année. *Sunshine Sketches of a Little Town* est considéré comme l'œuvre la plus canadienne jamais écrite.

L'office du tourisme est installé 150 Front St South. Le nouveau Casino Rama (☎ 1-888-817-7262), tenu par la communauté indienne locale, se trouve à la sortie d'Orillia et constitue le plus vaste établissement de jeux du Canada. Il fonctionne jour et nuit, toute l'année.

Des excursions en canoë de quatre ou huit jours dans le parc Algonquin sont proposées de juin à la mi-septembre par l'Orillia Home Hostel (☎ (705) 325-0970). Le ravitaillement et le transport jusqu'au lac sont inclus. Mieux vaut réserver car c'est toujours complet. Comptez 150 $ pour quatre jours d'excursion.

Où se loger

La ville compte une dizaine de motels et d'auberges. A l'extrémité nord du lac, vous trouverez également trois parcs provinciaux avec camping. Ils connaissent tous une forte affluence et sont plutôt destinés aux familles. Ne vous attendez pourtant pas à des paysages spectaculaires, mais ces sites sont les plus proches de Toronto. Bass Lake (☎ (705) 326-7054) possède une plage sablonneuse, des eaux chaudes et un sentier de randonnée en pleine nature. On peut aussi louer des bateaux et des canoës, et pêcher dans le lac. La HI *Orillia Home Hostel* (☎ (705) 325-0970), 198 Borland St East, est proche de la gare routière. Elle dispose de vingt lits et de quelques chambres familiales et est ouverte toute l'année. La chambre standard coûte 11 $.

Où se restaurer

Si vous faites route vers le nord, vous pouvez vous arrêter chez *Webber's*, qui sert des hamburgers. L'endroit est si populaire qu'il a fallu installer une passerelle pour traverser la chaussée. Il se trouve sur la Hwy 11, au sud de la rivière Severn.

PARC PROVINCIAL ALGONQUIN

Il s'agit du plus grand parc de l'Ontario, et de l'un des plus connus du Canada. A environ 300 km au nord de Toronto, il comprend des centaines de lacs, près de 7 800 km² de nature en partie vierge, et 1 600 km de voies d'eau à explorer en canoë, la plupart reliées par des chemins de portage. Une seule route le traverse, la Hwy 60, au sud. Vous trouverez dans le parc des gîtes, 8 terrains de camping, et vous pourrez louer des canoës. Des cartes sont disponibles au bureau du parc.

Renseignements

Un bureau d'information très compétent surplombe le Sunday Creek, à 43 km de la porte ouest du parc, sur la Hwy 60. Le centre (☎ (705) 637-2828) est ouvert tous les jours de mai à octobre, et seulement le week-end le reste de l'année.

Au dos des cartes de parcours en canoë, vous trouverez quantité de renseignements sur le parc et des conseils en matière de camping.

Canoë

En raison de l'affluence, certains week-ends d'été, on a institué un système de quotas de visiteurs. Arrivez tôt, ou réservez. Pour les réservations, appelez le ☎ (705) 633-5538 ou écrivez au parc : PO Box 219, Whitney, Ontario, K0J 2M0.

A deux points d'accès du parcours en canoë, sur la Hwy 60, à l'intérieur du parc – Canoe Lake et Opeongo Lake – vous attendent des loueurs de canoës (environ 20 $ par jour) et de matériel. C'est de là que partent la plupart des excursions en canoë dans le parc. Partir d'un autre point d'accès oblige à transporter le canoë à l'intérieur (ce terme fait référence à tous les endroits du parc accessibles seulement à pied ou en canoë).

Une bonne excursion dure de trois à quatre jours. Les points d'accès à l'ouest (n°3, n°4 et n°5 sur la carte d'Algonquin) sont intéressants, moins fréquentés, et les lacs, plus petits, abondent en orignaux. Plus vous vous enfoncerez par voie de portage, plus vous pourrez goûter la solitude. Le terrain de camping sur l'île du lac Timberwolf est tout particulièrement recommandé. Il est accessible du sud ou de l'ouest.

La plupart des hébergements louent cordages et coussinets pour faciliter le transport du canoë sur le toit du véhicule. Pour être certain de ne pas avoir de problème, nous vous recommandons d'apporter votre propre corde. Plusieurs types de canoës sont disponibles. Le modèle en aluminium, très lourd, est le moins cher, mais son poids rend impossible tout portage. Il est également bruyant et les sièges deviennent brûlants au soleil. Pour pagayer dans les lacs, en revanche, ils sont bien adaptés et indestructibles. Si vous souhaitez explorer l'intérieur du lac, mieux vaut opter pour un modèle, plus onéreux, en kevlar (environ 30 kg).

L'un des nombreux loueurs de canoës en dehors du parc, Rick Ward's (☎ (705) 636-5956), est installé à Kearney, au nord de Huntsville. Il propose des canoës à 18 $ par jour, pagaies et gilets de sauvetage compris.

On nous a également recommandé Algonquin Outfitters (☎ (705) 635-2243), à Dwight près d'Oxtongue Lake, à la bordure ouest du parc, sur la Hwy 60. Il dispose également d'une base sur le lac Opeongo dans le parc. Vous pourrez y louer ce dont vous avez besoin, acheter des vivres. On vous proposera même des visites guidées.

Le parc organise ses propres circuits en canoë pour 44 $ par jour, tarif incluant tout l'équipement – canoë, ravitaillement, fournitures et sacs de couchage. Pour plus de détails, contactez le ☎ (705) 633-5572.

Implanté à proximité de Pembroke, à l'est d'Algonquin, Esprit Rafting (1-800-596-7238) organise des sorties d'une journée en canoë dans le Barron Canyon, au cœur du parc Algonquin, moyennant 75 $. Une possibilité : une sortie de quatre jours en canoë sur la rivière Petawawa, qui vous coûtera environ 400 $. Le tarif englobe la location du matériel, l'équipement de camping, les repas et l'accompagnement par un guide expérimenté. Les deux excursions se déroulent de mai à octobre (voir également la rubrique *Orillia* concernant les excursions organisées par la HI Orillia Home Hostel).

Randonnée

De bons chemins de randonnée sillonnent le parc et conviennent pour des petites marches d'une demi-heure ou des randonnées de plusieurs jours. La plupart des sentiers courts et des points de vue se trouvent sur la Hwy 60, ou à proximité. La traversée du parc par la Hwy 60 est gratuite, mais si vous vous arrêtez à l'un des sites accessibles, vous devrez payer 6 $ par jour.

Installé au sud du parc, à Baysville, Algonquin Day Trippers (☎ (705) 767-3263) offre toute une gamme de randonnées guidées dans l'Algonquin. On vous propose également une marche de nuit, où vous pourrez entendre les loups et les hiboux. En hiver des sorties guidées en raquettes ou en ski de fond sont organisées pour des groupes de six personnes (voir également la rubrique *Circuits organisés* dans la partie *Toronto*).

Où se loger

Camper revient à 4,25 $ par personne et par nuit. Sur les terrains, disposant de douches et de vraies toilettes, un emplacement coûte 15 $, voire davantage. Des campings en bordure de la route, Mew Lake est recommandé. Il possède un lac où l'eau est suffisamment chaude pour se baigner, quelques emplacements éloignés de la route, assez agréables, plusieurs chemins de promenade et un magasin accessible à pied.

Comment s'y rendre

Bus. En été, le parc est accessible par le bus. Prenez le bus Ontario Northland (☎ 393-7911), de la gare centrale de Toronto jusqu'à Huntsville. Puis, changez pour un bus Hammond Transportation (☎ (705) 645-5431), qui rejoint le parc par la Hwy 60.

Canadian Woodlands (☎ 469-4356) est une petite compagnie qui propose la desserte directe du parc Algonquin au départ du centre-ville de Toronto. On vous dépose à n'importe quel point d'accès, le long de la Hwy 60 qui traverse le parc. L'aller-retour dans la journée, qui laisse 5 heures pour la visite du parc, coûte 50 $ (l'aller simple vaut 35 $). Il existe aussi des excursions guidées sur des pistes courtes. La desserte est assurée de juin à septembre ; les bus partent de Toronto à 7h30 les lundi, mercredi et vendredi.

PARC NATIONAL DE GEORGIAN BAY ISLANDS

Ce parc regroupe une cinquantaine d'îles dans la baie Géorgienne. Il est constitué de deux secteurs séparés. Le premier est proche de Six Mile Lake – empruntez la Hwy 400 depuis Toronto, puis la Hwy 69 jusqu'à Honey Harbour. De là, des navettes vous emmèneront sur l'île. Pour tout renseignement sur le parc, rendez-vous au bureau (☎ (705) 756-2415) à Honey Harbour, non loin de l'épicerie. En été, une navette relativement bon marché dessert Beausoleil.

Le second secteur du parc, qui regroupe des îles plus petites, s'étend plus au nord de la baie, à mi-chemin de Parry Sound. Plus tranquille, il est inaccessible si l'on ne dispose pas de son propre bateau.

PARRY SOUND

Sise à mi-chemin de la baie Géorgienne, Parry Sound est le centre de ravitaillement le plus important entre le sud de la baie et Sudbury. Un office du tourisme se dresse à l'est de la Hwy 69, à environ 10 mn en voiture au sud de la ville. A Parry Sound, une tour d'observation offre un beau point de vue sur la baie.

Les excursions vers les 30 000 îles, sur le *Island Queen*, se font au départ du Government Wharf, en début d'après-midi de juin à septembre. Elles durent 3 heures.

La ville est aussi réputée pour son excellent et très populaire festival de musique classique, le Festival of the Sound. Des représentations théâtrales de qualité ont lieu en juillet et en août.

La région compte des dizaines de motels et de bungalows à louer, certains à des prix abordables. La Parry Sound B&B Association (☎ 746-8372) fournit la liste des adresses disponibles en ville et dans les environs.

A deux pas de Parry Sound, vous accéderez par une passerelle à l'une des plus grandes îles de la baie Géorgienne. L'**île Parry**, 18 km de long et 59 km de périmètre, abrite environ 350 Indiens ojibways. Un petit camping, une marina, un restaurant et une boutique d'artisanat sont installés à Oak Point. On jouit d'une vue panoramique sur les îles environnantes et l'endroit regorge de criques à explorer. On vous louera des canoës, moyennant 2 $ l'heure environ. Appelez le ☎ (705) 746-8041 pour réserver au camping.

PARC PROVINCIAL DE KILLBEAR

Grandiose, la baie Géorgienne du lac Huron éclipse la plupart des sites comparables. Le littoral irrégulier et escarpé de la côte est, avec ses myriades d'îles, est rehaussé de plaques de granite rose émaillées çà et là de pins couchés par le vent : site unique en son genre, symbole de l'identité canadienne et qui a notamment inspiré les peintres du Groupe des Sept.

Le parc provincial de Killbear (☎ (705) 342-5492) donne un bon aperçu de cet extraordinaire paysage. Vous pourrez en explorer le littoral, sillonner les trois petits chemins de randonnée, découvrir les nombreuses petites criques de sable bien abritées des regards, et camper.

Le Nord de l'Ontario

Le Nord de l'Ontario est une vaste région de lacs et de forêts, peu habitée. On s'en rend vraiment compte en la traversant du lac Supérieur au Manitoba. L'activité commerciale se limite presque exclusivement à l'exploitation des ressources naturelles, forêts et mines. Sudbury, notamment, est l'un des principaux centres miniers du monde. Au nord de Sudbury, dans la baie James, on arrive à la petite ville de Moosonee, l'une des plus anciennes localités de la province créées par des Européens, accessible par train. Les métropoles des Grands Lacs, Sault-Sainte-Marie et Thunder Bay, sont des ports importants et des centres maritimes. En dehors des villes, le territoire est sauvage, parsemé de lacs et de rivières et abonde en faune et en flore.

Pour la majeure partie du Nord de l'Ontario, l'indicatif téléphonique est le 705, mais pour Thunder Bay et l'ouest, vers le Manitoba, c'est le 807.

A NE PAS MANQUER

- Les villes minières de Sault-Sainte-Marie et Kenora
- La pêche et le canoë dans les parcs naturels

NORTH BAY

Dotée d'une population de plus de 50 000 habitants, North Bay est construite à l'extrémité est du grand lac Nipissing, à environ 350 km au nord de Toronto. C'est la plus méridionale des grandes villes de la région.

La Transcanadienne, qui rejoint Sudbury à l'ouest et Ottawa à l'est, traverse la ville. North Bay est aussi le point d'accès à quantité de villes minières, à la frontière Québec-Toronto.

Orientation

Main St est la rue principale. Au sud de la ville, elle devient Lakeshore Drive. Le centre de North Bay est compris entre Cassells St et Fisher St. Ferguson, la principale rue transversale, part du bord du lac à l'est pour rejoindre la bretelle de North Bay (qui relie les Hwy 11 et 17). Lakeshore Drive bifurque au sud dans la Hwy 11 en direction de Toronto. Algonquin, au nord, devient la Hwy 11 vers Timmins, et rejoint la Hwy 17 à l'est et à l'ouest.

La gare routière se trouve à l'angle de Second St et de Cassells St, tandis que la gare ferroviaire (VIA Rail et Ontario Northland) est située au croisement de Second St avec Fraser St.

Renseignements

L'office du tourisme (☎ 472-8480) est installé sur la Hwy 11, près de la jonction avec la Hwy 17 pour Ottawa.

Où se loger

L'essentiel de l'hébergement consiste en motels. Beaucoup jalonnent Lakeshore Drive, à l'extrémité sud de la ville.

Le *Star Motel* (☎ 472-3510), 405 Lakeshore Drive, loue des doubles de 40 à 50 $ mais, comme la plupart des motels, il est moins cher hors saison.

De l'autre côté de la rue, le *Holiday Plaza* (☎ 474-1431) coûte quelques dollars de plus, mais les chambres sont plus récentes. Ces deux établissements sont accueillants. D'autres, plus excentrés, sont disséminés sur la Hwy 11, au nord et au sud de la ville.

Où se restaurer

Le *Windmill Café*, au 168 Main St East, est la meilleure adresse bon marché du centre-ville et sert du poulet grillé et du poisson au dîner. Le *Magic Kettle*, 407 Ferguson St, propose des déjeuners légers. *Mike's Seafoods*, 22 Marshall St East, sert d'excellents

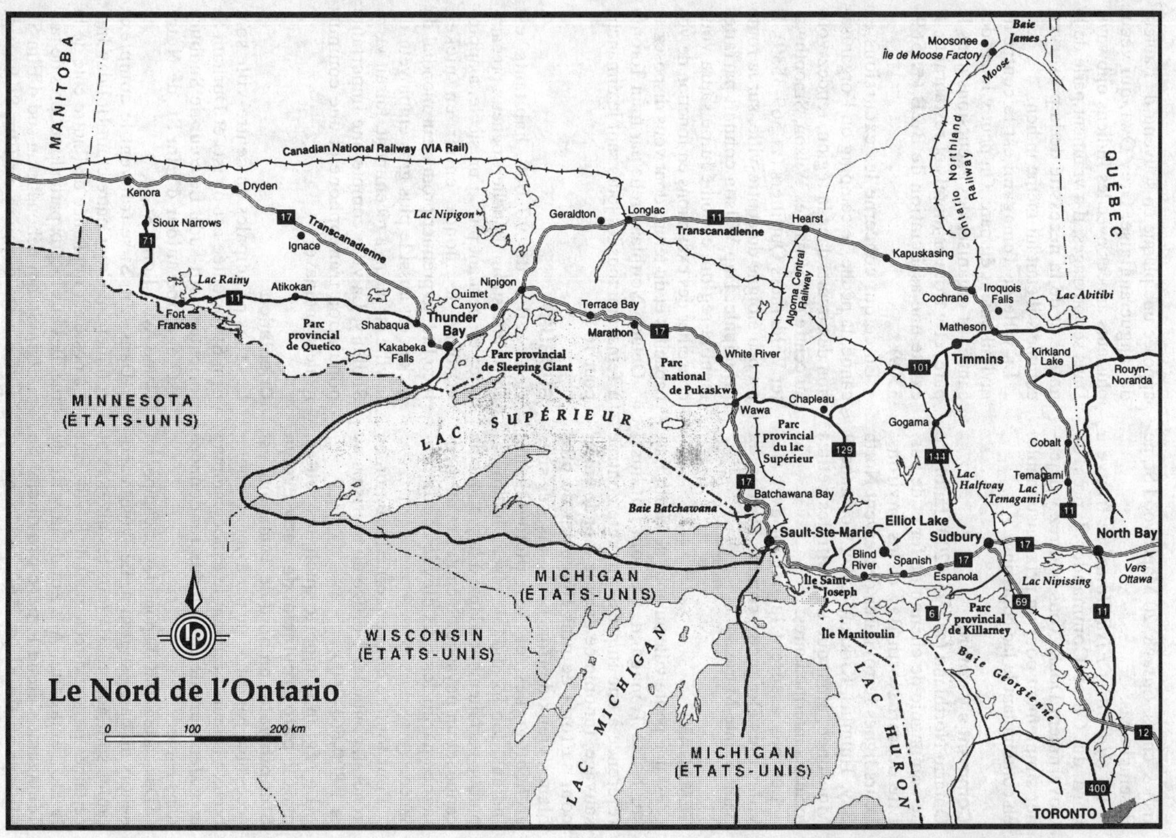
MANITOBA
QUÉBEC
Baie James
Moosonee
Île de Moose Factory
Moose
Ontario Northland Railway
Canadian National Railway (VIA Rail)
Kenora
Dryden
Sioux Narrows
71
17
Transcanadienne
Ignace
Lac Nipigon
Geraldton
Longlac
11
Transcanadienne
Hearst
Algoma Central Railway
Kapuskasing
Cochrane
Iroquois Falls
Lac Abitibi
Lac Rainy
Atikokan
11
Fort Frances
Parc provincial de Quetico
Shabaqua
Kakabeka Falls
Thunder Bay
Ouimet Canyon
Nipigon
Parc provincial de Sleeping Giant
Terrace Bay
Marathon
17
White River
Parc national de Pukaskwa
Matheson
Timmins
101
Kirkland Lake
Rouyn-Noranda
MINNESOTA (ÉTATS-UNIS)
LAC SUPÉRIEUR
Wawa
Chapleau
Parc provincial du lac Supérieur
129
Gogama
144
Cobalt
Lac Halfway
Temagami
Lac Temagami
11
17
Batchawana Bay
Baie Batchawana
Sault-Ste-Marie
Elliot Lake
Blind River
Spanish
17
Espanola
Sudbury
17
North Bay
Vers Ottawa
Lac Nipissing
Île Saint-Joseph
6
Parc provincial de Killarney
69
11
Île Manitoulin
Baie Georgienne
MICHIGAN (ÉTATS-UNIS)
WISCONSIN (ÉTATS-UNIS)
LAC MICHIGAN
LAC HURON
MICHIGAN (ÉTATS-UNIS)
12
400
TORONTO
Le Nord de l'Ontario
0
100
200 km

ONTARIO

fish & chips. *Casey's*, 20 Maplewood St, ne désemplit pas.

Le *Old Chief Fish House* se trouve à bord du Chief Commander I près de Government Dock. Vous pourrez y déjeuner simplement pour un prix raisonnable, en contemplant le lac Nipissing.

Comment s'y rendre

Ontario Northland (☎ 495-4200) faitoffice de compagnie de chemin de fer et de bus. Elle dessert North Bay et les environs. Leurs lignes ferroviaires desservent North Bay, Timmins, Kirkland Lake, Cochrane et Moosonee, ainsi que de multiples petites localités intermédiaires.

Les bus assurent la liaison avec des villes plus éloignées, comme Sudbury et Sault-Sainte-Marie.

TEMAGAMI

C'est une petite ville au nord de North Bay, sur le lac Temagami. Ce nom fait aussi référence à une impressionnante contrée sauvage, renommée dans le monde entier pour sa forêt de pins rouges et de pins blancs vieux de trois cents ans, ses sites archéologiques et ses pictogrammes indiens, son formidable réseau hydrographique parfaitement adapté à la pratique du canoë, et un paysage de chutes et de montagnes parmi les plus élevées de la province.

Pour tout ce qui concerne la région en général, contactez l'office du tourisme au ☎ 1-800-661-7609.

La région comporte quelques routes, mais le **parc provincial de Lady Evelyn Smoothwater** au nord de Temagami est accessible par canoë ou par avion. De nombreux visiteurs préfèrent le canoë-camping aux alentours de Crown aux randonnées dans le parc.

Des cartes sont disponibles et camper en dehors du parc est gratuit. Les voies canotables sont adaptées à tous les niveaux et certaines partent directement de la ville, sur le lac Temagami. A 2 km de la ville de Temagami s'étend le **parc provincial de Finlayson Point** (☎ 569-3622), où est apposée une plaque en souvenir de l'auteur de langue anglaise, Grey Owl, qui vécut plusieurs années avec les Indiens ojibways. Dans ses ouvrages, il a vraiment parlé de la nature et de la nécessité de la préserver, comme s'il était lui-même indien.

La ville de Temagami est le centre de ravitaillement du parc. On peut y louer des canoës et organiser des excursions dans le parc, et y trouver motels et restaurants. Il existe une association de B&B (☎ 569-3309).

En ce qui concerne les excursions en canoë, la pêche, le camping ou l'organisation de circuits dans la région, rendez-vous au centre dirigé par les Wilson, Smoothwater Wilderness Outfitters (☎ 569-3539). Il est peu éloigné du centre-ville, sur la route principale. Hap Wilson connaît parfaitement la région, et son équipe saura vous conseiller des excursions en fonction de vos capacités et du temps dont vous disposez.

Ontario Northland relie par train Toronto à Temagami tous les jours sauf le dimanche pour 76 $.

SUDBURY

Cette ville de 90 000 habitants est construite sur un bouclier rocheux précambrien et, pendant plus d'un siècle, a approvisionné le monde entier en nickel. Inco Ltd, le premier producteur mondial de nickel, est aussi le plus gros employeur de la ville et, jusqu'à récemment, faisait vivre Sudbury. La ville compte une importante population francophone et une communauté scandinave.

Orientation

Les rues principales du centre-ville sont Elm St (orientée est-ouest) et Durham St (orientée nord-sud). Le cœur de Sudbury est regroupé autour d'Elm St, de Notre Dame Ave à Lorne St.

Dans Elm St se trouvent le complexe commercial City Centre et un Holiday Inn. La poste est implantée de l'autre côté de la rue. Les bus locaux partent tout près de là.

Elgin St, qui débouche au sud d'Elm St, divise cette dernière en Elm St East et

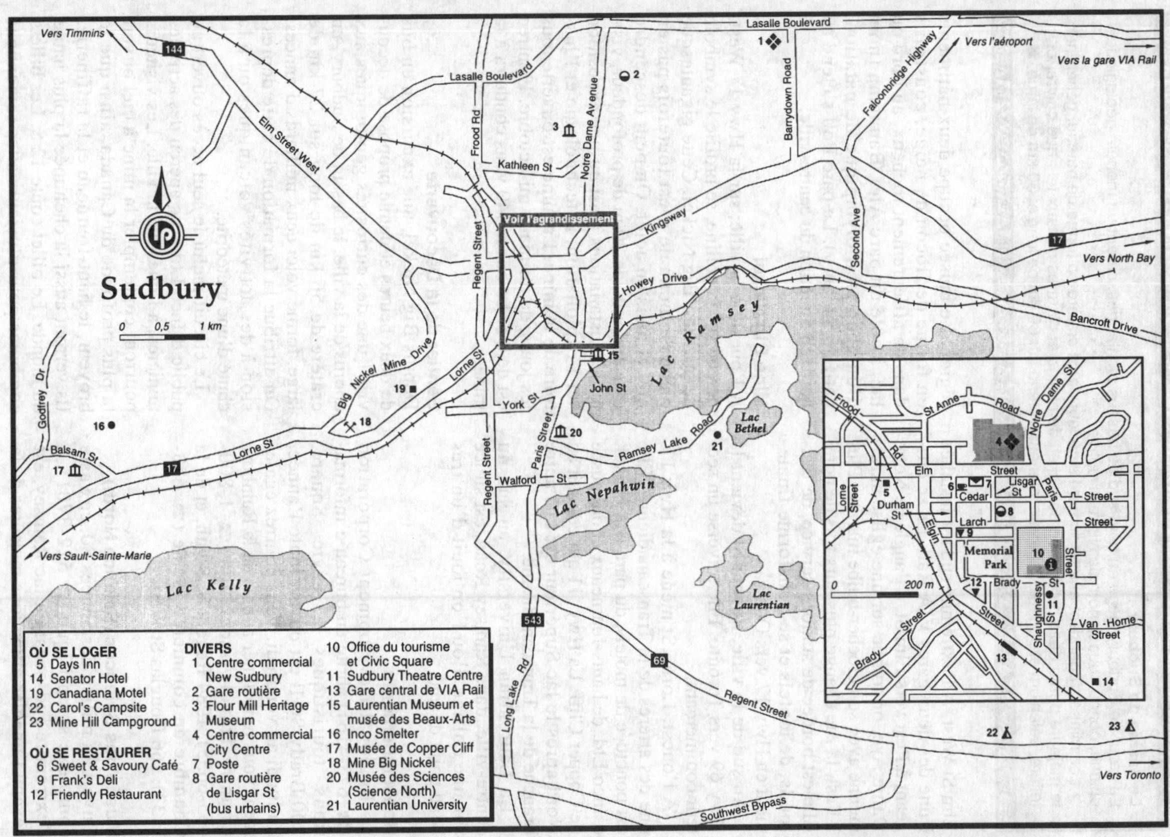
Sudbury
0 0,5 1 km
Vers Timmins
Vers l'aéroport
Vers la gare VIA Rail
Vers North Bay
Vers Toronto
Vers Sault-Sainte-Marie
Voir l'agrandissement
Lasalle Boulevard
Elm Street West
Frood Rd
Kathleen St
Notre Dame Avenue
Barrydown Road
Falconbridge Highway
Second Ave
Kingsway
Howey Drive
Bancroft Drive
Regent Street
Lorne St
Big Nickel Mine Drive
York St
John St
Paris Street
Ramsey Lake Road
Walford St
Godfrey Dr
Balsam St
Long Lake Rd
Southwest Bypass
Lac Ramsey
Lac Bethel
Lac Nepahwin
Lac Laurentian
Lac Kelly
0 200 m
St Anne Road
Notre Dame St
Elm Street
Lisgar St
Cedar
Durham St
Larch
Elgin
Memorial Park
Brady St
Shaughnessy St
Van -Home Street
Brady Street
OÙ SE LOGER
5 Days Inn
14 Senator Hotel
19 Canadiana Motel
22 Carol's Campsite
23 Mine Hill Campground
OÙ SE RESTAURER
6 Sweet & Savoury Café
9 Frank's Deli
12 Friendly Restaurant
DIVERS
1 Centre commercial New Sudbury
2 Gare routière
3 Flour Mill Heritage Museum
4 Centre commercial City Centre
7 Poste
8 Gare routière de Lisgar St (bus urbains)
10 Office du tourisme et Civic Square
11 Sudbury Theatre Centre
13 Gare central de VIA Rail
15 Laurentian Museum et musée des Beaux-Arts
16 Inco Smelter
17 Musée de Copper Cliff
18 Mine Big Nickel
20 Musée des Sciences (Science North)
21 Laurentian University

Le bassin de Sudbury

Le cœur de Sudbury siège au bord sud de basses montagnes, créant un modèle géologique unique, connu sous le nom de Nickel Irruptive.

Les mines s'agencent autour du bord extérieur de ce cratère en forme de bateau, générant la majeure partie de la production de nickel, de platine et d'autres métaux tels que cuivre, or, tellure, sélénium et soufre. Le bassin intérieur s'étend sur 60 km de long et 30 km de large. ■

Elm St West. A l'extrémité sud est installée l'une des deux gares VIA Rail. En se dirigeant à l'est vers Elm St, à l'angle de Notre Dame Ave, on tombe sur une église ukrainienne avec son clocher-bulbe marron. Plus à l'est, la rue change plusieurs fois de nom. Elle est bordée de stations-service, de fast-foods, de motels et se transforme finalement en Hwy 17 vers Ottawa.

Au sud de la ville, Regent St devient la Hwy 69 vers Toronto. Elle traverse un secteur commerçant.

A l'ouest, Lorne St mène à la Hwy 17, une des artères de la Transcanadienne. Elle est ponctuée de motels, du parc Big Nickel, d'Inco Ltd, de hauts-fourneaux et du musée de Copper Cliff. La Hwy 11 qui conduit au Nord après le lac Supérieur est une autre branche de la Transcanadienne.

La Laurentian University, au sud du centre-ville, dans Ramsey Road, est située sur une colline d'où l'on jouit d'un très beau point de vue.

Renseignements

La Regional Development Corporation (☎ 673-4161) abrite un bureau d'informations touristiques à Civic Square, 200 Brady St. Il est ouvert toute l'année, du lundi au vendredi. Vous pourrez également vous renseigner auprès de la Rainbow Country Travel Association (☎ 1-800-465-6655), 1984 Regent St South, et de la Chambre de commerce locale (☎ 673-7133), 166 Douglas St West.

Musée des Sciences (Science North)

Ouvert au milieu des années 80, ce vaste complexe scientifique (☎ 522-3701), à l'extrémité sud-ouest du lac Ramsey, est devenu l'une des attractions majeures de la région. Le musée occupe deux bâtiments en forme de flocon de neige, construits dans un affleurement rocheux, au bord du lac, à côté du parc Alex Baumann (nom d'un champion olympique de natation, natif de Sudbury). Le parc Bell s'étend au nord, en direction du centre-ville.

Mine Big Nickel

A l'ouest de la ville, sur la Hwy 17 West, perché sur la colline, se profile le symbole de la ville : Big Nickel. Cette gigantesque pièce de monnaie n'est toutefois pas en nickel mais en acier. On peut descendre dans un puits de 20 m de profondeur, visiter les installations ainsi qu'une exposition sur l'exploitation, la technologie et l'histoire de la mine. La mine est ouverte tous les jours, de mi-mai à mi-octobre. L'entrée est de 8 $. Le bus n°940 vous conduira à la mine.

Sentier de la Découverte

Depuis Big Nickel, une excursion en bus de deux heures et demie propose de découvrir l'une des curiosités géologiques aux abords de la ville, le bassin de Sudbury, un cratère de 56 km de long sur 27 km de large, formé voici deux milliards d'années. On attribue la formation de cette dépression à des activités volcaniques ou à la chute d'une météorite.

Le circuit inclut le seul accès ouvert au public d'Inco Ltd avec aperçu des activités minières, à l'ouest de la ville. Les visiteurs pourront contempler la mine à ciel ouvert la plus profonde du Canada, ainsi que le broyeur, le haut-fourneau et la raffinerie. Ils verront aussi la cheminée la plus haute du monde. Le billet coûte 12 $. Les billets combinés pour plusieurs sites reviennent moins cher. Pour plus de détails, renseignez-vous au Science North, qui gère les trois sites. Le sentier de la Découverte fonctionne deux fois par jour, à 10h et à 14h, pendant tout l'été.

Laurentian University Museum et musée des Beaux-Arts

Le musée (☎ 674-3271) présente des expositions temporaires souvent consacrées à des artistes locaux. Une exposition permanente montre pour sa part des objets liés à l'histoire de la région. Il est ouvert toute l'année, du mardi au dimanche (l'après-midi seulement), mais est fermé les jours fériés. Notez qu'il se trouve à l'angle de John St et de Nelson St, et non sur le campus de l'université.

Où se loger

Sudbury n'a jamais été très riche en hébergements. Mais on trouve toujours des motels et ils affichent rarement complet.

Camping. Une région rude de lacs et de forêts entoure Sudbury. Plusieurs parcs gouvernementaux sont disséminés dans un rayon de 50 km. L'adresse la plus intéressante est le *Windy Lake Provincial Park* (☎ 966-2315), à 26 km au sud de la ville. Le *Carol's Campsite* (☎ 522-5570), à 8 km au sud de la ville sur la Hwy 69, est conçu davantage pour les caravanes et les camping-cars. Au même endroit, le *Mine Mill Campground* (☎ 673-3661) est également adapté aux caravanes, mais dispose de quelques emplacements pour tente.

A environ 90 km, le *Halfway Lake Provincial Park* (☎ 965-2702) est implanté sur la Hwy 144, au nord-ouest de la ville.

Auberges de jeunesse. La *Laurentian University* (☎ 673-6580), dans Ramsey Lake Rd, loue des chambres de la mi-mai à la mi-août. Elle comprend une cafétéria (fermée le week-end) et des installations sportives. Son seul inconvénient tient à son emplacement, au sud-est de la ville, de l'autre côté du lac Ramsey. La vue est belle et l'endroit agréable et paisible. Comptez 28/40 $ pour des simples/doubles. Le bus n°500 relie le centre-ville à l'université.

Hôtels. Les établissements les plus modestes ne sont guère recommandés. Dans Elgin St, non loin de la gare, sont implantés deux hôtels bon marché : le *Elgin*, 196 Elgin St, et le *Ledo* (☎ 673-7123), en face de la vieille gare ferroviaire, au milieu de bâtiments pour le moins poussiéreux. Le Ledo est assez propre et dispose de 25 chambres qu'il loue à 30/35 $ la simple/double. Renseignez-vous au bar.

De catégorie plus élevée, le *Days Inn* (☎ 674-7517), 117 Elm St West, est un établissement central qui propose des chambres propres et confortables à 59/62 $. Le *Senator* (☎ 675-1273) offre des prestations similaires. Il se trouve de l'autre côté du centre-ville, 390 Elgin St.

Motels. La majorité de l'hébergement est assurée par les motels situés en périphérie de la ville.

La Hwy 17 West devient Lorne St, aux abords de la ville. A quelques kilomètres du centre, elle est bordée de motels. Au 965 Lorne St, le *Canadiana* (☎ 674-7585), reconnaissable à son porche de verre et sa pancarte en noir et blanc, loue des simples ou des doubles à partir de 45 $. Le *Imperial* (☎ 674-6459), 1111 Lorne St, est un endroit très coloré, où l'on sert le petit déjeuner. Les simples/doubles sont louées à partir de 45/50 $.

Les meilleurs motels sont regroupés au sud de la ville, sur la Hwy 69. Le *Comfort Inn by Journey's End* (☎ 522-1101), 2171 Regent St South, propose des chambres à 75 $. Le *Brockdan Motor Hotel* (☎ 522-5270), à 5 km au sud sur la Hwy 69, offre des chambres à partir de 47 $.

Où se restaurer

Frank's, un delicatessen installé 112 Durham St (près de Larch St), est correct et est ouvert pour le petit déjeuner, le déjeuner et le dîner. Le *Friendly*, bon marché, dans Elgin St, propose une cuisine simple et sans prétention. L'endroit est

ONTARIO

accueillant, reste ouvert tard, et prépare de bons petits déjeuners.

Au 50 Durham St, le *Sweet & Savoury Café & Expresso Bar* sert une cuisine simple et délicieuse au petit déjeuner, au déjeuner et au dîner. Du jazz ou des lectures de poèmes animent les soirées.

Pour déguster des fruits de mer frais, rendez-vous au *Seafoods North*, 1543 Paris St, installé dans une petite boutique. Le restaurant, coincé au fond du magasin, sert de bons fish & chips ou de la soupe de palourdes au déjeuner, des plats plus complets au dîner. Situé au sud de Walford St, il n'est pas accessible à pied du centre.

Pat & Marios est excentré, à l'angle de Lasalle Blvd et de Barrydowne Rd, non loin de deux énormes centres commerciaux. C'est un établissement élégant, célèbre pour sa cuisine italienne.

Pour faire un festin, le *Snowflake*, un restaurant à Science North, surplombant le lac Ramsey, est tout indiqué. Au déjeuner comme au dîner, le menu est varié. Un brunch est proposé le dimanche.

Regent St South (prendre la Hwy 69 vers Toronto) est une artère commerçante dotée de quelques restaurants.

Distractions

Backstreet, un pub situé 28 Elgin St, accueille des bluesmen. *The Edge*, au nord du centre-ville, dans Lasalle Blvd, est une scène réputée pour le rock et la musique alternative. *Mingles*, 762 Notre Dame Ave, abrite une discothèque. Le vendredi, consultez la liste des boîtes de nuit dans le *Sudbury Star*.

Comment s'y rendre

Avion. L'aéroport se trouve au nord-est de la ville. Il est desservi par les compagnies Air Canada et Canadian Airlines.

Bus. La gare Greyhound (☎ 524-9900) est installée à environ 3 km au nord du centre, 854 Notre Dame Ave. La gare sert aussi de dépôt pour les bus Northland Ontario (même numéro de téléphone), qui dessert Timmins au nord, et Toronto au sud. Vers l'est, trois liaisons de bus sont assurés chaque jour, pour North Bay/Ottawa/Montréal ; vers l'ouest, également trois bus par jour pour Sault-Sainte-Marie/Winnipeg/Vancouver. Plusieurs bus quotidiens partent pour Toronto. Renseignez-vous sur le trajet express. Un aller pour Ottawa coûte 72 $, pour Sault-Sainte-Marie 40 $ et pour Toronto 58 $.

Train. Deux gares VIA Rail desservent Sudbury. La première (☎ 673-4771) est commodément située à l'angle de Minto St et d'Elgin St, à environ 10 mn à pied du centre. C'est un bâtiment gris, bas, au toit noir. Un seul train, équipé d'une unique voiture et surnommé Budd, utilise cette gare. Il effectue trois fois par jour le trajet de Sudbury à White River, au nord du lac Supérieur, en passant par le bush septentrional et Chapleau. L'aller simple coûte 63 $, mais si vous prenez votre place sept jours à l'avance, vous paierez moitié prix.

Ce voyage de huit heures à travers une région de forêts et de lacs est passionnant. C'est le seul accès à de nombreux villages et localités. Le train s'arrête lorsque les voyageurs, souvent chargés de leur canoë et de leur matériel, lui font signe le long de la voie.

Les autres trains, notamment ceux pour Toronto ou pour l'Ouest, partent d'une gare moins centrale, appelée Sudbury Junction (☎ 524-1591), à environ 10 km de la vieille gare du centre-ville. Elle est implantée dans Lasalle Blvd, après la Falconbridge Hwy, dans le secteur nord-est de la ville. Les bus ne vont qu'à un kilomètre de la gare.

Toronto est desservie trois fois par semaine, le mardi, le jeudi et le dimanche. L'aller simple coûte 71 $, taxes comprises.

Pour se rendre au nord et à l'ouest, les trains vont jusqu'à Longlac en passant par un territoire désertique, puis à Sioux Lookout et à Winnipeg, dans le Manitoba. Aucun train direct pour Ottawa : vous devrez passer par Toronto.

Voiture. Louer une voiture est parfois utile à Sudbury. Tilden (☎ 560-1000), 1150 Kingsway, offre les tarifs les plus avantageux et on viendra vous chercher.

Hertz (☎ 566-8110) est installé 450 Second Ave North.

En stop. La Hwy 17, qui devient la Kingsway en pénétrant dans la ville, rejoint Ottawa vers l'est. Regent St donne dans la Hwy 69 vers Toronto, au sud. A l'ouest, vous pouvez emprunter Lorne St, qui se transforme en Hwy 17 West.

Comment circuler

Bus. Pour tout renseignement, contactez le ☎ 675-3333. Les bus urbains s'arrêtent dans Lisgar St, à côté de la poste, entre Elm St et Larch St. C'est un nœud routier important. L'arrêt des bus régionaux à destination de plusieurs petites villes avoisinantes est implanté à l'extérieur du magasin Eaton's, dans Notre Dame Ave. La Route 940 rejoint Copper Cliff et Big Nickel deux fois par heure, au quart et à moins le quart.

LES ENVIRONS DE SUDBURY

La région aux alentours et au nord de Sudbury est l'un des secteurs miniers les plus riches du monde et l'une des destinations favorites des voyageurs en quête d'aventure.

Plusieurs mines et fonderies sont ouvertes au public, même si nombre de compagnies semblent écarter ce type de visites guidées. L'office du tourisme vous fournira le *Mine Guide* de la région. Pour les sportifs, gîtes, campements et services de guide abondent – en général assez chers, en particulier les excursions en avion.

French River

Au sud de Sudbury, la French River est célèbre pour la pêche. On peut aussi descendre les rapides en canoë. Deux groupes organisent de telles expéditions, l'un sur place, l'autre, Voyageur Canoeing (☎ (705)-932-2131), à Millbrook dans l'Ontario. On peut aussi faire du rafting sur les rapides de la **Spanish River**, près de la ville d'Espanola.

Parc provincial de Killarney

Killarney (☎ 287-2900) est l'un des parcs les plus impressionnants de la province. Il mérite absolument une visite, même si vous vous contentez d'une journée de promenade en canoë. Les membres du Groupe des Sept vinrent même y peindre.

Les lacs étant relativement petits, le nombre de camping-cars autorisés à passer la nuit dans le parc est limité. Le parc est réputé pour la beauté de ses paysages, donc très fréquenté. Essayez de vous y rendre en semaine, et pensez à réserver, notamment un canoë, le plus tôt possible avant votre arrivée. Impossible de pénétrer dans le parc les week-ends fériés.

Le parc couvre une vaste région boisée et montagneuse à environ 80 km au sud-ouest de Sudbury, sur les rives de la baie Géorgienne. C'est l'un des trois parcs naturels de l'Ontario, peu aménagé. L'accès s'effectue par canoë, à pied ou à ski. Le paysage est superbe, avec des forêts de bouleaux et de pins en bordure de **La Cloche Mountains**. Plusieurs lacs sont bordés d'un côté par des montagnes de quartz blanc et de l'autre par des falaises de granit rouge, plus typiques. Les lacs offrent une eau étonnamment claire, mais cette transparence est malheureusement due, en partie, à des pluies acides. Certains lacs sont ainsi dépourvus de toute vie.

Le portage de lac en lac est relativement aisé, car les sentiers sont courts, du moins pour les premiers points d'eau, les plus visités. On peut explorer deux lacs depuis les docks, au **lac George**, et les visiteurs dépourvus de matériel de camping pourront profiter d'une agréable promenade d'une journée.

Il existe un terrain de camping au siège du parc, près du lac George, et un autre au village de **Killarney**, mais pour découvrir réellement le parc il faut s'aventurer à l'intérieur, *via* les 75 km de tronçons de portage. On peut planter sa tente à proximité de presque tous les lacs. Le village de Killarney compte plusieurs boutiques de location de matériel, d'autres jalonnent la route entre l'entrée du parc et Killarney.

Vous trouverez également à Killarney, une petite auberge, rustique mais confortable et pratiquant des prix modérés, le *Sportsman's Inn* (☎ 1-800-461-1117), qui loue des doubles à partir de 65 $. Vous pourrez déguster d'excellents fish & chips du côté des docks.

Parc provincial de Halfway Lake

C'est l'un des nombreux petits parcs, relativement bien aménagés pour le camping, qui entourent Sudbury (☎ 965-2702). Des sentiers de randonnée de 4, 10 et 34 km sillonnent le parc qui offre aussi de beaux points de vue. Le parc est à 90 km au nord-ouest de Sudbury, sur la Hwy 144.

TIMMINS

Tout au nord de l'Ontario, Timmins est la ville la plus vaste – en superficie – du Canada. Néanmoins, c'est une ville peu peuplée (environ 46 000 habitants).

Autrefois première mine d'or de l'hémisphère occidental, Timmins s'est aujourd'hui spécialisée, avec la même réussite, dans la production de cuivre, de zinc, d'argent, de minerai de fer, de talc ainsi que d'or.

Les mines Kidd Creek sont les premières mines d'argent et de zinc du monde et le principal employeur de la ville. Une autre mine, aujourd'hui fermée, était la plus profonde du pays, s'enfonçant à près de 2,5 km sous terre. Le secteur compte plus de 2 000 km de galeries souterraines.

L'exploitation forestière joue également un rôle déterminant dans cette région froide, rude et accidentée. Les sports d'hiver ont le vent en poupe et la région a donné au Canada nombre de patineurs et de joueurs de hockey de niveau international.

Les premiers Européens à s'installer dans la région venaient de Pologne, de Croatie et d'Ukraine. Dans les années 20, ils ont été rejoints par des Italiens, des Finlandais et des Écossais, tous attirés par les mines d'or.

Comme dans la majeure partie du nord-est de l'Ontario, la ville compte une importante population francophone. Les Indiens, les premiers habitants de la région, sont largement représentés.

Un festival multiculturel a lieu en juin.

Orientation

Timmins est en réalité composée de petites localités, les plus importantes s'étendant d'est en ouest sur environ 10 km : Timmins proprement dit, Schumacher, South Porcupine et Porcupine.

La Hwy 101, qui mène au lac Supérieur, à l'ouest, et à Québec, à l'est, traverse le centre-ville où elle devient Algonquin Blvd. Les principales artères sont Third St (parallèle à la route nationale), Pine St et Cedar St. Le cœur de la ville est marqué par des rues aux bâtiments en brique et des lampadaires à l'ancienne.

Renseignements

La chambre de commerce (☎ 360-1900), 916 Algonquin Blvd East, à l'est de la ville sur la route principale de Schumacher, sert d'office du tourisme. Outre les informations locales habituelles, il vous fournira des détails sur les visites des nombreux sites industriels du secteur Porcupine-Timmins et en vend les billets. Renseignez-vous aussi pour savoir si le Musée ukrainien est ouvert. Il possède une belle collection d'objets liés à cette importante communauté, dont beaucoup de membres contribuèrent au développement du nord de l'Ontario.

Timmins Museum

Dans South Porcupine, 70 Legion Drive (près d'Algonquin Blvd East), ce musée (☎ 235-5066), petit mais passionnant, fait également office de galerie d'art, avec des expositions temporaires de peinture. Dans le musée, la cabane du prospecteur donne un bon aperçu de la vie que menaient les chercheurs d'or.

Le musée est ouvert tous les jours (seulement l'après-midi, le week-end). L'entrée est gratuite.

Circuits organisés

Gold Mine Tour. La visite de la vieille mine d'or Hollinger (☎ 267-6222), est la principale attraction de la ville. La mine fut découverte en 1909 et sa production était l'une des plus importantes de l'hémisphère occidental – il en fut extrait l'équivalent de centaines de millions de dollars. Le site comprend aujourd'hui des boutiques, un magasin d'artisanat, des joailleries et un restaurant. Mais la principale attraction demeure la visite des galeries souterraines de la mine, avec une descente à plus de 50 m de profondeur, une promenade en petit chemin de fer et une simulation d'explosion à la dynamite.

L'endroit mérite une visite mais n'est pas bon marché. Comptez 16 $ pour un tour complet (tarif réduit pour les familles). Il dure environ une heure et demie et comprend la visite des parties souterraines et à ciel ouvert. On peut acheter des billets séparés pour ces dernières (6 $).

De mai à octobre, des circuits sont assurés 7 jours sur 7, cinq fois par jour. Il est indispensable d'acheter les billets à l'avance à la chambre de commerce. Munissez-vous de pantalons, de chaussures plates et d'un pull-over ; le reste de l'équipement vous est fourni. La mine se trouve entre Timmins et Schumacher, dans James Reid Rd, qui donne dans la "route arrière" de Timmins à South Porcupine.

Où se loger

A 35 km à l'est de la ville, puis 3 km au nord, s'étend le *Kettle Lakes Provincial Park* (☎ 363-3511). Il est recommandé pour le camping et la découverte de ses quelque 20 lacs. On ne peut s'y rendre qu'en voiture. L'hébergement à Timmins même est limité. Quelques motels sont implantés de chaque côté de la ville. Côté est, à South Porcupine, le *Regal* (☎ 235-3393) a des tarifs raisonnables avec des chambres à partir de 45 $.

En ville, deux hôtels rudimentaires vous attendent, ainsi que le confortable *Venture Inn* (☎ 268-7171), 730 Algonquin Blvd East, avec des doubles à 70 $.

Où se restaurer

La grande route entre les différentes villes est bordée de restaurants. Plusieurs sont également installés dans le centre de Timmins et aux alentours.

Le *Bentley's*, 36 Wilson Ave, est recommandé pour ses déjeuners composés de soupes et de sandwiches.

A Schumacher, le *McIntyre Community Centre* (☎ 360-1758) sert un bon petit déjeuner, mais aussi des sandwiches et divers plats d'Europe de l'Est. Les pâtés faits maison et les tartes au beurre sont particulièrement succulents. Le *Porcupine Dante Club* (☎ 264-3185), 172 Cedar St South, prépare une cuisine italienne correcte et bon marché, au déjeuner comme au dîner. Appelez pour vérifier les heures d'ouverture.

A l'est de la ville, le *Casey's*, qui fait partie d'une chaîne de restaurants très fréquentée, est l'endroit parfait où prendre une bière. Si vous rêvez d'un dîner plus luxueux, l'*Airport Hotel* est un établissement historique, en bordure du lac Porcupine, à South Porcupine. Parmi les spécialités, mentionnons le brocheton frais.

Comment s'y rendre

Bus. Les gares ferroviaire et routière (☎ 264-1377) sont installées dans le même bâtiment, 1 Spruce Ave, non loin de l'Algonquin Blvd. Des bus Ontario Northland assurent tous les jours la liaison avec Toronto (96 $ *via* Sudbury). En été, un bus relie Timmins à Cochrane, où vous attend le *Polar Bear Express*.

Train. Aucun service ferroviaire n'est assuré à Timmins, même si Ontario Northland dessert la ville toute proche de Matheson. De là, un bus relie Timmins en une heure. Un billet de train Toronto-Timmins, avec correspondance en bus, coûte 111 $.

LE POLAR BEAR EXPRESS

Le *Polar Bear Express* est la ligne ferroviaire la plus célèbre de l'Ontario Northland Railway (☎ 1-800-268-9281). Le *Polar Bear* se rend au nord depuis Cochrane, en traversant les territoires vierges qui s'étendent jusqu'à Moosonee, la plus ancienne localité de la province, à la lisière de la baie James (qui fait partie de la vaste baie d'Hudson). Voici trois siècles, c'était un important comptoir de commerce des fourrures. Les visiteurs ont le choix entre deux possibilités. Un voyage aller et retour en une journée ou en deux jours.

L'express est avant tout destiné aux touristes et voyageurs pressés. Il part tôt le matin et revient dans la soirée, le même jour. Comptez quatre heures et demie l'aller, avec arrêt à Moosonee et à Moose Factory. Le train local, plus lent, le *Little Bear*, est emprunté par les touristes, les Indiens, les trappeurs et les géologues.

Le tarif d'été sur ces deux trains se monte à 49,20 $ l'aller-retour (taxes comprises). Il est indispensable de réserver (tarif réduit pour les familles, les enfants et les personnes âgées). On peut réserver les billets auprès d'Ontario Northland Railway à Toronto, North Bay, Timmins ou Cochrane. A Toronto, vous trouverez un bureau de renseignements à l'Union Station, la principale gare ferroviaire, située dans Front St. Le *Polar Bear Express* circule deux fois par jour (excepté le vendredi), du 24 juin au 4 septembre environ. Le *Little Bear* fonctionne toute l'année, mais pas tous les jours. En dehors de l'été, les tarifs doublent presque.

ONTARIO

Cochrane

Cette bourgade de moins de 5 000 habitants, à quelque 100 km au nord de Timmins, constitue le point de départ du *Polar Bear Express*.

Où se loger. En été, la demi-douzaine de motels de la ville affichent rapidement complet. Aussi est-il conseillé d'arriver tôt ou de réserver. Le *Northern Lites Motel* (☎ 272-4281) loue des doubles à 60 $ et possède un restaurant au sous-sol. Un peu moins cher (chambre à partir de 45 $), le *Country Haven B&B Inn* (☎ 272-6802) se dresse sur une immense propriété, à environ 23 km de la gare ferroviaire. Le petit déjeuner est inclus.

Comment s'y rendre. Depuis Cochrane, Ontario Northland Railway relie le sud à Timmins (par Matheson et un bus), North Bay et d'autres villes de la région. Plusieurs bus circulent entre ces diverses destinations. Le train Ontario Northland assure la liaison entre Toronto et Cochrane.

Moosonee

Construite à la lisière de la toundra, Moosonee constitue la destination la plus septentrionale de la majorité des touristes, à l'est du Canada. Il n'y a pas de routes. Une fois sur place, visitez les lieux historiques et les musées et profitez des excursions en bateau sur le lac.

Ontario Northland Railway vous fournira des renseignements sur les sites à visiter et les possibilités d'hébergement en ville.

Moose Factory Island, sur la rivière Moose, est le site d'un comptoir de la Compagnie de la baie d'Hudson, fondé en 1672. Il est installé à 2 km et à 15 minutes en bateau de la ville. Moose Factory compte environ 1 500 habitants, essentiellement des Cris, à l'extrémité de l'île. Vous pourrez visiter plusieurs bâtiments, le cimetière, une église anglicane datant de 1860 (avec nappes d'autel et livres de prières cris) et l'un des musées.

Pour une somme modique, un grand canoë de fret (☎ 336-2944) transporte les visiteurs jusqu'à l'île. Plus chers, des circuits incluent la traversée en bateau, un tour de l'île en bus ainsi que plusieurs autres excursions au choix (notamment à la réserve ornithologique de Ship Sands Island, sur la rivière Moose ou à la baie James).

Sur la **Tidewater Island**, entre la terre ferme et Moose Factory, s'étend un parc provincial. On peut y camper et faire des excursions. De retour à Moosonee, le second musée, **Revillon Frères Museum**, est consacré à la compagnie concurrente de celle de la baie d'Hudson, la North West Company, qui était implantée à Montréal. Le James Bay Educational Centre expose des objets exécutés par des Indiens cris.

Où se loger. Le prix des simples/doubles au *Polar Bear Lodge* (☎ (705) 336-2345), ou au *Moosonee Lodge* (☎ (705) 336-2351), s'élève à 60/78 $ environ. Il vaut mieux réserver.

ROUTE NORD

Après Cochrane, la Hwy 11 va vers l'ouest et rejoint Thunder Bay. Principale route de la province au nord, elle traverse des forêts d'arbres rabougris et plusieurs villes minières. Des terrains de camping longent la route.

L'OUEST DE SUDBURY

Depuis Sudbury, la Hwy 17 (la Transcanadienne) longe sur 300 km la rive nord du lac Huron. Comptez à peine quatre heures. La région offre quelques sites intéressants et plusieurs routes secondaires mènent à des destinations plus septentrionales. Au sud d'Espanola, la Hwy 6 aboutit à l'île Manitoulin, de l'autre côté du lac Huron.

Espanola

C'est la plus grosse bourgade entre Sudbury et Sault-Sainte-Marie. Une histoire passionnante est à l'origine de son nom.

Vers 1750, les Indiens ojibways de la région firent un raid au sud, sur un territoire aujourd'hui occupé par les États-Unis, mais qui, à l'époque, était sous contrôle espagnol. Ils ramenèrent une captive qui, par la suite, apprit l'espagnol à ses enfants. Lorsque les explorateurs français débarquèrent, ils furent passablement surpris d'entendre parler espagnol. Du coup, ils donnèrent à la localité le nom d'Espanole, qui fut ensuite anglicisé en Espanola.

Espanola est une ville de pâte à papier (EB Eddy, l'une des compagnies les plus importantes du Canada, possède une usine à Espanola) et sert de porte d'accès à l'île Manitoulin par le ferry. On peut atteindre l'île par la route, mais elle est reliée par ferry au Sud de l'Ontario (voir plus haut la rubrique *Tobermory*).

Deer Trail

Le Deer Trail désigne la route qui mène, au nord, de la grande route à Serpent Lake, traverse Elliot Lake, sillonne la région peu développée qui longe la rivière Little White et rejoint par le sud la Hwy 17 à Ironbridge.

Le parc provincial de Mississagi se trouve à peine à mi-chemin de Serpent Lake. Dans le parc, ainsi qu'à Flack Lake, vous attendent des sentiers de randonnée, avec quelques beaux exemples de fossiles, et une formation géologique appelée ride de roche.

Blind River

Située à mi-chemin entre Sudbury et Sault-Sainte-Marie, Blind River est tout indiquée pour marquer une halte. Cette petite ville est propre, agréable et possède quelques bons restaurants. Côté est de la ville se trouve un office du tourisme (☎ 1-800-263-2546), vaste et accueillant, qui pourra vous fournir des renseignements sur la région ainsi que sur Blind River.

Jouxtant l'office du tourisme, le **Timber Village Museum** retrace l'histoire de l'exploitation forestière dans la région. Vous pourrez aussi admirer des objets provenant des Indiens qui occupaient à l'origine la région, les Mississagis.

SAULT-SAINTE-MARIE

"The Soo", comme on l'appelle, occupe une position stratégique au confluent du lac Supérieur et du lac Huron. Autrefois comptoir de commerce des fourrures, la ville est aujourd'hui une importante ville industrielle et un centre fluvial. Sur la rivière de St Mary, en effet, une série d'écluses permet aux navires de remonter plus à l'ouest jusqu'au vaste lac Supérieur. Outre le canal, les usines d'acier, de pâte à papier et de bois constituent les principaux employeurs.

L'International Bridge relie la ville à son homologue américaine, dans le Michigan. Se rendre à l'ouest, en direction de Winnipeg, est relativement plus court *via* le Michigan et Duluth que par le lac, mais le trajet n'est pas aussi impressionnant.

Orientation

A l'est comme à l'ouest, les abords de Sault-Sainte-Marie sont jalonnés de restaurants, de stations-service et de motels. La Hwy 17 North devient la Great Northern Rd, puis Pim St en pénétrant dans la ville. Hwy 17 East se transforme en Wellington St, qui marque la bordure nord du cœur de la ville. Si vous souhaitez seulement traverser la ville, empruntez la bretelle pour éviter les embouteillages.

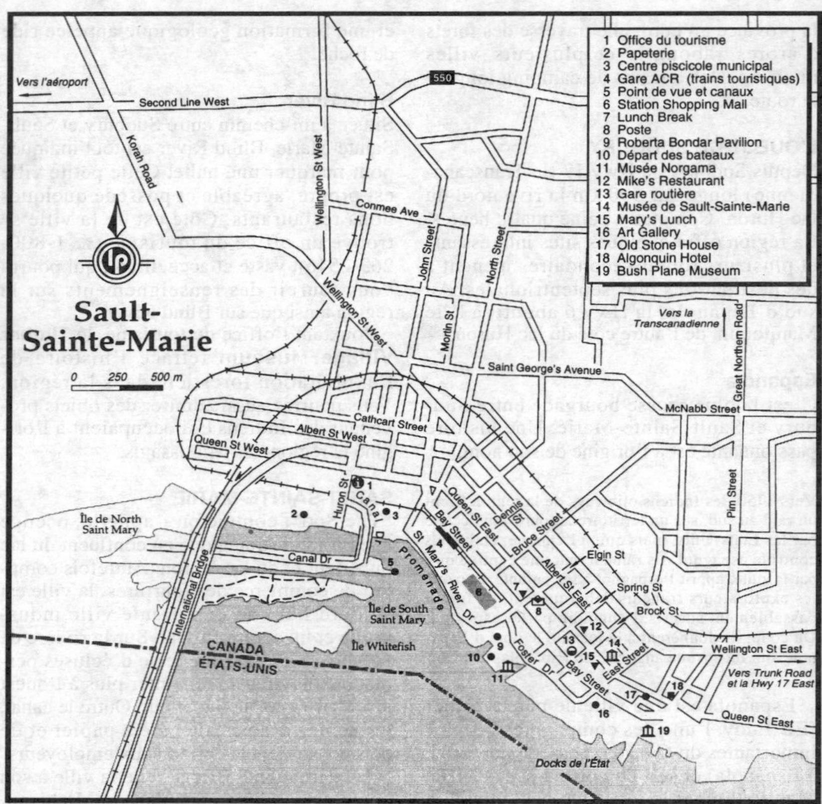

Les visiteurs ne peuvent rêver ville mieux adaptée à leurs besoins. Le centre est petit et agréable et tous les sites intéressants sont regroupés le long de Queen St, entièrement rénovée, ou alentour.

Au sud de Queen St s'étend le quartier en bordure de l'eau, qui a connu aussi quelques restaurations ces dernières années. La politique de rénovation qui se poursuit encore a contribué à la création d'un centre-ville apprécié des habitants comme des visiteurs.

Nombre d'attractions de la ville, mais aussi la gare routière, le Station Shopping Mall (un gigantesque centre commercial) et plusieurs hôtels sont regroupés dans ce secteur, à une courte distance à pied les uns des autres. Dans le proche voisinage vous trouverez également le principal office du tourisme.

La ville compte aussi deux bâtiments d'une indéniable originalité : l'imposant palais de justice, qui se dresse au centre de Queen St, et la cathédrale Precious Blood, construite en calcaire gris-rouge, en 1875, et qui, à l'origine, était une mission jésuite. Queenstown désigne la partie rénovée du centre-ville.

Renseignements

Vous trouverez un office du tourisme moderne, l'Ontario Travel Information (☎ 945-6941), à l'angle de Huron St et de Queen St West, tout à côté de l'International Bridge qui relie le Canada aux États-Unis. On vous fournira cartes, guides et conseils, et vous pourrez changer de l'argent. Le bureau est ouvert tous les jours en été.

Écluses et canaux

Si Sudbury est une cité minière, Sault-Sainte-Marie est une ville d'écluses. A l'angle sud-ouest du centre-ville, en bas de Huron St (à côté de l'International Bridge) se trouvent les écluses qui relient le lac Supérieur au lac Huron. L'étroite rivière de St Mary, avec ses rapides, assure la liaison entre les deux lacs. C'est à cet endroit que les écluses furent construites, en 1895, pour permettre aux cargos de remonter plusieurs centaines de kilomètres à l'intérieur des terres.

La dénivellation entre les 2 lacs est de 7 m. On peut observer le trafic souvent continu sur le lac (environ 80 cargos le traversent chaque jour en été) d'un observatoire ou des écluses. Longez les écluses jusqu'à l'île de South St Mary, où vous attend un chemin de promenade circulaire. Plus au sud, toute proche du rivage, mais inaccessible sans bateau, l'**île Whitefish** a été déclarée site historique national. Pendant deux millénaires, les Indiens ojibways ont pêché dans ces eaux magnifiques.

Des visites des écluses en bateau (☎ 253-9850) partent des docks à côté du Civic Centre, dans Foster Drive, parallèle à Bay St au sud, au centre-ville.

La promenade en planches

Une promenade en planches longe la rivière au départ de Bay St, derrière le Station Shopping Mall (centre commercial), offrant de belles vues sur la rivière et sur les États-Unis. On peut aussi pêcher dans plusieurs endroits et nombre d'attractions de la ville sont regroupées sur la rivière ou à proximité.

Musée de Sault-Sainte-Marie

Occupant un bâtiment classé, 690 Queen St East, à l'angle d'East St, ce petit musée très bien organisé (☎ 759-7278) propose plusieurs expositions relatives aux Indiens, aux explorateurs, au commerce des fourrures, à l'exploitation forestière, à la géologie et à d'autres aspects de la région. La salle consacrée aux Inuit est passionnante. Le musée est ouvert de 9h à 16h30, du lundi au samedi, ainsi que le dimanche après-midi. L'entrée coûte 2 $.

Old Stone House

Également connue sous le nom de Ermatinger House (☎ 759-5443), elle fut construite en 1814 par un marchand de fourrures anglais et sa femme ojibway. C'est la plus vieille maison de pierre à l'ouest de Toronto, et de nombreux explorateurs y firent escale, notamment Simon Fraser et Alexander MacKenzie. L'intérieur de la maison a été restauré et contient des meubles datant du XIXe siècle. On y répondra à vos questions. La maison est ouverte tous les jours en été, du lundi au vendredi le reste de l'année. L'entrée est gratuite. Elle se trouve 831 Queen St East, près de l'angle avec Pim St.

Réserve de Kinsmen-Crystal Creek

Connue localement sous le nom de parc Hiawatha, cette réserve s'étend à environ 10 mn en voiture de Great Northern Rd, au nord-ouest du centre-ville de Sault-Sainte-Marie. Arrêtez-vous à la Hiawatha Lodge. Vous y trouverez un bassin où vous baigner et des chutes à Crystal Creek. De là partent de nombreux sentiers de randonnée, dont la longueur varie entre 2 et 10 km. L'entrée est gratuite.

Gros Cap

A une vingtaine de kilomètres à l'ouest, sur la Hwy 550, cette corniche s'élève à environ 150 m au-dessus du lac Supérieur et du parc de Blue Water. En escaladant les falaises, vous aurez une vue superbe sur le lac Supérieur. Ou bien empruntez le Voyageur Trail (signalé par des bandes blanches) qui serpente le long de la crête et offre de beaux points de vue sur la rivière de St Mary et le lac. Un jour, le sentier reliera l'île Manitoulin à Thunder Bay mais, pour le moment, il s'étend de Gros Cap, à 200 km à l'est, à Serpent River, sur la Hwy 108, qui longe le North Channel du lac Huron.

A côté du parc et du parking, le *Blue Water Inn* (☎ 779-2530) est réputé pour sa cuisine, et il est tout particulièrement fréquenté certains week-ends, lorsque le propriétaire fait tourner d'énormes barbecues. L'auberge est ouverte seulement en été.

Agawa Canyon et Algoma Central Railway

Agawa Canyon est une contrée sauvage, accessible uniquement par les trains ACR. Les 500 km de ligne reliant Sault-Sainte-Marie à la ville de Hearst au nord traversent un splendide paysage de montagnes, de chutes d'eau, de vallées et de forêts. La voie, construite au début du siècle, fut conçue à l'origine pour transporter des matériaux jusqu'aux usines de Sault-Sainte-Marie.

Le voyage aller et retour dans la journée dure neuf heures, avec un arrêt de deux heures pour une rapide promenade, une partie de pêche ou un pique-nique dans le canyon.

Il y a un wagon-restaurant à bord du train ; des snacks et des boissons sont également disponibles. Un billet coûte 46 $ (réductions considérables pour les enfants). Le train part à 8h tous les jours, de juin à octobre. C'est un voyage très prisé, aussi est-il conseillé de réserver au moins deux jours à l'avance.

D'autres voyages vous emmèneront tout au bout de la ligne, jusqu'à la ville de **Hearst** (5 500 habitants). Comptez neuf heures. Hearst est essentiellement une ville francophone, seulement 15% de la popula-

Roberta Bondar, une femme hors du commun

Officiellement, cinq Canadiens ont navigué dans l'espace. Chacun a voyagé à bord d'une des navettes spatiales de la Nasa. Marc Garneau fut le premier en 1984 et il renouvela l'expérience en 1996. Roberta Bondar, quant à elle, accomplit son premier vol à bord de *Discovery* en 1992. Steve MacLean, au cours de la même année, et Chris Hadfield à la fin de 1995, ont rejoint ce clan très fermé. C'est en 1996 que Robert Thirsk a participé au vol spatial en navette le plus long : 17 jours. Ses recherches ont permis d'ouvrir la voie aux prochaines stations orbitales et d'assurer au Canada un rôle croissant dans la conquête de l'espace.

Comment devient-on la première astronaute canadienne ? Roberta Bondar naît à Sault-Sainte-Marie en 1945. Élève brillante, la jeune fille remporte également le titre d'athlète de l'année à l'issue de sa scolarité secondaire. Elle intègre ensuite l'université où elle décroche un diplôme en zoologie et en agriculture, tout en entraînant l'équipe de tir à l'arc et en passant sa licence de pilotage. Poursuivant ses études, elle est bientôt titulaire d'une maîtrise de pathologie expérimentale, à laquelle vient s'ajouter un doctorat en neurobiologie. Cette surdouée conclut son palmarès universitaire par un doctorat en médecine.

Pour ses loisirs, elle s'initie au saut en parachute et obtient un diplôme de plongée sous-marine. Elle devient rapidement professeur assistant puis chef d'une clinique spécialisée dans le traitement de la sclérose en plaques. Mais un désir la tenaille depuis toujours : devenir astronaute. Elle sera l'une des six personnes sélectionnées sur les 4 300 autres Canadiens qui rêvent également de décrocher les étoiles. Inutile de vous détailler l'entraînement qu'elle suit alors 12 heures par jour.

En qualité de scientifique, elle étudie à bord de la navette les effets de l'apesanteur sur le corps humain. A son retour, elle publie le récit de son expérience, *Touching the Earth*, illustré par bon nombre de ses propres photos. Elle se décrit comme une "tornade organisée" ! ■

tion est anglophone. Elle vit surtout de l'exploitation forestière, mais possède une petite université.

Au-delà du canyon, la voie traverse une région de lacs et de forêts, avec ponts et tourbières, plus plate, moins impressionnante. Le voyage dure deux jours avec une étape nocturne au terminal nord. Il est aussi possible de rester à Hearst le temps que l'on veut. Vous trouverez des motels et des B&B : renseignez-vous à l'office du tourisme de Sault-Sainte-Marie. Depuis Hearst, des bus vous emmèneront à l'ouest ou à l'est.

Enfin, il existe un train de passagers utilisé par les pêcheurs, les trappeurs, les chasseurs, les propriétaires de gîtes et d'autres habitants de la région. Ce train s'arrête où vous le souhaitez ou à la demande des voyageurs qui attendent le long de la voie. Cela explique la lenteur du voyage, que certains trouvent pittoresque et qui fournit le seul véritable accès à la région.

Le tarif est calculé en fonction des miles parcourus (28 cents par mile).

On pourra vous fournir des renseignements sur les randonnées, la pratique du canoë, les baignades, le camping et les centres de pêche dans le canyon ou aux abords, à la gare ferroviaire. A bord du train, vous êtes autorisé à transporter canoë, bateau et jusqu'à trois caisses de bière par personne !

A Sault-Sainte-Marie, la gare (☎ 946-7300) est installée à l'angle de Bay St et de Gore St, à côté du Station Shopping Mall (un centre commercial), dans le centre-ville. Elle dispose d'un parking gratuit.

Randonnée

Partiellement achevé, le Voyageur Hiking Trail reliera un jour l'île Manitoulin à Thunder Bay. Le plus long tronçon achevé part à l'est de Soo (voir à la rubrique *Gros Cap*) pour rejoindre Serpent River, petit village au sud d'Elliot Lake, sur une distance d'environ 200 km. C'est un itinéraire difficile.

Pour des informations complètes, contactez la Voyageur Trail Association, qui dispose d'un bureau à Sault-Sainte-Marie.

Circuits organisés

Tour de la ville. Hiawathaland Sightseeing Tours (☎ 759-6200) possède un guichet de billets en bordure de l'eau, près de l'Holiday Inn, et assure quatre circuits différents en bus dans Sault-Sainte-Marie et alentour. La visite de la ville en bus à deux étages dure une heure et demie et coûte 8,75 $.

Où se loger

Camping. Plusieurs terrains de camping sont disséminés près de la ville, mais ne sont guère rustiques. L'*Obijway Park* (☎ 248-2671) se trouve à 10 mn de voiture de la ville sur la Hwy 17 North (appelée la Great Northern Rd, en ville). Un emplacement pour une tente coûte 12 $ la nuit.

KOA (☎ 759-2344), pour tentes et camping-cars, est installé à 8 km au nord de la ville, sur la Hwy 17. Bifurquez à l'ouest au feu orange (Fifth Line). Longeant la rivière, le parc est équipé d'une laverie, d'un magasin et d'une piscine. L'emplacement d'une tente deux places coûte 19 $.

Un peu plus loin se cache *Pointe des Chênes* (☎ 779-2696), en bordure de la rivière de St Mary. Parcourez 12 km à l'ouest sur la Hwy 550 en direction de la Hwy 565, puis 10 km au sud après l'aéroport, vers le parc. Il contient 82 emplacements. Les tarifs sont semblables à ceux pratiqués par KOA.

Auberges de jeunesse. Filiale de l'Hostelling International (HI), l'*Algonquin Hotel* (☎ 253-2311) est un établissement avantageux pour les membres comme pour les non-membres. Sa situation centrale est unique, au 864 Queen St East (à l'angle de Pim St), à une distance raisonnable à pied de tous les centres d'intérêt. Les chambres sont simples, mais propres, et disposent toutes d'au moins un évier. Les simples/doubles coûtent 19/21 $ pour les membres, un dollar de plus pour les non-membres, tarifs auxquels s'ajoutent les taxes. Une chambre à quatre revient au même prix que pour deux. Le rez-de-chaussée abrite un bar très fréquenté. Si vous préférez le calme, demandez qu'on vous loge à l'étage.

B&B. L'adresse la plus centrale et la moins chère, *Lil & Oscar Herzog* (☎ 253-8641), 99 Retta St, à l'est du centre-ville, par Wellington St, loue des simples/doubles à 22/28 $. D'une catégorie supérieure, le *Top O'The Hill* (☎ 253-9041), 40 Broos Rd, se profile dans le secteur nord-est de la ville, à environ 10 mn en voiture du centre. Les prix se montent à 45/55 $, petit déjeuner compris. Autre option, le *Hillsview* (☎ 759-8819), qui propose des doubles à 45 $.

Hôtels. Consultez la rubrique *Auberges de jeunesse* ci-dessus, concernant l'Algonquin Hotel. Également central et confortable, le *Days Inn* (☎ 759-8200), 320 Bay St, au bord de la rivière, propose des simples/doubles à 80/90 $. Vous aurez accès à un restaurant et à une piscine chauffée. Le bar Jolly Roger est la seule brasserie de la ville.

Motels. Le *Shady Pines Motel* (☎ 759-0088), à l'est, 1587 Hwy 17, est le meilleur marché. Malgré son aspect, il est confortable. De grandes chambres modernes donnent sur une cour ombragée d'arbres avec tables de pique-nique et barbecues. Les simples/doubles coûtent 30/35 $.

L'établissement tout blanc, 859 Trunk Rd (tronçon de la Hwy 17 East), le *Travellers Motel* (☎ 946-4133) loue des doubles à partir de 40 $ et TV couleur et kitchenettes sont disponibles. Le *Holiday* (☎ 759-8608), 435 Trunk Rd, est un établissement charmant. Les simples/doubles coûtent 36/42 $.

Comfort Inn by Journey's End (☎ 759-8000), 333 Great Northern Rd, au nord de Northern Ave, est confortable, propre et très fréquenté. Il fait partie d'une chaîne importante. Comptez 87 $ pour une double. D'autres motels sont disséminés le long de Great Northern Rd, qui rejoint au nord la Transcanadienne (vers l'ouest).

Où se restaurer

La plupart des restaurants bordent la route principale. Toutefois, vous trouverez principalement cités ci-dessous les établissements rassemblés dans le centre-ville. Queen St, notamment, abonde en bonnes gargotes du type comptoirs à l'ancienne, où l'on peut déjeuner. Le *Coral Coffee Shop*, 470 Queen St (près de Spring St), est un classique du genre. On y sert des soupes faites maison, des muffins, du chili, etc., ainsi que des petits déjeuners bon marché. C'est peut-être le seul établissement qui propose des menus en braille. Minuscule, *Mike's*, 518 Queen St, dispose d'une demi-douzaine de tabourets. Il fonctionne depuis 1932. Les repas coûtent moins de 7 $.

Au 663 Queen St East, non loin du croisement avec East St, le *Mary's Lunch*, établissement à l'ancienne, sert une nourriture faite maison, dont le pain. Vous y trouverez notamment le petit déjeuner le meilleur marché de la ville. Le *Lunch Break*, 75 Elgin St, propose une cuisine d'inspiration germanique. Il est ouvert seulement en semaine.

Les deux spécialités de Sault-Sainte-Marie sont la truite du lac et le corégone. Le *Muio's*, à l'angle, au 685 Queen St East, est un endroit bon marché où ces deux poissons apparaissent sur le menu. Il offre aussi des spécialités du jour, notamment un repas complet avec choux farcis pour 7,25 $ (difficile de trouver moins cher). Il est ouvert le dimanche.

La cuisine italienne est en vogue à Sault-Sainte-Marie. Le *Suriano's*, 357 Trunk Rd, a le vent en poupe. Le *Barsanti Small Frye*, 23 Trunk Rd (Hwy 17 East), est recommandé pour sa nourriture correcte, ses prix bon marché, son personnel accueillant et son atmosphère. Il existe depuis 75 ans et il est ouvert tous les jours de 7h à 24h.

Comment s'y rendre

Avion. Des vols réguliers Air Canada et Canadian Airlines desservent Sault-Sainte-Marie.

Bus. La gare routière (☎ 949-4711), utilisée par les seuls bus Greyhound, se trouve dans le centre-ville, 73 Brock St.

Quatre bus par jour desservent Sudbury. De là, trois bus se rendent quotidiennement à Toronto (94 $) ou Ottawa (109 $). Il y a trois bus tous les jours pour Winnipeg

(127 $). Ontario Northland dessert Wawa. Pour les bus à destination de Detroit ou Chicago, vous devez vous rendre au terminal des bus urbains (pour plus de détails, voir la rubrique *Comment circuler*, ci-après).

Le stop. Sault-Sainte-Marie sert de plaque tournante à tous les auto-stoppeurs en route pour l'est ou l'ouest. En été, des quantités de randonneurs envahissent la ville, sac au dos. Si vous vous dirigez vers l'ouest, n'oubliez pas que la route est longue jusqu'à Winnipeg et qu'elle offre peu à voir. Les nuits sont froides et les promenades rares. Essayez de vous rendre directement jusqu'à Thunder Bay (715 km), puis de là à Winnipeg.

Comment circuler

Desserte de l'aéroport. L'aéroport est situé à 13 km, à l'ouest, par la Hwy 550, puis à 7 km au sud par la Hwy 565. Des navettes relient l'aéroport aux grands hôtels comme l'Holiday Inn et l'Empire Hotel.

Bus. Le terminal des bus urbains (☎ 759-5438) se trouve à l'angle de Queen St et de Dennis St. Le bus Riverside en provenance du centre rejoint, à l'est, Algoma University, près de Belvedere Park. Un autre bus part du terminal et traverse le pont pour se rendre dans le Michigan (États-Unis). On peut y prendre les bus longue distance. Des taxis vous feront également traverser le pont.

LES ENVIRONS DE SAULT-SAINTE-MARIE

Baie de Batchawana

Vous pourrez passer un après-midi détendu, voire une journée, au nord du lac Supérieur, dans la baie de Batchawana et alentour. Le paysage est superbe et la baie offre plage (l'eau est froide) et quantité de motels, centres touristiques et bungalows.

Considérés comme le point central du Canada, les **Chippewa Falls** sont à 45 mn en voiture. Comptez 75 km de la ville aux Agawa Indian Crafts, un endroit réputé. Vous y trouverez deux cascades, deux parcs provinciaux et un agréable littoral.

Île Saint-Joseph

L'île est située sur le canal reliant le Michigan à l'Ontario, à 50 km à l'est de Sault-Sainte-Marie. C'est une île rurale où l'on vient se baigner, pêcher et visiter le **site historique de fort Saint-Joseph**. Le fort britannique date du début du XVIIIe siècle.

L'île compte plusieurs terrains de camping privés, un motel et un B&B. On y accède par un pont gratuit, par la Hwy 17.

LES ENVIRONS NORD DU LAC SUPÉRIEUR

De Sault-Sainte-Marie à Thunder Bay, la Transcanadienne est l'une des rares routes à traverser les étendues à peine peuplées de l'Ontario septentrional. C'est une vaste région de lacs et d'exploitations forestières.

Cette belle et paisible contrée est dominée par le très impressionnant lac Supérieur – autrefois appelé Gitche Gumee (Grande Eau salée) par les Indiens ojibways. Symbole de la nature, le plus vaste des cinq Grands Lacs est tantôt superbe, tantôt brutal. Encore aujourd'hui, les naufrages sont terribles lorsqu'il se déchaîne.

Les environs du lac inspirèrent plusieurs peintres du Groupe des Sept, tout comme le poète Henry Wadsworth Longfellow.

Parc provincial du lac Supérieur

La Hwy 17 traverse sur 80 km ce vaste parc naturel, situé au nord de Sault-Sainte-Marie. Parc magnifique, il offre de beaux paysages accidentés, avec des rivières serpentant dans les zones boisées, à l'intérieur, tandis que sur le littoral alternent caps rocheux et plages sablonneuses.

Le parc (☎ 856-2284) compte trois terrains de camping, des sentiers de randonnée longs et courts, généralement accessibles de la route principale, et sept voies canotables. Des naturalistes proposent des promenades guidées.

On peut aussi y pêcher. Enfin, de nombreux mammifères résident dans le parc, y compris des ours.

Dans la **baie d'Agawa**, vous verrez des pictogrammes indiens sur les rochers du littoral qui, pense-t-on, commémoraient

L'orignal, à l'envergure impressionnante, appartient à la famille des cervidés

une traversée du lac. A noter les crevasses dans les rochers le long du chemin. Plus loin, arrêtez-vous à **Sand River** et descendez jusqu'à la plage. Même si l'eau est froide, la belle plage sablonneuse, longue et déserte, a des airs de paradis tropical. Pour accéder à la partie est du parc, moins visitée, où il n'y a pas de route, renseignez-vous sur le train qui rejoint la bordure est. On peut le prendre à Frater, à l'extrémité sud du parc ou à Hawk Junction. Ce dernier est un petit village à l'extérieur de la limite nord du parc, à l'est de la ville de Wawa.

La ligne ferroviaire fait partie de l'Algoma Central Railway. Pour plus de détails, consultez la rubrique *Sault-Sainte-Marie, Agawa Canyon*.

Randonneurs et adeptes du canoë, attention à la pluie. C'est l'une des régions les plus arrosées de l'Ontario. Brouillard et brume enveloppent souvent les sentiers. Comme toujours, les campings situés à l'intérieur coûtent quelques dollars de moins que les terrains aménagés.

Wawa

Indiquée par l'énorme oie en acier qui se dresse en bordure de la ville, Wawa est un petit centre minier (fer). Le nom, un terme ojibway, signifie "oie sauvage". Il lui fut attribué à cause des milliers d'oies qui s'arrêtent sur le lac Wawa lors de leur migration.

Wawa constitue un centre de ravitaillement pour les parcs environnants. En été, les motels affichent souvent complet. A 15 km à l'ouest de la ville, au bord du lac Catfish, le confortable *Lakewood Motel* (☎ 856-2774) mérite le détour. Le *Pine Ridge Motel*, à 5 km à l'ouest de Wawa, propose des repas corrects.

Chapleau

Chapleau est un petit centre touristique et d'exploitation forestière à l'intérieur des terres. De nombreux parcs provinciaux sont disséminés dans la région – il y en a trois dans un rayon de 80 km. Le **parc de Missinaibi Lake** (☎ 864-1710) se trouve au milieu de la **réserve de Chapleau**, la plus étendue de l'hémisphère Nord. La forêt boréale est idéale pour le camping sauvage, le canoë ou la pêche. Les offices du tourisme alentour vous fourniront la liste des voies canotables. On compte 12 itinéraires de 1 à 14 jours, avec 5 à 47 portages.

White River

De retour sur la Transcanadienne, c'est la bourgade la plus froide du Canada, avec des températures de l'ordre de -50 °C. White River dispose de deux motels, à un prix abordable.

VIA Rail relie la ville à Sudbury. La gare se trouve dans Winnipeg Rd, à une courte distance à pied de la route principale.

Parc national de Pukaskwa

Le parc est seulement accessible à pied ou en bateau (pas de route !). De Heron Bay, par la Transcanadienne, non loin de Marathon, part une petite route, la Hwy 627, qui rejoint la lisière du parc à Hatties Cove. Vous y trouverez un petit terrain de camping (67 emplacements) et un centre de renseignements pour les visiteurs (☎ (807) 229-0801). Dans le parc, on peut pratiquer le canoë et faire quelques descentes sur la Pukaskwa et la White River, plus accessible. Le parc est ouvert de fin mai à la troisième semaine de septembre.

Les mois d'hiver, vous pouvez explorer les promontoires à proximité de Hatties Cove en raquettes. Il existe aussi une piste de ski de fond sur l'aire de camping. Le parc est ouvert toute l'année. Les équipements fonctionnent de début juin à fin septembre.

Parc provincial de Slate Islands

Situé au large de la petite bourgade de **Terrace Bay**, cet ensemble d'îles abrite des centaines de caribous. Parfois, leur surabondance fait que la nourriture se raréfie et, certains hivers, ils doivent payer un lourd tribut.

Réserve provinciale de Ouimet Canyon

A environ 45 km de Nipigon et 40 km à l'est de Thunder Bay, au nord-est de la route principale, ce parc encercle un grand canyon de 3 km de long sur 150 m de largeur et de profondeur. Les parois du gouffre sont pratiquement perpendiculaires. On a récemment installé des barrières et des postes d'observation au bord du canyon, d'où vous aurez une vue à couper le souffle.

Officiellement, il n'est pas possible de camper. Il n'existe pas non plus de transport public, ce qui contribue à la propreté et à la sérénité de la réserve.

THUNDER BAY

Appelée "the Lakehead", Thunder Bay (sur la rive nord du lac Supérieur) est composée de deux villes, Fort William et Port Arthur. Sa population s'élève à 113 000 habitants. Bien que très en retrait à l'intérieur des terres, c'est l'un des principaux ports du Canada. Il assure notamment le transbordement des céréales. Thunder Bay est la première ville du monde en matière de stockage de céréales.

Sise à mi-chemin entre Sault-Sainte-Marie et Winnipeg – 720 km de chaque côté –, Thunder Bay constitue une bonne halte. La ville en elle-même offre peu d'intérêt, mais le paysage est superbe.

Deux Français furent les premiers Européens à pénétrer dans la région en 1662. Pendant des siècles, il y eut seulement un comptoir de commerce des fourrures. En 1869 fut entreprise la route des pionniers vers l'ouest, la Dawson. En 1882, le chemin de fer de la Canadian Pacific Railway arriva puis, peu après, le premier chargement de blé de la prairie à destination de l'est par voie fluviale.

L'étrange péninsule rocheuse au large joue un rôle important dans la mythologie indienne. Elle serait le Grand Esprit, Nanabijou, qui fut transformé en pierre, à la suite d'une promesse non tenue. Aujourd'hui, la formation porte le nom d[e] Sleeping Giant (Géant qui dort).

Orientation

Thunder Bay dispose de deux centres[...] cipalement reliés par Fort William[...] Memorial Ave. Quant au secteur i[...]

ONTARIO

diaire, il englobe uniquement quelques fast-foods et le vaste Inter City Shopping Mall (centre commercial).

Port Arthur (Thunder Bay North), plus proche de la rive du lac, semble plus prospère, plus moderne et, en règle générale, plus attrayant. Les rues principales sont Red River Rd et Cumberland St. Port Arthur's Landing, par Water St, consiste en un secteur de quais rénové, doté d'un parc. L'office du tourisme de la pagode se trouve de l'autre côté de la rue. Cette moitié de Thunder Bay compte une importante population finlandaise, comme le montrent plusieurs restaurants dans Bay St.

Bien que datant de la même époque, Fort William (Thunder Bay South) paraît plus ancien, plus terne, et dénué de l'activité caractéristique de l'autre centre-ville. Les rues principales sont May St et Victoria Ave. A leur croisement est implanté le centre commercial Victoriaville qui rassemble toute l'animation du secteur. L'office du tourisme se trouve tout à côté.

De chaque côté de Thunder Bay s'étire un cordon de motels et de restaurants.

Renseignements

L'office du tourisme (☎ 983-2041) est installé au Terry Fox Lookout, à 6 km à l'est de la ville, sur la Hwy 11/17. Il est ouvert tous les jours.

A Port Arthur, le principal office du tourisme estival (☎ 684-3670) est central, dans la pagode 1910 du parc, à l'angle de Red River Rd et de Water St. Il est ouvert tous les jours.

A Fort William, un bureau (☎ 625-3669) [illegible]e cache dans le parc central Paterson, au [illegible]isement de May St et de Miles St. Hors [illegible] vous pourrez obtenir des informa[illegible] Visitors & Convention Bureau [illegible]667-8386), 520 Leith St (il [illegible] de tourisme). Un autre gui[illegible]n est implanté à Old Fort [illegible]

[illegible] Tourism (☎ 1-800- [illegible]ctoria Ave East, [illegible] des renseignements [illegible]a région.

L'hôpital de Port Arthur est implanté 460 Court St North.

Thunder Bay Museum

Ce petit musée historique (☎ 623-0801), récemment relogé dans l'ancien poste de police, 425 Donald St East, contient des objets indiens et une collection de vestiges les plus divers sur l'histoire de la région, relatifs au commerce des fourrures, à l'exploitation minière et aux premiers pionniers. Le musée est ouvert tous les jours en été et l'entrée est gratuite.

Le port

Le port de Thunder Bay est l'un des plus grands ports du Canada, en raison des tonnes de grains stockés grâce aux gigantesques élévateurs sis en bordure du lac. Terminaux, élévateurs et autres procédés de stockage s'étendent sur 45 km de quais. Dans les chantiers navals de Port Arthur sont construits et réparés de gigantesques cargos.

La Harbour Commission (☎ 345-6400) peut organiser des visites guidées pour ceux que le fonctionnement du port fascinerait.

Île Mission

Malgré l'aspect industriel du port, la vie n'en est pas pour autant inexistante. Sur l'île Mission, au sud-est d'Arthur St, la Lakehead Region Conservation Authority a conçu une réserve ornithologique pour les oiseaux marins. Pendant les migrations de printemps et d'automne, on peut admirer des milliers de volatiles sur les 40 hectares de marécages. On y accède en suivant les panneaux, après avoir traversé le pont, au bout de South Syndicate Ave.

Parcs

Centennial Park. C'est un vaste parc naturel boisé, situé à l'extrémité est de Port Arthur, près de la Hwy 17. Il longe la rivière Current, qui coule dans le lac Boulevard avant de pénétrer dans le lac Supérieur. Le parc se trouve juste après le pont du lac Boulevard, par Arundel St. L'entrée est gratuite. Plusieurs sentiers longent la rivière et traversent les bois.

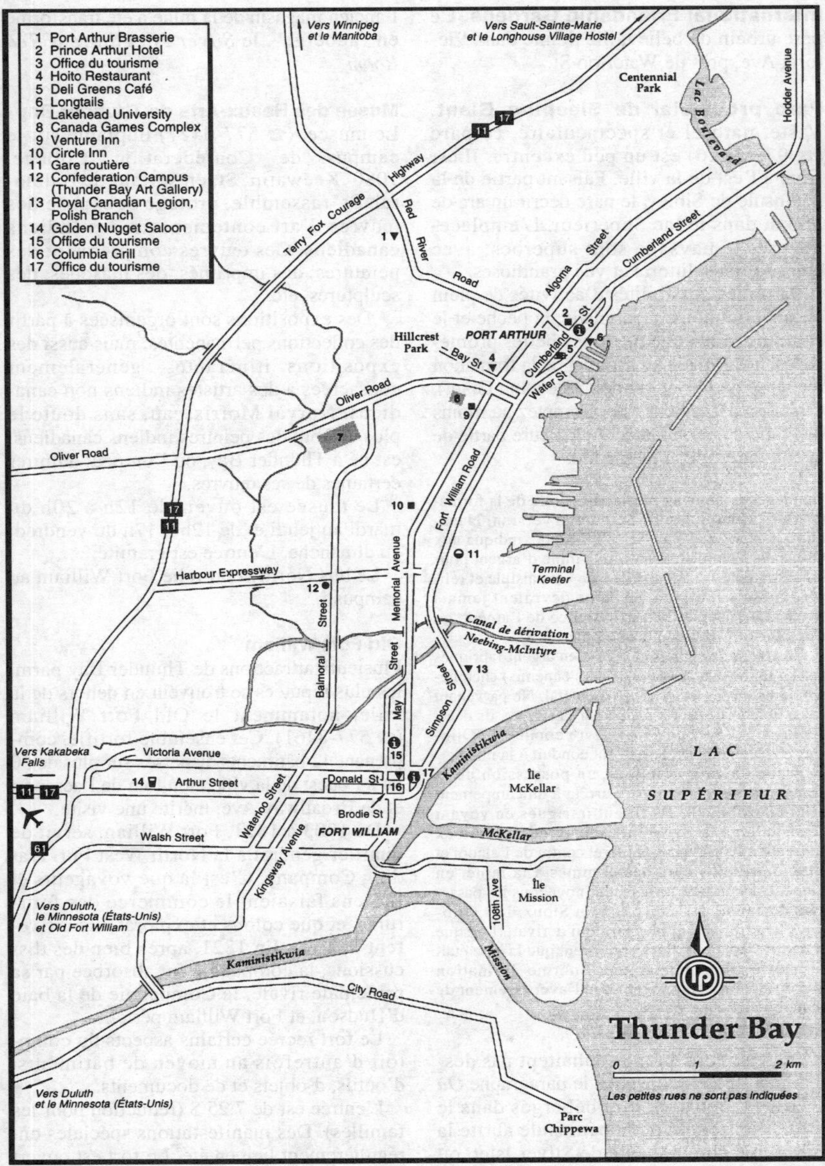
1 Port Arthur Brasserie
2 Prince Arthur Hotel
3 Office du tourisme
4 Hoito Restaurant
5 Deli Greens Café
6 Longtails
7 Lakehead University
8 Canada Games Complex
9 Venture Inn
10 Circle Inn
11 Gare routière
12 Confederation Campus (Thunder Bay Art Gallery)
13 Royal Canadian Legion, Polish Branch
14 Golden Nugget Saloon
15 Office du tourisme
16 Columbia Grill
17 Office du tourisme
Vers Winnipeg et le Manitoba
Vers Sault-Sainte-Marie et le Longhouse Village Hostel
Centennial Park
Lac Boulevard
Hodder Avenue
Terry Fox Courage Highway
Red River Road
Algoma Street
Cumberland Street
PORT ARTHUR
Hillcrest Park
Bay St
Cumberland St
Water St
Oliver Road
Oliver Road
Fort William Road
Memorial Avenue
Balmoral Street
Harbour Expressway
Terminal Keefer
Canal de dérivation
Neebing-McIntyre
Simpson Street
May Street
Kaministikwia
LAC SUPÉRIEUR
Île McKellar
Vers Kakabeka Falls
Victoria Avenue
Arthur Street
Donald St
Brodie St
FORT WILLIAM
Waterloo Street
Kingsway Avenue
Walsh Street
McKellar
108th Ave
Île Mission
Mission
Vers Duluth, le Minnesota (États-Unis) et Old Fort William
Kaministikwia
City Road
Thunder Bay
0 1 2 km
Les petites rues ne sont pas indiquées
Vers Duluth et le Minnesota (États-Unis)
Parc Chippewa

International Friendship Gardens. Ce parc urbain de belle taille donne dans Victoria Ave, près de Waterloo St.

Parc provincial de Sleeping Giant. Vaste, naturel et spectaculaire, ce parc (☎ 977-2526) est un peu excentré. Il est situé à l'est de la ville. Faisant partie de la péninsule de Sibley, le parc décrit un arc de 35 km dans le lac Supérieur. L'emplacement et le paysage sont superbes, avec bois, collines, littoral et vue grandioses.

Parmi les possibilités d'activités de plein air, mentionnons la baignade, la pêche et le camping, ainsi que quelques belles promenades, notamment au sommet de la formation rocheuse du Géant qui dort (Sleeping Giant), d'où l'on a une belle vue. Comptez au moins deux jours pour traverser la majeure partie de la côte ouest de la péninsule.

Une légende ojibway raconte l'histoire de la formation du Géant qui dort. Selon une version, Nanabijou, l'esprit de l'Eau Salée Profonde, indiqua aux Ojibways l'emplacement d'une mine d'argent pour les récompenser de leur mode de vie paisible et religieux. Mais il ajouta qu'ils ne devraient jamais révéler aux peuples blancs la source de l'argent, ou il se transformerait à jamais en pierre.

En voyant les objets et bijoux en argent fabriqués par les Ojibways, les Sioux (leurs ennemis) cherchèrent à découvrir les origines du métal. Ne parvenant pas à obtenir ce secret même par la torture, ils décidèrent d'envoyer un Sioux vivre comme un Ojibway. Finalement, ce dernier fut conduit à la mine.

Sur le chemin de retour, en possession de la grande nouvelle, le Sioux s'arrêta à un campement d'hommes blancs. Ils furent intrigués en voyant l'échantillon d'argent qu'il avait avec lui. Le Sioux consentit à leur livrer son secret contre de l'alcool et à conduire plusieurs des hommes à la mine, en canoë. Une tempête se leva, qui noya tous les passagers du canoë, à l'exception du Sioux. Les Ojibways le retrouvèrent plus tard qui dérivait. Lorsque le temps s'éclaircit, ils découvrirent que la baie était en partie bloquée par une énorme formation rocheuse, et ils comprirent que l'avertissement de Nana-bijou s'était réalisé.

Les visiteurs qui ne souhaitent pas descendre à l'hôtel (consultez le paragraphe *Où se loger*), pourront être hébergés dans le parc. L'extrémité de la péninsule abrite la minuscule communauté de Silver Islet, où l'ancien magasin de la mine a été transformé en "auberge", le *Silver Islet Store & Tea Room.*

Musée des Beaux-Arts de Thunder Bay

Le musée (☎ 577-6427) implanté sur le campus de Confederation College, 1080 Keewatin St, en sortant de Balmoral St, rassemble, protège et expose des œuvres d'art contemporain des Indiens canadiens. Ces œuvres comprennent des peintures, des imprimés, des masques, des sculptures, etc.

Des expositions sont organisées à partir des collections permanentes, mais aussi des expositions itinérantes, généralement consacrées à des artistes indiens non canadiens. Norval Morrisseau, sans doute le plus célèbre des peintres indiens canadiens, est né à Thunder Bay, où l'on peut admirer certaines de ses œuvres.

Le musée est ouvert de 12h à 20h du mardi au jeudi et de 12h à 17h du vendredi au dimanche. L'entrée est gratuite.

Le bus Northwood relie Fort William au campus.

Old Fort William

Plusieurs attractions de Thunder Bay parmi les plus réputées se trouvent en dehors de la ville, notamment le Old Fort William (☎ 577-8461). Cet ensemble fortifié, comprenant 42 bâtiments dispersés sur plus de 50 ha à l'ouest de la ville, non loin de l'aéroport et de Broadway Ave, mérite une visite.

De 1803 à 1821, Fort William servit de quartier général à la North West Fur-Trading Company. C'est là que voyageurs et Indiens faisaient le commerce des fourrures, et que colons et explorateurs arrivèrent de l'est. En 1821, après bien des discussions, la compagnie fut absorbée par sa principale rivale, la Compagnie de la baie d'Hudson, et Fort William périclita.

Le fort recrée certains aspects du comptoir d'autrefois au moyen de bâtiments, d'outils, d'objets et de documents.

L'entrée est de 7,25 $ (réduction pour les familles). Des manifestations spéciales ont régulièrement lieu en été. Le fort est ouvert toute l'année ; de la fin juin au début de septembre, il est ouvert de 10h à 18h.

Bien que le fort soit très éloigné de la ville, des bus urbains vous déposeront à proximité. Ils partent des terminaux de Fort William ou de Port Arthur, toutes les heures. Le dernier bus quitte le fort à 16h30, mais renseignez-vous pour l'horaire.

Kakabeka Falls

Localisées dans un parc provincial, à 25 km à l'ouest de Thunder Bay, par la Hwy 17, ces chutes d'environ 40 m de haut méritent le coup d'œil. C'est au printemps qu'elles sont le plus impressionnantes, lorsque la rivière atteint son niveau le plus haut, ou après de fortes pluies. Des plaques retracent le sacrifice de la princesse ojibway Green Mantle, qui sauva son village d'une attaque des Sioux en les entraînant dans les chutes.

Mont Mackay

Le mont Mackay est la plus haute montagne de la chaîne du Nord-Ouest. Il s'élève en effet à 350 m et offre de belles vues sur Thunder Bay et les environs. Le point de vue se trouve sur une réserve ojibway et vous devrez payer 4 $ par voiture pour utiliser la route en zigzag jusqu'au sommet. Le panorama ne vaut pas réellement cette somme et vous aurez une meilleure vue de Sleeping Giant du Terry Fox Lookout par la Transcanadienne.

Le mont Mackay se dresse au sud-ouest de Fort William. Empruntez Edward St vers City Rd, en direction du parc Chippewa, et suivez les panneaux. La route qui mène au mont Mackay traverse une zone résidentielle de la réserve. Au sommet vous attendent un snack-bar et une boutique de souvenirs. Un sentier de randonnée conduit jusqu'au pic. Pas de transport public jusqu'au site.

La légende raconte que les Ojibways se mirent à cultiver la terre et à faire pousser du blé. Mais, un jour, la récolte fut détruite par d'incessantes volées de merles. Les chasseurs ne parvinrent pas à compenser la récolte perdue, en raison des neiges précoces. L'eau gela, rendant la pêche difficile, et bientôt il n'y eut même plus d'appâts. En désespoir de cause, la fille du chef préleva des bandes de chair sur ses jambes et les offrit aux pêcheurs comme appâts. On réussit à prendre suffisamment de poissons pour nourrir la tribu affamée, mais la fille du chef mourut. En son honneur, un prêtre fit construire une petite chapelle au sommet du mont Mackay, où elle se dresse toujours. Chaque année, à Thanksgiving, des prières sont récitées pour que la prochaine récolte soit abondante.

ONTARIO

Activités

Canoë. Wildwaters Nature Tours (☎ 767-2022), à l'extérieur de la ville, dans Dog Lake Rd, propose des expéditions en canoë de longueur et de prix divers. Elles comprennent découverte de la faune, photographie et pêche. Est également assurée une expédition réservée aux femmes.

Pêche. Des charters pour la pêche dans le lac Supérieur (saumon et truite) sont disponibles à la marina de Thunder Bay. On peut aussi pêcher la truite dans les cours d'eau avoisinants. L'office du tourisme vous fournira une liste des points d'eau de la région dressée par le ministère des Ressources naturelles.

De Thunder Bay à Kenora, près de la frontière du Manitoba, vous attendent d'innombrables gîtes et campements de pêche. Nombre de pêcheurs se rendent en avion jusqu'aux lacs les plus retirés. Consultez les offices du tourisme. On peut aussi louer des canoës.

Mines d'améthyste. L'améthyste (une variété de quartz) est une pierre pourpre semi-précieuse que l'on trouve dans plusieurs endroits aux environs de Thunder Bay. Dans un rayon de 50 km autour de la ville, cinq sites sont accessibles aux visiteurs.

L'accès aux sites est gratuit (à l'exception d'un seul). Vous devez juste payer pour les échantillons que vous avez dénichés et souhaitez garder.

Thunder Bay Amethyst Mine Panorama est une vaste propriété accessible par East Loon Lake Rd, à l'est de la Hwy 587 South. Le site s'étend à 7 km au nord de la

Transcanadienne et, par endroits, la route est cahoteuse et raide. L'entrée est de 1 $.

Trois sites, plus petits, sont rassemblés sur Rd N°5 North, plus à l'est encore qu'East Loon. Impossible de manquer les trois entrées des mines, sises de 4 à 6 km au nord de la Transcanadienne. Tous les sites sont ouverts tous les jours, de mai à octobre, avec, pour chacun, une boutique au sous-sol.

Circuits organisés

Le bureau touristique de la pagode distribue des dépliants sur les visites axées sur l'architecture de Port Arthur, avec description et localisation de quelques églises, de plusieurs demeures et de bâtiments intéressants. Il existe une brochure similaire pour le centre-ville de Fort William.

Thunder Bay City Tours (☎ 346-9881) propose des circuits d'une heure et demie dans la ville, englobant certains sites historiques. En été, des excursions quotidiennes débutent à 9h, 11h, 13h et 20h, au départ du Marina Park. Le billet coûte 15 $. Custom Boat Tour (☎ 626-6926) offre toute une série de balades en bateau, dont des visites du port d'une ou de deux heures, moyennant 15 $ environ par personne.

Où se loger

Camping. Thunder Bay est l'une des rares villes disposant d'excellents terrains de camping à proximité. A l'ouest, le *Trowbridge Falls* (☎ 683-6661), sur la Hwy 11/17, à environ 500 m au nord de Copenhagen Rd, est dirigé par la municipalité de Thunder Bay, comme Centennial Park.

Plus à l'ouest, sur la Hwy 17 (Transcanadienne), à la jonction de la Hwy 800, se trouve un terrain de camping *KOA* (☎ 683-6221). Un emplacement coûte environ 13,50 $. Cherchez la route qui mène au domaine skiable du mont Baldy : le camping est à proximité, en face de la route.

Il existe un camping au sud-ouest de la ville, au *Chippewa Park* (☎ 623-3912), à une courte distance en voiture de Old Fort William. Depuis la jonction des Hwy 61 et 61B, parcourez 3,2 km sur la Hwy 61B, en direction de City Rd, et repérez les panneaux. Le parc borde le lac. Des spécimens de la plupart des mammifères des terres vierges de l'Ontario septentrional résident dans le parc. Vous trouverez aussi un agréable terrain de camping, plus à l'ouest, au parc provincial de Kakabeka Falls. Deux possibilités vous sont offertes au parc provincial de Sleeping Giant : un grand camping au lac Marie-Louise (☎ 977-2526), à 32 km de la RN 11/17, par la RN 587 ; et un camping plus modeste à la sortie du parc, au bord du lac Pass (☎ 977-2646).

Auberges de jeunesse. La *Longhouse Village Hostel* (☎ 983-2042), qui dépend des Backpackers, est confortable et ouverte toute l'année. Elle est éloignée de la ville – 22 km à l'est, au 1594 Lakeshore Drive (Rural Route 13) – mais mérite cet effort. L'emplacement est vert et tranquille, l'atmosphère amicale et détendue. Le couple qui la dirige, Lloyd et Willa Jones, assure le bon fonctionnement de la chaîne Backpackers des auberges de jeunesse internationales. Pour plus d'informations sur ce réseau, écrivez-leur (code postal P7B 5E4). Les Jones connaissent bien la région et pourront vous renseigner sur les baignades, les promenades proches de l'auberge, le Mackenzie Point et la chute d'eau dans les bois.

Ils servent une nourriture simple et on peut utiliser la cuisine. Chambres et lits sont disséminés sur toute la propriété, dans diverses unités d'habitation, y compris une caravane, des cabines, la maison principale et même un bus. Comptez 14 $. On peut aussi planter sa tente sur la pelouse pour 9 $ (familles et couples sont admis).

Depuis la route principale, redescendez MacKenzie Station Rd (accessible à pied). L'hôtel se trouve près du carrefour – c'est peut-être la seule auberge de jeunesse dotée d'une enseigne électrique. La ville ne dispose pas de bus urbains (voir la rubrique *Comment circuler* sur les bus Greyhound).

On peut aussi loger à la *Lakehead University Residence* (☎ 343-8612), du 1er mai au 20 août. Les simples/doubles coûtent

19/20 $. On peut prendre son petit déjeuner. L'université est installée 955 Oliver Rd, entre les deux centres-villes, un peu à l'ouest. Le bus qui sillonne la ville passe devant le campus dans les deux sens.

B&B. Ces deux dernières années, les B&B ont poussé comme des champignons à Thunder Bay. Il existe à présent une association locale qui compte environ 16 membres ; contactez-la en passant par le North of Superior Tourism (☎ 1-800-265-3951).

Bien établi et idéal pour une nuit ou deux, l'*Unicorn Inn* (☎ 475-4200) se trouve à l'extérieur de la ville, à une demi-heure de route, dans Unicorn Road, Rural Route 1, à South Gillies (voir plus loin la sous-rubrique *Où se restaurer* pour vous orienter). L'établissement propose des simples/doubles à partir de 39/49 $. Situées au rez-de-chaussée d'une ancienne ferme, les chambres sont confortables et les petits déjeuners copieux. Appelez au préalable pour réserver.

Le *Cabbage Rose* (☎ 345-5242) est installé 25 High St, à deux pas du centre de Port Arthur, au nord de Red River Rd. Les trois chambres se louent 45/55 $ en simple/double, avec un petit déjeuner complet.

Park Haven (☎ 623-7175) se trouve à une encablure de l'office du tourisme de Fort William, 221 North Brodie St. Les simples/doubles sont proposées à 40/45 $.

Non loin des chutes de Kakabeka, au nord-ouest de Thunder Bay, le *Cedar Chalet* (☎ 683-6114) de Pinebrook loue ses chambres entre 20 et 55 $. Le site comprend aussi une aire de camping, des chemins de randonnée et un sauna au bord de la rivière.

Hôtels. Dans Fort William, Simpson St dispose certes d'établissements proches du centre et bon marché, mais aucun n'est à recommander. Ceci dit, avec des simples à 24 $, l'*Hotel Empire* (☎ 622-2912), 140 Simpson St, bat tous les records dans la catégorie petits budgets.

Plus loin et de l'autre côté de la ville, le *Best Western Crossroads Motor Inn* (☎ 577-4241), 655 West Arthur St, comprend de confortables simples/doubles à 67/74 $.

Enfin citons, dans la série des complexes hôteliers, le *Prince Arthur Hotel* (☎ 345-5411), à l'angle de Cumberland St et de Red River Rd, à côté de la pagode de l'office du tourisme. Outre les simples/doubles à 75/79 $, dont certaines donnent sur le lac, il abrite aussi plusieurs bars et restaurants.

Motels. Les cordons de motels récents offrent un hébergement généralement bon marché. Les motels sont concentrés dans deux zones, aux abords de la ville, tandis que quelques-uns sont disséminés entre les deux centres, le long de Memorial Ave. C'est là que vous trouverez le *Circle Inn* (☎ 344-5744), au n°686, et le *University Park Inn* (☎ 345-7316) au n°439, avec 50 chambres chacun. Comptez 47 $ pour une simple.

Tout près, le *Venture Inn* (☎ 345-2343) appartient à une catégorie supérieure, avec des chambres à 69/79 $.

A Port Arthur, la zone des motels se situe dans Cumberland St et alentour. Elle se dirige vers Hodder Ave, qui mène ensuite à l'Expressway ou à la Hwy 17 East. Les motels sont essentiellement agglutinés à proximité des élévateurs de grains, en bordure de l'eau. Cumberland St mène directement au centre-ville de Port Arthur.

Le *Strathcona* (☎ 683-8136), 546 Hodder St, est un petit établissement bien tenu, bleu et blanc. Les simples ou les doubles coûtent de 45 à 65 $.

L'autre secteur de motels longe Arthur St, vers la périphérie de la ville, du centre de Fort William à l'aéroport et au-delà. Quelques motels sont alignés de chaque côté de Kingsway Ave, par Arthur St, mais ne présentent pas un bon rapport qualité/prix.

Le *Ritz Motel* (☎ 623-8189), 2600 Arthur St East, est confortable et dispose de quelques kitchenettes. Dans ce bâtiment rouge brique à proximité de la ville, les chambres coûtent de 45 à 65 $.

Où se restaurer

Port Arthur. Au 11 South Cumberland St, le *Deli Greens Café* est recommandé pour ses soupes, ses sandwiches frais à des prix avantageux.

Tout à côté, 230 Park Ave, qui part de Cumberland St au sud de Red River St, le *Prospector*, bien connu, est un grill-room qui sert de la viande provenant d'un ranch de la région. Comptez de 12 à 20 $ pour un steak. Autre spécialité au menu, le *walleye*, un des meilleurs poissons canadiens d'eau douce. Le restaurant se trouve à l'angle de Cumberland St et de Park Ave. Il est ouvert tous les jours à partir de 17h, ferme à 21h du lundi au jeudi, à 22h le vendredi et le samedi, et à 20h le dimanche. Il y a aussi des menus pour enfants.

Longtails se situe dans l'ancienne gare ferroviaire CN, au cœur de la zone portuaire, en face de la pagode de l'office du tourisme. On y déguste entre autres des truites du lac, du saumon, des steaks et des plats de pâtes fraîches. Prévoyez environ 10 $ au déjeuner, un peu plus au dîner. Ici aussi, l'établissement est doté d'un patio à l'extérieur.

Le *Hoito*, 314 Bay St, est un restaurant finlandais ouvert depuis 60 ans. Il est réputé pour sa cuisine maison, servie dans un décor très simple. Vous trouverez deux autres restaurants similaires dans ce quartier finlandais, ainsi qu'une boulangerie finlandaise, dans Second St, non loin du carrefour. Au 189 South Algoma St, près de Bay St, l'*Expresso* sert des expressos et des cappucinos.

L'*Office*, dans le Keskus Mall, Red River Rd, est un pub qui offre repas bon marché et orchestre le soir. Loin du cœur de la ville, 901 Red River Rd (à l'angle de Junot Ave), le *Port Arthur Brasserie* est une brasserie populaire, où l'on sert un brunch le dimanche.

Fort William. Le *Columbia Grill & Tavern*, 123 May St South, est un restaurant sympathique, fréquenté par la population locale. Il devint célèbre au début des années 90 pour avoir employé pendant quelque temps Laurie "Bambi" Bembenek, la protagoniste de l'une des affaires criminelles les plus passionnantes d'Amérique du Nord, alors qu'elle cherchait à échapper à la justice des États-Unis. Le restaurant est ouvert tous les jours dès 8h pour le petit déjeuner.

Le *Venice Grill*, 636 Simpson St, est également un restaurant simple mais bon. Il sert d'excellents petits déjeuners à des prix raisonnables et il est ouvert tous les jours, sauf le dimanche.

Le *Royal Canadian Legion, Polish Branch*, 730 Simpson St, dispose d'une petite cafétéria et d'un bar où l'on sert des portions généreuses pour un prix modeste.

Victoria Mall, ou le Victoria Centre, en plein centre-ville, abrite un marché. Le *Boston Pizza*, 217 Arthur St West, sert des pâtes et des côtes de porc bon marché.

Le *Williams Restaurant*, 610 Arthur St West, propose un menu canadien standard et quelques plats mexicains. La nourriture est excellente et les portions sont copieuses, mais assez chères. Comptez environ 20 $ pour un dîner.

A environ une demi-heure en voiture au sud-ouest de la ville, le *Unicorn Inn*, dans une ferme datant du début du siècle, est le meilleur restaurant du nord de l'Ontario et l'un des plus courus du pays. Empruntez la Hwy 61 au sud de la ville, pendant 20 km, depuis l'aéroport, puis bifurquez dans la Hwy 608 pour South Gillies. Le restaurant est installé dans Unicorn Rd. Mieux vaut réserver (☎ 475-4200) au moins une semaine à l'avance pour le dîner. C'est un établissement élégant et cher – les menus avec entrée et dessert dépassent 30 $ par personne. Une partie de la ferme fait également office de B&B.

Distractions

Bars et boîtes de nuit. Le *Innplace* est un bar d'hôtel bien connu. Il est implanté dans Intowner, à l'angle d'Arthur St et de Brodie St. Vous y entendrez surtout de la pop et du rock.

Le *Silver Saddle*, 201 Syndicate Ave, est pub très populaire, où l'on joue de la musique country tous les soirs.

Dans Victoria Inn, le *Golden Nugget*, 55 Arthur St West, propose aussi de la country et des cours de danse les mardi et mercredi soirs.

Au cœur de Fort William, 513 Victoria Ave East, *Armani's*, un restaurant assez chic, se double d'une boîte de nuit. En été, la terrasse est transformée en bar et l'on peut y boire une bière en toute tranquillité.

Théâtre. Un programme estival, Moonlight Melodrama (☎ 623-7838), a lieu au théâtre situé au sous-sol du Kekus Harbour Mall, 230 Park Ave, dans Thunder Bay North. Vérifiez les dates exactes auprès de l'office du tourisme.

Comment s'y rendre

Avion. L'aéroport de Thunder Bay est situé à environ 15 mn en voiture du sud-ouest de la ville, à la jonction de la Hwy 11/17 (Transcanadienne) et de la Hwy 61 vers Duluth, dans le Minnesota (États-Unis).

Air Canada (☎ 623-3313) et Canadian Airlines (☎ 577-6461) offrent des vols pour Winnipeg (310 $) et Toronto (378 $).

Bearskin Airlines (☎ 475-0066) dessert la région et les autres villes septentrionales de la province.

Bus. Le dépôt des bus Greyhound (☎ 345-2194) est plus proche de Fort William, mais situé entre les deux centres-villes, au 815 Fort William Rd (près de l'Inter City Shopping Mall). Il est très éloigné du centre de Fort William, au nord. Mieux vaut prendre un bus urbain. Le bus Mainline passe par le dépôt sur son trajet de Fort William à Port Arthur.

Pour Winnipeg (82 $) et quelques destinations plus à l'ouest, trois liaisons de bus sont assurées chaque jour, avec premier départ très tôt le matin et le dernier tard dans la nuit. Pour Sault-Sainte-Marie (95 $) et diverses villes à l'est, comme Toronto, sont également prévus trois bus par jour, avec des horaires s'étalant là aussi sur vingt-quatre heures. Pour Sudbury (122 $), un seul bus part chaque jour en début de la soirée.

Les bus Grey Goose rejoignent Fort Francis et le Manitoba *via* les États-Unis.

Voiture. Avis (☎ 577-2847), 1480 Walsh St West, prend 48 $ par jour, avec 100 km gratuits. Comptez 15 cents par kilomètre supplémentaire. Budget Rent-a-Car (☎ 345-2425), 899 Copper Crescent, offre des forfaits week-end intéressants. Plusieurs agences disposent d'un guichet à l'aéroport.

On peut faire un tour du nord de l'Ontario en voiture en partant de Thunder Bay, pour rejoindre le lac Nipigon puis, en suivant la Hwy 11 (la route provinciale la plus septentrionale), traverser Geraldton et Kapuskasing, pour revenir vers le sud par Timmins, Sudbury ou North Bay. Les parcs provinciaux jalonnent à intervalles réguliers la Hwy 11. Les villes sont petites.

En stop. Les voyageurs en route pour l'ouest devront se diriger vers Arthur St. La navette de l'aéroport vous déposera à un endroit pratique. Ou bien, si vous arrivez jusqu'à la Hwy 102 (Red River Rd-Dawson Rd), à la limite nord de Port Arthur, vous économiserez quelques kilomètres sur la Hwy 11/17, avant de bifurquer en direction de Winnipeg.

Vers l'est, installez-vous n'importe où sur la Hwy 17. Pour 5 $, le Greyhound vous emmènera à la lisière est de la ville mais, en partant, prévenez le chauffeur que vous souhaitez descendre avant l'arrêt.

Comment circuler

Desserte de l'aéroport. Une navette part du terminal des bus urbains, à côté de l'office du tourisme du parc Paterson (à Fort William, à l'angle de May St et de Miles St), toutes les 40 minutes jusqu'à 12h20. Le trajet prend environ un quart d'heure.

Un bus urbain, l'"Arthur", part également de Fort William et vous dépose devant l'aéroport. Il est plus lent, mais moins cher. Vous pouvez le prendre n'importe où dans Arthur St.

Bus. Le réseau de bus fonctionne bien et couvre tous les quartiers de la ville. Par

ONTARIO

ailleurs, les conducteurs sont parmi les plus amicaux et coopératifs du pays. Pour tout renseignement, appelez le ☎ 344-9666.

A Fort William, le terminal des bus se trouve en face de l'office du tourisme, à l'angle de May St et de Miles St. Pour se rendre à l'autre bout de Port Arthur, prenez le bus Memorial dans May St, ou le bus Mainline dans Fort William St (pour aller dans l'autre sens).

A Port Arthur, le terminal est installé à l'angle de Water St et de Camelot St (en bas de Cumberland St), près des quais. L'office du tourisme de la pagode est la juste à côté. Le bus qui traverse la ville dans les deux sens dessert l'université. Le bus Neebing relie le terminal de Fort William au site historique de l'Old Fort William.

Pour l'auberge de jeunesse, il n'existe pas de bus urbains. Prenez le Greyhound vers l'est au terminal, 815 Fort William Rd. Pour 5 $, il vous emmènera par Lakeshore Drive jusqu'à l'auberge (ou du moins vous laissera dans MacKenzie Station Rd, à la Transcanadienne, d'où vous devrez marcher 1 ou 2 km jusqu'à l'établissement). Indiquez au chauffeur votre destination. Renseignez-vous sur les horaires de passage.

L'OUEST DE THUNDER BAY

Au-delà de Kakabeka, le trafic se réduit considérablement. A Shabaqua, la route principale bifurque au sud pour Atikokan et Fort Frances, au nord pour Kenora et la frontière du Manitoba. Sur ce tronçon de la Transcanadienne, roulez prudemment la nuit, car les orignaux sont fréquents. Dans la région d'Upsala, un panneau indique la ligne de partage des eaux arctiques. De là, l'eau coule vers le nord. Un autre indique un changement de fuseau horaire – on gagne une heure en se dirigeant vers l'ouest.

Parc provincial de Quetico

Cet immense parc naturel (☎ 597-2430) s'étend sur 100 km de long et 60 km de large. Il est relié à un autre parc frontalier (dans le Minnesota). Quetico est dépourvu de tout aménagement, à l'exception d'un vaste terrain de camping. Ceux qui recherchent avant tout la paix et la tranquillité pourront pratiquer le canoë sur 1 500 km de voies canotables. Les portages sont souvent courts (400 m en moyenne). L'utilisation de bateaux à moteur est interdite (excepté pour les Indiens, dans quelques zones), et vous ne trouverez dans le parc ni route ni gîte.

Le parc est un labyrinthe de lacs et de rivières, avec une faune abondante et quelques pictogrammes indiens. Littoral rocheux et pins alternent avec marécages et pins rouges et blancs.

Le parc est accessible en plusieurs endroits, le principal, côté canadien, étant celui du terrain de camping, le Dawson Trail, qui donne dans la Hwy 11 (où vous trouverez aussi un centre de renseignements). On peut louer canoës et équipements.

Atikokan

C'est le centre de ravitaillement du parc. La ville compte aussi deux petits musées, plusieurs motels et gîtes, et quantité de restaurants. Les passionnés de géologie souhaiteront sans doute explorer les vieilles mines de Steep Rock et de Caland. On peut trouver jusqu'à 15 minéraux différents dans les puits fermés et les décharges. Procurez-vous une carte à l'office du tourisme, car les routes pour accéder aux mines sont accidentées et tortueuses.

Vous pourrez pratiquer le camping sauvage dans tout le secteur, mais vous aurez besoin de cartes topographiques. Entre Atikokan et Ignace se trouve le **lac de White Otter**, site du château de White Otter, célèbre curiosité régionale, construit en 1904 par un immigrant écossais du nom de Jimmy McQuat. Il se chargea seul de toute la construction de cet édifice en bois ; bien que célibataire, il le dota de quatre étages, aujourd'hui restaurés et rénovés. Accessible seulement par canoë, il se dresse sur la rive du bras nord-ouest du lac.

Wilderness Adventures (☎ 807-597-2747) propose toute une gamme de circuits nature "confortables" dans les régions sauvages autour d'Atikokan.

Fort Frances

Sis sur le lac Rainy, en face d'International Falls (Minnesota), c'est un poste frontalier très actif. Les deux côtés de la frontière constituent des destinations de plein air très prisées, avec lacs innombrables, bungalows, pêche, camping, etc.

En ville, vous pourrez visiter une usine de pâte à papier, la principale activité de la ville. Une chaussée sur le **lac Rainy**, en direction d'Atikokan, offre un beau point de vue sur le lac. Le **Fort Frances Museum** retrace notamment l'histoire des Indiens et du commerce des fourrures. Le musée (☎ 274-7891) gère également **Fort Saint Pierre**, réplique d'un comptoir de commerce de fourrures et une tour d'observation au **parc Pither's Point**, à l'est de la ville.

Au nord, la Hwy 71 relie Fort Frances à Kenora et de Winnipeg.

Kenora

Centre industriel de pâte à papier, à quelque 200 km de Winnipeg, Kenora est la grande ville la plus proche de la frontière du Manitoba. C'est aussi un centre touristique très actif, avec location estivale de bungalows, pêche et chasse. Le paysage est superbe, sur les rives du lac des Woods.

Un office du tourisme est implanté sur la Transcanadienne, à l'est de la ville, à 5 mn en voiture du centre. Un autre se trouve à 20 km à l'ouest, sur la même route.

Les deux artères principales sont Main St et Front St. Le quartier du port a été rénové. Vous y trouverez la marina et les docks d'où partent des croisières de deux heures sur le lac.

Moins chère, une petite navette rallie l'**île Coney**, où vous pourrez profiter de la plus belle plage sablonneuse près de la ville. D'autres plages sont disséminées à proximité, telles que la très fréquentée **Norman Beach**, à environ 3 km du centre, à la jonction de Parsons St et de la Transcanadienne.

De nombreux Indiens ojibways vivent dans la région. Ils récoltent à la main le riz sauvage (manomin), qu'ils vendent sur place. Comptez environ 10 $ la livre. L'office du tourisme distribue des brochures sur les anciens pictogrammes indiens que l'on a retrouvés dans la région de Kenora. Ces peintures, exécutées sur la roche à l'aide de jus de baies, de gomme et de sève d'arbre, dépeignent histoire et légendes. On peut admirer certaines d'entre elles. Vous pourrez assister à plusieurs manifestations ojibways, notamment des pow-wows régionaux. Contactez le bureau du tourisme régional Treaty 3 Territory (☎ 1-800-461-3786). On peut aussi acheter des objets au centre culturel ojibway, à Kenora.

Un camping est implanté à quelques pâtés de maisons du centre-ville, au parc Anicinabe, dans la Sixth Ave South. Il dispose de douches et d'une plage. D'autres parcs provinciaux sont proches. Des motels jalonnent la route principale. Il est difficile de recommander un hôtel en ville. Le *Whispering Pines* (☎ 548-4025), à l'est, qui pratique des prix modérés, possède une plage et un camping.

Plusieurs restaurants bordent Main St, tandis que comptoirs de plats à emporter sont dispersés dans la ville et sur les quais.

Glossaire

Alena – Accord de libre-échange nord-américain, regroupant le Canada, les États-Unis et le Mexique.

Atlantique (Provinces de l') – Les provinces de l'Atlantique sont le Nouveau-Brunswick, la Nouvelle-Écosse, l'île du Prince-Édouard et Terre-Neuve. Voir plus bas *Provinces Maritimes*.

aurore boréale – Également appelée aurore polaire ou lumières du nord, elle est provoquée par des particules du soleil chargées d'énergie prises au piège dans le champ magnétique terrestre storique. Ce phénomène se manifeste sous forme de faisceaux lumineux de couleurs en mouvement constant.

boîtes à chansons – Typiquement québécoises, les boîtes à chansons sont des petites salles de spectacles aux allures de cafés où se produisent des chanteurs. De nombreux chanteurs québécois comme Félix Leclerc, Gilles Vigneault et Robert Charlevoix y ont fait leurs premiers pas.

Bouclier canadien – Également appelé Bouclier précambrien ou laurentien, c'est un vaste plateau rocheux formé il y a 3 milliards d'années qui couvre la majeure partie du nord du pays.

brew pub – Brasserie qui fabrique et sert sa propre production de bière(s).

clearcut – Cauchemar d'écologiste : ce terme anglais désigne une zone sur laquelle les bûcherons ont abattu tous les arbres.

cuir de fruits (fruit leather) – Mélange de purées de fruits séchés en fines lanières que l'on presse ensuite les unes contre les autres. Produit énergétique, idéal pour le randonneur.

First Nations – Premières Nations. Terme désignant les peuples indiens du Canada.

flowerpots (pots de fleurs) – Étranges formations rocheuses, ces formes géologiques irrégulières sont créées par l'érosion due aux vagues. On en voit des exemples à Tobermory, dans l'Ontario.

Gaz – C'est ainsi qu'on désigne l'essence au Québec. Dans le reste du pays, on utilise les mots anglais *gas* ou *gazoline*. Au Canada, toutes les essences sont sans plomb et distribuées en versions classiques ou avec un indice d'octane supérieur. Dans ce dernier cas, elles coûtent plus cher.

Giardiase (ou fièvre du castor) – La bactérie qui provoque cette maladie, présente dans de nombreux lacs et cours d'eau, affecte l'appareil digestif. On peut l'éviter en faisant bouillir l'eau avant de la consommer ou de l'utiliser.

Gîte du Passant – Association québécoise de Bed & Breakfast.

Grande Explosion – En 1917, un navire français de munitions transportant une énorme cargaison de TNT entra en collision avec un autre bateau étranger dans le port d'Halifax. Il en résulta la plus forte explosion non naturelle jamais enregistrée avant la bombe atomique lâchée sur le Japon en 1945.

Grande Noirceur – Période désignant les années du gouvernement Duplessis au Québec (1944-1959).

Groupe des Sept (Group of Seven) – Terme collectif désignant de célèbres peintres canadiens entre 1920 et 1930.

Halloween – Fête célébrée le 31 octobre ayant pour origine d'anciennes croyances celtiques. A cette occasion, les enfants se déguisent sur le thème du surnaturel.

Hudson's Bay Company (Compagnie de la Baie d'Hudson) – En 1670 se créa une compagnie anglaise qui entreprit de commercer dans toutes les régions baignées par des cours d'eau débouchant dans la baie d'Hudson. Au XVIIIe siècle, la Compagnie de la Baie d'Hudson et sa grande rivale, la Northwest Company (Compagnie du Nord-Ouest) établirent des forts et des comptoirs commerciaux dans une vaste zone formée de régions appartenant aux actuelles provinces s'étendant du Québec à l'Alberta. Les deux compagnies finirent par fusionner en 1821 et la Compagnie de la Baie d'Hudson administra ces territoires jusqu'en 1870, date à laquelle ils devinrent parties intégrantes du Dominion britannique du Canada. Le grand magasin Bay, que l'on trouve dans tout le pays, est le dernier vestige de la plus ancienne entreprise du Canada.

igloo – Habitation inuit traditionnelle construite à base de blocs de glace.
Innu – Autre nom donné aux Montagnais et Naskapis.
interior camping – Dénomination des sites individuels, généralement isolés, accessibles à pied ou en canoë. Pour camper dans les parcs provinciaux ou nationaux, il est demandé de s'inscrire auprès des autorités du parc : une façon d'assurer votre sécurité…
inukshuk – Les Inuit préféraient traquer le caribou dans l'eau. Ils pouvaient ainsi le chasser en kayak. Pour cela, ils construisaient des silhouettes de pierres appelées "inukshuks" à proximité des lacs, afin d'inciter les animaux à entrer dans l'eau.

Loyalistes – Résidents d'Amérique qui maintinrent leur allégeance envers la Grande-Bretagne durant la guerre d'Indépendance américaine et qui s'enfuirent au Canada, Dominion britannique.

Mennonites – Groupe d'utopistes religieux venus d'Europe. Ils résident en grand nombre dans la région de Kitchener-Waterloo, dans le sud de l'Ontario.
Mounties – Membres de la Police montée royale du Canada.
mukluks – Mocassins ou bottes en peau de phoque, souvent ornés de fourrure, fabriqués par les Inuits.
muskeg – Tourbières du nord du Canada où des couches de plantes, d'herbes et parfois d'arbres flottent à la surface d'une eau stagnante.
Newfie – A prononcer "Nioufie". Désignation humoristique des habitants de Terre-Neuve.
no-see-um – Nom donné aux minuscules insectes piqueurs que l'on ne voit pas toujours et qui ne se privent pas d'empoisonner la vie des randonneurs, campeurs, amateurs de canoë, etc., dans les forêts ou sur les plages. Mieux vaut se munir de moustiquaires si l'on veut au moins s'assurer de bonnes nuits de sommeil.

permafrost – Couche profonde du sol, gelée en permanence, qui recouvre le Grand Nord canadien.
pétroglyphes – Peintures ou sculptures sur roche datant d'époques reculées.
pourvoirie – Domaine forestier constitué de lacs et de rivières alloué par l'état québécois à un particulier ou à une société en vue d'une exploitation commerciale et touristique. Son accès est payant. Chasse et pêche sont pratiquées traditionnellement. On vient y passer la semaine ou le week-end. Les pourvoiries possèdent toute l'infrastructure pour accueillir chasseurs, pêcheurs mais aussi simples amoureux de la nature. Depuis quelques années, leurs propriétaires ont en effet élargi leurs activités à l'observation de la faune. Les pourvoiries sont propres au Québec qui en compte environ 600.
Provinces Maritimes – Également appelées les Maritimes ou les Provinces de l'Atlantique.
pysankas – Terme ukrainien désignant les œufs de Pâques peints.

qiviut – Laine du bœuf musqué que certains groupes inuits du Grand Nord tissaient pour en faire des vêtements.

Refus Global – Manifeste radical d'un groupe d'intellectuels et d'artistes contestataires québécois durant le gouvernement de Duplessis.
RV – Abréviation de *Recreational Vehicule*, véhicule de loisirs (il s'agit généralement de mobil-homes).

screech – Rhum particulièrement fort que l'on ne trouvait jadis qu'à Terre-Neuve, mais qui est aujourd'hui répandu dans tout le pays, sous une forme plus diluée.

sourdough – Qualificatif donné aux personnes qui ont passé une année entière dans le Nord.

steamies – Hot-dogs québécois qui se distinguent des hot-dogs traditionnels par leur mode de cuisson particulier.

sugar-making moon – "La lune qui donne le sucre." Terme indien ancien pour désigner le premier jour du printemps, où la sève se remet à circuler dans les arbres.

taïga – Forêts subarctiques du Grand Nord, aux arbres toujours verts.

toundra – Vastes plaines sans arbres de l'Arctique au sol gelé en permanence.

649 – Jeu de loterie nationale très populaire et qui offre les gains les plus élevés.

Index

ABRÉVIATIONS

O – Ontario

Q – Québec

CARTES

TEXTE

Les références des cartes sont en **gras**.

ENCADRÉS

Légendes des cartes

LIMITES ET FRONTIÈRES

Frontières internationales
Frontières régionales

ROUTES

Autoroute
Route nationale
Route principale
Route non bitumée ou piste
Avenue
Rue
Voie de chemin de fer
Train souterrain
Tramway
Sentier pédestre
Circuit pédestre
Route de ferry
Téléphérique ou télécabine

TOPOGRAPHIE

Parc, jardin
Zone construite
Voie pédestre
Marché
Cimetière chrétien
Cimetière non chrétien
Récif
Plage ou désert
Rochers

HYDROGRAPHIE

Bande côtière
Rivière ou ruisseau
Rapides, chutes
Lac, lac intermittent
Canal
Marais

SYMBOLES

CAPITAL	Capitale nationale
Capital	Capitale régionale
CITY	Ville importante
City	Grande ville
Town	Ville
Village	Village
	Hôtel, restaurant
	Café, pub ou bar
	Poste, téléphone
	Office du tourisme, banque
	Transport, parking
	Musée, auberge de jeunesse
	Caravaning, camping
	Église, cathédrale
	Mosquée, synagogue
	Temple bouddhiste, temple indou
	Hôpital, commissariat
	Ambassade, station-service
	Aéroport, aérodrome
	Piscine, jardin
	Centre commercial, zoo
	Vignoble, aire de pique-nique
A25	Rue à sens unique, route nationale n°
	Demeure, monument
	Château fort, tombeau
	Grotte, hutte ou chalet
	Montagne ou colline, point de vue
	Phare, abri
	Col, source
	Location de vélos, ski
	Site archéologique ou ruine
	Mur d´enceinte
	Falaise ou escarpement, tunnel
	Gare ferroviaire

Note : tous les symboles ne sont pas utilisés dans cet ouvrage

Prenez des nouvelles du monde entier avec

le Journal de Lonely Planet

notre lettre d'information trimestrielle GRATUITE

Le Journal de Lonely Planet propose :

- *des conseils pratiques pour voyager en toute sécurité et des informations de dernière minute sur les endroits où des précautions sanitaires supplémentaires sont à prendre*
- *un article de fond sur un sujet qui nous touche particulièrement*
- *des informations pratiques les plus récentes, transmises par nos lecteurs et nos auteurs*
- *des détails sur nos activités et nos dernières parutions.*

Pour vous abonner au **Journal de Lonely Planet**, écrivez-nous :
LONELY PLANET 71 bis, rue du Cardinal-Lemoine, 75005 Paris

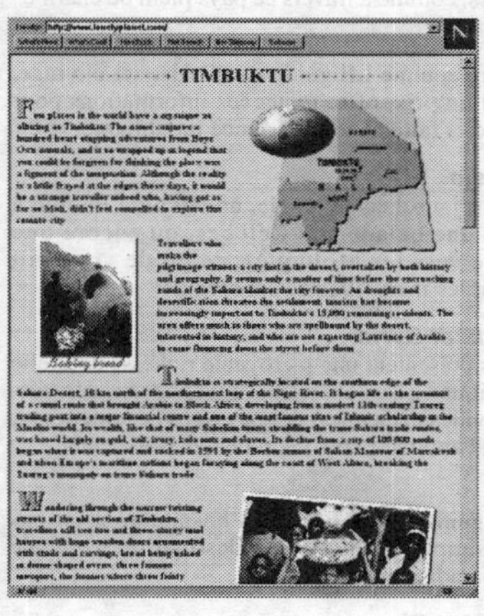

Lonely Planet sur Internet

Vous ne savez pas encore où partir et cherchez des infos pour vous aider à vous décider ? Vous souhaitez connaître les derniers changements en date concernant la monnaie d'un pays, la façon d'obtenir un visa ou celle de passer une frontière ? Alors consultez le site Internet de Lonely Planet, élu dès 1995 meilleur site voyage de l'année.

Organisé autour d'une centaine de destinations, ce site comprend des informations extraites des guides Lonely Planet, agrémentées d'une multitude de cartes interactives et de photos en couleurs. Chaque jour des informations "à chaud" sont injectées sur le web notamment par l'intermédiaire des comptes rendus de voyage de nos auteurs. Une attention particulière est portée à l'explication des divers enjeux politiques et écologiques afin que chacun puisse partir informé et conscient. Enfin, vous pourrez partager vos expériences de voyage, rencontrer vos prochains compagnons de route ou échanger de bons tuyaux.

http://www.lonelyplanet.com.au

Guides Lonely Planet en français

Les guides de voyage Lonely Planet en français sont distribués en France, en Belgique, au Luxembourg, en Suisse et au Canada. Pour toute information complémentaire, écrivez à : Lonely Planet Publications – 71 *bis*, rue Cardinal-Lemoine, 75005 Paris – France.

Amsterdam
Découvrez ou redécouvrez la patrie de Rembrandt et de Spinoza, une capitale européenne célèbre pour ses musées, sa vie nocturne et son esprit de tolérance et de liberté.

Australie
Île-continent, l'Australie est une terre d'aventure fascinante grâce à la diversité de ses paysages : la Grande Barrière de Corail, l'Outback, le bush, et Sydney, la future capitale des jeux Olympiques.

Afrique du Sud, Lesotho et Swaziland
Voyagez en Afrique australe et laissez-vous surprendre par la diversité de sa culture et son incroyable beauté. On ne peut choisir de meilleur endroit pour observer la faune africaine.

Bali et Lombok
Cet ouvrage entraîne les voyageurs à la découverte de la magie authentique du paradis balinais. Lombok, l'île voisine, est restée à l'écart du changement : il en émane une atmosphère toute particulière.

Brésil
Le Brésil, immense territoire mystérieux dont le peuple métissé porte en lui de multiples croyances, s'offre avec chaleur et éclat au voyageur averti et curieux. Vous trouverez dans ce guide tous les conseils pour parcourir le pays sans encombres.

Californie et Nevada
Ce guide donne des éclairages inédits sur la culture américaine, et fournit une description détaillée des nombreux parcs nationaux et réserves naturelles, dont le Yosemite, le Grand Canyon et la Vallée de la Mort.

Cambodge
L'un des derniers pays à avoir ouvert ses frontières aux touristes, le Cambodge permet enfin aux visiteurs d'admirer les superbes vestiges de l'ensemble merveilleux d'Angkor.

Canada
Un guide exhaustif pour une destination qui ne peut que combler les amoureux des grands espaces. Le Canada est une mosaïque de cultures : amérindienne, française, écossaise, anglaise…

Caraïbes orientales
Forêts de la pluie, douceur des alizées, eaux turquoises… Des Antilles françaises aux Antilles néerlandaises en passant par les îles britanniques, vous découvrirez toute la saveur des Caraïbes.

Chine
Unanimement cité comme l'ouvrage indispensable pour tout voyageur indépendant se rendant en République Populaire de Chine, cet ouvrage vous aidera à découvrir ce pays aux multiples facettes.

Cuba
Comment résister aux mélopées envoûtantes des *danzón* et de la *habanera* ? Terre de culture, Cuba se prête également à mille et un loisirs sportifs.

États Baltes et région de Kaliningrad
Partez pour une des dernières grandes aventures européennes, dans les trois États Baltes, réputés pour posséder de véritables personnalités bien distinctes.

Guadeloupe
Découvrez les multiples facettes de l'"île aux belles eaux". Les Saintes, Marie-Galante et la Désirade ne sont pas oubliées.

Guatemala
Visiter ce pays, c'est se rendre dans l'un des berceaux de la civilisation maya. Ce guide donne tous les éléments pour en saisir la complexité culturelle.

Hongrie
Indispensable à Budapest, cité tant affectionnée des voyageurs, comme à travers ce pays plein de charme.

Inde
Considéré comme LE guide sur l'Inde, cet ouvrage, lauréat d'un prix, offre toutes les informations pour vous aider à faire cette expérience inoubliable.

Indonésie
Pour un séjour dans la jungle, un circuit à Bali ou à Jakarta, une balade aux Célèbes, ou encore une croisière vers les Moluques, ce guide vous fait découvrir les merveilles de cet archipel.

Jordanie et Syrie
Ces pays présentent une incroyable richesse naturelle et historique… Des châteaux moyenâgeux, des vestiges de villes anciennes, des paysages désertiques et, bien sûr, l'antique Petra, capitale des Nabatéens.

Laos
Le seul guide sur ce pays où l'hospitalité n'est pas qu'une simple légende. Une destination tropicale encore paradisiaque.

Malaisie et Singapour
Partir dans cette région revient à ouvrir une première porte sur l'Asie. Cette édition, très complète, est un véritable compagnon de voyage.

La collection Guide de voyage est la traduction de la collection Travel Survival Kit. Lonely Planet France sélectionne uniquement des ouvrages réactualisés ou des nouveautés afin de proposer aux lecteurs les informations les plus récentes sur un pays.

Maroc
Avec la beauté de ses paysages et la richesse de son patrimoine culturel, le Maroc vous offre ses cités impériales, les sommets enneigés du Haut Atlas et l'immensité du désert dans le Sud.

Martinique
Des vacances sportives, la découverte de la culture créole ou les plages, ce guide vous ouvrira les portes de ce "département français sous les tropiques" et de ses voisines anglo-saxonnes.

Mexique
Avec 166 cartes détaillées et des milliers de détails pratiques, ce guide vous permettra de consacrer plus de temps à la découverte de la civilisation mexicaine.

Myanmar (Birmanie)
Ce guide donne toutes les clés pour faire un voyage mémorable dans le triangle Yangon-Mandalay-Pagan et explorer des sites bien moins connus.

Népal
Des informations pratiques sur toutes les régions népalaises accessibles par la route, y compris le Teraï. Ce guide est aussi une bonne introduction au trekking, au rafting et aux randonnées en vélo tout terrain.

New York
Guidé par un véritable New-Yorkais, découvrez cette jungle urbaine qui sait déchaîner les passions comme nulle autre ville.

Nouvelle-Zélande
Spectacle unique des danses maories ou activités de plein air hors pair, la Nouvelle-Zélande vous étonnera, quels que soient vos centres d'intérêt.

Pologne
Des villes somptueuses, comme Cracovie ou Gdansk, aux lacs paisibles et aux montagnes redoutables, pratiquement inconnus des voyageurs, ce guide est indispensable pour connaître ce pays amical et sûr.

République tchèque et Slovaquie
Ces deux républiques européennes, aux racines slaves, présentent de riches intérets culturels et politiques. Ce guide comblera la curiosité des voyageurs.

Réunion et Maurice
Si la Réunion est connue pour ses volvans, l'île Maurice est réputée pour ses plages. En fait, toutes deux sont à l'image de leurs habitants : contrastées et attachantes. Randonneurs, plongeurs, curieux, ne pas s'abstenir.

Slovénie
Toutes les informations culturelles pour profiter pleinement de la grande richesse historique et artistique de ce tout jeune pays, situé aux frontières de l'Italie, de l'Autriche, de la Hongrie et de la Croatie.

Sri Lanka
Ce livre vous guidera vers des lieux les plus accessibles de Sri Lanka, là où la population est chaleureuse, la cuisine excellente et les endroits agréables nombreux.

Tahiti et la Polynésie française
Culture, archéologie, activités sportives, ce guide sera votre plus précieux sésame pour découvrir en profondeur les attraits des 5 archipels mythiques.

Thaïlande
Ouvrage de référence, ce guide fournit les dernières informations touristiques, des indications sur les randonnées dans le Triangle d'Or et la transcription en alphabet thaï de la toponymie du pays.

Trekking en Himalaya – Népal
Source d'informations et de conseils, cet ouvrage est indispensable pour préparer un trek dans cette région, où les minorités ethniques partagent des traditions culturelles ancestrales.

Turquie
Des ruines antiques d'Éphèse aux marchés d'Istanbul, en passant par le choix d'un tapis, ce guide pratique vous accompagnera dans votre découverte de ce pays aux mille richesses.

Vietnam
Une des plus belles régions d'Asie qui change à grande vitesse. Grâce à cet ouvrage, vous pourrez apprécier les contrées les plus reculées du pays mais aussi la culture si particulière du peuple vietnamien.

Yémen
Des informations pratiques, des conseils actualisés et des itinéraires de trekking vous permettront de découvrir les anciennes citadelles, les villages fortifiés et les hauts-plateaux désertiques de ce fabuleux pays. Un voyage hors du temps !

Zimbabwe, Botswana et Namibie
Ce guide exhaustif permet la découverte des célèbres chutes Victoria (Zimbabwe), du désert du Kalahari (Botswana), de tous les parcs nationaux et réserves fauniques de la région ainsi que des magnifiques montagnes du Bandberg (Namibie).

Guides Lonely Planet en anglais

Les guides de voyage Lonely Planet en anglais couvrent l'Asie, l'Australie, le Pacifique, l'Amérique du Sud, l'Afrique, le Moyen-Orient, l'Europe ainsi que certaines régions d'Amérique du Nord. Six collections sont disponibles. Les *travel survival kits* couvrent un pays et s'adressent à tous les budgets ; les *shoestring guides* donnent des informations sur une grande région pour les voyageurs à petit budget. Découvrez les *walking guides*, les *city guides*, les *phrasebooks* et les *travel atlas*.

EUROPE

Amsterdam • Austria • Baltic States *phrasebook* • Britain • Central Europe *on a shoestring* • Central Europe *phrasebook* • Czech & Slovak Republics • Denmark • Dublin *city guide* • Eastern Europe *on a shoestring* • Eastern Europe *phrasebook* • Estonia, Latvia & Lithuania • Finland • France • French phrasebook • German phrasebook • Greece • Greek*phrasebook* • Hungary • Iceland, Greenland & the Faroe Islands • Ireland • Italy • Italian phrasebook • Mediterranean Europe *on a shoestring* • Mediterranean Europe *phrasebook* • Paris *city guide* • Poland • Portugal • Portugal *travel atlas* • Prague *city guide* • Russia, Ukraine & Belarus • Russian *phrasebook* • Scandinavian & Baltic Europe *on a shoestring* • Scandinavian Europe *phrasebook* • Slovenia • Spain • Spanish phrasebook • St Petersburg *city guide* • Switzerland • Trekking in Greece • Trekking in Spain • Ukranian *phrasebook* • Vienna *city guide* • Walking in Britain • Walking in Switzerland • Western Europe *on a shoestring* • Western Europe *phrasebook*

AMÉRIQUE DU NORD

Alaska • Backpacking in Alaska • Baja California • California & Nevada • Canada • Deep South • Florida • Hawaii • Honolulu *city guide* • Los Angeles *city guide* • Miami *city guide* • New England • New Orléans *city guide* • New York city • New York, New Jersey & Pennsylvania • Pacific Northwest USA • Rocky Mountains States • San Francisco *city guide* • Southwest USA • USA *phrasebook* • Washington, DC & The Capital Region

AMÉRIQUE CENTRALE ET CARAÏBES

Bermuda • Central America *on a shoestring* • Costa Rica • Cuba • Eastern Caribbean • Guatemala, Belize & Yucatan : La Ruta Maya • Jamaica • Mexico

AMÉRIQUE DU SUD

Argentina, Uruguay & Paraguay • Bolivia • Brazil • Brazilian *phrasebook* • Buenos Aires *city guide* • Chile & Easter Island • Chile & Easter Island *travel atlas* • Colombia • Ecuador & the Galapagos Islands • Latin American Spanish *phrasebook* • Peru • Quechua *phrasebook* • Rio de Janeiro *city guide* • South America *on a shoestring* • Trekking in the Patagonian Andes • Venezuela

ANTARTICA

Antartica

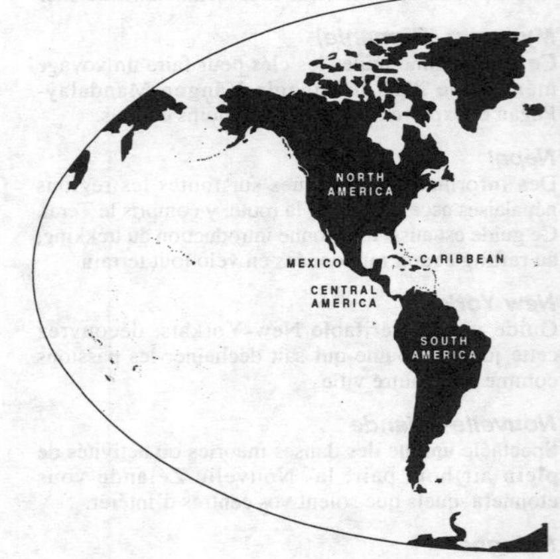

AFRIQUE

Africa-the South • Africa *on a shoestring* • Arabic (Egyptian) *phrasebook* • Arabic (Moroccan) *phrasebook* • Cape Town *city guide* • Central Africa • East Africa • Egypt • Egypt *travel atlas* • Ethiopian(Amharic) *phrasebook* • Kenya • Kenya *travel atlas* • Malawi, Mozambique & Zambia • Morocco • North Africa • South Africa, Lesotho & Swaziland • South Africa *travel atlas*, Swahili *phrasebook* • Trekking in East Africa • West Africa • Zimbabwe, Botswana & Namibia • Zimbabwe, Botswana & Namibia *travel atlas*

Commandes par courr[illegible]

Les guides de voyage Lonely Planet en anglais sont distribués dans le monde entier. Vous pouvez également les commander par courrier. En Europe, écrivez à Lonely Planet, Spring house, 10 A Spring Place, London NW5 3BH, G-B. Aux États-Unis ou au Canada, écrivez à Lonely Planet, Embarcadero West, 155 Filbert St, Suite 251, Oakland CA 94607-2538, USA. Pour le reste du monde, écrivez à Lonely Planet, PO Box 617, Hawthorn, Victoria 3122, Australie.

ASIE DU NORD-EST

Beijing *city guide* • Cantonese *phrasebook* • China • Hong Kong, Macau & Gangzhou • Hong Kong *city guide* • Japan • Japanese *phrasebook* • Japanese *audio pack* • Korea • Korean *phrasebook* • Mandarin *phrasebook* • Mongolia • Mongolian *phrasebook* • North-East Asia *on a shoestring* • Seoul *city guide* • Taiwan • Tibet • Tibetan *phrasebook* • Tokyo *city guide*

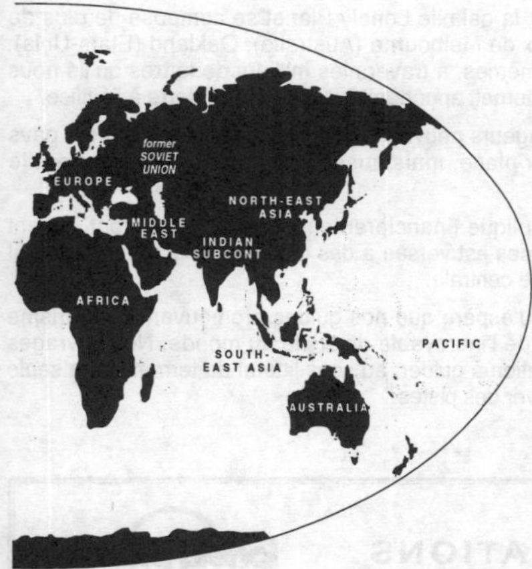

ASIE CENTRALE ET MOYEN-ORIENT

Arab Gulf States • Arabic (Egyptian) *phrasebook* • Central Asia • Central Asia *phrasebook* • Iran • Israel & Palestinian Territories • Israel & Palestinian Territories *travel atlas* • Istanbul *city guide* • Jerusalem • Jordan & Syria • Jordan, Syria & Lebanon *travel atlas* • Middle East • Turkey • Turkish *phrasebook* • Turkey *travel atlas* • Yemen

OCÉAN INDIEN

Madagascar & Comoros • Maldives & the Islands of the East Indian Ocean • Mauritius, Réunion & Seychelles

SOUS-CONTINENT INDIEN

Bangladesh • Bengali *phrasebook* • Delhi *city guide* • Goa • Hindi/Urdu *phrasebook* • India • India & Bangladesh *travel atlas* • Indian Himalaya • Karakoram Highway • Nepal • Nepali *phrasebook* • Pakistan • Rajastan • Sri Lanka • Sri Lanka *phrasebook* • Trekking in the Indian Himalaya • Trekking in the Karakoram & Hindukush • Trekking in the Nepal Himalaya

ASIE DU SUD-EST

Bali & Lombok • Bangkok *city guide* • Burmese *phrasebook* • Cambodia • Ho Chi Minh City *city guide* • Indonesia • Indonesian *phrasebook* • Indonesian *audio pack* • Jakarta *city guide* • Java • Lao *phrasebook* • Laos • Laos *travel atlas* • Malay *phrasebook* • Malaysia, Singapore & Brunei • Myanmar (Burma) • Philippines • Pilipino *phrasebook* • Singapore *city guide* • South-East Asia *on a shoestring* • South-East Asia *phrase book* • Thai *phrasebook* • Thai *audio pack* • Thai Hill Tribes *phrasebook* • Thailand • Thailand's Islands & Beaches • Thailand *travel atlas* • Vietnam • Vietnamese *phrasebook* • Vietnam *travel atlas*

AUSTRALIE ET PACIFIQUE

Australia • Australian *phrasebook* • Bushwalking in Australia • Bushwalking in Papua New Guinea • Fiji • Fijian *phrasebook* • Islands of Australia's Great Barrier Reef • Melbourne *city guide* • Micronesia • New Caledonia • New South Wales & the ACT • New Zealand • Northern Territory • Outback Australia • Papua New Guinea • Papua New Guinea (Pidgin) *phrasebook* • Queensland • Rarotonga & the Cook Islands • Samoa: American & Western • Solomon Islands • South Australia • Sydney *city guide* • Tahiti & French Polynesia • Tasmania • Tonga • Tramping in New Zealand • Vanuatu • Victoria • Western Australia

ÉGALEMENT DISPONIBLE

Travel with Children • Traveller's Tales

L'HISTOIRE DE LONELY PLANET

[illegible] et Tony Wheeler, de retour d'un périple qui les avait menés de l'Angleterre à l'Australie par le [illegible]u, le bus, la voiture, le stop et le train, s'entendirent demander mille fois : "Comment avez-vous fait ?".

[illegible] est pour répondre à cette question qu'ils publient en 1973 le premier guide Lonely Planet. Écrit et illustré sur un coin de table, agrafé à la main, *Across Asia on the Cheap* devient vite un best-seller qui ne tarde pas à inspirer un nouvel ouvrage.

En effet, après dix-huit mois passés en Asie du Sud-Est, Tony et Maureen écrivent dans un petit hôtel chinois de Singapour leur deuxième guide, *South-East Asia on a shoestring.*

Très vite rebaptisé la "Bible jaune", il conquiert les voyageurs du monde entier et s'impose comme LE guide sur cette destination. Vendu à plus de cinq cent mille exemplaires, il en est à sa neuvième édition, toujours sous sa couverture jaune, désormais familière.

Lonely Planet dispose aujourd'hui de plus de 240 titres en anglais. Des traditionnels guides de voyage aux ouvrages sur la randonnée, en passant par les manuels de conversation, les travel atlas et la littérature de voyage, la collection est très diversifiée. Lonely Planet est désormais le plus important éditeur de guides de voyage indépendant de par le monde.

Les ouvrages, à l'origine spécialisés sur l'Asie, couvrent aujourd'hui la plupart des régions du monde : Pacifique, Amérique du Nord, Amérique latine, Afrique, Moyen-Orient et Europe. Ils sont essentiellement destinés au voyageur épris d'indépendance.

Tony et Maureen Wheeler continuent de prendre leur bâton de pèlerin plusieurs mois par an. Ils interviennent régulièrement dans la rédaction et la mise à jour des guides et veillent à leur qualité.

Le tandem s'est considérablement étoffé. Aujourd'hui, la galaxie Lonely Planet se compose de plus de 70 auteurs et 170 employés, répartis dans les bureaux de Melbourne (Australie), Oakland (États-Unis), Londres (Royaume-Uni) et Paris. Les voyageurs eux-mêmes, à travers les milliers de lettres qu'ils nous adressent annuellement et les connections à notre site Internet, apportent également leur pierre à l'édifice.

L'équipe de Lonely Planet est convaincue que les voyageurs peuvent avoir un impact positif sur les pays qu'ils visitent, non seulement par leurs dépenses sur place, mais aussi parce qu'ils en apprécient le patrimoine culturel et les richesses naturelles.

Par ailleurs, en tant qu'entreprise, Lonely Planet s'implique financièrement dans les pays dont parlent ses ouvrages. Ainsi, depuis 1986, une partie des bénéfices est versée à des organisations humanitaires et caritatives qui œuvrent en Afrique, en Inde et en Amérique centrale.

La philosophie de Tony Wheeler tient en ces lignes : "J'espère que nos guides promeuvent un tourisme responsable. Quand on voyage, on prend conscience de l'incroyable diversité du monde. Nos ouvrages sont, certes, des guides de voyage, mais n'ont pas vocation à guider, au sens littéral du terme. Notre seule ambition est d'aiguiser la curiosité des voyageurs et d'ouvrir des pistes."

LONELY PLANET PUBLICATIONS

Australie
PO Box 617, Hawthorn,
3122 Victoria
☎ (03) 9 9819 1877 ; Fax (03) 9 9819 6459
e-mail : talk2us@lonelyplanet.com.au

États-Unis
150 Linden Street,
Oakland CA 94607
☎ (510) 893 8555 ; Fax (510) 893 8563
N° Vert : 800 275-8555
e-mail : info@lonelyplanet.com

Royaume-Uni et Irlande
Spring House, 10 A Spring Place,
London NW5 3BH
☎ (0171) 428 48 00 ; Fax (0171) 428 48 28
e-mail : go@lonelyplanet.co.uk

France
1, rue du Dahomey,
75011 Paris
☎ 01 55 25 33 00 ; Fax 01 55 25 33 01
e-mail : bip@lonelyplanet.fr
Minitel 3615 lonelyplanet (1,29 FF/mn)

World Wide Web : http://www.lonelyplanet.com.au